EUROPA-FACHBUCHREIHE
für wirtschaftliche Bildung

# PRÜFUNGSVORBEREITUNG AKTUELL

W0286373

FÜR

# Bürokauffrau/ Bürokaufmann

# BAND II

# ABSCHLUSSPRÜFUNG

**12. Auflage**

VERLAG EUROPA-LEHRMITTEL • Nourney, Vollmer GmbH & Co. KG
Düsselberger Straße 23 • 42781 Haan-Gruiten

**EUROPA-Nr.: 75987**

**Verfasser:**
Dipl.-Hdl. Gerhard Colbus, Studiendirektor, Unterneuhausen

12. Auflage 2014

Druck 5 4 3 2

ISBN 978-3-8085-7604-5



Satz: Gerhard Colbus, 84107 Unterneuhausen
Druck: M. P. Media-Print Informationstechnologie GmbH, 33100 Paderborn

# Vorbemerkungen

Prüfungsvorbereitung aktuell – Bürokauffrau/Bürokaufmann besteht aus **Band I - Zwischenprüfung** und **Band II - Abschlussprüfung**. Beide Bände sind so konzipiert, dass sie jeweils den Anforderungen der **bundesweit einheitlichen Zwischen- und Abschlussprüfung**, die gemeinsam von AkA Nürnberg, ZPA Nord-West und dem Nordverbund durchgeführt werden, entsprechen.

Bei dem vorliegenden Buch handelt es sich um **Band II – Vorbereitung zur Abschlussprüfung**. Der Inhalt entspricht den Anforderungen des Prüfungskatalogs für die IHK-Abschlussprüfungen.
Die 12. Auflage wurde erneut überarbeitet und ergänzt. Dabei wurden gesetzliche Änderungen, beispielsweise im Bereich Zahlungsverkehr (IBAN,BIC) berücksichtigt. Das Buch ist abgestimmt auf den Rahmenlehrplan für den Ausbildungsberuf „Bürokauffrau/Bürokaufmann" und deckt mit über **1 300 gebundenen** (zusammen mit Band I sind es über **2 600 Aufgaben**) und **40 Situationen mit über 410 ungebundenen** Aufgaben den gesamten Prüfungsstoff der Abschlussprüfung ab.

**Band II der 12. Auflage** enthält Aufgaben für die in der Abschlussprüfung geprüften Fächer **„Bürowirtschaft"**, **„Rechnungswesen"** sowie **„Wirtschafts- und Sozialkunde"**. Dabei sind die Aufgaben für das Fach **„Bürowirtschaft" in ungebundener (offener) Frageform** gehalten.

Die gebundenen (geschlossenen) Aufgaben sind nach Themenbereichen geordnet. Die einzelnen Wissensgebiete werden durch vielfältige Fragestellungen hinterfragt, sodass das Einüben des Lernstoffes schematisiert und damit erleichtert wird.

**Die Situationsaufgaben (offene Aufgaben)** sind in die Bereiche **„Organisationsprozesse"**, **„Einrichtung des Büroarbeitsplatzes"**, **„Kommunikationsprozesse und Datenverarbeitung" sowie „Personalwirtschaftliche Prozesse"** untergliedert.

**HINWEIS:**
Zur Vorbereitung auf die Abschlussprüfung sind **alle** angebotenen Aufgaben - auch die **Zwischenprüfungsaufgaben im Band I** – geeignet. Zur Festigung der Kenntnisse wird besonders empfohlen, auch die angebotenen Zwischenprüfungsaufgaben im Bereich Bürowirtschaft zu wiederholen.

Bei der Erstellung des vorliegenden Übungsbuches wurde mit großer Sorgfalt gearbeitet. Dennoch können bei dieser Vielzahl von Aufgaben Fehler nicht völlig ausgeschlossen werden. Verlag und Autor können deshalb keine juristische Verantwortung und auch keinerlei Haftung übernehmen. Sollten Ihnen Unstimmigkeiten auffallen, ist der Autor für eine kurze Nachricht unter info@bvc-colbus.de dankbar. Es wird jedem Hinweis nachgegangen.

Vielen Dank.

Im Frühjahr 2014

Autor und Verlag

# BAND II

# ABSCHLUSSPRÜFUNG

## INHALTSÜBERSICHT

### Teil 1 – BÜROWIRTSCHAFT

**40 SITUATIONSAUFGABEN**



### Teil 2 – RECHNUNGSWESEN



### Teil 3 – WIRTSCHAFTS- UND SOZIALKUNDE



### LÖSUNGEN



### Anhang

# PRÜFUNGSVORBEREITUNG AKTUELL

FÜR

# Bürokauffrau
# Bürokaufmann

TEIL I

# BÜROWIRTSCHAFT

# ABSCHLUSSPRÜFUNG

## TEIL 1

# BÜROWIRTSCHAFT



## Sie arbeiten bei der Bavaria Fahrradwerke KG.

### Unternehmensbeschreibung

| | |
|---|---|
| Name: | Bavaria Fahrradwerke KG |
| Geschäftssitz: | Weilerstr. 12, 84032 Landshut |
| Betriebsform: | Herstellung und Vertrieb von Fahrrädern und kleinmotorigen Zweirädern |
| Handelsregister: | Landshut, HRA 123459 |
| Umsatzsteueridentnummer: | DE 877008837 |
| Mitarbeiter: | 116, davon 10 in der Verwaltung |
| Gesellschafter: | Hans Oberpriller, Komplementär<br>Ulrich Bentz, Kommanditist |
| Geschäftsführer: | Hans Oberpriller |
| Bankverbindung: | HVB Landshut<br>IBAN: DE92 7432 0073 0033 4767 32<br>BIC: HYVEDEMM433<br>Sparkasse Landshut<br>IBAN: DE18 7435 0000 0000 0999 99<br>BIC: BYLADEM1LAH |

# I. ORGANISATIONSPROZESSE

## SITUATION 1

**Die Bavaria Fahrradwerke KG hat als oberste Zielsetzung die Zufriedenstellung ihrer Kunden festgelegt, was bedeutet, dass nur die beste Qualität zum günstigsten Preis-Leistungs-Verhältnis hergestellt werden soll.**

### 1. Aufgabe

**Nennen Sie weitere Ziele, die von einem Unternehmen angestrebt werden können.**

### 2. Aufgabe

**Angenommen, als Leitziel (oberstes Ziel) sei die Steigerung des Unternehmensgewinns um 10 % für das nächste Geschäftsjahr ausgegeben worden. Wie könnte sich diese Zielsetzung z. B. im Personalwesen auswirken?**

### 3. Aufgabe

**Grundvoraussetzung zur Erreichung unternehmerischer Ziele ist die Organisation. Wie ist der Begriff „Organisation" zu definieren?**

### 4. Aufgabe

**Steht das Unternehmensziel fest, muss zunächst geplant werden, wie es zu erreichen ist. Worin besteht der Unterschied zwischen Planung und Organisation?**

| Planung | Organisation |
|---|---|
| | |
| | |
| | |
| | |
| | |
| | |
| | |

**5. Aufgabe**
**Bei der betrieblichen Organisation sind Grundsätze zu beachten. Nennen Sie Organisationsgrundsätze.**

| |
|---|
| |
| |
| |
| |

**6. Aufgabe**
**Gegen welchen Grundsatz der Organisation wurde in den folgenden Fällen verstoßen? Begründen Sie Ihre Antworten.**
**6.1 Die Abteilungsleiter beschweren sich bei der Geschäftsleitung über die ständige Zunahme der Bürokratisierung.**
**6.2 Bei der Montage des neuen Fahrradtyps ist der zu montierende Gelsattel nicht auf Lager.**
**6.3 Um die Pünktlichkeit der Mitarbeiter/-innen überprüfen zu können, sind das Betätigen der Stechuhr und das Eintragen in die beim Abteilungsleiter ausliegende Anwesenheitsliste vorgeschrieben.**
**6.4 Das Einsetzen von Handelsvertretern für den Absatz des neuen Fahrrads hat sich nicht bewährt.**
**6.5 Es wurde versäumt, für den Krankheitsfall für Ersatz zu sorgen, z. B. für die Mitarbeiterin, die für die Auftragsannahme zuständig ist.**

| | |
|---|---|
| 6.1 | |
| 6.2 | |
| 6.3 | |
| 6.4 | |
| 6.5 | |

**7. Aufgabe**
**Um dem Grundsatz des organisatorischen Gleichgewichts gerecht zu werden, soll den Mitarbeiter/-innen ein gewisser Spielraum in ihrem Handeln belassen werden. Erläutern Sie in diesem Zusammenhang die Begriffe „Organisieren“, „Improvisieren“ und „Disponieren“.**

| | |
|---|---|
| Organisieren | |
| Improvisieren | |
| Disponieren | |

**8. Aufgabe**
**Siehe Aufgabe 7. In welchem Fall liegt Organisation, Improvisation bzw. Disposition vor?**
**8.1 Für den Ablauf immer wiederkehrender Arbeiten wurde eine Checkliste erstellt.**
**8.2 Um dem Grundsatz des stets zufriedenen Kunden gerecht zu werden, haben Mitarbeiter die Möglichkeit, auch bei ungerechtfertigten Reklamationen einen Rabatt zwischen 5 und 20 % aus Kulanz einzuräumen.**
**8.3 Dem Einkäufer liegt ein außergewöhnlich günstiges Angebot für Gelsättel vor. Obwohl im Moment kein großer Bedarf besteht, nimmt er das Angebot an.**

| | |
|---|---|
| 8.1 | |
| 8.2 | |
| 8.3 | |

**9. Aufgabe**

**Die Organisation hat zum einen dafür zu sorgen, dass jeder Mitarbeiter weiß, welchem Vorgesetzten er unterstellt ist und welche Tätigkeiten er zu verrichten hat, und zum anderen dafür, dass die einzelnen Arbeitsvorgänge in entsprechender Reihenfolge abgewickelt werden. Man spricht von Aufbau- und Ablauforganisation. Erläutern Sie den Unterschied.**

| Aufbauorganisation | Ablauforganisation |
|---|---|
| | |
| | |
| | |
| | |

**10. Aufgabe**

**Angenommen, die Bavaria Fahrradwerke KG sei nach dem Einliniensystem organisiert. Geschäftsführer ist Herr Oberpriller. Ihm sind drei weitere Mitarbeiter in der Geschäftsleitung unterstellt: Herr Huber für die Einkaufsabteilung, Herr Schmidt für die Produktion und Herr Müller für den Absatz. Herr Huber hat noch zwei weitere Mitarbeiter (MA). In der Fertigungsabteilung sind noch drei Abteilungsleiter (AL), die wiederum mehrere Mitarbeiter haben. Herr Müller hat ebenfalls noch zwei Abteilungsleiter, denen jeweils drei Mitarbeiter unterstellt sind.**

**10.1 Erklären Sie das Einliniensystem.**

**10.2 Zeichnen Sie das Organigramm.**

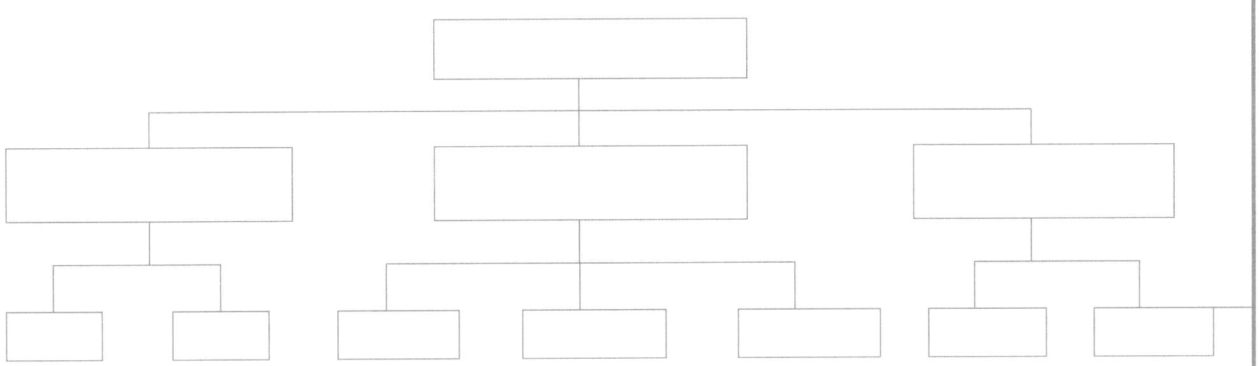

**11. Aufgabe**

**Der Geschäftsleitung der Bavaria Fahrradwerke KG wird eine Rechtsabteilung zugeordnet. Wie bezeichnet man diese organisatorische Einheit?**

**12. Aufgabe**
**Welche Aufgaben hat eine Rechtsabteilung innerhalb der Bavaria Fahrradwerke KG zu erfüllen? Nennen Sie zwei Beispiele.**

| |
|---|
| |
| |
| |
| |

**13. Aufgabe**
**In der Organisationslehre spricht man auch von „Instanzen“.**
**13.1 Was ist in der Aufbauorganisation unter diesem Begriff zu verstehen?**
**13.2 Nennen Sie eine Instanz aus Aufgabe 10.2.**

| | |
|---|---|
| 13.1 | |
| 13.2 | |

**14. Aufgabe**
**Neben dem Einliniensystem gibt es noch weitere Organisationsformen. Welche sind Ihnen noch bekannt?**

| | |
|---|---|
| | |
| | |

**15. Aufgabe**
**Die Geschäftsleitung der Bavaria Fahrradwerke KG beabsichtigt, Herrn Dr. Christian Schwarz in der Funktion als Stabstelle einzustellen. Erklären Sie das Stabliniensystem.**

| |
|---|
| |
| |
| |
| |

**16. Aufgabe**
**Nennen Sie jeweils 3 Vorteile und Nachteile des Stabliniensystems.**

| Vorteile | Nachteile |
|---|---|
| | |
| | |
| | |

**17. Aufgabe**
**Aufgrund einer Umstrukturierung sollen die Stellenbeschreibungen überprüft und gegebenenfalls erneuert werden.**
**17.1 Erklären Sie den Begriff „Stellenbeschreibung“.**
**17.2 Nennen Sie die wichtigsten Gliederungspunkte einer Stellenbeschreibung.**

| | |
|---|---|
| 17.1 | |
| 17.2 | |

## 18. Aufgabe

**Um welche Darstellungsform der Ablauforganisation handelt es sich bei den nachstehenden Abbildungen? Geben Sie jeweils ein Beispiel für einen sinnvollen Einsatz.**

**18.1**

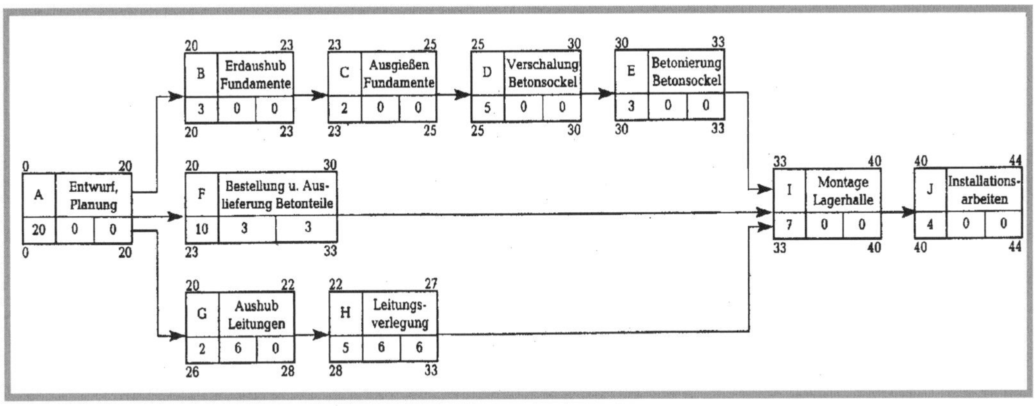


**18.2**

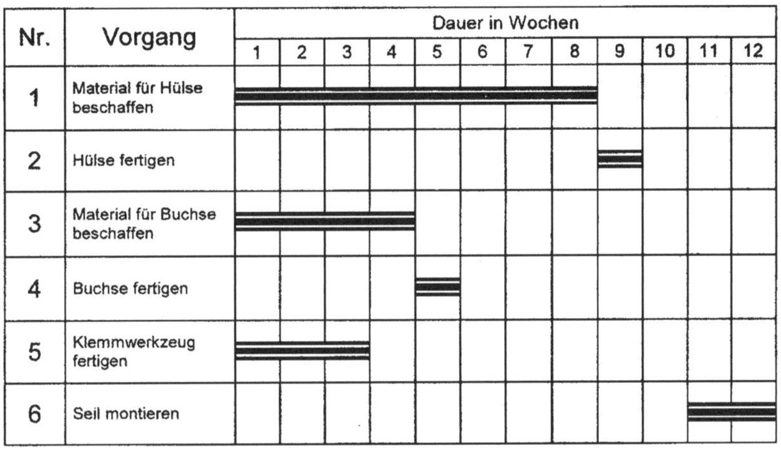


| | |
|---|---|
| 18.1 | |
| 18.2 | |

## 19. Aufgabe

**Bei welcher grafischen Darstellung im Bereich der Ablauforganisation werden folgende Zeichen verwendet?**

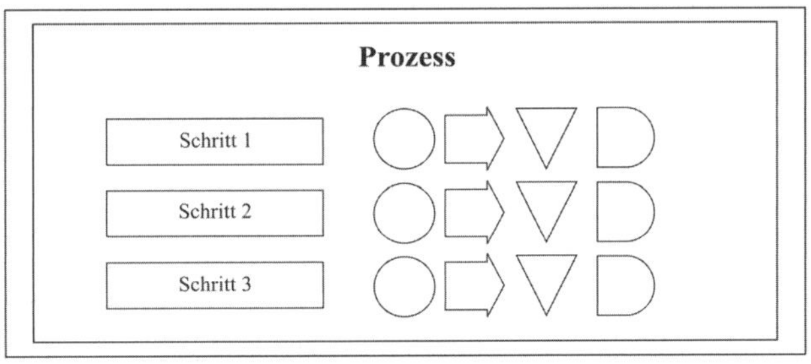


| |
|---|
| |

**20. Aufgabe**

**Der von Herrn Oberpriller, dem Geschäftsführer der Bavaria Fahrradwerke KG, gewählte Führungsstil hat sich als erfolgreich erwiesen. Erklären Sie den Begriff Führungsstil und stellen Sie die beiden idealtypischen Formen einander gegenüber.**

| | |
|---|---|
| Führungsstil | |
| Führungsstil | |
| Führungsstil | |

## SITUATION 2

**Seit Beginn der vorletzten Woche wird bei der Bavaria Fahrradwerke KG eine Arbeitsablaufuntersuchung durchgeführt. Der Experte einer Unternehmensberatung ist dazu von der Geschäftsleitung mit der Ist-Aufnahme der Arbeitsabläufe beauftragt worden. In einem ersten Schritt listet er anhand ausgewählter Arbeitsplätze auf einem vorbereiteten Bogen die Häufigkeiten verschiedener Tätigkeiten auf.**
**Um die Aussagekraft der Ergebnisse zu erhöhen, erhalten in einem zweiten Schritt die Mitarbeiter an den Arbeitsplätzen Fragebögen, in denen sie Angaben über ihren Arbeitsplatz machen sollen.**
**Gegen Ende der Woche lässt sich der Experte von den Mitarbeitern über Besonderheiten und Probleme des jeweiligen Arbeitsplatzes unterrichten und erfragt dabei auch besondere Einzelheiten. Dabei stellt sich beispielsweise heraus, dass der für das Lager zuständige Mitarbeiter, Herr Kortz, oft in unregelmäßigen Abständen und in kürzester Zeit Auskünfte über die Lagerbestände geben und eine Vielzahl telefonischer Bestellungen abwickeln muss. Dabei blieben nach seinen Angaben schriftliche Bestellungen oft sehr lange liegen.**

**1. Aufgabe**
**Welches Ziel haben Arbeitsplatzuntersuchungen in einem Unternehmen?**

| |
|---|
| |

**2. Aufgabe**
**Nennen Sie Anlässe, die eine Umorganisation des Arbeitsablaufes erforderlich machen.**

| | |
|---|---|
| | |
| | |
| | |
| | |
| | |

**3. Aufgabe**
**Woran sind Mängel im organisatorischen Arbeitsablauf erkennbar?**

| | |
|---|---|
| | |
| | |
| | |
| | |

**4. Aufgabe**
**Welche Ursachen können zu den genannten Mängeln führen?**

| |
|---|
| |
| |
| |
| |

**5. Aufgabe**
**Nennen Sie Folgen eines schlecht organisierten Arbeitsablaufes.**

**6. Aufgabe**
**Geben Sie an, welche drei Methoden der Ist-Aufnahme der Experte bei der Bavaria Fahrradwerke KG anwendet.**

**7. Aufgabe**
**Angenommen, der Experte würde nur den ersten Schritt durchführen. Warum würde dies nicht zu hinreichend aussagefähigen Ergebnissen führen?**

**8. Aufgabe**
**Machen Sie zwei Vorschläge, wie der entdeckte organisatorische Mangel im Bereich des Lagers behoben werden könnte, und begründen Sie ihre Antwort.**

**9. Aufgabe**
**Organisationsprobleme können sehr komplex sein und mehrere Bereiche des Unternehmens betreffen. Zur Lösung solcher Probleme hat sich die Projektorganisation entwickelt. Als Richtlinie dient der Organisationskreislauf. Stellen Sie diesen in einer zeitlich logischen Reihenfolge dar, indem Sie die einzelnen Phasen auflisten.**

## SITUATION 3

**Die Bavaria Fahrradwerke KG beschließt, die zur Erreichung der im Unternehmensleitbild definierten Unternehmensziele in Mitarbeiterversammlungen vorzustellen. Dabei sollen vor allem die Grundsätze zur Erreichung dieser Ziele verdeutlicht und erläutert werden. Schwerpunkt der Versammlungen sollen dabei die mitarbeiterbezogenen Grundsätze sein. Wegen der Wichtigkeit der Thematik sollen zwei Versammlungen stattfinden.**
**Sie erhalten den Auftrag, diese beiden Versammlungen vorzubereiten.**

### 1. Aufgabe
**Sie sollen darauf achten, dass an jeder Versammlung etwa gleich viele Mitarbeiter/-innen teilnehmen. Wie können Sie vorgehen, um dies zu erreichen?**

| |
|---|
| |
| |
| |
| |

### 2. Aufgabe
**Welche weiteren Tätigkeiten fallen an, um die Versammlungen vorzubereiten? Nennen Sie fünf.**

| | |
|---|---|
| | |
| | |
| | |
| | |

### 3. Aufgabe
**Da Herr Oberpriller besonderen Wert legt auf eine anschauliche Präsentation der darzustellenden Inhalte, sollen Sie den Seminarraum als „Präsentationsraum" vorbereiten. Erstellen Sie stichwortartig eine Checkliste „Vorbereitung Präsentationsraum" bezüglich des erforderlichen Equipments.**

| Checkliste „Vorbereitung Präsentationsraum" |
|---|
| |
| |
| |
| |
| |
| |
| |
| |

### 4. Aufgabe
**Da es vor allem um mitarbeiterbezogene Grundsätze geht, will Herr Oberpriller vor den Veranstaltungen Informationen über die Arbeitszufriedenheit der Belegschaft. Sie werden mit der Erhebung der erforderlichen Daten beauftragt. Nennen Sie zwei Erhebungsmethoden, die dazu geeignet sind und nennen Sie deren Vorteile.**

| |
|---|
| |
| |

**Situation zu den Aufgaben 5 bis 9.**
**Da kürzlich einige Veränderung in der Organisation vorgenommen wurden, erläuterte Herr Oberpriller die aktuelle Organisationsform, bevor er auf das Hauptthema „Grundsätze zur Erreichen der Unternehmensziele“ zu sprechen kam.**

**5. Aufgabe**
**Welche Organisationsform ist in dem abgebildeten Organigramm dargestellt?**

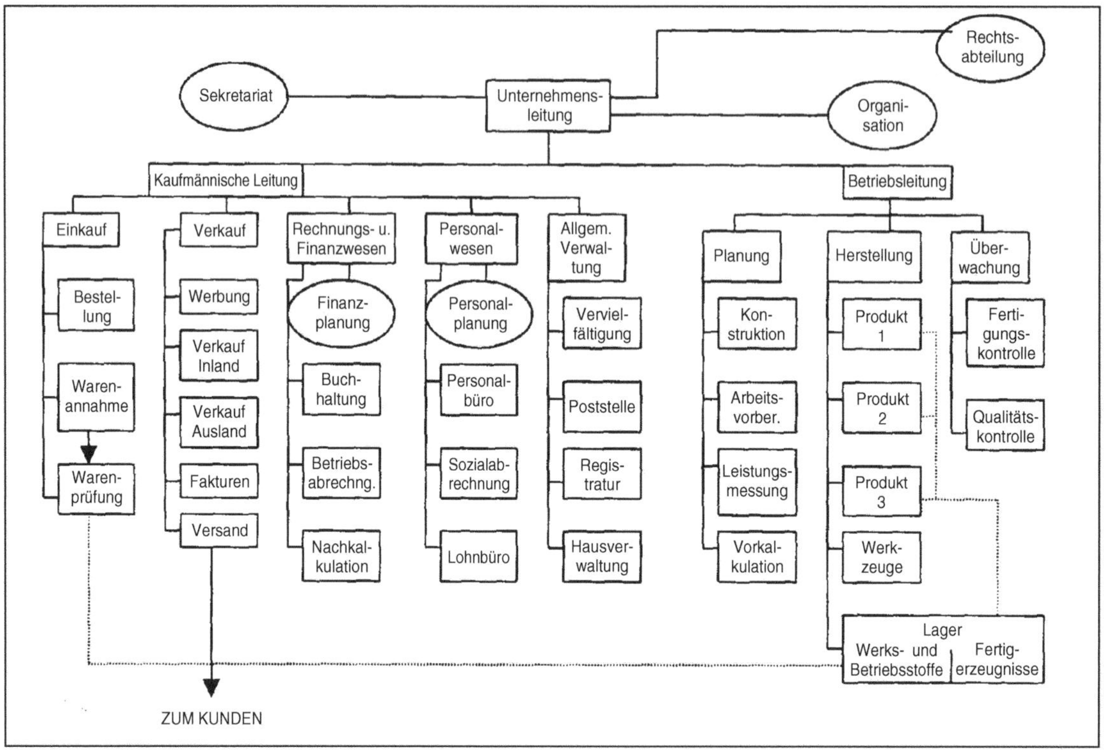


**6. Aufgabe**
**Wie werden die organisatorischen Einheiten „Rechtsabteilung“, „Organisation“ und „Sekretariat“ genannt? Nennen Sie Aufgaben der Rechtsabteilung.**

**7. Aufgabe**
**Nach welchem Prinzip ist die kaufmännische Abteilung gegliedert?**

**8. Aufgabe**
**Nennen Sie drei Aufgaben, die von einer Instanz, z. B. „Kaufmännische Leitung“, in der Ablauforganisation zu erbringen sind.**

**9. Aufgabe**

**Herr Oberpriller meinte noch, dass die Bearbeitungszeiten in der Fahrradwerke KG teilweise sehr lang sind und dadurch Aufträge verloren gingen. Machen Sie Vorschläge, wie z. B. der „Verkauf“ schneller auf Kundenanfragen und Kundenaufträge reagieren kann. Begründen Sie Ihre Antworten.**

| |
|---|
| |
| |
| |

**10. Aufgabe**

**Herr Oberpriller wünscht, direkt nach den Versammlungen Informationen über die Stimmung der Mitarbeiter zu erhalten. Wie können Sie diese direkt nach den Veranstaltungen messen?**

| |
|---|
| |
| |

## SITUATION 4

**Sie sind Mitarbeiter/-in der Bavaria Fahrradwerke KG. Sie haben die Aufgabe, die geplante Neueröffnung einer Zweigniederlassung in Regensburg mit zu organisieren. Unter anderem ist zu klären, welche Abteilungen und Stellen für die neue Filiale zu schaffen sind.**

### 1. Aufgabe

**Erläutern Sie den Begriff Aufbauorganisation. Unterscheiden Sie dabei auch in horizontale und vertikale Aufbauorganisation.**

### 2. Aufgabe

**Nennen Sie 3 Gründe für die Notwendigkeit der Aufbauorganisation.**

### 3. Aufgabe

**Als vordergründige Aufgaben innerhalb der Aufbauorganisation ist eine Aufgabenanalyse durchzuführen. Erläutern Sie diesen Begriff.**

### 4. Aufgabe

**Die Aufgabenanalyse bereitet die Schaffung von Abteilungen und Stellen vor. Klären Sie die Begriffe „Stelle“ und „Abteilung“.**

### 5. Aufgabe

**Nennen Sie 3 konkrete Aufgaben der Abteilung Verkauf.**

### 6. Aufgabe

**Nennen Sie 3 Stellen, die in der Abteilung Verkauf von Mitarbeitern besetzt sein müssen.**

## 7. Aufgabe

**Die Produktionsfiliale Regensburg soll in den nächsten Tagen in Betrieb genommen werden. Damit ein reibungsloser Start gewährleistet ist, haben Sie die Aufgabe, einen Zeitplan für die noch zu verrichtenden Tätigkeiten zu erstellen und zu überwachen. Übertragen Sie die angegebenen Tätigkeiten in ein Balkendiagramm, das Ihnen die zeitliche Übwachung der Abläufe ermöglicht. Führen Sie dazu die unten vorbereitete Tabelle weiter.**

| Tätigkeit Nr. | Tätigkeitsbeschreibung | Dauer in Tagen | Vorläufer |
|---|---|---|---|
| 1 | Abnahme der neuen Fertigungshalle | 1 | |
| 2 | Endreinigung | 2 | 1 |
| 3 | Montage des Maschinenparks | 12 | 2 |
| 4 | Anliefern von Roh- und Hilfsstoffen | 1 | 2 |
| 5 | Probelauf des Maschinenparks | 2 | 3 u.4 |
| 6 | Auswertung der Probelaufergebnisse | 1 | 5 |
| 7 | Mängelbehebung | 6 | 6 |
| 8 | Inbetriebnahme der Anlage | 1 | 7 |

| Vorgänge Nr. | Tage | | | | | | | | | | | | | | | | | | | | | | | | | | | | | |
|---|---|---|---|---|---|---|---|---|---|---|---|---|---|---|---|---|---|---|---|---|---|---|---|---|---|---|---|---|---|---|
| | 1 - 5 | | | | | 6 – 10 | | | | | 11 - 15 | | | | | 16 – 20 | | | | | 21 - 25 | | | | | 26 - 30 | | | | |
| 1 | o | | | | | | | | | | | | | | | | | | | | | | | | | | | | | |
| 2 | | | | | | | | | | | | | | | | | | | | | | | | | | | | | | |
| 3 | | | | | | | | | | | | | | | | | | | | | | | | | | | | | | |
| 4 | | | | | | | | | | | | | | | | | | | | | | | | | | | | | | |
| 5 | | | | | | | | | | | | | | | | | | | | | | | | | | | | | | |
| 6 | | | | | | | | | | | | | | | | | | | | | | | | | | | | | | |
| 7 | | | | | | | | | | | | | | | | | | | | | | | | | | | | | | |
| 8 | | | | | | | | | | | | | | | | | | | | | | | | | | | | | | |

## 8. Aufgabe

**Nach wie viel Tagen einschließlich der Endreinigung kann die Anlage in Betrieb genommen werden, wenn keinerlei Verzögerungen auftreten?**

## 9. Aufgabe

**Bei welcher Tätigkeit ergibt sich ein Zeitpuffer?**

## SITUATION 5

**Da Herr Oberpriller nicht sämtliche Aufgaben des Unternehmens alleine ausführen kann und will, hat er seine Mitarbeiter mit Vollmachten ausgestattet.**

**1. Aufgabe**

**Mitarbeiter müssen zu rechtsgültigen Handlungen, die sie stellvertretend für die Geschäftsleitung vornehmen, befugt werden. Wann liegt eine Entscheidungs-, eine Weisungs- bzw. eine Vertretungsbefugnis vor?**

**1.1 Ein Mitarbeiter ist berechtigt, über die Annahme einer Bestellung zu entscheiden.**
**1.2 Eine Mitarbeiterin leitet die Filiale einer Supermarktkette selbstständig.**
**1.3 Ein Mitarbeiter entscheidet, ob dem Kunden der gewünschte Preisnachlass von 15 % eingeräumt wird.**
**1.4 Ein Mitarbeiter möchte, dass die Kollegin Müller das Angebot an den Kunden Meyer zur Post bringt.**

| | |
|---|---|
| 1.1 | |
| 1.2 | |
| 1.3 | |
| 1.4 | |

**2. Aufgabe**

**Welche Vollmacht liegt vor?**

**2.1 Eine Mitarbeiterin wird beauftragt, fällige Rechnungen per Banküberweisung zu begleichen.**
**2.2 Ein Mitarbeiter ist für den Einkauf der Fertigteile zuständig.**
**2.3 Der Mitarbeiter Huber soll ab 1. Januar eine Verkaufsfiliale für Fahrräder selbstständig leiten.**

| | |
|---|---|
| 2.1 | |
| 2.2 | |
| 2.3 | |

**3. Aufgabe**

**Unterscheiden Sie Artvollmacht, Spezialvollmacht und allgemeine Handlungsvollmacht (Generalhandlungsvollmacht).**

| | |
|---|---|
| Artvollmacht | |
| Spezial-vollmacht | |
| Allgemeine Handlungs-vollm | |

**4. Aufgabe**

**Wer kann die nachstehend genannten Vollmachten erteilen?**

**4.1 Allgemeine Handlungsvollmacht**
**4.2 Artvollmacht**
**4.3 Einzel- oder Sondervollmacht?**

| | |
|---|---|
| 4.1 | |
| 4.2 | |
| 4.3 | |

**5. Aufgabe**
**Prokura ist die weitreichendste gesetzlich geregelte Vollmacht, die ein Kaufmann erteilen kann. Worauf erstreckt sich diese Vollmacht?**

| |
|---|
| Prokura ermächtigt zu |
| - |
| - |

**6. Aufgabe**
**Nennen Sie beispielhaft Handlungen bzw. Rechtsgeschäfte, die ein Prokurist**
**6.1 vornehmen darf,**
**6.2 laut HGB nicht vornehmen darf.**

| Prokurist darf | Prokurist darf nicht |
|---|---|
| | |
| | |
| | |
| | |
| | |
| | |
| | |

**7. Aufgabe**
**In der Bavaria Fahrradwerke KG soll Prokura erteilt werden. Es wird noch überlegt, ob Einzel- oder Gesamtprokura erteilt werden soll. Worin besteht der Unterschied?**

| | |
|---|---|
| Einzelprokura | |
| Gesamtprokura | |

**8. Aufgabe**
**Im Arbeitsvertrag eines Prokuristen ist festgehalten, dass seine Vollmacht in finanzieller Hinsicht lediglich bis zu einem Betrag von 100.000,00 € reicht. Der Prokurist nimmt dennoch ein günstiges Angebot über eine Maschine im Wert von 130.000,00 € an. Ist die Annahme dieses Angebotes für das Unternehmen, das die Prokura erteilt hat, rechtsgültig?**

| |
|---|
| |
| |

**9. Aufgabe**
**Herr Huber hat Einzelprokura. Sind die folgenden Aussagen zutreffend oder nicht zutreffend?**

| Aussagen | Zutreffend | Nicht zutreffend |
|---|---|---|
| Herr Huber darf ein Betriebsgrundstück mit einer Größe von 1200 qm kaufen, da er beabsichtigt, eine weitere Halle zu bauen. | | |
| Herr Huber hat sich entschlossen, den Fuhrpark zu modernisieren und kauft drei neue Lkw für den werkseigenen Vertrieb. | | |
| Herr Huber muss alle seine Anweisung mit i. V. Huber unterschreiben. | | |
| Herr Huber benötigt zur Belastung eines Grundstücks eine zusätzliche Vollmacht vom Geschäftsinhaber. | | |
| Die Prokura erlischt automatisch mit dem Tod des Geschäftsinhabers. | | |
| Herr Huber darf einem weiteren Mitarbeiter Prokura erteilen, da er sich für die Gesamtprokura entschieden hat. | | |
| Die Prokura für Herrn Huber wurde vom Geschäftsinhaber widerrufen. Der Widerruf wurde aber noch nicht im Handelsregister eingetragen. Herr Huber hat nach dem Widerruf einen Posten Fertigerzeugnisse geordert. Der Geschäftsinhaber kann ohne Probleme dieses Geschäft rückgängig machen. | | |

## SITUATION 6

**Nicht nur die ständig verschärfte Gesetzgebung, sondern auch ein verändertes Bewusstsein rücken den Schutz der Umwelt mehr und mehr in den Mittelpunkt. So auch bei der Bavaria Fahrradwerke KG.**

### 1. Aufgabe

**Ein modernes Unternehmen zeichnet sich u. a. durch eine ökologische Betriebsführung aus. Das bedeutet, dass der Schutz der Umwelt den gesamten Betriebsprozess begleitet, von der Produktentwicklung bis zum Recycling.**

**1.1**
**Welche Maßnahmen im Bereich der Beschaffung dienen dem Prinzip der Umweltverträglichkeit?**

**1.2**
**Wie kann bei der Produktion auf mehr Umweltverträglichkeit geachtet werden? Nennen Sie einige Möglichkeiten.**

**1.3**
**Auch im Bereich des Absatzes kann viel für die Umwelt getan werden. Nennen Sie Möglichkeiten eines ökologischen Marketings.**

**1.4**
**Sie als Mitarbeiter/-in in der Verwaltung sollten an einer ökologischen Ausrichtung Ihres Arbeitsplatzes besonders interessiert sein. Wie kann im Bereich der Verwaltung auf Umweltfreundlichkeit geachtet werden?**

**1.5**
**Die Umsetzung ökologisch orientierter Ziele gelingt umso besser, je mehr die Mitarbeiter/-innen mit einbezogen werden. Welche Möglichkeiten umweltfreundlicher Aktivitäten sind einem Unternehmen im personalpolitischen Bereich gegeben?**

**2. Aufgabe**
**Welche Umweltschutzmaßnahmen werden von einem umweltfreundlichen Industrieunternehmen erwartet? Nennen Sie fünf Maßnahmen.**

**3. Aufgabe**
**Welche Konsequenzen kann es für ein Industrieunternehmen haben, wenn Umweltschäden schuldhaft verursacht werden?**

| | |
|---|---|
| Rechtliche Folgen | |
| Wirtschaftliche Folgen | |

**4. Aufgabe**
**Um die Bedeutung des Umweltgedankens den Mitarbeitern zu verdeutlichen, legt die Geschäftsleitung das folgende Schaubild vor.**
**Welche Erkenntnisse bezüglich der Produktivität kann man aus diesem gewinnen?**

Ökologische „Schadensbilanz" der Bundesrepublik Deutschland
(rechenbare Schäden in Milliarden Euro pro Jahr)

| Schadensposition | Schadenskosten (in Mrd. € /Jahr) |
|---|---|
| **Luftverschmutzung** | ca. 20 |
| • Gesundheitsschäden | über 2,3 bis 6,8 |
| • Materialschäden | über 2,3 |
| • Schädigung der Freilandvegetation | über 1,0 |
| • Waldschäden | über 6,5 bis 8,8 |
| **Gewässerverschmutzung** | ca. 18 |
| • Schäden Flüsse und Seen | über 14,3 |
| • Schäden Nord- und Ostsee | über 0,3 |
| • Schäden Grundwasser | über 3,0 |
| **Bodenzerstörung** | ca. 5 |
| • Altlastsanierung | über 4,1 |
| • Kosten der Biotop- und Arterhaltung | über 1,1 |
| **Lärm** | ca. 32 |
| • Wohnwertverlust | über 28,3 |
| • Produktivitätsverlust | über 3,0 |
| • Lärmrenten | über 0,4 |
| **Summe** | ca. 75 |

## SITUATION 7

**Eine Auszubildende der Bavaria Fahrradwerke KG hatte während ihrer Ausbildungszeit sowohl mit dem Postausgang als auch mit dem Versand von Waren zu tun.**

### 1. Aufgabe

**Sie haben wichtige Papiere zu versenden. Dabei informieren Sie sich, welche Möglichkeiten des Postversands geeignet sind. Erklären Sie in diesem Zusammenhang, für welchen Fall die folgenden Versandarten eines Briefes zu wählen sind:**

**1.1 Versand als Einschreiben – Einwurf**
**1.2 Versand als Einschreiben**
**1.3 Versand als Einschreiben – Rückschein**
**1.4 Versand als Einschreiben – Eigenhändig.**

| | |
|---|---|
| Einschreiben-Einwurf | |
| Einschreiben | |
| Einschreiben-Rückschein | |
| Einschreiben-Eigenhändig | |

### 2. Aufgabe

**Bei den meisten Sendungsarten der Post bzw. ihrer Tochtergesellschaft DHL gelten verschiedene Gewichtsbegrenzungen, die Sie beim Versand zu beachten haben. Tragen Sie die entsprechenden Höchstgewichte in die Tabelle ein.**

| Sendungsarten | Höchstgewichte |
|---|---|
| DHL-Päckchen | |
| Standardbrief | |
| Maxibrief | |
| Infopost | |
| Warensendung maxi | |
| DHL-Paket | |
| Wurfsendung | |
| Kompaktbrief | |
| Großbrief | |

### 3. Aufgabe

**Neben der Deutschen Post AG sind weitere Transportanbieter auf dem Markt, die so genannten Kurier-, Express- und Paketdienste (KEP-Dienste). Nennen Sie einige Anbieter.**

| |
|---|
| |
| |
| |

**4. Aufgabe**
**Wonach richten sich die von den KEP-Diensten berechneten Entgelte?**

**5. Aufgabe**
**Die verschiedenen KEP-Dienste arbeiten mit eigenen Fahrzeugen, aber auch mit Vertragsunternehmen des Land- und Luftverkehrs. Beschreiben Sie das System, nach dem der Gütertransport abläuft.**

**6. Aufgabe**
**Erstellen Sie eine Checkliste, die Ihnen bei der Auswahl Ihres Beförderungsunternehmens behilflich sein kann.**

## SITUATION 8

**Obwohl bei der Bavaria Fahrradwerke KG die modernen Kommunikationsmittel wie z. B. E-Mail und Telefax in den letzten Jahren immer mehr am Informationsfluss beteiligt sind, muss die herkömmliche Eingangs- und Ausgangspost nach wie vor noch bearbeitet werden.**

### 1. Aufgabe
**In einer Mitarbeiterbesprechung wies Ihr Chef Sie darauf hin, dass eintreffende Post immer eilig ist. Nennen Sie drei Gründe dafür.**

### 2. Aufgabe
**Geben Sie in fünf Teilschritten an, wie die Eingangspost zu bearbeiten ist.**

### 3. Aufgabe
**Unterscheiden Sie Briefgeheimnis und Postgeheimnis.**

| | |
|---|---|
| Briefgeheimnis | |
| Postgeheimnis | |

### 4. Aufgabe
**Die Geschäftsleitung hat Sie mit der allgemeinen Postvollmacht versehen. Welche Sendungen dürfen Sie annehmen?**

### 5. Aufgabe
**Wann dürfen Sie einen Brief öffnen, wann nicht? Nennen Sie vier Arten von Postsendungen, die Sie nicht öffnen dürfen.**

### 6. Aufgabe
**Warum ist es wichtig, die Eingangspost mit dem Eingangsstempel zu versehen?**

**7. Aufgabe**
**Oft entschließen sich Unternehmen, ihre Post selbst aus einem Postfach abzuholen. Nennen Sie Vor- und Nachteile eines Postfachs für das Unternehmen.**

| Vorteile | Nachteile |
|---|---|
| | |
| | |
| | |
| | |

**8. Aufgabe**
**Nennen Sie den Ablauf der Ausgangspostbearbeitung.**

| |
|---|
| |
| |
| |
| |
| |
| |

**9. Aufgabe**
**Sowohl bei der Bearbeitung der Eingangspost als auch bei der Ausgangspost gibt es moderne Hilfs- und Organisationsmittel, die den Arbeitsablauf beschleunigen. Welche sind Ihnen bekannt?**

| Bearbeitung der Eingangspost | Bearbeitung der Ausgangspost |
|---|---|
| | |
| | |
| | |
| | |
| | |
| | |

**10. Aufgabe**
**Die Bavaria Fahrradwerke KG überlegt, die Postbearbeitung zu modernisieren und entsprechende Maschinen anzuschaffen. Zurzeit arbeiten drei Angestellte je eine Stunde pro Tag an 250 Arbeitstagen pro Jahr an der Postbearbeitung. Pro Stunde ist mit einem Stundensatz von 22,00 € pro Angestellte zu rechnen.**
**Die maschinelle Postbearbeitung würde laut Berechnungen eines Sachbearbeiters jährlich 3.000,00 € Abschreibung, 800,00 € Zinsen und 600,00 € Wartung kosten. Es wäre aber nur noch eine Angestellte pro Tag mit der Postbearbeitung beschäftigt.**
**Berechnen Sie, wann sich die maschinelle Postbearbeitung amortisieren würde. Sehen Sie dazu auch den Ausschnitt aus der Afa-Tabelle.**

| Manuelle Postbearbeitung | Maschinelle Postbearbeitung |
|---|---|
| | |

| **Büromaschinen und Organisationsmittel** | **Jahre** |
|---|---|
| Adressiermaschinen, Kuvertiermaschinen, Frankiermaschinen | 8 |
| Paginiermaschinen | 8 |
| Datenverarbeitungsanlagen | |
| Großrechner | 7 |
| Workstations, Personalcomputer, Notebooks und deren Peripheriegeräte (Drucker, Scanner, Bildschirme u.ä.) | 3 |
| Foto-, Film-, Video- und Audiogeräte (Fernseher, CD-Player, Recorder, Lautsprecher, Radios, Verstärker, Kameras, Monitore u.ä.) | 7 |

**11. Aufgabe**
**Unterscheiden Sie Standardbrief, Kompaktbrief, Großbrief und Maxibrief.**

| | Länge | Breite | Höhe | Gewicht | Porto |
|---|---|---|---|---|---|
| Standardbrief | | | | | |
| Kompaktbrief | | | | | |
| Großbrief | | | | | |
| Maxibrief | | | | | |

**12. Aufgabe**
**Nachstehende Sendungen sollen postfertig gemacht werden. Dabei handelt es sich ausschließlich um Inlandssendungen. Ihre Aufgabe ist es, die günstigste Sendungsart und, falls erforderlich, die entsprechende Versendungsform auszuwählen. Ermitteln Sie die Gebühren anhand der beigefügten Preisliste der Deutschen Post AG. Füllen Sie zur Lösung die Tabelle aus.**

| **Sendung** | **Gewicht in g** | **Höhe in mm** | **Sendungsart Versendungsform** | **Porto** |
|---|---|---|---|---|
| Vertragspapiere, DIN A4, 4 Seiten, sollen versendet werden. Es wird eine Empfangsbestätigung benötigt. | 45 | 9 | | |
| Eine Einladung zu einer Fortbildung, A4, soll an den Außendienstmitarbeiter verschickt werden. | 16 | 3 | | |
| Ein Kündigungsschreiben, A4, soll an einen Mitarbeiter verschickt werden. Der Mitarbeiter soll persönlich den Brief erhalten. | 10 | 3 | | |
| Eine DVD soll in einer gepolsterten Versandtasche C5 verschickt werden. Das Entgelt soll vom Postboten vom Empfänger eingezogen und auf unser Konto überwiesen werden. | 350 | 15 | | |
| Ein Gegenstand, der 1.200,00 € wert ist, soll per Post verschickt werden. Der Gegenstand soll voll versichert sein. Von der Größe her passt er in eine Versandtasche B5. | 450 | 25 | | |
| Für 25 Jahre Zugehörigkeit zum Unternehmen soll einem Mitarbeiter ein Buch mit Grußkarte zugesandt werden. | 1 200 | 500 | | |

| Produkt | Preis (EUR) |
|---|---|
| Einschreiben | + 2,15 |
| Rückschein* | + 3,95 |
| Eigenhändig* | + 3,95 |
| Einschreiben Einwurf | + 1,80 |
| * Rückschein und Eigenhändig sind nur mit Einschreiben kombinierbar. | |
| | |
| Nachnahme | 2,40 |
| zzgl. für die Geldübermittlung | 2,00 |
| | |
| Transportversicherung bis zur Summe von 2.500 EUR | 3,50 |
| Transportversicherung bis zur Summe von 25.000 EUR | 15,00 |
| | |
| Paket | |
| bis 10 | 6,99 |
| bis 20 kg | 11,99 |
| bis 31,5 kg | 13,99 |
| | |
| Päckchen | |
| Mindestmaße 15 x 11 x 1 cm; Höchstmaße 60 x 30 x 15 cm | 4,10 |
| | |
| Kompaktbrief L 100-235, B 70-125, H bis 10 mm; bis 50 g | 0,90 |
| Großbrief L 100-353, B 70-250, H bis 20 mm; bis 500 g | 1,45 |
| Maxibrief L 100-353, B 70-250, H bis 50 mm; bis 1 000 g | 2,40 |

## SITUATION 9

**Sie arbeiten in der Registratur bei der Bavaria Fahrradwerke KG.**

**1. Aufgabe**

**Erklären Sie den Begriff „Registratur“ und erläutern Sie, warum diese bei der Bavaria Fahrradwerke KG erforderlich ist.**

**2. Aufgabe**

**Nennen Sie vier wichtige Arbeiten, die von der Registratur zu erledigen sind.**

**3. Aufgabe**

**Welche betrieblichen Gründe sprechen für eine Registratur?**

**4. Aufgabe**

**Der Gesetzgeber schreibt dem Unternehmen aus Gründen der Rechtssicherheit und zur Überprüfung der Besteuerungsgrundlage vor, bestimmte Schriftstücke aufzubewahren. Nennen Sie solche Schriftstücke und geben Sie die entsprechenden vorgeschriebenen Aufbewahrungsfristen an.**

| Schriftstücke | Mindestdauer der Aufbewahrung |
|---|---|
| | |
| | |
| | |
| | |
| | |
| | |
| | |
| | |
| | |
| | |
| | |

**5. Aufgabe**

**Bei der Menge an Schriftgut, die in einem Unternehmen anfällt, gilt es, den Überblick zu behalten. Das bedeutet, dass unnötiger „Papierkram“ vermieden, Mehrfachablagen verhindert und unwichtiges Schriftgut von wichtigem zu trennen ist. Aus diesem Grund ordnet man dem Schriftgut bestimmte Wertstufen zu. Erläutern Sie diese Stufen und geben Sie jeweils ein Beispiel dazu an.**

| Wertstufen | Erläuterung | Beispiel |
|---|---|---|
| | | |
| | | |
| | | |
| | | |

**6. Aufgabe**

**Füllen Sie nachfolgende Tabelle bezüglich der Wertstufen von Schriftgut und deren Aufbewahrung aus.**

| Schriftgut | Wertstufe | Aufbewahrung/Bearbeitung |
|---|---|---|
| Bestellung eines neuen Kopierers | | |
| Einladung zu einer betriebsinternen Weiterbildung | | |
| Firmengründungsunterlagen | | |
| Kontoauszüge des Firmenkontos | | |
| Angebot ohne Auftragsfolge | | |
| Bewerbungsunterlagen | | |
| Durchschlag einer Kundenrechnung | | |
| Bilanz des Jahres 2010 | | |

**7. Aufgabe**

**Die Bavaria Fahrradwerke KG will ihre Schriftgutablage neu organisieren. Da das abzulegende Schriftgut derart zugenommen hat, will man nun einem Aktenplan erstellen. Erläutern Sie den Begriff „Aktenplan“ und geben Sie an, was sich die Bavaria Fahrradwerke KG davon erwartet.**

| | |
|---|---|
| Aktenplan | |
| Erwartungen | |

**8. Aufgabe**

**Um eine Systematik in die Ablage bringen zu können, sollte man sich für ein bestimmtes Ordnungssystem entscheiden. Nennen Sie die wichtigsten Ordnungssysteme und beschreiben Sie diese kurz.**

| Ordnungssysteme | Beschreibung |
|---|---|
| | |
| | |
| | |
| | |
| | |
| | |

**9. Aufgabe**
**Die Ablage in einem Unternehmen sollte auch räumlich organisiert sein, damit die betroffenen Mitarbeiter/-innen schnellen Zugriff haben. Unterscheiden Sie Arbeitsplatz-, Abteilungs- und Zentralablage.**

| | |
|---|---|
| Arbeitsplatz-ablage | |
| Abteilungs-Ablage | |
| Zentralablage | |

**10. Aufgabe**
**Altablage und Archiv sind nicht identisch. Zeigen Sie den Unterschied bezüglich der Schriftgutablage auf.**

| | |
|---|---|
| Altablage | |
| Archiv | |

**11. Aufgabe**
**Füllen Sie nachstehende Übersicht bezüglich verschiedener Ablagesysteme aus.**

**12. Aufgabe**

**Neue Speichermedien machen eine beleglose Ablage für ein Unternehmen immer interessanter. Vergleichen Sie die beleghafte mit der beleglosen Ablage bezüglich Personal- und Raumkosten.**

| | |
|---|---|
| Beleghafte | |
| Beleglose | |

## SITUATION 10

**Am Ende des Geschäftsjahres ist die Registratur des neuen Jahres vorzubereiten. Darüber hinaus sollen Ordner vernichtet und neue Ordner angelegt werden**

**1. Aufgabe**

**Nennen Sie vier weitere Aufgaben - außer den oben genannten - die Sie bei der Einrichtung der neuen Ablage und der Entsorgung des alten Schriftgutes am Ende eines Geschäftsjahres zu erledigen haben.**

| |
|---|
| |
| |
| |
| |

**2. Aufgabe**

**Bei der Bavaria Fahrradwerke KG werden Originale der Lieferantenrechnungen für einen Kundenauftrag in der Ablage für das Rechnungswesen, die Kopien dieser Lieferantenrechnungen jedoch in der Kundenakte abgelegt. Nennen Sie hierfür Gründe.**

| |
|---|
| |
| |
| |

**3. Aufgabe**

**Welche Schwierigkeiten könnten sich ergeben, wenn es keine gesetzlichen Regelungen zur Aufbewahrung von Schriftgut gäbe? Erläutern Sie die Schwierigkeiten an zwei Beispielen.**

| |
|---|
| |
| |
| |

**4. Aufgabe**

**Ihre Kollegin im Büro hat Ihnen Mängel aufgelistet, die ihr an der Ablage im letzten Jahr aufgefallen sind. Welche unterschiedlichen Ursachen bzw. Fehler liegen in den folgenden drei Fällen vor?**

**4.1. Die Unterlagen des Kunden Felix Bernhard fanden sich unter dem Buchstaben F.**

**4.2. Wir haben eine Mahnung erhalten, weil die längst fällige Rechnung noch nicht beglichen wurde. Die Originalrechnung des Lieferanten Bitzer lag in der Bau- bzw. Kundenakte.**

**4.3. Bei der Betriebsprüfung durch das Finanzamt waren mehrere Kontoauszüge zunächst nicht auffindbar. Sie wurden später an anderer Stelle im Bankenordner gefunden.**

**4.4 Machen Sie jeweils einen konkreten Vorschlag, wie diese Mängel im neuen Geschäftsjahr vermieden werden können.**

| | |
|---|---|
| 4.1 | |
| 4.2 | |
| 4.3 | |
| 4.4 | |

**5. Aufgabe**
**Die Bavaria Fahrradwerke KG überlegt, ob sie im neuen Jahr zur Unterstützung der Verwaltungsarbeit einer Mitarbeiterin einen Telearbeitsplatz einrichten soll. Erläutern Sie diesen Begriff und unterscheiden Sie die drei gängigen Formen der Telearbeit.**

| |
|---|
| |
| |
| |
| |
| |
| |

**6. Aufgabe**
**Vieles spricht für, aber auch einiges gegen einen Teleheimarbeitsplatz. Listen Sie das Für und Wider der Teleheimarbeit auf.**

| Vorteile | Nachteile |
|---|---|
| | |
| | |
| | |
| | |
| | |
| | |
| | |

## SITUATION 11

**Betriebsrat und Geschäftsleitung der Bavaria Fahrradwerke KG haben folgende Betriebsvereinbarung bezüglich der täglichen Arbeitszeit getroffen:**
**"Werktäglich kann die Regelarbeitszeit von 40 Wochenstunden von 7 bis 12 Uhr und von 13 bis 18 Uhr abgegolten werden. In der Zeit von 9 bis 11 Uhr und von 14 bis 16 Uhr sind alle Mitarbeiter im Betrieb, es sei denn sie erfüllen betriebliche Aufgaben außerhalb des Hauses."**

### 1. Aufgabe
**Welche Vorteile sprechen für die Einführung solcher flexiblen Arbeitszeiten?**
**1.1 aus Sicht der Geschäftsleitung**
**1.2 aus Sicht der Mitarbeiterinnen und Mitarbeiter?**

| Vorteile aus der Sicht der Geschäftsleitung | Vorteile aus der Sicht der Mitarbeiter |
|---|---|
| | |
| | |
| | |
| | |

### 2. Aufgabe
**Welche Gesetze sind bei der Gestaltung der Arbeitszeit zu berücksichtigen?**

| |
|---|
| |
| |
| |

### 3. Aufgabe
**Erläutern Sie die Begriffe „Gleitzeit" und „Kernarbeitszeit".**

| Gleitzeit | Kern(arbeits)zeit |
|---|---|
| | |
| | |
| | |
| | |

### 4. Aufgabe
**Unterscheiden Sie die Begriffe „Kurzarbeit" und „Teilzeitarbeit".**

| Kurzarbeit | Teilzeitarbeit |
|---|---|
| | |
| | |
| | |
| | |

**5. Aufgabe**
**Was bedeutet der Begriff „Jobsharing“?**

| |
|---|
| |
| |
| |

**6. Aufgabe**
**Sie sind mit der Überprüfung der Arbeitszeitkonten beauftragt. Ihnen liegt das nachstehende Wochenkonto als Datei vor. Ermitteln Sie die Arbeitsabweichung für die vorliegende Woche, wenn die vorgeschriebene Ruhepause von 30 Minuten und eine Soll-Arbeitszeit von 8 Stunden täglich zu beachten ist.**

| Datum | Arbeitsbeginn | Arbeitsende | Arbeitszeit (Std./Min.) | Abweichung von der Soll-Arbeitszeit | |
|---|---|---|---|---|---|
| | | | | + (Std./Min.) | - (Std./Min.) |
| | | | Übertrag | | |
| 03.02. | 7:45 | 17:30 | | | |
| 04.02. | 8:00 | 16:30 | | | |
| 05.02. | 7:30 | 15:30 | | | |
| 06.02. | 8:45 | 16:00 | | | |
| 07.02. | Urlaub | Urlaub | Saldo/Übertrag | | |

## SITUATION 12

**Obwohl die von Kunden bestellte Ware auf Lager ist, kam es in den letzten Wochen zu Lieferungsverzögerungen. Auf Grund mehrfacher Beschwerden seitens der Kunden soll nun überprüft werden, worauf die Verzögerungen zurückzuführen sind. Sie haben die Aufgabe, das für die Bearbeitung der Bestellung erstellte Ablaufdiagramm zu überprüfen.**

| Arbeitsablauf: **Bearbeiten eines Kundenauftrags** | **IST-Aufnahme** | | | | | | **Datum 15.11.20..** |
|---|---|---|---|---|---|---|---|
| *Lfd. Nr.* | *Schritte des Arbeitsablaufs* | *Symbole* | | | | | *Dauer in Min.* |
| 1 | Öffnen der Post durch Post / Verwaltung, Stempeln | ○ | ⇒ | □ | D | ▽ | *3* |
| 2 | Im Sortierfach der Verkaufsabteilung | ○ | ⇒ | □ | D | ▽ | *60* |
| 3 | Von Poststelle zur Verkaufsabteilung | ○ | ⇒ | □ | D | ▽ | *5* |
| 4 | Kundenbonität prüfen | ○ | ⇒ | □ | D | ▽ | *10* |
| 5 | Bestellung mit Angebot vergleichen | ○ | ⇒ | □ | D | ▽ | *5* |
| 6 | Bestandsanfrage ausfüllen | ○ | ⇒ | □ | D | ▽ | *5* |
| 7 | Im Eingangsfach Lagerabteilung | ○ | ⇒ | □ | D | ▽ | *420* |
| 8 | Von Verkaufsabteilung zum Lager | ○ | ⇒ | □ | D | ▽ | *10* |
| 9 | Bestandsüberprüfung | ○ | ⇒ | □ | D | ▽ | *15* |
| 10 | geplanten Lagerabgang buchen | ○ | ⇒ | □ | D | ▽ | *9* |
| 11 | Im Eingangsfach Verkaufsabteilung | ○ | ⇒ | □ | D | ▽ | *120* |
| 12 | Vom Lager zur Verkaufsabteilung | ○ | ⇒ | □ | D | ▽ | *10* |
| 13 | Lieferschein schreiben | ○ | ⇒ | □ | D | ▽ | *10* |
| 14 | Im Eingangsfach Lager | ○ | ⇒ | □ | D | ▽ | *760* |
| 15 | Von Verkaufsabteilung zum Lager | ○ | ⇒ | □ | D | ▽ | *10* |
| 16 | Ware mit Lieferschein versenden | ○ | ⇒ | □ | D | ▽ | *30* |
| 17 | Lagerabgang buchen | ○ | ⇒ | □ | D | ▽ | *5* |
| 18 | Lieferscheinkopie im Eingangsfach Verkauf | ○ | ⇒ | □ | D | ▽ | *480* |
| 19 | Lieferscheinkopie vom Lager zur Verkaufsabteilung | ○ | ⇒ | □ | D | ▽ | *10* |
| 20 | Rechnung schreiben, Rechnung buchen | ○ | ⇒ | □ | D | ▽ | *20* |
| 21 | Rechnungskopie zur Zahlungsüberwachung abheften | ○ | ⇒ | □ | D | ▽ | *5* |
| 22 | Rechnungsoriginal im Einkaufskorb Post | ○ | ⇒ | □ | D | ▽ | *240* |
| 23 | Von Verkaufsabteilung zur Postabteilung | ○ | ⇒ | □ | D | ▽ | *3* |
| 24 | Falzen, Kuvertieren, Frankieren, Versenden | ○ | ⇒ | □ | D | ▽ | *5* |
| | **Gesamtablauf** | ○ | ⇒ | □ | D | ▽ | |

**1. Aufgabe**
**Was verstehen Sie unter Ablauforganisation? Erläutern Sie den Unterschied zur Aufbauorganisation.**

**2. Aufgabe**
**Nennen Sie drei Ziele der Ablauforganisation.**

**3. Aufgabe**

**Betriebliche Veränderungen, z. B. Einsatz neuer Techniken, machen eine Überarbeitung der bisher festgelegten Arbeitsabläufe erforderlich. In diesem Zusammenhang spricht man von dem „Ist-Zustand“ und dem „Soll-Vorschlag“. Erläutern Sie diese Begriffe.**

**4. Aufgabe**

**Arbeitsabläufe werden in Arbeitsablaufkarten (Arbeitsablaufbögen) dargestellt. Erläutern Sie den Aufbau einer Arbeitsablaufkarte.**

**5. Aufgabe**

**Vergleichen Sie die abgebildeten Arbeitsablaufkarten. Was fällt Ihnen auf? Ermitteln Sie die Zeitersparnis.**

**Arbeitsablaufkarte**

**Arbeitsablauf:** Bearbeitung einer Anfrage
**Abteilung:** Verkauf

| Lfd. Nr. | Stufen des Arbeitsablaufs | Symbole | | | | | Zeit |
|---|---|---|---|---|---|---|---|
| 1 | Sachbearbeiter erhält Anfrage | O | ⇒ | □ | D | ▽ | |
| 2 | Zurechtlegen von Bearbeitungsunterlagen | O | ⇒ | □ | D | ▽ | 10 |
| 3 | Schreibkraft anfordern | O | ⇒ | □ | D | ▽ | 1 |
| 4 | Sachbearbeiter wartet auf Schreibkraft | O | ⇒ | □ | D | ▽ | 0 |
| 5 | Schreibkraft geht zum Sachbearbeiter | O | ⇒ | □ | D | ▽ | 2 |
| 6 | Sachbearbeiter diktiert | O | ⇒ | □ | D | ▽ | 10 |
| 7 | Schreibkraft geht zurück | O | ⇒ | □ | D | ▽ | 2 |
| 8 | Schreiben des Angebotes | O | ⇒ | □ | D | ▽ | 10 |
| 9 | Schreibunterbrechung wegen Telefonat | O | ⇒ | □ | D | ▽ | 20 |
| 10 | Angebot weiterschreiben | O | ⇒ | □ | D | ▽ | 5 |
| 11 | Schreibkraft bringt Angebot zum Sachb. u. kehrt zurück | O | ⇒ | □ | D | ▽ | 4 |
| 12 | Sachbearbeiter prüft Richtigkeit des Angebots | O | ⇒ | □ | D | ▽ | 2 |
| 13 | Sachbearbeiter unterschreibt | O | ⇒ | □ | D | ▽ | 1 |
| 14 | Sachbearbeiter legt Kopie in Vorlagenmappe ab | O | ⇒ | □ | D | ▽ | 1 |
| 15 | Sachbearbeiter legt Original in Unterschriftenmappe | O | ⇒ | □ | D | ▽ | 1 |

**Arbeitsablaufkarte**

**Arbeitsablauf:** Bearbeitung einer Anfrage
**Abteilung:** Verkauf

| Lfd. Nr. | Stufen des Arbeitsablaufs | Symbole | | | | | Zeit |
|---|---|---|---|---|---|---|---|
| 1 | Sachbearbeiter erhält Anfrage | O | ⇒ | □ | D | ▽ | |
| 2 | Zurechtlegen von Bearbeitungsunterlagen | O | ⇒ | □ | D | ▽ | 10 |
| 3 | Sachbearbeiter diktiert Angebot | O | ⇒ | □ | D | ▽ | 5 |
| 4 | Schreiben des Angebots | O | ⇒ | □ | D | ▽ | 5 |
| 5 | Bote bringt Postmappe | O | ⇒ | □ | D | ▽ | 2 |
| 6 | Sachbearbeiter prüft Richtigkeit des Angebots | O | ⇒ | □ | D | ▽ | 2 |
| 7 | Sachbearbeiter unterschreibt | O | ⇒ | □ | D | ▽ | 1 |
| 8 | Sachbearbeiter legt Kopie in Vorlagenmappe ab | O | ⇒ | □ | D | ▽ | 1 |
| 9 | Sachbearbeiter legt Original in Unterschriftenmappe | O | ⇒ | □ | D | ▽ | 1 |

**6. Aufgabe**
**Nennen Sie Gründe, die zu dieser Zeitersparnis geführt haben.**

**7. Aufgabe**
**Siehe die Eingangssituation. Ermitteln Sie den Zeitbedarf insgesamt für die einzelnen Verrichtungsarten in Arbeitstagen bei 7,5 Std. täglicher Arbeitszeit.**

**8. Aufgabe**
**Ermitteln Sie den Zeitbedarf der einzelnen Verrichtungen in Minuten und den jeweiligen prozentualen Anteil am Gesamtablauf. Tragen Sie die Ergebnisse in die Tabelle ein.**

| Verrichtung | Bearbeiten | Weiterleitung | Prüfung | Warten | Ablage | Insgesamt |
|---|---|---|---|---|---|---|
| Zeit in Minuten | | | | | | |
| Prozentualer Anteil | | | | | | 100 % |

**9. Aufgabe**
**Wo sehen Sie mögliche Ursachen für Verzögerungen bei der Bearbeitung der Kundenbestellung und begründen Sie Ihre Antwort.**

**10. Aufgabe**
**Machen Sie Vorschläge zur Verbesserung der Bearbeitung von eingehenden Kundenaufträgen.**

# II. EINRICHTUNG DES BÜROARBEITSPLATZES

## SITUATION 13

**Die Geschäftsleitung der Bavaria Fahrradwerke KG hat Sie beauftragt, ein Referat über die aktuellen Vorschriften bezüglich der Gestaltung von Arbeitsstätten, der Arbeitssicherheit und des Arbeitsschutzes vorzubereiten, das Sie in der nächsten Betriebsversammlung vortragen sollen.**

**1. Aufgabe**
**Welche gesetzlichen Vorschriften werden Sie sich zunächst besorgen?**

| |
|---|
| |
| |
| |
| |
| |
| |

**2. Aufgabe**
**Der Arbeitsschutz versteht sich sowohl als Betriebs- und Gefahrenschutz als auch als sozialen Arbeitsschutz. Nennen Sie Arbeitsschutzbestimmungen und ordnen Sie diese den genannten Bereichen zu.**

| Betriebs- und Gefahrenschutz | Sozialer Arbeitsschutz |
|---|---|
| | |
| | |
| | |
| | |
| | |

**3. Aufgabe**
**Was beinhaltet der Arbeitsschutz laut Arbeitsschutzgesetz?**

| |
|---|
| |
| |
| |
| |

**4. Aufgabe**
**Nennen Sie die wichtigsten Richtlinien der Arbeitsstättenverordnung bezüglich der Gestaltung von Büroräumen und anderer betrieblich genutzter Räume.**

| Die Arbeitsstättenverordnung enthält Vorschriften bezüglich | |
|---|---|
| | |
| | |
| | |
| | |

## 5. Aufgabe

**5.1 Unterscheiden Sie die Begriffe „Arbeitsstätten" und „Arbeitsplätze".**

**5.2 Erläutern Sie den Unterschied zwischen Einrichten der Arbeitsstätte und Betreiben der Arbeitsstätte. Siehe dazu auch den § 2 der Arbeitsstättenverordnung.**

| | |
|---|---|
| 5.1 | |
| 5.2 | |

**§ 2**
**Begriffsbestimmungen**

(1) Arbeitsstätten sind:
1. Orte in Gebäuden oder im Freien, die sich auf dem Gelände eines Betriebes oder einer Baustelle befinden und die zur Nutzung für Arbeitsplätze vorgesehen sind,
2. andere Orte in Gebäuden oder im Freien, die sich auf dem Gelände eines Betriebes oder einer Baustelle befinden und zu denen Beschäftigte im Rahmen ihrer Arbeit Zugang haben.

(2) Arbeitsplätze sind Bereiche von Arbeitsstätten, in denen sich Beschäftigte bei der von ihnen auszuübenden Tätigkeit regelmäßig über einen längeren Zeitraum oder im Verlauf der täglichen Arbeitszeit nicht nur kurzfristig aufhalten müssen.

(3) Arbeitsräume sind die Räume, in denen Arbeitsplätze innerhalb von Gebäuden dauerhaft eingerichtet sind.

(4) Zur Arbeitsstätte gehören auch:
1. Verkehrswege, Fluchtwege, Notausgänge,
2. Lager-, Maschinen- und Nebenräume,
3. Sanitärräume (Umkleide-, Wasch- und Toilettenräume),
4. Pausen- und Bereitschaftsräume,
5. Erste-Hilfe-Räume,
6. Unterkünfte.

Zur Arbeitsstätte gehören auch Einrichtungen, soweit für diese in dieser Verordnung besondere Anforderungen gestellt werden und sie dem Betrieb der Arbeitsstätte dienen.

(5) Einrichten ist die Bereitstellung und Ausgestaltung der Arbeitsstätte. Das Einrichten umfasst insbesondere:
1. bauliche Maßnahmen oder Veränderungen,
2. Ausstatten mit Maschinen, Anlagen, Mobiliar, anderen Arbeitsmitteln sowie Beleuchtungs-, Lüftungs-, Heizungs-, Feuerlösch- und Versorgungseinrichtungen,
3. Anlegen und Kennzeichnen von Verkehrs- und Fluchtwegen, Kennzeichnen von Gefahrenstellen und brandschutztechnischen Ausrüstungen,
4. Festlegen von Arbeitsplätzen.

(6) Betreiben von Arbeitsstätten umfasst das Benutzen und Instandhalten der Arbeitsstätte.

## 6. Aufgabe

**Welche Verpflichtung obliegt dem Arbeitgeber laut Arbeitssicherheitsgesetz?**

## 7. Aufgabe

**Der Unfallschutz fällt hauptsächlich in den Bereich der Berufsgenossenschaften. Nennen Sie die drei wichtigsten Tätigkeitsbereiche der Berufsgenossenschaften.**

**8. Aufgabe**

**Berufsgenossenschaften erlassen zur Unfallverhütung berufsgenossenschaftliche Vorschriften, die für Arbeitgeber und Arbeitnehmer gleichwohl verbindlich sind. Der allgemeine Teil dabei ist branchenübergreifend. Nennen Sie einige dieser Vorschriften.**

**9. Aufgabe**

**Welchen Schutz bietet die Gefahrstoffverordnung?**

**10. Aufgabe**

**Was verstehen Sie unter der Sicherheits- und Gesundheitsschutzkennzeichnung?**

**11. Aufgabe**

**Bei der Sicherheits- und Gesundheitsschutzkennzeichnung am Arbeitsplatz werden verschiedene geometrische Formen und verschiedene Farben verwendet. Welche Bedeutung haben die nachstehenden geometrischen Formen?**

| Geometrische Form | Bedeutung |
| --- | --- |
| 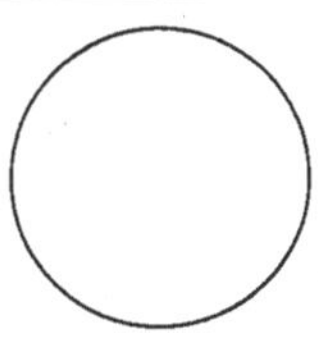 | |
| 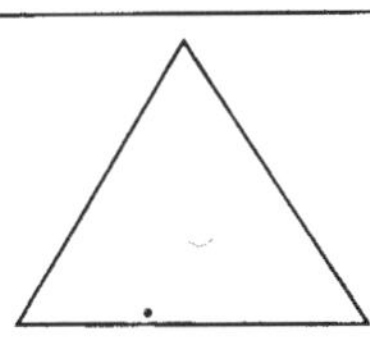 | |
| 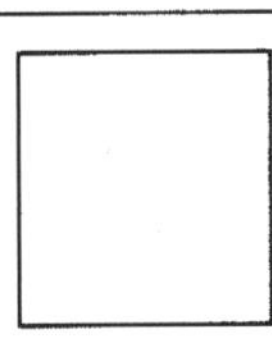 | |
| 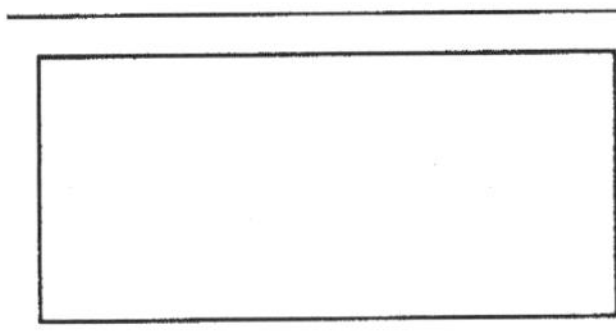 | |

**12. Aufgabe**
**Auch den gewählten Farben kommt eine grundsätzliche Bedeutung zu. Welche?**

| | |
|---|---|
| rot | |
| blau | |
| gelb | |
| grün | |

**13. Aufgabe**
**Nachstehend finden Sie einige Sicherheits- und Gesundheitsschutzzeichen. Geben Sie an**
**13.1 um welche Gruppe von Zeichen es sich jeweils handelt,**
**13.2 welche Bedeutung die Zeichen jeweils haben.**

**Gruppe I**

**Gruppe II**

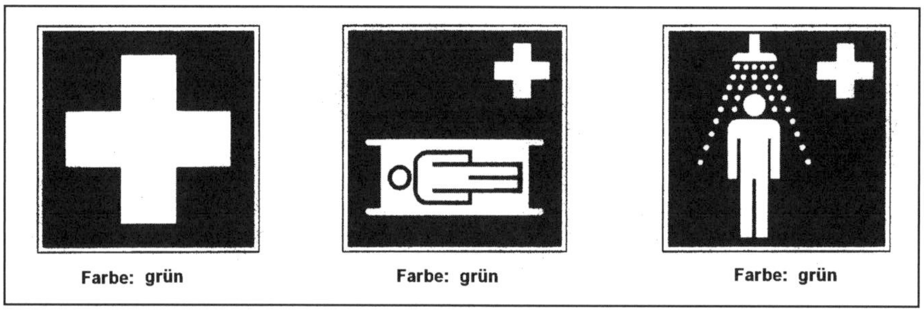


**Gruppe III**

**Gruppe IV**

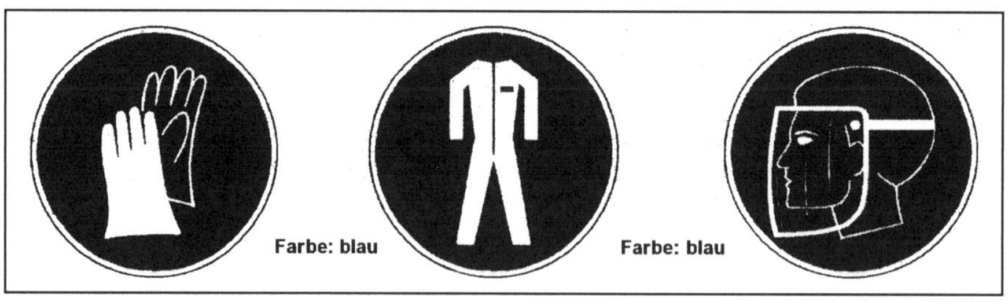


| | | | | |
|---|---|---|---|---|
| Gruppe I | | | | |
| Gruppe II | | | | |
| Gruppe III | | | | |
| Gruppe IV | | | | |

**14. Aufgabe**
**Neben diesen 4 Gruppen gibt es noch weitere Sicherheitszeichen. Um welche handelt es sich dabei und wie ist die Bedeutung der abgebildeten Zeichen?**

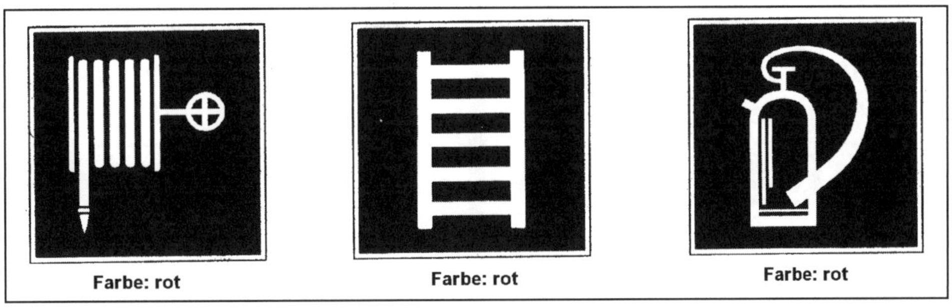


| | | | |
|---|---|---|---|

**15. Aufgabe**
**Dem abgebildeten Fluchtplan ist eine Legende beigefügt. Ergänzen Sie die Bedeutung der Sicherheitszeichen.**

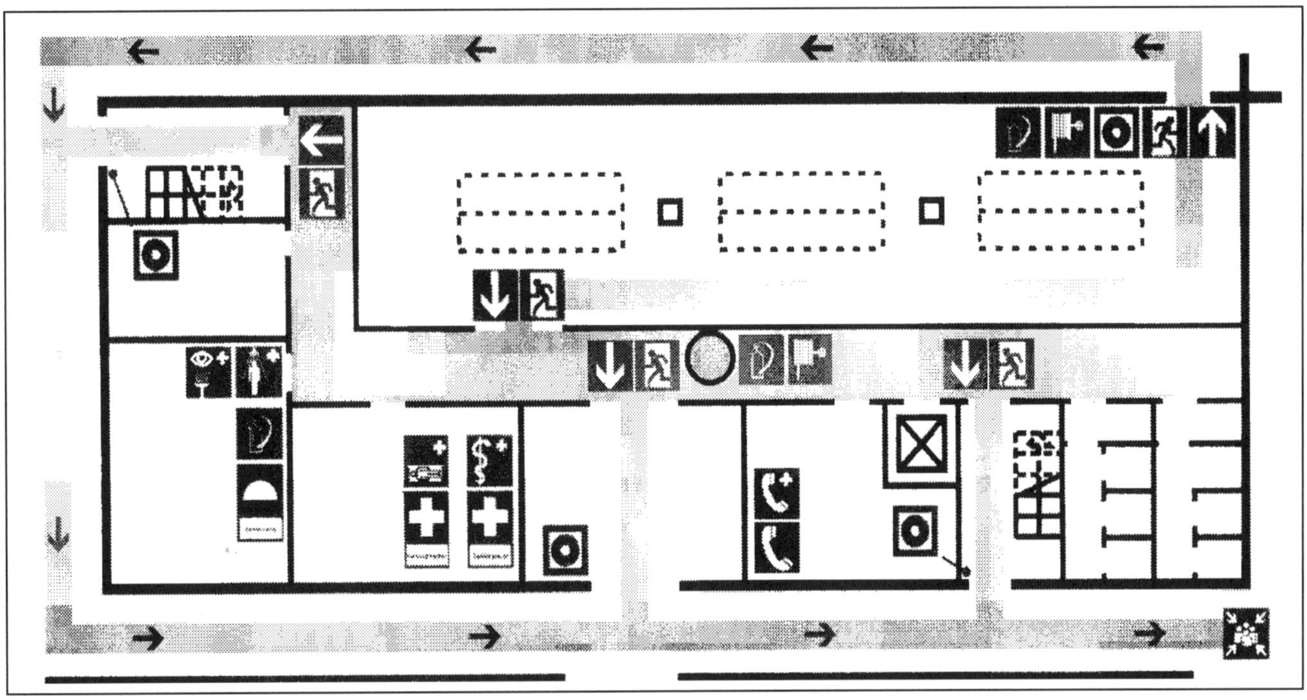

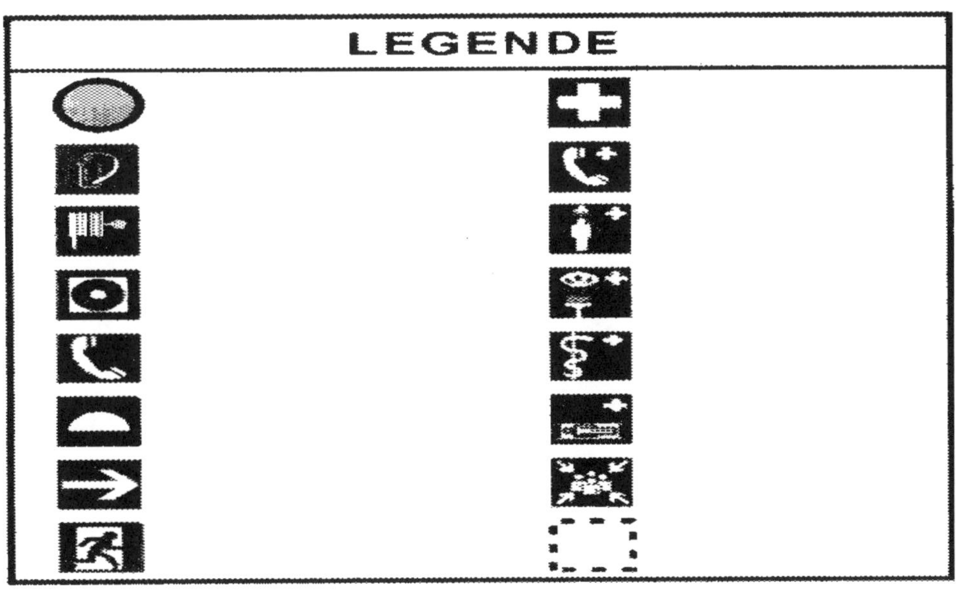

16. Aufgabe
**Dem Fluchtplan sind auch Verhaltensregeln beigefügt. An welche W-Fragen sollten Sie sich bei einer Unfallmeldung halten? Ergänzen Sie die Abbildung.**

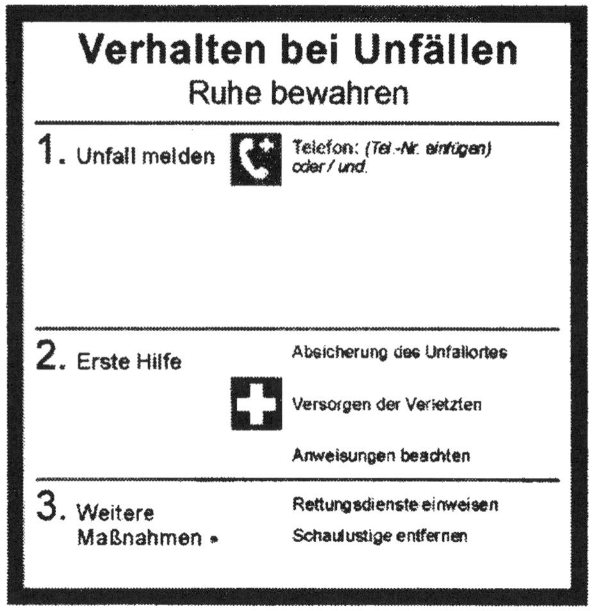

## SITUATION 14

**Die Einführung einer zusätzlichen Produktgruppe entwickelt sich derart positiv, dass für zwei weitere Sachbearbeiter/-innen neue Bildschirmarbeitsplätze einzurichten sind.**

**1. Aufgabe**
**Wer regelt in Deutschland grundsätzlich den Arbeitsschutz?**

| |
|---|
| |
| |
| |
| |

**2. Aufgabe**
**Beschreiben Sie kurz das Ziel des Arbeitsschutzes.**

| |
|---|
| |
| |
| |
| |

**3. Aufgabe**
**Um eine kontinuierliche Verbesserung des Arbeitsschutzes zu gewährleisten, ist dieser bei Veränderungen am Arbeitsplatz bzw. bei neuen gewonnenen Erkenntnissen jeweils neu zu beurteilen. Wann ist es notwendig, den Arbeitschutz neu zu beurteilen?**

| |
|---|
| |
| |
| |
| |

**4. Aufgabe**
**Welche speziellen Gesetzte sind bei der Einrichtung von Büroarbeitsplätzen zu beachten?**

| | |
|---|---|
| | |
| | |
| | |
| | |

**5. Aufgabe**
**Die Arbeitsstättenverordnung enthält einschlägige Vorschriften, die bei der Einrichtung des Büroarbeitsplatzes zu beachten sind. Nennen Sie diese.**

| | |
|---|---|
| | |
| | |
| | |
| | |

**6. Aufgabe**
**Im Rahmen der Neueinrichtung der beiden Arbeitsplätze sind auch zwei neue Bildschirme anzuschaffen. Nennen Sie Kriterien, die bei der Anschaffung zu beachten sind.**

| | |
|---|---|
| | |
| | |
| | |

**7. Aufgabe**
**Nachdem die neuen Birdschirmarbeitsplätze eingerichtet worden sind, werden die bisherigen Arbeitsplätze durch die Fachkraft für Arbeitssicherheit überprüft. Das Ergebnis der Überprüfung ist in den folgenden Fällen negativ. Machen Sie jeweils Verbesserungsvorschläge bzw. weisen sie auf die einzuhaltenden Vorschriften hin.**

**7.1 Im 15-Zoll-Bildschirm der Arbeitskraft A spiegelt sich am Nachmittag häufig die Sonne.**

| | |
|---|---|
| | |

**7.2 Der Bürostuhl der Arbeitskraft B entspricht nicht den Anforderungen.**

| | |
|---|---|
| | |
| | |
| | |

**7.3 Der Drucker zur Beschriftung von Durchschreibesätzen ist derart laut, dass Arbeitskraft C über Kopfschmerzen klagt.**

| | |
|---|---|
| | |

**7.4 Arbeitskraft D klagt darüber, dass ihr immer häufiger die „Füße einschlafen“.**

| | |
|---|---|
| | |

**8. Aufgabe**

**Sie werden vom Sicherheitsbeauftragten gebeten, für die nächste Betriebsversammlung eine Checkliste für den „Gesunden Arbeitsplatz" zu erstellen. Wie könnte diese aussehen?**

## SITUATION 15

**Eine Reihe von Vorschriften, Gesetzen und Richtlinien verpflichten die Bavaria Fahrradwerke KG dazu, die Mitarbeiter an ihren Arbeitsplätzen vor Gefahren zu schützen. Darüber hinaus hat die Bavaria Fahrradwerke KG auch ein eigenes Interesse am Wohlergehen ihrer Mitarbeiter.**

### 1. Aufgabe

**Arbeitsräume sind so zu gestalten, dass die Arbeitnehmer vor Gesundheitsgefährdung geschützt sind und dass sich die Mitarbeiter/-innen wohlfühlen. Neben gesetzlichen Vorschriften sind es auch arbeitswissenschaftliche Erkenntnisse, die Vorgaben bei der Anlage von Arbeitsräumen liefern. Erklären Sie in diesem Zusammenhang den Begriff „Ergonomie".**

### 2. Aufgabe

**Ein angenehmes Raumklima schafft eine wesentliche Voraussetzung für das Wohlbefinden am Arbeitsplatz und gute Leistungen. Welche Faktoren bestimmen durch ihr Zusammenwirken das Raumklima?**

### 3. Aufgabe

**Ein schlechtes Raumklima belastet die Gesundheit. Es kann Erkältungskrankheiten, Bindehautentzündungen, trockene Schleimhäute, Allergien, Übelkeit und Schwindelgefühle verursachen. Auch Kopfschmerzen, Konzentrationsstörungen und Ermüdungserscheinungen können mit den klimatischen Bedingungen zusammenhängen. Nennen Sie Mindestanforderungen an ein gutes Raumklima im Büro.**

### 4. Aufgabe

**Neben einem günstigen Raumklima sind noch andere Umweltfaktoren bei der Anlage von Büroräumen zu beachten. Nennen Sie die wichtigsten und erläutern Sie diese kurz.**

**5. Aufgabe**
**Wesentlich zum Wohlbefinden der Mitarbeiter trägt die Büroraumgestaltung bei. Welche Faktoren beeinflussen die Gestaltung eines Büroraumes?**

**6. Aufgabe**
**Neben der Büroraumgestaltung und der Büroeinrichtung gibt es weitere Faktoren, die die Arbeitsleistung der Mitarbeiterin/des Mitarbeiters beeinflussen. Nennen Sie vier solcher Faktoren.**

**7. Aufgabe**
**Um welche Büroart handelt es sich bei den Abbildungen? Erläutern Sie jeweils kurz den Aufbau sowie Vor- und Nachteile.**

**7.1**

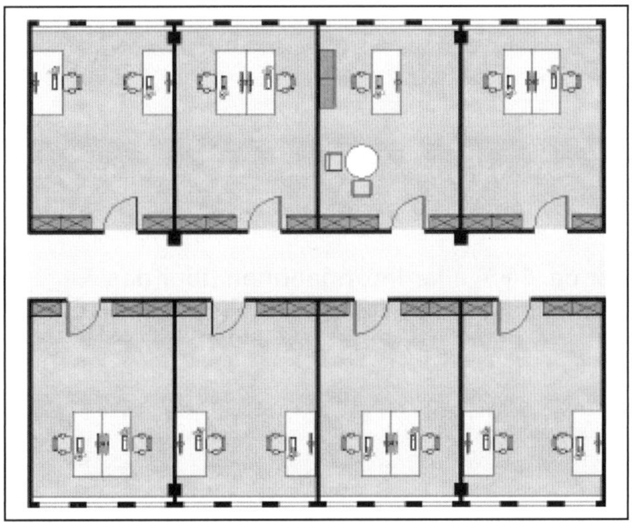

**7.2**

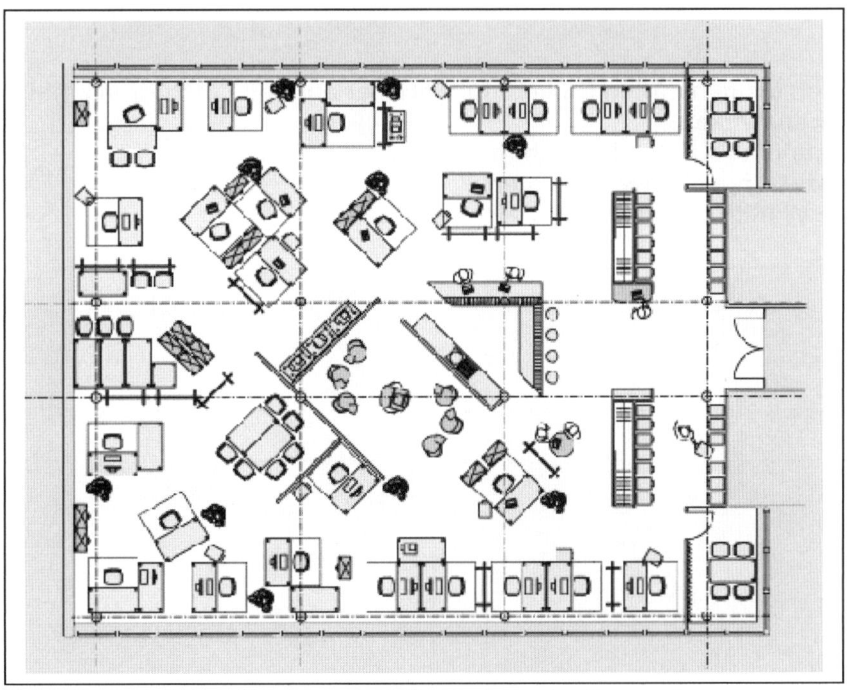

| | |
|---|---|
| 7.1 | |
| 7.2 | |

**8. Aufgabe**

**Die Nachteile des Zellenbüros und die des Großraumbüros sollen weitestgehend durch das Kombibüro ausgeschaltet werden. Schildern Sie kurz den Aufbau eines Kombibüros.**

**9. Aufgabe**

**Da bei Büroarbeiten über ca. 80 % aller Informationen über das Auge aufgenommen werden, ist eine ausgewogene Beleuchtung besonders wichtig. Welche Folgen können mangelhafte oder fehlerhafte Beleuchtung haben?**

**10. Aufgabe**

**Wie können sich die genannten Beleuchtungsfehler auf das Leistungsverhalten bzw. die Gesundheit der Mitarbeiter auswirken?**

**10.1 Fremdlichteinfall auf den Bildschirm**

**10.2 Falsche bzw. ungeeignete Leuchten**

**10.3 Zu dunkle Wände, zu dunkle Möbeloberflächen**

| | Auswirkungen |
|---|---|
| 10.1 | |
| 10.2 | |
| 10.3 | |

**11. Aufgabe**

**Die farbliche Gestaltung von Wänden und Mobiliar beeinflusst das Wohlbefinden am Arbeitsplatz. Welche Farbvorschläge können Sie unterbreiten für**
**11.1 Räume, in denen monotone Arbeitsvorgänge ablaufen (z. B. Rechnungswesen),**
**11.2 Räume, in denen „sich etwas rührt" (z. B. Publikumsverkehr),**
**11.3 kleinere Räume?**
**11.4 Welche Farben sollten im Büro nicht verwendet werden?**

| | |
|---|---|
| 11.1 | |
| 11.2 | |
| 11.3 | |
| 11.4 | |

**12. Aufgabe**

**Wie wirken sich im Büroraum aufgestellte Pflanzen auf das Wohlergehen der Mitarbeiter aus?**

| |
|---|
| |
| |

## SITUATION 16

**Bei der Erweiterung des Verwaltungstraktes der Bavaria Fahrradwerke KG sollen die neuesten Erkenntnisse der Ergonomie bei der Raumgestaltung und -einrichtung berücksichtigt werden.**

**1. Aufgabe**
**Nennen Sie fünf Aspekte, die zu einem angenehmen und gesunden Arbeitsplatz beitragen.**

**2. Aufgabe**
**Was zeichnet ergonomische Büromöbel aus? Nennen Sie jeweils mindestens drei Merkmale**
**2.1 zum Schreibtisch.**
**2.2 zum Bürostuhl.**

| Schreibtisch | Bürostuhl |
|---|---|
| | |
| | |
| | |
| | |
| | |
| | |
| | |
| | |

**3. Aufgabe**
**Nennen Sie Grundregeln einer richtigen Beleuchtung.**

**4. Aufgabe**
**Wie wirkt sich Lärm am Arbeitsplatz aus, worauf sollte bezüglich des Lärms geachtet werden und wie kann Lärm gemindert werden?**

**5. Aufgabe**
**Beschreiben Sie einen korrekt eingerichteten Computerarbeitsplatz.**

**6. Aufgabe**
**Die Bildschirmarbeitsverordnung (BildscharbV) und die Unfallverhütungsvorschriften für Bildschirmarbeitsplätze enthalten Mindestvorschriften auch bezüglich des Bildschirms, der Tastatur und der Software. Nennen Sie jeweils zwei Grundanforderungen dazu.**

| | |
|---|---|
| Tastatur | |
| Bildschirm | |
| Software | |

**7. Aufgabe**
**Neben dem Arbeitstisch und dem Arbeitsstuhl gibt es noch weitere Arbeitsmöbel am Computerarbeitsplatz, an deren Beschaffenheit ebenfalls Anforderungen bezüglich der ergonomischen Körperhaltung gestellt werden. Nennen Sie diese und zeigen Sie die Anforderung auf.**

| | |
|---|---|
| Fußstütze | |
| Beleghalter | |

**8. Aufgabe**
**Laut Bildschirmarbeitsverordnung hat jeder betroffene Mitarbeiter das Recht auf Untersuchung seiner Augen.**
**8.1 Welchem Zweck sollen die regelmäßigen Augenuntersuchungen dienen?**
**8.2 Wann ist die Augenuntersuchung ratsam?**
**8.3 Wer trägt die Kosten?**

| | |
|---|---|
| 8.1 | |
| 8.2 | |
| 8.3 | |

**9. Aufgabe**
**Nach der Bildschirmarbeitsverordnung hat der Arbeitgeber die Tätigkeit so zu organisieren, dass die tägliche Arbeit an Bildschirmgeräten regelmäßig durch andere Tätigkeiten oder durch Pausen unterbrochen wird. Nennen Sie Argumente, die für die Einhaltung der vorgeschriebenen Kurzpausen sprechen.**

**10. Aufgabe**
**Unterscheiden Sie a) Bildschirmarbeitsplatz und b) bildschirmunterstützter Arbeitsplatz.**

| | |
|---|---|
| a) | |
| b) | |

**11. Aufgabe**
**In letzter Zeit wurden von einem Mitarbeiter im Büro immer wieder gesundheitliche Beschwerden vorgetragen, die mit dem Arbeitsplatz in Zusammenhang stehen. Bei einer Untersuchung stellte sich heraus, dass der Angestellte häufiger folgende gesundheitliche Beschwerden hatte:**
- **Nackenschmerzen**
- **Rückenschmerzen**
- **Gedrückter Magen**
- **Eingeklemmter Oberschenkel**
- **Druckstelle am unteren Oberschenkel.**

**Worauf sind diese Beschwerden zurückzuführen? Siehe dazu die folgende Abbildung.**

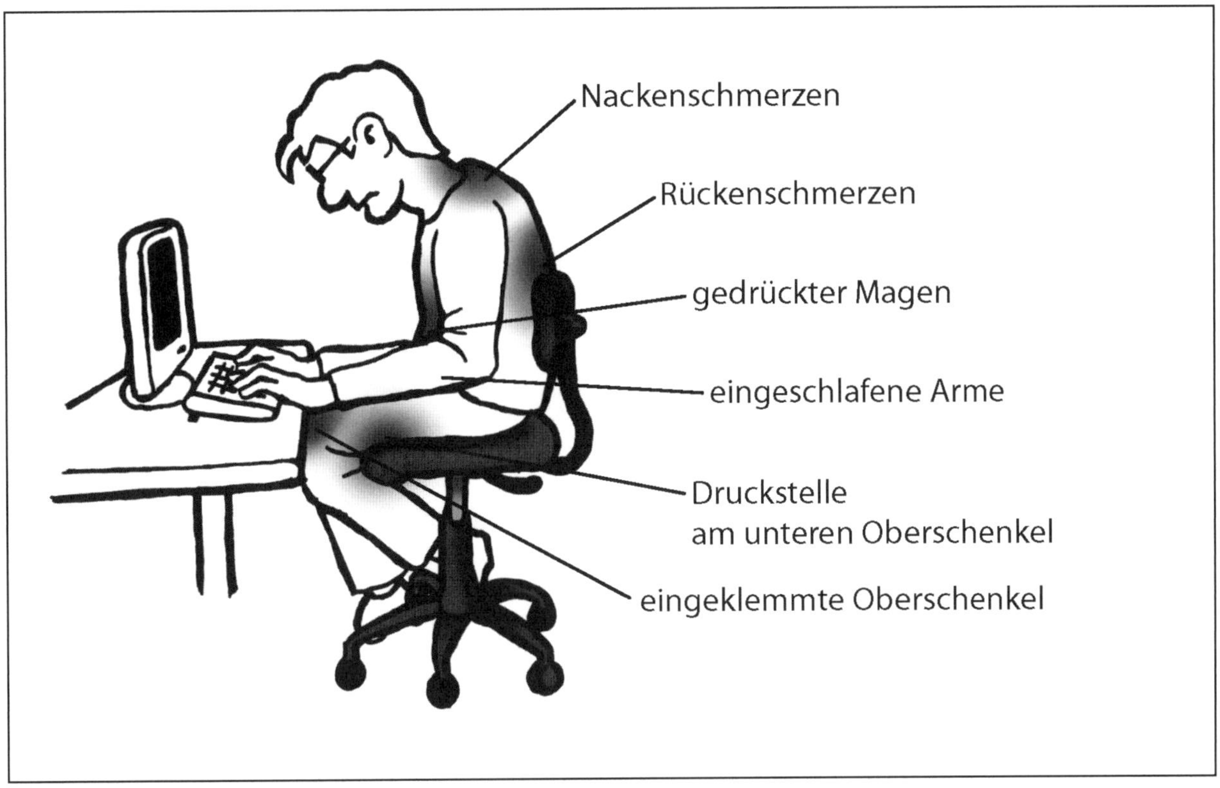
Nackenschmerzen
Rückenschmerzen
gedrückter Magen
eingeschlafene Arme
Druckstelle
am unteren Oberschenkel
eingeklemmte Oberschenkel

## SITUATION 17

**Durch die Neueinstellungen im Verwaltungsbereich werden organisatorische Änderungen bezüglich der Unterbringung der Abteilung erforderlich. Die bisherigen Mitarbeiter waren in mehreren Räumen untergebracht. Die Geschäftsleitung überlegt, ob die gesamte Abteilung eventuell besser in einem großen Raum zusammenzufassen ist.**

### 1. Aufgabe

**Durch zwei Neueinstellungen gehören der Abteilung nun 14 Mitarbeiter an, die in einem Großraumbüro zusammen untergebracht werden sollen. Nennen Sie Vor- und Nachteile eines Großraumbüros.**

| Vorteile | Nachteile |
|---|---|
| | |
| | |
| | |
| | |
| | |
| | |

### 2. Aufgabe

**Sie haben die Aufgabe, für die neuen Mitarbeiter Bürostühle zu beschaffen. Auf welche ergonomischen Anforderungen müssen Sie bezüglich eines Bürostuhls achten?**

### 3. Aufgabe

**Welche Rechtsquellen ziehen Sie heran, wenn Sie sich über die Vorschriften der Büroraumgestaltung informieren möchten?**

**4. Aufgabe**

**Da der Büroraum durch Umwelteinflüsse beeinträchtigt wird, sind bezüglich der Büroraumgestaltung Vorschriften zu beachten. Nennen Sie die wichtigsten Umwelteinflüsse und erläutern Sie jeweils, was bezüglich der Büroraumgestaltung zu beachten ist.**

**5. Aufgabe**

**Die Erweiterung und Umorganisierung der Abteilung macht weitere Neuanschaffungen erforderlich. Dabei sind auch ökologische Gesichtspunkte zu berücksichtigen. Welche können Sie nennen?**

**6. Aufgabe**

**Unter anderem ist auch ein neues Kopiergerät anzuschaffen. Welche Funktionen bzw. Leistungsmerkmale sollte ein neues Kopiergerät neben dem Vergrößern/Verkleinern noch aufweisen? Begründen Sie auch, warum diese Funktionen erforderlich sind.**

| Funktionen/Leistungsmerkmale | Begründung |
|---|---|
| | |
| | |
| | |
| | |
| | |
| | |
| | |

**7. Aufgabe**

**Die PCs im neuen Großraumbüro sollen miteinander vernetzt werden. Einige Mitarbeiter melden Bedenken an, da sie befürchten, dass alle Mitarbeiter auf ihre und sämtliche Daten der Bavaria Fahrradwerke KG einsehen können. Sind diese Bedenken begründet?**

**8. Aufgabe**

**Welche Gründe sprechen Ihrer Meinung nach für eine Vernetzung der PC-Arbeitsplätze?**

| |
|---|
| |
| |
| |
| |
| |

## SITUATION 18

**Da künftig verstärkt auf dem direkten Absatzweg Ware vertrieben werden soll, will die Bavaria Fahrradwerke KG ihren Bestand an Handelswaren erweitern. Insbesondere ist an Schutzbekleidung aller Art gedacht. Sie werden beauftragt, die erforderlichen Arbeiten durchzuführen.**

**1. Aufgabe**

**Lieferer sind Ihnen noch nicht bekannt. Welche Arbeitsschritte sind vorzunehmen, um neue Produkte zu beschaffen? Beachten Sie bei Ihren Lösungsvorschlägen die richtige zeitliche Reihenfolge.**

| | |
|---|---|
| | |
| | |
| | |
| | |

**2. Aufgabe**

**Da Sie noch keinen Lieferer für die neu zu beschaffenden Produkte in Ihrer Liefererdatei gespeichert haben, müssen Sie sich um neue Bezugsquellen kümmern.**
**Nennen Sie 5 Möglichkeiten, neue Liefereradressen ausfindig zu machen (externe Bezugsquellen).**

| | |
|---|---|
| | |
| | |
| | |
| | |

**3. Aufgabe**

**Nachdem Sie die erforderlichen Lieferer ausfindig machen konnten, holen Sie Angebote ein.**

**3.1 Wie werden Ihre Schreiben an die potenziellen Lieferanten bezeichnet, wenn Sie Ihr gewünschtes Produkt sehr detailliert kennzeichnen?**

**3.2 Welche rechtlichen Verpflichtungen gehen Sie mit Ihren Schreiben ein?**

| | |
|---|---|
| 3.1 | |
| 3.2 | |

**4. Aufgabe**

**Es gehen verschiedene Angebote ein. Neben dem Preis sind noch weitere Daten der Anbieter zu beachten. Erstellen Sie ein Schema, das Ihnen die Entscheidung, bei welchem Lieferer Sie bestellen wollen, erleichtern soll.**

| Lieferer | Listenpreis | ? | ? | ? | ? | ? |
|---|---|---|---|---|---|---|
| A | | | | | | |
| B | | | | | | |
| C | | | | | | |
| D | | | | | | |
| E | | | | | | |

**5. Aufgabe**

**Sollten zwei Lieferer die gleichen Bedingungen wie in Aufgabe 4 aufweisen, muss nach anderen Kriterien ausgewählt werden. Nennen Sie weitere Auswahlkriterien.**

| | |
|---|---|
| | |
| | |
| | |
| | |

**Situation zu den zwei nächsten Aufgaben.**

**Die Lieferer A und B sind in ihren Preisen, Liefer- und Zahlungsbedingungen in etwa gleich. Deshalb wurde ein Mitarbeiter der Bavaria Fahrradwerke KG beauftragt, eine Entscheidungstabelle mit weiteren Merkmalen für die Lieferantenauswahl vorzubereiten. Dabei entstand folgende Tabelle:**

| Bewertungs-kriterien | Gewichtung In % | Lieferant A | | Lieferant B | |
|---|---|---|---|---|---|
| | | Punktebewertung von 0 bis 10 | Gewichtete Bewertung | Punktebewertung von 0 bis 10 | Gewichtete Bewertung |
| Zuverlässigkeit | | 6 | | 10 | |
| Serviceleistungen | | 8 | | 7 | |
| Qualität | | 8 | | 9 | |
| Kulanz | | 9 | | 8 | |
| Sales Promotion | | 9 | | 8 | |
| Summe | | | | | |

**6. Aufgabe**

**Nehmen Sie in der Tabelle eine Gewichtung vor mit den gegebenen Punktbewertungen. Ermitteln Sie für beide Lieferanten eine Gesamtpunktzahl, die Ihnen bei der Lieferantenauswahl behilflich sein soll.**

**7. Aufgabe**

**Begründen Sie die von Ihnen in Spalte 2 eingetragenen Gewichtungsprozentzahlen.**

**8. Aufgabe**

**Entscheiden Sie nun, welchen Lieferanten Sie bevorzugen und begründen Sie diese Entscheidung.**

**9. Aufgabe**

**Ihnen liegen zu Anfang der 20. Kalenderwoche fünf Angebote zu einem Produkt vor. Bei welchem Lieferer bestellen Sie, wenn Sie spätestens in der 25. Kalenderwoche 250 Stück der neuen Ware benötigen?**

| Lieferer | Preis, € | Lieferbedingungen | Zahlungsbedingungen | Lieferzeit |
|---|---|---|---|---|
| 1 | 10,20 | Mindestabnahme 200 Stück | netto Kasse | 26. Woche ab Werk |
| 2 | 11,50 | -- | netto Kasse | sofort |
| 3 | 10,45 | -- | netto Kasse | 3 Wochen ab Eingang Bestellung |
| 4 | 10,00 | -- | 8 Tage, 3 % Skonto | 6 Wochen ab Eingang Bestellung |
| 5 | 09,80 | Mindestabnahme 500 Stück | 14 Tage, 2% Skonto | sofort |

Antwort:

**10. Aufgabe**

**Ein weiteres Angebot enthält die Zahlungsbedingung: Zahlungsziel 60 Tage, bei Zahlung innerhalb 10 Tagen 3 % Skonto.**

**10.1 Was ist unter Skonto zu verstehen?**

**10.2 Warum bietet der Lieferer den Abzug von Skonto an?**

**10.3 Wie wirkt sich ein Skontoabzug für die Bavaria Fahrradwerke KG aus?**

| | |
|---|---|
| 10.1 | |
| 10.2 | |
| 10.3 | |

**11. Aufgabe**

**Der neu eingeschlagene Absatzweg des direkten Verkaufs hat sich als erfolgreich erwiesen. Die hohe Kundennachfrage macht eine weitere Order des Produktes erforderlich. Sie entscheiden sich, noch einmal 100 Stück nachzubestellen. Dazu nehmen Sie das Angebot des Lieferers 4 aus der Tabelle in Aufgabe 6 wahr. Wie hoch ist Ihr Bruttoverkaufspreis pro Stück, wenn 0,20 € Bezugskosten pro Stück, 20 % Handlungskostenzuschlag, 5 % Gewinnzuschlag und die gesetzliche Mehrwertsteuer von 19 % zu berücksichtigen sind?**

**12. Aufgabe**
**Sie nehmen die neuen Produkte in Ihr Kernsortiment auf. Welche warenwirtschaftlichen Arbeiten bringt dies mit sich?**

| | |
|---|---|
| | |
| | |
| | |

**13. Aufgabe**
**Als besonders verkaufsstark entwickelt sich die Radschutzbekleidung „Windbreaker Armstrong". Sie erhalten von der Geschäftsleitung den Auftrag, für diesen Artikel die optimale Bestellmenge zu ermitteln. Ihnen liegen folgende Daten vor:**

**Jahresbedarf: 1 200 Stück**
**Preis je Stück: 18,00 €**
**Bestellfixe Kosten: 110,00 €**
**Lagerhaltungskostensatz: 10 % des durchschnittlichen Lagerbestandes**

**13.1 Ergänzen Sie die abgebildete Tabelle. Geben Sie dabei den Rechenweg zur Ermittlung der durchschnittlichen Lagerkosten und der Bestellkosten an.**
**13.2 Wie hoch ist die optimale Bestellmenge bei welcher Bestellhäufigkeit? Begründen Sie Ihre Antwort.**
**13.3 Ermitteln Sie die Umschlagshäufigkeit bei der ermittelten optimalen Bestellmenge.**

| Bestellmenge (Stück) | Bestell-häufigkeit | Durchschnittlicher Lagerbestand € | Durchschnittliche Lagerkosten € | Kosten je Bestellung € | Bestellkosten insgesamt € | Gesamtkosten in € |
|---|---|---|---|---|---|---|
| 1 200 | 1 | 10.800 | 1.080 | 110 | 110 | 1.190 |
| 600 | 2 | | | | | |
| | | | | | | |
| | | | | | | |
| | | | | | | |
| | | | | | | |

## SITUATION 19

**Ein Auszubildender bittet Sie um Hilfe bei der Ermittlung der optimalen Bestellmenge für ein neu ins Sortiment aufgenommenes Produkt. Es liegen folgende Daten vor:**

| | |
|---|---|
| **Geschätzter Jahresbedarf:** | **2 400 Stück** |
| **Einstandspreis je Stück:** | **15,00 €** |
| **Kosten je Bestellvorgang:** | **225,00 €** |
| **Durchschnittlicher Lagerkostensatz:** | **10 % des Bestellwertes** |

### 1. Aufgabe

**Ermitteln Sie die optimale Bestellmenge mit Hilfe der Tabelle.**

| Bestellmenge (Stück) | Bestellhäufigkeit | Bestellwert in € | Durchschnittliche Lagerkosten € | Kosten je Bestellung € | Bestellkosten insgesamt € | Gesamtkosten in € |
|---|---|---|---|---|---|---|
| 2 400 | 1 | 36.000 | 3.600 | 225 | 225 | 3.825 |
| 1 200 | 2 | | | | | |
| | | | | | | |
| | | | | | | |
| | | | | | | |
| | | | | | | |
| | | | | | | |

### 2. Aufgabe

**Angenommen, der Lagerkostensatz steigt bei sonst gleichen Bedingungen. Wie würde sich dies auf die optimale Bestellmenge auswirken? Begründen Sie Ihre Antwort.**

### 3. Aufgabe

**Wie würde sich die optimale Bestellmenge verändern, wenn sich die Bestellkosten verringen (bei sonst gleichen Bedingungen). Begründen Sie Ihre Antwort.**

### 4. Aufgabe

**Im Einstandspreis von 15,00 € sind 0,50 € Bezugskosten, 2 % Lieferskonto und 25 % Liefererrabatt enthalten. Wie hoch war der urspüngliche Listenpreis des Lieferers?**

5. Aufgabe

**Ermitteln Sie grafisch die optimale Bestellmenge und die optimale Bestellhäufigkeit, indem Sie die durchschnittlichen Lagerkosten, die Bestellkosten und die Gesamtkosten in das abgebildete Koordinatensystem eintragen.**

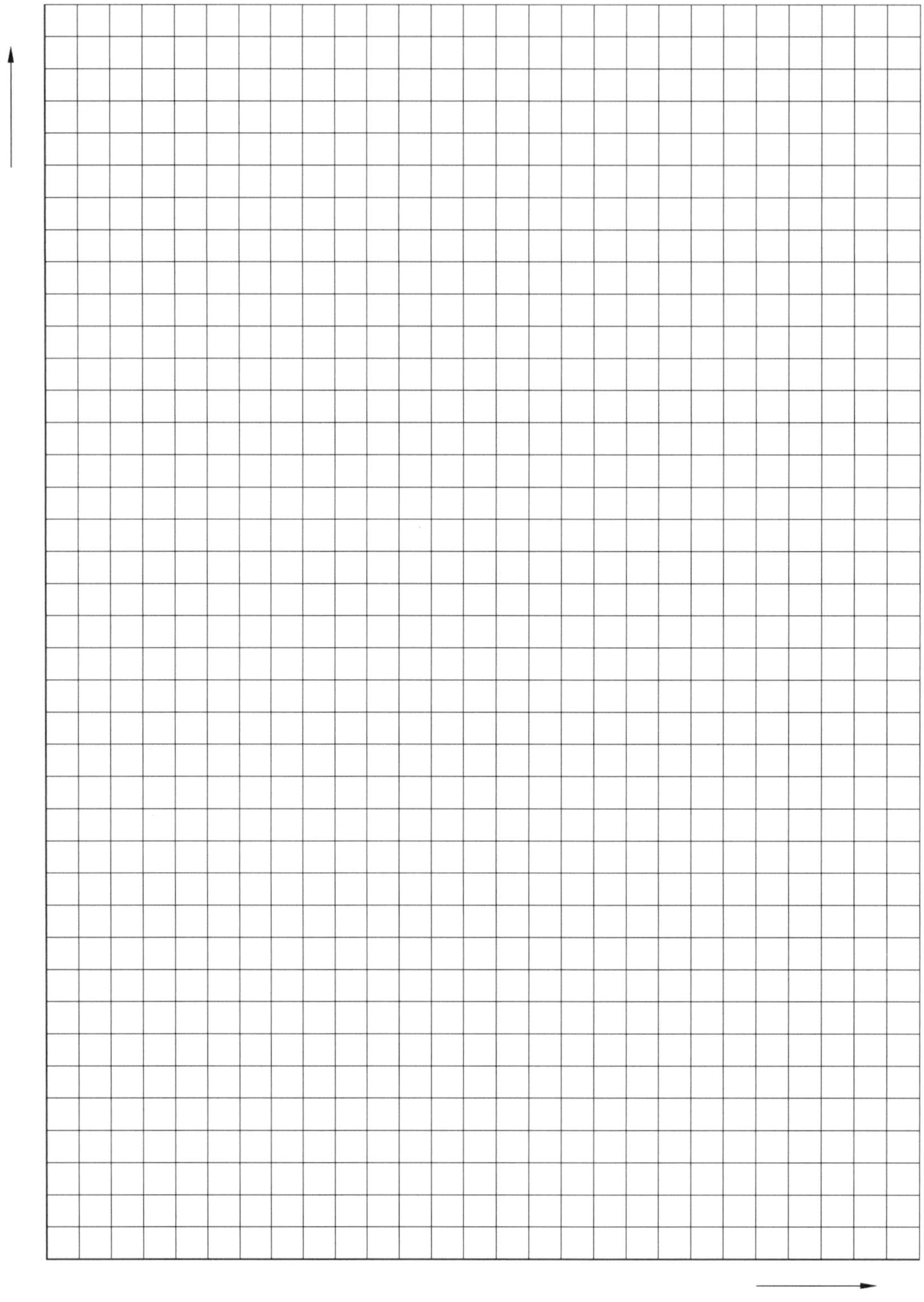

## SITUATION 20

**Die Bavaria Fahrradwerke KG plant für die erste Februarwoche eine hausinterne Werbeaktion. Schwerpunkt dabei soll Schutz- und Sicherheitsbekleidung für die kommende Fahrradsaison sein. Der Einkauf wurde beauftragt, rechtzeitig und in ausreichender Zahl die für die Aktion in Frage kommenden Produkte zu beschaffen.**

### 1. Aufgabe

**Ihnen liegt unter anderem die abgebildete Rechnung für Sicherheitshelme vor. Grundsätzlich nimmt die Bavaria Fahrradwerke KG Skonto in Anspruch, auch dann, wenn dafür ein Kredit aufgenommen werden muss.**

**Schutz- und Sicherheitsbekleidung Hummel OHG, Industriestraße. 12 – 18, 84030 Ergolding**

Schutz- und Sicherheitsbekleidung Hummel OHG, Industriestraße. 12 – 18, 84030 Ergolding

Bavaria Fahrradwerke KG
Weilerstraße 12
84032 Landshut

Datum: 20..-01-12
Ust-Id.-Nr. 123 987 567

Lieferdatum: 20..-01-10

**Rechnung Nr. 57889/Ihr Auftrag vom 03. Januar 20../Ihre Kundennummer 98700**

| | |
|---|---|
| 100 Fahrradhelme Marke „Alpina Mythos" à 49,78 | 4.978,00 € |
| abzüglich 12,5 % Rabatt | 622,25 € |
| | 4.355,75 € |
| + 19 Umsatzsteuer | 827,59 € |
| | 5.183,34 € |

Überweisen Sie den Betrag auf unser Konto bei der
HVB Landshut, IBAN: DE74 7432 0073 0012 3321 23 – BIC: HYVEDEMM433

Zahlungsbedingung: Bei Zahlung innerhalb von 30 Tagen netto Kasse, bei Zahlung innerhalb von 10 Tagen 3 % Skonto.

**Berechnen Sie**

**1.1 den Überweisungsbetrag nach Abzug von Skonto.**
**1.2 die Zinsen, die für den Bankkredit bezahlt werden müssen, wenn die Bank 12,5 % Zinsen berechnet.**
**1.3 den Betrag, den die Bavaria Fahrradwerke KG durch Ausnutzen des Skontos spart.**

| 1.1 | 1.2 | 1.3 |
|---|---|---|
| | | |

### 2. Aufgabe

**Wie hoch ist der Verkaufspreis für einen Fahrradhelm, wenn die Bavaria Fahrradwerke KG mit einem Kalkulationsfaktor von 1,765 kalkuliert?**

| |
|---|
| |

## 3. Aufgabe

Für die geplante Werbeaktion steht ein Budget von 8.000,00 € zur Verfügung. Diese sollen sinnvoll und werbewirksam verwendet werden.
Um einen Anhaltspunkt zu haben, lassen Sie sich von einer Werbeagentur beraten. Diese unterbreitet Ihnen folgende Vorschläge:

| | |
|---|---|
| Briefaktion an 600 Kunden, Kosten inklusiv Papier, Druck, Versand | 360,00 € |
| Anzeige in einer Fachzeitschrift | 2.400,00 € |
| Kosten der hausinternen Aktion: | |
| - Speisen und Getränke (Catering) pro Person | 12,00 € |
| - Kosten für Musik (Band) | 1.500,00 € |
| - Tombola | 1.000,00 € |
| - Werbegeschenke (give aways) | 600,00 € |
| Anzeige in Süddeutscher Zeitung | 8.000,00 € |
| Anzeige in Landshuter Zeitung | 800,00 € |

3.1 Die Briefaktion wird in jedem Fall durchgeführt. Sie rechnen mit einer Erfolgsquote von 50 %. Berechnen Sie die Kosten für diese Aktion inklusive der Verköstigung der Besucher.

3.2 Sie wollen das Ihnen zur Verfügung gestellte Budget möglichst ausschöpfen. Welche der vorgeschlagenen Aktionen können Sie realisieren und wie viel EUR bleiben Ihnen noch?

3.3 Begründen Sie die von Ihnen getroffene Auswahl der Ihnen vorliegenden Aktionen.

## 4. Aufgabe

Sie überlegen, ob Sie nicht auch Ihre Zulieferer bzw. Hersteller zur geplanten Produktpräsentation einladen sollten. Welche Gründe sprechen dafür, dies zu tun?

| | |
|---|---|
| | |
| | |
| | |

**5. Aufgabe**
**Das Event ist erfolgreich verlaufen. Ihr Abteilungsleiter bittet Sie, anhand der Zahlen des WaWi den Erfolg der Werbeaktion zu ermitteln. Ihnen liegt der abgebildete Ausdruck vor.**

| Zeitraum | Gesamtumsatz pro Quartal | Umsatz pro Quartal Elektro- u. Haushaltsgeräteabteilung |
|---|---|---|
| I. Quartal Vorjahr | 245.747 € | 48.921 € |
| II. Quartal Vorjahr | 258.098 € | 51.876 € |
| III. Quartal Vorjahr | 288.876 € | 50.987 € |
| IV. Quartal Vorjahr | 435.272 € | 89.980 € |
| I. Quartal laufendes Jahr | 290.976 € | 81.665 € |
| II. Quartal laufendes Jahr | | |
| III. Quartal laufendes Jahr | | |
| IV. Quartal laufende Jahr | | |

**Berechnen Sie den Werbeerfolg, indem Sie die Zahlen des Quartals, in dem die Aktion stattgefunden hatte, mit den Zahlen desselben Quartals im Vorjahr vergleichen. Das Werbebudget wurde noch um 500,00 € aufgestockt, da aufgrund der Anzeige in der LZ mehr Besucher als erwartet kamen.**

**6. Aufgabe**
**Der Werbeetat der Bavaria Fahrradwerke KG für das kommende Quartal soll festgelegt werden. Dabei will man diesen an den Umsatz des Vorjahresquartals koppeln. Nennen Sie jeweils zwei Vor- und Nachteile dieser Vorgehensweise.**

| Vorteile | Nachteile |
|---|---|
| | |
| | |
| | |

## SITUATION 21

**Die Erweiterung des Sortiments an Handelswaren macht eine Vergrößerung der Verkaufs- und Lagerfläche erforderlich. Man überlegt, ob man sich verstärkt auf Schutzbekleidung, Fahrradzubehör oder Gepäckträger aller Art (Boxen, Taschen usw.) verstärkt ausrichten soll. Folgende Daten liegen vor.**

| Alternative I Schutzbekleidung | Alternative II Fahrradzubehör | Alternative III Gepäckträger |
|---|---|---|
| Geschätzter Nettoumsatz 108.000,00 € | Geschätzter Nettoumsatz 96.000.00 € | Geschätzter Nettoumsatz 90.000,00 € |
| Handelsspanne: 33 1/3 % | Handelsspanne: 25 % | Handelsspanne: 40 % |
| Geschätzte Umschlagshäufigkeit: 4 | Geschätzte Umschlagshäufigkeit: 12 | Geschätzte Umschlagshäufigkeit: 3 |
| Investitionskosten für neue Warenträger und Umbaumaßnahmen: 120.000,00 € | | |

**1. Aufgabe**
**Ermitteln Sie den zu erwarten Rohgewinn jeder Alternative.**

| | |
|---|---|
| Alternative I | |
| Alternative II | |
| Alternative III | |

**2. Aufgabe**
**Welche Alternative benötigt die höchste Kapitalbindung?**

| | |
|---|---|
| Alternative I | |
| Alternative II | |
| Alternative III | |

**3. Aufgabe**
**Wie hoch ist die jeweils zu erwartende Lagerdauer?**

| | |
|---|---|
| Alternative I | |
| Alternative II | |
| Alternative III | |

**4. Aufgabe**
**Ermitteln Sie für alle drei Alternativen die zu erwartenden Lagerzinsen bei einem Jahreszinssatz von 9 %.**

| | |
|---|---|
| Lagerzinssatz = | |
| Alternative I | |
| Alternative II | |
| Alternative III | |

**5. Aufgabe**
**Für welche Alternative würden Sie sich entscheiden? Begründen Sie Ihre Antwort.**

**6. Aufgabe**
**Es müssen völlig neue Warenträger angeschafft werden. Die Investitionskosten in Höhe von 50.000,00 € werden über einen Bankkredit finanziert. Konditionen: Zinssatz 6 %, Tilgung 10 %. Die infolge der Sortimentserweiterung zu erwartenden Kapitalkosten für das Umlaufvermögen werden mit laufenden Gewinnen finanziert. Die Kosten für einen Kontokorrentkredit betragen 14 %.**
**Wie bezeichnet man die Finanzierung**
**6.1 der Warenträger,**
**6.2 des Umlaufvermögens?**

| | |
|---|---|
| 6.1 | |
| 6.2 | |

**7. Aufgabe**
**Wann ist die Aufnahme einen Kontokorrentkredites sinnvoll?**

**8. Aufgabe**
**Welche Kosten kann die geplante Sortimentserweiterung (außer den Finanzierungskosten) noch mit sich bringen?**

**9. Aufgabe**
**Wie könnten die neuen Produkte am Markt eingeführt werden? Machen Sie Vorschläge.**

# III. KOMMUNIKATIONSPROZESSE UND DATENVERARBEITUNG

## SITUATION 22

**Die Bavaria Fahrradwerke KG beabsichtigt ihre Telekommunikationseinrichtungen zu erneuern. Da Sie zurzeit in der Organisationsabteilung arbeiten, werden Sie beauftragt bei der Planung und Beschaffung neuer Geräte mitzuarbeiten.**

**1. Aufgabe**
**Sie bereiten sich auf Ihre Aufgabe vor, indem Sie sich über die verschiedenen Anbieter von Telekommunikation Informationen verschaffen. Dabei sind Sie zunächst auf den Begriff „Telekommunikation“ gestoßen. Was bedeutet dieser Begriff?**

| |
|---|
| |
| |
| |
| |

**2. Aufgabe**
**Unter anderem haben Sie sich über die Telefongebühren der Deutschen Telekom AG informiert. Nennen Sie Kriterien, die ihre Höhe bestimmen.**

| | |
|---|---|
| | |
| | |
| | |
| | |

**3. Aufgabe**
**Bei Ihren Recherchen haben Sie erfahren, dass es auch andere Anbieter auf dem Markt gibt. Dabei ist Ihnen folgende Information aufgefallen: *„Sie können bei jedem Fern- oder Auslandsgespräch selbst wählen, in welches Netz Sie sich einwählen möchten. Wünschen Sie über einen anderen Anbieter zu telefonieren, müssen Sie vor der eigentlichen Rufnummer die Ziffernfolge des jeweiligen Anbieters wählen. Die Abrechnung erfolgt weiterhin über die Telekom.“***
**Wie wird das beschriebene Verfahren bezeichnet?**

| |
|---|
| |

**4. Aufgabe**
**Ein weiteres Verfahren im Telekommunikationsbereich ist Preselection. Erläutern Sie dieses Verfahren.**

| |
|---|
| |
| |
| |
| |
| |

**<u>5. Aufgabe</u>**
**Für Außendienstmitarbeiter will die Bavaria Fahrradwerke KG Mobilfunktelefone anschaffen. Sie informieren sich, welche Mobilfunknetze es mittlerweile gibt. Nennen Sie die Ihnen bekannten Netze.**

| | |
|---|---|
| | |
| | |

**<u>6. Aufgabe</u>**
**Sie haben erfahren, dass es für Handys zwei Tarifmodelle gibt: Handy mit festem Vertrag und Handy mit Prepaidkarte. Worin besteht der Unterschied und wo sehen Sie Vor- und Nachteile beider Tarifmodelle.**

| Mit festem Vertrag | Mit Prepaid Karte |
|---|---|
| | |
| | |
| | |
| | |
| | |
| | |

**<u>7. Aufgabe</u>**
**Sie sollen Ihrem Chef einen Vorschlag bezüglich des zu wählenden Tarifmodells unterbreiten. Welchen Vorschlag machen Sie ihm und warum?**

| |
|---|
| |
| |
| |

**<u>8. Aufgabe</u>**
**Eine Auszubildende Ihrer Abteilung, die Ihnen bei den Recherchen im Bereich Telekommunikation geholfen hat, fragt Sie nach den Vorteilen eines Telefaxgerätes. Nennen Sie die Vorteile eines Telefaxgerätes.**

| | |
|---|---|
| | |
| | |
| | |

## SITUATION 23

**In jedem Unternehmen erfolgt ein reger Informationsaustausch durch entsprechende Kommunikation. Kommunikation wird in der heutigen Zeit bestimmt durch den Einsatz von Informations- und Kommunikationstechnologien bzw. durch den Einsatz neuer Medien. So auch bei der Bavaria Fahrradwerke KG.**

### 1. Aufgabe

**Beschreiben Sie die Ebenen, auf denen betriebliche Kommunikation stattfindet.**

| |
|---|
| |
| |
| |
| |

### 2. Aufgabe

**Unterscheiden Sie innerbetriebliche und außerbetriebliche Kommunikation und nennen Sie Medien, die jeweils der Übermittlung dienen.**

| | |
|---|---|
| Innerbetriebliche Kommunikation | |
| Außerbetriebliche Kommunikation | |

### 3. Aufgabe

**Kommunikation kann verbal, nonverbal und auch schriftlich erfolgen. Erläutern Sie diese Begriffe und geben Sie Beispiele.**

| | |
|---|---|
| Verbal | |
| Nonverbal | |
| Schriftlich | |

### 4. Aufgabe

**Durch den Einsatz der Telekommunikation ist es dem Unternehmen möglich, seinen Bedarf an Informationen zu decken und seinerseits Informationen weiterzuleiten. Was ist unter Telekommunikation zu verstehen?**

| |
|---|
| |
| |

**5. Aufgabe**
**Um Informationen übertragen zu können, benötigt man als Transportmittel Telekommunikationsnetze, wie ISDN und DSL. Was ist darunter zu verstehen?**

| |
|---|
| ISDN = |
| |
| |
| |
| |
| DSL = |
| |
| |

**6. Aufgabe**
**ISDN ermöglicht beim Telefonieren nicht nur eine gute Übertragungsqualität, es bietet noch weitere Dienste und Leistungen an. Nennen und erläutern Sie einige dieser Dienste bzw. Leistungen.**

| |
|---|
| Standardanschluss: |
| |
| |
| |
| |
| |
| |
| Kompfortanschluss: |
| |
| |
| |

**7. Aufgabe**
**Nachstehend werden einige Informationstechniken beschrieben. Um welche handelt es sich jeweils?**

**7.1 Ein weltweites Computernetz, das bedeutende Teilnehmerzahlen aus öffentlichen, kommerziellen und privaten Bereichen aufweist, dient der globalen Informationsbeschaffung und Übermittlung.**

**7.2 Die Übermittlung von Nachrichten erfolgt über einen bestimmten Speicherplatz in einem zentralen Computer. Es können in diesen Speicher Nachrichten zur Weiterleitung eingegeben und Nachrichten daraus abgerufen werden.**

**7.3 Es handelt sich um ein dienstintegriertes digitales Telekommunikationssystem, das die Dienste Telefon, Telefax, Bildtelefon und Datenübertragung in einem gemeinsamen Netz integriert.**

| | |
|---|---|
| 7.1 | |
| 7.2 | |
| 7.3 | |

**8. Aufgabe**
**Internet und Intranet sind aus dem „Zeitalter der Kommunikation“ nicht mehr wegzudenken. Erklären Sie die Begriffe und zeigen Sie den Unterschied auf.**

| | |
|---|---|
| Internet | |
| Intranet | |

**9. Aufgabe**
**Um die Dienste des Internets wahrnehmen zu können, bedarf es der Provider. Was ist darunter zu verstehen?**

**10. Aufgabe**
**Erläutern Sie den Zusammenhang bzw. den Unterschied von Homepage und Website.**

| | |
|---|---|
| Homepate | |
| Website | |

**11. Aufgabe**
**Nennen und erläutern Sie kurz einige Anwendungsmöglichkeiten im Internet.**

| | |
|---|---|
| | |
| | |
| | |
| | |
| | |
| | |

**12. Aufgabe**
**Die Bavaria Fahrradwerke KG beabsichtigt künftig auch den Absatz über Internet zu betreiben. In einer Besprechung werden die Vor- und Nachteile dieses Absatzweges diskutiert. Nennen Sie einige Vor- und Nachteile des Verkaufs über Internet.**

| Vorteile | Nachteile |
|---|---|
| | |
| | |
| | |
| | |
| | |

## SITUATION 24

**Die modernen Kommunikationsmittel gehen auch an der Bavaria Fahrradwerke KG nicht vorüber. So wurde der Verwaltung nahe gelegt, den geschäftlichen Informationsaustausch künftig verstärkt per E-Mail vorzunehmen.**

**1. Aufgabe**
**Die E-Mail ist der meist genutzte Dienst des Internets. Beschreiben Sie kurz, was unter der E-Mail zu verstehen ist.**

**2. Aufgabe**
**Leider handelt es sich bei über 90 % des weltweiten E-Mail-Verkehrs um Spams. Was ist darunter zu verstehen?**

**3. Aufgabe**
**Spams verursachen im weltweiten Kommunikationssystem erhebliche Schäden bzw. Kosten. Nennen Sie hierzu fünf Beispiele.**

**4. Aufgabe**
**Nennen Sie die Vorteile der Datenübermittlung per E-Mail.**

**5. Aufgabe**
**Mit der Nutzung der elektronischen Post sind auch Nachteile verbunden. Nennen Sie einige.**

**6. Aufgabe**
**Neben der Gefahr, sich über den Anhang einer E-Mail Schädlinge einzufangen, gibt es noch weitere Gefahren für Ihren Rechner. Nennen Sie drei weitere Möglichkeiten.**

**7. Aufgabe**
**Ohne Schutzprogramm ist der Befall eines Rechners mit Schädlingen erst dann erkennbar, wenn schon Schäden angerichtet worden sind. Woran können die Auswirkungen eines Schädlings erkannt werden?**

**8. Aufgabe**
**Die Abbildung zeigt, wie man sich am besten vor Trojanern, Würmern, Spionage-Software und Viren schützen kann. Nennen Sie die Möglichkeiten des Schutzes vor Computerschädlingen und erläutern Sie diese kurz.**

Abb. aus „Computer-Bild"

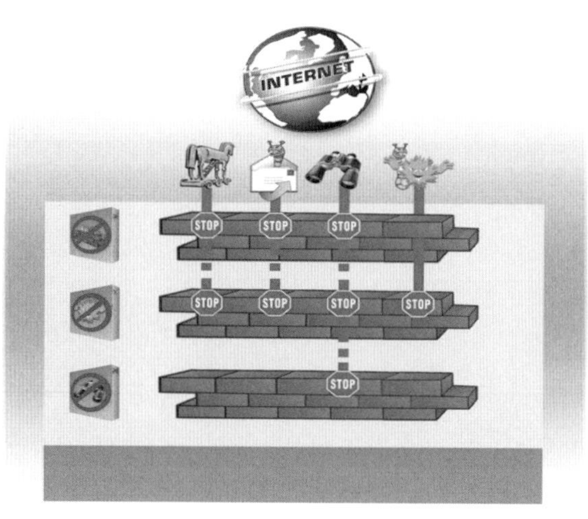

| |
|---|
| |
| |
| |
| |
| |
| |
| |
| |
| |

**9. Aufgabe**
**Erläutern Sie mit jeweils einem Satz die Begriffe „Datenschutz“ und „Datensicherheit“.**

| |
|---|
| |
| |

**10. Aufgabe**
**Nennen Sie Beispiele, wie es in der Bavaria Fahrradwerke KG trotz aller Schutz- und Vorsichtsmaßnahmen zu Datenverlusten bzw. Datenmissbrauch kommen kann.**

| Datenverlust | Datenmissbrauch |
|---|---|
| | |
| | |
| | |
| | |

## SITUATION 25

**„Telefonieren ist die Visitenkarte Ihres Unternehmens und für die Außenwirkung von größter Bedeutung." Diesen Satz haben Sie sich in einer Ausbildungsbroschüre fett markiert. Außerdem haben Sie gelesen, dass dem Telefon als Werkzeug für Kundenakquise eine enorme Bedeutung zukommt. Grund genug, um sich mit dem Telefon und richtigem Telefonieren gut auszukennen.**

### 1. Aufgabe

**Zunächst ist es wichtig, die einzelnen Funktionen Ihrer Telefonanlage zu kennen. Die Bavaria Fahrradwerke KG hat eine ISDN-Anlage, die über mehrere Leistungsmerkmale verfügt. Nachstehend sind einige dieser Leistungsmerkmale beschrieben. Um welche handelt es sich dabei jeweils?**

**1.1 Der gewählte Anschluss ist besetzt oder nicht erreichbar. Die zuletzt gewählte Rufnummer kann mit Ihrer Telefonanlage nochmals angewählt werden.**
**1.2 Die gleiche Rufnummer muss häufig gewählt werden.**
**1.3 Auf ein ankommendes Gespräch wird man durch einen Signalton (Klopfton) aufmerksam gemacht.**
**1.4 Mitarbeiter, z. B. Außendienstler, können auch außerhalb der Dienstzeiten erreicht werden.**
**1.5 Die Telefonanlage kann vor missbräuchlicher Benutzung geschützt werden.**
**1.6 Es ist möglich, sich gleichzeitig mit zwei Anrufern zu unterhalten.**
**1.7 Man kann sich abwechselnd mit zwei Anrufern unterhalten.**

| | |
|---|---|
| 1.1 | |
| 1.2 | |
| 1.3 | |
| 1.4 | |
| 1.5 | |
| 1.6 | |
| 1.7 | |

### 2. Aufgabe

**Die Bavaria Fahrradwerke KG hatte Sie kürzlich zu einer Fortbildung „Richtiges Telefonieren" geschickt. Sie sollen nun Ihren Kollegen/-innen die Ergebnisse präsentieren. Geben Sie in einer Kurzfassung an, was bezüglich der Vorbereitung des Telefonates, der Führung des Telefongespräches und der Nachbereitung zu beachten ist.**

| | |
|---|---|
| Vorbereitung | |
| Durchführung | |
| Nachbereitung | |

**3. Aufgabe**
**Eine Auszubildende mit dem Namen Fartaczek meldet sich telefonisch krank. Da Sie nicht wissen, wie der Name korrekt geschrieben wird, bitten Sie die Auszubildende, sie möge ihren Namen buchstabieren. Wie müsste Sie**
**3.1 nach der „Amtlichen Buchstabiertafel“ richtig buchstabieren?**
**3.2 nach der „Internationalen Buchstabiertafel“ richtig buchstabieren?**

| | Deutsche Buchstabiertafel | Internationale Buchstabiertafel |
|---|---|---|
| F | | |
| A | | |
| R | | |
| T | | |
| A | | |
| C | | |
| Z | | |
| E | | |
| K | | |

**4. Aufgabe**
**Sie sollen Ihre junge Kollegin mit den Eintragungen im Telefonbuch vertraut machen. Welche Bedeutung haben folgende Eintragungen?**

| | |
|---|---|
| **4.1** | **115321 <115599>** |
| **4.2** | **Fax 452312** |
| **4.3** | **089 2104-0** |
| **4.4** | **089 2346-678** |
| **4.5** | **Tel/Fax 115816** |
| **4.6** | **0800 115587** |
| **4.7** | **§ 115817** |
| **4.8** | **0171 3768798** |
| **4.9** | **+ 115568** |
| **4.10** | **BildTel 1 56 7** |
| **4.11** | **+49 871 8265-22** |

| | |
|---|---|
| 4.1 | |
| 4.2 | |
| 4.3 | |
| 4.4 | |
| 4.5 | |
| 4.6 | |
| 4.7 | |
| 4.8 | |
| 4.9 | |
| 4.10 | |
| 4.11 | |

**5. Aufgabe**
**Die Regel des DIN 5008 (Neufassung 2005) für die offizielle Schreibweise von Telefonnummern lautet:**
***„Funktionsbezogen durch je ein Leerzeichen gliedern (Anbieter, Landesvorwahl, Ortsnetzkennzahl, Anschluss). Zur besseren Lesbarkeit dürfen funktionsbezogene Teile von Telefon- und Telefaxnummern durch Fettschrift oder Farbe hervorgehoben werden.“***
**Wie lautet demnach die richtige Schreibweise Ihres Telefonanschlusses am Arbeitsplatz, wenn die Vorwahl von Landshut 0871, die Rufnummer der Zentrale die Ziffern 9 2 9 1 0 5 - 0 und Ihr Anschluss die Nummer 40 hat?**

| |
|---|
| |

**6. Aufgabe**
**Was bedeutet DIN 5008:2005?**

| |
|---|
| |
| |
| |

**7. Aufgabe**

**Die DIN 5008 legt auch die offiziellen Schreibweisen für Bankleitzahlen, Postfachnummern und Postleitzahlen fest. Nennen Sie die Regeln und geben Sie je ein Beispiel.**

| | |
|---|---|
| Bankleitzahlen | |
| Postfachnummern | |
| Postleitzahlen | |

## SITUATION 26

**Voraussetzung dafür, dass die Bavaria Fahrradwerke KG auch künftig erfolgreich am Markt vertreten sein wird, ist, dass die Geschäftsleitung die richtigen Entscheidungen trifft. So genannte „Bauchentscheidungen“ könnten für das Unternehmen sehr gefährlich sein. Deshalb bedient man sich der verschiedensten Verfahren bzw. Methoden, um auf der Basis der vorhandenen Daten die richtigen Entscheidungen für die Zukunft zu treffen.**

**1. Aufgabe**
**Auf welche Quelle greift die Bavaria Fahrradwerke KG zurück, um auf der Basis der bisherigen Daten Entscheidungen, z. B. für die Planung, treffen zu können, und wie können diese Daten aufbereitet werden?**

**2. Aufgabe**
**Wie ist der Begriff „Statistik“ zu definieren?**

**3. Aufgabe**
**Welche Aufgabe hat die Betriebsstatistik und welche Methoden wendet sie an?**

**4. Aufgabe**
**Für nahezu alle betrieblichen Bereiche werden Statistiken erstellt. Nennen Sie die wichtigsten und erläutern Sie diese kurz bzw. beschreiben Sie deren Inhalt.**

**5. Aufgabe**

**Um welche Art der statistischen Darstellung handelt es sich in den folgenden Fällen? Erläutern Sie knapp die jeweilige Darstellungsmethode.**

**5.1**

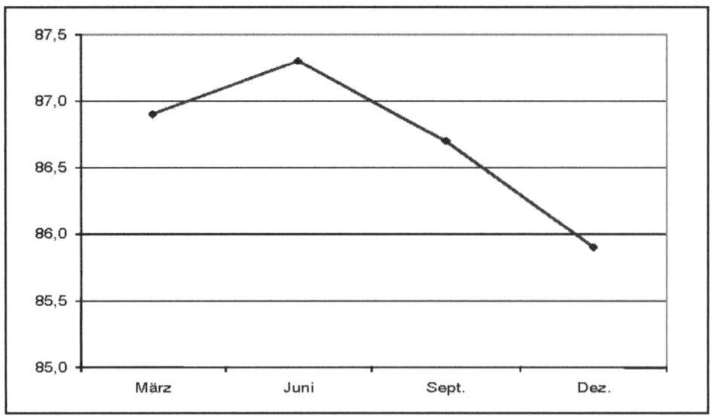


**5.2**

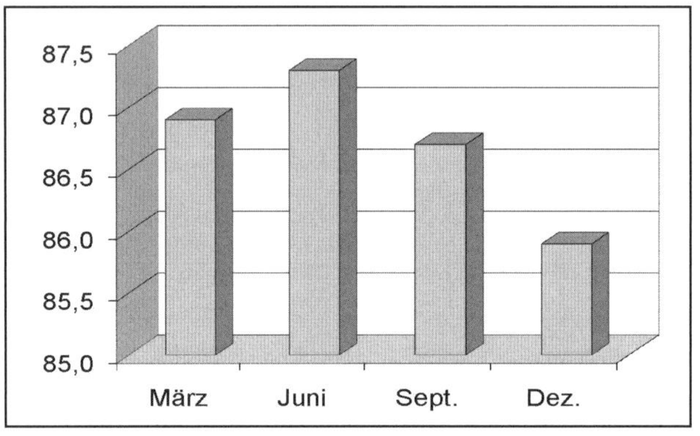


**5.3**

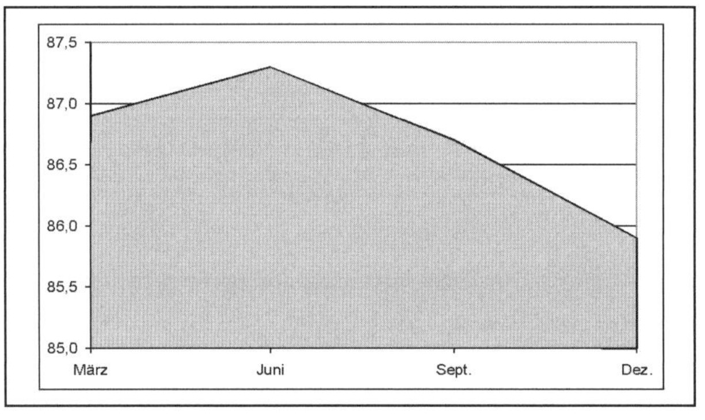


**5.4**

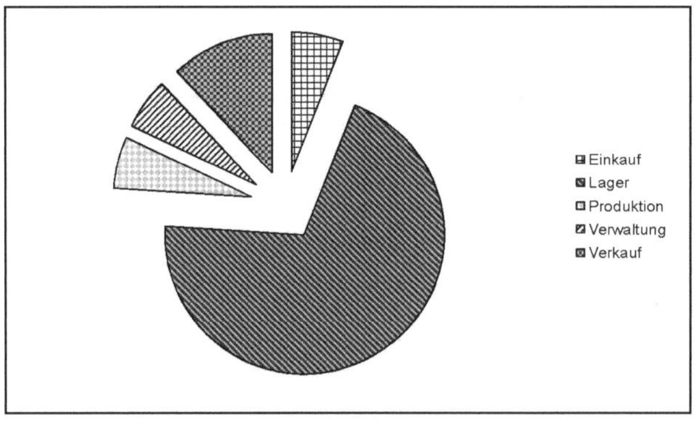


| | |
|---|---|
| 5.1 | |
| 5.2 | |
| 5.3 | |
| 5.4 | |

**6. Aufgabe**
**Nennen und erläutern Sie weitere Darstellungsmethoden.**

**7. Aufgabe**
**Wodurch unterscheiden sich innerbetrieblicher Vergleich und zwischenbetrieblicher Vergleich?**

**8. Aufgabe**
**Werden absolute Zahlen statistisch aufbereitet, so spricht man von Kennzahlen. Dabei handelt es sich meist um so genannte Verhältniszahlen. Erläutern Sie den Begriff „Verhältniszahlen".**

**9. Aufgabe**
**Man unterscheidet die Verhältniszahlen in Gliederungszahlen, Beziehungszahlen und Indexzahlen. Klären Sie diese Begriffe.**

**10. Aufgabe**
**Interpretieren Sie nachstehende Grafik.** (Quelle: www.geographie.uni-stuttgart.de)

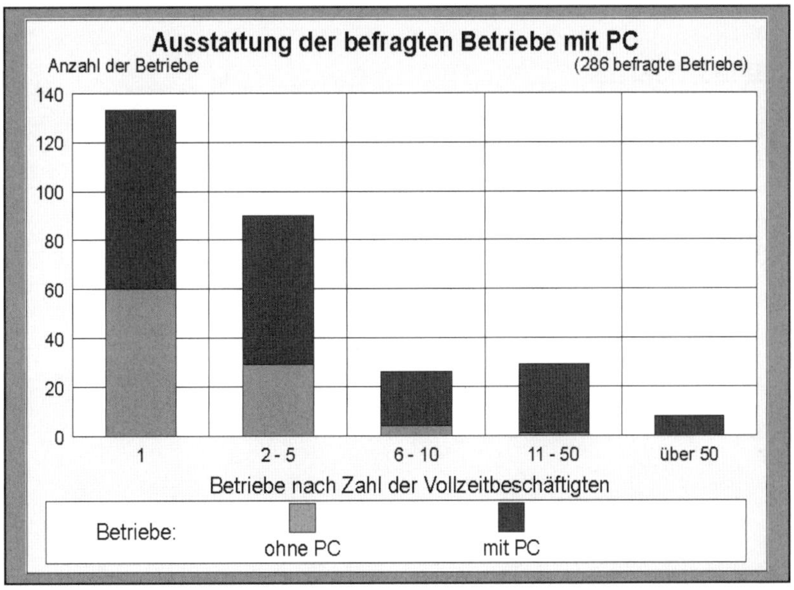

**11. Aufgabe**
**Was sagt die unten stehende Statistik aus?**

| Eigenkapital in Prozent der Bilanzsumme | Vorjahr | Berichtsjahr |
|---|---|---|
| Verarbeitendes Gewerbe | 33,1 | 26,0 |
| Baugewerbe | 14,9 | 6,4 |
| Großhandel | 23,9 | 17,1 |
| Einzelhandel | 27,4 | 21,5 |

**12. Aufgabe**
**Aufgrund der angegebenen Bilanz und GuV sind folgende betrieblichen Kennzahlen zu berechnen:**

| | |
|---|---|
| 12.1 Umsatzrentabilität | |
| 12.2 Verschuldungsgrad | |
| 12.3 Liquidität 3. Grades | |
| 12.4 Umschlagshäufigkeit (gerundet) | |
| 12.5 Durchschnittliche Lagerdauer | |

**Bilanz per 31.12.**

**Anfangsbestand an Handelswaren 20.000,00 €**

| Aktiva | | | Passiva | |
|---|---|---|---|---|
| | | | | |
| Grundstücke | € 97.600,- | | Langfristige Darlehn | € 59.000,- |
| Maschinen | € 59.200,- | | Lieferverbindlichkeiten | € 18.300,- |
| Kassa, Bank | € 2.800,- | | Kurzfristige Kredite (Girokonto) | € 41.700,- |
| HW-Vorrat | € 27.500,- | | Eigenkapital | € 96.500,- |
| Lieferforderungen | € 28.400,- | | | |
| | € 215.500,- | | | € 215.500,- |

**Gewinn- und Verlustrechnung per 31.12.**

| Aufwände | | | Erträge | |
|---|---|---|---|---|
| | | | | |
| HW-Einsatz | € 97.000,- | | HW-Erlöse | € 252.000,- |
| Personalaufwand | € 81.700,- | | | |
| sonstiger Aufwand | € 39.500,- | | | |
| Abschreibung | € 12.400,- | | | |
| Eigenkapital = | € 21.400,- | | | |
| | € 252.000,- | | | € 252.000,- |

## SITUATION 27

**Bei der Bavaria Fahrradwerke KG ist ein modernes Warenwirtschaftssystem eingeführt worden, sodass in allen Bereichen computerunterstützt gearbeitet werden kann. Auf Ihrem Arbeitsplatz im Büro wäre der PC längst nicht mehr wegzudenken.**

### 1. Aufgabe
**Welche grundsätzliche Aufgabe hat die EDV bei der Bavaria Fahrradwerke KG zu erfüllen?**

### 2. Aufgabe
**Zuverlässig funktionierende DV-Systeme sind wichtige Wettbewerbsfaktoren. Um so mehr ist bei der Anschaffung auf Effizienz und das passende Konzept für den eigenen Betrieb zu achten. Was sollte man von einer effizienten EDV erwarten dürfen?**

### 3. Aufgabe
**Nachstehende Abbildung zeigt den Einsatz der EDV bei der Bavaria Fahrradwerke KG. Erläutern Sie diese Abbildung nach folgenden Fragestellungen:**
**3.1 Welche Software ist wo eingesetzt?**
**3.2 Die Abbildung zeigt, dass Tabellenkalkulationsprogramme auch bei der Abwicklung des Geschäftsbetriebes und bei der Produktionssteuerung unterstützend eingesetzt werden können. Nennen Sie konkrete Beispiele, wo Tabellenkalkulationsprogramme eingesetzt werden.**

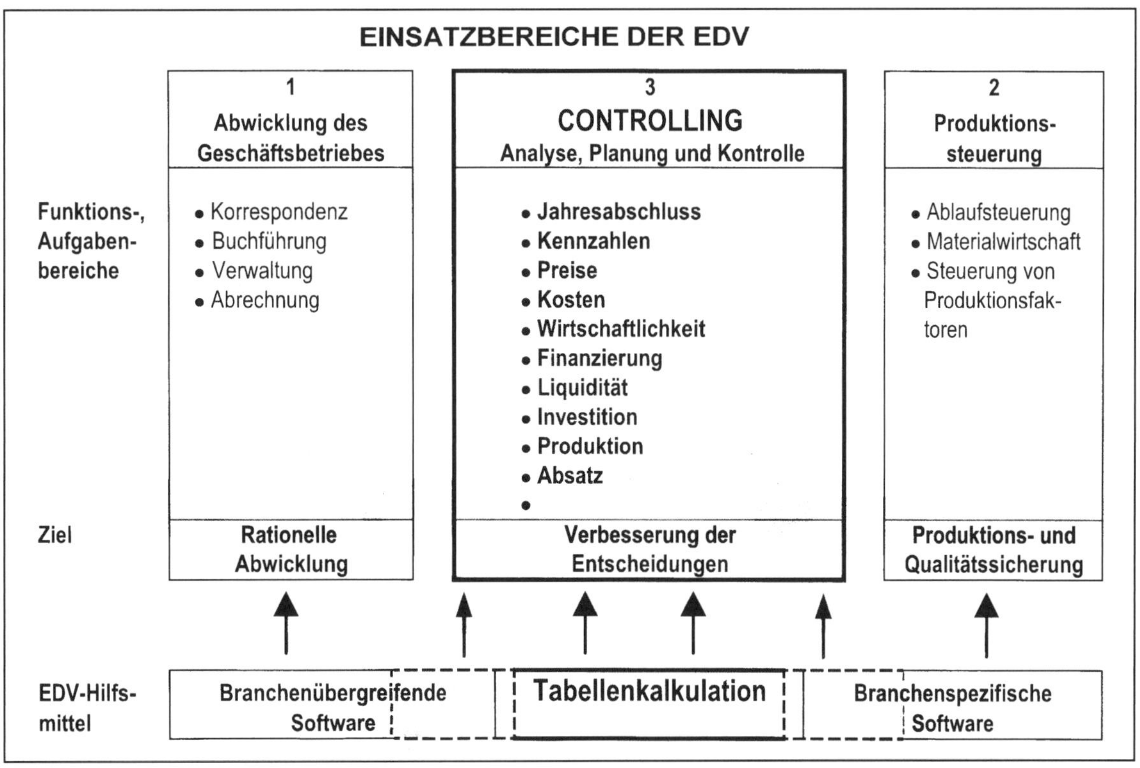


(Abb. nach Dr. L. Meggendorfer, 2003; Quelle: www.fh-weihenstephan.de)

| | |
|---|---|
| 3.1 | |
| 3.2 | |

**4. Aufgabe**
**Beschreiben Sie die wesentlichen Funktionen, die Ihnen ein Tabellenkalkulationsprogramm bietet.**

**5. Aufgabe**
**Zur Verwaltung der Daten stehen Datenbanken zur Verfügung. Beim Arbeiten z. B. mit Warenwirtschaftssystemen werden Datenbanken ständig mit einbezogen. Erläutern Sie das Datenbankensystem.**

**6. Aufgabe**
**Nennen Sie Vorteile einer Datenbank.**

**7. Aufgabe**
**Daten (Datenfelder) können nach verschiedenen Kategorien eingeteilt werden. Welche Datenart liegt vor, wenn folgende Kategorien zur Einteilung zugrunde liegen? Nennen und erläutern Sie die jeweiligen Datenarten**
**7.1 nach der Art der verwendeten Zeichen.**
**7.2 nach der Häufigkeit der Veränderung.**
**7.3 nach Aufgabe/Zweck im Verarbeitungsprozess.**
**7.4 nach der Stellung im Verarbeitungsprozess.**

| | |
|---|---|
| 7.1 | |
| 7.2 | |
| 7.3 | |
| 7.4 | |

**8. Aufgabe**
**Nennen Sie jeweils drei Stammdaten und drei Bewegungsdaten, die auf Rechnungen zu finden sind.**

| Stammdaten | | Bewegungsdaten | |
|---|---|---|---|
| | | | |
| | | | |
| | | | |
| | | | |

**9. Aufgabe**
**Unterscheiden Sie Hardware und Software.**

| | |
|---|---|
| Hardware | |
| Software | |

**10. Aufgabe**
**Nennen Sie Bestandteile der Hardware einschließlich der Peripheriegeräte.**

| PC-Komponenten | Peripheriegeräte |
|---|---|
| | |
| | |
| | |
| | |
| | |
| | |

**11. Aufgabe**
**Erklären Sie den Unterschied zwischen RAM und ROM.**

| RAM | ROM |
|---|---|
| | |
| | |
| | |
| | |
| | |
| | |

**12. Aufgabe**
**Was sind Datenträger und welche kommen im Bereich EDV am häufigsten zum Einsatz?**

**13. Aufgabe**
**Der EDV-Einsatz soll die täglich anfallenden Arbeiten effizienter gestalten. Deshalb sollen von Sachbearbeitern zur Erfassung von Daten so genannte Bildschirmmasken erstellt werden. Was ist darunter zu verstehen?**

**14. Aufgabe**
**Eine Kollegin bittet Sie, ihr bei der Gestaltung einer Bildschirmmaske zu helfen. Sie erklären ihr die Reihenfolge des Vorgehens. Nennen Sie die erforderlichen Arbeitsschritte in der logisch richtigen Reihenfolge.**

## SITUATION 28

**Der Umsatz über das Internet nimmt stetig zu. Diesem Trend will sich künftig die Bavaria Fahrradwerke KG anschließen. Deshalb sollen Sie mithelfen, einen Webshop (Onlineshop) einzurichten.**

**1. Aufgabe**
**Was ist unter einem Onlineshop zu verstehen? Erläutern Sie kurz diese moderne Verkaufsform.**

**2. Aufgabe**
**Welche Überlegungen sollte die Bavaria Fahrradwerke KG zunächst anstellen, bevor sie einen Onlineshop einrichtet? Formulieren Sie hierzu vier Fragen.**

**3. Aufgabe**
**Welche Vorteile sind mit dem Betreiben eines Onlineshops für die Bavaria Fahrradwerke KG verbunden?**

**4. Aufgabe**
**Nennen Sie vier Voraussetzungen für einen erfolgreichen Onlineshop.**

**5. Aufgabe**
**Der Datenaustausch im Internet ist nicht immer sicher. So wird oft vor Computerviren und sogenannten Trojanischen Pferden gewarnt. Beschreiben Sie den Schaden, der durch die Nutzung des Internets entstehen kann.**

**6. Aufgabe**
**Wie kann sich die Bavaria Fahrradwerke KG gegen solche Gefahren schützen? Nennen Sie drei Möglichkeiten.**

**7. Aufgabe**
**In diesem Zusammenhang haben Sie sich auch mit dem Fernabsatzgesetz beschäftigt. In welchem Gesetz sind die entsprechenden Paragrafen enthalten und was wird dadurch gesetzlich geregelt?**

**8. Aufgabe**
**Nennen Sie die wichtigsten Regelungen den Fernabsatzgesetzes.**

## Situation zur 9. Aufgabe

**Bei der Prüfung der eigenen Computer-Systemanlage wird unter anderem festgestellt, dass eine Softwareerneuerung unbedingt erforderlich ist, zumal die vor einigen Jahren von der Bavaria Fahrradwerke KG selbst entwickelte Software nicht den aktuellen Anforderungen entspricht. Es soll nun eine marktgängige Branchensoftware angeschafft werden.**

**9. Aufgabe**
**Welche Vor- und Nachteile bringt der Einsatz einer marktgängigen Branchensoftware für die Bavaria Fahrradwerke KG mit sich? Nennen Sie jeweils zwei.**

**10. Aufgabe**

**Da bei der Bavaria Fahrradwerke KG weitere Erneuerungen im EDV-Bereich durchzuführen sind, haben Sie die neue Auszubildende über den PC, Bestandteile des PC, PC-Zubehör, EDV-Produkte und deren Anwendungsbereiche zu informieren. Danach soll diese die nachstehende Tabelle bearbeiten. Wie ist richtig zuzuordnen?**

| | MS Office Word | Externe Festplatte | Unix | Grafikkarte | Windows 7 | Acrobat Reader | Intel Pentium M | TFT XGA Display |
|---|---|---|---|---|---|---|---|---|
| Hardware | | | | | | | | |
| Software | | | | | | | | |
| Anwendung | | | | | | | | |

## SITUATION 29

**Datensicherheit und Datenschutz sind für jedes Unternehmen „lebenswichtig“, so auch für die Bavaria Fahrradwerke KG. Außerdem müssen Aufbewahrungsfristen und gesetzliche Bestimmungen bezüglich des Datenschutzes beachtet werden.**

### 1. Aufgabe
**Datensicherung schützt vor dem Verlust von Daten. Wann liegt Datensicherung vor?**

### 2. Aufgabe
**Vor welchen möglichen Datenverlusten soll die Datensicherung schützen?**

| Datensicherung dient dem Schutz vor Datenverlust durch | |
|---|---|
| | |
| | |
| | |
| | |

### 3. Aufgabe
**Worauf ist bei der Datensicherung zu achten, damit die benötigten Daten auch wirklich brauchbar geschützt sind. Nennen Sie einige zu beachtende Grundsätze.**

### 4. Aufgabe
**Datensicherung hat im Hardwarebereich, im Softwarebereich und durch organisatorische Maßnahmen zu erfolgen. Nennen und erläutern Sie für den Hard- und Softwarebereich geeignete Maßnahmen.**

Hardwarebereich:

Softwarebereich:

**5. Aufgabe**

**Nennen Sie geeignete Maßnahmen zur Sicherung der Daten für die folgenden Fälle:**
**5.1 Stromausfall**
**5.2 Hardwareausfall**
**5.3 Versehentliches Löschen**
**5.4 Unbefugter Zugriff**

| | |
|---|---|
| 5.1 | |
| 5.2 | |
| 5.3 | |
| 5.4 | |

**6. Aufgabe**

**Um Eingabe- und Übertragungsfehler weitgehend ausschließen zu können, wurden die verschiedensten Verfahren entwickelt. Nennen und beschreiben Sie solche Verfahren.**

| | |
|---|---|
| | |
| | |
| | |
| | |
| | |

**7. Aufgabe**

**Lesen Sie den abgebildeten Ausschnitt aus dem Bundesdatenschutzgesetz.**
**7.1 Wovor soll der Einzelne durch dieses Gesetz geschützt werden?**
**7.2 Auf welche Bereiche der EDV ist dieses Gesetz anzuwenden?**
**7.3 Wer hat sich an die Vorschriften des Bundesdatenschutzgesetzes zu halten?**

| | |
|---|---|
| 7.1 | |
| 7.2 | |
| 7.3 | |

**Erster Abschnitt - Allgemeine Bestimmungen**
**§ 1 Zweck und Anwendungsbereich des Gesetzes**
(1) Zweck dieses Gesetzes ist es, den Einzelnen davor zu schützen, dass er durch den Umgang mit seinen personenbezogenen Daten in seinem Persönlichkeitsrecht beeinträchtigt wird.
(2) Dieses Gesetz gilt für die Erhebung, Verarbeitung und Nutzung personenbezogener Daten durch
1. öffentliche Stellen des Bundes,
2. öffentliche Stellen der Länder, soweit der Datenschutz nicht durch Landesgesetz geregelt ist und soweit sie
a) Bundesrecht ausführen oder
b) als Organe der Rechtspflege tätig werden und es sich nicht um Verwaltungsangelegenheiten handelt,
3. nichtöffentliche Stellen, soweit sie die Daten unter Einsatz von Datenverarbeitungsanlagen verarbeiten, nutzen oder dafür erheben oder die Daten in oder aus nicht automatisierten Dateien verarbeiten, nutzen oder dafür erheben, es sei denn, die Erhebung, Verarbeitung oder Nutzung der Daten erfolgt ausschließlich für persönliche oder familiäre Tätigkeiten.

## 8. Aufgabe
**Was sind personenbezogene Daten? Geben Sie Beispiele an.**

## 9. Aufgabe
**Welche Rechte laut Bundesdatenschutzgesetz haben natürliche Personen, über die Daten bei öffentlichen oder nicht-öffentlichen Stellen gespeichert sind?**

| | |
|---|---|
| | |
| | |
| | |
| | |

## 10. Aufgabe
**Wie ist der personenbezogene Datenschutz technisch/organisatorisch zu realisieren? Nennen Sie drei Möglichkeiten.**

**11. Aufgabe**

**11.1 Welche Verpflichtungen ergeben sich aus dem abgebildeten § 4f BDSG für die Bavaria Fahrradwerke KG?**

**11.2 Welche Anforderungen sind an eine Person zu stellen, die zum Datenschutzbeauftragten bestellt werden soll?**

**11.3 Wie ist die Weisungsgebundenheit des Datenschutzbeauftragten geregelt?**

**11.4 Welche Unternehmen können auf die Bestellung eines Datenschutzbeauftragten verzichten?**

**§ 4f Beauftragter für den Datenschutz**

(1) Öffentliche und nicht öffentliche Stellen, die personenbezogene Daten automatisiert verarbeiten, haben einen Beauftragten für den Datenschutz schriftlich zu bestellen. Nicht-öffentliche Stellen sind hierzu spätestens innerhalb eines Monats nach Aufnahme ihrer Tätigkeit verpflichtet. Das Gleiche gilt, wenn personenbezogene Daten auf andere Weise erhoben, verarbeitet oder genutzt werden und damit in der Regel mindestens 20 Personen beschäftigt sind. Die Sätze 1 und 2 gelten nicht für die nichtöffentlichen Stellen, die in der Regel höchstens neun Personen ständig mit der automatisierten Verarbeitung personenbezogener Daten beschäftigen. Soweit aufgrund der Struktur einer öffentlichen Stelle erforderlich, genügt die Bestellung eines Beauftragten für den Datenschutz für mehrere Bereiche. Soweit nicht-öffentliche Stellen automatisierte Verarbeitungen vornehmen, die einer Vorabkontrolle unterliegen, oder personenbezogene Daten geschäftsmäßig zum Zweck der Übermittlung oder der anonymisierten Übermittlung automatisiert verarbeiten, haben sie unabhängig von der Anzahl der mit der automatisierten Verarbeitung beschäftigten Personen einen Beauftragten für den Datenschutz zu bestellen.

(2) Zum Beauftragten für den Datenschutz darf nur bestellt werden, wer die zur Erfüllung seiner Aufgaben erforderliche Fachkunde und Zuverlässigkeit besitzt. Das Maß der erforderlichen Fachkunde bestimmt sich insbesondere nach dem Umfang der Datenverarbeitung der verantwortlichen Stelle und dem Schutzbedarf der personenbezogenen Daten, die die verantwortliche Stelle erhebt oder verwendet. Zum Beauftragten für den Datenschutz kann auch eine Person außerhalb der verantwortlichen Stelle bestellt werden; die Kontrolle erstreckt sich auch auf personenbezogene Daten, die einem Berufs- oder besonderen Amtsgeheimnis, insbesondere dem Steuergeheimnis nach § 30 der Abgabenordnung, unterliegen. Öffentliche Stellen können mit Zustimmung ihrer Aufsichtsbehörde einen Bediensteten aus einer anderen öffentlichen Stelle zum Beauftragten für den Datenschutz bestellen.

(3) Der Beauftragte für den Datenschutz ist dem Leiter der öffentlichen oder nicht-öffentlichen Stelle unmittelbar zu unterstellen. Er ist in Ausübung seiner Fachkunde auf dem Gebiet des Datenschutzes weisungsfrei. Er darf wegen der Erfüllung seiner Aufgaben nicht benachteiligt werden. Die Bestellung zum Beauftragten für den Datenschutz kann in entsprechender Anwendung von § 626 des Bürgerlichen Gesetzbuches, bei nicht-öffentlichen Stellen auch auf Verlangen der Aufsichtsbehörde, widerrufen werden.

(4) Der Beauftragte für den Datenschutz ist zur Verschwiegenheit über die Identität des Betroffenen sowie über Umstände, die Rückschlüsse auf den Betroffenen zulassen, verpflichtet, soweit er nicht davon durch den Betroffenen befreit wird.
(4a) Soweit der Beauftragte für den Datenschutz bei seiner Tätigkeit Kenntnis von Daten erhält, für die dem Leiter oder einer bei der öffentlichen oder nichtöffentlichen Stelle beschäftigten Person aus beruflichen Gründen ein Zeugnisverweigerungsrecht zusteht, steht dieses Recht auch dem Beauftragten für den Datenschutz und dessen Hilfspersonal zu. Über die Ausübung dieses Rechts entscheidet die Person, der das Zeugnisverweigerungsrecht aus beruflichen Gründen zusteht, es sei denn, dass diese Entscheidung in absehbarer Zeit nicht herbeigeführt werden kann. Soweit das Zeugnisverweigerungsrecht des Beauftragten für den Datenschutz reicht, unterliegen seine Akten und andere Schriftstücke einem Beschlagnahmeverbot.

(5) Die öffentlichen und nicht-öffentlichen Stellen haben den Beauftragten für den Datenschutz bei der Erfüllung seiner Aufgaben zu unterstützen und ihm insbesondere, soweit dies zur Erfüllung seiner Aufgaben erforderlich ist, Hilfspersonal sowie Räume, Einrichtungen, Geräte und Mittel zur Verfügung zu stellen. Betroffene können sich jederzeit an den Beauftragten für den Datenschutz wenden.

| | |
|---|---|
| 11.1 | |
| 11.2 | |
| 11.3 | |
| 11.4 | |

## 12. Aufgabe

**12.1 Beschreiben Sie die Aufgaben, die ein Datenschutzbeauftragter zu erfüllen hat. Sehen Sie dazu § 4g des Gesetzes.**

**12.2 Wozu verpflichtet der § 4g die Geschäftsleitung der Bavaria Fahrradwerke KG?**

**12.3 Was ist im Gesetz bezüglich des Datenschutzes für Kleinunternehmen ausgesagt?**

**§ 4g Aufgaben des Beauftragten für den Datenschutz**

(1) Der Beauftragte für den Datenschutz wirkt auf die Einhaltung dieses Gesetzes und anderer Vorschriften über den Datenschutz hin. Zu diesem Zweck kann sich der Beauftragte für den Datenschutz in Zweifelsfällen an die für die Datenschutzkontrolle bei der verantwortlichen Stelle zuständige Behörde wenden. Er kann die Beratung nach § 38 Abs. 1 Satz 2 in Anspruch nehmen. Er hat insbesondere

1. die ordnungsgemäße Anwendung der Datenverarbeitungsprogramme, mit deren Hilfe personenbezogene Daten verarbeitet werden sollen, zu überwachen; zu diesem Zweck ist er über Vorhaben der automatisierten Verarbeitung personenbezogener Daten rechtzeitig zu unterrichten,
2. die bei der Verarbeitung personenbezogener Daten tätigen Personen durch geeignete Maßnahmen mit den Vorschriften dieses Gesetzes sowie anderen Vorschriften über den Datenschutz und mit den jeweiligen besonderen Erfordernissen des Datenschutzes vertraut zu machen.

(2) Dem Beauftragten für den Datenschutz ist von der verantwortlichen Stelle eine Übersicht über die in § 4e Satz 1 genannten Angaben sowie über zugriffsberechtigte Personen zur Verfügung zu stellen. Der Beauftragte für den Datenschutz macht die Angaben nach § 4e Satz 1 Nr. 1 bis 8 auf Antrag jedermann in geeigneter Weise verfügbar.

(2a) Soweit bei einer nichtöffentlichen Stelle keine Verpflichtung zur Bestellung eines Beauftragten für den Datenschutz besteht, hat der Leiter der nichtöffentlichen Stelle die Erfüllung der Aufgaben nach den Absätzen 1 und 2 in anderer Weise sicherzustellen.

| | |
|---|---|
| 12.1 | |
| 12.2 | |
| 12.3 | |

## IV. PERSONALWIRTSCHAFTLICHE PROZESSE

### SITUATION 30

**Sie arbeiten im Büro bei der Bavaria Fahrradwerke KG und haben unter anderem auch die Aufgabe, Ihren Chef bei seinen Aktivitäten zu unterstützen. Dabei ist es notwendig, auch planerische Tätigkeiten auszuüben.**

**1. Aufgabe**
**Ein bewährtes Organisationsmittel, das Sie bei Ihren planerischen Tätigkeiten einsetzen, ist die Checkliste. Erläutern Sie das Wesen und die Aufgabe von Checklisten.**

**2. Aufgabe**
**Welche Vorteile haben Checklisten?**

**3. Aufgabe**
**Sie sollen eine Geschäftsreise planen. Welche Tätigkeiten fallen bei der Vorbereitung einer Geschäftsreise an?**

**4. Aufgabe**
**Erstellen Sie eine Checkliste bezüglich der Dokumente, die Ihr Chef bei einer Auslandsreise benötigen könnte.**

**5. Aufgabe**
**Woran ist zu denken, wenn Sie einen Flug buchen wollen?**

**6. Aufgabe**
**Die Bavaria Fahrradwerke KG möchte verstärkt in den neuen Bundesländern um Kunden werben. Zu diesem Zweck unternimmt der Vertriebsleiter eine Geschäftsreise mit dem firmeneigenen Pkw nach Leipzig. Welche Unterlagen benötigt er für diese Reise?**

**7. Aufgabe**
**Sie haben die Aufgabe, die Terminplanung für eine Besprechung mit den Abteilungsleitern vorzubereiten. Welche Arbeiten müssen Sie erledigen?**

**8. Aufgabe**
**In der Bavaria Fahrradwerke KG sollen Maßnahmen zur Steigerung des Umsatzes durchgesetzt werden. Dazu sollen Sie eine Besprechung der betreffenden Außendienstmitarbeiter/-innen vor- und nachbereiten. Listen Sie die dazu erforderlichen Arbeitsschritte auf.**

**9. Aufgabe**
**Die Bavaria Fahrradwerke KG will anlässlich des 25-jährigen Bestehens eine Jubiläumsfeier mit „alten“ Geschäftspartnern veranstalten. Es sollen der Bürgermeister, der Firmeninhaber und der Betriebsratsvorsitzende eine Rede halten. Redezeit für die Festredner soll maximal zwei Stunden sein. Zudem soll die Firmengeschichte in einer kurzen Präsentation dargestellt werden. Beginnen soll die Veranstaltung mit einem Sektempfang nebst kleinem Imbiss. Listen Sie die nötigen Arbeitsschritte zur Planung dieser Veranstaltung in einer logisch richtigen Reihenfolge auf.**

**Situation zu den Aufgaben 10 bis 12**
**Die Geschäftsleitung der Bavaria Fahrradwerke KG hat angeordnet, dass künftig Geschäftsreisen möglichst mit der Bahn und nicht mit dem Auto durchzuführen sind.**

**10. Aufgabe**
**Welche Gründe können zu dieser Anordnung geführt haben?**

**11. Aufgabe**
**In einigen Fällen ist das Reisen mit dem Pkw der Bahn vorzuziehen. Nennen Sie auch hierfür einige Gründe.**

## 12. Aufgabe

**Der Handelsreisende der Bavaria Fahrradwerke trat am 12. Januar um 11:00 Uhr eine Geschäftsreise nach Stuttgart an. Er kam am 15. Januar, 18:00 Uhr, wieder in Landshut an. Aufgrund schlechter Verbindungen fuhr er mit seinem Privat-Pkw. Sie haben die Aufgabe, die von dem Reisenden abgegebene Reisekostenabrechnung zu überprüfen bzw. die abzurechnenden Beträge in den Prüfbeleg einzutragen. Folgende Reisekostenregelung gilt bei der Bavaria-Fahrradwerke KG:**

| Abwesenheitsdauer in Stunden je Tag | Tagespauschale für Verpflegung | Sonstiges |
|---|---|---|
| von 8 bis 24 Stunden | 12,00 € | Bei Ausweisung der Hotelrechnung als Pauschale (Ü/F) werden für das Frühstück pauschal 6,50 € pro Übernachtung von der Tagespauschale für Verpflegung abgezogen |
| von mindestens 24 Stunden | 24,00 € | |
| | | |
| Bei Fahrten mit dem eigenen Pkw werden pauschal 30 Cent pro gefahrenen km erstattet. | | |

| Reisekostenabrechnung des Handlungsreisenden | | | | |
|---|---|---|---|---|
| **Datum:** | **Reiseantritt:** | **Reiseende:** | **Route** | **Abzurechnende Km** |
| 12. Januar | 11:00 Uhr | | Landshut-Stuttgart | 280 |
| 15. Januar | | 18:00 Uhr | Stuttgart-Landshut | 280 |

| Anzahl | | Zwischensumme | Endsumme |
|---|---|---|---|
| 1 | Pauschale 12,00 € | 12,00 € | 12,00 € |
| 3 | Pauschale 24,00 € | 72,00 € | 72,00 € |
| | Abzüge von Tagespauschale | | |
| 3 | Übernachtungen | 330,00 € | 330,00 € |
| 560 | Fahrtkosten (0,30 € je km) | 168,00 € | 168,00 € |
| | Nebenkosten (Tankbelege) | | 87,90 € |
| | Auszahlungsbetrag | | 669,90 e |

| Prüfbeleg (von Sachbearbeiter/-in auszufüllen) | |
|---|---|
| | |
| | |
| | |
| | |
| | |
| | |
| | |

**13. Aufgabe**

**Ihr Vorgesetzter beabsichtigt, am 14. Januar in München eine Veranstaltung der IHK zu besuchen. Beginn der Veranstaltung ist 10:00 Uhr. Vom Hauptbahnhof München bis zum Hotel, in dem die Veranstaltung stattfindet, braucht das Taxi 20 Minuten. Welchen Zug buchen Sie für Ihren Chef, wenn Sie noch 10 Minuten Wegezeit vom Bahnsteig bis zum Taxistand einrechnen müssen? Sehen Sie dazu den Auszug aus dem Fahrplan.**

Auswahl einfache Fahrt

| Bahnhof/Haltestelle | Datum | Zeit | Dauer | Umst. | Produkte | Normalpreis |
|---|---|---|---|---|---|---|
| Landshut(Bay)Hbf<br>München Hbf Gl.27-36 | 14.01.<br>14.01. | ab 05:40<br>an 06:40 | 1:00 | 0 | RB | 10,70 EUR |
| Landshut(Bay)Hbf<br>München Hbf | 14.01.<br>14.01. | ab 06:08<br>an 06:58 | 0:50 | 0 | RE | 10,70 EUR |
| Landshut(Bay)Hbf<br>München Hbf Gl.27-36 | 14.01.<br>14.01. | ab 06:28<br>an 07:18 | 0:50 | 0 | RE | 10,70 EUR |
| Landshut(Bay)Hbf<br>München Hbf | 14.01.<br>14.01. | ab 06:36<br>an 07:39 | 1:03 | 0 | RB | 10,70 EUR |
| Landshut(Bay)Hbf<br>München Hbf Gl.27-36 | 14.01.<br>14.01. | ab 06:48<br>an 07:43 | 0:55 | 0 | RE | 10,70 EUR |
| Landshut(Bay)Hbf<br>München Hbf | 14.01.<br>14.01. | ab 07:00<br>an 08:00 | 1:00 | 0 | RB | 10,70 EUR |
| Landshut(Bay)Hbf<br>München Hbf | 14.01.<br>14.01. | ab 07:32<br>an 08:18 | 0:46 | 0 | RE | 10,70 EUR |
| Landshut(Bay)Hbf<br>München Hbf | 14.01.<br>14.01. | ab 07:46<br>an 08:38 | 0:52 | 0 | RE | 10,70 EUR |
| Landshut(Bay)Hbf<br>München Hbf | 14.01.<br>14.01. | ab 08:30<br>an 09:18 | 0:48 | 0 | RE | 10,70 EUR |
| Landshut(Bay)Hbf<br>München Hbf | 14.01.<br>14.01. | ab 09:00<br>an 09:58 | 0:58 | 0 | RB | 10,70 EUR |
| Landshut(Bay)Hbf<br>München Hbf | 14.01.04<br>14.01.04 | ab 09:30<br>an 10:18 | 0:48 | 0 | RE | 10,70 EUR |

## SITUATION 31

**Die Bavaria Fahrradwerke KG ist auf Grund steigender Produktions- und Umsatzzahlen gezwungen, ihr Personal aufzustocken. Für die Produktion und für die Verwaltung werden jeweils zwei neue Fachkräfte eingestellt. Die Personalbedarfsplanung hat die Aufgabe, den Einstellungsprozess vorzubereiten.**

**1. Aufgabe**
**Erläutern Sie den Begriff Personalplanung.**

**2. Aufgabe**
**Beschreiben Sie die Aufgaben der Personalplanung.**

**3. Aufgabe**
**Je nach betrieblicher Situation ergeben sich für die Personalbedarfsplanung unterschiedliche Zielsetzungen. Der oben beschriebenen Situation obliegt das Ziel der Planung eines Neubedarfs (Erweiterungsbedarfs). Nennen Sie weitere Zielsetzungen, die sich für die Personalbedarfsplanung ergeben können und erläutern Sie diese kurz.**

**4. Aufgabe**
**Zur Deckung des Neubedarfs kann die Personalabteilung grundsätzlich zwischen zwei Vorgehensweisen wählen. Nennen und erläutern Sie diese.**

| | |
|---|---|
| | |
| | |
| | |

**5. Aufgabe**
**Stellen Sie die Vorteile von externer und interner Personalbeschaffung gegenüber.**

| Externe Personalbeschaffung | Interne Personalbeschaffung |
|---|---|
| | |
| | |
| | |
| | |
| | |
| | |
| | |
| | |

**6. Aufgabe**
**Welche Möglichkeiten einer externen Personalbeschaffung hat die Bavaria Fahrradwerke KG?**

**7. Aufgabe**
**Die externe Personalbeschaffung ist kostenaufwendiger als die interne Personalbeschaffung. Nennen Sie drei Möglichkeiten der externen Personalbeschaffung, die kostengünstig sind. Begründen Sie Ihre Antworten.**

## SITUATION 32

**Sie arbeiten in der Personalabteilung der Bavaria Fahrradwerke KG. Sie haben die Aufgabe, für eine geplante Zweigniederlassung in Regensburg die Stellenbeschreibungen für das benötigte Personal vorzubereiten und die erforderlichen Vollmachten festzulegen.**

### 1. Aufgabe

Die Geschäftsleitung beabsichtigt, für die Filiale in Regensburg folgende Vollmachten zu erteilen:

- Der Leiter der Filiale soll für alle gewöhnlichen und außergewöhnlichen Geschäfte und Rechtshandlungen die Vollmacht erhalten; er soll u. a. auch die Bavaria Fahrradwerke KG vor Gericht vertreten können.
- Die erforderlichen Abteilungsleiter sollen zu Geschäften und Handlungen im Rahmen eines bestimmten Handelsgewerbes, in diesem Fall für alle gewöhnlichen Handlungen des Filialwerkes, bevollmächtigt werden.
- Der Leiter der Produktion soll für alle gewöhnlichen Handlungen seines Tätigkeitsbereiches bevollmächtigt werden.
- Der Sachbearbeiter im Einkauf soll für alle Einkäufe bis zu einem Auftragsvolumen von 8.000,00 € bevollmächtigt werden. Übersteigen Einkäufe diese Grenze, liegt die Entscheidungsbefugnis beim Abteilungsleiter.

Welche Vollmachten sind jeweils zu erteilen?

### 2. Aufgabe

Welche Führungstechnik eignet für die Abteilung Einkauf (siehe Aufg. 1). Begründen Sie Ihre Antwort.

### 3. Aufgabe

Die Geschäftsleitung der Bavaria Fahrradwerke KG hat für die Filiale in Regensburg als Führungssystem das Einliniensystem vorgesehen. Erläutern Sie dieses System und nennen Sie jeweils 4 Vor- und Nachteile.

**4. Aufgabe**
**Eine Stellenbeschreibung hat neben den Vollmachtsregelungen weitere Inhalte. Nennen Sie 6 weitere wichtige Punkte, die in eine Stellenbeschreibung aufzunehmen sind.**

| | |
|---|---|
| | |
| | |
| | |

**5. Aufgabe**
**Frau Alisa Munz wurde bereits für die neue Filiale eingestellt. Frau Alisa Munz ist am 20. April 1989 geboren. Sie erhielt zum 1.3.2011 einen bis zum 28.02.2013 befristeten Arbeitsvertrag. Ihre Probezeit wurde auf 6 Monate festgelegt.**
**Welche Bedeutung hat die Probezeit für beide Vertragspartner?**

| |
|---|
| |
| |
| |

**6. Aufgabe**
**Welche Einstellungsunterlagen benötigen Sie von Frau Alisa Munz? Erläutern Sie, warum diese Unterlagen zur Einstellung benötigt werden.**

| Unterlagen | Benötigungsgrund |
|---|---|
| | |
| | |
| | |
| | |
| | |

**7. Aufgabe**
**Während der Probezeit kann das Arbeitsverhältnis von beiden Partner gekündigt werden. Erläutern Sie, wie ein Partner das Arbeitsverhältnis während der Probezeit kündigen kann.**

| |
|---|
| |
| |
| |

**8. Aufgabe**
**Auch nach Ablauf der Probezeit kann die Bavaria Fahrradwerke KG das befristete Arbeitsverhältnis mit Alisa Munz kündigen. Nennen Sie 3 Kündigungsgründe hierzu.**

| |
|---|
| |
| |
| |

**9. Aufgabe**

**Das Arbeitsverhältnis kann auch außerordentlich gekündigt werden. Unter welchen Voraussetzungen wird eine solche außerordentliche Kündigung laut BGB wirksam?**

| |
|---|
| |
| |
| |
| |

**10. Aufgabe**

**Angenommen, es käme zu einer Kündigung nach der Probezeit. Wo und innerhalb welcher Frist könnte sich Frau Alisa Munz gegen eine vermeintlich ungerechtfertigte Kündigung wehren?**

| |
|---|
| |

## SITUATION 33

**In der Personalabteilung der Bavaria Fahrradwerke KG registrieren Sie seit längerer Zeit eine zunehmende Fluktuation in der Vertriebsabteilung. Nachdem die Kündigung von Frau Cornelia Hübner eingegangen ist, die seit 14 Jahren im Unternehmen beschäftigt ist, müssen Sie sich ausführlicher mit dem Problem beschäftigen.**

Landshut, 2. Juli 20..

Eingegangen am
20..-07-02

Kündigung

Sehr geehrte Damen und Herren,

ich kündige zum nächstmöglichen Termin mein Arbeitsverhältnis und bitte um die Ausstellung eines qualifizierten Arbeitszeugnisses.
Da durch das autoritäre Verhalten meines Abteilungsleiters, Herrn Müller, eine Zusammenarbeit für mich nicht mehr möglich ist, habe ich mich, wie einige meiner Kolleginnen vor mir, zu diesem Schritt, entschieden.

Mit freundlichen Grüßen

Cornelia Hübner

### 1. Aufgabe
**An welchem Tag endet unter Einhaltung der gesetzlichen Bedingungen das Arbeitsverhältnis? Begründen Sie Ihre Antwort.**

### 2. Aufgabe
**Was ist bei dem von Frau Hübner geforderten Zeugnis zu beachten?**

### 3. Aufgabe
**Welche Arbeitspapiere werden nach Beendigung des Arbeitsverhältnisses ausgehändigt?**

### 4. Aufgabe
**Die Bavaria Fahrradwerke KG möchte die frei werdende Stelle so schnell wie möglich neu besetzen. Es liegen keine Betriebsvereinbarungen über die Einstellungen vor. Der Leiter der Vertriebsabteilung verlangt deshalb, die Stelle sofort auszuschreiben. Welches gesetzliche Recht des Betriebsrates müssen Sie bei der Neubesetzung der Stelle beachten?**

**5. Aufgabe**
**Sie hören von Frau Hübner, dass sie ihre neue Arbeitsstelle erst zwei Monate nach Beendigung ihres Arbeitsverhältnisses antreten wird. Hat Frau Hübner für diese beiden Monate Anspruch auf Arbeitslosengeld?**

**6. Aufgabe**
**Die Kündigung von Frau Hübner gab letztlich den Ausschlag für den Personalleiter, sich mit Herrn Müller über dessen Führungsstil zu unterhalten.**
**Unterscheiden Sie dirigistischen (autoritären) und kooperativen Führungsstil und nennen Sie jeweils zwei Vorteile bzw. Nachteile.**

**7. Aufgabe**
**Da Frau Hübner das Unternehmen verlässt, haben Sie die Meldung zur Sozialversicherung auszufüllen. Was müssen Sie in das Formular eintragen?**

**8. Aufgabe**
**Eine Woche nach Ihrer Kündigung verursacht Frau Hübner mit dem Firmenwagen einen Autounfall, bei dem sie leicht verletzt wird.**
**8.1 Welches Formular müssen Sie ausfüllen?**
**8.2 Wer bekommt das Original bzw. die Kopie des Formulars?**

| | |
|---|---|
| 8.1 | |
| 8.2 | |

**9. Aufgabe**
**Wer trägt letztlich die ärztlichen Behandlungskosten?**

**10. Aufgabe**
**Welche Aussage über die Fluktuation der letzten drei Monate lässt sich aus folgender Personalstatistik ableiten?**

| Monat | Sept. | Okt. | Nov. | Dez. | Jan. | Febr. | März. |
|---|---|---|---|---|---|---|---|
| Mitarbeiter | 128 | 126 | 124 | 122 | 123 | 124 | 128 |
| Abgänge | 10 | 8 | 10 | 8 | 5 | 3 | 2 |
| Zugänge | 6 | 6 | 8 | 7 | 6 | 7 | 6 |

11. Aufgabe
**Die Lohnsteuerkarte ist durch das elektronische Lohnsteuerverfahren „ElsterLohn II“ ersetzt worden. Danach braucht der Beschäftigte sich nicht mehr um Ausstellung und Weitergabe der Lohnsteuerkarte zu kümmern. Es ist lediglich die einmalige Mitteilung der Steuer-Identifikationsnummer und des Geburtsdatums an den Arbeitgeber erforderlich. Mit dieser Nummer kann der Arbeitgeber die für die Lohnsteuer erforderlichen Daten beim Bundeszentralamt für Steuern in Bonn elektronisch abrufen.**
**11.1 Welche Daten sind zur Identifikation des Beschäftigten erforderlich?**
**11.2 Welche Daten benötigt der Arbeitgeber zusätzlich zur Ermittlung der Lohnsteuer?**

12. Aufgabe
**Erläutern Sie das Anteilsverfahren bei der Ehegattenbesteuerung (statt Steuerklassen III/V)?**

## SITUATION 34

**Sie sind als Mitarbeiter in der Personalabteilung der Bavaria Fahrradwerke KG neben der Lohnabrechnung auch für die Personalbeschaffung mit zuständig.**

**1. Aufgabe**
**Sie müssen einen kurzfristig durch Krankheit ausgefallenen Mitarbeiter schnellstmöglich ersetzen. Folgende Alternativen stehen zur Verfügung:**

**Leasing eines Mitarbeiters bei einer Leiharbeitsfirma zum Preis von 19,00 € je Stunde.**

**Befristete Einstellung eines Mitarbeiters zu folgenden Bedingungen:**

| | |
|---|---|
| **Bruttolohn** | **1.900,00 €/Monat** |
| **Urlaubsgeld** | **600,00 €/Jahr** |
| **Weihnachtsgeld** | **70 % des Bruttolohns** |
| **VL-Arbeitgeber** | **20,00 €** |
| **Sozialvers.-Beiträge** | **39,55 % (gesamt)** |
| **Lohnnebenkosten** | **28%/Monat** |

**Berechnen Sie, welche Alternative bei einem Monatstundenbedarf von 156 Arbeitsstunden die kostengünstigere ist!**

**2. Aufgabe**
**Ermitteln Sie den Bruttostundensatz bei Alternative 2, wenn pro Monat insgesamt 166 Arbeitsstunden anfallen!**

**3. Aufgabe**
**Nennen Sie zwei Gründe (außer den Kosten), die für das Personalleasingangebot sprechen.**

**4. Aufgabe**
**Erklären Sie an entsprechenden Beispielen die verschiedenen Formen der Lohnnebenkosten.**

5. Aufgabe

**Bis zu welchem Termin müssen die Sozialversicherungsbeiträge spätestens an die zuständigen Träger überwiesen werden?**

6. Aufgabe

**Die Personalbeschaffung kann intern und extern erfolgen. Nennen Sie jeweils zwei Gründe, die für eine interne bzw. externe Beschaffung sprechen.**

## SITUATION 35

**Nach erfolgreicher Ausbildung zur/zum Bürokauffrau/-mann wurden Sie von der Bavaria Fahrradwerke KG übernommen und der Personalabteilung zugeordnet.**

### 1. Aufgabe

**Nennen Sie vier Aufgaben der Personalwirtschaft.**

### 2. Aufgabe

**Ein Auftragsrückgang zwingt Ihren Betrieb, die Mitarbeiterzahl anzupassen. Beschreiben Sie zwei Möglichkeiten, diese Anpassung ohne Kündigungen durchzuführen.**

### 3. Aufgabe

**Nennen Sie drei praktische Beispiele, durch die Bedarf an zusätzlichen Mitarbeitern entsteht.**

### 4. Aufgabe

**Die Weiterentwicklung der Belegschaft wird bei der Bavaria Fahrradwerke KG groß geschrieben. Beschreiben Sie je zwei Fortbildungsmaßnahmen, die**
**4.1 direkt am Arbeitsplatz,**
**4.2 bei außerbetrieblichen Weiterbildungsveranstaltungen**
**stattfinden sollten.**

| | |
|---|---|
| 4.1 | |
| 4.2 | |

### 5. Aufgabe

**Die Sicherheit am Arbeitsplatz und der Arbeitsschutz sind oberstes Gebot bei der Bavaria Fahrradwerke KG. Deswegen werden so genannte Sicherheitsbeauftragte eingesetzt. Wer benennt diese?**

**6. Aufgabe**

**In der Geschäftsleitung werden verschiedene Arbeitszeitmodelle diskutiert. Dabei taucht immer wieder der Begriff „flexible Arbeitszeit“ auf.**

**6.1 Was versteht man darunter?**

**6.2 Welche Vorteile verspricht man sich von der neuen Arbeitszeitregelung?**

| | |
|---|---|
| 6.1 | |
| 6.2 | |

**7. Aufgabe**

**Die o.g. Maßnahme wird als motivationsfördernd angesehen. Was ist darunter zu verstehen?**

**8. Aufgabe**

**Aufgrund einer Arbeitszeitverkürzung muss die Verteilung der Arbeitszeit neu geregelt werden. Welches Recht hat dabei der Betriebsrat nach dem Betriebsverfassungsgesetz?**

**9. Aufgabe**

**Statistische Erhebungen im Personalbereich dienen auch als Grundlage der Arbeitsbewertung. Dabei spielt der REFA-Anforderungskatalog eine bedeutende Rolle.**

**Erklären Sie die fünf Hauptanforderungsarten nach dem REFA-Katalog.**

| | |
|---|---|
| | |
| | |
| | |

## SITUATION 36

**Sie sind Mitarbeiter in der Personalabteilung der Bavaria Fahrradwerke KG. Zu Ihren Aufgaben gehört insbesondere die Personalplanung, Lohnabrechnung und die damit anfallende Betreuung der Mitarbeiter in Fragen des Lohnsteuer und des Sozialversicherungsrechts.**

### 1. Aufgabe

**Im Zuge der geplanten Betriebserweiterung für das kommende Jahr muss die Bavaria Fahrradwerke KG den Personalbedarf planen. Welche Größe wird in diesem Zusammenhang mit dem folgenden Schema ermittelt?**

**Geplanter Personalbestand**
**- derzeitiger Personalbestand**
**- Personalzugang infolge abgeschlossener Einstellungsverfahren**
**+ Personalabgang infolge bevorstehenden Ausscheidens aus dem Unternehmen**
**= ?**

### 2. Aufgabe

**Die Bavaria Fahrradwerke KG unterscheidet bei ihrer Personalplanung die abgebildeten Personalbedarfsarten. Welche Personalbedarfsart wird im allgemeinen durch Auswerten von Fehlzeitenstatistiken ermittelt?**

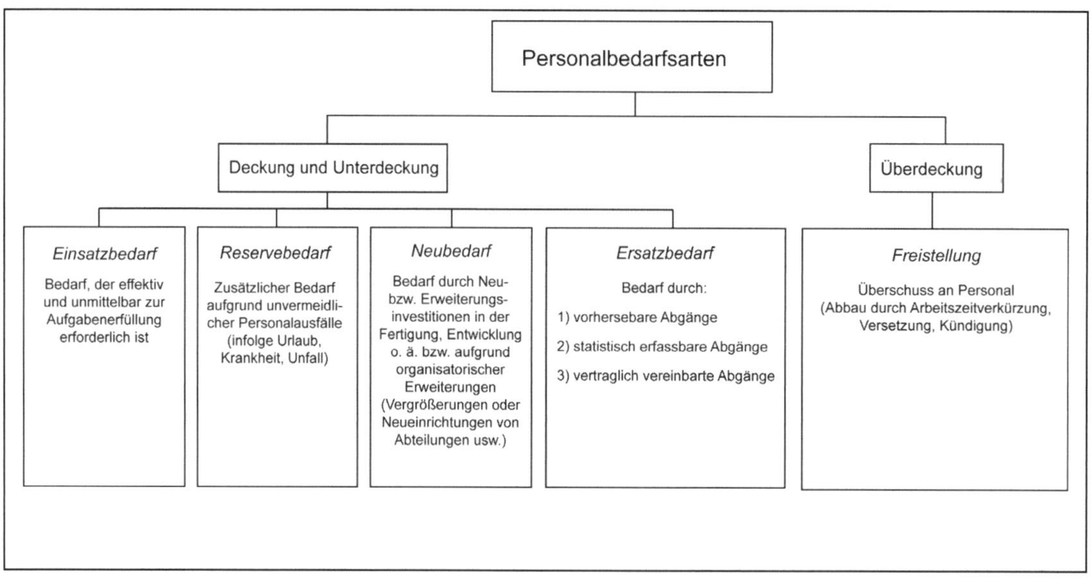


### 3. Aufgabe

**Zu den Aufgaben des Personalwesens gehört es, den Nachwuchsbedarf für das Unternehmen zu ermitteln. Welche Kriterien bestimmen die quantitative Personalbedarfsplanung?**

**4. Aufgabe**
**An einem Fertigungssystem der Bavaria Fahrradwerke KG gibt es ein unerwartetes Problem: Am Montagmorgen haben sich fünf von insgesamt 26 Mitarbeitern des Montagebereichs telefonisch krank gemeldet. Ein Auftrag über 280 Fahrradrahmen muss in dieser Woche unbedingt noch erfüllt werden. Welche Maßnahme zur Lösung des Problems schlagen Sie vor?**

**5. Aufgabe**
**Siehe nachstehendes Formular! Die Bavaria Fahrradwerke KG beschäftigt einen Betriebsschlosser zur Wartung der Fräsmaschine. Wie bezeichnet man die betriebliche Unterlage und wozu dient sie?**

Bavaria Fahrradwerke KG — Lfd. Nr. 011
Betriebsschlosser
Landshut — Kostenstelle Datum

Instandhaltungs-, Wartungs-, und Reparaturarbeiten an Maschinen

Arbeitsunterlagen:
Sicherheits- und Wartungsvorschriften, Betriebsanleitungen, Baupläne, ET-Katalog, Formblätter, Skizzen, mündliche Anweisungen

Betriebsmittel:
Werkbank mit Schraubstock, allgemeine Schlosserwerkzeuge, Spezialwerkzeuge, E- und A-Schweißgerät, Gabelstapler, Teleskop-Arbeitsbühne, Wandschrank

Arbeitsplatz:
Einzelarbeitsplatz in der Werkstatt und an verschiedenen Stellen im Betriebsbereich. Es wird stehend, in gebückter Haltung und teilweise in unnatürlicher Haltung gearbeitet.

Unfallschutz:
Die UV- und Sicherheitsvorschriften sind zu beachten.

Tätigkeiten:
Nimmt turnusmäßig Kontrollgänge zur Überprüfung und Überwachung der Maschinen einschließlich der verschiedenartigen Aggregate, Anzeige- und Kontrollinstrumente vor.

Führt je nach Anfall und Bedarf selbständig oder auf Anweisung des Vorgesetzten Wartungs- und Reparaturarbeiten an Maschinen aber auch sonstigen Hausanlagen o.ä. durch (mit Ausnahme der elektrischen Anlagen und Schweißarbeiten an der Hochdruckanlage) Stellt Fehlerursachen fest und führt ggf. notwendige Rücksprachen mit Vorgesetzten. Nimmt erforderliche De- und Montagearbeiten vor. Wechselt je nach Bedarf schadhafte Teile aus. Führt notwendige Überholungsarbeiten sowie Brennschneide-, A- und E-Schweißarbeiten durch. Bringt ggf. Schutzanstriche an.

Arbeitskontrolle:
Der Vorgesetzte überwacht die anfallenden Arbeiten.

Pflegearbeiten:
Hält Arbeitsplatz und benötigte Betriebsmittel in sauberem und ordnungsgemäßem Zustand.
Größere Reparaturen werden von Kundendienst-Monteuren durchgeführt.
Überprüfung der Anlagen erfolgt in bestimmten Zeitabständen durch den TÜV.

## 6. Aufgabe

**Wozu kann die Bavaria Fahrradwerke KG nachstehendes Schema benützen?**

| BEURTEILUNGSMERKMALE | | BEURTEILUNGSSTUFEN | | | | |
|---|---|---|---|---|---|---|
| Grundmerkmal A: | Arbeitseinsatz | 1 | 2 | 3 | 4 | 5 |
| **Einzelmerkmale** | **Erläuterungen** | | | | | |
| Artikel | Zügige Erledigung übertragener Arbeitsaufgaben | Die Anforderungen werden in der Regel nicht immer in allen Einzelmerkmalen erfüllt | Die Anforderungen werden in der Regel in allen Einzelmerkmalen erfüllt | Die Anforderungen werden erfüllt und in Einzelmerkmalen häufig übertroffen | Die Anforderungen werden in allen Einzelmerkmalen häufig übertroffen | Die Anforderungen werden in allen Einzelmerkmalen häufig und in Einzelmerkmalen stets nennenswert übertroffen |
| Initiative | Eigener Antrieb bei der Durchführung von Arbeitsaufgaben | | | | | |
| Belastbarkeit | Befähigung nach Art und Intensität unterschiedlichen Anforderungen gerecht zu werden | | | | | |
| Einsatzfähigkeit | Vorübergehende Ausführung anderer und/oder zusätzlicher Arbeitsaufgaben*) sowie – wenn notwendig – vielseitige Einsetzbarkeit | | | | | |

| Grundmerkmal B: | Arbeitssorgfalt | BEURTEILUNGSSTUFEN 1 | 2 | 3 | 4 | 5 |
|---|---|---|---|---|---|---|
| **Einzelmerkmale** | **Erläuterungen** | | | | | |
| Gründlichkeit | Arbeitsaufgaben gewissenhaft erledigen | Die Anforderungen werden nicht immer in allen Einzelmerkmalen erfüllt | Die Anforderungen werden in der Regel in allen Einzelmerkmalen erfüllt | Die Anforderungen werden erfüllt und in Einzelmerkmalen übertroffen | Die Anforderungen werden in allen Einzelmerkmalen häufig übertroffen | Die Anforderungen werden in allen Einzelmerkmalen häufig und in Einzelmerkmalen stets nennenswert übertroffen |
| Zuverlässigkeit | Arbeitsaufgaben richtig und termingerecht ausführen | | | | | |
| Kostengerechtes Verhalten | Kostenorientierte und rationale Erledigung von Arbeitsaufgaben | | | | | |
| Soweit zutreffend: Beachtung der Sicherheits- und Schutzvorschriften | | | | | | |

| Grundmerkmal C: | Anwendung der Kenntnisse | BEURTEILUNGSSTUFEN 1 | 2 | 3 | 4 | 5 |
|---|---|---|---|---|---|---|
| **Einzelmerkmale** | **Erläuterungen** | | | | | |
| Beweglichkeit des Denkens | Fähigkeit, sich auf veränderte Sachlagen, Probleme und Aufgaben rasch ein- und umzustellen (z.B. Auffassungsgabe) | Die Anforderungen werden nicht immer in allen Einzelmerkmalen erfüllt | Die Anforderungen werden in der Regel in allen Einzelmerkmalen erfüllt | Die Anforderungen werden erfüllt und in Einzelmerkmalen übertroffen | Die Anforderungen werden erfüllt und in Einzelmerkmalen häufig übertroffen | Die Anforderungen werden in allen Einzelmerkmalen häufig und in Einzelmerkmalen stets nennenswert übertroffen |
| Überblick | Erkennen von Zusammenhängen | | | | | |
| Erkennen und Beurteilen des Wesentlichen | Arbeitsvorgänge ihrer Wichtigkeit nach einzuordnen. | | | | | |

| Grundmerkmal D: | Zusammenarbeit und personelle Wirksamkeit | BEURTEILUNGSSTUFEN 1 | 2 | 3 | 4 | 5 |
|---|---|---|---|---|---|---|
| **Einzelmerkmale** | **Erläuterungen** | | | | | |
| Informationsaustausch | Sachdienlicher Informationsaustausch innerhalb und/oder außerhalb des Unternehmens | Die Anforderungen erden nicht immer in allen Einzelmerkmalen erfüllt | Die Anforderungen werden in der Regel in allen Einzelmerkmalen erfüllt | Die Anforderungen werden erfüllt und in Einzelmerkmalen übertroffen | Die Anforderungen werden in allen Einzelmerkmalen häufig übertroffen | Die Anforderungen werden in allen Einzelmerkmalen häufig und in Einzelmerkmalen stets nennenswert übertroffen |
| Zusammenarbeit | Aufgeschlossen sein für gemeinsame Lösungen von Arbeitsaufgaben | | | | | |
| Überzeugungsfähigkeit | Fähigkeit, einen Sachverhalt klar und vollständig auszudrücken und andere für eine Meinung zu gewinnen | | | | | |
| Führungsverhalten | Fähigkeit, Mitarbeiter zu überwachen, anzuweisen oder anzuleiten, zu beurteilen, zu fördern und weiterzubilden | | | | | |

## SITUATION 37

**Sie sind als Mitarbeiter der Bavaria Fahrradwerke KG für die Personalbedarfsplanung und die Personalbeschaffung zuständig. Ihnen liegt folgende Personalplanung für das kommende Geschäftsjahr vor:**

| Bruttopersonalbedarf | Folgendes Geschäftsjahr | |
|---|---|---|
| Mitarbeiter | 120 | |
| | Voraussichtliche Personalabgänge | Voraussichtliche Personalzugänge |
| Einkauf | 3 | 2 |
| Produktion | 7 | 5 |
| Rechnungswesen | 2 | 1 |
| Controlling | 5 | 3 |
| Vertrieb | 1 | - |

**1. Aufgabe**
**Berechnen Sie den Nettopersonalbedarf für das kommende Geschäftsjahr.**

**2. Aufgabe**
**Führen Sie vier Grunde an, die zu den Personalabgängen geführt haben können.**

**3. Aufgabe**
**Sie müssen die Stelle eines Kundendienstmechanikers neu besetzen. Dazu schreiben Sie die Stelle zunächst intern aus. Geben Sie Möglichkeiten der internen Personalbeschaffung an und beschreiben Sie dazu jeweils zwei Vorteile bzw. Nachteile.**

**4. Aufgabe**
**Nachdem auf die interne Ausschreibung keine geeignete Bewerbung einging, erhielten Sie auf die darauffolgende externe Stellenausschreibung 48 Bewerbungen. Führen Sie fünf schlüssige Arbeitsschritte an, die nach dem Eingang der Bewerbungen erforderlich sind, den geeigneten Bewerber auszuwählen.**

| |
|---|
| |
| |
| |
| |
| |
| |
| |

**5. Aufgabe**
**Eine angemessene Entlohnung für die Stelle als Kundendienstmechaniker zu finden, bedeutet verschiedene Aspekte der Arbeitsbewertung zu berücksichtigen. Als bekanntes System des analytischen Verfahrens gilt das Genfer Schema. Geben Sie für jede der vier unten stehenden Anforderungsarten des Genfer Schemas ein konkretes Beispiel an, das in der Stellenbeschreibung „Kundendienstmechaniker" aufgeführt ist.**

Können: ______________________________

Belastung: ______________________________

Verantwortung: ______________________________

Arbeitsbedingungen: ______________________________

**6. Aufgabe**
**Schließlich wurde Herr Theobald Schmitz zum 1. September 20.. als neuer Kundendienstmechaniker eingestellt. Nennen Sie vier Unterlagen bzw. Angaben, die Sie von Herrn Schmitz zur Personalverwaltung benötigen.**

| |
|---|
| |
| |
| |
| |

**7. Aufgabe**
**Herr Schmitz hat bei seinem vorherigen Arbeitgeber (identische Urlaubsregelung mit Bavaria Fahrradwerke KG) den ihm bis zu seinem Ausscheiden zustehenden Urlaub bereits genommen. Er möchte wissen, wie viel Tage ihm noch zustehen.**

**Auszug aus Arbeitsvertrag mit Herrn Rabauer**
*

**6. Probezeit/Kündigung**
Die ersten 6 Wochen/Monate des Arbeitsverhältnisses gelten als Probezeit. Während der Probezeit kann das Arbeitsverhältnis beiderseits innerhalb der gesetzlichen/tariflichen Mindestkündigungsfrist gekündigt werden.
*

**8. Urlaub**
Dem Arbeitnehmer wird ein Urlaub von insgesamt 30 Arbeitstagen gewährt. Der Arbeitnehmer hat auf Verlangen des Arbeitgebers die jeweilige Urlaubsanschrift mitzuteilen.

| |
|---|
| |

**8. Aufgabe**
**Im Rahmen der Umstrukturierung des Vertriebs musste dem Handlungsreisenden Leonhard Lackermeier gekündigt werden. Gleichzeitig mit der Kündigung erhält er das Angebot, im Innendienst des Vertriebs weiterbeschäftigt zu werden. Welche Kündigungsart liegt in diesem Fall vor?**

**9. Aufgabe**
**Zu Ihrem Aufgabengebiet gehört auch die Weiterführung der Unfallstatistik. Ihr Abteilungsleiter legt Ihnen eine Abbildung der bisher geführten Unfallstatistik der Bavaria Fahrradwerke KG zur Auswertung vor. Danach waren folgende Unfallarten am häufigsten:**

**(1) Verbrennungen und Verätzungen**

**(2) Schnitt und Rissverletzungen**

**(3) Prellungen und Quetschungen.**

**Welche Aussage über die Auswirkungen der Aktion „Sicherer Arbeitsplatz" auf die Unfallart (3) „Prellungen und Quetschungen" können Sie ableiten?**

**Unfallstatistik der Frankfurter Bremsen AG**

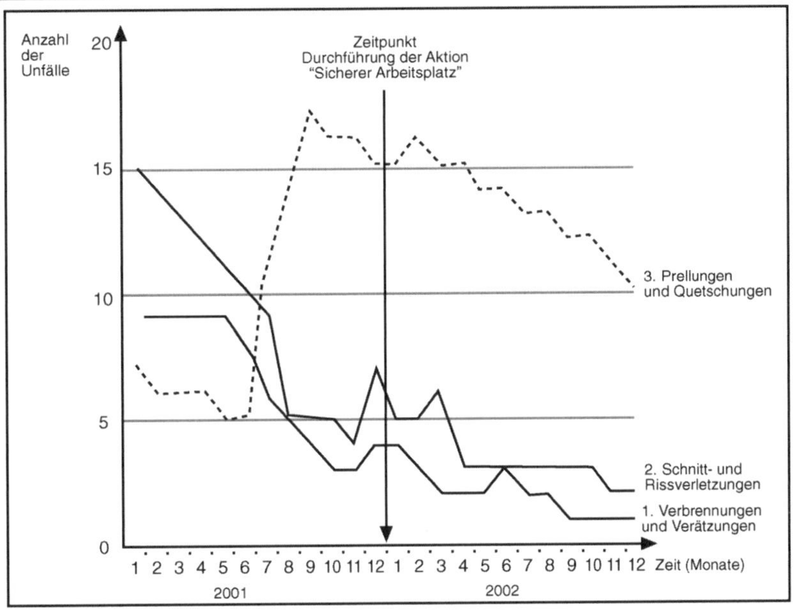

## SITUATION 38

**Die Einrichtung des Onlineshops (siehe Situation 28) war so erfolgreich, dass zwei weitere kaufmännische Sachbearbeiter/-innen eingestellt werden sollen. Auf die externe Stellenausschreibung haben sich 55 Bewerber/-innen gemeldet. Davon sollen 10 zu Vorstellungsgesprächen eingeladen werden.**
**Einstellungkriterien sind: solide fachliche Ausbildung; mindestens 3 Jahre Berufserfahrung; gute Englischkenntnisse; Schul- und Abschlussnoten.**

### 1. Aufgabe

**Sämtliche Berwerbungsunterlagen liegen Ihnen vor. Unter anderen haben sich folgende Personen beworben: Podolski Jutta, Paul Ingrid, Pohl Traudlinde, Pohlmann Herbert, Pollmann Gertrud, Polle Ingrid, Possekel Susanne, Podolsky Rolf. Bevor Sie eine Auswahl nach den Einstellungskriterien vornehmen, sortieren Sie die Bewerber alphabetisch. Tragen Sie Ihr Ergebnis in die Tabelle ein.**

| |
|---|
| |
| |
| |
| |
| |
| |
| |
| |

### 2. Aufgabe

**Sie bereiten die Bewerbungsunterlagen für Ihren Chef so vor, dass dieser ohne große Mühe die 10 besten Bewerber für ein Vorstellungsgespräch auswählen kann. Wie gehen Sie dabei vor?**

### 3. Aufgabe

**An den Vorstellungsgesprächen wollen der Geschäftsführer, Herr Oberpriller, Herr Hobmeier, Leiter der Personalabteilung und der Abteilungsleiter der kaufmännischen Abteilung, Herr Huber, teilnehmen. Sie haben die Aufgabe, die Vorstellungsgespräche zu organiseren. Worauf haben Sie dabei zu achten?**

### 4. Aufgabe

**Die eingegangenen Bewerbungsunterlagen sollen bis zur Einstellung der beiden neuen Mitarbeiter/-innen aufbewahrt werden. Welchen Standort und welche Form der Registratur/Ablage wählen Sie?**

**5. Aufgabe**
**Auf Ihrem Schreibtisch liegt noch die Rechnung der „Landshuter Zeitung“ für die Stellenanzeige, datiert auf den 22.03.2012. Wie lange müssen Sie diese Rechnung aufheben?**

**6. Aufgabe**
**Die Vorstellungsgespräche konnten dank Ihrer guten Organisation reibungslos geführt werden. Der Geschäftsführer der Bavaria Fahrradwerke KG, Herr Oberpriller, wünscht, dass auch künftig notwendige Neueinstellungen von Ihnen organisiert werden. Um dieser Aufgabe gerecht zu werden, planen Sie, sich eine Checkliste über die zu erledigenden Arbeiten zu erstellen. Nennen Sie fünf Vorteiler einer solchen Checkliste.**

**7. Aufgabe**
**Damit sich künftig die richtigen Leute auf Ihr Stelleninserat melden, ist es wichtig, dass Sie ein präzises Anforderungsprofil erstellen. Nennen Sie Aspekte eines Anforderungsprofils.**

**8. Aufgabe**
**Sie haben sich über die Erstellung von Anforderungsprofilen informiert. Dabei ist Ihnen der Begriff „Soft Skills“ aufgefallen. Was ist darunter zu verstehen?**

## SITUATION 39

**Die Bavaria Fahrradwerke KG will ihre Absatzwege neu organisieren. Es wird überlegt, ob über Handlungsreisende oder Handelsvertreter verkauft werden soll. Dabei ist zu berücksichtigen, dass für den Handelsvertreter 6 % Provision vom erzielten Umsatz zu zahlen sind. Für den Reisenden fallen folgende Kosten an:**

| | |
|---|---|
| Bruttogehalt | 2.500 EUR |
| Provision | 2 % vom getätigten Umsatz |
| Fahrzeugkosten pro Monat | 500 EUR |
| Spesen pro Monat | 600 EUR |

**1. Aufgabe**

**1.1 Erläutern Sie den Unterschied zwischen Handlungsreisendem und Handelsvertreter.**
**1.2 Wo sehen Sie Vorteile eines direkten Absatzes, wo sind Vorteile des indirekten Absatzes?**

| | |
|---|---|
| 1.1 | |
| 1.2 | |

**2. Aufgabe**

**Welche Aufgaben hat ein Handlungsreisender?**

| | |
|---|---|
| | |
| | |
| | |

**3. Aufgabe**

**Worin sehen Sie Vorteile für die Bavaria Fahrradwerke KG, wenn Sie sich**
**3.1 für den Handlungsreisenden,**
**3.2 für den Handelsvertreter**
**entscheidet?**

| | |
|---|---|
| 3.1 | |
| 3.2 | |

4. Aufgabe

**Bis zu welchem Monatsumsatz ist der Einsatz eines Handelsvertreters kostengünstiger als der Einsatz eines Reisenden?**

## SITUATION 40

**Aus gegebenem Anlass werden Sie gebeten, eine Statistik über Betriebsunfälle in den letzten beiden Jahren zu erstellen. Die folgende Übersicht zeigt das Ergebnis Ihrer Arbeit:**

| | Kaufmännische Abteilungen | | | | | Gewerbliche Abteilungen | | Gesamt |
|---|---|---|---|---|---|---|---|---|
| | Einkauf | Verkauf | Verwaltung | Rechungswesen | Personal | Fertigung | Lager | |
| Vorletztes Jahr | 3 | 1 | 2 | 3 | 1 | 5 | 9 | |
| Letztes Jahr | 2 | 2 | 4 | 1 | 4 | 18 | 12 | |

**1. Aufgabe**
**Wie viel Prozent der Betriebsunfälle entfallen im letzten Jahr auf den gewerblichen bzw. kaufmännischen Bereich?**

**2. Aufgabe**
**Um wie viel Prozent sind die Unfälle im letzten Jahr, bezogen auf das Vorjahr, gestiegen?**

**3. Aufgabe**
**Nennen Sie die häufigsten Ursachen für einen Arbeitsunfall. Konkretisieren Sie Ihre Antworten mit jeweils einem Beispiel.**

**4. Aufgabe**
**Machen Sie Vorschläge, wie Arbeitsunfälle möglichst vermieden werden können.**

# PRÜFUNGSVORBEREITUNG AKTUELL

FÜR

# Bürokauffrau
# Bürokaufmann

## TEIL 2

# RECHNUNGSWESEN

# ABSCHLUSSPRÜFUNG

## TEIL 2

# RECHNUNGSWESEN

## Inhaltsübersicht

**BEI DEN NACHSTEHENDEN AUFGABEN SIND DIE RICHTIGEN ERGEBNISSE ZUZUORDNEN BZW. DAS RICHTIGE ERGEBNIS ANZUKREUZEN.**

**1. Aus welchen Bereichen des Rechnungswesen stammen die Zahlen, die zur Erstellung einer Bilanz erforderlich sind?**

a) Um eine Bilanz erstellen zu können, benötigt man Daten aus den Bereichen Buchführung, Kosten- und Leistungsrechnung, Statistik und Planung.

b) Sämtliche Plandaten und statistische Auswertungen werden zur Bilanzerstellung benötigt.

c) Die Zahlen der Kosten- und Leistungsrechnung und der Statistik reichen zur Bilanzerstellung aus.

d) Zur Vorbereitung und Erstellung der Bilanz benötigt man vor allem die Zahlen aus den Bestands- und Erfolgskonten sowie den Inventurlisten.

e) Zur Bilanzerstellung sind sämtliche Daten der Bereiche Buchführung und der Kosten- und Leistungsrechnung notwendig.

**2. Einige Werte der Inventurbilanz sind das Ergebnis einer permanenten Inventur. Welche Aussage zur permanenten Inventur ist richtig?**

a) Bei der permanenten Inventur wird der jeweilige Bestand an Forderungen und Verbindlichkeiten ermittelt und der Kontostand regelmäßig (permanent) mit den Schuldnern und Gläubigern abgestimmt.

b) Bei der permanenten Inventur müssen nach gesetzlichen Vorschriften mehrere Male im Jahr die Bestände körperlich aufgenommen und mit den Soll-Beständen der Lagerkartei abgestimmt werden.

c) Bei der permanenten Inventur werden die Zu- und Abgänge von Vorräten durch laufende Mengenfortschreibung in der Lagerkartei erfasst. Alle Bestände müssen einmal im Jahr körperlich aufgenommen und mit den Soll-Beständen der Lagerkartei verglichen werden.

d) Bei der permanenten Inventur wird auf eine körperliche Bestandsaufnahme verzichtet, da die Bestände dauernd (permanent) aus der Lagerkartei abgelesen werden können.

e) Bei der permanenten Inventur müssen die Bestände innerhalb von 10 Tagen vor oder nach dem Abschlussstichtag körperlich aufgenommen werden.

**3. Welches Konto ist ein Erfolgskonto?**

a) Rückstellungen für Pensionen und ähnliche Verpflichtungen

b) Bestandsveränderungen

c) Erhaltene Anzahlungen auf Bestellungen

d) Zweifelhafte Forderungen

e) Wertberichtigungen zu Forderungen

**4. Welche Aussage über die doppelte Buchführung ist <u>falsch</u>?**

a) Durch die Verwendung eines Kontenplans ist es möglich, neben dem Beleghinweis nur die Nummern der betroffenen Konten zu vermerken.

b) Der Kontenrahmen kann nach betriebsspezifischen Bedürfnissen aufgestellt und beliebig gegliedert werden.

c) Die Bavaria Fahrradwerke KG ist unabhängig von ihrer Betriebsgröße zur doppelten Buchführung verpflichtet.

d) Zur doppelten Buchführung gehören Grundbuch und Hauptbuch.

e) Die doppelte Buchführung ermöglicht eine doppelte Erfolgsermittlung durch die Bilanz und durch die Gewinn- und Verlustrechnung.

**5. Ordnen Sie zu!**

| **Aufgaben des Rechnungswesens** | **Zweige des Rechnungswesens** |
|---|---|
| a) Ausarbeiten von Vorschlägen für die zukünftige betriebliche Entwicklung anhand der Daten der Geschäftsbuchführung | [ ] Finanzbuchhaltung |
| b) Ermitteln der Kosten und Leistungen sowie der Aufwendungen und Erträge | [ ] Kosten- und Leistungsrechnung |
| c) Ermitteln der Aufwendungen und Erträge sowie des Betriebsergebnisses | |
| d) Aufbereiten von Daten der Buchführung zum Durchführen von Betriebsvergleichen. | |
| e) Ermitteln der Kosten und Leistungen sowie Kontrolle der Wirtschaftlichkeit | |
| f) Erfassen der Aufwendungen und Erträge sowie Ermitteln des Unternehmungserfolges | |

**6. Welche <u>zwei</u> der folgenden Aussagen treffen auf das Inventar zu?**

a) Im Inventar bleiben die vorhandenen Rohstoffe unberücksichtigt.

b) Es ist ein Verzeichnis der Erfolgsvorgänge zum Inventurstichtag.

c) Das Eigenkapital (Reinvermögen) wird ermittelt durch die Substraktion: Vermögen - Schulden

d) Das Inventar ist zehn Jahre aufzubewahren.

e) Es ist die Aufnahme aller Vermögens- und Schuldenteile durch Zählen, Messen, Wiegen.

**7. Beschreiben Sie den Zusammenhang zwischen Inventur, Inventar und Buchführung.**

a) Bei Abweichungen zwischen Inventur und Buchbestand laut Buchführung ist der Buchbestand maßgebend für das Inventar.

b) Die Inventurergebnisse werden mengen- und wertmäßig in das Inventar übernommen; gegebenenfalls muss der Buchbestand laut Buchführung berichtigt werden.

c) Die mengenmäßigen Ergebnisse der Inventur werden in das Inventar übernommen und können so unmittelbar zur Kontrolle der Buchbestände laut Buchführung eingesetzt werden.

d) Die Inventurergebnisse werden mengen- und wertmäßig in das Inventar übernommen; da sie dort nur in verdichteter Form enthalten sind, können sie nicht zur Kontrolle der Buchbestände laut Buchführung verwendet werden.

e) In das Inventar werden nur die körperlich vorhandenen Vermögensgegenstände übernommen; die bei der Inventur erfasst werden.

**8. Wo ist in der Finanzbuchhaltung ersichtlich, wie das im Unternehmen vorhandene Kapital investiert wurde?**

a) Auf der Aktivseite der Bilanz

b) Auf der Passivseite der Bilanz

c) Auf der Sollseite des Gewinn- und Verlustkontos

d) Auf der Habenseite des Gewinn- und Verlustkontos

e) Auf der Sollseite des Eigenkapitalkontos

f) Auf der Habenseite des Eigenkapitalkontos

**9. Ordnen Sie drei der angegebenen Merkmale und Gliederungskriterien einer Bilanz den Beispielen zu, indem Sie die zutreffenden Buchstaben in die Kästchen vor den Beispielen übertragen.**

**Merkmale und Gliederungskriterien einer Bilanz**

a) Langfristig im Unternehmen gebundene Vermögensteile

b) Durch betriebliche Tätigkeit fortlaufend veränderte Vermögensteile

c) Debitoren

d) Kreditoren

e) Reinvermögen

f) Sofort liquide Mittel

g) Eigenkapital

**Beispiele**

[ ] Kasse

[ ] Vorprodukte/Fremdbauteile

[ ] Forderungen gegenüber Kunden

**10. Bringen Sie die folgenden Aktiva einer Bilanz entsprechend der Gliederung nach dem Liquiditätsprinzip (§ 151 Aktiengesetz) in die richtige Reihenfolge!**

[ ] Gebäude

[ ] Bankguthaben

[ ] Warenbestände

[ ] Technische Anlagen und Maschinen

[ ] Forderungen aus Lieferungen und Leistungen

[ ] Betriebs- und Geschäftsausstattung

**11. Bringen Sie die folgenden Arbeiten, die vom Eröffnungsbilanzkonto bis zum Schlussbilanzkonto erforderlich sind, in die richtige Reihenfolge!**

[ ] Buchen der laufenden Geschäftsfälle

[ ] Abschluss der Bestandskonten auf Schlussbilanzkonto

[ ] Eröffnungsbuchungen

[ ] Durchführung der vorbereitenden Abschlussbuchungen (Umbuchungen)

[ ] Abschluss des GuV-Kontos auf Eigenkapitalkonto

[ ] Abschluss der Erfolgskonten auf GuV-Konto

**12. Um welche Aufstellung handelt es sich, bei der u. a. die einzelnen Positionen des Anlage- und Umlaufvermögens der Bavaria Fahrradwerke KG auf der Habenseite aufgeführt sind?**

a) Um das Eröffnungsbilanzkonto

b) Um die Saldenbilanz II der Betriebsübersicht

c) Um die Abgrenzungstabelle zwischen Buchführung und Kostenrechnung

d) Um die Liquiditätsrechnung

e) Um die Erfolgsrechnung

**13. Welcher Posten gehört zum Umlaufvermögen?**
a) Betriebs- und Geschäftsausstattung
b) Die Warenvorräte
c) Der betriebliche LKW
d) Das Eigenkapital
e) Die Bankschulden

**14. Bei welchem Geschäftsfall liegt ein reiner Aktivtausch vor?**
a) Wir kaufen Waren auf Ziel.
b) Wir begleichen eine Liefererrechnung durch Banküberweisung.
c) Ein Kunde begleicht eine Rechnung unter Abzug von Skonto durch Bankscheck.
d) Wir bezahlen die Umsatzsteuerzahllast durch Banküberweisung.
e) Kurzfristige Liefererschulden werden in langfristige Darlehensschulden umgewandelt.

**15. Welches Konto und welche seiner Kontenseiten geben Aufschluss über die Herkunft der gesamten finanziellen Mittel einer Unternehmung?**
a) Schlussbilanzkonto - Sollseite
b) Schlussbilanzkonto - Habenseite
c) Kapitalkonto - Sollseite
d) Kapitalkonto - Habenseite
e) Gewinn- und Verlustkonto - Sollseite
f) Gewinn- und Verlustkonto - Habenseite

**16. Ordnen Sie zu!**

**Buchungsvorgänge**
a) Die Bestandsmehrung im Konto Warenbestände
b) Der Saldo im Konto Forderungen
c) Der Saldo im Konto Verbindlichkeiten gegenüber Kreditinstituten (Darlehen)
d) Der Saldo im Konto Warenverkauf
e) Die Abnutzung von Anlagegütern im Konto Abschreibungen
f) Der Anfangsbestand im Konto Kasse

**Kontenarten**
[ ] Aufwandskonto im Soll
[ ] Passives Bestandskonto im Soll
[ ] Aktives Bestandskonto im Haben

**17. Welche zwei der folgenden Tätigkeiten sind eine Leistung im Sinne der Kosten- und Leistungsrechnung?**
a) Es wird ein Firmenfahrzeug über Buchwert verkauft.
b) Zugekaufte Handelsware wird gewinnbringend verkauft.
c) Die erworbenen Wertpapiere erzielen erhebliche Kursgewinne.
d) Drei in der Fertigung beschäftigte Werkzeugmacher entwickeln eine neue Fertigungsanlage.
e) Lagerfläche, die nicht benötigt wird, wird an ein anderes Unternehmen vermietet.
f) Über angelegtes Firmenkapital werden Zinsgewinne erzielt.

**18. Ordnen Sie zu!**

**Begriffe des betrieblichen Rechnungswesens sowie der Kosten- und Leistungsrechnung**
a) Ausgaben
b) Erträge
c) Kosten
d) Einnahmen
e) Leistungen
f) Aufwand

**Erläuterungen**
[ ] Betrieblich bedingter Wertezuwachs während einer Abrechnungsperiode
[ ] Unternehmensbedingter Wertezuwachs während einer Abrechnungsperiode

**19. Wie werden Aufwendungen, die das alte Geschäftsjahr betreffen, aber nicht in ihrer genauen Höhe und Fälligkeit feststehen, in der Bilanz ausgewiesen?**
a) Als Rückstellungen
b) Als aktive Rechnungsabgrenzungsposten
c) Als passive Rechnungsabgrenzungsposten
d) Als sonstige Forderungen
e) Als sonstige Verbindlichkeiten

**20. Worüber gibt die Aktivseite der Bilanz Auskunft?**

a) Über die Finanzierung
b) Über den Verschuldungsgrad
c) Über die Eigenkapitalausstattung
d) Über die Vermögensstruktur
e) Über den Gewinn

**21. Ordnen Sie zu!**

**Merkmale und Gliederungskriterien einer Bilanz**

a) Langfristig im Unternehmen gebundene Vermögensteile
b) Durch betriebliche Tätigkeit fortlaufend veränderliche Vermögensteile
c) Langfristige Schulden
d) Kurzfristige Schulden
e) Reinvermögen
f) Sofort liquide Mittel
g) Eigenkapital

**Beispiele**

[ ] Maschinen
[ ] Rohstoffe
[ ] Verbindlichkeiten gegenüber Lieferanten

**22. Welcher Geschäftsfall führt sowohl zur Minderung des Vermögens als auch der Schulden?**

a) Einkauf von Waren auf Ziel
b) Verkauf einer gebrauchten Schreibmaschine gegen Bankscheck
c) Zahlen einer Liefererrechnung durch Banküberweisung
d) Abhebung vom Bankkonto
e) Verkauf von Waren auf Ziel

**23. Welcher Buchungssatz ist eine vorbereitende Abschlussbuchung (Umbuchung)?**

a) Eigenkapital an Gewinn- und Verlustkonto
b) Umsatzsteuer an Vorsteuer
c) Verbindlichkeiten an Schlussbilanzkonto
d) Schlussbilanzkonto an Vorsteuer
e) Bankschulden an Schlussbilanzkonto
f) Schlussbilanzkonto an Techn. Anlagen und Maschinen

**24. In der Kasse wird am 31.12. ein Minderbetrag festgestellt. Welcher Buchungssatz ist richtig?**

a) Verluste aus dem Abgang von Vermögensgegenständen an Kasse
b) Kasse an Verluste aus dem Abgang von Vermögensgegenständen
c) Kasse an Erträge aus dem Abgang von Vermögensgegenständen
d) Kosten des Geldverkehrs an Kasse
e) Erträge aus dem Abgang von Vermögensgegenständen an Kasse

**25. Bei welchem Geschäftsvorfall muss Umsatzsteuer gebucht werden?**

a) Ein Kunde wird mit Verzugszinsen belastet.
b) Der Komplementär entnimmt Waren für private Zwecke.
c) Unsere Bank belastet uns mit Kontoführungsgebühren.
d) Ein Kunde aus Schweden begleicht eine Rechnung durch Banküberweisung.
e) Ein Betriebsgrundstück wird verkauft.

**26. Es wird ein Beleg mit der abgebildeten Vorkontierung vorgelegt. Welcher Geschäftsfall liegt zugrunde?**
a) Eine Liefererschuld wird durch Banküberweisung abzüglich Skonto beglichen – Bruttobuchung.
b) Eine Liefererschuld wird durch Banküberweisung abzüglich Skonto beglichen – Nettobuchung.
c) Eine Liefererschuld wird durch Banküberweisung abzüglich Skonto und Gutschrift wegen Mängelrüge beglichen – Bruttobuchung.
d) Wareneinkauf mit Bankeinzugsverfahren – Bruttobuchung
e) Wareneinkauf auf Ziel

| Konto | € - Soll | € - Haben |
|---|---|---|
| Verbindlichkeiten aus Lieferungen und Leistungen | 409,32 | |
| Kreditinstitute | | 397,04 |
| Lieferantenskonto | | 10,32 |
| Vorsteuer | | 1,96 |

**27. Was stellt der auf der Habenseite des Gewinn- und Verlustkontos ausgewiesene Saldo dar?**
a) Die Summe der Erträge
b) Die Summe der Aufwendungen
c) Den Reinverlust
d) Den Reingewinn
e) Den Rohverlust
f) Den Rohgewinn

**28. Ordnen Sie zu!**

**Abzuschließende Konten**
a) Warenbezugskosten
b) Geringwertige Wirtschaftsgüter
c) Privatkonten
d) Gesetzliche Sozialaufwendungen
e) Aktive Rechnungsabgrenzungsposten
f) Rücksendungen von Kunden
g) Vorsteuer

**Abschlusskonten**
[ ] Wareneingang
[ ] Warenverkauf
[ ] Gewinn- u. Verlustkonto
[ ] Schlussbilanzkonto
[ ] Eigenkapital

**29. Ordnen Sie zu!**

**Sachverhalte bzw. Definitionen**
a) Er steht auf der Aktivseite der Bilanz.
b) Saldo des Gewinn- und Verlustkontos
c) Er bildet die Grundlage zur Berechnung der Umsatzsteuerzahllast.
d) Das ist der durch Schätzung ermittelte vorläufige Gewinn.
e) Unterschied zwischen Wareneinsatz und Verkaufserlöse.

**Begriffe**
[ ] Rohgewinn
[ ] Reingewinn

**30. Die Bavaria Fahrradwerke KG führt als Personengesellschaft u. a. das Konto Privatentnahmen. Welcher vorbereitende Abschlussbuchungssatz ist zum Abschluss des Kontos Privatentnahmen richtig?**
a) Privatentnahmen an Gewinn- und Verlustkonto
b) Gewinn- und Verlustkonto an Privatentnahmen
c) Privatentnahmen an Eigenkapital
d) Eigenkapital an Privatentnahmen
e) Privatentnahmen an Schlussbilanzkonto
f) Schlussbilanzkonto an Privatnahmen

**31. In der Kasse der Bavaria Fahrradwerke KG wird am 31.12. ein Mehrbetrag festgestellt. Welcher Buchungssatz ist richtig?**

a) Außerordentliche Aufwendungen an Kasse
b) Kasse an Außerordentliche Aufwendungen
c) Kasse an Erträge aus dem Abgang von Vermögensgegenständen
d) Abschreibungen auf Forderungen an Kasse
e) Außerordentliche Erträge an Kasse

**32. Die Bavaria Fahrradwerke KG sucht über Inserat einen Außendienstmitarbeiter auf Provisionsbasis. Auf welches Aufwandskonto sind die Kosten für das Inserat zu buchen?**

a) Freiwillige soziale Aufwendungen
b) Werbe- und Reisekosten
c) Provisionen
d) Rechts- und Beratungskosten
e) Personalbeschaffungskosten

**33. Welcher Geschäftsfall liegt folgendem Buchungssatz zugrunde?**

***Fremdinstandhaltung an Bank***
***Vorsteuer***

a) Wir überweisen die Zinsen für unsere Hypothekenschuld durch Bank.
b) Wir überweisen die Miete für ein Außenlager durch Bank.
c) Wir überweisen die Grundsteuer an die Gemeindekasse durch Bank.
d) Wir überweisen die Kosten für eine Dachreparatur am eigenen Geschäftsgebäude durch Bank.
e) Wir überweisen die Kosten für Strom und Wasser durch Bank.

**34. Bei welcher Zahlung handelt es sich um einen neutralen Aufwand?**

a) Umsatzsteuerzahllast
b) Zinszahlung
c) Gewerbesteuerzahlung
d) Grundsteuerzahlung für Geschäftsgebäude
e) Lohnzahlung

**35. Welches Konto dient der sachlichen Abgrenzung?**

a) Gewerbeertragsteuer
b) Nachlässe
c) Zinserträge
d) Umsatzerlöse für Handelswaren
e) Provisionsaufwendungen

**36. Die Bavaria Fahrradwerke KG hält 65 % des gezeichneten Kapitals der Norddeutschen Mofawerke GmbH Hamburg. Welche Bilanzposition der Bavaria Fahrradwerke KG weist diesen Anteil aus?**

a) Sonstige Finanzanlagen
b) Gezeichnetes Kapital
c) Kapitalrücklage
d) Anleihen
e) Beteiligungen
f) Jahresüberschuss

**37. Sie besprechen mit Ihrem Ausbilder einige Grundsätze zum Rechnungswesen und legen dabei die unten abgebildete Bilanz zugrunde. Wie viel T€ betragen die sofort verfügbaren flüssigen Mittel?**

**Verkürzte Bilanz der Bavaria Fahrradwerke KG**

| Aktiva | 31. Dezember 20.. | in T€ | | Passiva | in T€ |
|---|---|---|---|---|---|
| A | Unbebaute und beb. Grundstücke | 3.500 | A | Eigenkapital | |
| | Technische Anlagen und Maschinen | 4.300 | | H. Oberpriller | 10.250 |
| | Betriebs- und Geschäftsausstattung | 1.050 | | M. Munz | 2.500 |
| | Beteiligungen | 450 | | | |
| | | | B | Rückstellungen | 450 |
| B | Umlaufvermögen | | | | |
| | Vorräte | 5.640 | C | Verbindlichkeiten | |
| | Forderungen aus Lief.+Leistungen | 4.350 | | Anleihen | 200 |
| | Wertpapiere | 45 | | Kurzfristige Bankverbindlichkeiten | 775 |
| | Guthaben bei Kreditinstituten | 815 | | Langfristige Bankverbindlichkeiten | 1.500 |
| | Kasse | 95 | | Verbindlichk. aus Lief.+Leistungen | 4.560 |
| C | Rechnungsabgrenzungsposten | 10 | D | Rechnungsabgrenzungsposten | 20 |
| | | 20.255 | | | 20.255 |

**38. Mit welchem Wert dürfen fertige Erzeugnisse in der Bilanz höchstens aktiviert werden?**

a) Mit dem Listenpreis
b) Mit dem Zielverkaufspreis
c) Mit dem Barverkaufspreis
d) Zum Selbstkostenpreis
e) Zu Herstellungskosten

**39. Mit welchem Wert sind noch nicht fertiggestellte Produkte, z. B. Rahmen, für die Bilanz zu bewerten?**

a) Selbstkosten
b) Anschaffungskosten
c) Materialkosten
d) Herstellungskosten
e) Fertigungskosten

**40. Zu welchen Werten dürfen abnutzbare Gegenstände des Anlagevermögens höchstens in der Bilanz angesetzt werden?**

a) Zu den Wiederbeschaffungskosten am Bilanzstichtag
b) Zu den Anschaffungs- oder Herstellungskosten, zuzüglich den anteiligen Vertriebsgemeinkosten
c) Zu einem vom Finanzamt jährlich festgesetzten Wert
d) Zu den Anschaffungs- oder Herstellungskosten, vermindert um die Anschaffungsnebenkosten
e) Zu den Anschaffungs- oder Herstellungskosten, vermindert um planmäßige Abschreibungen

**41. Die Bavaria Fahrradwerke KG hat im laufenden Geschäftsjahr geringwertige Wirtschaftsgüter, deren Anschaffungspreise jeweils über 150,00 € und nicht über 1.000,00 € liegen, im Gesamtwert von 6.500,00 € netto erworben und auch verbucht. Wie ist mit diesen geringwertigen Wirtschaftsgütern am Jahresende zu verfahren, wenn die Sammelpostenregelung (Poolabschreibung) gewählt wurde?**

a) Diese Wirtschaftsgüter müssen nach der Anschaffung oder Herstellung sofort abgeschrieben werden und werden buchungstechnisch nicht erfasst.
b) Geringwertige Wirtschaftsgüter im Wert über 150,00 € werden sofort beim Kauf in der Kontenklasse 6 gebucht, da es sich hierbei um Aufwendungen handelt.
c) Diese Wirtschaftsgüter sind jahrgangsbezogen in die Bilanz einzustellen und auf die Dauer von 5 Jahren linear abzuschreiben.
d) Geringwertige Wirtschaftsgüter werden bei Erwerb auf geeigneten Sachkonten des Umlaufvermögens gebucht. Eine Korrektur am Jahresende ist nicht erforderlich.
e) Wirtschaftsgüter von über 410,00 € bis 1.000,00 € können als geringwertige Vermögensgegenstände bei ihrer Anschaffung direkt auf einem entsprechenden Aufwandskonto gebucht werden.

**42. Es sind noch zwei Eingangsrechnungen mit einem Gesamtsteueranteil von 2.850,00 € und eine Ausgangsrechnung mit einem Umsatzsteueranteil von 5.700,00 € in den abgebildeten Konten zu buchen. Wie hoch ist die Zahllast? Tragen Sie das Ergebnis in das Kästchen ein.**

| S | Vorsteuer ( in €) | H |
|---|---|---|
| 145.000,00 | | |

| S | Umsatzsteuer (in €) | H |
|---|---|---|
| | | 278.000,00 |

| |
|---|
| |

**43. Bei „Bruttobuchung" sieht das Konto Lieferantenskonti am Monatsende wie unten abgebildet aus. Wie lautet die Steuerberichtigungsbuchung, wenn der Steuersatz gemäß Umsatzsteuergesetz 19 % beträgt?**

| S | Lieferantenskonti | H |
|---|---|---|
| | Verbindlichkeiten | 7.059,98 |

a) Vorsteuer an Lieferantenskonti € 1.341,40
b) Lieferantenskonti an Vorsteuer € 1.341,40
c) Umsatzsteuer an Lieferantenskonti € 1.341,40
d) Lieferantenskonti an Umsatzsteuer € 1.341,40
e) Vorsteuer an Lieferantenskonti € 1.127,22
f) Lieferantenskonti an Vorsteuer € 1.127,22
g) Umsatzsteuer an Lieferantenskonti € 1.127,22
h) Lieferantenskonti an Umsatzsteuer € 1.127,22

**44. Welcher Geschäftsfall löst auf der Habenseite bei dem Konto Aufwendungen für Waren eine Buchung aus?**

a) Wir zahlen Ausgangsfrachten.
b) Ein Kunde zieht Skonto ab.
c) Wir zahlen Bezugskosten.
d) Ein Kunde erhält auf Grund seiner Mängelrüge einen Preisnachlass.
e) Wir schicken beanstandete Waren an den Lieferer zurück.

**45. Welcher Sachverhalt liegt folgendem Buchungssatz zugrunde: „Umsatzerlöse für Waren an G + V"?**

a) Buchen des Warenverlustes
b) Buchen des Warengewinnes
c) Buchen des Warenbestandes
d) Buchen des Wareneinsatzes
e) Buchen des Warenumsatzes

**46. Es wird Ihnen ein Beleg mit unten stehender Vorkontierung vorgelegt. Welcher Geschäftsfall liegt zugrunde?**

| Konto | € - Soll | € - Haben |
|---|---|---|
| Kreditinstitute | 519,72 | |
| Kundenskonti | 8,92 | |
| Umsatzsteuer | 1,69 | |
| Forderungen aus Lieferungen und Leistungen | | 530,33 |

a) Warenverkauf auf Ziel
b) Warenverkauf mit Bankeinzugsverfahren abzüglich Skonto - Bruttobuchung.
c) Kundenzahlung durch Banküberweisung abzüglich Skonto - Bruttobuchung.
d) Kundenzahlung durch Banküberweisung abzüglich Skonto - Nettobuchung.
e) Eine Lieferschuld wird durch Banküberweisung abzüglich Skonto beglichen - Nettobuchung.
f) Eine Lieferschuld wird durch Banküberweisung abzüglich Skonto beglichen - Bruttobuchung.

47. **Auf einem Kontierungsbeleg für die Abschlussarbeiten in der Buchhaltung lesen Sie den Buchungssatz „GuV-Konto an Aufwendungen für Waren". Welcher Sachverhalt liegt diesem Buchungssatz zugrunde?**
   a) Buchen des Warenendbestandes
   b) Buchen des Rohgewinnes
   c) Buchen des Reingewinnes
   d) Buchen des Wareneinsatzes
   e) Buchen des Warenumsatzes

48. **Welcher Vorgang liegt der Buchung „Aufwendungen für Waren an Warenbestand" zugrunde?**
   a) Der Wareneinsatz wird buchhalterisch erfasst.
   b) Der Warenendbestand laut Inventur wird buchhalterisch erfasst.
   c) Die Warenbestandsminderung wird buchhalterisch erfasst.
   d) Die Warenbestandsmehrung wird buchhalterisch erfasst.
   e) Das Konto „Wareneingang" wird abgeschlossen.
   f) Der Rohgewinn wird durch diese Buchung ermittelt.

49. **Auf welche Konto wird der Arbeitgeberanteil zur Sozialversicherung im Soll gebucht?**
   a) Verbindlichkeiten im Rahmen der sozialen Sicherheit
   b) Gehälter
   c) Arbeitgeberanteil zur Sozialversicherung
   d) Freiwillige soziale Aufwendungen
   e) Versicherungen

50. **Wie werden Einnahmen, die vor dem Bilanzstichtag eingingen, aber Erträge für das kommende Jahr darstellen, in der Bilanz ausgewiesen?**
   a) Als sonstige Forderungen
   b) Als sonstige Verbindlichkeiten
   c) Als aktive Rechnungsabgrenzungsposten
   d) Als passive Rechnungsabgrenzungsposten
   e) Als Rückstellungen
   f) Als Rücklagen

51. **Der persönlich haftende Gesellschafter der Bavaria Fahrradwerke KG hat im Laufe des Jahres Waren für netto 2.500,00 € entnommen. Über welches Konto wird „Entnahme (Eigenverbrauch)" zum Ende des Geschäftsjahres abgeschlossen?**
   a) Über Eigenkapital
   b) Über Privatentnahmen
   c) Über Schlussbilanzkonto
   d) Über Gewinn- und Verlust
   e) Über Warenbestände

52. **Wie beeinflusst die Buchung von „Sonstigen Forderungen" am Jahresende im Rahmen der zeitlichen Abgrenzung die Erfolgsrechnung des alten Jahres?**
   a) Der Verlust wird erhöht.
   b) Der Aufwand wird vermindert.
   c) Die Erfolgsrechnung wird nicht beeinflusst.
   d) Der Ertrag wird erhöht.
   e) Der Aufwand wird erhöht.

53. **Bei welchem Geschäftsfall wird nur auf Bestandskonten gebucht?**
   a) Zahlung von Gehältern durch die Verwaltung
   b) Buchung von Abschreibungen
   c) Zahlung der Umsatzsteuerschuld an das Finanzamt
   d) Zahlung von Zinsen für den betrieblich genutzten Kontokorrentkredit
   e) Zahlung von Einkaufsprovision an einen Handelsvertreter

**54. Rohstoffe, die nicht der bestellten Qualität entsprechen, werden an den Lieferer zurückgeschickt. Wie lautet der Buchungssatz?**

| | | | |
|---|---|---|---|
| a) | Verbindlichkeiten aus Lieferungen und Leistungen | an | Aufwendungen für Rohstoffe |
| b) | Verbindlichkeiten aus Lieferungen und Leistungen | an | Aufwendungen für Rohstoffe<br>Vorsteuer |
| c) | Aufwendungen für Rohstoffe<br>Vorsteuer | an | Verbindlichkeiten a. L. u. L. |
| d) | Verbindlichkeiten aus Lieferungen und Leistungen | an | Aufwendungen für Rohstoffe<br>Umsatzsteuer |
| e) | Verbindlichkeiten aus Lieferungen und Leistungen | an | Nachlässe<br>Vorsteuer |

**55. Wie lautet die Abschlussbuchung (Umbuchung) für das Konto „Nachlässe“?**

| | | | |
|---|---|---|---|
| a) | Verbindlichkeiten aus Lieferungen und Leistungen | an | Nachlässe |
| b) | Aufwendungen für Waren | an | Nachlässe |
| c) | Warenbestände | an | Nachlässe |
| d) | G+V–Konto | an | Nachlässe |
| e) | Nachlässe | an | Verbindlichkeiten aus Lieferungen und Leistungen |
| f) | Nachlässe | an | Aufwendungen für Waren |

***56.* Auf welchen Geschäftsvorfall bezieht sich folgendem Buchungssatz?**
***Zinsaufwendungen***
***Verbindlichkeiten gegenüber Kreditinstituten an Guthaben bei Kreditinstituten (Bank)***

a) Banküberweisung für Geschäftsmiete und Tilgung einer Darlehensschuld
b) Aufnahme eines Darlehens bei der Hausbank bei Abzug von Zinsen
c) Tilgung eines aufgenommenen Darlehens
d) Lastschrift der Bank für Darlehenszinsen und Tilgung
e) Darlehensschuldner zahlt an uns Zinsen und tilgt seine Darlehensschuld

**57. Für eine vermietete Halle erhält die Bavaria Fahrradwerke KG vertragsgemäß am 20. Dezember die Jahresmiete für das kommende Jahr im Voraus per Banküberweisung. Welche Buchung ist am 31. Dezember vorzunehmen?**

a) 2900 an 2800
b) 2800 an 4900
c) 2800 an 0510
d) 2800 an 6700
e) 2800 an 5401
f) 5401 an 4900

**58. Fremdbauteile und Vorprodukte wurden durch Feuer und Löschwasser im Wert von 2.000,00 € netto unbrauchbar. Wie ist auf Grund dieses Vorfalls zu buchen, wenn die Versicherung den Schaden nicht übernimmt?**

| | | | | | |
|---|---|---|---|---|---|
| a) | Vorprodukte/Fremdbauteile<br>Vorsteuer | 2.000 €<br>380 € | an | Verluste aus Schadensfällen | 2.380 € |
| b) | Verluste aus Schadensfällen | 2.000 € | an | Vorprodukte/Fremdbauteile<br>Umsatzsteuer | 2.000 €<br>380 € |
| c) | Verluste aus Schadensfällen | 2.000 € | an | Vorprodukte/Fremdbauteile | 2.000 € |
| d) | Vorprodukte/Fremdbauteile | 2.000 € | an | Verluste aus Schadensfällen | 2.000 € |
| e) | Verluste aus Schadensfällen | 2.380 € | an | Vorprodukte/Fremdbauteile<br>Umsatzsteuer | 2.000 €<br>380 € |

**59. Welcher Geschäftsfall liegt unten stehender Vorkontierung zugrunde?**

| KONTO | SOLL | HABEN |
|---|---|---|
| Guthaben bei Kreditinstituten (Bank) | 649,42 € | |
| Erlösberichtigungen | 16,88 € | |
| Umsatzsteuer | 3,21 € | |
| Forderungen aus Lieferungen und Leistungen | | 669,51 € |

a) Warenverkauf auf Ziel
b) Warenverkauf mit Bankeinzugsverfahren abzüglich Skonto - Bruttobuchung
c) Kundenzahlung durch Banküberweisung abzüglich Skonto - Bruttobuchung
d) Kundenzahlung durch Banküberweisung abzüglich Skonto - Nettobuchung
e) Eine Liefererschuld wird durch Banküberweisung abzüglich Skonto beglichen - Nettoverfahren
f) Eine Liefererschuld wird durch Banküberweisung abzüglich Skonto beglichen - Bruttomethode

**60. Bringen Sie die folgenden Arbeiten, die nach Eingang einer Liefererrechnung zu erledigen sind, in die richtige Reihenfolge!**

[ ] Rechnung bis zum Eintreffen der Ware in Mappe „unerledigte Rechnungen“ aufbewahren
[ ] Die Rechnung termingerecht zur Zahlung anweisen
[ ] Rechnung mit dem Eingangsstempel versehen
[ ] Prüfen der Rechnung durch Vergleich mit Bestellung und Lieferschein sowie Prüfen der rechnerischen Richtigkeit
[ ] Rechnung in der Registratur ablegen
[ ] Nach Eingangsmeldung durch den Lagerverwalter Unterlagen zur Rechnungsprüfung heraus suchen

**61. Welche Aussage im Zusammenhang mit Bestandsveränderungen an unfertigen und fertigen Erzeugnissen ist richtig?**

a) Eine Bestandsmehrung liegt vor, wenn die verkaufte Menge an unfertigen und fertigen Erzeugnissen größer ist als die in diesem Zeitraum erzeugte Menge.
b) Eine Bestandsminderung an unfertigen und fertigen Erzeugnissen ist auf der Habenseite des GuV-Kontos auszuweisen, weil dadurch der Gewinn des Unternehmens vergrößert wird.
c) Das Sammelkonto „Bestandsveränderungen" erfasst auf der Sollseite die Mehrbestände und im Haben die Minderbestände an unfertigen und fertigen Erzeugnissen.
d) Eine Bestandsmehrung an unfertigen und fertigen Erzeugnissen muss bei der Erfolgsermittlung auf der Habenseite des GuV-Kontos als Ertrag ausgewiesen werden.
e) Bestandsveränderungen an unfertigen und fertigen Erzeugnissen müssen in der Schlussbilanz der jeweiligen Rechnungsperiode ausgewiesen werden.

**62. Welcher Geschäftsfall liegt folgender Buchung zugrunde?**
**“Bestandsveränderungen an Fertige Erzeugnisse"**

a) Im Abrechnungszeitraum entsprach die Produktion dem Absatz.
b) Im Abrechnungszeitraum wurden mehr Erzeugnisse hergestellt als verkauft.
c) Der Schlussbestand an fertigen Erzeugnissen ist höher als der Anfangsbestand.
d) Der Schlussbestand an fertigen Erzeugnissen entspricht dem Anfangsbestand.
e) Der Bestand an fertigen Erzeugnissen hat sich verringert.

**63. Welcher Vorgang liegt folgendem Buchungssatz zugrunde?**
**“Fertige Erzeugnisse an Bestandsveränderungen"**

a) Fertige Erzeugnisse werden verkauft.
b) Fertige Erzeugnisse werden privat entnommen.
c) Auf dem Konto „Fertige Erzeugnisse" werden die Schlussbestände gebucht.
d) Auf dem Konto „Fertige Erzeugnisse" wird ein Minderbestand ermittelt und gebucht.
e) Es wurden in der Abrechnungsperiode mehr fertige Erzeugnisse verkauft als produziert.
f) Auf dem Konto „Fertige Erzeugnisse" wird ein Mehrbestand ermittelt und gebucht.

**64. Ordnen Sie zu!**

**Buchungssätze**

| | | | |
|---|---|---|---|
| a) | Privatkonto | **an** | Fertige Erzeugnisse<br>Umsatzsteuer |
| b) | Bestandsveränderungen | **an** | Unfertige Erzeugnisse |
| c) | Guthaben bei Kreditinstituten (Bank) | **an** | Umsatzerlöse für eigene Erzeugnisse<br>Umsatzsteuer |
| d) | Kasse | **an** | Umsatzerlöse für eigene Erzeugnisse<br>Umsatzsteuer |
| e) | Privatkonto | **an** | Entnahmen (Eigenverbrauch)<br>Umsatzsteuer |
| f) | Guthaben bei Kreditinstituten (Bank) | **an** | Fertige Erzeugnisse<br>Umsatzsteuer |
| g) | Unfertige Erzeugnisse | **an** | Bestandsveränderungen |

**Geschäftsfälle**

[ ] Verkauf von Fertigerzeugnissen gegen Bank

[ ] Buchen eines Mehrbestandes an unfertigen Erzeugnissen

[ ] Entnahme von Fertigerzeugnissen durch den Geschäftsinhaber

**65. Welche Merkmale kennzeichnen die „lineare Abschreibung"?**

a) Gleicher Abschreibungsprozentsatz vom Buchwert - Gleicher Abschreibungsbetrag
b) Gleicher Abschreibungsprozentsatz vom Buchwert - Fallender Abschreibungsbetrag
c) Gleicher Abschreibungsprozentsatz vom Anschaffungswert - Gleicher Abschreibungsbetrag
d) Gleicher Abschreibungsprozentsatz vom Anschaffungswert - Fallender Abschreibungsbetrag
e) Fallender Abschreibungsprozentsatz vom Buchwert - Fallender Abschreibungsbetrag
f) Fallender Abschreibungsprozentsatz vom Anschaffungswert - Gleicher Abschreibungsbetrag

**66. Welches Merkmal kennzeichnet die degressive Abschreibung?**

a) Gleicher Abschreibungsprozentsatz vom Buchwert - Gleicher Abschreibungsbetrag
b) Gleicher Abschreibungsprozentsatz vom Buchwert - Fallender Abschreibungsbetrag
c) Gleicher Abschreibungsprozentsatz vom Anschaffungswert - Gleicher Abschreibungsbetrag
d) Gleicher Abschreibungsprozentsatz vom Anschaffungswert - Fallender Abschreibungsbetrag
e) Fallender Abschreibungsprozentsatz vom Buchwert - Fallender Abschreibungsbetrag
f) Fallender Abschreibungsprozentsatz vom Anschaffungswert - Gleicher Abschreibungsbetrag

**67. Sie wurden beauftragt, für die folgenden Anlagegüter die Wertansätze für die Bilanz zum 31.12. 2013 zu ermitteln. Die erforderlichen Daten sind den Anlagedateien zu entnehmen.**

**Anlagegut 1**

| Anlagekonto 0760 | Bezeichnung des Anlagegutes: Verpackungsmaschine | | Anschaffungsdatum: 05.05. 2013 |
|---|---|---|---|
| Anschaffungskosten: 234.000,00 € | | Voraussichtliche Nutzungsdauer: 13 Jahre (laut Afa-Tab.) | |
| Jahr | **Lineare Abschreibungsmethode** | | |
| | Abschreibungsprozentsatz | Abschreibungsbetrag | Buchwert zum 31.12.2013 |
| 2013 | | | |

**Anlagegut 2**

| Anlagekonto 0840 | Bezeichnung des Anlagegutes: Lieferwagen | | | Anschaffungsdatum: 02.01. 2013 |
|---|---|---|---|---|
| Anschaffungskosten: 85.000,00 € | | Voraussichtliche Gesamtleistung: 300 000 km | | |
| Jahr | **Leistungsbezogene Abschreibung** | | | |
| | Jahreskilometerleistung | Wertminderung je km | Abschreibungs-betrag in € | Buchwert zum 31.12.2013 |
| 2013 | 24.000 (geschätzt) | | | |

**Ermitteln Sie jeweils in €**

a) den Abschreibungsbetrag für die Verpackungsmaschine für 2013

b) den Buchwert für die Verpackungsmaschine zum 31.12.2013

c) die Wertminderung je km für den Lieferwagen

d) den Buchwert für den Lieferwagen zum 31.12.2013

**Tragen Sie die Ergebnisse in die Tabellen ein.**

**68. Welche Aussage zu den geringwertigen Wirtschaftsgütern ist richtig?**

a) Geringwertige Wirtschaftsgüter von 151,00 € bis 1.000,00 € werden auf keinen Fall in der Bilanz ausgewiesen.

b) Auch nicht selbstständig bewertbare und nutzbare Wirtschaftsgüter können als geringwertige Wirtschaftsgüter gebucht werden.

c) Geringwertige Wirtschaftsgüter von 150,01 € bis 1.000,00 € netto können bei der Anschaffung auf einem Sammelkonto erfasst werden.

d) Geringwertige Wirtschaftsgüter im Werte von über 410,00 EUR werden in der Kontenklasse 6 gebucht, da es sich hierbei um Aufwendungen handelt.

e) Geringwertige Wirtschaftsgüter gehören zum Umlaufvermögen.

**69. Die Nutzungsdauer für einen PKW wurde mit 5 Jahren festgelegt. Nach viermaliger linearer Abschreibung beträgt der Restbuchwert 4.000,00 €. Wie hoch war der Anschaffungswert? Tragen Sie das Ergebnis in das Kästchen ein.**

**70. Der Restbuchwert einer Maschine beträgt nach 3 Jahren linearer Abschreibung 62.500,00 €. Die Nutzungsdauer beträgt 8 Jahre. Tragen Sie die Ergebnisse in das Kätchen ein.**

a) Wie viel € betrug der Anschaffungswert?

b) Wie viel Prozent beträgt der AfA-Satz?

**71. Beantworten Sie zum unten abgebildeten Anlagenspiegel folgende Fragen:**

a) Wie viel T€ beträgt der Buchwert der gesamten Sachanlage zum Ende des Vorjahres (31.12.)?

b) Wie viel T€ betragen die gesamten bis zum Jahresbeginn des aktuellen Geschäftsjahres aufgelaufenen Abschreibungen?

**Tragen Sie die Ergebnisse in das Kästchen ein.**

**ANLAGENSPIEGEL DER INDUSTRIE-AG ZUM 21.12. (aktuelles Geschäftsjahr)**

| | SACHANLAGE-VERMÖGEN (Werte in T€) | Anschaffungs-/ Herstellungs-kosten | Zugänge | Abgänge | Umbu-chungen | Abschrei-bungen (kumuliert) | Zuschrei-bungen | Rest-buch-wert 31.12. aktuelles Jahr | Restbuch-wert Vorjahr | Abschrei-bungen aktuelles Jahr |
|---|---|---|---|---|---|---|---|---|---|---|
| 1 | Grundstücke, grundstücksgleiche Rechte und Bauten einschließlich der Bauten auf fremden Grundstücken | 391 | -- | -- | -- | 41 | -- | 350 | 357 | 7 |
| 2 | Technische Anlagen und Maschinen | 7.842 | -- | 42 | + 120 | 520 | -- | 7.400 | 7.384 | 62 |
| 3 | Andere Anlagen, Betriebs- und Geschäftsausstattung | 4.898 | 40 | 48 | -- | 390 | -- | 4.500 | 4.554 | 46 |
| 4 | Geleistete Anzahlungen und Anlagen im Bau | 340 | 30 | -- | - 120 | -- | -- | 250 | 340 | -- |
| | | 13.471 | 70 | 90 | -- | 951 | -- | 12.500 | 12.635 | 115 |

**72. Welcher Buchungssatz entspricht der Umbuchung des Kontos „Geringwertige Anlagen und Maschinen"?**

| | | | |
|---|---|---|---|
| a) | Geringwertige Anlagen und Maschinen | **an** | Technische Anlagen und Maschinen |
| b) | Geringwertige Anlagen und Maschinen | **an** | Abschreibungen auf Sachanlagen |
| c) | Abschreibungen auf geringwertige Wirtschaftsgüter | **an** | Geringwertige Anlagen und Maschinen |
| d) | Gewinn- und Verlustkonto | **an** | Geringwertige Anlagen und Maschinen |
| e) | Geringwertige Anlagen und Maschinen | **an** | Gewinn- und Verlustkonto |
| f) | Wertberichtigungen zu Sachanlagen | **an** | Geringwertige Anlagen und Maschinen |

**73. Bei welchem Nettoanschaffungswert können geringwertige Vermögensgegenstände zunächst auf einem Sammelkonto (0790 oder 0890) erfasst werden?**

a) Über 100,00 €

b) Über 150,00 € bis 2.000 €

c) Über 410,00 €

d) Über 150,00 € bis 1.000 €

e) Über 1.000,00 €

f) unter 150,00 €

**74. Durch den Kauf eines neuen Lastkraftwagens sind folgende Ausgaben angefallen. Welche der nachstehenden Position ist <u>nicht</u> aktivierungspflichtig?**

a) Überführungskosten des Lastkraftwagens

b) Kosten für Sonderlackierung mit Werbeaufschrift

c) Zulassungskosten beim Straßenverkehrsamt

d) Vorausgezahlte Kraftfahrzeugsteuer für das erste Jahr

e) Einbaukosten für eine zusätzliche Warnblinkanlage

**75. Welcher Geschäftsfall liegt folgender Buchung zugrunde:**
**Abschreibung auf Forderungen**
**Umsatzsteuer an Forderungen aus Lieferungen u. Leistungen**

a) Eine Forderung wird zweifelhaft und deshalb abgeschrieben.
b) Eine zweifelhafte Forderung wird wertberichtigt.
c) Eine Forderung ist verjährt und wird deshalb abgeschrieben.
d) Bei einem Kunden wurde das Konkursverfahren eröffnet.
e) Gegen einen Kunden wurde der Vollstreckungsbescheid beantragt.

**76. Durch Brand und Löschwasser werden Rohstoffe im Wert von 1 500,00 € netto unbrauchbar. Die Versicherung trägt den Schaden nicht. Welcher Buchungssatz ist richtig?**

| | | | | | |
|---|---|---|---|---|---|
| a) | Rohstoffe | 1500,00 € | | | |
| | Vorsteuer | 285,00 € | an | Verluste aus Schadensfällen | 1785,00 € |
| b) | Verluste aus Schadensfällen | 1500,00 € | an | Rohstoffe | 1215,00 € |
| | | | | Umsatzsteuer | 285,00 € |
| c) | Verluste aus Schadensfällen | 1785,00 € | an | Rohstoffe | 1500,00 € |
| | | | | Umsatzsteuer | 285,00 € |
| d) | Rohstoffe | 1500,00 € | an | Verluste aus Schadensfällen | 1500,00 € |
| e) | Verluste aus Schadensfällen | 1500,00 € | an | Rohstoffe | 1500,00 € |

**77. Welche zwei der folgenden Aussagen sind zutreffend?**

a) Zu Beginn eines Geschäftsjahres weist das Konto Bezugskosten für Rohstoffe einen Anfangsbestand auf.
b) Ausgangsfrachten sind Bestandteile der Handlungskosten und gehen in den Handlungskostenzuschlag ein.
c) Das Konto Bezugskosten für Rohstoffe wird über das entsprechende Aufwandskonto abgeschlossen.
d) Die Handlungskosten werden in den Bezugskosten einkalkuliert.
e) Die Bezugskosten für Anlagegüter werden als Aufwand gebucht.

**78. Ihnen liegt die nachstehende Lagerdatei zu dem Produkt „Bikerhelm-Junior" vor. Ermitteln Sie nach dem Verfahren des gewogenen Durchschnitts zum 15.06.**
**a) den mengenmäßigen Lagerbestand**
**b) den wertmäßigen Lagerbestand.**
**Tragen Sie die Ergebnisse in das Kästchen ein.**

| Bikerhelm „Junior" | | | | |
|---|---|---|---|---|
| | | **Menge in Stück** | **Preis pro Stück in €** | **Gesamtwert in €** |
| Bestand | 01.06. | 100 | 30,00 | 3.000,00 |
| Zugang lt. ER vom | 05.06. | 120 | 32,75 | 3.930,00 |
| Abgang lt. AR vom | 06.06. | 160 | 31.50 | |
| Zugang lt. ER vom | 07.06. | 180 | 34,00 | 6.120,00 |
| Abgang lt. AR vom | 10.06. | 90 | | |
| Abgang lt. AR vom | 12.06. | 76 | | |
| Zugang lt. ER vom | 16.06. | 120 | 33,25 | |
| Abgang lt. AR vom | 23.06. | 66 | | |
| Bestand | 30.06. | | | |

**DIE NACHFOLGENDEN AUFGABEN SIND MIT HILFE DES BEIGEFÜGTEN KONTENRAHMENS DER FA. BAVARIA FAHRRADWERKE KG ZU BEARBEITEN.**

**BILDEN SIE ZU NACHSTEHENDEN GESCHÄFTSFÄLLEN DIE BUCHUNGSSÄTZE, INDEM SIE KONTONUMMER UND KONTENBEZEICHNUNG DER BETROFFENEN KONTEN IN DIE KÄSTCHEN EINTRAGEN.**

## I. EINKAUF – VERKAUF

1. **Die Liefererskonti für gelieferte Rohstoffe des abgelaufenen Monats sind brutto gebucht worden. Wie lautet die Buchung für die Steuerberichtigung?**

| Soll | | | Haben |
|---|---|---|---|
| | | | |
| | | | |

2. **Wir senden defekte Gelsättel an den Hersteller zurück und erhalten eine Rechnungskorrektur. Wie ist zu buchen?**

| Soll | | | Haben |
|---|---|---|---|
| | | | |
| | | | |

3. **Ein Kunde bezahlt unsere Warenrechnung unter Abzug von 2 % Skonto per Postbanküberweisung (Bruttobuchung).**

| Soll | | | Haben |
|---|---|---|---|
| | | | |
| | | | |

4. **Wir belasten den Kunden mit 119,00 € für zu Unrecht abgezogenen Skonto (Überschreitung der Zahlungsfrist).**

| Soll | | | Haben |
|---|---|---|---|
| | | | |
| | | | |

5. **Ein Industriebetrieb verkauft eigene Erzeugnisse auf Ziel, Listenpreis 5.000,00 €, abzüglich 12 % Rabatt, zuzüglich 100,00 € Verpackung und 150,00 € Fracht sowie Umsatzsteuer.**

| Soll | | | Haben |
|---|---|---|---|
| | | | |
| | | | |

6. **Rechnungskorrektur an einen Kunden, der Handelswaren gekauft hatte, für bei Rechnungsstellung nicht in Abzug gebrachten Rabatt, wie im Kaufvertrag vereinbart worden war.**

| Soll | | | Haben |
|---|---|---|---|
| | | | |
| | | | |

7. **Dem Kunden wird ein Bonus in Höhe von 6 % bei Erreichen einer Umsatzsumme in Höhe von brutto 142.800,00 € gewährt. a) Buchen Sie die Rechnungskorrektur (Nettobuchung). b) Wie hoch ist der Betrag der Rechnungskorrektur (netto)? Tragen Sie das Ergebnis in das Kästchen ein.**

| Soll | | | Haben |
|---|---|---|---|
| | | | |
| | | | |

**8.** Ein Kunde erhält eine Rechnungskorrektur auf Grund einer Mängelrüge.

| Soll | | | Haben |
|---|---|---|---|
| | | | |
| | | | |

**9.** Rechnung des Spediteurs über Ausgangsfracht und Umsatzsteuer.

| Soll | | | Haben |
|---|---|---|---|
| | | | |
| | | | |

**10.** Dem Kunden werden die bezahlten Transportkosten (Fracht für die Lieferung von Handelswaren) in Rechnung gestellt.

| Soll | | | Haben |
|---|---|---|---|
| | | | |
| | | | |

**11.** Wir erteilen unseren Kunden für Rücklieferung von fehlerhafter Handelsware eine Rechnungskorrektur in Höhe von 200,00 € zuzüglich Umsatzsteuer.

| Soll | | | Haben |
|---|---|---|---|
| | | | |
| | | | |

**12.** Wir verkaufen Fertigerzeugnisse auf Ziel und gewähren dem Abnehmer auf den Listenpreis von 50.000,00 € einen Händlerrabatt von 20 %. Wie ist zu buchen?

| Soll | | | Haben |
|---|---|---|---|
| | | | |
| | | | |

**13.** Einkauf von Rohstoffen auf Ziel, netto 25.000,00 €.

| Soll | | | Haben |
|---|---|---|---|
| | | | |
| | | | |

**14.** Rücksendung mangelhaft gelieferter Rohstoffe an den Lieferer netto 1.200,00 €.

| Soll | | | Haben |
|---|---|---|---|
| | | | |
| | | | |

**15.** Die Bavaria Fahrradwerke KG erhält einen Bonus für eingekaufte Betriebsstoffe für das letzte Halbjahr in Höhe von 1.500,00 netto.

| Soll | | | Haben |
|---|---|---|---|
| | | | |
| | | | |

**16.** Die Eingangsrechnung Nr. 27465/20.. über Edelstahlrohe ist zu buchen: netto 75.000,00 zuzüglich der Frachtrechnung in Höhe von 1.400,00 netto.

| Soll | | | Haben |
|---|---|---|---|
| | | | |
| | | | |
| | | | |

17. Zum Jahresende ergibt sich bei den Hilfsstoffen ein Mehrbestand von 2.000,00 €.

| Soll | | | Haben |
|---|---|---|---|
| | | | |
| | | | |

18. Zum Jahresende ergibt sich bei den Rohstoffen ein Minderbestand von 6.780,00 €.

| Soll | | Haben | |
|---|---|---|---|
| | | | |
| | | | |

19. Das Konto "Fertige Erzeugnisse" wies am 02. Januar einen Bestand von 40.000,00 € aus. Am Ende des Geschäftsjahres wurde ein Inventurbestand von 27.500,00 € ermittelt. Welche Bestandsveränderungsbuchung ist am Jahresende vorzunehmen?

| Soll | | | Haben |
|---|---|---|---|
| | | | |
| | | | |

20. Bei der Inventur am Schluss des Geschäftsjahres wird bei den fertigen Erzeugnissen ein Bestand von 105.000,00 € ermittelt. Der Anfangsbestand auf diesem Konto betrug 80.000,00 €. Wie ist die Bestandsveränderung zum Jahresschluss zu buchen?

| Soll | | | Haben |
|---|---|---|---|
| | | | |
| | | | |

21. Am Geschäftsjahresschluss ergibt sich bei der Bestandsaufnahme für die unfertigen Erzeugnisse ein Bestand von 85.000,00 €. Der Anfangsbestand an unfertigen Erzeugnissen betrug 115.000,00 €. Buchen Sie die Bestandsveränderung zum Jahresende!

| Soll | | | Haben |
|---|---|---|---|
| | | | |
| | | | |

22. In der Buchhaltung eines Industriebetriebes wurden folgende Bestände ermittelt: Fertige Erzeugnisse: AB 675.000,00 €; SB 705.000,00 €
a) Wie viel € beträgt der Saldo der Bestandsveränderungen?
b) Wie lautet die Buchung beim Abschluss des Kontos Bestandsveränderungen?

| Soll | | | Haben |
|---|---|---|---|
| | | | |
| | | | |

23. Unfertige Erzeugnisse: AB 80.000,00 €; SB 70.000,00 €. Wie lautet die Buchung beim Abschluss des Kontos Bestandsveränderungen?

| Soll | | | Haben |
|---|---|---|---|
| | | | |
| | | | |

## II. ANLAGENWIRTSCHAFT

24. Wir verkaufen einen gebrauchten Lkw für 15.500,00 € netto + Umsatzsteuer. Der Buchwert (direkte Abschreibung) dieses Lkws beträgt 14.500,00 € und der Gegenwert geht auf der Bank ein.

a) Wie ist der Verkauf zu buchen?

| Soll | | | Haben |
|---|---|---|---|
| | | | |
| | | | |

b) Wie ist der Buchwert aus- und der Erlös umzubuchen?

| Soll | | | Haben |
|---|---|---|---|
| | | | |
| | | | |

25. Verkauf einer direkt abgeschriebenen, gebrauchten elektrischen Schreibmaschine auf Ziel. Der Nettoerlös ist kleiner als der Buchwert.

a) Wie ist der Verkauf zu buchen?

| Soll | | | Haben |
|---|---|---|---|
| | | | |
| | | | |

b) Wie ist der Buchwert aus- und der Erlös umzubuchen?

| Soll | | | Haben |
|---|---|---|---|
| | | | |
| | | | |

26. Verkauf eines gebrauchten Pkws gegen Rechnung. Der Verkaufserlös von netto 4.500,00 € entspricht dem Restbuchwert des direkt abgeschriebenen Fahrzeugs.

a) Wie ist der Verkauf zu buchen?

| Soll | | | Haben |
|---|---|---|---|
| | | | |
| | | | |

b) Wie ist der Buchwert aus- und der Erlös umzubuchen?

| Soll | | | Haben |
|---|---|---|---|
| | | | |
| | | | |

27. Kauf einer Lager- und Transporteinrichtung auf Ziel

| | |
|---|---|
| Listenpreis | 200.000,00 € |
| ./. 10 % Rabatt | |
| ./. 2 % Skonto | |
| + Fracht und Rollgeld | 2.200,00 € |
| + Montage | 1.700,00 € |
| + Umsatzsteuer | |

Wie lautet die Buchung bei der Anschaffung?

| Soll | | | Haben |
|---|---|---|---|
| | | | |
| | | | |

Teil 2: Rechnungswesen

28. Vom Buchwert des Fuhrparks sind 20 % direkt zum 31.12. abzuschreiben.

| Soll | | | Haben |
|---|---|---|---|
| | | | |
| | | | |

29. Anschaffung einer Handbohrmaschine, netto 650,00 € und Umsatzsteuer, bar

| Soll | | | Haben |
|---|---|---|---|
| | | | |
| | | | |

30. Die geringwertigen Wirtschaftsgüter der Anlagen und Maschinen sowie der Betriebs- und Geschäftsausstattung sind zum 31.12. abzuschreiben (jährlich 20 % von den gesammelten GWG).

| Soll | | | Haben |
|---|---|---|---|
| | | | |
| | | | |

31. Die Bavaria Fahrradwerke KG hat im letzten Geschäftsjahr geringwertige Wirtschaftsgüter der BGA in Höhe von 2.500,00 € angeschafft. Diese sind beim Jahresabschluss abzuschreiben (20 % linear).

| Soll | | | Haben |
|---|---|---|---|
| | | | |
| | | | |

32. Im neuen Jahr verkauft die Bavaria Fahrradwerke KG ein Faxgerät wegen Erneuerung der Telefonanlage an einen Mitarbeiter für 300 € einschließlich der Umsatzsteuer gegen Barzahlung. Wie ist zu buchen?

| Soll | | | Haben |
|---|---|---|---|
| | | | |
| | | | |

33. Ein Grundstücksmakler stellt beim Kauf eines Betriebserweiterungsgeländes seine Provision in Höhe von 8.000,00 € zuzüglich Umsatzsteuer in Rechnung.

| Soll | | | Haben |
|---|---|---|---|
| | | | |
| | | | |

## III. LOHN- UND GEHALTSBUCHUNGEN

**34. Wie lautet die Lohnbuchung bei Überweisung durch Bank?**

**Lohnliste**

| Bruttolöhne | Lohnsteuer | SoliZuschl. | Kirchensteuer | Gesetzl. Sozialabgaben | Auszahlung |
|---|---|---|---|---|---|
| 122.341,50 | 10.395,82 | 571,77 | 831,60 | 25.102,03 | 85.440,28 |

| Soll | | | Haben |
|---|---|---|---|
| | | | |
| | | | |
| | | | |

**35. Wir überweisen an die zuständige Berufsgenossenschaft die Beiträge für die Monate Januar bis März durch Postbanküberweisung.**

| Soll | | | Haben |
|---|---|---|---|
| | | | |
| | | | |

**36. Wir zahlen einem Angestellten einen Umzugskostenzuschuss von € 500,00 bar.**

| Soll | | | Haben |
|---|---|---|---|
| | | | |
| | | | |

**37. Banküberweisung der vermögenswirksamen Sparleistung eines Mitarbeiters an eine Lebensversicherungsgesellschaft**

| Soll | | | Haben |
|---|---|---|---|
| | | | |
| | | | |

**38. Wir führen die Sozialabgaben an die zuständige Krankenkasse und die Lohn- und Kirchensteuer und den SolZ an das Finanzamt durch Postüberweisung ab.**

**a) Am drittletzten Banktag des laufenden Monats**

| Soll | | | Haben |
|---|---|---|---|
| | | | |
| | | | |

**b) Spätestens bis zum 10. des Folgemonats**

| Soll | | | Haben |
|---|---|---|---|
| | | | |
| | | | |

**39. Wir gewähren unserer Mitarbeiterin einen Gehaltsvorschuss, den wir auf ihr Bankkonto überweisen.**

| Soll | | | Haben |
|---|---|---|---|
| | | | |
| | | | |

**40. Nachstehende Gehaltsliste ist zu verbuchen. Zahlungen erfolgen per Banküberweisung.**

**GEHALTSLISTE NR. 04 ZUM 30.04. / BANKÜBERWEISUNG**

| Bruttolohn | Lohnsteuer | Kirchensteuer | Solidaritätszuschlag | Gesetzliche Sozialabgaben | Auszahlung |
|---|---|---|---|---|---|
| 405.000 | 76.777 | 6.111,45 | 4.222,74 | 82.518,75 | 235.370,10 |

| Soll | | | Haben |
|---|---|---|---|
| | | | |
| | | | |
| | | | |

**41. Nachstehende Gehaltsliste einschließlich Arbeitgeberanteil ist zu verbuchen. Zahlungen erfolgen per Banküberweisung.**

**GEHALTSZAHLUNG ZUM 30.11. - GEHALTSABRECHNUNG LAUT GEHALTSLISTE 11**

| Bruttogehalt | Lohnsteuer | Kirchensteuer | Solidaritätszuschlag | Sozialversicherungen | Gehaltsvorschuss | Auszahlung | Arbeitgeberanteil |
|---|---|---|---|---|---|---|---|
| 16.000 | 3.400 | 306 | 187 | 3.260 | 1.000 | 7.847 | 3.116 |

**a) Vorauszahlung der Sozialversicherungsbeiträge (spätestens am drittletzten Banktag des laufenden Monats)**

| Soll | | | Haben |
|---|---|---|---|
| | | | |
| | | | |

**b) Verbuchen der Lohnliste**

| Soll | | | Haben |
|---|---|---|---|
| | | | |
| | | | |
| | | | |
| | | | |

**c) Verbuchen des AG-Anteils zur Sozialversicherung**

| Soll | | | Haben |
|---|---|---|---|
| | | | |
| | | | |

## IV. ZEITLICHE ABGRENZUNG – RÜCKSTELLUNGEN – ZWEIFELHAFTE FORDERUNGEN



**42. Am 01.10. wurde die Kfz-Steuer für 1 Jahr im Voraus gezahlt. Buchung zum 31.12.!**

| Soll | | | Haben |
|---|---|---|---|
| | | | |
| | | | |

**43. Wir haben am 28.11. die Miete für die Lagerhalle im Voraus (für die Monate Dezember, Januar und Februar) überwiesen. Wie war am 31.12. zu buchen?**

| Soll | | | Haben |
|---|---|---|---|
| | | | |
| | | | |

**44. Für eine betriebliche Versicherung wurde am 31.12. eine Aktive Rechnungsabgrenzung von 555,00 € vorgenommen. Wie ist am 02.01. des nächsten Jahres zu buchen?**

| Soll | | | Haben |
|---|---|---|---|
| | | | |
| | | | |

**45. Am 15.09. wurden Darlehenszinsen für ein halbes Jahr im Voraus durch Postbank überwiesen. Wie lautet die Buchung zum 31.12.?**

| Soll | | | Haben |
|---|---|---|---|
| | | | |
| | | | |

**46. Am 01.11. haben wir ein Bankdarlehen aufgenommen. Die Zinsen für das erste Jahr wurden gleich einbehalten. Wie war zum 31.12. zu buchen?**

| Soll | | | Haben |
|---|---|---|---|
| 2900 | | | |
| | | | |

**47. Ein Darlehensschuldner überwies am 01.12. 2.000,00 € Zinsen für den Zeitraum vom 01.12. d. J. bis zum 30.11. n. J. auf unser Bankkonto. Am 31.12. d. J. wurde diese Tatsache bei der Bilanzerstellung berücksichtigt. Wie war nach Kontoeröffnung im Januar des neuen Jahres zu buchen?**

| Soll | | | Haben |
|---|---|---|---|
| 490 | | | |
| | | | |

**48. Die Bavaria Fahrradwerke KG hat für Mieteinnahmen am 31.12. eine Rechnungsabgrenzung in Höhe von 300,00 € gebildet. Wie ist im nächsten Jahr nach Eröffnung der Konten zu buchen?**

| Soll | | | Haben |
|---|---|---|---|
| | | | |
| | | | |

**49. Ein Darlehensschuldner zahlt an uns durch Postbanküberweisung Anfang Dezember die Zinsen für das 1. Vierteljahr des neuen Geschäftsjahres. Buchung zum 31.12.!**

| Soll | | | Haben |
|---|---|---|---|
| | | | |
| | | | |

**50. Am 01.12. d. J. wurde die Miete für einen Parkplatz für die Monate Dezember bis Februar n. J. in Höhe von insgesamt 900,00 € überwiesen, gebucht, jedoch noch nicht abgegrenzt.**

**a) Wie lautet die vorbereitende Abschlussbuchung am 31.12. d. J.?**

| Soll | | | Haben |
|---|---|---|---|
| | | | |
| | | | |

**b) Weshalb musste diese vorbereitende Abschlussbuchung vorgenommen werden? Kreuzen Sie die richtige Lösung an!**

[1] Weil sonst der Jahresüberschuss zu hoch ausgewiesen würde

[2] Weil sonst der Jahresüberschuss zu niedrig ausgewiesen würde

[3] Weil sonst die Verbindlichkeiten nicht richtig ausgewiesen würden

[4] Weil sonst die Umsatzsteuerzahllast nicht genau ermittelt werden könnte

[5] Weil sonst der Jahresüberschuss im nächsten Jahr zu niedrig ausgewiesen würde

**51. Am 01.12. wurden uns 6.300 € Miete für Geschäftsräume, die von Dezember d. J. bis Februar n. J. gemietet wurden, in Rechnung gestellt, gebucht, bezahlt, aber noch nicht abgegrenzt.**

**a) Wie lautet die vorbereitende Abschlussbuchung am 31.12. d. J.?**

| Soll | | | Haben |
|---|---|---|---|
| | | | |
| | | | |

**b) Welcher Betrag in € war zu buchen? Tragen Sie das Ergebnis in das Kästchen ein.**

**52. Unser Mieter hat seine lt. Vertrag vierteljährlich im Voraus zu zahlende Miete für November, Dezember und Januar in Höhe von 1.500,00 € per Dauerauftrag bezahlt. Wie lautete die Buchung am 31.12.?**

| Soll | | | Haben |
|---|---|---|---|
| | | | |
| | | | |

**53. Wir erhalten Darlehenszinsen halbjährlich nachträglich in Höhe von 4.500,00 € durch Postbanküberweisung. Nächster Zahlungstermin ist der 30.04. kommenden Jahres.**

**a) Welcher Betrag wird zum 31.12. gebucht?**

**b) Wie lautet die Buchung bei Postbanküberweisung zum 30.4. n. J.?**

| Soll | | | Haben |
|---|---|---|---|
| | | 2690 | |
| | | | |

**54. Wir haben die Dezembermiete für vermietete Geschäftsräume im eigenen Geschäftsgebäude noch nicht erhalten. Buchung zum 31.12.?**

| Soll | | | Haben |
|---|---|---|---|
| | | | |
| | | | |

**55. Die Kraftfahrzeugsteuer für ein im Dezember abgemeldetes Geschäftsfahrzeug wird erst im neuen Geschäftsjahr vom Finanzamt zurückerstattet. Buchung zum 31.12.?**

| Soll | | | Haben |
|---|---|---|---|
| | | | |
| | | | |

 

56. 80.000,00 € werden am 30.11. bei unserer Bank als Festgeld angelegt. Der Zinsertrag von 1.200,00 € für 6 Monate wird am 31.05. nachträglich fällig und wird unserem Bankkonto gutgeschrieben. Am 31.12. wurde die Jahresabgrenzung vorgenommen. Wie lautet die Buchung am 31.05.?

| Soll | | | Haben |
|---|---|---|---|
| | | | |
| | | | |

57. Wir zahlten Anfang Mai d. J. durch Banküberweisung Darlehenszinsen für die Zeit vom 01.12. vergangenen Jahres bis 31.05. diesen Jahres. Die Zinsen für Monat Dezember waren bei der Bilanzerstellung für vergangenes Jahr berücksichtigt worden. Wie war im Mai d. J. die Überweisung zu buchen?

| Soll | | | Haben |
|---|---|---|---|
| | | | |
| | | | |

58. Der Vertreter eines Industriebetriebes reicht seine Provisionsabrechnung über 840,00 € + Umsatzsteuer am 30.12. ein. Der Betrieb überweist im Januar des neuen Jahres. Wie bucht er am 31.12.?

| Soll | | | Haben |
|---|---|---|---|
| | | | |
| | | | |

59. Die Darlehenszinsen für den Zeitraum 01.12. d. J. bis 28.02. n. J. zahlten wir erst am 02.03. des nächsten Jahres durch Banküberweisung. Wie lautete die Buchung zum 31.12. d. J.?

| Soll | | | Haben |
|---|---|---|---|
| | | | |
| | | | |

60. Die Dezembermiete für von uns gemietete Geschäftsräume zahlen wir erst im Januar des neuen Geschäftsjahres. Buchung zum 31.12.?

| Soll | | | Haben |
|---|---|---|---|
| | | | |
| | | | |

61. Für die Erstellung des Jahresabschlusses für dieses Jahr durch den Steuerberater gehen wir von Kosten in Höhe von 3.000,00 € aus. Wie ist am 31.12. zu buchen?

| Soll | | | Haben |
|---|---|---|---|
| | | | |
| | | | |

62. Für eine zu erwartende Gewerbesteuernachzahlung wird zum 31.12. eine Rückstellung in Höhe von 3.200,00 € gebildet.

| Soll | | | Haben |
|---|---|---|---|
| | | | |
| | | | |

63. Laut Gewerbesteuerbescheid müssen wir im November d. J. noch eine Nachzahlung von 8.500,00 € für das vergangene Jahr leisten. Hierfür waren zum 31.12. v. J. 10.000,00 € zurückgestellt worden. Wie ist zu buchen, wenn am 26.11. d. J. durch Banküberweisung die Steuerschuld beglichen wird?

| Soll | | | Haben |
|---|---|---|---|
| | | | |
| | | | |



 

**64. Für einen schwebenden Prozess haben wir im Dezember v. J. eine Rückstellung in Höhe von 1.500,00 € gebildet. Nach Prozessabschluss überweisen wir im Mai d. J. 1.350,00 € Gerichtskosten durch die Bank.**

| Soll | | | Haben |
|---|---|---|---|
| | | | |
| | | | |

**65. Im vergangenen Geschäftsjahr wurde für einen laufenden Prozess eine Rückstellung in Höhe von 12.000,00 € gebildet. Der Prozess wurde von uns gewonnen, die Rückstellung ist aufzulösen.**

| Soll | | | Haben |
|---|---|---|---|
| | | | |
| | | | |

**66. Für einen noch nicht abgeschlossenen Prozess wurde am 31.12. des vergangenen Jahres eine Rückstellung von 1.700,00 € gebildet. Am 15.11. diesen Jahres wurde der Prozess verloren und 2.000,00 € durch Banküberweisung gezahlt. Wie war am 15.11. zu buchen?**

| Soll | | | Haben |
|---|---|---|---|
| | | | |
| | | | |

**67. Zum Abschluss des Geschäftsjahres hatten wir eine Rückstellung für eine Gewerbesteuernachzahlung über 2.400,00 € gebildet. Im neuen Jahr erhalten wir den Steuerbescheid für eine Nachzahlung von 2.100,00 €. Der Betrag wird durch Postbanküberweisung beglichen.**

| Soll | | | Haben |
|---|---|---|---|
| | | | |
| | | | |

**68. Wir haben für das laufende Jahr die Beitragsrechnung für die Berufsgenossenschaft noch nicht erhalten. Wir rechnen mit Kosten in Höhe von 5.500,00 €. Eine entsprechende Rückstellung ist zu bilden.**

| Soll | | | Haben |
|---|---|---|---|
| | | | |
| | | | |

**69. Für die Abschlusszahlung an die Berufsgenossenschaft wurde beim Jahresabschluss eine Rückstellung von 16.000,00 € gebildet. Wie ist zu buchen, wenn wir im neuen Geschäftsjahr den Abrechnungsbescheid über 14.500,00 € erhalten und der Betrag von unserem Bankkonto eingezogen wird?**

| Soll | | | Haben |
|---|---|---|---|
| | | | |
| | | | |

**70. Eine notwendige Reparatur an einem Lieferwagen konnte im Dezember nicht mehr durchgeführt werden. Die Kosten werden beim Jahresabschluss auf etwa 2.000,00 € geschätzt. Wie lautet die Buchung zum 31.12.?**

| Soll | | | Haben |
|---|---|---|---|
| | | | |
| | | | |

**71. Im nächsten Geschäftsjahr muss mit Gewährleistungsansprüchen in Höhe von 1.517 T€ (= 2% des Umsatzes von 75.850 T€) gerechnet werden. Wie lautet die Buchung am Jahresende?**

| Soll | | | Haben |
|---|---|---|---|
| | | | |
| | | | |

72. Zum 31. Oktober sollen nicht mehr erforderliche Rückstellungen für Pensionen in Höhe von 25.000,00 EUR aufgelöst werden Wie ist zu kontieren?

| Soll | | | Haben |
|---|---|---|---|
| | | | |
| | | | |

73. Im vergangenen Geschäftsjahr wurde eine Rückstellung für eine Reparatur an einer Fräsmaschine in Höhe von 25.000,00 € gebildet. Im Februar des laufenden Jahres wurde die Reparatur ausgeführt. Der Rechnungsbetrag lautete über 30.000,00 € + Umsatzsteuer. Wie wurde die Rechnung bei gleichzeitiger Auflösung der Rückstellung gebucht?

| Soll | | | Haben |
|---|---|---|---|
| | | | |
| | | | |
| | | | |

74. Aufgrund eines Insolvenzverfahrens wurde im vorigen Jahr eine Forderung zu 100 % abgeschrieben. Unvorhergesehen gehen in diesem Jahr auf unserem Bankkonto doch noch 580,00 € + Umsatzsteuer ein.

| Soll | | | Haben |
|---|---|---|---|
| | | | |
| | | | |

75. Auf eine zweifelhafte Forderung von 2.000,00 € + Umsatzsteuer gehen 50 % per Banküberweisung ein. Der Rest ist endgültig verloren.

| Soll | | | Haben |
|---|---|---|---|
| | | | |
| | | | |
| | | | |

76. Ein Kunde ist - ohne Hinterlassung von Vermögen und ohne Angabe irgendeiner Anschrift - unerwartet in das außereuropäische Ausland verzogen. Wegen der Geringfügigkeit der Restforderung entschließt sich der Unternehmer, die Forderung sofort auszubuchen. Wie lautet die Buchung?

| Soll | | | Haben |
|---|---|---|---|
| | | | |
| | | | |

77. Eine Forderung war im vergangenen Geschäftsjahr wegen Uneinbringlichkeit in voller Höhe abgeschrieben worden. Wider Erwarten erhalten wir im neuen Jahr diesen Forderungsbetrag durch Banküberweisung.

| Soll | | | Haben |
|---|---|---|---|
| | | | |
| | | | |

78. Gegen einen Kunden wurde der Antrag auf Eröffnung eines Insolvenzverfahrens gestellt. Wie buchen wir bei bekannt werden dieses Sachverhaltes?

| Soll | | | Haben |
|---|---|---|---|
| | | | |
| | | | |

79. Eine Kundenforderung wird durch ein Insolvenzverfahren uneinbringlich. Es ist dirket abzuschreiben. Wie ist zu buchen?

| Soll | | | Haben |
|---|---|---|---|
| | | | |
| | | | |

## V. BESTANDS- UND ERFOLGSBUCHUNGEN

80. Wir überweisen den Beitrag an die Industrie- und Handelskammer.

| Soll | | | Haben |
|---|---|---|---|
| | | | |
| | | | |

81. Durch Hochwasser werden unsere Warenvorräte vernichtet, die nicht versichert waren.

| Soll | | | Haben |
|---|---|---|---|
| | | | |
| | | | |

82. Laut Gewerbesteuerbescheid haben wir für das Vorjahr eine Nachzahlung zu leisten. Wie ist zu buchen, wenn keine Rückstellung gebildet wurde und die Zahlung durch Postbanküberweisung erfolgt?

| Soll | | | Haben |
|---|---|---|---|
| | | | |
| | | | |

83. Die im vergangenen Geschäftsjahr zuviel gezahlte Grundsteuer erhalten wir durch Banküberweisung von der Gemeindekasse zurück.

| Soll | | | Haben |
|---|---|---|---|
| | | | |
| | | | |

84. Rechnung des Dachdeckers über Reparatur am Dach der Lagerhalle, netto 1.200,00 € + Umsatzsteuer.

| Soll | | | Haben |
|---|---|---|---|
| | | | |
| | | | |

85. Banklastschrift für betriebliche Unfallversicherung 900,00 €, für Kreditversicherung gegen Forderungsausfälle im Exportgeschäft 120,00 €.

| Soll | | | Haben |
|---|---|---|---|
| | | | |
| | | | |

86. Banküberweisung für Hypothekenzinsen 300,00 € und für Tilgung 1.500,00 €.

| Soll | | | Haben |
|---|---|---|---|
| | | | |
| | | | |

87. Kassenmanko (-fehlbetrag) über 100,00 €

| Soll | | | Haben |
|---|---|---|---|
| | | | |
| | | | |

88. Rückerstattung zuviel gezahlter Gewerbesteuer (vergangenes Geschäftsjahr) per Banküberweisung.

| Soll | | | Haben |
|---|---|---|---|
| | | | |
| | | | |

89. Bankabrechnung: Sollzinsen 70,00 €
Kontoführungsgebühr 20,00 €
Portokosten 8,00 €
Habenzinsen 2,00 €

| Soll | | | Haben |
|---|---|---|---|
| | | | |
| | | | |

90. Beitragsrückerstattung der Kfz-Versicherung für das Geschäftsauto (gleiches Jahr) per Bankgutschrift.

| Soll | | | Haben |
|---|---|---|---|
| | | | |
| | | | |

91. Wir nehmen bei einem Kreditinstitut ein Hypothekendarlehen auf und erhalten den Darlehensbetrag abzüglich Bankspesen auf unserem Konto gutgeschrieben.

| Soll | | | Haben |
|---|---|---|---|
| | | | |
| | | | |

92. Stornobuchung für zuviel berechnete Sollzinsen durch die Bank im Oktober d. J.

| Soll | | | Haben |
|---|---|---|---|
| | | | |
| | | | |

93. Die Kasse eines Industriebetriebes weist einen Istbestand von 5.870,00 € und einen Sollbestand von 5.990,00 € auf. Wie ist die Differenz (Kassenmanko) von 120,00 € zu buchen?

| Soll | | | Haben |
|---|---|---|---|
| | | | |
| | | | |

94. Die Bavaria Fahrradwerke KG erhält für eine vermietete Lagerhalle 2.500,00 € Miete per Banküberweisung.

| Soll | | | Haben |
|---|---|---|---|
| | | | |
| | | | |

**Bei den nächsten zwei Aufgaben sind folgende Daten zu beachten:**

**Auszug: Kunden- und Lieferantenkonten der Bavaria Fahrradwerke KG**

| Konto-Nr. | Kunde |
|---|---|
| 2401 | Radhandel Maier e. K.<br>Braker Landstr. 16<br>33729 Bielefeld |

| Konto-Nr. | Lieferant |
|---|---|
| 4401 | DEKRUPA-STAHLWERKE AG<br>45276 Essen<br>Bochumer Str. 5 |

95. Die Bavaria Fahrradwerke KG hat von der DEKRUPA-STAHLWERKE AG 10 Rollen Schweißdraht erhalten. Nettowert: 2.500,00 €; Transportkosten: 150,00 €. Umsatzsteuersatz: 19 %. Die Rechnung liegt vor. Buchen Sie die Rechnung.

| Soll | | | | | Haben |
|---|---|---|---|---|---|
| | | | | | |
| | | | | | |
| | | | | | |

96. Die Bavaria Fahrradwerke KG lieferte 100 Schutzhelme an ihren Kunden Radhandel Maier e. K, Warenwert 4.500,00 € netto zuzüglich 19 % Umsatzsteuer; Versandkosten 180,00 €. Buchen Sie die Ihnen vorliegende Kopie der Ausgangsrechnung.

| Soll | | | | | Haben |
|---|---|---|---|---|---|
| | | | | | |
| | | | | | |

**DIE NACHFOLGENDEN AUFGABEN SIND MIT HILFE DES BEIGEFÜGTEN KONTENRAHMENS DER FA. BAVARIA FAHRRADWERKE KG ZU BEARBEITEN.**

**BILDEN SIE ZU NACHSTEHENDEN BELEGEN DER BAVARIA FAHRRADWERKE KG DIE BUCHUNGSSÄTZE, INDEM SIE KONTONUMMER UND KONTOBEZEICHNUNG DER BETROFFENEN KONTEN IN DIE KÄSTCHEN EINTRAGEN. DIE ERFORDERLICHEN KONTOAUSZÜGE LIEGEN VOR.**

## 1. Aufgabe

**Franz Franke, OHG - 90402 Nürnberg**

F. Franke OHG, Ostendstr. 3 90402 Nürnberg

Bavaria Fahrradwerke KG
Weilerstraße 12
84032 Landshut

Eingegangen am
21.Nov. 20..
Bavaria FW KG

| Ihre Zeichen, Ihre Nachricht vom | Unsere Zeichen | Telefon | Nürnberg, |
|---|---|---|---|
| | z-h | 44 09 11 | 20..-11-18 |

**Rechnungskorrektur Nr. 138**

Für die an uns zurückgesandte Leihverpackung schreiben wir Ihnen vereinbarungsgemäß gut:

| | |
|---|---|
| Netto | 320,00 € |
| + 19 % Ust: | 60,80 € |
| | 380,80 € |

Wir bitten um entsprechende Buchung.
Franz Franke OHG
i.V. *Finke*

Ust.-Id.-Nr.
DE 789887654

| Soll | | | Haben |
|---|---|---|---|
| | | | |
| | | | |

## 2. Aufgabe

**Bavaria Fahrradwerke KG**

Bavaria Fahrradwerke KG - Weilerstr. 12 - 84032 Landshut

Zweiradgroßhandlung
M. Bauer & Proska OHG
Am Alten Markt 4
84028 Landshut

**KOPIE**

84032 Landshut
Weilerstraße 12
☎ 0871/12 222

Bankverbindung:
Sparkasse Landshut
IBAN: DE18 7435 0000 0000 0999 99
BIC: BYLADEM1LAH
Ust.-Id.-Nr.: DE 270519480

Datum 20..-05-05.

**Rechnungskorrektur** für Ihre Rücklieferung, Lieferschein-Nr. 017456 (Handelswaren)

Wir erteilen Ihnen nachstehende Gutschrift und bitten um gleichlautende Buchung:

| | |
|---|---|
| Warenwert: | 465,00 € |
| + 19 % Ust. | 88,35 € |
| | 553,35 € |

Mit freundlichen Grüßen
*Oberpriller*

| Soll | | | Haben |
|---|---|---|---|
| | | | |
| | | | |

## 3. Aufgabe

**Bavaria Fahrradwerke KG**

Bavaria Fahrradwerke KG - Weilerstr. 12 - 84032 Landshut

Zweiradfachhandel
E.M. Wanninger e. K.
Pestalozzistr. 4
90429 Nürnberg

**KOPIE**

84032 Landshut
Weilerstraße 12
☎ 0871/12 222

Bankverbindung:
Sparkasse Landshut
IBAN: DE18 7435 0000 0000 0999 99
BIC: BYLADEM1LAH
Ust.-Id.-Nr.: DE 270519480

Datum 20..-05-07.

**Rechnungskorrektur**

In der Rechnung Nr. 612 vom 25.04. haben wir Ihnen irrtümlicherweise nur 20 % Rabatt gewährt, obwohl 25 % vereinbart waren. Wir schreiben Ihnen daher gut und bitten um Verständnis:

| | |
|---|---|
| 5 % aus Warenwert von 8.600,00 € | = 430,00 € |
| + 19 % Ust. | 81,70 € |
| | 511,70 € |
| | ======== |

Mit freundlichen Grüßen
*Oberpiller*

| Soll | | | Haben |
|---|---|---|---|
| | | | |
| | | | |

## 4. Aufgabe (Nettobuchung)

| **KONTOAUSZUG vom** | | **28.06.20..** | | | | **Sparkasse Landshut** | |
|---|---|---|---|---|---|---|---|
| Kontonummer 99 999 | Auszug 22 | Blatt 1 | Sparkasse Landshut<br>Bischof-Sailer-Platz 431<br>Tel.: 0871/8250 | Währung € | Soll | Alter Kontostand | Haben 1.475,20 |
| Buchungstag | Text | | | Wert | Belastung | **Umsätze** | Gutschrift |
| 26.06.20.. | Kunden-Nr. 12 432, Rechnung Nr. 7145 vom 20.06.20.. ./. 3 % Skonto Zweirad Fritz Berger, Hersbruck | | | 26.06.20.. | | | 2.740,25 |
| Bavaria Fahrradwerke KG<br>Weilerstraße 12<br>84032 Landshut | | | **Neuer Kontostand** | | | | 4.215,45 |
| | | | IBAN: DE18 7435 0000 0000 0999 99 – BIC: BYLADEM1LAH | | | | |

| Soll | | | Haben |
|---|---|---|---|
| | | | |
| | | | |
| | | | |

**5. Aufgabe**

| | | | |
|---|---|---|---|
| Aussteller<br>Kartonagenfabrik<br>Gustav Meyer KG<br>Würzburger Str. 86<br>63743 Aschaffenburg | | Ihre Bestellung vom<br><br>Unsere Lieferung vom<br>16. November 20..<br><br>Ust.-Id.-Nr. DE 765434789 | |
| Empfänger<br>Bavaria Fahrradwerke KG<br>Weilerstraße 12<br>84032 Landshut | | Eingegangen am<br>21.Nov. 20..<br>Bavaria FW KG | |
| Rechnung Nr. 513 | | Datum: 20..-11-19 | |
| 100 | Kartons Größe 4 je | 7,00 | 700,00 € |
| 200 | Kartons Größe 6 je | 10,00 | 2.000,00 € |
| 400 | Kartons Größe 7 je | 12,00 | 4.800,00 € |
| 100 | Kartons Größe 9 je | 15,00 | 1.500,00 € |
| | | | 9.000,00 € |
| | abzüglich 20 % Rabatt | | 1.800,00 € |
| | | | 7.200,00 € |
| | + 19 % Umsatzsteuer | | 1.368,00 € |
| | Gesamtbetrag | | 8.568,00 € |
| | | | |
| | Rechnung ist zahlbar rein netto Kasse | | |
| | | | |
| | | | |
| | | | |
| | | | |
| Die gelieferte Ware bleibt bis zur völligen Bezahlung Eigentum des Lieferers! | | | |

| Soll | | | Haben |
|---|---|---|---|
| | | | |
| | | | |

**6. Aufgabe**

a) Die nächsten zwei Belege gehören zusammen. Wie ist der unten abgebildete Überweisungsbeleg zu buchen (**Bruttobuchung**)?

| **Soll** | | | **Haben** |
|---|---|---|---|
| | | | |
| | | | |
| | | | |

b) Wie lautet die **Nettobuchung**?

| **Soll** | | | **Haben** |
|---|---|---|---|
| | | | |
| | | | |
| | | | |
| | | | |

**DEKRUPA-STAHLWERKE AG 45276 Essen, Bochumer Str. 5**

Dekrupa-Stahlwerke AG, Bochumer Str. 5, 45276 Essen

Bavaria Fahrradwerke KG
Weilerstraße 12
84032 Landshut

Eingegangen am:
20. März 20..
Bavaria FW KG

**RECHNUNG** – Nr. DK 10/Cn7867-07 20..03-18

Wir lieferten Ihnen am 12. März 20..

| Menge | Einzelpreis | Gegenstand | Gesamtpreis € |
|---|---|---|---|
| 19 700 kg | 5,00 | Chromnickelstahl DIN 4301 V2A 2 x 2000 x 400 mm / 128 kg | 98.500,00 |
| 6 Rollen | 250,00 | Schweißdraht/Rollen DIN 4301 | 1 500,00 |
| | | | 100.000,00 |
| | | + 19 % Umsatzsteuer | ......... 19.000,00 |
| | | | ........119.000,00 |
| | | | =============== |

Versand per LKW
Zahlungsbedingungen: 2 % Skonto bis 25.03., 30 Tage Ziel
Bankverbindung: StadtSpK Essen, IBAN: DE90 3605 0105 0003 4209 18, BIC: SPESDE3EXXX
Ust.-Id.-Nr.: DE 111222333

Beleg für Kontoinhaber **BIC: BYLADEM1LAH**

**Sparkasse Landshut**

Für Überweisungen in Deutschland, in andere EU-/EWR-Staaten und in die Schweiz in Euro.
Überweisungsträger trägt Entgelte und Auslagen bei seinem Kreditinstitut; Begünstigter trägt die übrigen Entgelte und Auslagen. Bitte Meldepflicht gemäß Auenwirtschaftsverordnung beachten!

**€URO-ÜBERWEISUNG** (SEPA)

Angaben zum Begünstigten: Name, Vorname/Firma (max. 27 Stellen, bei maschineller Beschriftung max. 35 Stellen)
DEKRUBA-Stahlwerke AG, Essen

IBAN
DE90 3605 0105 0003 4209 18

BIC des Kreditinstituts/Zahlungsdienstleisters (8 oder 11 Stellen)
SPESDE3EXXX

Betrag: Euro, Cent
116.620,00

Kunden-Referenznummer – Verwendungszweck, ggf. Name oder Anschrift des Zahlers – (nur für Zahlungsempfänger)
Rechnung Nr. DK 10/Cn 7867- 2 % Skonto

noch Verwendungszweck (insgesamt max. 2 Zeilen à 27 Stellen, bei maschineller Beschriftung max. 35 Stellen)
119.000 ./. 2.380 = 116.620 €

Angaben zum Kontoinhaber: Name, Vorname/Firma, Ort (max. 27 Stellen, keine Straßen- oder Postfachangaben)
Bavaria Fahrradwerke KG, Landshut

IBAN
DE18 7435 0000 0000 0999 99

Datum

Unterschrift(en)
Oberpriller

**7. Aufgabe**

**TRANSCONTI SPEDITION GMBH**
**Oberndorfer Str. 12, 84032 Altdorf**

**Speditionsauftrag**

Kunden-Nr. 145

Empfänger: Bavaria Fahrradwerke KG
Weilerstraße 12
84032 Landshut

**bezahlt**

| Zeichen | Nummer | Zahl | Art | Inhalt | Brutto-Gewicht |
|---|---|---|---|---|---|
| GB | 4451 | 30 | Kisten | Schweißmaterial | 600 kg |

Freivermerk:
unfrei

Absender: Hümmer OHG
Sonnenring 17
84032 Altdorf

Datum: 20..-11-16

Betrag erhalten
21. Nov. *Lang*
Datum: Unterschrift

**Rechnung 789**

| | |
|---|---|
| Versicherung | € 10,00 |
| Abholrollgeld Tarif III Fracht | € 425,00 |
| Behältermiete | |
| Rollgeld/Avis | |
| Frachtnachnahme | |
| | € 435,00 |
| + 19 % Umsatzsteuer | € 82,65 |
| Inkassobetrag | € 517,65 |
| | Ust.-Id.-Nr DE 776667897 |

| Soll | | | Haben |
|---|---|---|---|
| | | | |
| | | | |

## 8. Aufgabe - Nettobuchung

**DEKRUPA-STAHLWERKE AG 45276 Essen, Bochumer Str. 5**

Dekruba-Stahlwerke AG, Bochumer Str. 5, 45276 Essen

Eingegangen
14. Okt.
Bavaria FW KG

Bavaria Fahrradwerke KG
Weilerstraße 12
84032 Landshut

| Ihre Zeichen/Nachricht vom | Unsere Abt./Bearb. | Telefon | Ust.-Id.-Nr. |
|---|---|---|---|
| -- | VK I – G/Bu | 0201/508956 | 111222333 |

Umsatz-Bonus Juli bis September

Für die mit uns getätigten Umsätze im III. Quartal in Stabstahl erteilen wir folgende Vergütung:

| | | |
|---|---|---|
| Bonusvergütung: | 2 % von 350.000,00 € | 7.000,00 € |
| | + 19 % Umsatzsteuer | ....1.330,00 € |
| | | 8.330,00 € |
| | | =========== |

Wir bitten um entsprechende kontenmäßige Verrechnung.

Mit freundlichen Grüßen

Dekrupa-Stahlwerke AG
Essen

ppa. *Butz*

| Soll | | | Haben |
|---|---|---|---|
| | | | |
| | | | |

**9. Aufgabe**

**STOLL & FRENZEL OHG**
**TEXTILWERKE**

Stoll & Frenzel OHG, Ringelstr. 4-8; 60385 Frankfurt

Eingegangen am:
24. Okt. 20..
Bavaria FW KG

Bavaria Fahrradwerke
Weilerstraße 12
84032 Landshut

## Rechnungskorrektur Nr. 21

| | Lastschrift | Gutschrift |
|---|---|---|
| Vorgang: | | |
| Ihre Rücksendung von 5 beschädigten Windbreaker | | 400,00 € |
| + 19 % Umsatzsteuer | | 76,00 € |
| | | 476,00 € |
| | | ========== |

Mit freundlichen Grüßen

Stoll & Frenzel

Stoll

Ust.-Id.-Nr.: DE 776908432

| Soll | | | Haben |
|---|---|---|---|
| | | | |
| | | | |

**10. Aufgabe**

# BAVARIA FAHRRADWERKE KG
# WEILERSTRASSE 12 – 84032 LANDSHUT

Bavaria Fahrradwerke KG - Weilerstr. 12 - 84032 Landshut

Radhandel Maier e. K.
Braker Landstr. 16
33729 Bielefeld

| Ihre Bestellung vom: 14.01. | Liefertermin: 22.04. | Lieferung durch: Werks-Lkw | Kdn.Nr. 412.22.00 | |
|---|---|---|---|---|
| **Lieferanschrift: Radhandel Maier e. K. Braker Landstr. 16 33729 Bielefeld** | | | Auftrags-Nr. 16-411-92 | Datum: 20..-04-29 |
| | | | Rechnungs-Nr. 16-811-20.. | Datum: 20..-05-05. |

| Pos | Stück | Einzelpreis € | Gegenstand | Gesamtpreis € |
|---|---|---|---|---|
| 1 | 3 | 520,00 | Mountainbike Trial Three | 1.560 |
| 2 | 2 | 640,00 | Rennrad Ventoura | 1.280 |
| 3 | 2 | 380,00 | Damenrad 26" Flotto | 760,00 |
| 4 | 20 | 160,00 | Kinderrad Minispaß | 3.200,00 |
| | | | | 6.800.00 |
| | | | + 19 %Umsatzsteuer | ........1.292,00 |
| | | | Lieferung frei Haus. | ........8.092,00 |
| | | | | =========== |

Bankverbindung:
Sparkasse Landshut
IBAN: DE18 7435 0000 0000 0999 99
BIC: BYLADEM1LAH
Zahlungsbedingung: 2 % Skonto bei Zahlung bis zum 15.05., rein netto bis zum 5.6.
USt.-Id.-Nr.: DE 270519480

| Soll | | | Haben |
|---|---|---|---|
| | | | |
| | | | |

**11. Aufgabe – Beachte: Die Bavaria Fahrradwerke KG stellt nur Zweiräder her.**

# BAVARIA FAHRRADWERKE KG
# WEILERSTRASSE 12 – 84032 LANDSHUT

Bavaria Fahrradwerke KG - Weilerstr. 12 - 84032 Landshut

Zweiradfachhandel Hinterseer KG
Rhönstraße 200
36037 Fulda

| Ihre Bestellung vom: 14.02. | Liefertermin: 22.05. | Lieferung durch: Werks-Lkw | Kdn.Nr. 412.22.30 | |
|---|---|---|---|---|
| **Lieferanschrift: Zweiradfachhandel Hinterseer KG Rhönstraße 200 36037 Fulda** | | | Auftrags-Nr. 16-411-92 | Datum: 20..-05-29 |
| | | | Rechnungs-Nr. 16-811-07 | Datum: 20..-06-05. |

| Pos | Stück | Einzelpreis € | Gegenstand | Gesamtpreis € |
|---|---|---|---|---|
| 1 | 2 | 520,00 | Mountainbike Trial Three | 1.040 |
| 2 | 2 | 640,00 | Rennrad Ventoura | 1.280 |
| 3 | 1 | 380,00 | Damenrad 26” Flotto | 380,00 |
| 4 | 20 | 40,00 | Windbreaker Altssimo | 800,00 |
| 5 | 11 | 25,00 | Fahrradhelm Safer | 275,00 |
| | | | | 3.775,00 |
| | | | + 19 % Umsatzsteuer | ......... 717,25 |
| | | | Lieferung frei Haus. | ........4.492,25 |
| | | | | =========== |

Bankverbindung:
Sparkasse Landshut
IBAN: DE18 7435 0000 0000 0999 99
BIC: BYLADEM1LAH
Zahlungsbedingung: 2 % Skonto bei Zahlung bis zum 15.05., rein netto bis zum 5.6.
USt.-Id.-Nr.: DE 270519480

| Soll | | | Haben |
|---|---|---|---|
| | | | |
| | | | |
| | | | |

 

## 12. Aufgabe - Zahlungseingang: 04.Juni 20..

| KONTOAUSZUG vom | 28.06.20.. | | | | | Sparkasse Landshut |
|---|---|---|---|---|---|---|
| Kontonummer 99 999 | Auszug 22 | Blatt 1 | Sparkasse Landshut<br>Bischof-Sailer-Platz 431<br>Tel.: 0871/8250 | Währung € | Soll | Alter Kontostand | Haben 1.475,20 |
| Buchungstag | Text | | Wert | Belastung | Umsätze | Gutschrift |
| 26.06.20.. | Kunden-Nr. 12 432, Rechnung Nr. 7145 vom 20.06.20.. ./. 3 % Skonto<br>Zweirad Fritz Berger, Hersbruck | | 26.06.20.. | | | 2.740,25 |
| Bavaria Fahrradwerke KG<br>Weilerstraße 12<br>84032 Landshut | Neuer Kontostand | | | | | 4.215,45 |
| | IBAN: DE18 7435 0000 0000 0999 99 – BIC: BYLADEM1LAH | | | | | |

| Soll | | | Haben |
|---|---|---|---|
| | | | |
| | | | |

## 13. Aufgabe – Nettobuchung

Beleg für Kontoinhaber **BIC: BYLADEM1LAH**

**Sparkasse Landshut**

Für Überweisungen in Deutschland, in andere EU-/EWR-Staaten und in die Schweiz in Euro.
Überweisungsträger trägt Entgelte und Auslagen bei seinem Kreditinstitut; Begünstigter trägt die übrigen Entgelte und Auslagen. Bitte Meldepflicht gemäß Auenwirtschaftsverordnung beachten!

**€URO-ÜBERWEISUNG (SEPA)**

**Angaben zum Begünstigten:** Name, Vorname/Firma (max. 27 Stellen, bei maschineller Beschriftung max. 35 Stellen)
Alu- und Stahlwerke GmbH, Hildesheim

**IBAN**
DE48 2595 0130 0000 1436 78

**BIC** des Kreditinstituts/Zahlungsdienstleisters (8 oder 11 Stellen)
NOLADE21HIK

**Betrag:** Euro, Cent
15.789,00

**Kunden-Referenznummer** – Verwendungszweck, ggf. Name oder Anschrift des Zahlers – (nur für Zahlungsempfänger)
Rechn.Nr. B 05/K-346/199 vom 29.01.20..(Rohstoffe)

**noch Verwendungszweck** (insgesamt max. 2 Zeilen à 27 Stellen, bei maschineller Beschriftung max. 35 Stellen)
16.233,60 ./. 444,50 € Skonto

**Angaben zum Kontoinhaber: Name, Vorname/Firma, Ort** (max. 27 Stellen, keine Straßen- oder Postfachangaben)
Bavaria Fahrradwerke KG, Landshut

**IBAN**
DE18 7435 0000 0000 0999 99

Datum: 10.02.20..

Unterschrift(en): Oberpriller

| Soll | | | Haben |
|---|---|---|---|
| | | | |
| | | | |
| | | | |

**14. Aufgabe**

| | | | | | |
|---|---|---|---|---|---|
| 1<br>Menge/Losgröße | 05.12.....<br>Ausstell-Datum | Teilegruppen Termin | 87 753<br>Auftrags-Nr. | 152<br>Teile Gr. Nr. | |
| Gegenstand<br>Beleuchtungsanlage Biker Three | | Zeichnungs-Nr.<br>001.002.6748.014.000 | Bo | | |
| **Material-Schein** | | | | | |

| zu liefern an:<br>146 | | je | Lagerabmessung<br>Bauteile | | | Zeichnungs-Nr. DIN | Lager-Nr.<br>258000 | | | |
|---|---|---|---|---|---|---|---|---|---|---|
| | 15<br>Pos. | Höhe | Breite | Länge/gr. | | Spez.Gew. | *150,--*<br>€ je Einh. | | 2<br>Stck. pro Auftrag | *300,--*<br>€ |
| | | | | | | Lager *R*<br>08.12..... | | | | |

| Soll | | Haben | |
|---|---|---|---|
| | | | |
| | | | |

## 15. Aufgabe

**DSD DILLINGER STAHLBAU AG**
**Hüttenstraße 23, 66763 Dillingen**

Dillinger Stahlbau AG, Hüttenstr. 23, 66763 Dillingen

Bavaria Fahrradwerke KG
Weilerstraße 12
84032 Landshut

Eingegangen am:
19. Nov. 20..
Bavaria FW KG

**Rechnung Nr. 241134/11/06**

Datum: .20..-11-17

| Ihre Bestellung vom: | Liefertermin: | Unser Angebot vom: | Lieferbedingung: | Versandart |
|---|---|---|---|---|
| 22.06..... | 13. Nov.20.. | 20. Juni 20.. | | |

| Pos | Stück | Einzelpreis € | Gegenstand | Gesamtpreis € |
|---|---|---|---|---|
| 1 | 200 | 141,00 | Öldruckbremsanlage laut Auftrag | 28.200,00 |
| | | | + 19 % Umsatzsteuer | 5.358,00 |
| | | | Rechnungsbetrag | 33.558,00 |

Zahlungsbedingungen: 2 % Skonto bei Zahlung innerhalb 10 Tagen; 30 Tage netto Kasse

Bankverbindung:
Sparkasse Saarlouis
IBAN: DE50 5935 0000 0000 1242 15 – BIC: KRSADE55XXX
Ust.-Id.-Nr.: DE 098765123

| Soll | | | Haben |
|---|---|---|---|
| | | | |
| | | | |

## 16. Aufgabe (Nettobuchung)

Beleg für Kontoinhaber **BIC: BYLADEM1LAH**

**Sparkasse Landshut**

Für Überweisungen in Deutschland, in andere EU-/EWR-Staaten und in die Schweiz in Euro.
Überweisungsträger trägt Entgelte und Auslagen bei seinem Kreditinstitut; Begünstigter trägt die übrigen Entgelte und Auslagen. Bitte Meldepflicht gemäß Auenwirtschaftsverordnung beachten!

**€URO-ÜBERWEISUNG** (SEPA)

**Angaben zum Begünstigten**: Name, Vorname/Firma (max. 27 Stellen, bei maschineller Beschriftung max. 35 Stellen)
DSD Dillinger Stahlbau AG, Hüttenstr. 23, Dillingen

IBAN
DE50 5935 0000 0000 1242 15

**BIC** des Kreditinstituts/Zahlungsdienstleisters (8 oder 11 Stellen)
KRSADE55XXX

**Betrag**: Euro, Cent
32.886,84

**Kunden-Referenznummer** – Verwendungszweck, ggf. Name oder Anschrift des Zahlers – (nur für Zahlungsempfänger)
Rechn.Nr. 241134/11/20.. vom 17.11.20..

**noch Verwendungszweck** (insgesamt max. 2 Zeilen à 27 Stellen, bei maschineller Beschriftung max. 35 Stellen)
(33.558 ./. 671,16 € Skonto)

**Angaben zum Kontoinhaber: Name, Vorname/Firma, Ort** (max. 27 Stellen, keine Straßen- oder Postfachangaben)
Bavaria Fahrradwerke KG, Landshut

IBAN
DE18 7435 0000 0000 0999 99

Datum: 25.11.20..
Unterschrift(en): Oberpriller

| Soll | | | Haben |
|---|---|---|---|
| | | | |
| | | | |
| | | | |

## 17. Aufgabe

**Fahrradbekleidung Wolf GmbH**

Fahrradbekleidung Wolf GmbH, Lilienstr. 247- 250, 63741 Aschaffenburg

Bavaria Fahrradwerke KG
Weilerstraße 12
84032 Landshut

Eingegangen am:
11. Nov. 20..
Bavaria FW KG

Aschaffenburg, 09.November.20..

**Rechnung Nummer 1214**

| Art.-Nr. | Anzahl/Pack | Bezeichnung | Einzelpreis | Gesamtpreis |
|---|---|---|---|---|
| 101 | 10 | Radunterhemd Kurzarm | 24,00 | 240,00 |
| 222 | 20 | Radunterhemd Langarm | 31,50 | 630,00 |
| 313 | 10 | Radhandschuhe | 21,00 | 210,00 |
| 557 | 40 | Radlerhose | 23,00 | 920,00 |
| | | **+ Leihverpackung** | 270,00 | 270,00 |
| | | | Zwischensumme: | 2.270,00 |
| | | | 5 % Rabatt | 113,50 |
| | | | Zwischensumme: | 2.156,50 |
| | | | + 19 % Umsatzsteuer | 409,74 |
| | | | Summe | ...............**2.566,24** |

◆ Bei Rückgabe der Leihverpackung schreiben wir Ihnen 2/3 des Wertes gut.
Zahlungsbedingungen: 3 % Skonto innerhalb 10 Tagen, 60 Tage netto Kasse
Ust.-Id.-Nr.: DE 554334779

| Soll | | | Haben |
|---|---|---|---|
| | | | |
| | | | |
| | | | |

## 18. Aufgabe

**Ölhandel F. Töpper GmbH, Industriestraße 15, 84030 Ergolding**

Ölhandel F. Töpper GmbH Industriestraße 15, 84030 Ergolding

Bavaria Fahrradwerke KG
Weilerstraße 12
84032 Landshut

Eingegangen. Am
27. April 20..
Bavaria FW KG

Ergolding, 20..-04-25

**Rechnung Nr. 87/876**

Wir lieferten Ihnen per LKW

| Pos. | Menge | Einzelpreis in € | Gegenstand | Gesamtpreis in € |
|---|---|---|---|---|
| 1 | 1.500 | 2,20 | Schmierstoffe | 3.300,00 |
| | | | + 19 % Umsatzsteuer | .627,00 |
| | | | Summe | 3.927,00 |

Zahlungsbedingungen: 10 Tage 3 % Skonto, Ziel 30 Tage
Bankverbindung: HVB Landshut,
IBAN: DE12 7432 0073 0000 0877 65 - BIC: HYVEDEMM433
Ust.-Id.-Nr.: DE 765987098

| Soll | | | Haben |
|---|---|---|---|
| | | | |
| | | | |

**19. Aufgabe**

## TRANSCONTI SPEDITION GMBH
## Oberndorfer Str. 12, 84032 Altdorf

Transconti Spedition GmbH, Oberndorfer Str. 12, 84032 Altdorf

Bavaria Fahrradwerke KG
Weilerstraße 12
84032 Landshut

Eingegangen am
4. Mai 20.....
Bavaria FW KG

| Ihre Zeichen, Ihre Nachricht vom | Unsere Zeichen | Durchwahl | Datum |
|---|---|---|---|
| VT/S., 20..-04-21 | Gr-Tr | | 20..-05-02 |

### Rechnung Nr. 78/56-07

Gemäß Ihrem Auftrag lieferten wir im Monat April Ihre Erzeugnisse an diverse Unternehmen lt. beigefügter Aufstellung.

| | |
|---|---|
| Lkw Fracht | 789,50 € |
| + 19 % Umsatzsteuer | 150,01 € |
| Summe | 939,51 € |

============================

Zahlbar innerhalb von 10 Tagen netto.

Bankverbindung: Postbank Niederlassung Nürnberg
IBAN : DE82 7601 0085 0008 7698 09 – BIC: PBNKDEFFXXX
Ust.-Id.-Nr.: DE 758224322

| Soll | | | Haben |
|---|---|---|---|
| | | | |
| | | | |

**20. Aufgabe**

## OLDENBURGER STAHL AG
## Industriestraße 23, 26135 Oldenburg

Oldenburger Stahl Ag, Industriestraße 23, 26135 Oldenburg

Bavaria Fahrradwerke KG
Weilerstraße 12
84032 Landshut

Eingegangen am
28. April 20...
Bavaria FW KG

| Ihre Zeichen, Ihre Nachricht vom | Unsere Zeichen | Durchwahl | Datum<br>20..-04-26 |
|---|---|---|---|
| | | | Ihr Auftrag: 20..-03-15<br>Unser Angebot 20..-02-21<br>Lieferdatum 20..-04-26 |

**Rechnung Nr. 278/6556-07**

Ust.-Id.-Nr.
321432543

| Pos. | $m^2$ | Einzelpreis € | Gegenstand | Gesamtpreis € |
|---|---|---|---|---|
| 1 | 2150 | 80,00 | Walzstahl für Fahrradherstellung | 172.000 |
| | | | Bahnfracht | 1.200 |
| | | | | 173.200 |
| | | | + 19% Umsatzsteuer | 32.908 |
| | | | | 206.108 |
| | | | | ========= |

Zahlungsbedingungen: 2 % bis zum 20..-05-05
Zahlungsziel: 2 Monate

Bankverbindung: Oldenburgische Sparkasse
IBAN: DE25 2805 0100 0087 6589 87 - BIC: BRLADE21LZO

| Soll | | Haben | |
|---|---|---|---|
| | | | |
| | | | |
| | | | |

Teil 2: Rechnungswesen

## 21. Aufgabe (Nettobuchung)

| KONTOAUSZUG vom 30.04. | | | | | | | Sparkasse Landshut |
|---|---|---|---|---|---|---|---|
| Kontonummer<br>99 999 | Auszug<br>22 | Blatt<br>1 | Sparkasse Landshut<br>Bischof-Sailer-Platz 431<br>Tel.: 0871 8250 | Währung<br>€ | Soll | Alter Kontostand | Haben<br>28.979,22 |
| Buchungstag | Text | | | Wert | Belastung | Umsätze | Gutschrift |
| 29.04.. | Überweisung Fahrradverleih Glanz, ReNr. 123 vom 19.04. abzügl. 2 % Skonto | | | 29.04. | | | 1.162,47 |
| Bavaria Fahrradwerke KG<br>Weilerstr. 12<br>84032 Landshut | Neuer Kontostand | | | | | | 30.141,69 |
| | IBAN: DE18 7435 0000 0000 0999 99 – BIC: BYLADEM1LAH | | | | | | |

| Soll | | | Haben |
|---|---|---|---|
| | | | |
| | | | |
| | | | |

## 22. Aufgabe (Nettobuchung)

**Bavaria Fahrradwerke KG - Weilerstr. 12 - 84032 Landshut**

Bavaria Fahrradwerke KG, Weilerstr. 12, 84032 Landshut

Fahrradvertrieb
Werner Siebert e. K.
Alte Straße 13
22457 Hamburg

Ust.-Id.-Nr.
270519480

| Ihre Zeichen, Ihre Nachricht vom | Unsere Zeichen, unsere Nachricht vom | Telefon, Name | Hannover |
|---|---|---|---|
| Sie-ma 20-11-10 | Zi-pe | 6 53 12 | 20..11-15 |

Auftrags Nr. 4567 B-Mängelrüge

Sehr geehrte Damen und Herren,

Ihre Reklamation haben wir überprüft und gewähren Ihnen einen Preisnachlass in Höhe von

| | |
|---|---|
| | 400 € |
| + 19 % Umsatzsteuer | 76 € |
| | 476 € |
| | ====== |

Den Betrag schreiben wir Ihrem Konto gut.

Mit freundlichen Grüßen
ppa. *Martuschek*

| Soll | | | Haben |
|---|---|---|---|
| | | | |
| | | | |

**23. Aufgabe**

**auto FONTANE GmbH**
**Dieselstraße 31**
**84130 Ergolding**

**Telefon 0871/33 36**

**VERKAUF – KUNDENDIENST – ERSATZTEILE – AUTOVERMIETUNG - KAROSSERIEINSTANDSETZUNG – LACKIEREREI - REIFEN**

AUTO FONTANE GmbH Dieselstr. 31, 84130 Ergolding

Bavaria Fahrradwerke KG
Weilerstraße 12
84032 Landshut

Eingegangen am
12. Nov. 20...
Bavaria FW KG

**RECHNUNG Nr. 2478**

| | € |
|---|---|
| Wir lieferten Ihnen einen PKW Kombi 18 GTS, fabrikneu, Fahrgestellnummer 101234566, am 08. Nov. 20.., | 35.870,00 |
| Fracht | 300,00 |
| Zulassung | 50,00 |
| | 36.220,00 |
| +19 % Umsatzsteuer | ..6.881,80 |
| zu zahlender Betrag | **43.101,80** |

Bankverbindung:
Raiffeisenbank Landshut
IBAN: DE79 7439 0000 0000 0010 10
BIC: GENODEF1LH1
Ust.-Id.-Nr.: DE 192476324

Bitte Barzahlung bei Abholung:
Zahlbar ohne Abzug nach Erhalt der Rechnung
Erfüllungsort ist Landshut

Geschäftsführer: Josef Fontane
Amtsgericht Landshut
HR Nr. 3878

| Soll | | | Haben |
|---|---|---|---|
| | | | |
| | | | |

**24. Aufgabe**

**Anmerkung: Die Ausgangsrechnung wurde schon gebucht!**

| | | | | | | |
|---|---|---|---|---|---|---|
| Gegenstand: PKW | | | | | Karte Nr. 5 | |
| nähere Beschreibung: 1.200 G 5, Kennzeichen FD - JZ 22 | | | | Fabrik Nr.: 358360 | | |
| steht wo ? | | | | | | |
| Hersteller: | | | | Garantie: | | |
| Aufgestellt am : 15.01.04 | | | | Anschaffungswert: 10.800 € | | |
| Voraussichtl. Lebensdauer: 5 Jahre | | | Normal-Abschreibung: linear 20 % jährlich | | Kurzlebiges Wirtschaftsgut? nein | |
| Tag | Datum Monat | Jahr | Buchungstext | Betrag | Abschreibung | Restwert |
| 16. | 01. | 04 | Zugang | 10.800 | ------ | 10.800 |
| 31. | 12. | 04 | Abschreibung | ---- | 2.160 | 8.640 |
| 31. | 12. | 05 | Abschreibung | ---- | 2.160 | 6.480 |
| | | | | | | |
| | | | | | | |
| | | | | | | |
| | | | | | | |
| | | | | | | |
| | | | | | | |

ABGANGSMELDUNG FÜR DIE ANLAGENBUCHALTUNG

Am 08.08.06 wurde der Pkw 1200 G 5
Fahrgestellnummer 358360 verkauft.

| | |
|---|---|
| Verkaufspreis, netto | 6.000 € |
| + 19 % Umsatzsteuer | 1.140 € |
| | 7.140 € |
| | ======== |

Landshut, den 09.August 06

Leiter der techn. Abteilung
*Groß*

| Soll | | | Haben |
|---|---|---|---|
| | | | |
| | | | |

## 25. Aufgabe

**AUTOTRANSPORT – Wilhelm Sturm KG – 84032 Landshut**

W. Sturm KG, Postfach 20, 84034 Landshut

Eingegangen:
14. November 20..
Bavaria FW KG

Bavaria Fahrradwerke KG
Weilerstraße 12
84032 Landshut

**RECHNUNG Nr. 351** Datum: 20..-11-11

Für Überführungskosten Ihres fabrikneuen LKW: LA-G 255
berechnen wir Ihnen 900,00 €
+ 19 % Umsatzsteuer 171,00 €
1.071,00 €

Zahlung sofort ohne jeden Abzug
Bankverbindung: Raiffeisenbank Landshut
IBAN: DE17 7439 0000 0000 4897 45
BIC: GENODEF1LH1
Ust.-Id.-Nr: DE 876543456

| Soll | | | Haben |
|---|---|---|---|
| | | | |
| | | | |

## 26. Aufgabe

**PETER C. ROBB- RECHTSANWALT UND NOTAR**
**Goldbergstraße 36, 81479 München**

Peter C. Robb, Goldbergstr. 36, 81479 München

Datum: 20..-06-23

Eingegangen:
25. Juni 20..
Bavaria FW KG

Bavaria Fahrradwerke KG
Weilerstraße 12
84032 Landshut

Ust.-Id.-Nr.
DE 908764123

**Kostenberechnung Nr. 6488/88 d. Urk.-Rolle**
**Geschäftswert 78.000,00 €**

| | |
|---|---|
| 1. Gebühr für Ausfertigung Kaufvertrag unbebautes Grundstück Flur 16 Parz. 152 Gem. Schwabing | 390,00 € |
| 2. Einsichtnahme Grundbuchamt | 98,00 € |
| 3. Schreibgebühr | 88,00 € |
| 4. Postgebühr | 12,00 € |
| Zwischensumme | 588,00 € |
| + 19 % Umsatzsteuer | 111,72 € |
| Gesamtsumme | 699,72 € |

Überweisung erbeten auf mein Konto 2345/8 bei der Bay. Volksbank München

| Soll | | | Haben |
|---|---|---|---|
| | | | |
| | | | |

## 27. Aufgabe

Steifensand GmbH, Sperberstr. 34, 90461 Nürnberg

Bavaria Fahrradwerke KG
Weilerstraße 12
84032 Landshut

Eingegangen:
27. August 20..
Bavaria FW KG

**STEIFENSAND GmbH**
**Sitzmöbel und Tischfabrik**
Sperberstr. 34
90461 Nürnberg
Datum: 20..-08-25

**RECHNUNG Nr. 3758**

Wir lieferten Ihnen per Spedition ab Werk

Bankverbindung:
Noris-Bank Nürnberg
IBAN: DE92 7602 6000 0000 0787 65
BIC: NORSDE71XXX
Ust.-Id.-Nr.: DE 876678890

| Artikel-Nr. | Gegenstand/ausgeführte Leistung | Menge | Einzelpreis € | Rabatt % | Gesamtpreis € |
|---|---|---|---|---|---|
| D 756 897 | Büro-Drehstuhl „Sitzomat" mit Armlehnen<br>Polster Wolle Sand<br>Aufpreis für Armlehnen 50,00 €<br>Bruttopreis abzüglich Fabrikrabatt 20 %<br>Versandspesen | <br><br><br>20 | <br><br>420,00<br>50,00 | <br><br>20 | <br><br><br>7.520,00<br>280,00 |

| Brutto-Warenwert | Rabatt-€ | Netto-Warenwert | Versand-Spesen | Zwischensumme | Mwst.-Satz | Mwst.-€ | Endbetrag |
|---|---|---|---|---|---|---|---|
| 9.400 | 1.880 | 7.520 | 280 | 7.800 | 19 % | 1.482 | 9.282 |

| Soll | | | Haben |
|---|---|---|---|
| | | | |
| | | | |

## 28. Aufgabe

**stadt starnberg**

**Konto der Stadtkasse:**
**Raiffeisenbank Starnberg**
**IBAN: DE76 7016 9331 0015 0010 01**
**BIC: GENODEF1SSB**

Bavaria Fahrradwerke KG
Weilerstraße 12
84032 Landshut

20..-05-05

Eingegangen:
07. Mai 20..
Bavaria FW KG

**<u>BESCHEID ÜBER DIE ERHEBUNG EINES ERSCHLIESSUNGSBEITRAGES</u>**

Für das Grundstück: Flur-Nr. 143/15/Gemarkung Starnberg
an der Gautingerstr. 17

Für oben bezeichneten Grundbesitz wird für die in dem beiliegenden Berechnungsblatt angegebenen Maßnahmen ein Erschließungsbetrag - wie folgt ausgewiesen - festgesetzt.
Der Kostenanteil der Stadt von 10 % ist in dem Betrag nicht mehr enthalten.

Grundstücksfläche: 834 $m^2$
Berechnung des Erschließungsbetrages:
7,9635 €/$m^2$ x 834 $m^2$ = .........................................6.641,56 €
Abzüge: Vorleistungen .................................... --
Noch zu zahlender Erschließungsbetrag................<u>6.641,56 €</u>

Zahlbar binnen 3 Wochen an eines der oben angegebenen Konten.

Der 1. Bürgermeister *Leipold*

| Soll | | | Haben |
|---|---|---|---|
| | | | |
| | | | |

**29. Aufgabe**

## CARLO WOLLMACHER e. K.
## HANDELSUNTERNEHMEN
## 63069 Offenbach Arndtstr. 18

Carlo Wollmacher e. K., Arndtstr. 18, 63069 Offenbach

Bavaria Fahrradwerke KG
Weilerstraße 12
84032 Landshut

Eingegangen:
08. Februar 20..
Bavaria FW KG

Telefon: 069/688656
Raiba Offenbach
IBAN: DE38 5056 0102 0000 0056 79
BIC: GENODE51OF2
Ust.-Id.-Nr.: DE 666444555

**RECHNUNG Nr. 2040/Kö** Datum: 06. Februar..........

Wir lieferten Ihnen gem. Bestellung vom 04. Febr. folgende Öle frei Haus:

| Menge | Bezeichnung | Einzelpreis | Gesamtpreis |
|---|---|---|---|
| 30 l | Schmieröl DIN 3457 | 14,80 | 444,00 € |
| 20 l | Schmieröl DIN 3456 | 12,60 | 252,00 € |
| 20 l | Schmieröl DIN 3455 | 11,75 | 235,00 € |
| | | | 931,00 € |
| | ./. 30 % Rabatt | | 279,30 € |
| | | | 651,70 € |
| | +19 % Umsatzsteuer | | 123,82 € |
| | | | 775,52 € |

| Soll | | | Haben |
|---|---|---|---|
| | | | |
| | | | |




Teil 2: Rechnungswesen

## 30. Aufgabe

**Quittung**

Nr.

| | | | |
|---|---|---|---|
| netto | EUR | 1 000 | Ct 00 |
| + ___ % MWSt | EUR | ——— | Ct |
| gesamt | EUR | 1 000 | Ct 00 |

Gesamtbetrag EUR in Worten

Eintausend

Cent wie oben

von Hauptkasse (Lohnbuchführung)

für Hans Wiesel, Vorschuss Lohn Mai 20..

dankend erhalten

Ort Landshut Datum 4. Mai 20 ..

Buchungsvermerke

Stempel/Unterschrift des Empfängers

Wiesel

Zweckform Quittung

| Soll | | | Haben |
|---|---|---|---|
| | | | |
| | | | |

## 31. Aufgabe

Beleg für Kontoinhaber

**Sparkasse Landshut**

**BIC: BYLADEM1LAH**

Für Überweisungen in Deutschland, in andere EU-/EWR-Staaten und in die Schweiz in Euro.
Überweisungsträger trägt Entgelte und Auslagen bei seinem Kreditinstitut; Begünstigter trägt die übrigen Entgelte und Auslagen. Bitte Meldepflicht gemäß Auenwirtschaftsverordnung beachten!

Angaben zum Begünstigten: Name, Vorname/Firma (max. 27 Stellen, bei maschineller Beschriftung max. 35 Stellen)
Finanzamt (Finanzkasse) Landshut

IBAN
DE33 7435 0000 0000 0101 01

BIC des Kreditinstituts/Zahlungsdienstleisters (8 oder 11 Stellen)
BYLADEM1LAH

Betrag: Euro, Cent
4.322,00

Kunden-Referenznummer – Verwendungszweck, ggf. Name oder Anschrift des Zahlers – (nur für Zahlungsempfänger)
Lohn- und Kirchensteuer, SoliZuSchl.

noch Verwendungszweck (insgesamt max. 2 Zeilen à 27 Stellen, bei maschineller Beschriftung max. 35 Stellen)
für Monat Oktober

Angaben zum Kontoinhaber: Name, Vorname/Firma, Ort (max. 27 Stellen, keine Straßen- oder Postfachangaben)
Bavaria Fahrradwerke KG, Landshut

IBAN
DE18 7435 0000 0000 0999 99

Datum
03.11.20..

Unterschrift(en)
Oberpriller

€URO-ÜBERWEISUNG (SEPA)

| Soll | | | Haben |
|---|---|---|---|
| | | | |
| | | | |

**32. Aufgabe**

| | **Online-Überweisung - Druckansicht** |
|---|---|
| **Auftraggeber** | Bavaria Fahrradwerke KG |
| IBAN | DE18 7435 0000 0000 0999 99 |
| BIC | BYLADEM1LAH |
| Bankbezeichnung | Sparkasse Landshut |
| **Begünstigter** | Berufsgenossenschaft Mannheim |
| Bankbezeichnung | Commerzbank Mannheim |
| IBAN | DE89 6704 0031 0694 8546 01 |
| BIC | COBADEFF670 |
| **Auftragsart** | Überweisungsauftrag |
| Buchunsdatum | 09.07.20.. |
| Betrag | 956,00 |
| Verwendungszweck | Abschlagszahlung für Mitgliedsnummer 6/644 67841 |

| **Soll** | | | **Haben** |
|---|---|---|---|
| | | | |
| | | | |

**33. Aufgabe**

Beleg für Kontoinhaber

**Sparkasse Landshut**

**BIC: BYLADEM1LAH**

Für Überweisungen in Deutschland, in andere EU-/EWR-Staaten und in die Schweiz in Euro.
Überweisungsträger trägt Entgelte und Auslagen bei seinem Kreditinstitut; Begünstigter trägt die übrigen Entgelte und Auslagen. Bitte Meldepflicht gemäß Auenwirtschaftsverordnung beachten!

**€URO-ÜBERWEISUNG** (SEPA)

**Angaben zum Begünstigten:** Name, Vorname/Firma (max. 27 Stellen, bei maschineller Beschriftung max. 35 Stellen)
Barmer Ersatzkasse, Straubing

**IBAN**
DE69 7425 0000 0000 0238 54

**BIC** des Kreditinstituts/Zahlungsdienstleisters (8 oder 11 Stellen)
BYLADEM1SRG

**Betrag:** Euro, Cent
4.000,00

**Kunden-Referenznummer** – Verwendungszweck, ggf. Name oder Anschrift des Zahlers – (nur für Zahlungsempfänger)
Sozialversicherungsbeitrag April 20..

**noch Verwendungszweck** (insgesamt max. 2 Zeilen à 27 Stellen, bei maschineller Beschriftung max. 35 Stellen)

**Angaben zum Kontoinhaber: Name, Vorname/Firma, Ort** (max. 27 Stellen, keine Straßen- oder Postfachangaben)
Bavaria Fahrradwerke KG, Landshut

**IBAN**
DE18 7435 0000 0000 0999 99

Datum
06.06.20..

Unterschrift(en)
Oberpriller

| **Soll** | | | **Haben** |
|---|---|---|---|
| | | | |
| | | | |

**34. Aufgabe**

**QUITTUNG**

| | | |
|---|---|---|
| Netto | EUR | |
| + Mwst | EUR | |
| gesamt......... | EUR | 250,00 |

============================

Gesamtbetrag € in Worten
zweihundertfünfzig

von Bavaria Fahrradwerke KG
für Gehaltsvorschuss

dankend erhalten

Ort
Landshut

Datum
14. Mai.20..

Stempel/Unterschrift des Empfängers
*B. Schneider*

| **Soll** | | | **Haben** |
|---|---|---|---|
| | | | |
| | | | |

**35. Aufgabe**

| | **Online-Überweisung - Druckansicht** |
|---|---|
| **Auftraggeber** | Bavaria Fahrradwerke KG |
| IBAN | DE18 7435 0000 0000 0999 99 |
| BIC | BYLADEM1LAH |
| Bankbezeichnung | Sparkasse Landshut |
| **Begünstigter** | Bausparkasse Wüstenrot |
| Bankbezeichnung | Stadtsparkasse Frankfurt |
| IBAN | DE51 5005 0102 0987 6546 79 |
| BIC | HELADEF1822 |
| **Auftragsart** | Überweisungsauftrag |
| Buchunsdatum | 04.06.20.. |
| Betrag | 416,00 |
| Verwendungszweck | Vermögenswirksame Leistungen unerer Arbeitn. lt. Liste |

| **Soll** | | | **Haben** |
|---|---|---|---|
| | | | |
| | | | |

## 36. Aufgabe (2 Belege)

Beleg für Kontoinhaber

**BIC: BYLADEM1LAH**

Für Überweisungen in Deutschland, in andere EU-/EWR-Staaten und in die Schweiz in Euro.
Überweisungsträger trägt Entgelte und Auslagen bei seinem Kreditinstitut; Begünstigter trägt die übrigen Entgelte und Auslagen. Bitte Meldepflicht gemäß Auenwirtschaftsverordnung beachten!

**Sparkasse Landshut**

**€URO-ÜBERWEISUNG** (SEPA)

**Angaben zum Begünstigten:** Name, Vorname/Firma (max. 27 Stellen, bei maschineller Beschriftung max. 35 Stellen)
DEVK Versicherungen, Beratungsstelle H. Mainzinger

**IBAN**
DE28 5905 0101 0000 0021

**BIC** des Kreditinstituts/Zahlungsdienstleisters (8 oder 11 Stellen)
SAKSDE55XXX

**Betrag:** Euro, Cent
1.959,00

**Kunden-Referenznummer** – Verwendungszweck, ggf. Name oder Anschrift des Zahlers – (nur für Zahlungsempfänger)
Kfz-Versicherung Nr. 3298766-20.. für Betriebs-Pkw

**noch Verwendungszweck** (insgesamt max. 2 Zeilen à 27 Stellen, bei maschineller Beschriftung max. 35 Stellen)

**Angaben zum Kontoinhaber: Name, Vorname/Firma, Ort** (max. 27 Stellen, keine Straßen- oder Postfachangaben)
Bavaria Fahrradwerke KG, Landshut

**IBAN**
DE18 7435 0000 0000 0999 99

**Datum**
04.11.20..

**Unterschrift(en)**
Oberpriller

---

Beratungsstelle
H. Mainzinger, Karl-Janssen-Str. 26, 66333 Völklingen

DEVK Versicherungen
Deutsche Eisenbahn Versicherung

Bavaria Fahrradwerke KG
Weilerstraße 12
84032 Landshut

Prämie KFZ SB-XP 92, Versicherungsnummer 3298766-09, Fälligkeit 30. Nov. 20..

Sehr geehrter Versicherungsnehmer,

gestatten Sie uns, darauf hinzuweisen, dass der Beitrag zu Ihrer Kfz-Versicherung zum oben genannten Zeitpunkt fällig wird.
Zahlungsweise: jährlich im Voraus, Beitrag inkl. Versicherungssteuer 1.959,50 €

Tarifgruppe N, SF/S Klasse 2. Bitte geben Sie bei allen Anfragen die oben genannte Versicherungsnummer an.

Mit freundlichen Grüßen

---

### a) Buchung der Überweisung

| Soll | | | Haben |
|---|---|---|---|
| | | | |
| | | | |

### b) Welche Abgrenzungsbuchung muss am 31.12. vorgenommen werden?

| Soll | | | Haben |
|---|---|---|---|
| | | | |
| | | | |

Teil 2: Rechnungswesen

**37. Aufgabe**

- DURCHSCHRIFT -

**BAVARIA FAHRRADWERKE KG**
**WEILERSTRASSE 12 – 84032 Landshut**

Bavaria Farradwerke KG, Weilerstraße 12, 84032 Landshut

Ust.-Id.-Nr.
DE 270519480

Bodo Mülich e. K.
Zweiradfachgeschäft
Heinrich-Heine-Straße 5

35039 Marburg

| Ihre Zeichen | Ihre Nachricht von | Meine Nachricht vom | Mein Zeichen | Frankfurt Nordstraße |
|---|---|---|---|---|
| | | | O-Zi | 22. Nov.20.. |

Provisionsvergütung

Sehr geehrter Herr Mülich,

wir danken Ihnen für den uns vermittelten Auftrag und schreiben Ihrem Konto gut:

| | |
|---|---|
| Provision netto | 600,00 € |
| +19 % Umsatzsteuer | ...114,00 € |
| | . 714,00 € |
| | ========== |

Mit freundlichen Grüßen

Bavaria Fahrradwerke KG
*Oberpriller*

| Soll | | | Haben |
|---|---|---|---|
| | | | |
| | | | |

**38. Aufgabe**

**BAVARIA FAHRRADWERKE KG**
**WEILERSTRASSE 12 – 84032 Landshut**

Bavaria Fahrradwerke KG, Weilerstr. 12, 84032 Landshut

Frau
Cordula Müller
Lange Straße 23
85072 Eichstätt

**Durchschrift Buchhaltung**

Buchungsanweisung
Teilstorno

| Ihr Zeichen | Ihre Nachricht | Bearbeiter | Telefon | Tag |
|---|---|---|---|---|
| | | O/el | 6 53 79 | 16. Nov. 20.. |

Vermittlung C. Staudinger Fahrradhandel GmbH – Provision

Sehr geehrte Frau Müller,

in unserer Provisionsabrechnung vom 13.11. ist uns leider ein Rechenfehler unterlaufen:

| | |
|---|---|
| Provisionsvergütung vom 13.11. | 17.260,80 € |
| 5 % Provision aus 287.680,00 € | 14.384,00 € |
| Differenzbetrag | 2.876,80 € |
| + 19 % Umsatzsteuer | .... .546,59 € |
| **Lastschrift** | 3.423,38 € |

Wir bitten Sie Ihre Buchung entsprechend zu berichtigen und unser Versehen zu entschuldigen.

Mit freundlichen Grüßen

i.V *Maier*

Bankverbindung:
Sparkasse Landshut
IBAN: DE18 7435 0000 0000 0999 99
BIC: BYLADEM1LAH
USt.-Id.-Nr.: DE 270519480

| **Soll** | | | **Haben** |
|---|---|---|---|
| | | | |
| | | | |

Teil 2: Rechnungswesen

## 39. Aufgabe

**Ölhandel F. Töpper GmbH**
**Industriestraße 15, 84030 Ergolding**

Olhandel F. Töpper GmbH, Industriestr. 15, 84030 Ergolding

Bavaria Fahrradwerke KG
Weilerstr. 12
84032 Landshut

20..-10.14

Eingegangen am
16. Oktober 20..
Bavaria Fahrradwerke KG

**RECHNUNG Nr. 77/25**

Wir lieferten Ihnen per LKW am 12. Oktober 20..

| Pos. | Menge | Einzelpreis in € | Gegenstand | Gesamtpreis in € |
|---|---|---|---|---|
| 1 | 15.000 l | 0,35 | Heizöl für das Betriebsgebäude, Industriestraße 13 | 5.250,00 |
| 2 | 5.000 l | 0,35 | Heizöl für das Privatgebäude, Gartenweg 9 | 1.750,00 |
| | | | | 7.000,00 |
| | | | + 19 % Umsatzsteuer | 1.330,00 |
| | | | Gesamtsumme | 8.330,00 |

Zahlungsbedingungen:
10 Tage 3 % Skonto
Ziel 30 Tage
Bankverbindung: HVB Landshut, IBAN: DE12 7432 0073 0000 0877 65 - BIC: HYVEDEMM433
Registergericht Hannover HRB 7654 – Geschäftsführer: Peter Maier
Ust.-Id.-Nr.: DE 765987098

| Soll | | | Haben |
|---|---|---|---|
| | | | |
| | | | |
| | | | |

## 40. Aufgabe

Vermerk für Buchhaltung:

Geschäftsreise Herrn Oberpriller

Betrag bar erhalten
Hannover, 14. November

Zimmermann

**Quittung** **Taxi Nr. 176**

DM 10,50 für Geschäftsfahrt/~~Krankenfahrt~~

7 % Mehrwertsteuer enthalten.

von: Ferzigplatz
über: Scheuner Allee
bis:

Hannover, 10. November 20..

Thomas Fröschel
Isernhagener Str. 20
30161 Hannover

| Soll | | | Haben |
|---|---|---|---|
| | | | |
| | | | |

## 41. Aufgabe

**Stadtreklame – Landshut OHG**

Stadtreklame OHG, Marienplatz 11, 84034 Landshut

Bavaria Fahrradwerke KG
Weilerstr. 12
84032 Landshut

Eingegangen am
16. November 20..
Bavaria Fahrradwerke KG

**Rechnung Nr. 678**

| | |
|---|---|
| Für Ihre Plakatwerbung berechnen wir Ihnen | 724,00 € |
| + 19 %Umsatzsteuer | 137,56 € |
| | *********** |

Wir bitten, den Betrag auf eines unserer Konten zu überweisen.

Stadtreklame Landshut OHG
Meier
Registergericht Landshut HRA 789 - Ust.-Id.-Nr DE 554667897

| Soll | | | Haben |
|---|---|---|---|
| | | | |
| | | | |

## 42. Aufgabe

Empfänger
Bavaria Fahrradwerke KG
Weilerstraße 12
84032 Landshut

Aussteller
Autohaus Malsch GmbH
Am Steinheimer Tor 4
84030 Ergolding

Ust.-Id.-Nr.: DE 998 665009

**Rechnung** Nr. 657/02 Datum 16. November 20..

| | | |
|---|---|---|
| KFZ F-FM 1410 | | |
| Sicherheitstest | 77 | 00 |
| Wasserpumpe aus- und einbauen | 115 | 50 |
| AT-Wasserpumpe | 83 | 50 |
| Lüfterkupplung | 194 | 00 |
| Motoröl 10W40 | 71 | 30 |
| Frostschutz | 12 | 70 |
| | 554 | 00 |
| + 19 % USt | 105 | 26 |
| | 659 | 26 |

Betrag dankend
bar erhalten
Hanau, 16. November 20..
Autohaus Malsch GmbH

Die gelieferte Ware bleibt bis zur vollständigen Bezahlung Eigentum des Lieferanten.

| Soll | | | Haben |
|---|---|---|---|
| | | | |
| | | | |

**43. Aufgabe**

**Bürohandel Huber KG – 87435 Kempten**

Bürohaus Huber KG, Am Alten Ufer 20, 87435 Kempten

Bavaria Fahrradwerke KG
Weilerstr. 12
84032 Landshut

20..-11-14

Eingegangen
16. November 20..
Bavaria FW KG

**RECHNUNG Nr.**

Wir lieferten Ihnen am 12, Nov. 20..

| Pos. | Menge | Einzelpreis in € | Gegenstand | Gesamtpreis in € |
|---|---|---|---|---|
| 1 | 1 l | 320,00 | Faxgerät | 320,00 |
| | | | + 19 % Umsatzsteuer | 60,80 |
| | | | Gesamtsumme | 380,80 |
| | | | | =========== |

Zahlungsbedingungen:
10 Tage netto Kasse
Bankverbindung:
Volksbank Kempten, IBAN: DE26 7119 0000 0000 0344 44 – BIC: GENODEF1ROV
Registergericht Kempten HRB 8778 – Geschäftsführer: Paul Huber
Steuer-Nr. 9127/443/67865
Ust.-Id—Nr.: DE 121456432

| Soll | | | Haben |
|---|---|---|---|
| | | | |
| | | | |

**44. Aufgabe**

Deutsche Telekom
Ihre Rechnung

·T·······

Bavaria Fahrradwerke KG
Weilerstraße 12
84032 Landshut

| Artikel oder Leistung | Menge/tarifierte Zeit | Nettoeinzelbetr. | Nettogesamtbetr. | Ust (%) |
|---|---|---|---|---|
| 1. Basisanschluss | 1 | 44,34 | 44,34 | 19 |
| 2. Beträge für Verbindungen | | | | |
| Rufnummer 0661/5388-3761 | | | | |
| . | 1474 | 0,1043 | 153,74 | 19 |
| Rufnummer 0661/5388-3762 | | | | |
| . | | | | |
| . | 2765 | 0,1043 | 288,39 | 19 |
| **Summe der Beträge** | | | **486,47** | |
| **+ Umsatzsteuer 19 %** | | | **92,43** | |
| **Rechnungsbetrag** | | | **578,90** | **(wird abgebucht)** |

| Soll | | | Haben |
|---|---|---|---|
| | | | |
| | | | |

## 45. Aufgabe

**Ingenieurbüro Hermandez-Simones - 83067 Offenbach, Am Grenzgraben 2**

Ingenieurbüro Hermandez-Simones, Am Grenzgraben 2, 83067 Offenbach

Bavaria Fahrradwerke KG
Weilerstr. 12
84032 Landshut

Eingegangen am
3. Mai 20..
Bavaria FW KG

**Ihr Auftrag Nr.**
**1754/3 vom 03. Dez.**

**30. April..20........**

**Rechnung Nr. 21/567**

| Art.-Nr. | Bezeichnung | Preis je Einheit | Gesamtbetrag |
|---|---|---|---|
| | Konstruktion einer Bohrmaschine als Bauteil der Serie EC 1800, mit Anbau- und Detailzeichnungen | Pauschalpreis gemäß Vereinbarung | 24.000,00 |
| | 19 % Umsatzsteuer | | 4.560,00 |
| | | | 28.560,00 |
| | Wir bitten um Überweisung auf unser Konto 1000-70 bei der Stadtsparkasse Offenbach am Main, IBAN: DE85 5052 0269 0000 1000 70 BIC: HELADEF1OFF Ust.-Id.-Nr.: DE 998 776 098 | | |

| Soll | | | Haben |
|---|---|---|---|
| | | | |
| | | | |

## 46. Aufgabe

**KARL ROBEL – GEBÄUDE-REINIGUNG GmbH, Westring 34, 84030 Ergolding, Tel.: 308**

Karl Robel GmbH, Westring 34, 84030 Ergolding

Bavaria Fahrradwerke KG
Weilerstr. 12
84032 Landshut

Eingegangen am
03. Mai 20..
Bavaria FW KG

**RECHNUNG Nr. 2/861**
Datum: 30. April

| | |
|---|---|
| Für die Reinigung Ihrer Geschäftsgebäude berechnen wir Ihnen die vereinbarte Pauschale für den Monat April | 6.200,00 € |
| + 19 % Umsatzsteuer | 1.178,00 € |
| Handwerkerrechnungen sind zahlbar bei Erhalt ohne Abzug. Bankverbindung: Raiffeisenbank Landshut IBAN: DE07 7439 0000 0078 6798 79 BIC: GENODEF1LH1 Ust.-Id.-Nr.: DE 887 554 213 | 7.378,00 € |

| Soll | | | Haben |
|---|---|---|---|
| | | | |
| | | | |

**47. Aufgabe**

**BAVARIA FAHRRADWERKE KG**

**ERZEUGNISENTNAHME**

| | | |
|---|---|---|
| 1 Kinderfahrrad XPSoft | netto | 280,00 € |
| 1 Fahrradhelm Kinder | netto | 40,00 € |
| + 19 % Umsatzsteuer | | 60,80 € |
| | | **380,80 €** |

Landshut 20..12-16
*Oberpriller*

| Soll | | | Haben |
|---|---|---|---|
| | | | |
| | | | |

**48. Aufgabe**

Deutsche Post AG
84032 Landshut
657897 765 08. Mai 20..

*14,50 €

Postwertzeichen ohne Zuschlag

| Soll | | | Haben |
|---|---|---|---|
| | | | |
| | | | |

## 49. Aufgabe

**KONTOAUSZUG vom 19.12.** **Sparkasse Landshut**

| Kontonummer | Auszug | Blatt | Sparkasse Landshut | Währung | Soll | Alter Kontostand | Haben |
|---|---|---|---|---|---|---|---|
| 99 999 | 97 | 1 | Bischof-Sailer-Platz 431<br>Tel.: 0871 8250 | € | | | 64.325,00 |

| Buchungstag | Text | Wert | Belastung | **Umsätze** | Gutschrift |
|---|---|---|---|---|---|
| 15.12. | Überweisung Solar GmbH | 15.12. | | | 1.800,00 |
| 15.12. | Kontoführungsgebühr Nov. 20.. | 15.12. | 30,00 | | |
| 15.12. | Zinsen für Festgeld | 15.12. | | | 750,47 |
| 18.12. | Bodo Mülich, e. K. Zweiradfachhandel, ReNr. 447/20.. vom 09.12.20.. abzüglich 2 % Skonto | 18.12. | | | 8.456,25 |
| Bavaria Fahrradwerke KG<br>Weilerstr. 12<br>84032 Landshut | **Neuer Kontostand** | | | | 73.501,72 |
| | IBAN: DE18 7435 0000 0000 0999 99 – BIC: BYLADEM1LAH | | | | |

**Verbuchen Sie die 4 Positionen auf obigem Kontoauszug.**

**Zu Position 1:**
**Es handelt sich bei der Gutschrift von 1.800,00 € um die Miete für von der Solar GmbH genutzte Lagerhalle für den Monat Dezember.**

**Zu Position 4:**
**Der Fa. Bodo Mülich wurden am 7.12. Mountain Bikes geliefert. Der Kunde Mülich hat das Debitorenkonto 2403.**

| **Soll** | | | **Haben** |
|---|---|---|---|
| | | | |
| | | | |

| **Soll** | | | **Haben** |
|---|---|---|---|
| | | | |
| | | | |

| **Soll** | | | **Haben** |
|---|---|---|---|
| | | | |
| | | | |

| **Soll** | | | **Haben** |
|---|---|---|---|
| | | | |
| | | | |
| | | | |

## 50. Aufgabe

**Ermitteln Sie zur Position 4**
**a) den Bruttorechnungsbetrag,**
**b) den Nettoskontobetrag und**
**c) den Umsatzsteuerkorrekturbetrag.**
**Tragen Sie die Lösungen in das Kästchen ein.**

**I. ANKREUZAUFGABEN**
**BEI DEN NACHSTEHENDEN AUFGABEN SIND DIE RICHTIGEN ERGEBNISSE ZUZUORDNEN BZW. DAS RICHTIGE ERGEBNIS ANZUKREUZEN.**

**1. Welche Vergütung beteiligt Mitarbeiter des Betriebes am Unternehmenserfolg?**
a) Provision
b) Akkordlohn
c) Gewinnbeteiligung
d) Leistungslohn
e) Zeitlohn

**2. Ordnen Sie zu!**

**Entlohnungsformen**
a) Akkordlohn
b) Prämienlohn
c) Zeitlohn
d) Gehalt
e) Gewinnbeteiligung
f) Naturallohn

**Aussagen über Entlohnungsformen**

[ ] Freiwillig oder vertraglich vereinbarte Zahlungen für besonders qualifizierte oder höhere zusätzliche Arbeitsleistungen:

[ ] Je größer die Arbeitsleistung, um so höher der Bruttolohn. Gefahr der Gesundheitsschädigung der betroffenen Arbeitnehmer:

[ ] Beteiligung des Arbeitnehmers am Betriebsergebnis, welches durch Zusammenwirken von Kapital und Arbeit erzielt wird:

**3. Welche Lohnform wird in der Grafik dargestellt?**
a) Akkordlohn
b) Prämienlohn
c) Zeitlohn
d) Gewinnbeteiligung
e) Provision

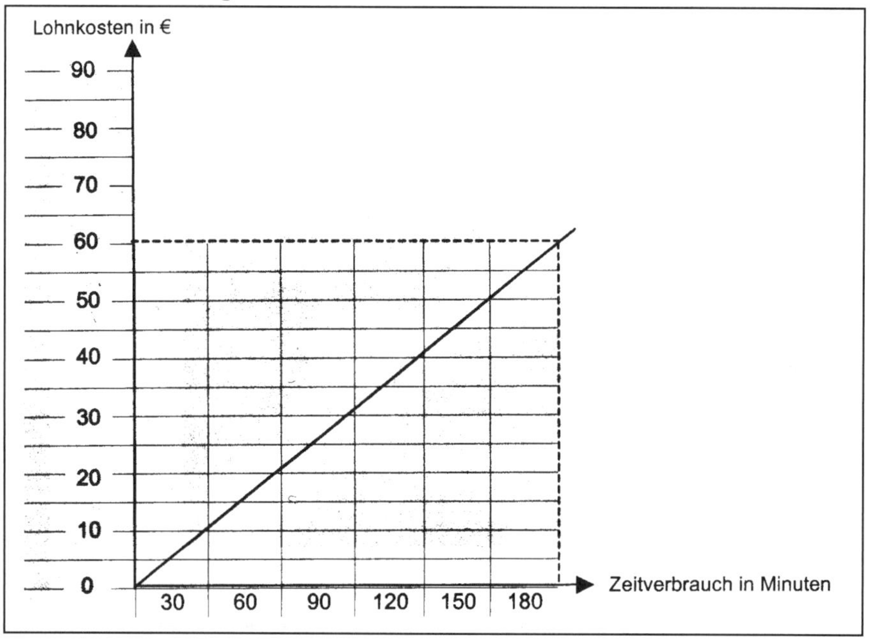


**4. Welche Aussage über den Zeitlohn ist richtig?**
a) Der Zeitlohn setzt voraus, dass der Arbeiter das Risiko mangelhafter Arbeitsleistung selbst trägt.
b) Der Zeitlohn findet vor allem Anwendung, wenn die Leistung leicht messbar ist.
c) Der Zeitlohn ist verbunden mit besonderen und schwierigen Abrechnungsarbeiten.
d) Der Zeitlohn bleibt auch bei Mehrleistungen innerhalb der üblichen Arbeitszeit gleich und wirkt sich nicht auf die Lohnkosten je Stück aus.
e) Der Zeitlohn bleibt auch bei Mehrleistungen innerhalb der üblichen Arbeitszeit gleich; er wirkt sich aber dann degressiv auf die Lohnkosten je Stück aus.

**5. Wie bezeichnet man den Lohn, bei dem besondere Leistungen, vor allem qualitativer Art, berücksichtigt werden?**
a) Stückgeldakkordlohn
b) Stückzeitakkordlohn
c) Zeitlohn
d) Naturallohn
e) Prämienlohn

**6. Welche Auswirkung hat die Änderung des Tariflohnes auf den Stückzeitakkord?**
- a) Die tägliche Arbeitszeit muss neu festgelegt werden.
- b) Es müssen neue Zeitaufnahmen durchgeführt werden.
- c) Der Minutenfaktor muss neu ermittelt werden.
- d) In die Stücklisten müssen die neuen Löhne eingetragen werden.
- e) Die Vorgabezeiten müssen geändert werden.

**7. Welche Aussage über den Akkordlohn ist richtig?**
- a) Bei Anwendung des Stückgeldakkordes erhält man unter sonst gleichen Bedingungen andere Bruttolöhne als beim Stückzeitakkord.
- b) Bei Anwendung des Stückgeldakkordes wird für jede Arbeitsverrichtung eine Vorgabezeit vergütet.
- c) Bei Anwendung des Stückzeitakkordes erfolgt die Vergütung je Mengeneinheit.
- d) Bei Anwendung des Stückzeitakkordes wird bei gleicher Tätigkeit für jeden Mitarbeiter eine gesonderte Zeitvorgabe festgelegt.
- e) Bei Anwendung des Stückzeitakkordes muss bei Tariflohnänderungen lediglich der Minutenfaktor geändert werden.

**8. Ordnen Sie zu!**

**Begriffserklärungen**
- a) Besondere Vergütung auf Grund von Tarifverträgen
- b) Zuschlag zur normalen Entlohnung, die Höhe des Zuschlags richtet sich nach dem Geschäftsergebnis
- c) Grundlohn mit besonderer Zulage für eine besondere Leistung des Arbeitnehmers
- d) Entlohnung nach Arbeitsdauer
- e) Entlohnung durch Beteiligung am Unternehmensgewinn
- f) Entlohnung für Arbeiten, für die im Voraus bei einer bestimmten Menge ein bestimmter Geldbetrag festgelegt wird

**Entlohnungsformen**

[ ] Zeitlohn

[ ] Prämienlohn

[ ] Stückgeldakkord

**9. Welcher Arbeitnehmer kann nur im Zeitlohn - nicht im Akkordlohn - entlohnt werden?**
- a) Arbeiter einer Automobilfabrik
- b) Pförtner eines Betriebes
- c) Schreibkraft in einem zentralen Schreibbüro
- d) Packerin in einer Schuhfabrik
- e) Maurer in einem Hochbauunternehmen

**10. Um welche Lohnform handelt es sich, wenn der Bruttolohn wie folgt berechnet wird: Stückzahl x Zeitakkordsatz x Minutenfaktor**
- a) Um Zeitlohn
- b) Um Nominallohn
- c) Um Stückgeldakkord
- d) Um Stückzeitakkord
- e) Um Reallohn

**11. Welche Behauptung über den Prämienlohn ist richtig?**
- a) Prämienlohn setzt die Gewinnbeteiligung der Arbeitnehmer voraus.
- b) Prämienlohn wird für langjährige Betriebszugehörigkeit bezahlt.
- c) Prämienlohn besteht aus Grundlohn und Zuschlägen für Nacht-, Sonntags- und Feiertagsarbeit.
- d) Prämienlohn wird beim Erreichen einer betrieblichen Jubiläumsgrenze bezahlt.
- e) Prämienlohn besteht aus Grundlohn und zusätzlich einer Prämie für eine über der Norm liegende Leistung.

**12. Welche Aussage über den Akkordlohn ist richtig?**
- a) Die Höhe des Lohns richtet sich nach der gefertigten Stückzahl.
- b) Die Höhe des Lohns richtet sich nach dem Umfang an Ausschuss.
- c) Die Höhe des Lohns richtet sich nach der Anzahl der geleisteten Arbeitsstunden.
- d) Die Höhe des Lohns richtet sich danach, ob Schichtarbeit erbracht wird.
- e) Die Höhe des Lohns richtet sich nach der Größe der Arbeitsgruppe.

**13. Um welche Lohnform handelt es sich, wenn der Bruttolohn wie folgt berechnet wird: „Stundensatz x monatliche Arbeitszeit"?**

a) Prämienlohn
b) Stückzeitakkord
c) Stücklohn
d) Zeitlohn
e) Stückgeldakkord

**14. Wer stellt für einen kaufmännischen Auszubildenden den Sozialversicherungsausweis aus?**

a) Die Gemeindeverwaltung
b) Die Ortskrankenkasse
c) Die Kaufmännische Berufsgenossenschaft
d) Die Gewerbliche Berufsgenossenschaft
e) Die Betriebskrankenkasse
f) Die Deutsche Rentenversicherung DRV

**Situation zu nächsten zwei Aufgaben.**

**Sie sind als Personalsachbearbeiter/-in bei der Firma Bavaria Fahrradwerke KG für die Entgeltabrechnung zuständig.**

**15. Welche Bedeutung hat der Sozialversicherungsausweis?**

a) Er dient dem Nachweis, dass der Arbeitnehmer Mitglied einer Krankenkasse ist.
b) Der Ausweis dokumentiert, dass der Arbeitnehmer bei einer Betriebskrankenkasse Mitglied ist.
c) Der Sozialversicherungsausweis enthält u. a. die Rentenversicherungs-Nr. des Arbeitnehmers und dient als Grundlage für die Meldepflichten des Arbeitgebers.
d) In den Sozialversicherungsausweis sind bei einer Arbeitsunfähigkeit des Arbeitnehmers die Fehlzeiten einzutragen.
e) Ohne die Vorlage des Sozialversicherungsausweises ist die Zugehörigkeit zu einer betrieblichen Altersversorgung nicht möglich.

**16. Ein Angestellter möchte seine vermögenswirksame Leistung von 40 € mit dem Gehalt ausgezahlt bekommen und nicht fest anlegen. Er argumentiert, er bekäme doch keine Arbeitnehmersparzulage und sehe deshalb darin keinen Nutzen. Wie ist die gesetzliche Regelung?**

a) Sie können den Betrag mit dem Bruttogehalt zusammen den gesetzlichen Abzügen unterwerfen und verlangen keine Anlage nach dem Vermögensbildungsgesetz, da der Angestellte keinen Anspruch auf die Arbeitnehmersparzulage hat.
b) Der Arbeitnehmer muss, sofern er Anspruch auf diese Leistung erhebt, einen entsprechenden Nachweis eines Anlageinstituts vorlegen.
c) Falls im Tarifvertrag keine verbindliche Anlageform für die vermögenswirksamen Leistungen vorgeschrieben ist, können Sie dem Wunsch des Angestellten entsprechen.
d) Der Anspruch des Arbeitnehmers besteht auch dann, wenn er die vermögenswirksame Leistung auf sein Girokonto gutschreiben lässt.
e) Da von der vermögenswirksamen Leistung die gesetzlichen Abzüge berechnet werden, muss sich der Arbeitnehmer für keine konkrete Anlageform entscheiden.

**17. Bringen Sie die folgenden Arbeitsschritte bei der Gehaltsabrechnung in die richtige Reihenfolge!**

[ ] Berechnen des sozialversicherungspflichtigen und des steuerpflichtigen Bruttoentgeltes und Ermitteln der gesetzlichen Abzüge
[ ] Berechnen des Bruttoentgelts laut Tarif
[ ] Abzug der Sparleistungen
[ ] Berechnen des Nettoentgeltes
[ ] Berechnen des auszuzahlenden Betrages
[ ] Feststellen der Berechnungsgrundlagen (Gehaltsgruppe/Vergütung) laut Arbeitsvertrag

**18. Was muss der Arbeitnehmer dem Arbeitgeber mitteilen, damit dieser am elektronischen Lohnsteuerverfahren „ElsterLohn II“ teilnehmen kann?**

a) Nur das Geburtsdatum
b) Die Änderung des Familienstandes
c) Die gewählte Steuerklasse
d) Seinen ständigen Wohnsitz
e) Die neue Steuer-Identifikationsnummer und das Geburtsdatum

**19. Welche Aussage über das elektronische Lohnsteuerverfahren „ElsterLohn II“ ist zutreffend?**

a) Jeder Lohnsteuerpflichtige muss jährlich seine Daten an das Bundeszentralamt für Steuern in Bonn übermitteln.
b) Das elektronische Lohnsteuerverfahren „ElsterLohn II“ ergänzt die bisherige Lohnsteuerkarte aus Papier.
c) Die neu eingeführte Steuer-Identifikationsnummer gilt nur für den aktuellen Wohnsitz, muss also nach einem Wohnungswechsel neu beantragt werden.
d) Die Arbeitnehmer müssen sich nach wie vor für den Erhalt und die Weiterleitung der Lohnsteuerkarte kümmern.
e) Das elektronische Lohnsteuerverfahren „ElsterLohn II“ ersetzt die bisherige Lohnsteuerkarte aus Papier.

**20. Ein verheirateter Angestellter hat vier unterhaltspflichtige Kinder, seine Ehefrau bezieht keinen Arbeitslohn. Das Ehepaar lebt nicht getrennt. Welche Steuerklasse hat der Angestellte?**

a) Steuerklasse I
b) Steuerklasse II
c) Steuerklasse III
d) Steuerklasse IV
e) Steuerklasse V
f) Steuerklasse VI

**21. Ordnen Sie zu!**

**Lohnsteuerklassen:**

a) Lohnsteuerklasse I
b) Lohnsteuerklasse II
c) Lohnsteuerklasse III
d) Lohnsteuerklasse IV
e) Lohnsteuerklasse V
f) Lohnsteuerklasse VI

**Steuerpflichtige**

[ ] Verheiratet, der Ehegatte ist ohne Erwerbsbeschäftigung

[ ] Verheiratet, beide Ehegatten gehen einer Erwerbsbeschäftigung nach, beide haben die gleiche Steuerklasse gewählt

[ ] Alleinstehende Person, 40 Jahre alt, 3 Kinder

**22. Welche Abgabe wird vom Arbeitnehmer allein getragen?**

a) Lohnsteuer
b) Unfallversicherungsbeitrag
c) Arbeitslosenversicherungsbeitrag
d) Rentenversicherungsbeitrag
e) Krankenversicherungsbeitrag

**23. Welche Lohnsteuerklassen können berufstätige Ehepaare auf Antrag wählen?**

a) Beide Partner Lohnsteuerklasse V
b) Ein Partner Lohnsteuerklasse IV, der andere Lohnsteuerklasse V
c) Ein Partner Lohnsteuerklasse III, der andere Lohnsteuerklasse V (auch Anteilsverfahren möglich)
d) Ein Partner Lohnsteuerklasse III, der andere Lohnsteuerklasse IV
e) Beide Partner Lohnsteuerklasse III
f) Ein Partner Lohnsteuerklasse I, der andere Lohnsteuerklasse III

**24. Welche Information ist für die Berechnung der Lohnsteuer im Unternehmen von Bedeutung?**
- a) Ausstellende Behörde
- b) Geburtsdatum des Steuerpflichtigen
- c) Konfession des Steuerpflichtigen
- d) Zuständiges Finanzamt
- e) Steuerfreie Beträge
- f) Name des Steuerpflichtigen

**25. Ein Angestellter, dessen Bruttogehalt auf 2.600,00 € kommt, hat sich einen Freibetrag von 100,00 € je Monat eintragen lassen. Was bedeutet das?**
- a) Zum Jahresende werden ohne Antrag 2.500,00 € vom Finanzamt erstattet.
- b) Das lohnsteuerpflichtige Entgelt vermindert sich um 100,00 € monatlich.
- c) Das Bruttogehalt erhöht sich um 100,00 € je Monat.
- d) Die Lohnsteuer ermäßigt sich um 100 € je Monat.
- e) Dieser Freibetrag wirkt sich auf das sozialversicherungspflichtige Einkommen aus.

**26. Wer ist für die Regelung der Steuerklassen zuständig?**
- a) Der Personalleiter
- b) Die zuständige Sachbearbeiter in der Personalabteilung
- c) Die Finanzbehörde
- d) Die Gemeindeverwaltung
- e) Der Steuerpflichtige

**27. Eine 28-jährige berufstätige Frau, ledig, ein Kind, nimmt eine zusätzliche Tätigkeit auf und verdient dabei monatlich 320,00 €. In welche Steuerklasse wird sie eingestuft?**
- a) Sie erhält Steuerklasse I.
- b) Sie erhält Steuerklasse II.
- c) Sie kann zwischen Steuerklasse I und VI wählen.
- d) Sie kann zwischen Steuerklasse II und VI wählen.
- e) Sie erhält grundsätzlich in diesem Fall Steuerklasse VI.
- f) Sie kann zwischen Steuerklasse III und V wählen.

**28. Ordnen Sie Einstellungsunterlagen bzw. Steuerklassen richtig zu.**

**Unterlagen bei der Einstellung**
- a) Steuerklasse II
- b) Steuerklasse III
- c) Mitgliedsausweis einer Ersatzkasse
- d) Sozialversicherungsausweis
- e) Betriebsärztliches Gutachten
- f) Polizeiliches Führungszeugnis
- g) Steuerklasse IV

**Erklärungen**

[ ] Unterlage dient dem Nachweis der Straffreiheit bzw. möglicher Vorstrafen

[ ] Nachweis der Versicherung bei einem Rentenversicherungsträger

[ ] Arbeitnehmer vollbeschäftigt/Ehegatte zur Zeit im Erziehungsurlaub

29. **Welche <u>zwei</u> Aussagen zur Lohn- und Gehaltsabrechnung sind richtig?**
- a) Zu den Lohnnebenkosten der Bavaria Fahrradwerke KG zählt auch der Solidaritätszuschlag der Mitarbeiterinnen und Mitarbeiter.
- b) Die Beiträge zur gesetzlichen Unfallversicherung werden von der Bavaria Fahrradwerke KG an die Berufsgenossenschaft abgeführt.
- c) Die Bavaria Fahrradwerke KG führt die Lohn- und Kirchensteuer sowie den Solidaritätszuschlag an das für die Mitarbeiter zuständige Finanzamt ab.
- d) Die Zuschüsse der Bavaria Fahrradwerke KG zu den vermögenswirksamen Leistungen sind für den Arbeitnehmer steuerpflichtig.
- e) Sämtliche anteiligen Soialversicherungsbeiträge der Bavaria Fahrradwerke KG werden mit dem Nettogehalt voll ausbezahlt.
- f) Die Beiträge zur Pflegeversicherung sind nur von den Mitarbeitern zu zahlen, die bereits das 50. Lebensjahr überschritten haben.

**30. Welche Unterlagen muss ein Angestellter, der eine neue Stelle antritt, bei Arbeitsbeginn im Personalbüro abgeben?**

a) Mitgliedsbuch bei der Gewerkschaft
b) Personalausweis
c) Impfschein
d) Die letzte Verdienstbescheinigung
e) Sozialversicherungsausweis

**31. Welche Daten benötigt der Arbeitgeber zur Berechnung der Lohn- und Kirchensteuer?**

a) Die Steuerklasse, eingetragene Freibeträge, Kirchensteuerpflicht, Kinderfreibeträge
b) Nur die Personalien des Mitarbeiters
c) Nur die Steuerklasse
d) Die Höhe der Kirchensteuer und die Höhe des Solidaritätszuschlags
e) Die Steuerklasse des Ehepartners und den Kinderfreibetrag



**32. Welche Daten sind bei der Einrichtung eines Lohnkontos als Stammdaten zu vermerken?**

a) Der Tag der Lohnzahlung
b) Der Bruttoarbeitslohn
c) Die Angaben zu den Personalien
d) Die einbehaltene Lohnsteuer
e) Der monatliche Arbeitgeberanteil zur Sozialversicherung

**33. Ein Industrieunternehmen trennt sich von einem Mitarbeiter. Welche Eintragung hat sie im Vordruck „Meldung zur Sozialversicherung" vorzunehmen?**

a) Die Beiträge zur Renten- und Krankenversicherung
b) Die Beiträge zur gesetzlichen Unfallversicherung
c) Das sozialversicherungspflichtige Brutto-Entgelt
d) Das sozialversicherungspflichtige Netto-Entgelt
e) Die einbehaltenen Lohn- und Kirchensteuern und die Abzüge zur Sozialversicherung

**34. Ordnen Sie zu!**

**Steuerklassen**

a) Steuerklasse I
b) Steuerklasse II
c) Steuerklasse III
d) Steuerklasse IV
e) Steuerklasse V
f) Steuerklasse VI

**Beispiele**

[ ] Arbeiter, 28 Jahre, ledig, 2 Kinder
[ ] Arbeiter, verheiratet, Ehefrau nicht berufstätig
[ ] Arbeiter, verheiratet, 3 Kinder, nimmt zusätzliche Beschäftigung auf

**35. Welche Aussage zu dem Anteilsverfahren bei der Ehegattenbesteuerung ist zutreffend?**

a) Hat ein Ehepartner die Steuerklasse III gewählt, erhält der andere erwerbstätige Ehepartner automatisch die Steuerklasse V.
b) Der Steueranteil erwerbstätiger Ehepartner ist immer gleich.
c) Der Höherverdienende hat den geringeren Anteil an Steuern zu bezahlen, da er automatisch die günstigere Steuerklasse zugeteilt bekommt.
d) Wurde das Anteilsverfahren gewählt, und es verdient ein Ehepartner beispielsweise 20 % des gemeinsamen Bruttoverdienstes, braucht er auch nur 20 % der gemeinsam anfallenden Lohnsteuer zu tragen.
e) Durch das Anteilsverfahren bleibt dem Höherverdienenden immer mehr netto vom Bruttolohn im Vergleich zur Steuerklassenkombination III/V.

**36. Welche Personengruppe benötigt einen Sozialversicherungsausweis?**

a) Nur Beschäftigte, deren Entgelt unter der Beitragsbemessungsgrenze liegt
b) Nur Arbeiter
c) Nur geringfügig Beschäftigte
d) Nur Pflichtversicherte
e) Alle Arbeitnehmer (außer Beamten)

**37. An wen muss ein Unternehmen die einbehaltenen Arbeitslosen- und Rentenversicherungsbeiträge für seine Mitarbeiter spätestens am drittletzten Banktag des laufenden Monats überweisen?**

a) An die Deutsche Rentenversicherung regional
b) An die Deutsche Rentenversicherung Bund
c) An das Finanzamt
d) An die zuständige Krankenkasse
e) An die zuständigen Rentenversicherer

**38. Welche Abgabe muss vom Arbeitgeber für seine Arbeitnehmer allein getragen werden?**

a) Lohnsteuer
b) Kirchensteuer
c) Arbeitslosenversicherung
d) Gesetzliche Unfallversicherung
e) Gesetzliche Krankenversicherung
f) Gesetzliche Rentenversicherung

**39. Welche Aussage über die Abführung von Lohn- und Gehaltsabzügen ist richtig?**

a) Die einbehaltene Lohnsteuer wird vom Arbeitgeber an die für die Arbeitnehmer zuständigen Finanzämter überwiesen.
b) Die einbehaltene Kirchensteuer wird vom Arbeitgeber an die für Arbeitnehmer zuständigen Finanzämter überwiesen.
c) Die einbehaltenen Sozialversicherungsbeiträge werden vom Arbeitgeber - je nach Versicherungszweig - an die Krankenkassen und Rentenversicherungsanstalten überwiesen.
d) Die einbehaltene Lohn- und Kirchensteuer und die Sozialversicherungsbeiträge werden an das für den Arbeitgeber zuständige Finanzamt überwiesen, das dann die Verteilung an die zuständigen Stellen vornimmt.
e) Die einbehaltenen Sozialversicherungsbeiträge von versicherungspflichtigen Arbeitnehmern werden jeweils an die Krankenkassen überwiesen, bei denen die Arbeitnehmer versichert sind.

**40. Welche Aussage über die Beitragsbemessungsgrenze in der Sozialversicherung ist richtig?**

a) Die Beitragsbemessungsgrenze gilt nur für die Rentenversicherung.
b) Beitragsbemessungsgrenze für die Arbeitslosenversicherung ist niedriger als für die Rentenversicherung.
c) Liegt der Bruttoverdienst unter der Beitragsbemessungsgrenze, bemisst sich der Beitrag nach der Beitragsbemessungsgrenze.
d) Übersteigt der Bruttoverdienst eines Arbeiters oder Angestellten 75 % der Beitragsbemessungsgrenze der Rentenversicherung, kann er sich in der gesetzlichen Krankenversicherung freiwillig weiterversichern.
e) Liegt der Bruttoverdienst über der Beitragsbemessungsgrenze für die Arbeitslosenversicherung, ist ein entsprechend höherer Beitrag zu zahlen.

**41. Zu welcher sozialen Leistung ist der Arbeitgeber gesetzlich verpflichtet?**

a) Zur Zahlung eines 13. Monatsgehaltes
b) Zur Zahlung des Beitrages zur Berufsgenossenschaft
c) Zur Zahlung von 50 % der vermögenswirksamen Sparleistungen
d) Zur Zahlung der Sparprämie, wenn der Mitarbeiter vermögenswirksam spart
e) Zur Gewährung eines Zuschusses zum Krankengeld

**42. Die Bavaria Fahrradwerke KG beschäftigt mehrere Mitarbeiter mit Wohnsitz in München. An welche Stellen hat sie deren Solidaritätszuschläge, Lohn- und Kirchensteuern, Sozialversicherungsbeiträge sowie den Umlagebeitrag für die Unfallversicherung zu überweisen?**

**Ordnen Sie zu!**

**Stellen**

a) Finanzamt in München
b) Finanzamt in Landshut
c) Bundesagentur für Arbeit in Nürnberg
d) Deutsche Rentenversicherung Bund
e) Berufsgenossenschaft
f) AOK in München
g) AOK in Landshut
h) Deutsche Rentenversicherung regional

**Zu leistende Zahlungen**

[ ] Beiträge zur gesetzlichen Unfallversicherung
[ ] Solidaritätszuschlag, Lohn- und Kirchensteuer
[ ] Beiträge zur Kranken-, Pflege-, Renten- und Arbeitslosenversicherung

**43. Was versteht man in der Rentenversicherung unter Beitragsbemessungsgrenze?**

a) Den Betrag, von dem höchstens der Versicherungsbeitrag berechnet wird
b) Den Betrag, mit dem die Versicherungspflicht beginnt
c) Den jeweils geltenden Prozentsatz für die Beitragsberechnung
d) Den Betrag, mit dem die Versicherungspflicht endet
e) Den Prozentsatz für die Beitragsberechnung, der nicht überschritten werden darf

**44. Woraus wird die Kirchensteuer errechnet?**

a) Aus dem Nettoeinkommen
b) Aus der Lohnsteuer
c) Aus dem Bruttoeinkommen
d) Aus den Gesamtabzügen
e) Aus den Sozialversicherungsabzügen

**45. Wer vergibt die Steuer-Identifikationsnummer?**

a) Das Arbeitsamt
b) Die Gemeinde
c) Der Arbeitgeber
d) Die Finanzbehörde
e) Das Landratsamt

**46. Wie lange muss einer Angestellten bei Erkrankung das Gehalt weitergezahlt werden?**

a) Sie hat keinen Anspruch.
b) 14 Tage
c) 6 Wochen
d) 8 Wochen
e) 78 Wochen

**47. Eine Mitarbeiterin arbeitet seit 1. August letzten Jahres bei der Bavaria Fahrradwerke KG. In diesem Jahr war sie mehrfach arbeitsunfähig wegen derselben Krankheit. Wie viel Tage hat die Mitarbeiterin noch Anspruch auf Entgeltfortzahlung nach Entgeltfortzahlungsgesetz (siehe Abbildung), wenn folgende Arbeitsunfähigkeiten vorliegen? Tragen Sie das Ergebnis in das Kästchen ein.**

- 4. Juli bis 22. Juli – letztes Jahr (19 Tage)
- 1. August bis 12. August – dieses Jahr (12 Tage)
- 22. August bis voraussichtlich 9. September – dieses Jahr (19 Tage)

**§ 3 Anspruch auf Entgeltfortzahlung im Krankheitsfall**

(1) Wird ein Arbeitnehmer durch Arbeitsunfähigkeit infolge Krankheit an seiner Arbeitsleistung verhindert, ohne dass ihn ein Verschulden trifft, so hat er Anspruch auf Entgeltfortzahlung im Krankheitsfall durch den Arbeitgeber für die Zeit der Arbeitsunfähigkeit bis zur Dauer von sechs Wochen. Wird der Arbeitnehmer infolge derselben Krankheit erneut arbeitsunfähig, so verliert er wegen der erneuten Arbeitsunfähigkeit den Anspruch nach Satz 1 für einen weiteren Zeitraum von höchstens sechs Wochen nicht, wenn
1. er vor der erneuten Arbeitsunfähigkeit mindestens sechs Monate nicht infolge derselben Krankheit arbeitsunfähig war oder
2. seit Beginn der ersten Arbeitsunfähigkeit infolge derselben Krankheit eine Frist von zwölf Monaten abgelaufen ist.

(2)....
(3) Der Anspruch nach Absatz 1 entsteht nach vierwöchiger ununterbrochener Dauer des Arbeitsverhältnisses

**48. Was muss bei der Berechnung des Bruttoverdienstes berücksichtigt werden?**

a) Vorschüsse
b) Gepfändete Beträge
c) Leistungszulage
d) Lohnsteuer
e) Arbeitnehmeranteil an den vermögenswirksamen Leistungen
f) Arbeitgeberanteil an der Rentenversicherung

**49. In welchem Fall ist ein Arbeitgeber berechtigt, die Fortzahlung des Arbeitsentgelts bei einem Arbeitnehmer zu verweigern?**

a) Bei Nichtvorlage der ärztlichen Bescheinigung über die Arbeitsunfähigkeit
b) Während der Probezeit des Arbeitsverhältnisses
c) Bei einem Arbeitsunfall im Betrieb
d) Bei gekündigtem Arbeitsverhältnis bis zu dessen tatsächlichen Ende
e) Bei einem Arbeiter, der nur 15 Stunden in der Woche beschäftigt ist

**50. Die Geschäftsleitung verhandelt mit dem Betriebsrat über Kostensenkungen im Personalbereich. Welche Leistung steht als gesetzliche Sozialleistung nicht zur Disposition?**

a) Weiterzahlung des Entgeltes für 6 Wochen im Krankheitsfall
b) Zahlung eines Essengeldzuschusses
c) Zahlung einer Betriebsrente
d) Zahlung von Weihnachtsgeld
e) Zahlung des Urlaubsgeldes

**51. Ein Betrieb hat 80 % Lohnnebenkosten. Was bedeutet diese Aussage?**

a) Im Betrieb sind 80 % der Mitarbeiter in Nebenabteilungen der Fertigung beschäftigt.
b) Der Anteil der Zuschläge für Feiertagsarbeit an den Lohn- und Gehaltskonten beträgt 80 %.
c) Der Betrieb verrechnet bei seinen Aufträgen nur 80 % der angefallenen Lohnkosten.
d) Der Betrieb ist zu der Lohn- und Gehaltssumme mit weiteren 80 % Kosten für gesetzliche, tarifliche und freiwillige Leistungen belastet.
e) Die Abzüge an Steuern und Sozialabgaben liegen bei 80 % der Bruttolohn- und Gehaltssumme.

**52. Die Bavaria Fahrradwerke KG zahlt neben den gesetzlich und vertraglich geregelten Entgelten noch freiwillige Leistungen an ihre Mitarbeiter. Welche Zahlung ist eine freiwillige Leistung?**

a) Gesetzliche Entgeltfortzahlung im Krankheitsfall
b) Beitrag zur Unfallversicherung
c) Zahlungen für den Betriebskindergarten
d) Arbeitgeberbeiträge zur Sozialversicherung
e) Vermögenswirksame Leistungen laut Tarifvertrag

**53. Mit einem Angestellten wird bei seinem Eintritt in das Unternehmen ein Gehalt von 2.500,00 € brutto vereinbart. Ein schriftlicher Arbeitsvertrag wird, weil in diesem Unternehmen unüblich, nicht abgeschlossen. Nach einem Monat erhält der Angestellte die Mitteilung, dass auf Grund der gezeigten Leistungen nur ein Gehalt von 2 000,00 € gezahlt werden könne. Wie ist die Rechtslage?**

a) Der Angestellte kann nichts dagegen unternehmen, weil gar kein Arbeitsvertrag abgeschlossen wurde.
b) Der Angestellte kann nichts dagegen unternehmen, weil die Probezeit noch nicht beendet ist.
c) Der Angestellte kann nichts dagegen unternehmen, weil Gehaltsvereinbarungen stets der Schriftform bedürfen.
d) Der Angestellte kann nichts dagegen unternehmen, weil der Tarifvertrag in seinem Fall 2 000,00 € vorsieht.
e) Der Angestellte hat Anspruch auf 2 500,00 € brutto, weil dieses Gehalt fest vereinbart wurde.

**54. Im nachstehenden Berechnungsschema zur Gehaltsermittlung eines Arbeitnehmers ist ein Fehler enthalten. Welche Position ist zu korrigieren?**

a) Bruttogehalt
b) Minus Lohnsteuer
c) Minus Solidaritätszuschlag
d) Minus gesetzliche Rentenversicherung
e) Minus gesetzliche Unfallversicherung
f) Minus gesetzlichen Krankenversicherung
g) Minus gesetzliche Pflegeversicherung
h) Minus gesetzliche Arbeitslosenversicherung
i) = Nettogehalt

**55. Bringen Sie die angegebenen Arbeitsschritte zur Gehaltsabrechnung in die richtige Reihenfolge.**

[ ] Berechnung des Nettogehaltes
[ ] Ermitteln des zutreffenden Bruttoentgelts laut Tarifvertrag
[ ] Abzug der vermögenswirksamen Leistungen
[ ] Berechnung des sozialversicherungspflichtigen und steuerpflichtigen Bruttoentgelts
[ ] Berechnung des auszuzahlenden Betrages
[ ] Berechnung der gesetzlichen Abzüge

**56. Zwei Mitarbeiter haben angeblich dasselbe Bruttogehalt. Ihr Nettogehalt sei aber unterschiedlich. Sie wollen der Sache auf den Grund gehen und besorgen sich die entsprechenden Unterlagen der beiden Mitarbeiter. Berechnen Sie das jeweilige Nettogehalt unter Berücksichtigung folgender Daten:**

| | **Mitarbeiter A** | **Mitarbeiter B** |
|---|---|---|
| | 25 Jahre alt | 27 Jahre alt |
| Bruttogehalt | 2.086,00 EUR | 2.086,00 EUR |
| Steuerklasse | I | III |
| Kinderfreibeträge | keine | 2 Kinderfreibeträge |
| Kirchenzugehörigkeit | katholisch | --- |

Im Übrigen gelten folgende Daten:

| | |
|---|---|
| Kirchensteuersatz | 8 % |
| Solidaritätszuschlag | 5,5 % |
| Krankenversicherung | 15,5 % |
| davon AN-Anteil | 8,2 % |
| Rentenversicherung | 18,9 % |
| Arbeitslosenversicherung | 3,0 % |
| Pflegeversicherung | 2,05 % |
| Zusätzlicher Arbeitnehmeranteil zur Pflegeversicherung für Kinderlose | 0,25 % |

Benutzen Sie zur Ermittlung der Nettolöhne folgendes Schema! Zur Ermittlung der Steuerabzüge siehe die abgebildete Steuertabelle!

| **Mitarbeiter** | **A** | **B** |
|---|---|---|
| Bruttogehalt | | |
| Lohnsteuer | | |
| Solidaritätszuschlag | | |
| Kirchensteuer | | |
| Krankenversicherung | | |
| Rentenversicherung | | |
| Arbeitslosenversicherung | | |
| Pflegeversicherung | | |
| Zusätzl. Pflegevers. für Kinderlose | | |
| Nettogehalt | | |

Teil 2: Rechnungswesen

**57. Eine Angestellte der Bavaria Fahrradwerke KG legt einen Sparvertrag der Sparkasse Landshut vor, in dem die Anlage vermögenswirksamer Leistungen in Höhe von monatlich 30,00 € vereinbart worden sind. Die Bavaria Fahrradwerke KG zahlen laut Tarifvertrag eine vermögenswirksame Leistung von 40,00 €. Welchen Anspruch auf vermögenswirksame Leistung hat die Angestellte?**

a) Der Anspruch auf die vermögenswirksame Leistung des Arbeitgebers besteht auch für diesen vorliegenden Sparvertrag in Höhe von 40,00 €, da dies im Tarifvertrag verbindlich geregelt ist.

b) Es besteht kein Anspruch auf die vermögenswirksame Leistung des Arbeitgebers, da die Angestellte nicht der Gewerkschaft angehört und somit der Tarifvertrag für sie keine Gültigkeit hat.

c) Es besteht kein Anspruch auf die vermögenswirksame Leistung des Arbeitgebers, da der Arbeitsvertrag keine Regelung über die Zahlung einer vermögenswirksamen Leistung beinhaltet.

d) Der Anspruch auf die vermögenswirksame Leistung des Arbeitgebers besteht nur in Höhe des Betrages, der im Rahmen des Vermögensbildungsgesetzes vermögenswirksam angelegt wird, also in diesem Fall nur in Höhe von 30,00 €.

e) Es besteht kein Anspruch auf die vermögenswirksame Leitung des Arbeitgebers, da nach dem Vermögensbildungsgesetz nur Anlagen in Form von Vermögensbeteiligungen begünstigt werden.

**58. Berechnen Sie das Bruttoentgelt einer Mitarbeiterin, die zum 1. des Monats von der Bavaria Fahrradwerke KG eingestellt wurde. Die Mitarbeiterin ist 28 Jahre alt, verheiratet und hat ein 10-jähriges Kind. Im Arbeitsvertrag ist festgelegt, dass die Mitarbeiterin eine monatliche Zulage von 10 % aus dem Grundgehalt erhält. Die vermögenswirksamen Leistungen nimmt sie in maximaler Höhe in Anspruch. Folgende Daten liegen Ihnen vor:**

**Tarifgruppe B Grundentgelt**

| 21 Jahre | 23 Jahre | 25 Jahre | 27 Jahre | 29 Jahre |
|---|---|---|---|---|
| 1.650 € | 1.700 € | 1.750 € | 1.800 € | 1.850 € |

**Familienzuschläge**

| verheiratet | verheiratet mit 1 Kind | verheiratet mit 2 Kindern | verheiratet mit 3 Kindern |
|---|---|---|---|
| 30,00 € | 50,00 € | 100,00 € | 150,00 € |

**Vermögenswirksame Leistungen** des Arbeitgebers monatlich: 30,00 €

**Tragen Sie das Ergebnis in das Kästchen ein.**

**59. Nachstehend sind die Lohn- und Gehaltslisten des Monats Mai zusammengefasst.**

| Tariflöhne u. -gehälter | VL Arbeitgeberanteil | Lohnsteuer | SoliZuschl | Kirchensteuer | AN-Anteil zur SV | Überweisung VL | Gesamtabzüge | Auszahlung | AG-Anteil zur SV |
|---|---|---|---|---|---|---|---|---|---|
| 926.460,00 | 9.200,00 | 128.740,20 | 7.080,71 | 9.048,12 | 193.166,92 | 16.400,00 | | | 184.828,78 |

**Ermtteln Sie anhand des Auszugs**

**a) den Auszahlungsbetrag**

**b) die Summe, die an die Sozialversicherungsträger zu überweisen ist**

**c) die Summe, die für die Finanzbehörde einzubehalten ist**

**d) die Personalkosten insgesamt für den Monat Mai.**

**Tragen Sie die Ergebnisse in das Kästchen ein.**

**60. Welche <u>zwei</u> Aussagen im Zusammenhang mit Entgeltabrechnungen sind richtig?**

a) Der Gesamtbetrag der zu entrichtenden Lohnsteuer ist dem zuständigen Finanzamt in einer Lohnsteueranmeldung mitzuteilen.

b) Eine Vereinbarung über die Höhe der Arbeitgeberzuschüsse zu den vermögenswirksamen Leistungen ist im Tarifvertrag nicht möglich.

c) Für die Zuordnung eines Arbeitnehmers zu einer bestimmten Lohnsteuerklasse ist ausschließlich der Familienstand maßgebend.

d) Ehepaare, bei denen beide Partner erwerbstätig sind, können entweder die Lohnsteuerklassenkombination III/IV oder die Lohnsteuerkombination V/V wählen.

e) Die Beitragsbemessungsgrenze in der gesetzlichen Krankenversicherung besagt, dass die Beiträge zur Krankenversicherung ab einem bestimmten Bruttogehalt nicht mehr steigen.

**61. Welche zwei der genannten politischen bzw. wirtschaftlichen Veränderungen würden die Personalkosten der Bavaria Fahrradwerke KG erhöhen?**

a) Die Abschaffung des Arbeitnehmer-Sonderbeitrags in Höhe von 0,9 % zur Krankenversicherung
b) Die Erhöhung des Urlaubsgeldes
c) Die Senkung bzw. Abschaffung des Solidaritätszuschlags
d) Die Anhebung der Beiträge zur gesetzlichen Unfallversicherung
e) Die Erhöhung des Grundfreibetrages bei der Einkommensteuer

**62. Welche zwei der folgenden Aussagen bezüglich der Gehaltsabrechnung sind richtig?**

a) Zuschüsse der Arbeitgebers zu den vermögenswirksamen Leistungen sind lohnsteuerpflichtig.
b) Die Beiträge zur Unfallversicherung bringt der Arbeitgeber lediglich zur Hälfte auf.
c) Die Kirchensteuer und der Solidaritätszuschlag werden grundsätzlich aus der ermittelten Lohnsteuer berechnet.
d) Gehaltsvorschüsse erhöhen das Bruttoentgelt.
e) Die Beiträge zur Unfallversicherung werden an die Bundesagentur für Arbeit abgeführt.



## II. RECHENAUFGABEN
## BEI DEN NACHFOLGENDEN AUFGABEN SIND DIE LÖHNE BZW. GEHÄLTER ZU BERECHNEN.

63. Für einen Arbeitnehmer ist die folgende Lohnliste erstellt worden:

| Stundenlohn | Normalstunden | Überstunden |
|---|---|---|
| 15,60 € | 170 | 8 |
| Überstundenzuschlag: | | 25 % |

Wie viel € beträgt der Bruttolohn?

64. Ein Arbeitnehmer erhält monatlich ein Gehalt von 2.500,00 €. Zusätzlich übernimmt der Arbeitgeber monatlich 20,00 € der vermögenswirksamen Leistungen.
Wie viel € beträgt der monatliche Auszahlungsbetrag, wenn 434,00 € Solidaritätszuschlag, Lohn- und Kirchensteuer, 420,00 € Sozialversicherungsanteil des Arbeitnehmers sowie die vermögenswirksame Sparleistung (480-€-Gesetz) berücksichtigt werden müssen?

65. Durch Tarifabschluss wird die wöchentliche Arbeitszeit von 40 Stunden auf 37,5 Stunden gesenkt. Es ist voller Lohnausgleich vorzunehmen.
Wie viel € beträgt der Stundenlohn eines Facharbeiters, der bisher 18,00 € je Stunde verdient hat?

66. Ein Arbeitnehmer erhält monatlich ein Tarifgehalt von 2.600,00 €. Der Arbeitgeber übernimmt monatlich 30,00 € der vermögenswirksamen Leistungen.
Wie viel € beträgt das auszuzahlende Gehalt, wenn 434,00 € für Solidaritätszuschlag, Lohn- und Kirchensteuer, 520,00 € für den Sozialversicherungsanteil sowie die vermögenswirksame Sparleistung von 40,00 € zu berücksichtigen sind?

67. Laut Vertrag erhält ein Reisender im Urlaubsmonat Juli ein Fixum von 1.100,00 € und als Provision die monatliche Durchschnittsprovision des letzten Jahres. (Der Urlaubsmonat bleibt unberücksichtigt.)
Provisionen des letzten Jahres:

| | | | |
|---|---|---|---|
| August | 2.100,00 € | Januar | 1.900,00 € |
| September | 2.300,00 € | Februar | 2.450,00 € |
| Oktober | 2.500,00 € | März | 2.150,00 € |
| November | 2.850,00 € | April | 2.250,00 € |
| Dezember | 2.600,00 € | Mai | 2.300,00 € |
| | | Juni | 2.450,00 € |

Wie viel € betragen seine Bezüge im Urlaubsmonat?

68. Ein Facharbeiter arbeitet 134 Stunden im Monat. Sein tariflicher Grundlohn beträgt 10,50 € pro Stunde. Der Mann erhält auf den Grundlohn eine Erschwerniszulage von 3 % und einen Fahrtkostenanteil in Höhe von 55,00 €. Berechnen Sie den Bruttolohn. Tragen Sie das Ergebnis in das Kästchen ein!

**Situation zu den nächsten zwei Aufgaben.**

**Ihnen liegt die Gehaltsabrechung der Bavaria Fahrradwerke KG für Januar 20.. vor (Beträge in €):**

| | |
|---|---|
| Bruttolohn | 230.450,00 |
| Zuschüsse zu VwL-Arbeitgeberanteil lt. Tarifvertrag | 921,80 |
| Steuer- /sozialversicherungspflichtige Gehälter | 231.602,25 |
| | |
| Lohn-/Kirchensteuer/SoliZuschlag | 46.090,00 |
| | |
| Sozialversicherungsbeiträge | |
| - Rentenversicherung | 22.929,78 |
| - Arbeitslosenversicherung | 3.226,30 |
| - Krankenversicherung | 18.896,90 |
| - Pflegeversicherung | 2.246,89 |
| Arbeitnehmeranteil Sozialversicherung | 47.299,87 |
| | |
| Arbeitgeberanteil Sozialversicherung | 45.225,82 |
| | |
| Vermögenswirksame Leistungen | 2.304,50 |

69. Welcher Betrag wird am 31. Januar per Bank an die Angestellten überwiesen? Tragen Sie das Ergebnis in das Kästchen ein.

70. Wie lauten die Buchungssätze

a) zur Erfassung des Arbeitgeberanteils zur Sozialversicherung am 31. Januar?

| Soll | | | Haben |
|---|---|---|---|
| | | | |

b) für die Überweisung der Gehälter am 31. Januar?

| Soll | | | Haben |
|---|---|---|---|
| | | | |
| | | | |
| | | | |
| | | | |

c) für die Überweisung der vermögenswirksamen Leitungen die jeweiligen Träger am 31. Januar?

| Soll | | | Haben |
|---|---|---|---|
| | | | |

**Zu den nächsten sechs Aufgaben.**

**Den Aufgaben liegen folgende Angaben zugrunde:**
**Der Kirchensteuersatz beträgt 8 %, der Solidaritätszuschlag 5,5%. Es ist mit folgenden Sozialversicherungssätzen zu rechnen:**

| | |
|---|---|
| **Krankenversicherung** | **15,5 %** |
| **- davon Arbeitnehmeranteil** | **8,2 %** |
| **Rentenversicherung** | **18,9 %** |
| **Arbeitslosenversicherung** | **3,0 %** |
| **Pflegeversicherung** | **2,05 %** |
| **Pflegeversicherung für Kinderlose (ab Vollendung des 23. Lebensjahres)** | **0,25 %** |

**Beachten Sie außerdem die angefügte Steuertabelle.**
**Tragen Sie die Lösung jeweils in das vorgesehene Kästchen ein.**

71. Ein 22-jähriger Angestellter mit Lohnsteuerklasse I erhält monatlich 2.101,00 € brutto. Wie hoch ist sein Nettogehalt nach Abzug der Sozialversicherungsbeiträge und der Steuern?

72. Die Lohnabrechnung eines 26-jährigen Arbeiters enthält folgende Angaben: Bruttolohn 2.086,00 €, Lohnsteuerklasse III/0, Vermögenswirksame Leistungen des Arbeitnehmers 40,00 € (kein Arbeitgeberzuschuss), Vorschuss 250,00 €. Wie viel € beträgt der Auszahlungsbetrag?

73. Ein Arbeitnehmer, Steuerklasse IV/0, hat ein Bruttogehalt von 2.090,00 €. Nach der Geburt von Zwillingen scheidet seine Frau aus dem Berufsleben aus. Wie viel € beträgt die höchstmögliche monatliche Lohnsteuerersparnis des Arbeitnehmers gemäß beigefügter Tabelle?

74. Ein Angestellter erhält monatlich ein Gehalt in Höhe von 2.075,20 €. Er ist verheiratet und hat zwei Kinder (die Ehefrau ist nicht berufstätig). Das Unternehmen zahlt auf Grund einer tariflichen Vereinbarung zur Vermögensbildung einen Arbeitgeberzuschuss von monatlich 13,29 €. Wie viel € erhält der Angestellte, wenn er 40,00 € vermögenswirksam spart und außerdem noch eine Tilgungsrate für ein Arbeitgeberdarlehen von 100,00 € zu berücksichtigen ist?

75. Der Bruttolohn eines verheirateten, kirchensteuerpflichtigen Arbeitnehmers beträgt 2.154,00 €. Er hat die Steuerklasse III/2,0. Wie viel € beträgt das Nettogehalt unter Berücksichtigung eines monatlichen Steuerfreibetrages von 80,00 €?

76. Ein Arbeitnehmer, Steuerklasse II/1,0, hat ein Tarifgehalt von 2.075,00 €. Es wurde ein Sparvertrag nach dem 480-€-Gesetz (monatlich 40 €) abgeschlossen. Der Arbeitgeber trägt hiervon 50 %. Wie viel € erhält der Arbeitgeber ausgezahlt, wenn 250 € Vorschuss verrechnet werden?

## Allgemeine Monats-Lohnsteuertabelle 2013 Teil West

von 2073 € bis 2087.99 €, Kirchensteuer 8%

| Kinderfreibetrag | | | 0 | | 0,5 | | 1 | | 1,5 | | 2 | | 2,5 | | 3 | | 3,5 | | 4 | |
|---|---|---|---|---|---|---|---|---|---|---|---|---|---|---|---|---|---|---|---|---|
| ab € | StK | Steuer | SolZ | KiStr | SolZ | KiStr | SolZ | KiStr | SolZ | KiStr | SolZ | KiStr | SolZ | KiStr | SolZ | KiStr | SolZ | KiStr | SolZ | KiStr |
| 2.073,00 | | | | | | | | | | | | | | | | | | | | |
| | I | 234,66 | 12,90 | 18,77 | 8,67 | 12,62 | 0,88 | 6,83 | - | 2,00 | - | - | - | - | - | - | - | - | - | - |
| | II | 205,41 | - | - | 7,15 | 10,41 | - | 4,85 | - | 0,57 | - | - | - | - | - | - | - | - | - | - |
| | III | 47,66 | - | 3,81 | - | 0,13 | - | - | - | - | - | - | - | - | - | - | - | - | - | - |
| | IV | 234,66 | 12,90 | 18,77 | 10,75 | 15,64 | 8,67 | 12,62 | 6,65 | 9,68 | 0,88 | 6,83 | - | 4,23 | - | 2,00 | - | 0,14 | - | - |
| | V | 462,16 | 25,41 | 36,97 | - | - | - | - | - | - | - | - | - | - | - | - | - | - | - | - |
| | VI | 494,16 | 27,17 | 39,53 | - | - | - | - | - | - | - | - | - | - | - | - | - | - | - | - |
| 2.076,00 | | | | | | | | | | | | | | | | | | | | |
| | I | 235,33 | 12,94 | 18,82 | 8,71 | 12,67 | 1,00 | 6,88 | - | 2,04 | - | - | - | - | - | - | - | - | - | - |
| | II | 206,08 | - | - | 7,19 | 10,46 | - | 4,90 | - | 0,61 | - | - | - | - | - | - | - | - | - | - |
| | III | 48,00 | - | 3,84 | - | 0,16 | - | - | - | - | - | - | - | - | - | - | - | - | - | - |
| | IV | 235,33 | 12,94 | 18,82 | 10,79 | 15,70 | 8,71 | 12,67 | 6,69 | 9,73 | 1,00 | 6,88 | - | 4,27 | - | 2,04 | - | 0,17 | - | - |
| | V | 463,16 | 25,47 | 37,05 | - | - | - | - | - | - | - | - | - | - | - | - | - | - | - | - |
| | VI | 495,16 | 27,23 | 39,61 | - | - | - | - | - | - | - | - | - | - | - | - | - | - | - | - |
| 2.079,00 | | | | | | | | | | | | | | | | | | | | |
| | I | 236,08 | 12,98 | 18,88 | 8,74 | 12,72 | 1,13 | 6,93 | - | 2,07 | - | - | - | - | - | - | - | - | - | - |
| | II | 206,75 | - | - | 7,23 | 10,52 | - | 4,94 | - | 0,64 | - | - | - | - | - | - | - | - | - | - |
| | III | 48,50 | - | 3,88 | - | 0,18 | - | - | - | - | - | - | - | - | - | - | - | - | - | - |
| | IV | 236,08 | 12,98 | 18,88 | 10,83 | 15,76 | 8,74 | 12,72 | 6,72 | 9,77 | 1,13 | 6,93 | - | 4,32 | - | 2,07 | - | 0,20 | - | - |
| | V | 464,00 | 25,52 | 37,11 | - | - | - | - | - | - | - | - | - | - | - | - | - | - | - | - |
| | VI | 496,00 | 27,28 | 39,68 | - | - | - | - | - | - | - | - | - | - | - | - | - | - | - | - |
| 2.082,00 | | | | | | | | | | | | | | | | | | | | |
| | I | 236,75 | 13,02 | 18,94 | 8,78 | 12,77 | 1,26 | 6,98 | - | 2,11 | - | - | - | - | - | - | - | - | - | - |
| | II | 207,50 | - | - | 7,26 | 10,57 | - | 4,98 | - | 0,67 | - | - | - | - | - | - | - | - | - | - |
| | III | 49,00 | - | 3,92 | - | 0,22 | - | - | - | - | - | - | - | - | - | - | - | - | - | - |
| | IV | 236,75 | 13,02 | 18,94 | 10,87 | 15,81 | 8,78 | 12,77 | 6,76 | 9,83 | 1,26 | 6,98 | - | 4,36 | - | 2,11 | - | 0,23 | - | - |
| | V | 465,16 | 25,58 | 37,21 | - | - | - | - | - | - | - | - | - | - | - | - | - | - | - | - |
| | VI | 497,00 | 27,33 | 39,76 | - | - | - | - | - | - | - | - | - | - | - | - | - | - | - | - |
| 2.085,00 | | | | | | | | | | | | | | | | | | | | |
| | I | 237,50 | 13,06 | 19,00 | 8,81 | 12,82 | 1,38 | 7,03 | - | 2,14 | - | - | - | - | - | - | - | - | - | - |
| | II | 208,16 | - | - | 7,30 | 10,62 | - | 5,03 | - | 0,70 | - | - | - | - | - | - | - | - | - | - |
| | III | 49,50 | - | 3,96 | - | 0,25 | - | - | - | - | - | - | - | - | - | - | - | - | - | - |
| | IV | 237,50 | 13,06 | 19,00 | 10,90 | 15,86 | 8,81 | 12,82 | 6,79 | 9,88 | 1,38 | 7,03 | - | 4,40 | - | 2,14 | - | 0,26 | - | - |
| | V | 466,00 | 25,63 | 37,28 | - | - | - | - | - | - | - | - | - | - | - | - | - | - | - | - |
| | VI | 498,00 | 27,39 | 39,84 | - | - | - | - | - | - | - | - | - | - | - | - | - | - | - | - |

140 von 802

## Allgemeine Monats-Lohnsteuertabelle 2013 Teil West

von 2088 € bis 2102.99 €, Kirchensteuer 8%

| Kinderfreibetrag | | | 0 | | 0,5 | | 1 | | 1,5 | | 2 | | 2,5 | | 3 | | 3,5 | | 4 | |
|---|---|---|---|---|---|---|---|---|---|---|---|---|---|---|---|---|---|---|---|---|
| ab € | StK | Steuer | SolZ | KiStr | SolZ | KiStr | SolZ | KiStr | SolZ | KiStr | SolZ | KiStr | SolZ | KiStr | SolZ | KiStr | SolZ | KiStr | SolZ | KiStr |
| 2.088,00 | | | | | | | | | | | | | | | | | | | | |
| | I | 238,16 | 13,09 | 19,05 | 8,85 | 12,88 | 1,51 | 7,08 | - | 2,18 | - | - | - | - | - | - | - | - | - | - |
| | II | 208,83 | - | - | 7,33 | 10,67 | - | 5,08 | - | 0,74 | - | - | - | - | - | - | - | - | - | - |
| | III | 50,00 | - | 4,00 | - | 0,28 | - | - | - | - | - | - | - | - | - | - | - | - | - | - |
| | IV | 238,16 | 13,09 | 19,05 | 10,94 | 15,92 | 8,85 | 12,88 | 6,83 | 9,94 | 1,51 | 7,08 | - | 4,44 | - | 2,18 | - | 0,29 | - | - |
| | V | 467,00 | 25,68 | 37,36 | - | - | - | - | - | - | - | - | - | - | - | - | - | - | - | - |
| | VI | 498,83 | 27,43 | 39,90 | - | - | - | - | - | - | - | - | - | - | - | - | - | - | - | - |
| 2.091,00 | | | | | | | | | | | | | | | | | | | | |
| | I | 238,91 | 13,14 | 19,11 | 8,89 | 12,93 | 1,63 | 7,13 | - | 2,22 | - | - | - | - | - | - | - | - | - | - |
| | II | 209,50 | - | - | 7,37 | 10,72 | - | 5,12 | - | 0,77 | - | - | - | - | - | - | - | - | - | - |
| | III | 50,50 | - | 4,04 | - | 0,32 | - | - | - | - | - | - | - | - | - | - | - | - | - | - |
| | IV | 238,91 | 13,14 | 19,11 | 10,98 | 15,97 | 8,89 | 12,93 | 6,86 | 9,98 | 1,63 | 7,13 | - | 4,48 | - | 2,22 | - | 0,32 | - | - |
| | V | 467,83 | 25,73 | 37,42 | - | - | - | - | - | - | - | - | - | - | - | - | - | - | - | - |
| | VI | 500,00 | 27,50 | 40,00 | - | - | - | - | - | - | - | - | - | - | - | - | - | - | - | - |
| 2.094,00 | | | | | | | | | | | | | | | | | | | | |
| | I | 239,58 | 13,17 | 19,16 | 8,92 | 12,98 | 1,76 | 7,18 | - | 2,25 | - | - | - | - | - | - | - | - | - | - |
| | II | 210,25 | - | - | 7,41 | 10,78 | - | 5,16 | - | 0,80 | - | - | - | - | - | - | - | - | - | - |
| | III | 51,00 | - | 4,08 | - | 0,34 | - | - | - | - | - | - | - | - | - | - | - | - | - | - |
| | IV | 239,58 | 13,17 | 19,16 | 11,02 | 16,03 | 8,92 | 12,98 | 6,90 | 10,03 | 1,76 | 7,18 | - | 4,53 | - | 2,25 | - | 0,35 | - | - |
| | V | 468,83 | 25,78 | 37,50 | - | - | - | - | - | - | - | - | - | - | - | - | - | - | - | - |
| | VI | 501,00 | 27,55 | 40,08 | - | - | - | - | - | - | - | - | - | - | - | - | - | - | - | - |
| 2.097,00 | | | | | | | | | | | | | | | | | | | | |
| | I | 240,33 | 13,21 | 19,22 | 8,96 | 13,04 | 1,88 | 7,23 | - | 2,29 | - | - | - | - | - | - | - | - | - | - |
| | II | 210,91 | - | - | 7,44 | 10,82 | - | 5,21 | - | 0,83 | - | - | - | - | - | - | - | - | - | - |
| | III | 51,50 | - | 4,12 | - | 0,38 | - | - | - | - | - | - | - | - | - | - | - | - | - | - |
| | IV | 240,33 | 13,21 | 19,22 | 11,05 | 16,08 | 8,96 | 13,04 | 6,93 | 10,09 | 1,88 | 7,23 | - | 4,58 | - | 2,29 | - | 0,38 | - | - |
| | V | 469,83 | 25,84 | 37,58 | - | - | - | - | - | - | - | - | - | - | - | - | - | - | - | - |
| | VI | 502,00 | 27,61 | 40,15 | - | - | - | - | - | - | - | - | - | - | - | - | - | - | - | - |
| 2.100,00 | | | | | | | | | | | | | | | | | | | | |
| | I | 241,00 | 13,25 | 19,28 | 9,00 | 13,09 | 2,01 | 7,28 | - | 2,33 | - | - | - | - | - | - | - | - | - | - |
| | II | 211,58 | - | - | 7,48 | 10,88 | - | 5,26 | - | 0,86 | - | - | - | - | - | - | - | - | - | - |
| | III | 52,00 | - | 4,16 | - | 0,41 | - | - | - | - | - | - | - | - | - | - | - | - | - | - |
| | IV | 241,00 | 13,25 | 19,28 | 11,09 | 16,14 | 9,00 | 13,09 | 6,97 | 10,14 | 2,01 | 7,28 | - | 4,62 | - | 2,33 | - | 0,42 | - | - |
| | V | 470,66 | 25,88 | 37,65 | - | - | - | - | - | - | - | - | - | - | - | - | - | - | - | - |
| | VI | 502,83 | 27,65 | 40,22 | - | - | - | - | - | - | - | - | - | - | - | - | - | - | - | - |

141 von 802

## I. SCHLIESSEN SIE DIE UNTEN ABGEBILDETEN KONTEN AB.

**1. Wie viel € beträgt der Rohgewinn bei einem Anfangsbestand von € 10.000,00 und einem Schlussbestand lt. Inventur von € 1.000,00 (Siehe unten stehende Konten!)?**

| S | Waren (Handelswaren) | | H |
|---|---|---|---|
| ..... | 5.000 | | |

| S | Aufwendungen f. Waren | | H |
|---|---|---|---|
| | | | |

| S | Bezugskosten f. Waren. | | H |
|---|---|---|---|
| ..... | 200 | | |

| S | Umsatzerlöse f. Waren | | H |
|---|---|---|---|
| | | ..... | 20.000 |

| S | Erlösberichtigungen Waren | | H |
|---|---|---|---|
| ..... | 500 | | |

| S | GuV | | H |
|---|---|---|---|
| | | | |

**2. Schließen Sie die unten stehenden Konten eines Großhandelsbetriebes ab! Der Warenschlussbestand beträgt € 160.000. Wie viel € beträgt der Warenrohgewinn?**

| S | Waren (Handelswaren) | | H |
|---|---|---|---|
| AB | 100.000 | ..... | 46.000 |
| ..... | 1.500.000 | | |

| S | Aufwendungen f. Waren | | H |
|---|---|---|---|
| | | | |

| S | Bezugskosten f. Waren | | H |
|---|---|---|---|
| ..... | 20.000 | | |

| S | Umsatzerlöse f. Waren | | H |
|---|---|---|---|
| | | ..... | 2.238.000 |

| S | Erlösberichtigungen | | H |
|---|---|---|---|
| ..... | 38.000 | | |

| S | Frachten u. Fremdlager | | H |
|---|---|---|---|
| ..... | 6.000 | | |

| S | Nachlässe f. Waren | | H |
|---|---|---|---|
| | | ..... | 14.000 |

| S | GuV | | H |
|---|---|---|---|
| | | | |

| S | SBK | | H |
|---|---|---|---|
| | | | |

**3. Die Warenkonten weisen folgende Beträge auf:**

| | |
|---|---|
| Anfangsbestand Waren (Handelswaren) | 20.200,00 € |
| Wareneingang | 125.000,00 € |
| Bezugskosten für Handelswaren | 800,00 € |
| Nachlässe für Waren | 600,00 € |
| Schlussbestand lt. Inventur | 26.400,00 € |

**Wie viel € beträgt der Wareneinsatz zu Einstandspreisen?**

**4. Schließen Sie nachstehende Konten eines Handelsbetriebes ab.**

a) a) Der Inventurbestand der Waren beträgt € 20.000,00. Wie viel € beträgt der Wareneinsatz bzw. der Wert der verkauften Waren zum Einstandspreis?

b) b) Wie viel € beträgt der Reingewinn

**S — Waren (Handelswaren) — H**

| S | | H | |
|---|---|---|---|
| AB | 30.000 | | |
| ..... | 71.000 | | |

**S — Aufwendungen f. Waren — H**

| S | | H | |
|---|---|---|---|
| | | | |

**S — Bezugskosten f. Waren — H**

| S | | H | |
|---|---|---|---|
| ..... | 2.000 | | |

**S — Umsatzerlöse f. Waren — H**

| S | | H | |
|---|---|---|---|
| EB | 4.000 | ..... | 214.000 |

**S — Abschreibungen — H**

| S | | H | |
|---|---|---|---|
| BGA | 10.000 | | |

**S — Frachten u. Fremdlager — H**

| S | | H | |
|---|---|---|---|
| ..... | 12.000 | | |

**S — Nachlässe f. Waren — H**

| S | | H | |
|---|---|---|---|
| | | ..... | 3.000 |

**S — GuV — H**

| S | | H | |
|---|---|---|---|
| Gehälter | 43.000 | | |
| Mieten | 20.000 | | |
| Steuern | 20.000 | | |

**S — SBK — H**

| S | | H | |
|---|---|---|---|
| | | | |

**5. Schließen Sie die unten stehenden Konten unter Berücksichtigung der folgenden Angaben ab! Wie viel € beträgt der Gewinn?**

***SB Fertigerzeugnisse 85.000,00 €***

| S | Fertigerzeugnisse | | H |
|---|---|---|---|
| ..... | 100.000 | | |

| S | Umsatzerlöse Fertigerzeugnisse | | H |
|---|---|---|---|
| | | ..... | 80.000 |

| S | Bestandsveränderungen | | H |
|---|---|---|---|
| | | | |

| S | Erlösberichtigungen | | H |
|---|---|---|---|
| ..... | 5.000 | | |

| S | GuV | | H |
|---|---|---|---|
| AfA Sachanlagen | 5.000 | | |
| Löhne | 40.000 | | |

**6. Wie hoch sind die im GuV ausgewiesenen Aufwendungen für Rohstoffe, wenn die unten stehenden Werte zugrunde zu legen sind?**

| | |
|---|---|
| Anfangsbestand Rohstoffe | 100.000,00 € |
| Rohstoffeingänge | 1.010.000,00 € |
| Bezugskosten für Rohstoffe | 20.000,00 € |
| Nachlässe für Rohstoffe | 5.000,00 € |
| Schlussbestand Rohstoffe lt. Inventur | 320.500,00 € |

**7. Schließen Sie nachfolgende Konten ab, indem Sie noch folgende Angaben berücksichtigen! Wie hoch ist der Gewinn?**

| | |
|---|---|
| AB Unfertige Erzeugnisse | 55.000,00 € |
| SB Unfertige Erzeugnisse | 68.000,00 € |
| SB Fertigerzeugnisse | 90.000,00 € |

**Fertigerzeugnisse (FE)**

| S | | | H |
|---|---|---|---|
| ..... | 120.000 | | |

**Unfertige Erzeugnisse (UFE)**

| S | | | H |
|---|---|---|---|
| | | | |

**Umsatzerlöse Fertigerzeugnisse**

| S | | | H |
|---|---|---|---|
| | | ..... | 97.000 |

**Bestandsveränderungen FE**

| S | | | H |
|---|---|---|---|
| | | | |

**Bestandsveränderungen UFE**

| S | | | H |
|---|---|---|---|
| | | | |

**Erlösberichtigungen**

| S | | | H |
|---|---|---|---|
| ..... | 3.000 | | |

**GuV**

| S | | | H |
|---|---|---|---|
| AfA Sachanlagen | 10.000 | | |
| Löhne | 42.000 | | |

**8. Schließen Sie unten stehende Konten unter Berücksichtigung nachstehender Angaben ab und ermitteln Sie den Gewinn/Verlust!**

| | |
|---|---|
| AB Fertigerzeugnisse | 75.000,00 € |
| SB Fertigerzeugnisse | 95.000,00 € |
| AB Unfertige Erzeugnisse | 45.000,00 € |
| SB Unfertige Erzeugnisse | 30.000,00 € |

| S | Fertigerzeugnisse (FE) | H |
|---|---|---|
| | | |

| S | Unfertige Erzeugnisse (UFE) | H |
|---|---|---|
| | | |

| S | Umsatzerlöse Fertigerzeugnisse | | H |
|---|---|---|---|
| | | ..... | 35.000 |

| S | Bestandsveränderungen FE | H |
|---|---|---|
| | | |

| S | Bestandsveränderungen UFE | H |
|---|---|---|
| | | |

| S | | Erlösberichtigungen | H |
|---|---|---|---|
| ..... | 4.000 | | |

| S | GuV | H |
|---|---|---|
| | | |

## II. ERMITTELN SIE DIE ERGEBNISSE BZW. KREUZEN SIE DIE ZUTREFFENDEN LÖSUNGEN AN.

**Situation zur nächsten Aufgabe**

**Sie werden beauftragt, die Umsatzsteuer-Voranmeldung für den vergangenen Monat durchzuführen. Dazu liegen Ihnen folgende Daten vor:**

| | Steuersatz in Prozent | Umsatz netto in € | Umsatzsteuer in € | Vorsteuer in € |
|---|---|---|---|---|
| Ausgangsrechnungen | 19 | 1.540.000,00 | 292.600,00 | |
| Erlösberichtigungen | 19 | 25.400,00 | 4.826,00 | |
| Eingangsrechnungen | 19 | 670.900,00 | | 127.471,00 |
| Eingangsrechnungen | 7 | 350,00 | | 24,50 |
| Nachlässe | 19 | 34.500,00 | | 6.555,00 |

9. **Ermitteln Sie**
   **a) die Summe der Umsatzsteuer.**
   **b) die zu verrechnende Vorsteuer**
   **c) den an das Finanzamt zu überweisenden Betrag?**
   **Tragen Sie die Ergebnisse in das Kästchen ein.**

**Siehe zu den nächsten fünf Aufgaben nachstehende Bilanz.**

Aktiva — 31. Dezember — Passiva

| Aktiva | in TEUR | Passiva | in TEUR |
|---|---|---|---|
| Anlagevermögen | | Eigenkapital | 9 000 |
| Gebäude | 5 000 | | |
| Maschinen | 1 560 | Langfristiges Fremdkapital | |
| Betriebs- und Geschäftsausstattung | 880 | Hypotheken | 2 940 |
| Fuhrpark | 760 | Darlehen | 3 740 |
| Umlaufvermögen | | Kurzfristiges Fremdkapital | |
| Roh-/Hilfs-/Betriebsstoffe | 4 000 | Verbindlichkeiten aus Lieferungen | |
| Fertige / Unfertige Erzeugnisse | 1 800 | und Leistungen | 3 920 |
| Forderungen aus Lieferungen und | | Sonstige Verbindlichkeiten | 400 |
| Leistungen | 4 200 | | |
| Flüssige Mittel | 1 800 | | |
| | 20 000 | | 20 000 |

10. **Wie viel Prozent beträgt der Deckungsgrad des Anlagevermögens durch das Eigenkapital? Tragen Sie das Ergebnis in das Kästchen ein.**

11. **Wie viel Prozent beträgt der Anteil des Anlagevermögens zum 31. Dezember am Gesamtvermögen? Tragen Sie das Ergebnis in das Kästchen ein.**

12. **Wie hoch ist die Eigenkapitalquote? Tragen Sie das Ergebnis in das Kästchen ein.**

13. **Ermitteln Sie die Liquidität 1. Grades (auf 2 Stellen hinter dem Komma runden). Tragen Sie das Ergebnis in das Kästchen ein.**

14. **Die Vorjahresbilanz wies am 31. Dezember ein Eigenkapital von 8.938 T€ aus. Wie hoch war der Gewinn in T€, wenn im laufenden Jahr Privatentnahmen von insgesamt 170 T€ gemacht wurden? Tragen Sie das Ergebnis in das Kästchen ein.**

**Siehe zu den nächsten zwei Aufgaben nachstehende Bilanz.**

Verkürzte Bilanz am 31.12.20..

| Aktiva | in T€ | Passiva | in T€ |
|---|---|---|---|
| A. Anlagevermögen | | A. Eigenkapital | 8.100 |
| Unbebaute und bebaute Grundstücke | 2.500 | | |
| Technische Anlagen und Maschinen | 7.000 | B. Verbindlichkeiten | |
| Betriebs- und Geschäftsausstattung | 1.400 | Verbindlichkeiten gegenüber Kreditinstituten | |
| B. Umlaufvermögen | | Langfristige Bankverbindlichkeiten | 5.400 |
| Roh-, Hilfs- und Betriebsstoffe | 500 | Kurzfristige Bankverbindlichkeiten | 875 |
| Unfertige Erzeugnisse | 350 | Verbindlichkeiten aus Lieferungen | |
| Fertige Erzeugnisse | 500 | und Leistungen | 4.800 |
| Handelswaren | 200 | Wechselverbindlichkeiten | 500 |
| Forderungen aus Lieferungen und | | Sonstige Verbindlichkeiten | 1.800 |
| Leistungen | 5.000 | | |
| Sonstige Forderungen | 250 | C. Rechnungsabgrenzungsposten | 70 |
| Flüssige Mittel | 3.797 | | |
| C. Rechnungsabgrenzungsposten | 48 | | |
| | 21.545 | | 21.545 |

**15. Mit wie viel Prozent ist das Anlagevermögen durch das Eigenkapital (Deckungsgrad I) gedeckt (Ergebnis auf 2 Nachkommastellen runden!? Tragen Sie das Ergebnis in das Kästchen ein!**

**16. In welchem Fall stimmt die zeitliche Abgrenzung mit den Zahlen der oben abgebildeten Bilanz überein?**

a) Es wurden Aufwendungen in Höhe von 118.000,00 € in das neue Geschäftsjahr übertragen.
b) Es wurden Aufwendungen in Höhe von 22.000,00 € zusätzlich in das alte Geschäftsjahr aufgenommen.
c) Es wurden Aufwendungen in Höhe von 48.000,00 € in das neue Geschäftsjahr übertragen.
d) Es wurden Aufwendungen in Höhe von 250.000,00 € zusätzlich in das alte Geschäftsjahr aufgenommen.
e) Es wurden Aufwendungen in Höhe von 70.000,00 € in das neue Geschäftsjahr übernommen.

**17. Auf der Aktivseite der Bilanz ist zum Jahresende ein Jahresabgrenzungsposten von 32.678,98 ausgewiesen. Worum handelt es sich bei dieser Betrag?**

a) Es handelt sich um Rückstellungen für im neuen Jahr zu erwartende Steuernachzahlungen.
b) Es handelt sich um Forderungen aus Lieferungen und Leistungen, die im neuen Jahr zu erwarten sind.
c) Es handelt sich um Aufwendungen, die bereits gezahlt wurden, die aber erst im neuen Jahr die Gewinn- und Verlustrechnung belasten.
d) Es handelt sich um Erträge, die bereits dem Unternehmen zugeflossen sind, die aber erst im neuen Jahr über das Gewinn- und Verlustkonto abgerechnet werden.
e) Es handelt sich um übrige sonstige Forderungen gegenüber dem Finanzamt aus dem Vorsteuerüberhang vom Dezember letzten Jahres.

**18. Bei den Buchungen zum Jahresabschluss unterläuft dem Buchhalter der Fehler, dass er statt der Abgrenzungsbuchung „<u>Aktive RAP an Betriebskosten, Instandhaltung</u>" versehentlich die Buchung „<u>Privatentnahmen an Betriebskosten, Instandhaltung</u>" vornimmt. Welche Folge hat dieser Fehler?**

a) Der Gewinn des laufenden Jahres ist unzutreffend hoch.
b) Der Gewinn des laufenden Jahres ist unzutreffend niedrig.
c) Das Eigenkapital wird zum Bilanzstichtag des Abschlussjahres zu hoch ausgewiesen.
d) Das Eigenkapital wird zum Bilanzstichtag des Abschlussjahres zu niedrig ausgewiesen.
e) Die Falschbuchung hat keine Auswirkung auf die Höhe des Eigenkapitals zum Jahresabschluss.

**19. In welchem Fall ist die Bildung einer Rückstellung erforderlich?**

a) Eine am 14.12. gebuchte Lieferantenrechnung vom 12.12. wird erst am 05.01. des nächsten Jahres per Bank bezahlt.
b) Ein Kunde begleicht unsere Rechnung vom 19.12. erst am 05.01. des nächsten Jahres unter Abzug von Skonto durch Postbank.
c) Die im Dezember fälligen Darlehenszinsen werden erst im Januar bezahlt.
d) Mit Schreiben vom 12.12. kündigt das Finanzamt für Mitte Januar des nächsten Jahres eine Einkommensteuernachzahlung in Höhe von etwa 2.500,00 € an.
e) Eine am 19.12. festgestellte notwendige Reparatur in Höhe von etwa 2.500,00 € an einem Lieferwagen kann erst im Januar des nächsten Jahres durchgeführt werden.

**20. Welcher Geschäftsfall berührt das Konto Sonstige Forderungen?**

a) Wir zahlen die Dezember- und Januarmiete schon im Dezember.
b) Wir zahlen die Dezember- und Januarmiete erst im Januar.
c) Wir erhielten die Dezember- und Januarmiete schon am Anfang Dezember.
d) Wir erhalten die Dezember- und Januarmiete erst im Januar.
e) Wir erhalten die Januar- und Februarmiete erst im Januar.
f) Wir zahlen die Januar- und Februarmiete erst Ende Januar.

**21. Ordnen Sie zu!**

**Abschlussangaben zum 31.12.**

a) Die Kfz-Steuer wurde im Voraus bezahlt.
b) Die Miete für eine Lagerhalle ist von uns noch nicht bezahlt.
c) Darlehenszinsen sind uns im Voraus überwiesen worden.
d) Der Kostenvoranschlag unseres Rechtsanwaltes für einen noch nicht abgeschlossenen Rechtsstreit liegt vor.
e) Unsere Feuerversicherungsprämie wurde am 01.11. für ein Jahr im Voraus bezahlt.
f) Darlehenszinsen sind noch nicht an uns überwiesen worden.
g) Das Finanzamt hat den Vorsteuerüberhang noch nicht überwiesen.

**Bilanzkonten**

[ ] Rückstellungen
[ ] Passive Rechnungs-abgrenzungsposten
[ ] Sonstige Verbindlichkeiten

**22. Wodurch entstehen „Stille Reserven" in der Bilanz?**

a) Durch die Überbewertung des Warenbestandes
b) Durch die Bildung von niedrigen Rückstellungen
c) Durch die Unterbewertung der Passivseite
d) Durch die Überbewertung der Aktivseite
e) Durch die Bildung von überhöhten Wertberichtigungen
f) Durch die Bildung von hohen Rücklagen

**23. Durch den Jahresabschluss werden folgende Beträge ermittelt:**

| | |
|---|---|
| **Wareneinsatz (netto)** | **€ 1.800.000,--** |
| **Warenumsatz (netto)** | **€ 2.400.000,--** |
| **Reingewinn** | **€ 148.000,--** |
| **Eigenkapital** | **€ 3.700.000,--** |

**Welche Aussage zur Auswertung des Jahresabschlusses ist richtig?**

a) Der Warenrohgewinn beträgt 6,2 %.
b) Die Rentabilität des Eigenkapitals beträgt 4 %.
c) Der Handlungskostenzuschlag beträgt 25 %.
d) Die Handelsspanne beträgt 33 1/3 %.
e) Die Liquidität beträgt 35,1 %.

**24. Welche Bilanzkennziffer kann man durch die Formel:**
***Flüssige Mittel* / Kurzfristige *Verbindlichkeiten* ermitteln?**

a) Vermögensaufbau
b) Investierung
c) Finanzierung
d) Liquidität
e) Unternehmungsrentabilität
f) Umsatzrentabilität

**25. Was besagt die „Goldene Bilanzregel"?**

a) Das Anlagevermögen und die Mindestvorräte sollen durch Eigenkapital und langfristiges Fremdkapital, das übrige Umlaufvermögen durch mittel- und kurzfristiges Fremdkapital gedeckt sein.

b) Eigen- und Fremdkapital sollen möglichst gleich groß sein.

c) Das Anlagevermögen und die Mindestvorräte sollen durch Eigenkapital und kurzfristiges Fremdkapital, das übrige Umlaufvermögen durch langfristiges Fremdkapital gedeckt sein.

d) Das Anlagevermögen soll durch langfristiges Fremdkapital, das Umlaufvermögen durch Eigenkapital und kurzfristiges Fremdkapital gedeckt sein.

e) Das Umlaufvermögen soll durch Eigenkapital, das Anlagevermögen durch lang- und mittelfristiges Fremdkapital gedeckt sein.

**26. Ordnen Sie zu!**

**Aussagen**

a) Gibt Auskunft über die Verzinsung des Kapitals.

b) Zeigt den Jahresüberschuss in Prozent des Umsatzes.

c) Stellt die Forderungen den kurzfristigen Verbindlichkeiten gegenüber.

d) Zeigt, in welcher Höhe das Anlagevermögen durch Eigenkapital finanziert ist.

e) Drückt das Verhältnis zwischen Kosten und Leistungen aus.

f) Zeigt, in welcher Höhe flüssige Mittel reichen, um die kurzfristigen Verbindlichkeiten zu decken.

g) Gibt an, wie viel Prozent das Eigenkapital am Gesamtkapital beträgt.

**Kennziffern zum Jahresabschluss**

[ ] Deckungsgrad I

[ ] Liquidität 1. Grades

[ ] Umsatzrentabilität

**27. Welche Kapitalausstattung führt zur größten Rentabilität des Eigenkapitals (alle Angaben in €)?**

| | Gesamtkapital | Eigenkapital | Fremdkapital | Kosten des Fremdkapitals | Gewinn |
|---|---|---|---|---|---|
| a) | 200 000 | 50 000 | 150 000 | 15 000 | 5 000 |
| b) | 200 000 | 100 000 | 100 000 | 12 000 | 8 000 |
| c) | 200 000 | 100 000 | 100 000 | 10 000 | 10 000 |
| d) | 200 000 | 100 000 | 100 000 | 6 000 | 14 000 |
| e) | 200 000 | 200 000 | -- | -- | 20 000 |

**28. Ein Unternehmen hat am 01.12. vereinbarungsgemäß 6 % Zinsen auf ein Darlehen über 60.000,00 € für ein Halbjahr im Voraus durch Banküberweisung gezahlt. Am 31.12. wurde die entsprechende Abgrenzungsbuchung vorgenommen. Wie ist im neuen Jahr die Rechnungsabgrenzung aufzulösen?**

| | | | | |
|---|---|---|---|---|
| a) | Zinsaufwendungen | **an** | Aktive Jahresabgrenzung | 3.300,00 € |
| b) | Zinsaufwendungen | **an** | Aktive Jahresabgrenzung | 300,00 € |
| c) | Zinsaufwendungen | **an** | Aktive Jahresabgrenzung | 1.500,00 € |
| d) | Aktive Jahresabgrenzung | **an** | Zinsaufwendungen | 3.300,00 € |
| e) | Aktive Jahresabgrenzung | **an** | Zinsaufwendungen | 300,00 € |
| f) | Aktive Jahresabgrenzung | **an** | Zinsaufwendungen | 1.500,00 € |

**29. Welcher Geschäftsfall liegt der Buchung „Zinsaufwendungen an Aktive Jahresabgrenzung" zugrunde?**

a) Stornierung zuviel gezahlter Zinsen

b) Stornierung zuviel erhaltener Zinsen

c) Bildung einer Rechnungsabgrenzung für bereits gezahlte Zinsen

d) Bildung einer Rechnungsabgrenzung für noch zu zahlende Zinsen

e) Auflösung einer Rechnungsabgrenzung, die für bereits gezahlte Zinsen gebildet war

f) Auflösung einer Rechnungsabgrenzung, die für noch zu zahlende Zinsen gebildet war

**30. Die Feuerversicherung für das Geschäftsgebäude in Höhe von 360,00 € wurde am 01.10. des vorigen Jahres im Voraus per Postbank überwiesen und bei unseren zeitlichen Abgrenzungen zum 31.12. berücksichtigt. Wie lautet die Buchung zum 02.01. nach Kontenöffnung?**

a) 2900 **an** 6700 360,00 €

b) 6700 **an** 2900 270,00 €

c) 6900 **an** 4900 270,00 €

d) 6900 **an** 2900 270,00 €

e) 4890 **an** 2850 270,00 €

f) 2900 **an** 6900 360,00 €

**31. Ordnen Sie zu!**

**Abschlussangaben zum 31.12.**

a) Die Kfz-Versicherung wurde im Voraus bezahlt.
b) Die Hypothekenzinsen sind noch zu bezahlen.
c) Die Darlehenszinsen sind noch nicht bei uns eingegangen.
d) Die Darlehenszinsen sind im Voraus an uns gezahlt worden.
e) Der Bescheid für die Prozesskosten ist noch nicht bei uns eingegangen.
f) Die Geschäftsausstattung wird indirekt abgeschrieben.
g) Die Pacht für unser Grundstück ist noch nicht an uns gezahlt.

**Bilanzkonten**

[ ] Aktive Jahresabgrenzung
[ ] Passive Rechnungsabgrenzung
[ ] Sonstige Rückstellungen für Aufwendungen
[ ] Sonstige Verbindlichkeit
[ ] Sonstige Forderungen

**32. Wie werden Ausgaben, die vor dem Bilanzstichtag anfielen, aber Aufwendungen für das kommende Jahr darstellen, in der Bilanz ausgewiesen?**

a) Als Sonstige Vermögensgegenstände
b) Als Sonstige Verbindlichkeiten
c) Als Aktive Jahresabgrenzung
d) Als Passive Rechnungsabgrenzung
e) Als Rückstellungen
f) Als Rücklagen

**33. Wie wirkt sich die Aktive Jahresabgrenzung auf die Erfolgsrechnung des neuen Jahres aus?**

a) Der Aufwand wird vermindert.
b) Der Aufwand wird erhöht.
c) Der Ertrag wird vermindert.
d) Der Ertrag wird erhöht.
e) Die Erfolgsrechnung bleibt unverändert.

**34. Wie wirkt sich die Passive Rechnungsabgrenzung auf die Erfolgsrechnung des alten Jahres aus?**

a) Der Ertrag wird erhöht.
b) Der Ertrag wird vermindert.
c) Der Aufwand wird erhöht.
d) Der Aufwand wird vermindert.
e) Sie wirkt sich auf die Erfolgsrechnung nicht aus.

**35. Wie werden Einnahmen, die vor dem Bilanzstichtag anfielen, aber Erträge für das kommende Jahr darstellen, in der Bilanz ausgewiesen?**

a) Als Sonstige Forderungen
b) Als Sonstige Verbindlichkeiten
c) Als Aktive Jahresabgrenzung
d) Als Passive Rechnungsabgrenzung
e) Als Rückstellungen
f) Als Wertberichtigungen

**36. Wie wirkt sich die Bildung von Sonstigen Verbindlichkeiten im Rahmen der zeitlichen Abgrenzung auf die Erfolgsrechnung des alten Jahres aus?**

a) Der Ertrag wird erhöht.
b) Der Ertrag wird vermindert.
c) Der Aufwand wird erhöht.
d) Der Aufwand wird vermindert.
e) Die Erfolgsrechnung bleibt unverändert.

**37. Wie wirkt sich die Auflösung der Passiven Rechnungsabgrenzung auf die Erfolgsrechnung des neuen Jahres aus?**

a) Der Ertrag wird erhöht.
b) Der Ertrag wird vermindert.
c) Der Aufwand wird vermindert.
d) Der Aufwand wird erhöht.
e) Die Erfolgsrechnung bleibt unverändert.

**38. Wir erhalten die Darlehenszinsen für die Monate Dezember bis Februar von 300,00 € erst am 28. Februar durch Banküberweisung. Welcher Buchungssatz am 28. Februar ist richtig?**

a) 2800 300,00 € **an** 4900 300,00 €

b) 2800 300,00 € **an** 2690 300,00 €

c) 2800 300,00 € **an** 4900 100,00 € / 5710 200,00 €

d) 2800 300,00 € **an** 2690 100,00 € / 5710 200,00 €

e) 2800 300,00 € **an** 2690 200,00 € / 5710 100,00 €

**39. Wir zahlen die Zinsen für eine Hypothek für die Monate November d. J. bis April n. J. in Höhe von 1.200,00 € erst am 30. April n. J. durch Banküberweisung. Wie lautet die Buchung am 30. April?**

| | | | | |
|---|---|---|---|---|
| a) | 4890 Sonstige Verbindl.<br>7510 Zinsaufwendungen | 800,00<br>400,00 | **an** | 2800 Guthaben bei Kreditinstituten (Bank) 1.200,00 |
| b) | 4890 Sonstige Verbindl.<br>7510 Zinsaufwendungen | 400,00<br>800,00 | **an** | 2800 Guthaben bei Kreditinstituten (Bank) 1.200,00 |
| c) | 4900 Passive RAP<br>7510 Zinsaufwendungen | 800,00<br>400,00 | **an** | 2800 Guthaben bei Kreditinstituten (Bank) 1.200,00 |
| d) | 4900 Passive RAP<br>7510 Zinsaufwendungen | 400,00<br>800,00 | **an** | 2800 Guthaben bei Kreditinstituten (Bank) 1.200,00 |
| e) | 7510 Zinsaufwendungen | 1.200,00 | **an** | 2800 Guthaben bei Kreditinstituten (Bank) 1.200,00 |
| f) | 4890 Sonstige Verbindl. | 1.200,00 | **an** | 2800 Guthaben bei Kreditinstituten (Bank) 1.200,00 |
| g) | 4900 Passive RAP | 1.200,00 | **an** | 2800 Guthaben bei Kreditinstituten (Bank) 1.200,00 |

**40. Ein Buchungssatz zum 31.12. lautet:**
**Rechts- und Beratungskosten an Sonst. Rückstellungen für Aufwendungen 3.000,00 €**
**Welcher Sachverhalt wird angesprochen?**

a) Für eine zu erwartende Gewerbesteuernachzahlung über 3.000,00 € wird eine Rückstellung gebildet.

b) Eine Rechnung für Gerichtskosten für einen verlorenen Prozess (betrieblich) geht ein. Eine Rückstellung von 3.000,00 € wird gebildet.

c) Ein Prozess entwickelt sich ungünstig für uns. Die Kosten werden auf 3.000,00 € geschätzt.

d) Eine Rückstellung für eine noch zu erwartende Heizölrechnung in Höhe von 3.000,00 € wird gebildet.

e) Eine Rückstellung über 3.000,00 € für eine zu erwartende Reparaturrechnung an der Heizungsanlage wird gebildet.

**41. Am 31.12. wurde wie folgt gebucht:**
**Aktive Jahresabgrenzung an Mieten, Pachten 1.000,00 €.**
**Welcher Sachverhalt liegt dieser Buchung zugrunde?**

a) Periodengerechte Abgrenzung des Mietaufwandes; im alten Wirtschaftsjahr wird der Aufwand erhöht.

b) Periodengerechte Abgrenzung der Erträge aus Vermietung und Verpachtung; im alten Wirtschaftsjahr wird der Ertrag gemindert.

c) Periodengerechte Abgrenzung der noch zu zahlenden Miete; der Aufwand wird im alten Wirtschaftsjahr gemindert.

d) Periodengerechte Abgrenzung der noch ausstehenden Mieteinnahmen; der Ertrag wird im alten Wirtschaftsjahr erhöht.

e) Periodengerechte Abgrenzung des Mietaufwandes; im alten Wirtschaftsjahr wird der Aufwand gemindert.

**42. Welchem Geschäftsfall liegt folgende Buchung zugrunde?**
**Sonstige Verbindlichkeiten**
**Mieten, Pachten an Guthaben bei Kreditinstituten (Bank)**

a) Ein Mieter überweist uns die Miete für das alte und das laufende Geschäftsjahr im Januar. Buchung im laufenden Geschäftsjahr.

b) Wir überweisen im Januar Miete für das alte und das laufende Geschäftsjahr. Buchung am Bilanzstichtag des alten Jahres.

c) Wir überweisen im Januar Miete für das alte und das laufende Geschäftsjahr. Buchung bei Zahlung im laufenden Geschäftsjahr.

d) Wir haben die Miete für das abgelaufene Geschäftsjahr noch nicht gezahlt. Buchung am Bilanzstichtag.

e) Wir zahlen die Miete im Voraus für das nächste Geschäftsjahr.

**43. Wie werden Aufwendungen, die das alte Geschäftsjahr betreffen, aber nicht in ihrer genauen Höhe und Fälligkeit feststehen, in der Bilanz ausgewiesen?**

a) Als Sonstige Verbindlichkeiten
b) Als Sonstige Forderungen
c) Als Passive Rechnungsabgrenzungsposten
d) Als Aktive Jahresabgrenzungsposten
e) Als Rückstellungen

**44. Bei den Buchungen zum Jahresabschluss unterläuft dem Buchhalter der Fehler, dass er statt der Abgrenzungsbuchung „Aktive Jahresabgrenzung an Fremdinstandhaltung" versehentlich die Buchung „Privatkonto an Fremdinstandhaltung" vorgenommen hat. Welche Folge hat dieser Fehler?**

a) Der Gewinn des laufenden Jahres ist unzutreffend hoch.
b) Der Gewinn des laufenden Jahres ist unzutreffend niedrig.
c) Das Eigenkapital wird zum Bilanzstichtag des Abschlussjahres zu hoch ausgewiesen.
d) Das Eigenkapital wird zum Bilanzstichtag des Abschlussjahres zu niedrig ausgewiesen.
e) Die Falschbuchung hat keine Auswirkung auf die Höhe des Eigenkapitals zum Jahresabschluss.

**45. Von unserer normalen Forderung über brutto 2.380,00 € gehen 40 % in diesem Jahr auf der Bank ein. Der Rest ist uneinbringlich geworden. Welche Buchung ist zutreffend?**

| | Soll | Betrag | | Haben | Betrag |
|---|---|---|---|---|---|
| a) | Guthaben bei Kreditinstituten (Bank) | 952,00 | | | |
| | Abschreibungen auf Forderungen | 1.200,00 | | | |
| | Umsatzsteuer | 228,00 | **an** | Forderungen aus Lieferungen und Leistungen | 2.380,00 |
| b) | Guthaben bei Kreditinstituten (Bank) | 800,00 | | | |
| | Abschreibungen auf Forderungen | 1.428,00 | | | |
| | Umsatzsteuer | 152,00 | **an** | Forderungen aus Lieferungen und Leistungen | 2.320,00 |
| c) | Guthaben bei Kreditinstituten (Bank) | 952,00 | | | |
| | Abschreibungen auf Forderungen | 1.428,00 | **an** | Forderungen aus Lieferungen und Leistungen | 2.320,00 |
| d) | Guthaben bei Kreditinstituten (Bank) | 952,00 | **an** | Forderungen aus Lieferungen und Leistungen | 952,00 |
| e) | Guthaben bei Kreditinstituten (Bank) | 1.428,00 | | | |
| | Abschreibungen auf Forderungen | 800,00 | | | |
| | Umsatzsteuer | 152,00 | **an** | Forderungen aus Lieferungen und Leistungen | 2.320,00 |

**46. Die Bavaria Fahrradwerke KG hat Büroräume für 2.500,00 € monatlich gemietet. Die Mieten wurden am 01.11. für ein Vierteljahr im Voraus gezahlt und als Aufwand gebucht. Wie ist am 31.12. zu buchen?**

| | Soll | Betrag | | Haben | Betrag |
|---|---|---|---|---|---|
| a) | Mieten, Pachten | 5000,00 | **an** | Sonstige Verbindlichkeiten | 5000,00 |
| b) | Aktive Jahresabgrenzung | 2500,00 | **an** | Mieten, Pachten | 2500,00 |
| c) | Passive RAP | 5000,00 | **an** | Nebenerlöse aus Vermiet. u. Verpacht. | 5000,00 |
| d) | Mieten, Pachten | 2500,00 | **an** | Aktive Jahresabgrenzung | 2.500,00 |
| e) | Mieten, Pachten | | **an** | Passive RAP | 2.500,00 |

**47. Ordnen Sie zu!**

**Geschäftsfälle zum 31.12.**

a) Wir haben noch Hypothekenzinsen zu zahlen.
b) Wir haben noch Miete zu erhalten.
c) Wir haben noch mit einer Gewerbesteuernachzahlung zu rechnen.
d) Kassenfehlbestand
e) Wir haben Miete im Voraus erhalten.
f) Wir haben Kfz-Steuer im Voraus bezahlt.
g) Noch nicht ausgeschütteter Gewinn
h) Direkte Abschreibung auf Gebäude.

**Bilanzposten**

[ ] Aktive Jahresabgrenzung

[ ] Übrige sonstige Forderungen

[ ] Steuerrückstellungen

[ ] Passive Rechnungsabgrenzung

**48. Welche Aussage über zeitliche Abgrenzung ist richtig?**

a) Übrige sonstige Forderungen sind zu buchen, wenn im alten Jahr ein Ertrag berücksichtigt werden muss, für den die Zahlung im neuen Jahr geleistet wird.

b) Aktive Jahresabgrenzung ist zu buchen, wenn für einen Ertrag nach dem Bilanzstichtag noch eine Zahlung im alten Jahr geleistet wird.

c) Passive Rechnungsabgrenzung ist zu buchen, wenn im alten Jahr ein Ertrag berücksichtigt werden muss, für den die Zahlung im neuen Jahr geleistet wird.

d) Übrige sonstige Verbindlichkeiten sind zu buchen, wenn im alten Geschäftsjahr eine Zahlung vorliegt, die für eine bestimmte Zeit nach dem Bilanzstichtag ein Aufwand ist.

e) Übrige sonstige Forderungen sind zu buchen, wenn im alten Jahr ein Aufwand berücksichtig werden muss, für den die Zahlung im neuen Jahr geleistet wird.

**49. Ordnen Sie zu!**

**Vorgänge zur zeitlichen Erfolgsabgrenzung einer AG**

a) Im Voraus gezahlte Kfz-Versicherung

b) Indirekte Abschreibung auf Maschinen

c) Noch von uns zu zahlende Zinsen für Darlehen

d) Zu erwartende Gewerbesteuernachzahlung

e) Nicht ausgeschütteter Jahresüberschuss (AG)

f) Noch ausstehende Mieteinnahmen von firmeneigenen Wohnungen für Mitarbeiter

g) Im Voraus erhaltene Behältermiete

**Bestandskonten**

[ ] Sonstige Verbindlichkeiten

[ ] Sonst. Rückstellungen

[ ] Passive Rechnungsabgrenzung

**50. Wofür darf eine Rückstellung gebildet werden?**

a) Für im Voraus erhaltene Miete

b) Für eine Einkommensteuernachzahlung

c) Für noch zu zahlende Miete

d) Für Garantieverpflichtungen an unsere Kunden

e) Für noch zu zahlende Löhne und Gehälter

f) Für noch zu zahlende Zinsen

**51. Wie nennt man in der Bilanz ausgewiesene Verbindlichkeiten, die zum Zeitpunkt des Jahresabschlusses in ihrer Höhe und ihrer Fälligkeit nicht genau feststehen?**

a) Kapitalrücklagen

b) Gewinnrücklagen

c) Wertberichtigungen

d) Rückstellungen

e) Passive Jahresabgrenzung

f) Sonstige Verbindlichkeiten

**52. Am 31.12. werden die Gewährleistungsverpflichtungen auf 75.000,00 € geschätzt. Wie sind diese Verpflichtungen beim Jahresschluss zu berücksichtigen?**

a) Sie müssen als Aktive Rechnungsabgrenzung in die Bilanz eingestellt werden.

b) Sie müssen als Periodenfremde Erträge noch zum 31.12. erfasst werden.

c) Sie sind als Rückstellungen zum 31.12. zu buchen.

d) Sie sind als Verlustvortrag für das nächste Geschäftsjahr in der Bilanz auszuweisen.

e) Sie gelten als Ergebnisvortrag aus früheren Perioden.

**53. Der Kaufmann muss seine Buchführung nach den Grundsätzen eines ordnungsgemäßen Jahresabschlusses vornehmen. Welche Rolle spielt hierbei die zeitliche Abgrenzung der Erfolgskonten?**

a) Die zeitliche Abgrenzung ist gesetzlich nicht vorgeschrieben, sie dient aber der Klarheit der Buchführung.

b) Die zeitliche Abgrenzung muss aus Gründen der Bilanzwahrheit bei Kapitalgesellschaften nur im Anhang zur Bilanz ausgewiesen werden.

c) Am Bilanzstichtag sind alle Aufwendungen und Erträge periodengerecht dem alten oder neuen Jahr zuzurechnen.

d) Die zeitliche Abgrenzung erfolgt nur über Konten, die über die GuV-Rechnung abgeschlossen werden.

e) Die zeitliche Abgrenzung ist nötig, um die Zahllast Ende Dezember richtig zu erfassen.

## I. THEORIE
## BEI DEN NACHSTEHENDEN AUFGABEN SIND DIE RICHTIGEN ERGEBNISSE ZUZUORDNEN BZW. DAS RICHTIGE ERGEBNIS ANZUKREUZEN.

**1. Welche Tätigkeit des Rechnungswesens gehört zum Arbeitsbereich der Geschäftsbuchführung?**

a) Betriebliche Kennziffern werden ermittelt und in Tabellen/Grafiken anschaulich dargestellt.
b) Geschäftsvorgänge werden aufgrund von Belegen zeitlich und sachlich geordnet aufgezeichnet.
c) Das Betriebsergebnis wird als Differenz zwischen Kosten und Leistungen ermittelt.
d) Erfolgsvorgänge werden für betriebliche Tätigkeiten tabellarisch bereinigt und aufgeschlüsselt.
e) Das Ergebnis aus unternehmensbezogenen Abgrenzungen wird als Differenz zwischen betriebsfremden Aufwendungen und Erträgen ermittelt.

**2. Welche Aufgabe erfüllt die Geschäftsbuchhaltung innerhalb des Rechnungswesens?**

a) Die Ermittlung des Betriebserfolges durch Gegenüberstellung von Kosten und Leistungen
b) Die Ermittlung des Warenum- und -einsatzes
c) Die Ermittlung der Kostenüber- und Kostenunterdeckung
d) Die Ermittlung des Erfolges des Unternehmens durch Gegenüberstellung von Aufwendungen und Erträgen
e) Die Darstellung des Betriebsgeschehens in tabellarischer Form

**3. Sie sind vom Leiter des Rechnungswesens angewiesen worden, Tätigkeiten für die Teilbereiche des Rechnungswesens zu planen. Ordnen Sie zu!**

**Aufgaben der Teilbereiche des RW**

a) Erfassung aller geschäftlichen Vorgänge und Ermittlung des Unternehmenserfolges
b) Aufbereitung und Auswertung der Daten durch Zeit- und Betriebsvergleich
c) Berechnung der wahrscheinlichen betrieblichen Entwicklung
d) Erstellung des Jahresabschlusses
e) Erfassung des Werteverzehrs und des Wertezuwachses für das Unternehmen
f) Überwachung der Wirtschaftlichkeit des Leistungsprozesses

**Teilbereiche**

[ ] Kosten- und Leistungsrechnung
[ ] Planungsrechnung
[ ] Statistik
[ ] Finanzbuchhaltung

**4. Welche Kostenart zählt zu den Zusatzkosten?**

a) Die Betriebssteuern
b) Der kalkulatorische Unternehmerlohn
c) Die Sozialkosten
d) Die Sondereinzelkosten
e) Die Fertigungslöhne

**5. Wie heißen die Kosten, die weder Ausgaben noch Aufwendungen sind?**

a) Fixe Kosten
b) Einzelkosten
c) Gemeinkosten
d) Variable Kosten
e) Zusatzkosten

**6. Ordnen Sie zu!**

**Begriffe aus der Kostenrechnung**

a) Fixe Kosten
b) Einzelkosten
c) Gemeinkosten
d) Variable Kosten
e) Sondereinzelkosten
f) Kalkulatorische Kosten

**Erklärungen**

[ ] Kosten, die vom Beschäftigungsgrad abhängen
[ ] Kosten, die weder Ausgaben noch Aufwendungen sind, bei der Gesamtkostenbetrachtung jedoch eine Rolle spielen
[ ] Kosten, die dem Kostenträger direkt zuzurechnen sind

7. **Ordnen Sie zu!**

**Geschäftsfälle**

a) Banküberweisung der Einkommensteuer des Komplementärs
b) Banküberweisung der Gewerbesteuer
c) Erstattung von Reisekosten an Komplementär
d) Erfassung der Zinsen für das betriebsnotwendige Eigenkapital
e) Banküberweisung des 13. Monatsgehalts
f) Abschreibung auf ein Betriebsgebäude

**Begriffspaare aus der Kostenrechnung**

[ ] Ausgaben - kein Aufwand
[ ] Aufwand - keine Ausgaben
[ ] Zusatzkosten - kein Aufwand

8. **Welcher Vorgang stellt gleichzeitig Ausgabe, Aufwand und Kosten dar?**
a) Die Buchung der kalkulatorischen Zinsen
b) Die Abschreibung auf einen Webstuhl
c) Die Zahlung von Fertigungslöhnen
d) Der Kauf eines Webautomaten
e) Anschaffung eines Lkws

9. **In der GuV-Rechnung der Bavaria Fahrradwerke KG finden sich Aufwendungen und Erträge. In welchem Fall handelt es sich nicht um Zweckaufwand (Kosten)?**
a) Zinsaufwendungen für vermietetes und bilanziertes Gebäude
b) Mietaufwendungen für Lkw-Garage
c) Aufwendungen für Büromaterial
d) Aufwendungen für Geschäftsreisen
e) Weihnachtsgratifikation für Mitarbeiter

10. **In welchem Fall liegt eine Ausgabe vor?**
a) Bei der Einkommensteuerrückerstattung
b) Bei den bilanzmäßigen Abschreibungen
c) Bei der Aufnahme eines Darlehens
d) Bei der Auszahlung eines Lohnvorschusses
e) Bei kalkulatorischer Miete

11. **Welcher Vorgang wird in der industriellen Kostenrechnung als Kosten behandelt?**
a) Auszahlung eines Lohnvorschusses
b) Aufnahme eines Darlehens
c) Ausgaben für Anlagenkäufe
d) Bilanzmäßige Abschreibung
e) Verbrauch von Hilfsstoffen

12. **Welcher Posten wird in der Kostenrechnung der Bavaria Fahrradwerke KG als Kosten behandelt?**
a) Vorauszahlung auf die Einkommensteuer
b) Kalkulatorische Zinsen
c) Aufwendungen für Großreparaturen
d) Verluste aus Anlageverkäufen
e) Spende an das Rote Kreuz

13. **Sie sollen kontrollieren, ob die Abgrenzung von der Buchhaltung Ihres Unternehmens sachgerecht durchgeführt wird. Welche Aussage über die Abgrenzungsrechnung ist in diesem Zusammenhang richtig?**
a) Sie hat von den Aufwendungen und Erträge der Geschäftsbuchführung die Kosten und Leistungen zu trennen.
b) Sie hat die Kostenüber- und -unterdeckungen zu ermitteln.
c) Sie hat die kalkulatorischen Kosten aus der Geschäftsbuchführung herauszulösen.
d) Sie hat den Erfolg der Geschäftsbuchführung zu ermitteln.
e) Sie hat die Einzelkosten zu ermitteln.

**14. Ordnen Sie zu!**

| **Aufwendungen** | **Kostenarten** |
|---|---|
| a) Spenden | |
| b) Personalaufwendungen | [ ] Grundkosten |
| c) Kalkulatorischer Unternehmerlohn | [ ] Anderskosten |
| d) Verlust aus Vermögensabgängen | |
| e) Kalkulatorische Abschreibungen | [ ] Zusatzkosten |
| f) Verlust aus Wertpapierverkäufen | |

**15. Wie sind die beiden Begriffe „Kalkulatorische Kosten“ und „Grundkosten“ voneinander abzugrenzen?**

a) Kalkulatorische Kosten erscheinen in der Betriebs- und Geschäftsbuchhaltung, Grundkosten in der Betriebsbuchhaltung.
b) Kalkulatorische Kosten sind Grundkosten, es gibt keinen Unterschied.
c) Kalkulatorische Kosten stellen grundsätzlich betriebsbedingte Ausgaben dar, Grundkosten dagegen sind nur Zweckaufwendungen, aber keine betrieblichen Ausgaben.
d) Kalkulatorische Kosten erhöhen die betriebsbedingten Kosten, Grundkosten erhöhen die neutralen Aufwendungen.
e) Kalkulatorische Kosten sind Zusatz- oder Anderskosten, Grundkosten stellen betriebliche Aufwendungen dar.

**16. Wie wirken sich Zusatzkosten in der Abrechnung aus?**

a) Sie wirken sich unmittelbar auf das Gesamtergebnis und auf das Ergebnis aus unternehmensbezogenen Abgrenzungen aus.
b) Sie wirken sich unmittelbar auf das Gesamtergebnis und auf das Ergebnis aus kosten- und leistungsrechnerischen Korrekturen aus.
c) Sie wirken sich auf das Betriebsergebnis und auf das Ergebnis aus unternehmensbezogenen Abgrenzungen aus.
d) Sie wirken sich auf das Ergebnis aus kosten- und leistungsrechnerischen Korrekturen und auf das Ergebnis aus unternehmensbezogenen Abgrenzungen aus.
e) Sie wirken sich auf das Betriebsergebnis und auf das Ergebnis aus kosten- und leistungsrechnerischen Korrekturen aus.

**17. Welche Aussage über kalkulatorische Abschreibungen ist richtig?**

a) Kalkulatorische Abschreibungen dürfen bei der Ermittlung der Selbstkosten nicht berücksichtigt werden.
b) Kalkulatorische Abschreibungen wirken sich nicht in der Kostenrechnung aus.
c) Die kalkulatorischen Abschreibungen sind im Rechnungskreis II im Hinblick auf das Gesamtergebnis erfolgsneutral.
d) Kalkulatorische Abschreibungen werden zusätzlich zu den bilanziellen Abschreibungen bei der Ermittlung des zu versteuernden Gewinns geltend gemacht.
e) Kalkulatorische Abschreibungen werden grundsätzlich vom Anschaffungswert berechnet.

**18. Welche Aussage zu den bilanziellen beziehungsweise kalkulatorischen Abschreibungen ist richtig?**

a) Die bilanziellen Abschreibungen werden von den gestiegenen Wiederbeschaffungswerten des Anlagegutes gebildet.
b) Durch die bilanziellen Abschreibungen wird der tatsächliche Werteverzehr des Anlagegutes erfasst.
c) Die bilanziellen Abschreibungen finden in der GuV ihren Eingang. Die kalkulatorischen Abschreibungen werden für die Kosten- und Leistungsrechnung ermittelt.
d) Ein Anlagegut wird kalkulatorisch so lange abgeschrieben, wie es laut Abschreibungstabelle vorgesehen ist.
e) Durch den Eingang der bilanziellen Abschreibungen in die Produktkalkulation fließen diese über die Umsatzerlöse ins Unternehmen zurück und sichern somit finanzielle Mittel für Ersatzinvestitionen.

**19. Welche Aufwendungen sind auch Kosten?**

a) Zinsaufwendungen
b) Mietaufwendungen für die Geschäftsräume
c) Aufwendungen beim Anlagenverkauf unter Buchwert
d) Diskontaufwendungen
e) Aufwendungen beim Wertpapierkauf

**20. Welche Erträge sind gleichzeitig betriebliche Leistungen?**

a) Zinsgutschriften der Bank
b) Periodenfremde Erträge
c) Erlöse aus Vermietung und Verpachtung
d) Umsatzerlöse
e) Erträge aus Beteiligungen

**21. Es gibt verschiedene Gründe, weshalb Aufwendungen kostenneutral sind. Ordnen Sie die in Frage kommenden Aufwandsarten den Gründen für Kostenneutralität zu.**

**Aufwandsarten**

a) Überstundenzuschläge für Fertigungslöhne
b) Brandschaden in einer stark unterversicherten Lagerhalle
c) Verluste bei Wertpapierverkäufen
d) Nachzahlung betrieblicher Steuern für das Vorjahr
e) Deutlich gestiegene Einkaufspreise für Rohstoffe
f) Werkstoffverbrauch zum Bau einer Lagerhalle

**Gründe für Kostenneutralität**

[ ] Außerordentlich
[ ] Periodenfremd
[ ] Betriebsfremd

**22. Ordnen Sie zu!**

**Vorgänge der Geschäftsbuchführung**

a) Wertmäßiger Verbrauch von Gütern und Dienstleistungen zur Herstellung von Leistungen.
b) In der Abrechnungsperiode hergestellte Mehrbestände an fertigen Erzeugnissen werden auf Lager gelegt.
c) Selbsterstellte Anlagen werden im eigenen Betrieb aktiviert.
d) Es wird ein betriebsbedingter Ertrag gebucht, der wegen seiner besonderen Art und Höhe nicht dem geplanten Betriebsgeschehen entspricht.
e) Es wird ein betriebsbedingter Aufwand gebucht, der wirtschaftlich zu einem anderen Abrechnungszeitraum gehört.
f) Es wird ein Aufwand gebucht, der nicht durch die Erstellung von Gütern oder einer Dienstleistung in Erfüllung des Betriebszweckes entstanden ist.

**Begriffe der Abgrenzung im Rechnungskreis II**

[ ] betrieblich außerordentlicher Ertrag
[ ] Betriebsfremder Aufwand
[ ] Kosten

**23. Ordnen Sie zu!**

**Begriffe aus der Kosten- und Leistungsrechnung**

a) Betriebsfremde Aufwendungen
b) Betriebsbedingte Aufwendungen
c) Kalkulatorische Kosten
d) Außerordentliche Aufwendungen
e) Betriebliche Erträge
f) Betriebsfremde Erträge

**Beispiele**

[ ] Löhne und Gehälter
[ ] Habenzinsen
[ ] Unternehmerlohn

**24. Welche Aussage über den Zusammenhang zwischen Kosten und Aufwendungen ist richtig?**

a) Alle Aufwendungen sind Kosten.
b) Betriebsfremde Aufwendungen sind Zusatzkosten.
c) Nur den in Geld bewerteten Verbrauch von Gütern bezeichnet man als Aufwand.
d) Den Begriff Kosten verwendet man vorwiegend in der Erfolgsrechnung, den Begriff Aufwand im Zahlungsverkehr.
e) Unter Kosten versteht man alle betriebsnotwendigen Aufwendungen zum Erbringen von Leistungen.

**25. Ordnen Sie zu!**

| **Geschäftsfälle** | **Fachbegriffe aus der Kosten- und Leistungsrechnung** |
|---|---|
| a) Die Bavaria Fahrradwerke KG erhält Miete für eine an einen Mitarbeiter vermietete Wohnung. | [ ] Kosten |
| b) Gewerbesteuernachzahlung aus vergangenen Geschäftsjahren. | [ ] Betriebsfremde Erträge |
| c) Verkauf einer Verpackungsmaschine unter Buchwert. | [ ] Außerordentliche Aufwendungen |
| d) Verkauf von Fahrradlampen. | |
| e) Steuererlass aus vergangenen Geschäftsjahren. | |
| f) Die Bavaria Fahrradwerke KG zahlt Vertreterprovision an ihre Handelsvertreter. | |

**26. Welche Aussage zu den Teilbereichen des Rechnungswesens ist richtig?**

a) Die veröffentlichte Bilanz ist unmittelbar das Ergebnis der Buchführung.

b) Die Zahlen im Rechnungskreis I der Tabelle für die Abgrenzungsrechnung werden aus den Erfolgskonten der Finanzbuchführung übernommen.

c) Die Zahlen der Spalte „92 Kosten- und Leistungsarten" des Rechnungskreises II der Tabelle für die Abgrenzungsrechnung werden als Kostenart unverändert in die Kostenträgerzeitrechnung übernommen.

d) Der Betriebsabrechnungsbogen ist die Grundlage für die Übernahme der Erfolgsvorgänge der Kontenklassen 5, 6 und 7 in den Abgrenzungs- und Kosten- und Leistungsbereich der Tabelle für die Abgrenzungsrechnung.

e) Im Hauptbuch werden Geschäftsvorgänge zeitlich und im Grundbuch sachlich geordnet erfasst.

**27. Welche Aussage über Kosten ist richtig?**

a) Kosten sind alle Aufwendungen einer Unternehmung in einem bestimmten Zeitraum.

b) Kosten sind die betriebsnotwendigen Aufwendungen zur Erstellung von Leistungen.

c) Die betriebsfremden und außerordentlichen Aufwendungen stellen einen beträchtlichen Teil der Kosten dar.

d) Alle Ausgaben eines Betriebes sind Kosten.

e) Kosten haben keinen Einfluss auf das Betriebsergebnis.

**28. Welche Aufgabe hat die Kosten- und Leistungsrechnung?**

a) Sie hat den Erfolg des Unternehmens zu ermitteln.

b) Sie muss den Stand des Vermögens und der Schulden feststellen.

c) Sie soll das Betriebsergebnis ermitteln.

d) Sie muss die Grundlagen für die Berechnung der Steuern liefern.

e) Sie soll wichtiges Beweismittel bei Rechtsstreitigkeiten sein.

**29. Welche Aufgabe erfüllt die Kosten- und Leistungsrechnung?**

a) Sie erfasst alle Veränderungen der Vermögens- und Kapitalteile des Unternehmens.

b) Sie erfasst alle Geschäftsfälle auf Grund von Belegen.

c) Sie ermittelt den Teil des Erfolgs, der durch die Erfüllung der eigentlichen betrieblichen Tätigkeit erwirtschaftet wurde.

d) Sie ermittelt den Erfolg des Unternehmens im Geschäftsjahr.

e) Sie vergleicht die aufbereiteten Daten, z. B. den Gesamterfolg, mit denen anderer Unternehmen dieser Branche.

**30. Welcher Vorgang stellt eine Leistung im Sinne der Kosten- und Leistungsrechnung dar?**

a) Ertrag aus dem Abgang eines Anlagegegenstandes

b) Ertrag aus der Auflösung einer Rückstellung

c) Mieterträge aus Wohnungen im Betriebsgebäude

d) Rückerstattung zuviel gezahlter Betriebssteuern

e) Zinsertrag aus einem betrieblich nicht notwendigen Darlehen

f) Bestandsmehrung an fertigen Erzeugnissen

**31. Welcher Vorgang muss als Kosten in die Kostenrechnung übernommen werden?**

a) Privatentnahmen
b) Aufnahme eines Darlehens
c) Kauf eines Anlagegutes
d) Bilanzmäßige Abschreibung
e) Verbrauch von Rohstoffen

**32. In einem Unternehmen wird zwischen Kostenarten, Kostenstellen und Kostenträgern unterschieden. Ordnen Sie zu!**

| **Bereiche** | **Begriffe** |
|---|---|
| a) Fertigerzeugnisse, Handelswaren | [ ] Kostenarten |
| b) Einkauf, Lager, Fertigung, Vertrieb | [ ] Kostenträger |
| c) Lohn- und Gehaltskosten, Miete, Strom | [ ] Kostenstellen |

**33. Worin besteht u. a. die Aufgabe der Kostenstellenrechnung?**

a) Sie ermittelt, welche Kostenarten angefallen sind.
b) Sie gibt die ermittelten Kosten an die Kostenartenrechnung weiter.
c) Sie stellt fest, für welche Leistung die Kosten angefallen sind.
d) Sie überwacht die Kostenentwicklung der einzelnen Betriebsbereiche.
e) Sie ermittelt das Betriebsergebnis einer Abrechnungsperiode.

**34. Welche Funktion erfüllt die Kostenstellenrechnung?**

a) Sie errechnet das Betriebsergebnis für jede Kostenstelle.
b) Sie errechnet das Umsatzergebnis für jede Kostenstelle.
c) Sie trennt die unternehmens- von den betriebsbezogenen Aufwendungen.
d) Sie ermittelt die Gemeinkosten in den einzelnen Betriebsabteilungen.
e) Sie ermittelt die Verkaufspreise der verschiedenen Produkte.

**35. Welche Aufgabe hat der Betriebsabrechnungsbogen?**

a) Hilfsmittel für den Abschluss der Buchhaltung eines Betriebes
b) Übersicht über die Konten der Buchhaltung eines Betriebes
c) Hilfsmittel zur Erfassung des Materialverbrauchs
d) Verteilung der Gemeinkosten auf die Kostenstellen zwecks Errechnung der Zuschlagssätze
e) Verteilung der Einzelkosten auf die Kostenstellen zwecks Errechnung der Zuschlagssätze

**36. Was wird mit folgendem Schema ermittelt?**

**Fertigungsmaterial**
**+ Materialgemeinkosten**
**+ Fertigungslöhne**
**+ Fertigungsgemeinkosten**
**?**
**=====================**

a) Die Herstellkosten der Fertigung
b) Die Herstellkosten des Umsatzes
c) Die Selbstkosten des Umsatzes
d) Die Gesamtkosten
e) Die Gesamtkosten einer bestimmten Kostenstelle

**37. Welche Kostenart eines Industriebetriebes zählt zu den Gemeinkosten?**

a) Energiekosten
b) Vertreterprovision
c) Fertigungslöhne
d) Ausgangsfrachten
e) Fertigungsmaterial

**38. In Ihrem Betrieb belaufen sich die fixen Kosten pro Quartal auf 50.000,00 EUR. Im gleichen Zeitraum wurden 120 000 Stück eines Erzeugnisses hergestellt, was einem Beschäftigungsgrad von 90 % entspricht. Wie verändern sich die fixen Kosten, wenn sich der Beschäftigungsgrad verändert?**

a) Sie steigen schneller als der Beschäftigungsgrad.
b) Sie verändern sich umgekehrt wie der Beschäftigungsgrad.
c) Sie sind vom Beschäftigungsgrad unabhängig.
d) Sie steigen langsamer als der Beschäftigungsgrad.
e) Sie verändern sich parallel zum Beschäftigungsgrad.

**Situation zu den nächsten zwei Aufgaben.**

**Ihnen liegt folgender Auszug aus der Kostenrechnung der Bavaria Fahrradwerke KG vor:**

| Ergebnisrechnung als Vollkostenrechnung | | | | |
|---|---|---|---|---|
| | **Mountain Bike XP34** | **Damenfahrrad DS 87** | **Herrenfahrrad HT 29** | Kostenträger insgesamt |
| Einzelkosten (variable Kosten) | 300.000 | 160.000 | 200.000 | |
| Gemeinkosten | 290.400 | 137.600 | 172.000 | |
| Selbstkosten | 590.400 | 297.600 | 372.000 | |
| Verkaufserlöse | 670.400 | 357.600 | 340.000 | |
| Betriebsergebnis | | | | |

**39. Ermitteln Sie das Betriebsergebnis. Tragen Sie das Ergebnis in das Kästchen ein.**

**40. Wie hoch ist den Deckungsbeitrag, der laut Tabelle erwirtschaftet wurde. Tragen Sie das Ergebnis in das Kästchen ein.**

**41. Aus dem Betriebsabrechnungsbogen sind folgende Zahlen zu entnehmen:**

| Die Gemeinkosten betragen: | | | |
|---|---|---|---|
| **Material** | **Fertigung** | **Verwaltung** | **Vertrieb** |
| 24.500,00 € | 168.000,00 € | 51.000,00 € | 32.500,00 € |

Das Fertigungsmaterial beträgt 440.000,00 €.
Die Fertigungslöhne betragen 123.000,00 €

**Berechnen Sie die Herstellkosten der Erzeugung und tragen Sie das Ergebnis in das Kästchen ein.**

**42. Ordnen Sie zu!**

**Begriffe aus der Kostenrechnung**

a) Fixe Kosten
b) Gemeinkosten
c) Kostenträger
d) Einzelkosten
e) Variable Kosten
f) Kostenstellen

**Erläuterungen**

[ ] Die dem einzelnen Erzeugnis über Verteilungsschlüssel zuzuschlagenden Kosten

[ ] Die in einem Betrieb erstellten Erzeugnisse oder Leistungen

Situation zu den nächsten drei Aufgaben.

**Die Bavaria Fahrradwerke KG produziert Damenfahrräder in Serienfertigung. Da bei der letzten Serie eine starke Abweichung der Istkosten von den Normalkosten festgestellt wurde, ist bei der neu angelaufenen Serie jede Woche mit Hilfe des dargestellten Auszugs aus einem Betriebsabrechnungsbogen die Einhaltung der kalkulierten Normalkosten zu überwachen.**

| Kostenarten | Kostenstellen | | | |
|---|---|---|---|---|
| | Material | Fertigung | Verwaltung | Vertrieb |
| Gemeinkosten | 50.000,00 € | 116.000,00 € | 14.000,00 € | 24.000,00 € |
| | Fertigungsmaterial | Fertigungslöhne | | |
| | 250.000,00 € | 42.500,00 € | | |
| Herstellkosten | | | 458.500,00 € | |
| Zuschlagssätze | 20 % | 272,94 % | 3,05 % | 5,23 % |

**43. Warum werden im Rahmen der Kostenkontrolle Betriebsabrechnungsbögen herangezogen?**
a) Um eine Plankostenrechnung durchführen zu können
b) Um die Gemeinkosten auf die Kostenstellen zu verteilen
c) Um die Richtigkeit der Lohnabrechnung nachzuweisen
d) Um die Rentabilität des Betriebes zu ermitteln
e) Um die Einzelkosten zu ermitteln

**44. Die Einzelkosten sind die Grundlage für die Berechnung der Zuschlagssätze. Welche der genannten Kostenarten zählt zu den Einzelkosten?**
a) Der Rohstoffverbrauch
b) Die Gehälter der Angestellten
c) Die Kosten für Büromaterial
d) Die Abschreibung auf Maschinen
e) Die Kosten der Hausverwaltung

**45. Welche Aussage zu dem oben abgebildeten Auszug aus einem BAB ist zutreffend?**
a) Die Herstellkosten für die Damenfahrräder betragen 38.000,00 €.
b) Die Fertigungslöhne sind bei der Fertigung der Damenfahrräder viel zu hoch, da sie nie über 100 % liegen dürfen.
c) Die Kosten für das Fertigungsmaterial in Höhe von 250.000,00 € können akzeptiert werden, da sie nur 20 % der gesamten Kosten betragen.
d) Die Fertigungslöhne betragen 272,94 % der gesamten Kosten der Kostenstelle Fertigung.
e) Die Materialgemeinkosten betragen 20 % des Fertigungsmaterials.

**46. Bei welchen Aufwendungen handelt es sich um variable Kosten?**
a) Miete für Geschäftsräume
b) Hypothekenzinsen
c) Grundsteuer
d) Akkordlöhne
e) Versicherungsprämie für Brandversicherung

**47. Welcher Vorgang führt zu einer Erhöhung der fixen Kosten?**
a) Eine Produktionsmaschine wird verschrottet.
b) Die Preise für Hydrauliköl steigen.
c) Die Akkordsätze werden angehoben.
d) Eine weitere Fertigungshalle wurde erstellt und erstmals mit 5 % abgeschrieben.
e) Die Vertreterprovision wird erhöht.

**48. Was versteht man in der industriellen Kostenrechnung unter dem Begriff „Kostenträger"?**

a) Alle Abteilungen oder Arbeitsplätze, an denen die Kosten entstehen
b) Alle in der Fertigung beschäftigten Arbeitnehmer
c) Die Kostenkonten der Buchführung
d) Die Stellen, in denen die Kostenrechnung durchgeführt wird
e) Die hergestellten Produkte

**49. Welche Aussage über die Vollkosten- bzw. Deckungsbeitragsrechnung ist richtig?**

a) In der Vollkostenrechnung kann das Verursacherprinzip durchgängig realisiert werden.
b) In der Vollkostenrechnung werden die proportionalen Kosten nicht erfasst.
c) Die Vollkostenrechnung ist ausschließlich ein Instrument der kurzfristigen Erfolgsrechnung.
d) Mit Hilfe der Deckungsbeitragsrechnung kann die kurzfristige Preisuntergrenze ermittelt werden.
e) Die Deckungsbeitragsrechnung ist für die Preispolitik nicht geeignet.

**50. Welche Aussage über den Deckungsbeitrag ist richtig?**

a) Er ist die Differenz zwischen Preis und Selbstkosten eines Produktes.
b) Er soll höchstens die fixen Kosten decken.
c) Er ist die Differenz zwischen Ist-Gemeinkosten und verrechneten Gemeinkosten.
d) Er ist die Differenz zwischen den variablen Kosten und Selbstkosten eines Produktes.
e) Er steigt, wenn bei gleichbleibenden Erlösen die variablen Kosten steigen.
f) Er sinkt, wenn bei gleichbleibenden Erlösen die variablen Kosten eines Produktes steigen.

**51. Die Bavaria Fahrradwerke KG will die Verkaufspreise ändern. Welche Auswirkungen ergeben sich dadurch in der Deckungsbeitragsrechnung auf die Gewinnschwelle?**

a) Bei Preiserhöhungen muss die gleiche Menge abgesetzt werden, um die Gewinnschwelle zu erreichen.
b) Bei Preissenkungen muss eine kleinere Menge abgesetzt werden, um die Gewinnschwelle zu erreichen.
c) Bei Preisänderungen ändert sich die Gewinnschwellenmenge nicht, weil die variablen Kosten unverändert bleiben.
d) Bei Preissenkungen muss die gleiche Menge abgesetzt werden, weil die fixen Kosten unverändert bleiben.
e) Bei Preiserhöhungen muss eine kleinere Menge abgesetzt werden, um die Gewinnschwelle zu erreichen.

**52. Ein Auftrag über Kinderfahrräder wird zu dem im Angebot angegebenen Verkaufspreis abgesetzt. Bei der Nachkalkulation wird festgestellt, dass der Gewinn gegenüber der Vorkalkulation niedriger ist. Worin kann die Ursache liegen?**

a) Die Sondereinzelkosten der Fertigung haben sich erhöht.
b) Die bilanzmäßigen Abschreibungen im Maschinenstundensatz haben sich erhöht.
c) Die Kostenüberdeckung im Bereich der Materialkosten führte zu einer Verminderung des Gewinns.
d) Der Zuschlagssatz für Vertriebsgemeinkosten war in der Vorkalkulation höher.
e) Die verrechneten Normalgemeinkosten wurden unterschritten.

**53. Bei der Nachkalkulation eines Herrenrades ergeben sich gegenüber der Vorkalkulation einige Abweichungen. Ordnen Sie die zutreffenden Begründungen den abweichenden Positionen zu!**

**Begründungen für die Abweichung aus der Vor- und Nachkalkulation**

a) Erhöhung der Tariflöhne und der zu verrechnenden Lohnkosten
b) Rabatt für Großeinkauf bei Stahlrohren
c) Rabatt für Großeinkauf bei Schweißmaterial
d) Ein neues Werkstor wurde eingebaut.
e) Ein früher hergestelltes Spezialwerkzeug konnte noch einmal verwendet werden.
f) Mehrere dezentrale Verkaufslager wurden als Außenlager eingerichtet.

**Abweichende Positionen**

[ ] Materialeinzelkosten
[ ] Fertigungseinzelkosten
[ ] Vertriebsgemeinkosten

**54. Ein Zulieferunternehmen stellt in einem Zweigbetrieb nur Walzbleche einer Stärke her. Welche Kalkulationsart wird dort verwendet?**

a) Divisionskalkulation mit Äquivalenzziffern
b) Divisionskalkulation
c) Differenzkalkulation
d) Zuschlagskalkulation
e) Sortenkalkulation

**55. Bringen Sie die folgenden Bestandteile einer Industriekalkulation in die richtige Reihenfolge.**

[ ] Herstellkosten der Erzeugung
[ ] Plus Verwaltungsgemeinkosten, plus Vertriebsgemeinkosten
[ ] Minus/Plus Bestandsveränderungen an fertigen/unfertigen Erzeugnissen
[ ] = Barverkaufspreis
[ ] = Herstellkosten des Umsatzes
[ ] Plus Gewinn
[ ] = Selbstkosten

**56. Siehe die abgebildeten Aufstellungen! Welche Aufstellung zur Ermittlung des Deckungsbeitrages und des Betriebsergebnisses einer Abrechnungsperiode ist richtig?**

a) Aufstellung 1
b) Aufstellung 2
c) Aufstellung 3
d) Aufstellung 4
e) Aufstellung 5

[1] Verkaufserlöse der Abrechnungsperiode
- fixe Kosten
= Deckungsbeitrag
- variable Kosten
= Betriebsergebnis

[2] Verkaufserlöse der Abrechnungsperiode
+ variable Kosen
= Deckungsbeitrag
- fixe Kosten
= Betriebsergebnis

[3] Verkaufserlöse der Abrechnungsperiode
- variable Kosten
= Deckungsbeitrag
- fixe Kosten
= Betriebsergebnis

[4] Verkaufserlöse der Abrechnungsperiode
- variable Kosten
= Deckungsbeitrag
+ fixe Koten
= Betriebsergebnis

[5] Verkaufserlöse der Abrechnungsperiode
+ fixe Kosten
= Deckungsbeitrag
- variable Kosten
= Betriebsergebnis

**57. Da der Absatz in den ersten Monaten des Jahres stark rückläufig war, hat die Geschäftsleitung beschlossen, im Monat Mai die Nettoverkaufspreise drastisch zu senken. Wie hoch ist im Monat Mai noch der Deckungsbeitrag, wenn folgende Zahlen vorliegen:**

| | |
|---|---|
| **Nettoverkaufspreis/Stück** | **5,00 €** |
| **Variable Stückkosten** | **2,80 €** |
| **Fixkostenanteil/Stück** | **2,00 €** |

**Tragen Sie das Ergebnis in das Kästchen ein!**

[ ]

**58. Welche Kalkulationsart findet Anwendung bei Sortenfertigung?**

a) Divisionskalkulation
b) Zuschlagskalkulation
c) Differenzkalkulation
d) Divisionskalkulation mit Äquivalenzziffern
e) Sortenkalkulation



 

**59. Welche Aufgabe hat die Kostenträgerzeit- und Kostenträgerergebnisrechnung?**

a) Verteilung der nach Kostenarten aufgegliederten Gemeinkosten auf Kostenstellen
b) Feststellung des Umsatzergebnisses jedes Kostenträgers oder jeder Kostenträgergruppe
c) Ermittlung der Gemeinkosten je Kostenstelle
d) Ermittlung des Gesamtergebnisses
e) Sammlung der Kosten, gegliedert nach Kostenarten

**60. Welchen Zweck erfüllt die Kostenträgerstückrechnung?**

a) Sie schafft die Voraussetzung zur besseren Aufgliederung der Kostenarten.
b) Sie ermöglicht die direkte Zuordnung der Gemeinkosten auf die Kostenstellen.
c) Sie dient der Überprüfung der Lagerbestände auf vorhandene Mengendifferenzen.
d) Aus ihren Daten lässt sich erkennen, ob der Betrieb ein positives Ergebnis erwirtschaftet hat.
e) Sie ermittelt den Selbstkostenpreis für den einzelnen Kostenträger.

**61. Welche Aussage über die Kostenträgerzeitrechnung mit Ist- und Normalkosten ist richtig?**

a) Sie ermittelt die kurzfristige Preisuntergrenze für den einzelnen Kostenträger.
b) Sie ermöglicht die direkte Zuordnung der Gemeinkosten auf die Kostenstellen.
c) Sie schafft die Voraussetzungen zu einer besseren Aufgliederung der Kostenarten.
d) Sie dient zur Überprüfung der Einzelkosten in den Kostenstellen.
e) Sie ermittelt die Unter- bzw. Überdeckung bei den Gemeinkosten für eine bestimmte Abrechnungsperiode.

**62. In welchem Fall liegt eine Kostenunterdeckung vor?**

a) Das Betriebsergebnis ist größer als das Umsatzergebnis.
b) Die Normalgemeinkosten sind niedriger als die Istgemeinkosten.
c) Die Normalgemeinkosten sind höher als die Umsatzerlöse.
d) Die Normalgemeinkosten sind höher als die Istgemeinkosten.
e) Die Normalgemeinkosten sind höher als die Selbstkosten.

**63. In welchem Fall liegt eine Kostenüberdeckung vor?**

a) Die Normalgemeinkosten sind höher als die Leistungen.
b) Die Normalgemeinkosten sind niedriger als die Leistungen.
c) Die Normalgemeinkosten sind höher als die Istgemeinkosten.
d) Die Normalgemeinkosten sind niedriger als die Istgemeinkosten.
e) Die Normalgemeinkosten sind höher als die Umsatzerlöse.
f) Die Normalgemeinkosten sind niedriger als die Umsatzerlöse.

**64. Wie verlaufen die Gesamtkosten in der nachstehenden Abbildung?**

a) Proportional
b) Progressiv
c) Überproportional
d) Fallend
e) Fix
f) Degressiv

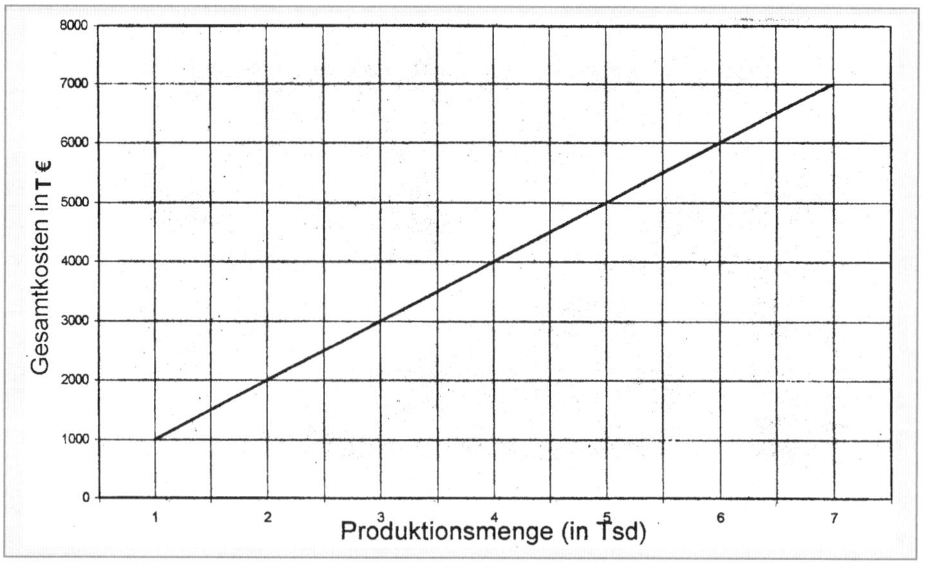

**65. Die Break-Even-Analyse dient der Kontrolle in der Gegenwart und der Planung für die Zukunft. Ordnen Sie die Ziffern 1 bis 6 aus der unten stehenden Grafik den entsprechenden Bezeichnungen zu!**

Umsatzerlöse [ ]
Gesamtkosten [ ]
Break-Even-Point [ ]
Gewinnzone [ ]
Variable Kosten [ ]
Fixkosten [ ]

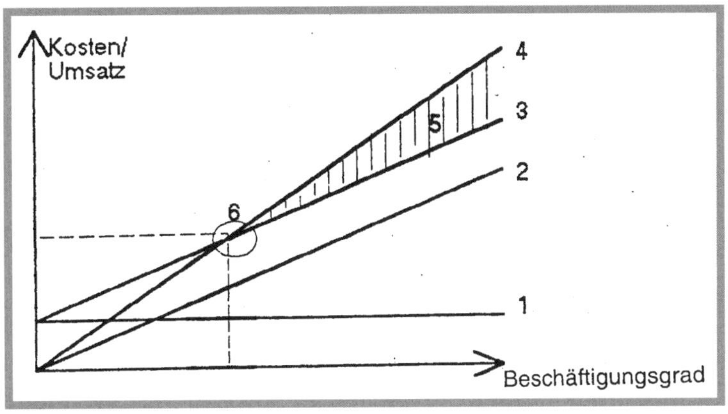


**66. Welche der aufgelisteten Kostenarten gehört zu den Fixkosten?**

a) Umsatzprovision
b) Lagerraummiete
c) Fertigungsmaterial
d) Betriebsstoffverbrauch
e) Vertriebsgemeinkosten
f) Verwaltungsgemeinkosten

**67. Es ist eine Ausgangsrechnung mit ausgewiesener Umsatzsteuer auszustellen. Es wurden 25 % Rabatt vereinbart. Der Rechnungsbetrag wird nach 30 Tagen fällig. Bei einer Zahlung innerhalb von 10 Tagen können 2 % Skonto abgezogen werden. In welcher Reihenfolge sind die Beträge in der Rechung zu berücksichtigen?**

a) Listenpreis – Rabatt + Umsatzsteuer
b) Listenpreis + Rabatt – Skonto + Umsatzsteuer
c) Listenpreis + Umsatzsteuer – Skonto – Rabatt
d) Listenpreis + Umsatzsteuer – Rabatt
e) Listenpreis – Rabatt – Skonto

**68. Der Verkaufspreis für Handelsware ist zu ermitteln. Bringen Sie die dazu erforderlichen Kalkulationsstufen in die richtige Reihenfolge.**

[ ] Listenverkaufspreis
[ ] Bezugspreis
[ ] Kundenskonto
[ ] Barverkaufspreis
[ ] Gewinnzuschlag
[ ] Handlungskostenzuschlag
[ ] Kundenrabatt
[ ] Selbstkostenpreis
[ ] Zielverkaufspreis

**69. Welche Größe kann einem Angebot <u>nicht</u> entnommen werden?**

a) Liefererrabatt
b) Liefererskonto
c) Lieferbedingungen
d) Handlungskostenzuschlag
e) Zahlungsbedingungen

Teil 2: Rechnungswesen

**70. Welche Unterlagen werden benötigt, um eine Rechnung an den Kunden auszustellen?**

a) Lieferschein, Bestellung des Kunden, Auftragsbestätigung
b) Lieferschein, Auftragsbestätigung, Empfangsbestätigung des Kunden
c) Lieferschein, Auftragsbestätigung, Anfrage des Kunden
d) Unser Angebot, Bestellung des Kunden, Auftragsbestätigung
e) Unser Angebot, Lieferschein, Auftragsbestätigung

**71. In welcher Reihenfolge wird der Rechnungsbetrag richtig ermittelt?**

a) Einzelpreis, Gesamtpreis, Rabatt, Skonto, Umsatzsteuer
b) Gesamtpreis, Rabatt, Bezugskosten, Umsatzsteuer
c) Gesamtpreis, Rabatt, Skonto, Bezugskosten, Umsatzsteuer
d) Einzelpreis, Gesamtpreis, Umsatzsteuer, Rabatt
e) Gesamtpreis, Rabatt, Umsatzsteuer, Bezugskosten

**72. Ein Auszubildender hat zum ersten Mal eine Rechnung erstellt (siehe Abb.). Sie haben die Aufgabe, zusammen mit dem Auszubildenden diese Rechnung zu überprüfen. Wie gehen Sie vor?**

a) Sie berichtigen zusammen mit dem Azubi die Rechnung, da der Umsatzsteuersatz an der falschen Stelle aufgelistet ist.
b) Sie berichtigen zusammen mit dem Azubi die Rechnung, da der Rabatt falsch berechnet ist.
c) Sie leiten die Rechnung weiter, da alles in Ordnung ist.
d) Sie berichtigen zusammen mit dem Azubi die Rechnung, da die Umsatzsteuer falsch berechnet ist.
e) Sie berichtigen zusammen mit dem Azubi die Rechnung, da der Rabattsatz gegen das „Gesetz gegen den unlauteren Wettbewerb“ verstößt.

| Artikel-Nr. | Menge | Artikelbezeichnung | Einzelpreis in € | Gesamtpreis in € |
|---|---|---|---|---|
| 4567 | 150 | Rad-Schuhe Tenno | 125,45 | 18.817,50 |
| Rabatt | 15 % | | abzüglich | 2.822,63 |
| | | Nettopreis | | 15.994,87 |
| Ust | 19 % | | | 2.559,18 |
| | | Bruttopreis | | 18.554,05 |

**73. Die Bavaria Fahrradwerke KG bereitet den Jahresabschluss vor. Welche vorbereitende Abschlussbuchung ist ohne Auswirkung auf das Gesamtergebnis?**

| | | | |
|---|---|---|---|
| a) | Abschreibungen auf Sachanlagen | **an** | Anlagen und Maschinen |
| b) | Unfertige Erzeugnisse | **an** | Bestandsveränderungen an unfertigen Erzeugn. |
| c) | Bestandsveränderungen an fertigen Erzeugnissen | **an** | Fertige Erzeugnisse |
| d) | Abschreibungen auf immaterielle Vermögensgegenstände des Anlagevermögens | **an** | Beteiligungen |
| e) | Aktive Jahresabgrenzung | **an** | Versicherungsbeiträge |
| f) | Umsatzerlöse für eigene Erzeugnisse | **an** | Erlösberichtigungen |

**74. Aus welchen Teilen setzt sich der Jahresabschluss einer Industrie-AG zusammen, wenn sie zu den großen Kapitalgesellschaften zählt?**

a) Bilanz und Umsatzplan
b) Bilanz, Gewinn- und Verlustrechung sowie Umsatzplan
c) Bilanz, Gewinn- und Verlustrechung, Lagebericht sowie Auftragsentwicklung des Jahres
d) Bilanz, Gewinn- und Verlustrechung sowie Anhang
e) Bilanz, Gewinn- und Verlustrechung, Wirtschaftsplan sowie Anlagenspiegel

**75. Zum Jahresabschluss einer Industrie-AG gehört auch ein Anhang. Was ist darunter zu verstehen?**

a) Aktiengesellschaften haben einen Geschäftsbericht zu veröffentlichen, der als Anhang die Bilanz und die Gewinn- und Verlustrechnung enthalten muss.

b) Im Anhang sind der Geschäftsverlauf und die Lage des Unternehmens so darzustellen, dass ein den tatsächlichen Verhältnissen entsprechendes Bild vermittelt wird.

c) Im Anhang ist darzustellen, wie der Jahresüberschuss im Einzelnen verwendet wurde.

d) Im Anhang sind einzelne Posten der Bilanz und der Gewinn- und Verlustrechnung zu erläutern. Außerdem sind Angaben zur Bewertung sowie weitere im HGB vorgeschriebene Pflichtangaben zu machen.

e) Im Anhang müssen die Abschlussprüfer einen Bericht über die Prüfung des Jahresabschlusses geben.



**Situation zu den nächsten drei Aufgaben.**

**Sie sind beauftragt worden, den Jahresabschluss (Stichtag 31.12.) vorzubereiten.**

**76. Ihnen liegt der Kostenvoranschlag für die Reparatur der sanitären Anlagen vor:**

| | | |
|---|---|---|
| **Erneuerung der Toiletten** | **netto** | **6.840,00 €** |
| | **+ 19 % Ust.** | **1.299,60 €** |
| | | **8.139,60 €** |

**Wie hoch sind die zu bildenden Rückstellungen? Tragen Sie das Ergebnis in das Kästchen ein.**

**77. Zur Erleichterung der Lagerarbeiten wurde ein moderner Gabelstapler angeschafft. Dazu liegen Ihnen folgende Daten vor:**

**Anschaffungsdatum: 5. Januar des laufenden Jahres**
**Nutzungsdauer laut Afa-Tabelle: 8 Jahre**
**Anschaffungskosten: brutto 29.250,20 €**
**Ust-Satz: 19 %**

**Ermitteln Sie den Buchwert zum Stichtag 31. 12. bei linearer Abschreibung?**

**Tragen Sie das Ergebnis in das Kästchen ein.**

**78. Welchen zwei Aussagen zum Jahresabschluss der Bavaria Fahrradwerke KG können Sie zustimmen?**

a) Die Bildung von Rückstellungen beeinflusst den Erfolg der Bavaria Fahrradwerke KG.

b) Eine Umsatzsteuerkorrektur bei Abschreibungen uneinbringlicher Forderungen ist bei der Bavaria Fahrradwerke KG nicht erforderlich.

c) Die Bavaria Fahrradwerke KG kann die Abschreibungsdauer bei allen Anlagegütern selbst festlegen.

d) Der Fuhrpark der Bavaria Fahrradwerke KG darf nur auf der Grundlage der gefahrenen Kilometer abgeschrieben werden.

e) Bestandsminderungen an Handelswaren bedeuten für die Bavaria Fahrradwerke KG zusätzlichen Aufwand.

**79. Welche zwei der nachstehenden Aussagen zur Kostenrechung sind zutreffend?**

a) Fixkosten sind immer abhängig vom Beschäftigungsgrad.

b) Die kalkulatorischen Abschreibungen werden als Grundkosten in der Kostenrechnung erfasst.

c) Die Fertigungslöhne sind variable Kosten.

d) Der kalkulatorische Unternehmerlohn wird als Zusatzkosten in der Kostenrechnung berücksichtigt.

e) Alle Kosten der Kostenstelle Vertrieb sind fixe Kosten.

**80. Ihnen liegt folgende Kosten-Erlös-Übersicht zur Analyse vor. Berechnen Sie anhand der Tabelle**
**a) die variablen Stückkosten**
**b) die fixen Stückkosten bei einer Ausbringungsmenge von 300 Stück**
**c) den Marktpreis je Stück**
**d) den Deckungsbeitrag je Stück**
**e) die Gewinnschwelle (Break-even-Point) (auf volle Stückzahl runden).**

**Tragen Sie die Ergebnisse in das Kästchen ein.**

| Ausbringungsmenge in Stück | Fixkosten in € | Variable Kosten in € | Gesamtkosten in € | Erlöse in € | Gewinn/Verlust in € |
|---|---|---|---|---|---|
| 0 | 15.000,00 | 0,00 | 15.000,00 | 0,00 | - 15.000,00 |
| 50 | 15.000,00 | 3.000,00 | 18.000,00 | 6.000,00 | - 12.000,00 |
| 100 | 15.000,00 | 6.000,00 | 21.000,00 | 12.000,00 | - 9.000,00 |
| 150 | 15.000,00 | 9.000,00 | 24.000,00 | 18.000,00 | - 6.000,00 |
| 200 | 15.000,00 | 12.000,00 | 27.000,00 | 24.000,00 | -3.000,00 |
| 250 | 15.000,00 | 15.000,00 | 30.000,00 | 30.000,00 | 0,00 |
| 300 | 15.000,00 | 18.000,00 | 33.000,00 | 36.000,00 | 3.000,00 |
| 350 | 15.000,00 | 21.000,00 | 36.000,00 | 42.000,00 | 6.000,00 |
| 400 | 15.000,00 | 24.000,00 | 39.000,00 | 48.000,00 | 9.000,00 |
| 450 | 15.000,00 | 27.000,00 | 42.000,00 | 54.000,00 | 12.000,00 |
| 500 | 15.000,00 | 30.000,00 | 45.000,00 | 60.000,00 | 15.000,00 |

**81. Im Rahmen der Kosten- und Leistungsrechnung wird die sachliche Abgrenzung im vierteljährlichen Rhythmus vorgenommen. Ihnen liegt folgende Tabelle zur Ermittlung des Betriebsergebnisses vor. Ermitteln Sie das Betriebsergebnis für das 3. Quartal.**

| Quartal | Gesamtergebnis in € | Ergebnis aus unternehmensbezogenen Abgrenzungen in € | Ergebnis aus kosten- und leistungsrechnerischen Korrekturen | Betriebsergebnis in € |
|---|---|---|---|---|
| I | 660.000,00 | - 61.800,00 | 420.000,00 | 301.800,00 |
| II | - 1.041.000,00 | - 220.400,00 | - 1.482.200,00 | 661.600,00 |
| III | 251.000,00 | - 398.000,00 | 860.000,00 | |

**82. Welche zwei der folgenden Aussagen bezüglich der sachlichen Abgrenzung sind richtig?**

a) Alle Aufwendungen der Finanzbuchhaltung sind Grundkosten.
b) Kalkulatorische Zinsen sind Grundkosten.
c) Bestandserhöhungen in der Leistungsrechnung werden bei den unternehmensbezogenen Abgrenzungen erfasst.
d) Da der Geschäftsführer des Unternehmens als Komplementär kein Gehalt bezieht, wird für ihn ein kalkulatorischer Unternehmerlohn berücksichtigt.
e) Kalkulatorische Abschreibungen berücksichtigen den Wiederbeschaffungswert des Anlagevermögens.

**II. RECHNEN**
**BEI DEN NACHSTEHENDEN AUFGABEN SIND DIE RICHTIGEN ERGEBNISSE ZU ERMITTELN.**

## I. INDUSTRIEKALKULATION

1. Für eine Schleifmaschine mit Anschaffungskosten von 184.000,00 € wird steuerrechtlich eine Nutzung von 5 Jahren angesetzt, während die tatsächliche Nutzung 8 Jahre beträgt. Wie viel Prozent beträgt die jährliche kalkulatorische Abschreibung (linear)?

2. Die Stromkosten in einem Industriebetrieb betragen in einem Abrechnungszeitraum 12.800 €. Sie sollen auf die Kostenstellen Material (1 200 qm), Fertigung (1 800 qm), Verwaltung (400 qm) und Vertrieb (600 qm) verteilt werden. Welcher Kostenanteil entfällt auf den Bereich Verwaltung?

3. Die Kostenrechnung erbrachte folgende Zahlen:

| | |
|---|---|
| Herstellkosten der Produktion | 2.084.500,00 € |
| Bestandsminderungen an fertigen und unfertigen Erzeugnissen | 65.500,00 € |
| Verwaltungsgemeinkosten | 258.300,00 € |

Wie viel Prozent Verwaltungsgemeinkosten müssen Sie für künftige Kalkulationen planen?

4. Führen Sie die Kalkulation aufgrund unten stehender Angaben durch. Wie viel € beträgt das Fertigungsmaterial?

| | | |
|---|---|---|
| Fertigungsmaterial | € | |
| Materialgemeinkosten 20 % | .......................... € | |
| Materialkosten | | .......................... € |
| Fertigungslöhne | 40.000,00 € | |
| Fertigungsgemeinkosten 170 % | .......................... € | |
| Fertigungskosten | | .......................... € |
| Herstellkosten | | 153.000,00 € |

5. In einem Fertigungsbetrieb ergeben sich aus der Buchhaltung und dem BAB folgende Zahlen:

| | |
|---|---|
| Fertigungsmaterial | 225.600,00 € |
| Fertigungslöhne | 132.000,00 € |
| Materialgemeinkosten | 33.840,00 € |
| Fertigungsgemeinkosten | 151.800,00 € |

Wie viel Prozent beträgt der Zuschlagssatz für die Fertigungsgemeinkosten?

6. Folgende Zahlen ergeben sich aus dem BAB eines Industriebetriebes:

| | |
|---|---|
| Materialgemeinkosten | 40.000,00 € |
| Fertigungsgemeinkosten | 360.000,00 € |
| Verwaltungsgemeinkosten | 50.000,00 € |
| Vertriebsgemeinkosten | 30.000,00 € |
| Fertigungsmaterial | 160.000,00 € |
| Fertigungslöhne | 240.000,00 € |

Wie viel Prozent beträgt der Vertriebsgemeinkostenzuschlag?

7. Siehe den unten vereinfacht abgebildeten BAB! Ermitteln Sie die Herstellungskosten der Erzeugung!

| Kostenarten | Gemeinkosten | Material | Fertigung | Verwaltung | Vertrieb |
|---|---|---|---|---|---|
| insgesamt | 276.000,00 | 24.500,00 | 168.000,00 | 51.000,00 | 32.500,00 |

Das Fertigungsmaterial beträgt 440.000,00
Die Fertigungslöhne betragen 123.000,00 (Angaben in EUR)

8. Der BAB eines Industriebetriebes zeigt folgende Werte:

| | Materialstelle | Fertigungsstelle | Verwaltung | Vertrieb |
|---|---|---|---|---|
| Gemeinkosten | 78.500 | 35.000 | 17.700 | 42.300 |
| Einzelkosten | 140.300 | 156.200 | | |

Das Konto Fertige Erzeugnisse wies einen Mehrbestand von 80.000,00 € auf, das Konto Unfertige Erzeugnisse einen Minderbestand von 21.250,00 €.
Wie viel Prozent beträgt der Zuschlag für Vertriebsgemeinkosten bezogen auf die Herstellkosten des Umsatzes (auf volle Prozent runden)?

9. In dem abgebildeten DV-Ausdruck des BAB ist ein Zahlenwert – siehe Fragezeichen – nicht lesbar. Wie viel € beträgt die Zuschlagsgrundlage für Verwaltungs- und Vertriebsgemeinkosten?

| Kostenstellen / Kostenarten | Material | Fertigung | Verwaltung | Vertrieb |
|---|---|---|---|---|
| ⋮ | | | | |
| Summe Istgemeinkosten | 500.000 | 700.000 | 179.100 | 159.200 |
| Zuschlagsgrundlage | 2.500.000 | 280.000 | ? | |
| Istzuschlagssätze | 20 % | 250 % | 4,5 % | 4 % |

10. In einem Betriebsabrechnungsbogen ergaben sich folgende Summen:

| Gemeinkosten | Material | Fertigung | Verwaltung | Vertrieb |
|---|---|---|---|---|
| 940.000 | 70.688 | 604.420 | 148.332 | 116.560 |

Fertigungsmaterial 565.504
Fertigungslöhne 407.436

Wie viel % beträgt der Gemeinkostenzuschlagssatz für die Verwaltungskosten?

11. Aus einem Betriebsabrechnungsbogen stehen Ihnen folgende Zahlen zur Verfügung:
Fertigungsmaterial: 40.180,00 €
Materialgemeinkosten: 4.820,00 €
Fertigungslöhne: 122.000,00 €
Fertigungsgemeinkosten: 52.000,00 €
Vertriebsgemeinkosten: 10.920,00 €
Die Bestandsmehrungen an unfertigen Erzeugnissen betragen 23.000,00 €, die Bestandsminderungen an fertigen Erzeugnissen belaufen sich auf 14.000,00 €.
a) Wie viel € betragen die Herstellkosten der Fertigung?
b) Wie viel % beträgt der Zuschlagssatz für die Vertriebsgemeinkosten?

12. Für einen größeren Auftrag sollen Sie die Vorkalkulation durchführen. Folgende Zahlen liegen Ihnen vor:
Fertigungsmaterial: 30.000,00 €
Materialgemeinkosten 25 %
Fertigungslöhne: 62.000,00 €
Fertigungsgemeinkosten 90 %
Berechnen Sie die Herstellkosten des Umsatzes und tragen Sie das Ergebnis in das Kästchen ein.

13. Für einen Spezialbehälter wurden Selbstkosten in Höhe von 2.275,00 € ermittelt. Der Betrieb rechnete bisher mit 12 % Materialgemeinkosten, 120 % Fertigungsgemeinkosten und 25 % Verwaltungs- und Vertriebsgemeinkosten. Für Fertigungslöhne wurden 420,00 € veranschlagt. Wie viel € wurden für Fertigungsmaterial eingesetzt?

14. Die Vorkalkulation eines Auftrages ergibt Fertigungskosten in Höhe von 90.000,00 €.
Wie viel € betragen die Fertigungslöhne, wenn mit einem Fertigungsgemeinkostenzuschlagssatz von 125 % gerechnet wurde?

15. In einem Industriebetrieb liegen folgende Zahlen vor:
Umsatzergebnis 16.800,00 € Verlust
Betriebsergebnis: 4.200,00 € Gewinn
Wie viel € beträgt die Kostenüber- bzw. -unterdeckung in T€?

16. Siehe folgendes Schema!
Mit Hilfe der Nachkalkulation ist der tatsächlich erzielte Stückgewinn für einen Artikel zu überprüfen.
Wie viel Prozent beträgt der tatsächlich erzielte Gewinn?

| | VORKALKULATION | | NACHKALKULATION |
|---|---|---|---|
| Selbstkosten | 50.000,00 € | | 52.000,00 € |
| Gewinn | 8.000,00 € | ? % | |
| Barverkaufspreis | 58.000,00 € | | |
| Rabatt | 11.888,00 € | 20 % | |
| Listenverkaufspreis | 69.888,00 € | | 69.888,00 € |

17. Sie sind damit beschäftigt, die Nachkalkulation für einen Auftrag durchzuführen. Der in der nachstehenden Vorkalkulation ermittelte Barverkaufspreis wurde dem Kunden fest zugesagt.

Folgende tatsächlich angefallenen Kosten wurden Ihnen von der Produktion übermittelt:

| | |
|---|---|
| Fertigungsmaterial | 35.700,00 € |
| Fertigungslöhne | 35,20 € je Fertigungsstunde |
| Fertiungsstunden | 2050 |

Die Zuschlagssätze für die Gemeinkosten bleiben unverändert.

Ermitteln Sie die/den tatsächlich angefallenen
a) Materialkosten
b) Fertigungskosten
c) Selbstkosten
d) Gewinn in EUR
e) Gewinn in Prozent (auf 4 Stellen hinter dem Komma runden).

| | | % | Vorkalulation in € | % | Nachkalkulation in € |
|---|---|---|---|---|---|
| | Fertigungsmaterial | | 34.900,00 | | |
| + | Materialgemeinkosten | 35 | 12.215,00 | 35 | |
| = | Materialkosten | | 47.115,00 | | |
| | Fertigungslöhne | | 71.500,00 | | |
| + | Fertigungsgemeinkosten | 150 | 107.250,00 | 150 | |
| = | Fertigungskosten | | 178.750,00 | | |
| = | Herstellkosten | | 225.865,00 | | |
| + | Verwaltungsgemeinkosten | 18 | 40.655,70 | 18 | |
| + | Vertriebsgemeinkosten | 12 | 27.103,80 | 12 | |
| = | Selbstkosten | | 293.624,50 | | |
| + | Gewinn | 12,5 | 36.703,06 | | |
| = | Barverkaufspreis | | 330.327,56 | | |

18. Siehe Abbildung!
   a) Wie viel € betragen die Selbstkosten des Umsatzes (Istkosten) der vorliegenden Rechnungsperiode?
   b) Das Umsatzergebnis für den vorliegenden Zeitraum beträgt 22.750,00 €. Wie viel € beträgt die Kostenüber- bzw. Kostenunterdeckung?

| Zeile Nr. | RECHNUNGSKREIS I | | | | RECHNUNGSKREIS II | | | | | |
|---|---|---|---|---|---|---|---|---|---|---|
| | Erfolgsbereich | | | | Abgrenzungsbereich | | | | Kosten- und Leistungsbereich | |
| | Geschäftsbuchführung / Klassen 5,6,7 | | | | Unternehmensbezogene Abgrenzungen (betriebsfremd) Gruppe 10 | | Kosten- und leistungsrechnerische Korrekturen (außerordentliche betriebsbezogene, Verrechnungskorrekturen, sonstige Abgrenzungen) Gruppe 91 | | Kosten- und Leistungsarten Gruppe 92 | |
| | Konto-Nr. | Kontenbezeichnung | Aufwendungen | Erträge | Aufwendungen | Erträge | Aufwendungen | Erträge | Kosten | Leistungen |
| 1 | 500 | Umsatzerlöse für eigene Erzeugnisse und andere eigene Leistungen | | 241.800 | | | | | | 241.800 |
| | 571 | Zinserträge | | 1.100 | | 1.100 | | | | |
| 2 | 540 | Erlöse aus Vermietung und Verpachtung | | 2.400 | | 2.400 | | | | |
| 3 | 600 | Aufwendungen für Rohstoffe | 79.300 | | | | | | 79.300 | |
| 4 | 620 | Löhne für geleistete Arbeitszeit | 50.700 | | | | | | 50.700 | |
| 5 | 630 | Gehälter | 44.600 | | | | | | 44.600 | |
| 6 | 640/641 | Arbeitgeberanteil zur Sozialversicherung | 14.300 | | | | | | 14.300 | |
| 7 | 652 | Abschreibungen auf Sachanlagen | 31.400 | | | | 31.400 | | | |
| 8 | 696 | Verluste aus dem Abgang von Vermög. | 3.700 | | 3.700 | | | | | |
| 9 | 751 | Zinsaufwendungen | 2.500 | | | | 2.500 | | | |
| 10 | 670 | Mieten, Pachten | 700 | | | | | | 700 | |
| 11 | | | | | | | | | | |
| | | KALKULATORISCHE KOSTEN | | | | | | | | |
| 12 | | Abschreibungen | | | | | | 28.600 | 28.600 | |
| 13 | | Zinsen | | | | | | 3.600 | 3.600 | |
| 14 | | Summen | 227.200 | 245.300 | 3.700 | 3.500 | 33.900 | 32.200 | 221.800 | 241.800 |
| 15 | | Salden | 18.100 | | | 200 | | 1.700 | 20.000 | |
| 16 | | Ergebnis | Gesamtergebnis | | Ergebnis aus unternehmensbezogenen Abgrenzungen | | Ergebnis aus kosten- und leistungsrechnerischen Korrekturen | | Betriebsergebnis | |

Teil 2: Rechnungswesen

19. Siehe folgende Kostenträger-Zeitrechnung!
   a) Wie viel € betragen die Selbstkosten des Umsatzes in T€?
   b) Wie viel € beträgt die Kostenüber- bzw. Kostenunterdeckung?

| Kostenträger-Zeitrechnung | Normalkosten € |
|---|---|
| Fertigungsmaterial<br>Material-Gemeinkosten (5 %)<br>Fertigungslohn<br>Fertigungs-Gemeinkosten (120 %) | 30.000,00<br>1.500,00<br>50.000,00<br>60.000,00 |
| Herstellungskosten der Erzeugung | 141.500,00 |
| + -Bestandsveränderungen | |
| Herstellkosten des Umsatzes<br><br>Verwaltungs-Gemeinkosten (8 %)<br>Vertriebs-Gemeinkosten (12 %) | |
| Selbstkosten des Umsatzes | |
| Nettoverkaufserlös | 184.000,00 |
| Umsatzergebnis | |
| +- Über-/Unterdeckung | |
| Betriebsergebnis | 17.600,00 |

| | |
|---|---|
| Anfangsbestand Fertige und Unfertige Erzeugnisse<br>Endbestand Fertige und Unfertige Erzeugnisse | 37.800,00<br>44.300,00 |
| Bestandsveränderungen | |

20. In einem Industriebetrieb entstehen bei der Produktion von
   10.000 Stück insgesamt 400.000,00 € Kosten
   11.000 Stück insgesamt 430.000,00 € Kosten.
   a) Wie hoch sind die variablen Kosten pro Stück?
   b) Wie hoch sind die fixen Kosten?
   c) Wie hoch ist der Deckungsbeitrag pro Stück bei einem Erlös von 40,00 €?
   d) Über welcher Fertigungsmenge übersteigt der Erlös die Gesamtkosten?

21. Ein Betrieb erzeugt bei 80 % Kapazitätsauslastung monatlich 15 000 Einheiten eines Produktes bei 75.000,00 € Gesamtkosten. Der Verkaufspreis ist 5,70 € je Einheit. Alle Einheiten werden verkauft. Wie viel € beträgt der Stückgewinn?

## II. BEZUGSKALKULATION: ANGEBOTSVERGLEICH

22. Ihnen liegen für ein Produkt die folgenden Angebote vor:
    Angebot I : 700,00 € unfrei, Ziel 2 Monate netto oder 2 % Skonto bei Zahlung innerhalb von 10 Tagen
    Angebot II: 710,00 € frei Haus, Ziel 2 Monate netto oder 1 % Skonto bei Zahlung innerhalb von 10 Tagen
    An Kosten fallen an: Für Fracht 14,00 € und für die An- und Abfuhr je 5 €.
    Wie viel € kostet das Produkt bei sofortiger Zahlung, wenn das günstigere Angebot gewählt wird?

23. Der Einkäufer der Bavaria Fahrradwerke KG hat zwei Angebote vorliegen:

| | | |
|---|---|---|
| 1. Angebot: | Taschenrechner je Dutzend | 240,00 € |
| | 3 % Skonto, frachtfrei | |
| | Verpackungskosten je Dutzend | 4,80 € |
| 2. Angebot: | Taschenrechner je Stück | 27,50 € |
| | 20 % Rabatt, 2 % Skonto | |
| | Frachtanteil für je 100 Stück | 15,00 € |

    Wie viel € kostet 1 Taschenrechner nach dem günstigeren Angebot, wenn insgesamt 300 Stück bestellt werden?

24. Zwei Lieferer bieten Ihnen eine Ware in gleicher Qualität zum gleichen Stückpreis von 185,00 € an.
    A gewährt bei Abnahme von mindestens 20 Stück 15 % Rabatt.
    B liefert bei Abnahme von je 20 Stück zusätzlich 5 Stück kostenlos.
    Wie viel € beträgt der Stückpreis des günstigeren Anbieters, wenn von dieser Ware 25 Stück benötigt werden?

25. Zwei Angebote für Fruchtsäfte liegen einem Einzelhändler vor:
    1. Angebot: 1 000 Flaschen à 0,90 €, 3 % Skonto, frachtfrei
    2. Angebot: 1 Flasche 1,10 €, 25 % Rabatt, Versandpauschale für je 500 Flaschen 30,00 €.
    Wie viel € kostet 1 Flasche beim günstigeren Angebot, wenn insgesamt 2 000 Flaschen bestellt werden?

Teil 2: Rechnungswesen

## III. BEZUGSKALKULATION MIT WERT- UND GEWICHTSSPESEN

26. Ein Kaufmann bezieht 2 Warengruppen:
    A 240 kg zum Gesamtwarenwert von 820,00 €
    B 460 kg zum Gesamtwarenwert von 1.480,00 €
    Die Bezugskosten setzen sich zusammen aus 52,50 € für Fracht und 57,50 € für Versicherungen.
    Wie viel € kostet 1 kg der Warengruppe A einschließlich Bezugsspesen?

27. Ein Großhändler bezog mit gleicher Lieferung zwei Warenposten:

| | Ware I | Ware II |
|---|---|---|
| Gewicht brutto | 5 000 kg | 3 000 kg |
| Gewicht netto | 4 000 kg | 2 500 kg |
| Rechnungspreis | 7 000,00 € | 4 500,00 € |

    Für die gesamte Sendung sind 576,00 € Fracht und 230,00 € Transportversicherung angefallen.

    a) Wie viel € betragen die Gewichtsspesen für Ware II?
    b) Wie hoch sind die gesamten Bezugskosten für Ware I?

28. Ein Kaufmann hat folgende Waren gekauft, für die er 20,00 € Fracht und 5,80 € für Transportversicherung bezahlen muss.

| | | |
|---|---|---|
| Warengruppe I | 5 kg zu | 80,00 € je kg |
| Warengruppe II | 20 kg zu | 100,00 € je kg |
| Warengruppe III | 25 kg zu | 20,00 € je kg |

    Wie viel € Transportversicherung entfallen auf Warengruppe III?

29. Ein Kaufmann bezieht in einer Sendung zwei Waren:
    Ware A: 500 kg zu 2,50 € je kg
    Ware B: 600 kg zu 4,20 € je kg
    An Bezugskosten entstehen: Frachtkosten 275,00 €; Transportversicherung 188,50 €.
    Wie viel € betragen die Wertspesen für Ware A?

30. Bei einer Warenlieferung wurden uns für Fracht 73,00 € und für Hausfracht 17,00 € in Rechnung gestellt. Die Transportversicherung betrug 45,00 €. Wir bezogen folgende Waren:
    Ware I 144 kg zum Preis von 750,00 €
    Ware II 350 kg zum Preis von 300,00 €
    Ware III 406 kg zum Preis von 450,00 €
    Wie viel € betrugen die Gewichtsspesen für Ware II?

31. Ein Importeur bezieht Früchte:
    a) 300 Steigen à 10 kg Birnen
    b) 200 Steigen à 5 kg Aprikosen
    c) 500 Steigen à 10 kg Pfirsiche.
    Die Frachtkosten betragen insgesamt 351 €. Wie viel € betragen die Transportkosten für die eingekauften Pfirsiche?

## IV. VERKAUFSKALKULATION

**Hinweis: HWGK = Handelswarengemeinkosten = Handlungskosten!**

32. Der Bezugspreis eines Artikels beträgt 392,00 €.
    Die Großhandlung kalkuliert mit 20 % Handlungskosten, 12,5 % Gewinn und 2 % Kundenskonto. Wie viel € beträgt der Zielverkaufspreis?

33. Ein Großhandelsbetrieb hat folgendes Ergebnis erzielt:
    Wareneinsatz 4.500.000,00 €
    Verkaufserlöse 5.710.000,00 €
    Kosten 990.000,00 €
    Gewinn 220.000,00 €
    Wie viel Prozent beträgt der Zuschlagssatz für Handlungskosten?

34. Ein Großhandelsbetrieb hat einen Wareneinsatz von 250.000,00 €.
    Entnehmen Sie die Geschäftskosten dem Gewinn- und Verlustkonto!
    Mit wie viel % Geschäftskosten muss der Großhändler kalkulieren?

| S | GUV | | H |
|---|---|---|---|
| Aufw. f. Waren | 250.000 | Warenverkauf | 200.000 |
| Personalaufwand | 15.000 | Provisionserträge | 120.000 |
| Mieten, Pachten | 10.000 | | |
| Betriebl. Steuern | 5.000 | | |
| Büromat.u.Werbg. | 15.000 | | |
| Abschreibung | 20.000 | | |
| Reingewinn | 5.000 | | |
| | 320.000 | | 320.000 |

35. Ein Händler gewährt seinen Kunden 2 % Skonto und 10 % Rabatt. Zu welchem Listenverkaufspreis muss er einen Artikel anbieten, wenn der Barverkaufspreis 441,00 € beträgt?

36. Die Sonderanfertigung einer Maschine verursachte Selbstkosten in Höhe von 69.696,00 €. Über wie viel € lautete der Angebotspreis an den Kunden unter Berücksichtigung von 5 % Kundenrabatt und einem Gewinnaufschlag von 12,5 %?

37. Ein Artikel wurde zum Einkaufspreis von 560,00 € bezogen. An Fracht und Hausfracht (Rollgeld) fielen 20,00 € an. Der Selbstkostenpreis beträgt 725,00 €.
    Mit welchem prozentualen Handlungskostenzuschlag hat der Händler kalkuliert?

38. Der empfohlene Richtpreis (Nettoverkaufspreis) für eine Ware beträgt 1.150,52 €. Der Händler kalkuliert mit 20 % Handlungskostenzuschlag und 3 % Kundenskonto. Er hat mit einem Einstandspreis von 750,00 € zu rechnen. Wie viel € beträgt der Gewinn?

39. Ein Artikel soll im Rahmen einer Sonderaktion für 392,70 € einschließlich 19 % Umsatzsteuer verkauft werden. Wir kalkulieren mit 25 % Handelswarengemeinkosten und 10 % Gewinn.
    Wie viel € beträgt der Bezugspreis?

40. In den Nettoverkaufspreis eines Radiorecorders von 380,00 € wurden 20 % Gewinn und 2 % Kundenskonto eingerechnet. Auf wie viel Prozent sinkt der Gewinn, wenn der Nettoverkaufspreis um 5 % gesenkt werden muss?

41. In der Kalkulation wurden ein Zielverkaufspreis von 210,00 €, ein Kundenskonto von 3 % und ein Selbstkostenpreis von 194,00 € ermittelt. Wie viel Prozent beträgt der Zuschlagssatz für den Gewinn?

42. Aus Konkurrenzgründen musste die Bavaria Fahrradwerke KG den ursprünglichen Barverkaufspreis von 1.065,00 € um 45,00 € senken. Wie viel Prozent Gewinn verbleiben, wenn der Bareinkaufspreis 720,00 €, die Bezugskosten 48,00 € und der Handlungskostenzuschlag 25 % betragen?

43. Der Bezugspreis einer Ware beträgt 495,00 €, der Selbstkostenpreis 648,00 €, der Barverkaufspreis 900,00 €. Wie viel Prozent beträgt die Handelsspanne?

44. Wie viel Prozent beträgt die Handelsspanne?

| | |
|---|---|
| Listenpreis | 250,00 € |
| - Rabatt | 25,00 € |
| Zieleinkaufspreis | 225,00 € |
| - Skonto | 4,50 € |
| Bareinkaufspreis | 220,50 € |
| + Bezugskosten | 14,50 € |
| Bezugspreis | 235,00 € |
| + Handlungskosten | 42,75 € |
| Selbstkostenpreis | 277,75 € |
| + Gewinn | 42,25 € |
| Verkaufspreis | 320,00 € |

45. Eine Ware wird zum Listenverkaufspreis von 2.131,20 € angeboten. Wie viel Prozent beträgt die Handelsspanne bei einem Listeneinkaufspreis von 1.480,00 € und einem Liefererrabatt von 20 %. Es fallen keine Bezugskosten an.

46. Wie viel Prozent beträgt der Kalkulationszuschlag?

| | |
|---|---|
| Bezugspreis | 1.500,00 € |
| + 12,5 % Handlungskostenzuschlag | 187,50 € |
| Selbstkostenpreis | 1.687,50 € |
| + 24 % Gewinn | 405,00 € |
| Barverkaufspreis | 2.092,50 € |

47. In der Bavaria Fahrradwerke KG betrug der Einkaufspreis einer Handelsware 550,00 €. Der Lieferer stellte 15,00 € Bezugskosten in Rechnung. Welcher Kalkulationsfaktor lag der Berechnung zugrunde, wenn die Ware für 949,20 € zum Verkauf angeboten wurde?

48. Ein Unternehmer kalkuliert seine Preise mit einem Kalkulationszuschlag von 60 %. Wegen der starken Konkurrenz muss er den Verkaufspreis um 10 % senken.
Wie viel Prozent beträgt der Kalkulationszuschlag nach der Preissenkung?

49. Wie hoch ist der Kalkulationsfaktor?

| | |
|---|---|
| Bareinkaufspreis | 372,40 € |
| + Bezugskosten | 27,60 € |
| Bezugspreis | 400,00 € |
| + Handlungskosten | 80,00 € |
| Selbstkostenpreis | 480,00 € |
| + Gewinn | 24,00 € |
| Barverkaufspreis | 504,00 € |

50. Ein Baustoffhändler kalkuliert die Artikel einer Warengruppe mit der Handelsspanne von 35 %
Wie hoch ist der Kalkulationszuschlag?

Teil 2: Rechnungswesen

51. Wie hoch ist der Kalkulationszuschlag bei einem Nettoverkaufspreis von 361,43 € und einem Bezugspreis von 210,00 €?

52. Ein Unternehmen rechnet mit einer Handelsspanne von 16 2/3 %.
Mit wie viel € muss der Verkaufspreis (netto) angesetzt werden, wenn der Bezugspreis 550,00 € beträgt?

53. Ein Unternehmer musste den Listenverkaufspreis einer Ware aus Konkurrenzgründen auf 480,00 € senken. Wie viel € darf der Bezugspreis dieser Ware höchstens betragen, wenn der Großhändler mit einem Kalkulationsfaktor von 1,2 rechnet?

54. Der Verkaufspreis einer Ware beträgt 360,00 €. Wie viel € beträgt der Bezugspreis bei einer Handelsspanne von 40 %?

55. Ein Unternehmen berechnet die Listenverkaufspreise einer Warengruppe mit einem Kalkulationsfaktor von 2,75. Der Listenverkaufspreis eines Artikels dieser Warengruppe beträgt 1.870,00 €. Wie viel € beträgt der Einstandspreis dieses Artikels?

56. Der Einkaufspreis einer Bohrmaschine beträgt 180,00 €, die Bezugskosten 18,00 €.
Wie viel € beträgt der Verkaufspreis bei einem Kalkulationsfaktor von 1,45?

**57. Ordnen Sie zu!**

**Begriffe der Kalkulation:**

a) Handelsspanne
b) Bezugskosten
c) Gewinnzuschlag
d) Kalkulationsfaktor
e) Handlungskosten
f) Kalkulationszuschlag

**Erläuterungen**

[ ] Division Nettoverkaufspreis durch Bezugspreis
[ ] Differenz zwischen Bezugspreis und Nettoverkaufspreis ausgedrückt in Prozent des Bezugspreises
[ ] Unterschied zwischen Bezugs- und Selbstkostenpreis

58. Die Kalkulation eines Produktes sieht wie folgt aus:

| | |
|---|---|
| Selbstkostenpreis | 245,00 EURO |
| Gewinn (25 %) | ? EURO |
| Barverkaufspreis | ? EURO |
| Skonto (2 %) | ? EURO |
| Zielverkaufspreis | ? EURO |

Wie viel EURO beträgt der Zielverkaufspreis? Tragen Sie das Ergebnis in das Kästchen ein!

**Situation zu den nächsten zwei Aufgaben.**

**Ihnen liegen nachstehende Daten der Vorkalkulation für einen Großkunden vor.**

| | % | Vorkalkulation | % | Kalkulation für Großkunden |
|---|---|---|---|---|
| Selbstkosten | | 224.000,00 € | | 224.000,00 |
| Gewinn | | | | |
| Barverkaufspreis | | 257.600,00 € | | |
| Skonto | | | 3 | |
| Zielverkaufspreis | | 262.857,14 € | | |
| Rabatt | | | 33 1/3 | |
| Listenverkaufspreis | | 350.476,18 € | | 350.476,18 |

59. Wie viel Prozent beträgt laut Vorkalkulation der
a) Gewinnzuschlag
b) Kundenskonto
c) Kundenrabatt?
Tragen Sie die Ergebnisse in das Kästchen ein.

60. Im Kaufvertrag mit dem Großkunden werden 3 % Skonto und 33 1/3 % Rabatt festgelegt. Ermitteln Sie (in ganzen Zahlen)
a) den tatsächlichen Gewinn
b) den Gewinnrückgang gegenüber der Vorkalkulation.
Tragen Sie das Ergebnis in das Kästchen ein.

## V. WEITERE BERUFSBEZOGENE AUFGABEN

61. Die Bavaria Fahrradwerke wollen Skonto ausnutzen. Deshalb nehmen Sie zur Begleichung einer Rechnung für Rohstoffe den mit der Sparkasse Landshut vereinbarten Kontokorrentkredit in Anspruch. Berechnen Sie den Betrag der Zinslastschrift in € für 21 Tage auf 30.000,00 € bei zurzeit geltenden 18 % p. a. Sollzinsen (kaufmännische Zinsformel).Tragen Sie das Ergebnis in das Kästchen ein.

62. Am 15. April hat die Bavaria Fahrradwerke KG bis zum Ende des Jahres einen kurzfristigen Überbrückungskredit über 60.000,00 € zu einem Zinssatz von 8 % aufgenommen. Wie viel Zinsen sind insgesamt für dieses Darlehen zu zahlen (kaufmännische Zinsformel)? Tragen Sie das Ergebnis in das Kästchen ein.

63. Die Bavaria Fahrradwerke KG bezieht aus den USA Edelgas zum Rechnungspreis von 300.000,00 USD. Wie viel € entspricht dieser Betrag, wenn der derzeitige Kurs bei 1,4514 liegt? Tragen Sie das Ergebnis in das Kästchen ein.

64. Das Eigenkapital der Bavaria Fahrradwerke betrug am Ende des Jahres 12.300.000,00 €. Während des Jahres wurden Privatentnahmen vorgenommen in Höhe von 2.000.000,00 €. Der erwirtschaftete Gewinn beläuft sich auf 3.500.000,00 €. Berechnen Sie das Eigenkapital zu Beginn des Jahres. Tragen Sie das Ergebnis in das Kästchen ein.

# PRÜFUNGSVORBEREITUNG AKTUELL

FÜR

# Bürokauffrau
# Bürokaufmann

TEIL 3

# WIRTSCHAFTS- UND SOZIALKUNDE

# ABSCHLUSSPRÜFUNG

## TEIL 3

# WIRTSCHAFTS – UND SOZIALKUNDE

## Inhaltsübersicht

**BEI DEN NACHFOLGENDEN AUFGABEN SIND DIE RICHTIGEN ERGEBNISSE ANZUKREUZEN BZW. ZUZUORDNEN.**

1. **Bei welchem Güterpaar handelt es sich um Substitutionsgüter?**
   a) Tintenpatrone - Füller
   b) Staubsauger – Waschmaschine
   c) Kaffee - Tee
   d) Motorrad - Gepäckträger
   e) Fotoapparat - Film

2. **Nach welchem Merkmal werden Unternehmen der Investitionsgüterindustrie von Unternehmen der Konsumgüterindustrie unterschieden?**
   a) Nach dem Materialeinsatz
   b) Nach der Gestaltung der Fertigung
   c) Nach der Unternehmensgröße
   d) Nach dem Verwendungszweck der Produkte
   e) Nach der Wiederholbarkeit der Leistungen

3. **Ordnen Sie die knappen Güter den wirtschaftlichen Gütern zu!**

   **Arten knapper Güter**
   a) Rechte
   b) Dienstleistungen
   c) Konsumgüter
   d) Investitionsgüter

   **Beispiele wirtschaftlicher Güter**
   [ ] Gütertransport
   [ ] Lizenz
   [ ] Darlehensgewährung
   [ ] Fahrzeuge der Firma X
   [ ] Kühlschrank im Privathaushalt
   [ ] Montageanlage für Haushaltsgeräte

4. **Ordnen Sie zwei der nachstehend aufgelisteten materiellen Güterarten ihrer Verwendung zu, indem Sie die zugehörigen Buchstaben in den Kästchen vor den Fachausdrücken eintragen.**

   **Güterarten**
   a) Lebensmittel
   b) Wohnmöbel
   c) Maschinen
   d) Rohstoffe
   e) Büroeinrichtung

   **Fachausdrücke**
   [ ] Konsumgut als Gebrauchsgut
   [ ] Produktionsgut als Verbrauchsgut

5. **Welche Marktsituation ist für den Käufer am günstigsten?**
   a) Die Nachfrage nach Fisch ist größer als das Angebot.
   b) Das Angebot an Obst ist größer als die Nachfrage.
   c) Das Angebot an Heizöl entspricht der Nachfrage.
   d) Das Angebot an Kalbfleisch ist geringer als die Nachfrage.
   e) Der Nachfrage nach Baugrundstücken in einer Gemeinde steht kein Angebot gegenüber.

6. **Auf einem Markt mit vollständiger Konkurrenz besteht für ein gleichartiges Gut folgende Gesamtnachfrage und folgendes Gesamtangebot:**

| Preis (P) je t in € | Gesamte Nachfragemenge in t | Gesamte Angebotsmenge in t |
|---|---|---|
| 50 | 1000 | 600 |
| 55 | 900 | 700 |
| 60 | 800 | 800 |
| 65 | 700 | 900 |
| 70 | 600 | 1000 |

   **Welche Aussage kann durch obiges Zahlenbeispiel bestätigt werden?**
   a) Bei einem Preis von 50 € entsteht ein Angebotsüberhang von 400 t.
   b) Bei einem Preis von 55 € besteht ein Nachfrageüberhang von 200 t.
   c) Bei einem Preis von 65 € ergibt sich eine Gleichgewichtsmenge von 700 t.
   d) Bei einem Preis von 70 € besteht ein Nachfrageüberhang von 400 t.
   e) Der Gleichgewichtspreis bildet sich bei einer Nachfragemenge von 900 t.

**7. Welche Aussage zum Preis P der grafischen Darstellung ist richtig?**
a) Zum Preis P entspricht die angebotene Menge der nachgefragten.
b) Zum Preis P ist die angebotene Menge größer als die nachgefragte.
c) Zum Preis P findet kein Umsatz statt.
d) Zum Preis P wird die Menge m1 abgesetzt.
e) Zum Preis P wird die Menge m2 abgesetzt.

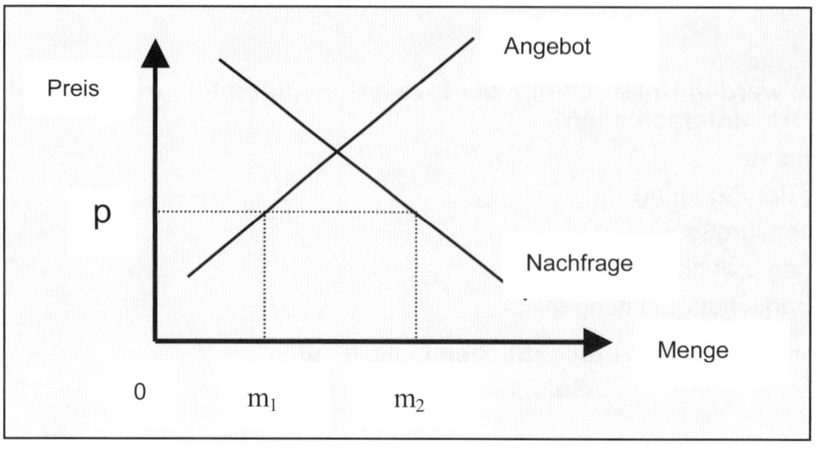


**8. Auf welchem Markt wird man beim Abschluss einer privaten Unfallversicherung tätig?**
a) Auf dem Kapitalmarkt
b) Auf dem Absatzmarkt
c) Auf dem Konsumgütermarkt
d) Auf dem Investitionsmarkt
e) Auf dem Dienstleistungsmarkt

**9. Welche Funktion hat der Preis im Modell der vollständigen Konkurrenz?**
a) Er gibt dem Verbraucher die Qualität der Produkte an.
b) Er führt den Ausgleich von Angebot und Nachfrage herbei.
c) Er lenkt die Nachfrage nach den Wünschen des Staates.
d) Er ermöglicht eine Verteilung der Konsumgüter nach sozialen Gesichtspunkten.
e) Er lenkt das Güterangebot nach den Wünschen des Staates.

**10. Welche Aussage zur Marktpreisbildung bei vollkommener Konkurrenz ist richtig?**
a) Sinkende Nachfrage und gleichbleibendes Angebot führt zu steigenden Preisen.
b) Sinkende Nachfrage und steigendes Angebot führt zu sinkenden Preisen.
c) Gleichbleibende Nachfrage und steigendes Angebot führt zu steigenden Preisen.
d) Steigende Nachfrage und sinkendes Angebot führt zu sinkenden Preisen.
e) Steigende Nachfrage und gleichbleibendes Angebot führt zu sinkenden Preisen.

**Zu den nächsten zwei Aufgaben!**

Auf einem Markt mit vollkommener Konkurrenz haben Verkäufer und Käufer folgende Preis/Mengen-Vorstellungen:

| Verkäufer | | Käufer | |
|---|---|---|---|
| **Menge** | **Preis** | **Menge** | **Preis** |
| 2 kg | für 10 € | 2 kg | für 2 € |
| 1,5 kg | für 8 € | 1,5 kg | für 4 € |
| 1 kg | für 6 € | 1 kg | für 6 € |
| 0,5 kg | für 4 € | 0,75 kg | für 8 € |
| | | 0,5 kg | für 10 € |

**11. Wie nennt man den Preis, der sich an diesem Markt bildet?**

a) Höchstpreis
b) Mindestpreis
c) Monopolpreis
d) Gleichgewichtspreis
e) Festpreis
f) Richtpreis

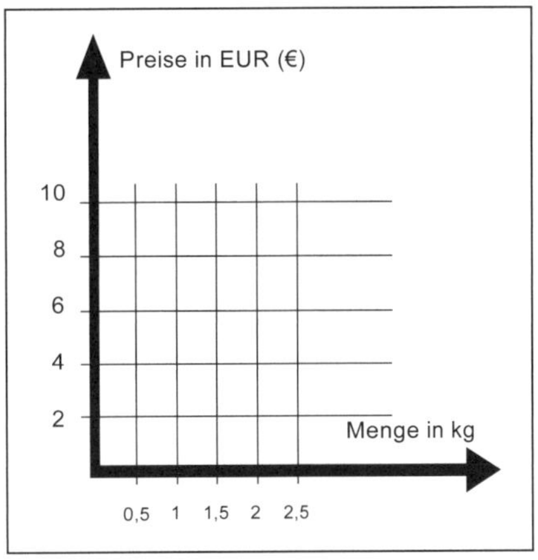


**12. Wie viel € beträgt der Preis pro kg, der sich an diesem Markt bildet?**

a) 2 €
b) 4 €
c) 6 €
d) 8 €
e) 10 €

**13. Welche Schlussfolgerung müssen Sie nachfolgend abgebildeter Grafik entnehmen?**

a) Bei einem Preis von 5,00 €/Stück gibt es einen Nachfrageüberhang.
b) Bei einem Preis von 3,00 €/Stück gibt es einen Angebotsüberhang.
c) Beim Gleichgewichtspreis kommt es zu einem Umsatz von 12.000,00 €.
d) Ein Preis von 8,00 €/Stück führt zu keinem Umsatz.
e) Angebot und Nachfrage sind immer ausgeglichen.

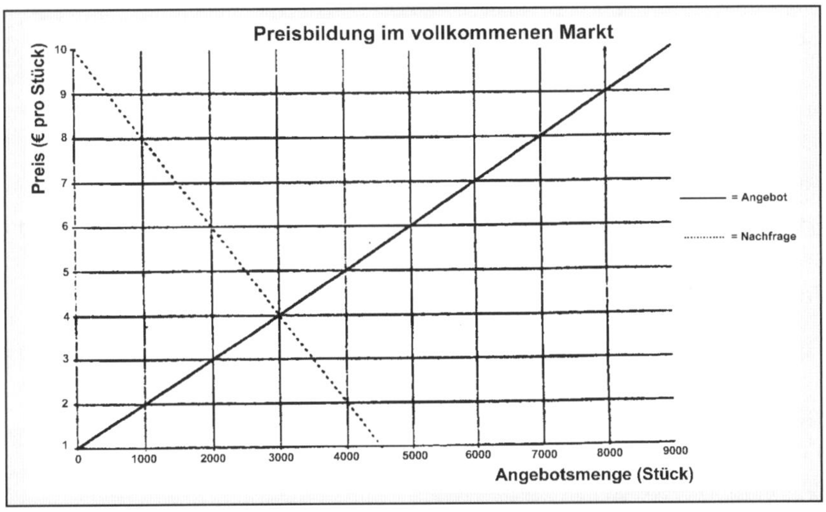


**14. Welche Aussage zu einem „Verkäufermarkt" ist richtig?**

a) Beim Verkäufermarkt ist ein Angebotsüberhang vorhanden.
b) Beim Verkäufermarkt befindet sich der Nachfragende in der stärkeren Position.
c) Beim Verkäufermarkt besteht die Tendenz zur Preissenkung.
d) Beim Verkäufermarkt besteht die Tendenz zur Preisstabilität.
e) Beim Verkäufermarkt besteht die Tendenz zur Preissteigerung.

**15. Welche Aussage über den Käufermarkt ist richtig?**

a) Am Käufermarkt ist das Angebot größer als die Nachfrage.
b) Am Käufermarkt ist die Nachfrage größer als das Angebot.
c) Am Käufermarkt sind Angebot und Nachfrage ausgewogen.
d) Am Käufermarkt ist nur Nachfrage vorhanden.
e) Am Käufermarkt steigen die Preise besonders stark.

**16. Auf welche Marktsituation trifft der Begriff Käufermarkt zu?**

a) Das Sonderangebot in einem Verbrauchermarkt findet reißenden Absatz.
b) Die Nachfrage nach Videorekordern kann nicht befriedigt werden.
c) Die Flugreisen nach den Kanarischen Inseln sind ausgebucht.
d) Die Gebrauchtwagenhändler können ihre Wagen zu den geforderten Preisen nicht absetzen.
e) Die Eintrittskarten für das Tennisturnier sind schon lange im Voraus ausverkauft.

**17. Wie verändern sich Angebot und Nachfrage im Modell der vollkommenen Konkurrenz?**

a) Das Angebot sinkt bei steigenden Marktpreisen.
b) Das Angebot steigt bei sinkenden Marktpreisen.
c) Die Nachfrage sinkt bei steigenden Marktpreisen.
d) Die Nachfrage steigt bei steigenden Marktpreisen.
e) Angebot und Nachfrage sinken gleichermaßen bei steigenden Marktpreisen.

**18. Welche Aussage über die Preisbildung in der Bundesrepublik Deutschland ist richtig?**

a) Preiserhöhung von mehr als 10 % müssen vom Staat genehmigt werden.
b) Die Verbraucher können in manchen Fällen durch ihr Verhalten die Preise beeinflussen.
c) Alle Preise werden durch Absprache zwischen den Unternehmern festgelegt.
d) Alle Preise entstehen als Gleichgewichtspreise am vollkommenen Markt.
e) Bei der betrieblichen Preiskalkulation wird der Marktpreis ermittelt.

**19. Welche Aussage über die Angebotsseite der Marktform der vollständigen Konkurrenz ist richtig?**

a) Es existiert nur ein Anbieter, der bei seiner Preisfestsetzung keine Konkurrenten berücksichtigen muss.
b) Es existiert nur ein Anbieter, der bei seiner Preisfestsetzung die Reaktionen der Nachfrager berücksichtigen muss.
c) Es existieren wenige große Anbieter, die den Marktpreis beeinflussen können, aber die Reaktionen ihrer Konkurrenten berücksichtigen müssen.
d) Es existieren viele kleine Anbieter, die miteinander in einem starken Preiswettbewerb stehen.
e) Es existieren viele kleine Anbieter, deren Wettbewerb durch staatliche Eingriffe eingeschränkt ist, um ruinöse Konkurrenz zu vermeiden.

**20. Welche Aussage entspricht dem Gesetz des Angebotes?**

a) Mit steigendem Angebot steigt der Preis, mit sinkendem Angebot sinkt der Preis.
b) Mit sinkendem Angebot sinkt der Preis, mit steigendem Angebot bleibt der Preis gleich.
c) Mit steigendem Angebot sinkt der Preis, mit sinkendem Angebot bleibt der Preis gleich.
d) Sinkendes Angebot und steigende Preise räumen den Markt.
e) Mit sinkendem Angebot steigt der Preis, mit steigendem Angebot sinkt der Preis.

**21. Kennzeichnen Sie „Preis steigt" mit (1), „Preis fällt" mit (2), „Preis bleibt gleich" mit (0)!**

[ ] Angebot steigt - Nachfrage sinkt
[ ] Nachfrage steigt - Angebot sinkt
[ ] Angebot sinkt - Nachfrage sinkt
[ ] Nachfrage steigt - Angebot steigt
[ ] Angebot bleibt gleich - Nachfrage sinkt
[ ] Nachfrage steigt - Angebot bleibt gleich

**22. Warum ergibt sich in einer Volkswirtschaft die Notwendigkeit, wirtschaftlich zu handeln?**

a) Weil alle Unternehmungen nach dem erwerbswirtschaftlichen Prinzip geführt werden
b) Weil die Produktionsfaktoren Arbeit und Boden knapp sind und das Kapital unbegrenzt verfügbar ist
c) Weil den Konsumenten eine begrenzte Menge an Produktionsfaktoren zur Verfügung stehen
d) Weil Produktion und Umwelterhaltung zwingend Gegensätze sind
e) Weil die Bedürfnisse des Menschen unbegrenzt, die vorhandenen Güter aber knapp sind

**23. Ein Küchenproduzent möchte 400 Großküchen pro Jahr anbieten. Wann handelt dieses Unternehmen nach dem Minimalprinzip?**

a) Das Unternehmen minimiert den Ausstoß an Küchen bei optimalen Kosten.
b) Das Unternehmen minimiert die Kosten bei maximalem Gewinn.
c) Das Unternehmen produziert mit einem Aufwand von 3.000,00 € je Maschine.
d) Das Unternehmen stellt mit minimalem Aufwand möglichst viele Küchen her.
e) Das Unternehmen hält die Kosten für die 400 Küchen so klein wie möglich.

**24. Was versteht man im volkswirtschaftlichen Sinn unter dem Produktionsfaktor Kapital?**

a) Die Gesamtheit der Wertschöpfung
b) Die von den Kreditinstituten bereitgestellte Geldmenge
c) Die nachfragewirksame Geldmenge
d) Die produzierten Produktionsmittel
e) Den Geldwert für das Vermögen

**25. Zu welchem betriebswirtschaftlichen Produktionsfaktor zählen Werkzeuge?**

a) Zum Produktionsfaktor Werkstoffe, weil sie zur Erstellung neuer Produkte eingesetzt werden
b) Zum Produktionsfaktor Werkstoffe, weil sie als Betriebsstoffe zur Bearbeitung des herzustellenden Werkstücks eingesetzt werden
c) Zum Produktionsfaktor Betriebsmittel, weil sie als Bestandteil der produktionstechnischen Ausrüstung des Betriebes eingesetzt werden
d) Zum Produktionsfaktor ausführende Arbeit, weil sie zur Ausführung von angeordneten Arbeiten eingesetzt werden
e) Zum Produktionsfaktor dispositive Arbeit, weil sie aufgrund einer Entscheidung der Geschäftsleitung eingesetzt werden

**Die nächsten zwei Aufgaben gehören zusammen.**

**26. Die Bavaria Fahrradwerke KG kann 100 Produkte mit der nachstehend abgebildeten Faktorkombination herstellen. Der Preis für den Produktionsfaktor Arbeit ist 50,00 EUR pro Einheit, der Preis für eine Einheit des Produktionsfaktors Betriebsmittel beträgt 30,00 EUR. Welche Faktorkombination ist am günstigsten und wie hoch sind die Kosten. Tragen Sie das Ergebnis in das Kästchen ein!**

| Kombination | Produktionsfaktor Arbeit | Produktionsfaktor Betriebsmittel |
|---|---|---|
| 1 | 14 | 6 |
| 2 | 10 | 7 |
| 3 | 6 | 12 |
| 4 | 5 | 15 |
| 5 | 4 | 16 |

Teil 3: Wirtschafts- und Sozialkunde

**27. Welche Erkenntnis kann die Unternehmensleitung aus der vorherigen Aufgabe hinsichtlich der zukünftigen Planung der Produktionsfaktoren gewinnen?**

a) Die Auftragseingänge gehen zurück.
b) Durch den verstärkten Einsatz von Betriebsmitteln werden Arbeitskräfte freigesetzt.
c) Rohstoffe können billiger eingekauft werden.
d) Werbemaßnahmen müssen verstärkt werden.
e) Investitionen im Umweltsektor sollten verstärkt getätigt werden.

**28. In verschiedenen Produktionsstätten wird das gleiche Produkt hergestellt. Dabei werden Produktionsfaktoren mit unterschiedlichen Kosten verschiedenartig kombiniert. In welcher Produktionsstätte wird am kostengünstigsten produziert?**

| | Produktionsstätte | Materialkosten in € | Arbeitsstunden | Kosten je Arbeitsstunde in € |
|---|---|---|---|---|
| a) | 1 | 70 | 3 | 30 |
| b) | 2 | 95 | 4 | 20 |
| c) | 3 | 80 | 1 | 30 |
| d) | 4 | 50 | 3 | 40 |
| e) | 5 | 112 | 0,2 | 40 |

**29. Welches sind die beiden ursprünglichen (originären) volkswirtschaftlichen Produktionsfaktoren?**

a) Bildung und Arbeit
b) Kapital und Bildung
c) Boden und Arbeit
d) Boden und Bildung
e) Boden und Kapital

**30. Ordnen Sie die jeweiligen Güter den angegebenen Beschaffungsmärkten zu!**

**Güter**

a) Langfristige Kredite
b) Arbeitskräfte
c) Grundstücke, Gebäude
d) Bekleidung, Sportartikel
e) Baumaschinen, Industrieroboter
f) Versicherungen, Handel
g) Kurzfristige Kredite

**Beschaffungsmärkte**

[ ] Investitionsgütermarkt
[ ] Geldmarkt
[ ] Immobilienmarkt
[ ] Arbeitsmarkt
[ ] Konsumgütermarkt
[ ] Kapitalmarkt
[ ] Dienstleistungsmarkt

**<u>Die nächsten zwei Aufgaben gehören zusammen.</u>**

**31. Ergänzen Sie im unten stehenden Kreislaufschema die fehlenden Begriffe (A und B). Kreuzen Sie das zutreffende Lösungspaar an.**

a) A = Bank B = Haushalte
b) A = Haushalte B = Staat
c) A = Unternehmen B = Haushalte
d) A = Haushalte B = Unternehmen
e) A = Unternehmen B = Bank

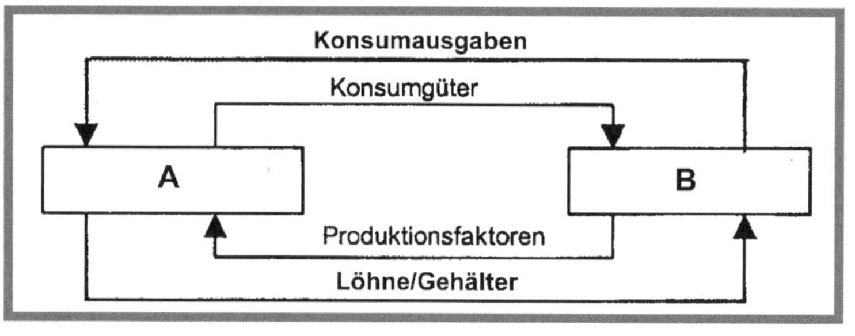


**32. Welcher Aussage zu obigem Modell des einfachen Wirtschaftskreislaufs können Sie <u>nicht</u> zustimmen?**

a) Die Haushalte stellen den Unternehmen volkswirtschaftliche Produktionsfaktoren zur Verfügung.
b) Die Haushalte erhalten im Gegenzug von den Unternehmen Geld.
c) Im Wirtschaftskreislauf fließt jedem Güterstrom ein um den Gewinn erhöhter Geldstrom entgegen.
d) Die Haushalte verwenden ihr ganzes Einkommen zum Kauf von Konsumgütern.
e) Die Haushalte erhalten für ihre Geldausgaben Konsumgüter von den Unternehmen.

**33. Ergänzen Sie in dem Kreislaufschema den fehlenden Begriff auf der gestrichelten Linie und kreuzen Sie den richtigen Buchstaben an!**

a) Ersparnisse
b) Subventionen
c) Wareneinsatz
d) Investitionen
e) Konsumausgaben

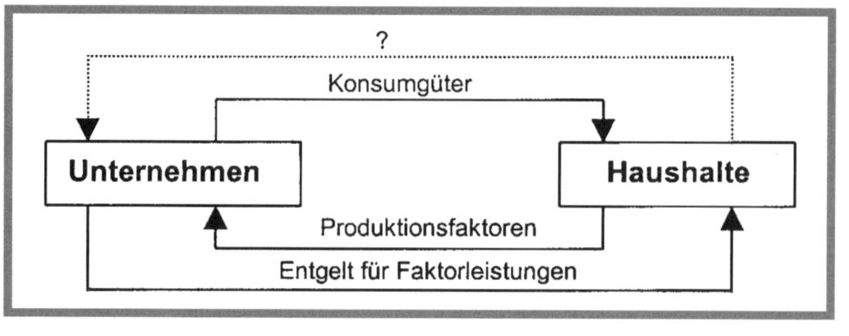

**34. In welcher Zeile des abgebildeten erweiterten Wirtschaftskreislaufs sind die mit a), b) und c) gekennzeichneten Geldströme richtig zugeordnet?**

a) (a) Einkommen – (b) Ersparnisse – (c) Exportausgaben
b) (a) Subventionen – (b) Steuern – (c) Exporterlöse
c) (a) Einkommen – (b) Mehrwertsteuer – (c) Exporterlöse
d) (a) Subventionen – (b) Mehrwertsteuer – (c) Importeinnahmen
e) (a) Kredite – (b) Steuern – (c) Exportausgaben

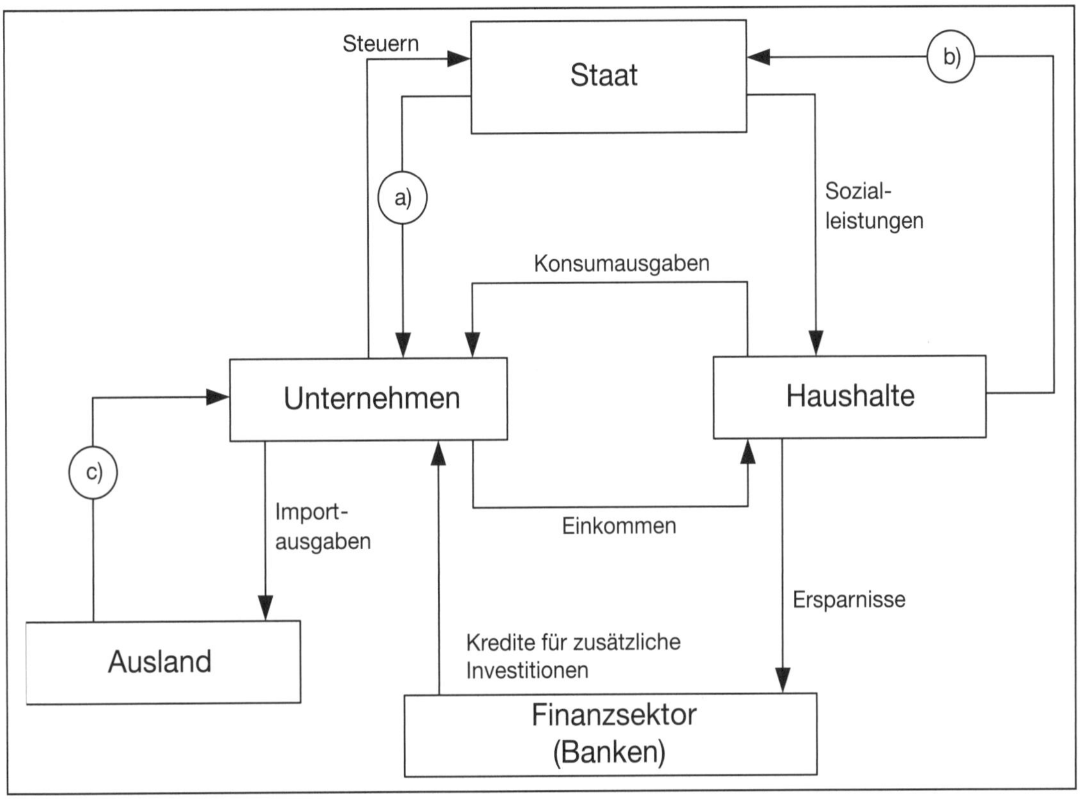


**35. Haushalte legen einen Teil ihres Einkommens bei Banken als Spareinlagen an. In welchem Fall gelangt dieses Geld wieder als Produktionsfaktor in den Wirtschaftskreislauf?**

a) Durch Anschaffung eines Heimkinos
b) Durch Bezahlung der Wohnungsmiete
c) Durch den Kauf von Konsumgütern
d) Durch Teilzahlung beim Kauf eines Privatautos
e) Durch Kreditgewährung seitens der Banken für Maschinen

**36. Bei der Bavaria Fahrradwerke KG steigt mit zunehmender Betriebsgröße die innerbetriebliche Arbeitsteilung. Welche Folge ergibt sich daraus?**

a) Die gegenseitige Abhängigkeit der Arbeitnehmer entfällt.
b) Der Abstimmungsaufwand in den Arbeitsprozessen nimmt zu.
c) Der einzelne Arbeitnehmer gewinnt eine bessere Übersicht über die Gesamtzusammenhänge des Produktionsablaufs.
d) Die Möglichkeit, Verantwortung auf die einzelnen Arbeitnehmer zu übertragen, entfällt.
e) Die Vielseitigkeit der Tätigkeiten der einzelnen Arbeitnehmer nimmt zu.

**37. Ordnen Sie die Geschäftpartner den angegebenen Wirtschaftssektoren zu.**

| **Wirtschaftssektoren** | **Geschäftspartner der Bavaria Fahrradwerke KG** |
|---|---|
| a) Primärer Sektor (Urerzeugung) | [ ] Dillinger Stahlbau AG |
| b) Sekundärer Sektor (Produktion) | |
| c) Tertiärer Sektor (Dienstleistung) | [ ] Ölhandel F. Töpper GmbH |

**38. Bei welchen Wertpapieren ist die Höhe des Ertrags variabel?**

a) Bei Industrieanleihen
b) Bei Kommunalobligationen
c) Bei Investmentzertifikaten
d) Bei Sparbriefen
e) Bei Pfandbriefen

**39. Welches Wertpapier hat einen variablen Ertrag?**

a) Industrieschuldverschreibung
b) Bundesanleihen
c) Optionsschein
d) Aktie
e) Wandelschuldverschreibung

**40. Ein Unternehmen verfügt über 50.000,00 €, die es in den nächsten drei Monaten nicht benötigt. Das Geld soll in dieser Zeit risikofrei möglichst hohe Erträge erbringen. Welche Anlagemöglichkeit erfüllt diese Forderung?**

a) Anlage auf einem Sparbuch
b) Anlage durch Kauf von Aktien
c) Anlage auf dem eigenen Kontokorrentkonto
d) Anlage in Edelmetall
e) Anlage auf Festgeldkonto

**41. Warum ist die pünktliche Zahlung der Kunden von großer Bedeutung für den Unternehmer?**

a) Bei pünktlicher Zahlung muss den Kunden Skonto eingeräumt werden.
b) Die pünktliche Zahlung ist eine wichtige Voraussetzung, um den eigenen Verbindlichkeiten nachkommen zu können.
c) Die pünktliche Zahlung führt zu einem steuerlichen Vorteil.
d) Durch pünktliche Zahlung wird der Eigentumsvorbehalt überflüssig.
e) Durch pünktliche Zahlung verkürzt sich die Gewährleistungsfrist.

**42. Der Jahresbeitrag für die Gebäudeversicherung der Bavaria Fahrradwerke KG soll durch Einzugsermächtigung bezahlt werden. Wie erfolgt die Bezahlung bei diesem Verfahren?**

a) Die Hausbank der Bavaria Fahrradwerke KG wird dadurch ermächtigt, bei Fälligkeit den gültigen Betrag per Überweisung dem Versicherungsunternehmen gutzuschreiben.
b) Das Versicherungsunternehmen wird dadurch ermächtigt, selbst zu einem bestimmten Termin das Konto der Bavaria Fahrradwerke KG in Höhe des fälligen Betrages zu belasten.
c) Das Versicherungsunternehmen wird dadurch ermächtigt, zu einem bestimmten Termin den fälligen Betrag durch ihr Kreditinstitut per Lastschrift einziehen zu lassen.
d) Dem Kreditinstitut des Versicherungsunternehmens wird damit ein Abbuchungsauftrag erteilt, bei Fälligkeit den Jahresbetrag vom Geschäftskonto der Bavaria Fahrradwerke KG abzubuchen.
e) Dem Kreditinstitut des Versicherungsunternehmens wird ein Dauerauftrag erteilt, bei Fälligkeit den Jahresbeitrag vom Geschäftskonto der Bavaria Fahrradwerke KG abzubuchen.

**43. Ordnen Sie zu.**

**Zahlungsmöglichkeiten**

a) Dauerauftrag
b) Einzugsermächtigung
c) Sammelüberweisung
d) Zahlschein
e) Einzelüberweisung

**Geschäftsfälle der Bavaria Fahrradwerke KG**

[ ] Die Gehälter für alle Mitarbeiter werden durch einen einzige Überweisungsträger angewiesen.

[ ] Der Bank wird angewiesen, einem Kunden einen bestimmten Betrag gutzuschreiben.

**44. Ein Unternehmen verlangt von einem Privatkunden, der 30 Tage nach Rechnungserhalt noch nicht bezahlt hat, Verzugszinsen. Das Rechnungsformular enthielt den Hinweis auf die Folgen der verspäteten Zahlung. Welche Aussage ist richtig?**

a) Das Unternehmen kann Verzugszinsen verlangen und zwar 5 % über dem jeweils aktuellen Basiszinssatz.

b) Zinsen können grundsätzlich nur verlangt werden, wenn sie vorher vereinbart wurden.

c) Da keine Vereinbarung über Verzugszinsen getroffen wurde, darf die Unternehmung Verzugszinsen in beliebiger Höhe verlangen.

d) Die Unternehmung muss den säumigen Käufer erst in Verzug setzen. Dann kann sie nach 30 Tagen Verzugszinsen verlangen.

e) Die Unternehmung kann höchstens den von der EZB vorgegebenen Basissatz verlangen.

**45. Ein Kaufmann ist in Zahlungsverzug geraten. Sein Lieferant berechnet ihm Verzugszinsen. Welchen Zinssatz darf er verlangen, wenn im Kaufvertrag nichts darüber vereinbart worden ist und die Vorschriften des BGB zugrunde gelegt werden?**

a) 5 %

b) den aktuellen Basiszinssatz

c) 8 %

d) 5 % über dem aktuellen Basiszinssatz

e) 8 % über dem aktuellen Basiszinssatz

**46. Die Bavaria Fahrradwerke KG verlangt von ihrem Kunden, der Firma Müller e. K., der 30 Tage nach Rechnungserhalt noch nicht bezahlt hat, Verzugszinsen. Welche Aussage ist richtig?**

a) Sie kann Verzugszinsen verlangen und zwar 8 % über dem derzeit gültigen Basissatz.

b) Zinsen können grundsätzlich nur verlangt werden, wenn sie vorher vereinbart wurden.

c) Da keine Vereinbarung über Verzugszinsen getroffen wurde, darf die Bavaria Fahrradwerke KG Verzugszinsen in beliebiger Höhe verlangen.

d) Die Bavaria Fahrradwerke KG muss den säumigen Kunden erst in Verzug setzen. Dann kann sie nach 30 Tagen Verzugszinsen verlangen.

e) Die Bavaria Fahrradwerke KG kann höchstens den von der EZB vorgegebenen Basissatz verlangen.

**47. Eine Rechnung weist folgende Daten auf: Eingegangen: 12. Oktober; gebucht: 14. Oktober; Rechnungsdatum: 10. Oktober; Lieferdatum: 08. Oktober; Bestelldatum: 25. September. Welches Datum ist für den Zahlungsverzug (Nicht-Rechtzeitig-Zahlung) maßgeblich?**

a) 25. September

b) 08. Oktober

c) 10. Oktober

d) 12. Oktober

e) 14. Oktober

**48. Eine Rechnung weist folgende Daten auf: Eingegangen: 12. Oktober; gebucht: 14. Oktober; Rechnungsdatum: 10. Oktober; Lieferdatum: 08. Oktober; Bestelldatum: 25. September. Ab wann gerät der Käufer in Zahlungsverzug, wenn folgende Zahlungsbedingung vereinbart war: Zahlbar innerhalb 10 Tagen ab Rechnungsdatum mit 2 % Skonto, innerhalb 20 Tagen ab Rechnungsdatum netto Kasse?**

a) 25. September

b) 08. Oktober

c) 31. Oktober

d) 12. Oktober

e) 14. Oktober

**49. Der Kunde stellt der Bavaria Fahrradwerke KG am 30. Oktober einen Scheck aus und überreicht ihn dem Geschäftsführer, Herrn Oberpriller, am 31. 10. Dieser legt ihn am 02. 11. der Bank zur Einlösung vor. Am 03. 11. wird der Betrag dem Konto der Bavaria Fahrradwerke KG gutgeschrieben. Nennen Sie das Datum, an dem die Schuld des Kunden getilgt ist. Tragen Sie das Ergebnis in das Kästchen ein.**

| |
|---|
| |

**50. Ein Kunde hat die Rechnung nicht pünktlich beglichen. Was ist zu tun, wenn der Kunde keine weiteren Informationen zu den Zahlungsbedingungen erhielt?**

a) Es ist umgehend eine Mahnung mit Fristsetzung für die Zahlung zu veranlassen.
b) Zahlungsverzug tritt 30 Tage nach Fälligkeit und Zugang der Rechnung ein. Deshalb ist nichts zu unternehmen.
c) Zahlungsverzug tritt 30 Tage nach Fälligkeit und Zugang der Rechnung ein, wobei der Kunde den Zugangsbeweis führen muss. Deshalb ist nichts zu unternehmen.
d) Da Zahlungen immer sofort fällig sind, sind sofort Verzugszinsen zu verlangen.
e) Da der Kunde nicht bezahlt hat, ist ein gerichtlicher Mahnbescheid zu beantragen.

**51. Die Bavaria Fahrradwerke KG verkaufte Anfang Januar verschiedene Waren an die Zweiradgroßhandlung Göbel GmbH in Dresden. Es wurde vereinbart, dass die Zahlung des Kaufpreises bei Lieferung fällig wird. Am 10. Januar um 9:00 Uhr erhielt die Zweiradgroßhandlung die Waren und die Rechnung. Da sie am 20. Februar noch nicht gezahlt hat, will die Bavaria Fahrradwerke KG Zinsen fordern. Prüfen Sie, ob und in welcher Höhe nach der gesetzlichen Regelung Zinsen verlangt werden können?**

a) Zinsen können grundsätzlich nur verlangt werden, wenn sie vereinbart wurden.
b) Da keine Vereinbarung über Verzugszinsen getroffen wurde, kann die Bavaria Fahrradwerke KG ab dem 11. Januar Verzugszinsen in beliebiger Höhe verlangen.
c) Da am 10. Januar die Zahlung aufgrund der Lieferung fällig war und an diesem Tag auch die Rechnung zuging, kann die Bavaria Fahrradwerke KG ab dem 11. Februar Verzugszinsen von 8 % über dem aktuellen Basiszinssatz verlangen.
d) Zinsen können nicht verlangt werden, da die Voraussetzungen für den Zahlungsverzug nicht erfüllt sind. Grundsätzlich muss die Zweiradgroßhandlung erst gemahnt und eine 30-tägige Nachfrist gesetzt werden.
e) Die Bavaria Fahrradwerke KG kann frühestens ab dem 11. März Verzugszinsen von 8 % über dem Basiszinssatz verlangen.

**52. Ein Privatkunde hat von der Bavaria Fahrradwerke KG Waren im Wert von 260,00 € erhalten. Welche Voraussetzung muss gegeben sein, dass der Privatkunde in Zahlungsverzug gerät?**

a) Er gerät 30 Tage nach Rechnungserhalt in Zahlungsverzug, auch wenn die Rechnung keinen Hinweis auf die rechtliche Regelung des Zahlungsverzuges enthält.
b) Er gerät nur in Zahlungsverzug, wenn dies vertraglich festgelegt wurde.
c) Er gerät 30 Tage nach Fälligkeit und Zugang der Rechnung in Verzug, wenn in der Rechnung auf den Zahlungsverzug hingewiesen wurde.
d) Er gerät 30 Tage nach Zugang einer Mahnung in Verzug.
e) Für Privatkunden gelten keine gesetzlichen Regelungen.

**53. Wie viel Jahre dauert nach Verjährungsrecht die Regelverjährung?**

a) 2 Jahre
b) 3 Jahre
c) 5 Jahre
d) 10 Jahre
e) 30 Jahre

**54. Wann verjähren Ansprüche auf Zinsen?**

a) Nach 2 Jahren
b) Nach 3 Jahren
c) Nach 5 Jahren
d) Nach 10 Jahren
e) Nach 30 Jahren

**55. Die Bavaria Fahrradwerke KG lieferte am 04.01.2013 Waren an einen Einzelhändler. Die Forderung aufgrund dieser Warenlieferung beträgt 2.300,00 €. Wann ist diese Forderung verjährt?**

a) Am 31.12.2013
b) Am 05.01.2014
c) Am 01.01.2016
d) Am 05.01.2016
e) Am 01.01.2017

**56. Wann beginnt die regelmäßige Verjährungsfrist?**

a) Am Tag der Entstehung des Anspruchs
b) Mit dem Schluss des Jahres, in dem der Anspruch entstanden ist, ohne Kenntnisnahme seitens des Gläubigers
c) Mit dem Schluss des Jahres, in dem der Anspruch entstanden ist und Kenntnisnahme seitens des Gläubigers
d) Mit dem Schluss des Jahres, in dem der Anspruch entstanden ist und Kenntnisnahme seitens des Schuldners
e) Am Tag der Entstehung des Anspruchs und Kenntnisnahme seitens des Gläubigers

**57. Ordnen Sie zu!**

| **Jahre, bis die Forderung verjährt ist** | **Forderungen** |
|---|---|
| a) 2 Jahre | |
| b) 3 Jahre | [ ] Ansprüche aus mangelhafter Lieferung |
| c) 4 Jahre | |
| d) 5 Jahre | [ ] Leistungen, die durch ein Gerichtsurteil festgelegt wurden |
| e) 10 Jahre | [ ] Forderungen eines Einzelhändlers an einen Privatkunden |
| f) 30 Jahre | |

**58. Welche Aussage zu den Verjährungsfristen ist zutreffend?**

a) Die grundsätzlich auf 2 Jahre festgelegte Verjährungsfrist bei Mängelansprüchen kann vertraglich auch im Verbrauchsgüterkauf verkürzt werden.
b) Die grundsätzlich auf 3 Jahre festgelegte Verjährungsfrist bei Mängelansprüchen kann vertraglich nie verkürzt werden.
c) Die grundsätzlich auf 2 Jahre festgelegte Verjährungsfrist bei Mängelansprüchen kann außerhalb eines Verbrauchsgüterkaufs vertraglich auf 1 Jahr verkürzt werden.
d) Die Verjährungsfrist für Mängelansprüche fällt auch unter die Regelverjährung von 3 Jahren.
e) Für Mängelansprüche gelten immer nur die Vorschriften des HGB.

**59. Welche Wirkung hat die Hemmung der Verjährung?**

a) Die Verjährungsfrist beginnt von dem Tag an, an dem der Hemmungsgrund eingetreten ist, von neuem zu laufen.
b) Durch die Hemmung der Verjährung hat der Schuldner das Recht, die Leistung zu verweigern.
c) Ist der Tatbestand der Hemmung eingetreten, kann der Schuldner auf eine Verkürzung der Verjährungsfrist bestehen.
d) Der Tatbestand der Hemmung bewirkt, dass der Zeitraum, in der die Verjährung gehemmt war, nicht in die Verjährungsfrist eingerechnet wird.
e) Die bis zum Eintreten des Tatbestands der Hemmung abgelaufene Verjährungsfrist wird an die Regelverjährung angehängt.

**60. Wodurch wird der Tatbestand des Neubeginns der Verjährungsfrist erfüllt?**

a) Durch Verhandlungen zwischen Gläubiger und Schuldner
b) Durch Zustellen eines Mahnbescheids
c) Durch Klageerhebung
d) Durch die Anerkennung des Anspruchs in Form einer Abschlagszahlung
e) Durch den Tod des Gläubigers

**61. In welchem Fall tritt eine Hemmung der Verjährung ein?**

a) Der Schuldner erkennt durch eine Abschlagszahlung seine Schuld an.
b) Der Schuldner erklärt sich bereit, dem Gläubiger eine Sicherheitsleistung zu erbringen.
c) Der Schuldner leistet eine Zinszahlung.
d) Der Schuldner erhält im Rahmen des Mahnverfahrens seinen Mahnbescheid zugestellt.
e) Der Gläubiger beantragt eine gerichtliche Vollstreckung, der auch stattgegeben wird.

**62. Eine Forderung ist verjährt. Welche Auswirkung hat dies?**

a) Der Gläubiger hat keine Forderung mehr.
b) Der Gläubiger muss sofort einen Antrag auf Mahnbescheid stellen.
c) Der Gläubiger kann nur durch Gerichtsurteil die Zahlung erzwingen.
d) Der Schuldner hat das Recht, die Zahlung zu verweigern.
e) Der Gläubiger kann die Forderung über ein Inkassobüro eintreiben lassen.

**63. Nachdem ein Schuldner bezahlt hat, stellt er fest, dass diese Schuld bereits verjährt war. Wie ist die Rechtslage?**

a) Der Gläubiger muss den Betrag unter Abzug von Mahnspesen wieder herausgeben.
b) Der Schuldner kann die Rückzahlung des Geldes durch Klage erzwingen.
c) Der Schuldner ist zur Aufrechnung berechtigt, wenn der Gläubiger noch eine weitere Forderung gegen ihn hat.
d) Der Schuldner hat keinen Rechtsanspruch auf Rückzahlung.
e) Der Gläubiger ist verpflichtet, dem Schuldner eine entsprechende Gutschrift zu erteilen.

**64. Wodurch wird die Verjährung gehemmt?**

a) Der Schuldner leistet eine Teilzahlung.
b) Der Schuldner leistet eine Abschlagszahlung.
c) Der Gläubiger hat Klage erhoben.
d) Der Schuldner zahlt Verzugszinsen.
e) Der Schuldner erkennt seine Schuld gegenüber dem Gläubiger an, indem er eine Sicherheitsleistung erbringt.

**65. Die Bavaria Fahrradwerke KG lieferte am 14. Mai 2012 an einen Privatkunden ein Mountainbike und stellt mit gleichem Datum die Rechnung aus, auf der ein Zahlungsziel von 30 Tage eingeräumt wird. Wann ist die Forderung der Bavaria Fahrradwerke KG verjährt?**

a) Am 1. Januar 2013
b) Am 15. Juni 2013
c) Am 15. Mai 2014
d) Am 1. Januar 2016
e) Am 15. Mai 2015

**66. In welchem Fall tritt der Neubeginn der Verjährung ein?**

a) Der Kunde gibt ein Schuldanerkenntnis ab.
b) Der Kunde hat die Eröffnung eines gerichtlichen Vergleichsverfahrens beantragt.
c) Dem Kunden wird eine Postnachnahme zum Rechnungseinzug zugestellt.
d) Der Kunde wird schriftlich gemahnt.
e) Dem Kunden ist der Rechnungsbetrag gestundet.

**67. Welchen Einfluss hat das kaufmännische Mahnwesen auf die Verjährung von Forderungen aus zweiseitigen Handelsgeschäften?**

a) Es hat keinen Einfluss auf die Verjährung.
b) Die Verjährung wird unterbrochen.
c) Die Verjährung wird gehemmt.
d) Die Forderung verjährt erst nach 30 Jahren.
e) Die Verjährungsfrist wird von 3 auf 10 Jahre verlängert.

**68. Welche Aussage über die Verjährung ist richtig?**

a) Forderungen unter Kaufleuten können nicht verjähren.
b) Eine verjährte Forderung ist erloschen.
c) Das Forderungsrecht kann nur mehr durch ein Zivilgerichtsverfahren durchgesetzt werden.
d) Das Forderungsrecht besteht weiter, die Zahlung kann jedoch nicht mehr erzwungen werden.
e) Die Begleichung verjährter Forderungen kann mit einem Mahnbescheid erzwungen werden.

**69. Wodurch wird die Verjährung nicht gehemmt und nicht unterbrochen?**

a) Erhebung der Klage
b) Antrag auf Erlass eines Mahnbescheids
c) Absendung einer Postnachnahme
d) Zinszahlung durch einen Schuldner
e) Teilzahlung durch den Schuldner
f) Anmeldung der Forderung im Insolvenzverfahren

**70. Welche Wirkung tritt beim Neubeginn der Verjährung ein?**

a) Die Verjährungsfrist verlängert sich um einen gesetzlich festgelegten Zeitraum.
b) Die Verjährungsfrist wird um ein weiteres Jahr verlängert.
c) Der Gläubiger kann nicht mehr auf Zahlung klagen.
d) Die Verjährungsfrist beträgt nunmehr 30 Jahre.
e) Die Verjährungsfrist beginnt von Neuem zu laufen.

**71. Die Bavaria Fahrradwerke KG, Landshut, lieferte ihrem Kunden, der Zweirad Gürtner KG in Nürnberg, Fahrräder. Die Rechnung inklusive Umsatzsteuer belief sich auf 1.649,34 €. Da der Kunde nicht rechtzeitig bezahlte, veranlasste die Bavaria Fahrradwerke KG die Zusendung eines Mahnbescheids. Diesem hat der Kunde fristgerecht widersprochen. Welches der folgenden Gerichte ist für das Klageverfahren über die offene Rechnung zuständig, wenn keine vertraglichen Vereinbarungen zum Gerichtsstand getroffen wurden?**

a) Das Landgericht Landshut
b) Das Landgericht Nürnberg
c) Das Amtsgericht Landshut
d) Das Amtsgericht Nürnberg
e) Keines der genannten Gerichte, da keine entsprechende Vereinbarung getroffen wurde

**72. Welche Bedeutung hat die Klausel „Für beide Teile sind Erfüllungsort und Gerichtsstand der Ort des Lieferers" in einem Kaufvertrag?**

a) Die Ware ist zum Ort des Käufers zu liefern.
b) Der Lieferer trägt die Gefahr der Verschlechterung der Ware bis zum Ort des Käufers.
c) Die Warenschulden werden Schickschulden.
d) Die Geldschulden werden Holschulden.
e) Die Gefahr geht am Ort des Lieferers auf den Käufer über.

**73. Wie wirkt sich die Zustellung eines Mahnbescheids auf die Verjährungsfrist aus?**

a) Die Verjährungsfrist beginnt von Neuem.
b) Die Verjährungsfrist beträgt jetzt 30 Jahre.
c) Die Verjährungsfrist wird gehemmt.
d) Die Verjährungsfrist wird nicht beeinflusst.
e) Die Verjährungsfrist wird vom zuständigen Amtsgericht um ein halbes Jahr verlängert.

**74. Ein Verkäufer aus Hamburg hat einem Privatkunden aus München Waren im Wert von 8.000,00 € geliefert. Der vertragliche Erfüllungsort ist für beide Teile Frankfurt am Main. Bei welchem Gericht muss der Verkäufer einen Mahnbescheid beantragen, wenn der Privatkunde nicht zahlt?**

a) Amtsgericht Frankfurt am Main
b) Amtsgericht Hamburg bzw. beim zuständigen Zentralen Mahngericht
c) Amtsgericht München
d) Landgericht Frankfurt am Main
e) Landgericht Hamburg
f) Landgericht München

**75. Eine Ware wurde ordnungsgemäß geliefert. Über den Erfüllungsort und Gerichtsstand wurde nichts vereinbart. Wo muss ein Verkäufer, der in München wohnt, einen Mahnbescheid beantragen, wenn der Käufer in Kassel nicht zahlt?**

a) Beim Amtsgericht München (oder beim Zentralen Mahngericht)
b) Beim Landgericht München
c) Beim Amtsgericht Kassel
d) Beim Landgericht Kassel
e) Wahlweise beim Amtsgericht München oder Amtsgericht Kassel
f) Wahlweise beim Landgericht München oder Landgericht Kassel



 

**76. Warum werden am Ende eines Kalenderjahres bei den Amtsgerichten viele Anträge auf Erlass von Mahnbescheiden gestellt (zwei Antworten)?**

a) Weil bei den meisten Unternehmen das Geschäftsjahr am 31.12. endet
b) Weil durch den Mahnbescheid die Verjährungsfristen gehemmt werden
c) Weil durch den Mahnbescheid die Verjährungsfristen von Neuem zu laufen beginnen
d) Weil alle Verjährungsfristen am Ende des Kalenderjahres ablaufen
e) Weil alle Verjährungsfristen am Ende des Kalenderjahres beginnen
f) Weil die 3-jährige Regelverjährung mit dem Ende des Kalenderjahres abläuft

**77. Welche Frist muss vom Schuldner gewährt werden, wenn er rechtzeitig gegen einen Mahnbescheid Widerspruch erheben will?**

a) 3 Tage
b) 7 Tage
c) 2 Wochen
d) 6 Wochen
e) 6 Monate

**78. Sie haben einem säumigen Schuldner durch das Zentrale Mahngericht einen Mahnbescheid zustellen lassen. Der Kunde hat dagegen nichts unternommen und auch nicht gezahlt. Was müssen Sie jetzt veranlassen, um Ihre Forderung durchzusetzen?**

a) Den Gerichtsvollzieher beauftragen, tätig zu werden
b) Einen Verhandlungstermin beantragen
c) Ein Inkassobüro einschalten
d) Einen Vollstreckungsbescheid beantragen
e) Die Abgabe einer eidesstattlichen Versicherung beantragen

**79. Bringen Sie die folgenden Schritte im gerichtlichen Mahnverfahren in die richtige Reihenfolge!**

[ ] Gläubiger (Antragsteller) veranlasst Schuldner (Antragsgegner) durch das Gericht zur Abgabe einer eidesstattlichen Versicherung.
[ ] Gläubiger (Antragsteller) beantragt einen Haftbefehl.
[ ] Da der Schuldner (Antragsgegner) nichts unternommen hat, stellt der Gläubiger (Antragsteller) bei Gericht Antrag auf Erlass und Zustellung eines Vollstreckungsbescheids.
[ ] Schuldner (Antragsgegner) verweigert die Abgabe einer eidesstattlichen Versicherung.
[ ] Gläubiger (Antragsteller) stellt bei Gericht Antrag auf Erlass und Zustellung eines Mahnbescheids.
[ ] Pfändung bleibt mangels Masse fruchtlos.

**80. Bringen Sie die folgenden Schritte im Ablauf eines Mahnverfahrens in die richtige Reihenfolge!**

[ ] Gläubiger (Antragsteller) beantragt Mahnbescheid beim Amtsgericht (bzw. beim Zentralen Mahngericht)
[ ] Schuldner (Antragsgegner) erhebt Einspruch gegen Vollstreckungsbescheid.
[ ] Schuldner (Antragsgegner) reagiert auf Mahnbescheid nicht.
[ ] Schuldner (Antragsgegner) zahlt trotz „eingeschriebener" Mahnung nicht.
[ ] Gläubiger (Antragsteller) beantragt Vollstreckungsbescheid.
[ ] Schuldner (Antragsgegner) erhält Vollstreckungbescheid zugestellt.
[ ] Das Amtsgericht stellt den Mahnbescheid zu.

**81. Ordnen Sie zu!**

**Erläuterungen**

a) Offenlegung aller Vermögenswerte in einem Verzeichnis beim Amtsgericht
b) Pfändung von Sachen und deren Verwertung zu Gunsten des Gläubigers
c) Zwangsweise Vorführung des Schuldners aufgrund eines Haftbefehls zur Abgabe einer eidesstattlichen Versicherung
d) Einleitung eines gerichtlichen Mahnverfahrens
e) Vollstreckungsorgan für die Pfändung von Gegenständen
f) Gerichtliches Dokument, das dem Gläubiger gestattet, gegen den Schuldner die Zwangsvollstreckung zu betreiben

**Begriffe**

[ ] Zwangsvollstreckung
[ ] Vollstreckungsbescheid
[ ] Mahnbescheid

**82. Innerhalb welcher Frist muss der Schuldner nach Zustellung eines Vollstreckungsbescheids Einspruch erheben?**

a) 3 Tage
b) 1 Woche
c) 2 Wochen
d) 4 Wochen
e) 6 Monate

**83. In das Vermögen des Schuldners wird vom Gerichtsvollzieher zwangsvollstreckt. Was bedeutet das?**

a) Das gesamte Vermögen wird vom Gerichtsvollzieher verwaltet.
b) Unbewegliche Gegenstände, z. B. Grundstücke, werden freihändig verkauft.
c) Bewegliche Gegenstände werden durch Aufkleben von Pfandsiegelmarken gepfändet.
d) Der Gläubiger kann über das Vermögen des Schuldners verfügen.
e) Der Gläubiger sucht sich beim Schuldner einen Wertgegenstand aus.

**84. Ordnen Sie zu!**

| **Begriffe des gerichtlichen Mahnverfahrens** | **Erläuterungen** |
|---|---|
| a) Mahnbescheid | [ ] Offenlegung aller Vermögenswerte in einem Verzeichnis durch den Schuldner beim Amtsgericht |
| b) Widerspruch | |
| c) Vollstreckungsbescheid | [ ] Schuldner unternimmt Schritte gegen Mahnbescheid |
| d) Einspruch | [ ] Pfändung von Sachen und deren Verwertung zugunsten des Gläubigers |
| e) Zwangsvollstreckung | |
| f) Eidesstattliche Versicherung | |

**85. Da einige Privatkunden der Bavaria Fahrradwerke KG Zahlungsschwierigkeiten haben, wird geprüft, ob eine Zwangsvollstreckung erfolgreich durchgeführt werden kann. Was ist dabei zu beachten?**

a) Private Fernsehgeräte sind unabhängig von ihrem Wert nie pfändbar.
b) Die Lohnpfändung ist nur dann erfolgreich, wenn der Arbeitgeber des Kunden bereit ist, mitzuwirken.
c) Bei der Bestimmung der pfändbaren Gegenstände müssen sowohl die Berufstätigkeit als auch die Lebensumstände des Schuldners berücksichtigt werden.
d) Die Kücheneinrichtung eines Kunden ist sehr wertvoll. Sie kann ohne Einschränkung sofort vollständig gepfändet werden.
e) Der Pkw des Schuldners ist ohne Einschränkung pfändbar, wenn er in einer Großstadt wohnt.

**86. Warum beantragt ein Gläubiger eine „Eidesstattliche Versicherung", obwohl die Zwangsvollstreckung erfolglos war?**

a) Der Schuldner soll hierdurch die Berechtigung der Forderung ausdrücklich anerkennen.
b) Die Verjährung der Forderung soll unterbrochen werden.
c) Die Verjährung der Forderung soll gehemmt werden.
d) Der Schuldner soll sich verpflichten, die Schuld zu begleichen, sobald er wieder zu Geld kommt.
e) Es soll festgestellt werden, ob der Schuldner keine Vermögenswerte der Zwangsvollstreckung entzogen hat.

**87. Bringen Sie die folgenden Schritte des gerichtlichen Mahnverfahrens, die gegen einen säumigen Schuldner durchzuführen sind, in die richtige Reihenfolge!**

[ ] Der Antragsgegner (Schuldner) zahlt nicht und erhebt auch keinen Widerspruch gegen den Mahnbescheid.
[ ] Der Antragsteller (Gläubiger) stellt Antrag auf Erlass eines Mahnbescheides beim Amtsgericht.
[ ] Das Amtsgericht erlässt den Mahnbescheid und stellt ihn dem Antragsgegner (Schuldner) zu.
[ ] Der Antragsteller (Gläubiger) veranlasst die Zwangsvollstreckung.
[ ] Der Antragsteller (Gläubiger) zwingt mit Hilfe des Gerichtes den Antragsgegner (Schuldner) zur Abgabe einer eidesstattlichen Versicherung.
[ ] Der Gerichtsvollzieher stellt dem Antragsteller (Gläubiger) nach fruchtloser Pfändung eine Unpfändbarkeitserklärung zu.
[ ] Der Antragsteller (Gläubiger) erwirkt einen Vollstreckungsbescheid.
[ ] Der Antragsgegner (Schuldner) zahlt nicht und erhebt auch gegen den Vollstreckungsbescheid keinen Einspruch.

**88. Welche Aussage trifft auf den Eigentumsvorbehalt zu?**

a) Der Eigentumsvorbehalt muss nicht im Kaufvertrag vereinbart werden, da er gesetzlich geregelt ist.
b) Der Eigentumsvorbehalt muss ausdrücklich in den AGB des Unternehmens geregelt sein.
c) Der Eigentumsvorbehalt muss ausdrücklich im Kaufvertrag vereinbart werden, eine Form muss dabei nicht beachtet werden.
d) Der Eigentumsvorbehalt muss ausdrücklich im Kaufvertrag vereinbart werden, dabei muss die Schriftform beachtet werden.
e) Der Eigentumsvorbehalt ist nur bei zweiseitigen Handelsgeschäften zulässig.
f) Der Eigentumsvorbehalt ist bei Geschäften mit Ratenzahlung nicht zulässig.

**89. In welchem Fall hat der Gläubiger das Recht, vom Schuldner im Mahnverfahren eine „Eidesstattliche Versicherung" zu verlangen?**

a) Wenn sich der Schuldner berechtigt weigert zu zahlen
b) Wenn der Gläubiger dies nach Ablauf des Zahlungsziels beantragt
c) Wenn der Schuldner nicht zu einem gerichtlich anberaumten Verhandlungstermin erscheint
d) Wenn beim Schuldner erfolglos gepfändet wurde
e) Wenn der Schuldner unbegründet Einspruch gegen einen Vollstreckungsbescheid erhebt

**90. Warum wird beim Abschluss eines Kaufvertrages häufig Eigentumsvorbehalt vereinbart?**

a) Weil der Verkäufer in diesem Fall Besitzer der Ware bleibt
b) Weil der Verkäufer damit die Kaufpreisforderung absichern will
c) Weil der Verkäufer damit das Recht erhält, jederzeit vom Kaufvertrag zurückzutreten
d) Weil der Käufer damit die Zusicherung erhält, Eigentümer zu werden
e) Weil der Verkäufer damit einen Weiterverkauf durch den Kunden unterbinden kann

**91. Welche Aussage zum Eigentumsvorbehalt ist richtig?**

a) Durch einen Eigentumsvorbehalt bleibt der Verkäufer Besitzer einer Ware, bis der Kaufpreis vollständig bezahlt wird. Der Käufer wird Eigentümer.
b) Durch einen Eigentumsvorbehalt bleibt der Verkäufer Eigentümer einer Ware, bis der Kaufpreis vollständig bezahlt wird. Der Käufer wird Besitzer.
c) Der Eigentumsvorbehalt kann nur im Falle eines Insolvenzverfahrens geltend gemacht werden.
d) Der Eigentumsvorbehalt kann nur dann geltend gemacht werden, wenn der zur Bezahlung einer Ware ausgestellte Wechsel nicht eingelöst wird.
e) Der Eigentumsvorbehalt wird ins Handelsregister eingetragen.

**92. Wir verkaufen Waren an einen Kunden unter einem erweiterten Eigentumsvorbehalt. Was wird dadurch erreicht?**

a) Die gelieferten Waren bleiben bis zur vollständigen Bezahlung aller unserer Forderungen gegenüber dem Kunden unser Eigentum.
b) Dieser Eigentumsvorbehalt garantiert die Bezahlung der Ware.
c) Dieser Eigentumsvorbehalt sichert uns ein Pfandrecht an der Ware zu.
d) Dieser Eigentumsvorbehalt verhindert die Nutzung der Ware vor ihrer vollständigen Bezahlung durch unseren Kunden.
e) Dieser Eigentumsvorbehalt schützt unseren Kunden.

**93. Was beinhaltet die Klausel: „Aus Weiterveräußerung der Ware gegen Dritte entstehende Forderungen tritt der Käufer schon heute in Höhe des Weiterverkaufspreises an uns ab."?**

a) Verlängerter Eigentumsvorbehalt
b) Verarbeitungsverbot
c) Sicherungsübereignung
d) Eigentumsübertragung
e) Weiterverkaufsverbot

**94. Die Bavaria Fahrradwerke KG kauft Rohstoffe unter Eigentumsvorbehalt. Welche Aussage ist richtig?**

a) Wenn nicht rechtzeitig bezahlt wird, kann der Lieferer die Rohstoffe, soweit sie noch nicht verarbeitet sind, zurückverlangen, wenn die Fristsetzung zur Nacherfüllung erfolglos blieb.
b) Der Lieferer kann die Rohstoffe nicht mehr zurückverlangen, wenn sie zur Hälfte bezahlt sind.
c) Die Rohstoffe dürfen frühestens nach einer Teilzahlung verarbeitet werden.
d) Solange der Eigentumsvorbehalt besteht, dürfen die Rohstoffe nicht verarbeitet werden.
e) Die Rohstoffe können vor der Bezahlung nur mit Zustimmung des Lieferers verarbeitet werden.

**95. Ordnen Sie zu!**

| **Merkmale** | **Kreditformen** |
|---|---|
| a) Personalkredit, der zusätzlich durch Bürgschaft gesichert ist | [ ] Kontokorrentkredit |
| b) Kurzfristiger Kredit in laufender Rechnung | |
| c) Kurzfristiger Kredit gegen Verpfändung von Waren oder Wertpapieren | [ ] Hypothekarkredit |
| d) Langfristiger Kredit mit Absicherung durch Belastung von Grundeigentum | [ ] Lombardkredit |
| e) Bürgschaftskredit, bei dem die Bank eine selbstschuldnerische Bürgschaft übernimmt | [ ] Avalkredit |

**96. Wie nennt man die Kreditsicherung, bei welcher der Kreditnehmer an den Kreditgeber Forderungen abtritt?**

a) Sicherungsübereignung
b) Lombard
c) Zession
d) Ausfallbürgschaft
e) Eigentumsvorbehalt

**97. Welche Aussage zur Sicherungsübereignung ist richtig?**

a) Der Schuldner bleibt Eigentümer des übereigneten Gutes.
b) Der Gläubiger wird Besitzer des übereigneten Gutes.
c) Der Gläubiger erwirbt kein Verwertungsrecht am übereigneten Gut.
d) Der Schuldner bleibt Besitzer des übereigneten Gutes.
e) Der Gläubiger wird sowohl Eigentümer als auch Besitzer des übereigneten Gutes.

**98. Welche Aussage über die Sicherungsübereignung ist richtig?**

a) Die Sicherungsübereignung ist eine selbstschuldnerische Bürgschaft.
b) Der Besitz wird auf den Gläubiger übertragen, die angebotenen Sicherheiten bleiben jedoch Eigentum des Schuldners.
c) Das Eigentum wird auf den Schuldner übertragen, die angebotenen Sicherheiten bleiben jedoch im Besitz des Gläubigers.
d) Das Eigentum wird auf den Gläubiger übertragen, die angebotenen Sicherheiten bleiben jedoch im Besitz des Schuldners.
e) Besitz und Eigentum werden vorübergehend auf den Gläubiger übertragen.

**99. Welche Sicherungsart ist für die Absicherung eines einmaligen kurzfristigen Kredites durch einen Lieferer am wenigsten geeignet?**

a) Abtretung von Forderungen
b) Verpfändung von Wertpapieren
c) Eigentumsvorbehalt an den gelieferten Waren
d) Sicherungsübereignung eines Kraftfahrzeuges
e) Eintragung einer Grundschuld auf das Betriebsgrundstück

**100. Zur Aufnahme eines Kredits wird als Kreditsicherung eine Sicherungsübereignung von Maschinen, die im Betrieb verwendet werden, erwogen. Welche Aussage ist hierzu richtig?**

a) Die Bank erwirbt zur Sicherung des Kredits das Recht, die übereigneten Maschinen zurückzubehalten.
b) Die Sicherungsübereignung muss von einem Notar beglaubigt werden.
c) Die Bank wird Besitzer, der Kreditnehmer bleibt weiter Eigentümer der sicherungsübereigneten Maschinen.
d) Die Bank wird Eigentümer, der Kreditnehmer bleibt jedoch Besitzer der sicherungsübereigneten Maschinen.
e) Eine zur Sicherheit übereignete Maschine darf nicht in der Produktion eingesetzt werden.

**101. Die Bavaria Fahrradwerke KG benötigt zwei neue Fahrzeuge. Diese sollen fremdfinanziert werden. Welche Kreditart liegt vor, wenn der Kreditgeber die Fahrzeugbriefe einbehält?**

a) Ein kurzfristiger Liefererkredit
b) Ein langfristiger Hypothekenkredit
c) Ein durch Sicherungsübereignung gesicherter Kredit bei der Bank
d) Ein kurzfristiger Überziehungskredit
e) Ein Lombardkredit

**102. Ordnen Sie zu!**

**Möglichkeiten der Kreditsicherung**

a) Zession
b) Hypothek
c) Grundschuld
d) Sicherungsübereignung
e) Selbstschuldnerische Bürgschaft
f) Lombard

**Erläuterungen**

[ ] Der Kreditnehmer verschafft dem Kreditgeber das Eigentum an Maschinen.
[ ] Der Kreditnehmer verpfändet dem Kreditgeber Wertpapiere.
[ ] Der Kreditnehmer tritt Forderungen gegen Dritte an den Kreditgeber ab.

**103. Ordnen Sie zu.**

**Möglichkeiten der Kreditsicherung**

a) Sicherungsübereignung
b) Eigentumsvorbehalt
c) Grundschuld
d) Zession
e) Lombard

**Geschäfte der Bavaria Fahrradwerke KG**

[ ] Kauf von Büromöbel auf Ziel. Die Ware bleibt laut Kaufvertrag Eigentum des Verkäufers.

[ ] Inanspruchnahme eines langfristigen Kredits von der Hausbank; der Kredit ist durch ein Pfandrecht an einem Grundstück der Bavaria Fahrradwerke KG gesichert.

[ ] Inanspruchnahme eines weiteren Kredits gegen Überlassung des Kfz-Briefes des neuen Lieferwagens

**104. Für die Erweiterung einer Lagerhalle benötigt die Bavaria Fahrradwerke KG einen Kredit von 250.000,00 €. Die Hausbank hat folgende Konditionen angeboten: 4,5 % Zinsen p. a. (30/360), halbjährliche Zahlung; Tilgung 2,5 % p.a. halbjährliche Zahlung. Wie hoch ist der Betrag, der nach einem halben Jahr nach Kreditaufnahme an die Bank zu überweisen ist? Tragen Sie das Ergebnis in das Kästchen ein.**

[ ]

**105. Der Kredit der Bavaria Fahrradwerke wurde per Grundschuld gesichert. Welche Aussage zur Grundschuld ist zutreffend?**

a) Die Grundschuld wird in das Handelsregister eingetragen.
b) Die Grundschuld wird in das Grundbuch eingetragen.
c) Die Grundschuld kann zwischen der Hausbank und der Bavaria Fahrradwerke KG auch mündlich rechtswirksam vereinbart werden.
d) Die Grundschuld belastet das Privatvermögen von Hans Oberpriller, dem Komplementär der Bavaria Fahrradwerke KG.
e) Zwischen Grundschuld und Hypothek gibt es keinen Unterschied.

**106. In welchem Fall handelt es sich um die Selbstfinanzierung eines Unternehmens?**

a) Eine AG führt einen Teil des Jahresüberschusses den Gewinnrücklagen zu.
b) Eine AG erhöht das Grundkapital durch Ausgabe neuer Aktien.
c) Ein Unternehmen verfügt über sein Kontokorrentkonto bis zur vereinbarten Höhe.
d) Ein Unternehmen nimmt neue Gesellschafter auf.
e) Ein Unternehmen gibt eine Wandelschuldverschreibung aus.

**107. Welche Finanzierungsart bei einer Aktiengesellschaft bezeichnet man als Eigenfinanzierung?**

a) Aufnahme eines Hypothekendarlehens
b) Inanspruchnahme des Zahlungsziels bei Lieferern
c) Ausgabe von Schuldverschreibungen
d) Aufnahme eines Bankkredites
e) Ausgabe junger Aktien

**108. Ordnen Sie zu!**

**Finanzwirksame Vorgänge**

a) Ein weiterer Gesellschafter mit einer Einlage von 20.000,00 € wird in die Gesellschaft aufgenommen.
b) Die Bavaria Fahrradwerke KG kauft Aktien der Meier AG.
c) Die Bavaria Fahrradwerke KG nimmt bei einer Bank ein Darlehen auf.
d) Der Gesellschafter Oberpriller erhält von der Huber AG Dividende.
e) Der Jahresgewinn des Gesellschafters Oberpriller verbleibt in der KG.
f) Die Bavaria Fahrradwerke KG verlängert ihre Zahlungsziele bei Ausgangsrechnungen.

**Finanzierungsformen**

[ ] Beteiligungsfinanzierung
[ ] Selbstfinanzierung
[ ] Fremdfinanzierung

**109. Ordnen Sie zu!**

**Finanzierungsvorgänge**

a) Beim Jahresabschluss werden 5 % des Reingewinne der gesetzlichen Rücklage zugeführt.
b) Die für eine erwartete Gewerbesteuernachzahlung gebildete Rückstellung wird aufgelöst.
c) Überziehung des laufenden Kontos (Kontokorrentkredit)
d) Der Geschäftsinhaber bringt einen Teil seines privaten Lottogewinnes als Bareinlage in das Geschäft ein.
e) Verkauf eines gebrauchten Lkw unter Buchwert
f) Aufnahme eines durch Grundschuld abgesicherten Kredites
g) Ein Kunde begleicht den fälligen Rechnungsbetrag per Scheck.

**Finanzierungsarten**

[ ] Langfristige Fremdfinanzierung
[ ] Kurzfristige Fremdfinanzierung
[ ] Selbstfinanzierung

**110. In welchem Fall handelt es sich um Eigenfinanzierung?**

a) Finanzierung durch Aufnahme neuer Gesellschafter
b) Finanzierung durch Bankkredite
c) Finanzierung durch Ausgabe von Obligationen
d) Finanzierung durch Akzeptierung von Wechseln
e) Finanzierung durch Leasing

**111. Was versteht man unter Selbstfinanzierung?**

a) Eine Erhöhung des Grundkapitals
b) Die Finanzierung aus zurückbehaltenen Gewinnen
c) Die Finanzierung durch Kredite
d) Die Finanzierung durch Einlage eines Stillen Gesellschafters
e) Die Finanzierung durch Verkauf von Lizenzen

**112. Welche Möglichkeit hat eine Aktiengesellschaft, sich Fremdkapital zu beschaffen?**

a) Bilden von Rückstellungen
b) Ausgabe von Schuldverschreibungen
c) Vornehmen erhöhter Abschreibungen
d) Aufnahme neuer Gesellschafter
e) Ausgabe von jungen Aktien

**113. In welchem Fall handelt es sich um Selbstfinanzierung?**

a) Kapitaleinlage eines neuen Gesellschafters
b) Bildung freier Rücklagen in einer AG
c) Umwandlung einer Verbindlichkeit in eine Wechselschuld
d) Erhöhung der Einlage eines Gesellschafters
e) Aufnahme eines Darlehens bei einer Bank

**114. Wie bezeichnet man alle Maßnahmen, die dazu dienen, die Geld- und Sachmittel zu beschaffen, die ein Unternehmen benötigt?**

a) Investition
b) Hypothekenaufnahme
c) Finanzierung
d) Leasing
e) Kreditaufnahme

**115. Woher können sich Außenstehende Informationen über die Art der Finanzierung eines Unternehmens beschaffen?**
a) Aus der Inventur
b) Aus der Unternehmensstatistik
c) Aus der Bilanz
d) Aus dem Inventar
e) Aus dem Finanzierungsplan

**116. Welches Investitionsvorhaben betrifft das Anlagevermögen?**
a) Beschaffung von Waren
b) Lohnzahlungen
c) Finanzierung der Werbeaktion
d) Einrichtung des Geschäftshauses
e) Beschaffung von Eigenkapital

**117. Welches Finanzierungsvorhaben betrifft das Umlaufvermögen?**
a) Kauf eines Grundstückes
b) Kauf eines Gebäudes
c) Installation einer neuen Heizungsanlage
d) Beschaffung von Waren
e) Beschaffung von Geschäftseinrichtung

**118. Was besagt die „Goldene Bilanzregel"?**
a) Anlagevermögen + Umlaufvermögen = Eigenkapital
b) Anlagevermögen + Umlaufvermögen = Eigenkapital + kurzfristiges Fremdkapital
c) Anlagevermögen + 1/2 Umlaufvermögen = Eigenkapital
d) Anlagevermögen + Umlaufvermögen = Fremdkapital
e) Anlagevermögen + 1/3 Umlaufvermögen = Eigenkapital

**119. Das Anlagevermögen soll möglichst durch eigene Mittel finanziert sein. Außerdem ist es von Vorteil, noch einen Teil des Umlaufvermögens (ca. 1/3) mit Eigenkapital zu finanzieren. Wie bezeichnet man diesen Tatbestand?**
a) Ökonomisches Prinzip
b) Maximalprinzip
c) Goldene Finanzierungsregel
d) Goldene Bilanzregel
e) Goldene Investitionsregel

**120. Bei der Finanzierung eines Unternehmens werden Eigenkapital und Fremdkapital herangezogen. Wie nennt man den Teil, der durch Eigenkapital finanziert ist?**
a) Eigenfinanzierung
b) Fremdfinanzierung
c) Kreditfinanzierung
d) Barfinanzierung
e) Sachfinanzierung

**121. Welche Aussage trifft nicht auf die Kreditfinanzierung zu?**
a) Die Überlassung des Kapitals ist zeitlich befristet.
b) Die Überlassung des Kapitals ist nicht zeitlich befristet.
c) Die Unternehmung ist mit festen Zinsen belastet.
d) Für überlassene Gelder besteht Anspruch auf Rückzahlung.
e) Bei der Kreditfinanzierung wird dem Unternehmen Fremdkapital überlassen.

**122. Welche Aussage zur Selbstfinanzierung ist richtig?**
a) Der Eigentümer bringt eigene Mittel in die Unternehmung ein.
b) Mehrere Eigentümer bringen eigene Mittel in das Unternehmen ein.
c) Der Eigentümer haftet persönlich für eine Kreditaufnahme.
d) Teile des Gewinnes werden wieder in das Unternehmen eingebracht (investiert).
e) Durch Aufnahme neuer Gesellschafter werden zusätzlich Mittel in das Unternehmen eingebracht.

**123. Einem Betrieb werden zu Finanzierungszwecken finanzielle Mittel aus dem Privatvermögen des Eigentümers zugeführt. Wie wird diese Finanzierungsart bezeichnet?**

a) Selbstfinanzierung
b) Privatfinanzierung
c) Fremdfinanzierung
d) Kreditfinanzierung
e) Eigenfinanzierung

**124. Zur Finanzierung des Unternehmens sind verschiedene Möglichkeiten gegeben. Welches der nachstehenden Beispiele ist eine kurzfristige Finanzierung?**

a) Finanzierung durch Darlehen
b) Finanzierung durch Hypothek
c) Finanzierung durch Leasing
d) Finanzierung durch Lieferantenkredit
e) Finanzierung durch Gewinnbeteiligung

**125. Wann handelt es sich um eine langfristige Fremdfinanzierung?**

a) Finanzierung durch Lieferantenkredit
b) Finanzierung durch Kontokorrentkredit
c) Finanzierung durch Abschreibung
d) Finanzierung durch Hypothekendarlehen
e) Finanzierung durch Leasing

**126. Bei welcher Finanzierungsart handelt es sich um eine mittelfristige Fremdfinanzierung?**

a) Finanzierung durch Kapitaleinlage
b) Finanzierung durch Lieferantenkredit
c) Finanzierung durch Hypothekenkredit
d) Finanzierung durch Leasing
e) Finanzierung durch Wechselkredit

**127. Bei welcher Finanzierungsart handelt es sich um eine Selbstfinanzierung?**

a) Finanzierung durch Kapitaleinlagen
b) Finanzierung durch Leasing
c) Finanzierung durch Abschreibung
d) Finanzierung durch Beteiligung
e) Finanzierung durch Wechsel

**128. Je nach Herkunft des Kapitals zur Finanzierung eines Unternehmens unterscheidet man in Außen- und Innenfinanzierung. Welche der nachstehenden Finanzierungsarten ist der Außenfinanzierung zuzuordnen?**

a) Finanzierung durch Kapitaleinlagen des Eigentümers
b) Finanzierung durch Abschreibungen
c) Finanzierung durch Einbehaltung von Gewinnen
d) Finanzierung aus freigesetzten Mitteln
e) Finanzierung durch Verwendung des erwirtschafteten Gewinns

**129. Welche der nachstehenden Finanzierungsarten ist der Innenfinanzierung zuzuordnen?**

a) Investition des erwirtschafteten Gewinns
b) Beteiligungsfinanzierung
c) Lieferantenkredit
d) Leasing
e) Kontokorrentkredit

**130. Welche Aussage trifft auf den Begriff „Leasing" zu?**

a) Es handelt sich dabei um das Verkaufen von Maschinen zu Finanzierungszwecken.
b) Es handelt sich dabei um das Mieten eines Geschäftshauses.
c) Es handelt sich dabei um das Mieten von z. B. Datenkassen mit dem Recht auf Erwerb des Eigentums am Ende der Mietzeit.
d) Es handelt sich dabei um ein neues Lesegerät bei Scanner-Kassen.
e) Es handelt sich dabei um einen kurzfristigen Bankkredit.

**131. Bringen Sie die folgenden Arbeitsschritte eines Finanzierungsvorgangs in die richtige Reihenfolge!**

[ ] Kreditbewilligung
[ ] Kreditantrag
[ ] Gutschrift der Bank auf dem Konto des Kreditnehmers
[ ] Investition des geliehenen Betrages in den Betrieb
[ ] Rückzahlung und Zinsleistung
[ ] Prüfung der Kreditwürdigkeit

**132. Welchen Vorteil hat u. a. das Leasen von z. B. einem Kraftfahrzeug für einen Unternehmer?**

a) Leasingraten können steuerlich vom Unternehmer als Geschäftskosten abgesetzt werden.
b) Bei Leasing benötigt der Unternehmer zwar weniger Eigenkapital, die Leasingkosten sind aber höher als bei der Eigenfinanzierung.
c) Bei Leasing trägt der Leasinggeber die Vollkaskokosten.
d) Trotz Zahlungsverzug bei den Leasingraten steht dem Unternehmer der Kraftwagen weiterhin zur Verfügung.
e) Die ersparten Eigenkapitalbeträge werden zum Erwerb des Eigentums am Ende der Leasingzeit verwendet.

**133. Bei einer Leasinggesellschaft wird für den Geschäftsführer, Herrn Oberpriller, ein Pkw gemietet. Welche Aussage über die Besitz- bzw. Eigentumsverhältnisse ist richtig?**

a) Die Leasinggesellschaft ist Eigentümer des Pkw.
b) Die Leasinggesellschaft ist Besitzer und Eigentümer des Pkw.
c) Die Leasinggesellschaft ist weder Eigentümer noch Besitzer des Pkw.
d) Herr Oberpriller ist Eigentümer des Pkw.
e) Die Bavaria Fahrradwerke KG ist Eigentümer des Pkw.

**134. Welche Aussage trifft auf ein Annuitätendarlehen zu?**

a) Das Darlehen wird in einer Summe am vertraglich vereinbarten Fälligkeitstag zurückbezahlt.
b) Nach einer vereinbarten Kündigungsfrist wird die Rückzahlung des Darlehens fällig.
c) Der Schuldner bezahlt über die gesamte Laufzeit gleichbleibende Beträge zurück, die sich aus Tilgungs- und Zinsanteilen zusammensetzen.
d) Die Tilgungsanteile fester Rückzahlungsbeträge verändern sich während der gesamten Laufzeit nicht.
e) Die Zinsbelastung ändert sich während der gesamten Laufzeit nicht.

**135. Welche Form des Darlehens liegt vor, wenn die Höhe der regelmäßigen Rückzahlungen mit fortschreitender Laufzeit abnimmt?**

a) Fälligkeitsdarlehen
b) Kündigungsdarlehen
c) Annuitätendarlehen
d) Abzahlungsdarlehen
e) Tilgungsdarlehen

**136. Durch Sicherung eines Kredites soll der Geldgeber vor Verlust des ausgeliehenen Kreditbetrages geschützt werden. Welche Aussage trifft auf einen Personalkredit zu?**

a) Die Sicherung des Kredites erfolgt durch Übereignung beweglicher Sachen an den Kreditgeber.
b) Die Sicherung des Kredites erfolgt durch Übereignung unbeweglicher Sachen.
c) Zur Sicherung des Kredites werden bewegliche Sachen vom Kreditgeber als Pfand von der Person des Kreditnehmers genommen.
d) Der Kreditnehmer haftet persönlich mit seinem Haus- und Grundstücksvermögen.
e) Die Sicherung des Kredites liegt in der Person des Kreditnehmers (z. B. sein guter Ruf).

**137. Welche Form der Kreditsicherung liegt vor, wenn neben der Person des Kreditnehmers noch andere Personen zur Rückzahlung herangezogen werden können, und zwar unabhängig davon, ob der Kreditnehmer zahlen kann oder nicht?**

a) Blankobürgschaft
b) Ausfallbürgschaft
c) Zessionsbürgschaft
d) Selbstschuldnerische Bürgschaft
e) Gesamtschuldnerische Bürgschaft

**138. Welche Aussage trifft auf einen Zessionskredit zu?**
a) Verkauf eines Wechsels an die Bank
b) Sicherung des Kredits durch einen Bürgen
c) Abtretung einer Kundenforderung an die kreditgebende Bank
d) Sicherung des Kredits durch Übereignung beweglicher Sachen an den Kreditgeber
e) Verpfändung von Wertpapieren an den Kreditgeber

**139. Zur Sicherung eines Kredits bleibt der Kreditnehmer Eigentümer einer beweglichen Sache, der Kreditgeber wird Besitzer. Um welche Kreditform handelt es sich?**
a) Sicherungsübereignung
b) Grundpfandrecht
c) Lombardkredit
d) Zessionskredit
e) Bürgschaftskredit

**140. Kredite können durch Sachen (Dinge) gesichert werden. Um welchen Kredit handelt es sich dabei?**
a) Zessionskredit
b) Personalkredit
c) Realkredit
d) Leasing
e) Blankokredit

**141. Wann liegt eine Grundschuld vor?**
a) Belastung eines Grundstücks, die im Grundbuch eingetragen ist, zur Absicherung einer Geldsumme
b) Belastung eines Grundstücks, die im Grundbuch eingetragen ist, zur Absicherung regelmäßig wiederkehrender Zahlungen
c) Belastung eines Grundstücks, die im Grundbuch eingetragen ist
d) Belastung eines beweglichen Gegenstandes mit einem Pfandrecht
e) Neben dem belasteten Grundstück haftet auch noch die Person des Schuldners.

**142. Welchen Vorteil hat ein Kontokorrentkredit?**
a) Für einen Kontokorrentkredit müssen keine Zinsen bezahlt werden.
b) Zinsen müssen nur insoweit bezahlt werden, wie Kredit in Anspruch genommen wird.
c) Die Rückzahlung des Kontokorrentkredites muss erst am Jahresende erfolgen.
d) Der Kontokorrentkredit kann jederzeit in jeder beliebigen Höhe in Anspruch genommen werden.
e) Für Kontokorrentkredite brauchen, im Gegensatz zu anderen Kreditarten, keine Verträge abgeschlossen zu werden.

**143. Ein Unternehmer verpfändet der Bank seine Lebensversicherung und erhält dafür einen Kredit. Welche Kreditart liegt vor?**
a) Kontokorrentkredit
b) Lombardkredit
c) Zessionskredit
d) Bürgschaftskredit
e) Hypothekenkredit

**144. Wofür eignet sich der Einsatz von langfristigem Fremdkapital?**
a) Für den Kauf von Rohstoffen
b) Für die Reparatur der Lkw
c) Für Lohnzahlungen
d) Für die Beschaffung von Maschinen
e) Für die Durchführung des Werbeplans

**145. Welche Art der Finanzierung liegt vor, wenn der Inhaber privates Vermögen einlegt?**
a) Außenfinanzierung
b) Beteiligungsfinanzierung
c) Fremdfinanzierung
d) Selbstfinanzierung
e) Finanzierung durch Abschreibung

**146. Worum handelt es sich, wenn Gewinne nicht ausgeschüttet, sondern für die Finanzierung der Unternehmung bereitgestellt oder verwendet werden?**
a) Selbstfinanzierung
b) Fremdfinanzierung
c) Beteiligungsfinanzierung
d) Finanzierung durch Leasing
e) Finanzierung durch freigestelltes Kapital

**147. Ordnen Sie zu!**

**Kreditarten**
a) Hypothekenkredit
b) Kontokorrentkredit
c) Blankokredit
d) Bürgschaftskredit
e) Lombardkredit

**Kreditsicherungsmittel**
[ ] Festverzinsliche Wertpapiere
[ ] Grundstücke

**148. Ordnen Sie zu!**

**Kreditbeispiele**
a) Langfristiger Kredit, durch Grundbucheintragung gesichert
b) Bankkredit in dauernd wechselnder Höhe
c) Langfristiger Bankkredit in bestimmter Höhe mit festgelegten Tilgungsraten
d) Finanzierung eines Unternehmens durch Ausgabe von Pfandbriefen
e) Einkauf von Rohstoffen auf Ziel

**Kreditarten**
[ ] Kontokorrentkredit
[ ] Lieferantenkredit

**149. Die Finanzierung einer Maschine in Höhe von 2 Mio. € soll mit einem Bankkredit erfolgen. Welche Art der Finanzierung liegt vor?**
a) Außen- und Eigenfinanzierung
b) Innen- und Eigenfinanzierung
c) Innen- und Fremdfinanzierung
d) Außen- und Fremdfinanzierung
e) Außen- und Beteiligungsfinanzierung
f) Außen- und Rückflussfinanzierung

**150. Welche Aussage über Factoring ist richtig?**
a) Eine Bank will sich an verschiedenen Unternehmen beteiligen.
b) Ein Unternehmen verkauft einer Factoringgesellschaft Buchforderungen.
c) Eine Factorgesellschaft vermietet dem Kunden Anlagegegenstände.
d) Eine Factorgesellschaft übernimmt die Fakturierung für einen Kunden.
e) Eine Factorgesellschaft übernimmt durch stille Zession Verbindlichkeiten eines Unternehmens.

**151. Die zum 14. Juni d. J. einberufene Hauptversammlung soll über eine Kapitalerhöhung durch die Ausgabe junger Aktien in einem Nennwert von 4 Mio. € beschließen. Welche Arten der Finanzierung liegen vor?**
a) Innen- und Eigenfinanzierung
b) Innen- und Beteiligungsfinanzierung
c) Innen- und Selbstfinanzierung
d) Außen- und Fremdfinanzierung
e) Außen- und Eigenfinanzierung

**152. Welche Möglichkeit der Fremdkapitalbeschaffung hat ein Industrieunternehmen in der Rechtsform einer AG?**
a) Ausgabe junger Aktien
b) Verkauf von festverzinslichen Wertpapieren des Anlagevermögens
c) Verzicht auf die Zahlung von Dividenden
d) Auflösung der gesetzlichen Rücklagen
e) Aufnahme neuer Gesellschafter
f) Ausgabe von Obligationen

**153. Ordnen Sie zu!**

**Vorgänge**

a) Fertige Erzeugnisse werden gegen Verrechnungsscheck verkauft.
b) Neue (junge) Aktien werden ausgegeben.
c) Rohstoffe werden verarbeitet.
d) Rohstoffe werden auf Ziel eingekauft.
e) Hilfsstoffe werden gegen Barzahlung gekauft.
f) Gewinn wird nicht entnommen.

**Finanzierungsarten**

[ ] Beteiligungsfinanzierung

[ ] Selbstfinanzierung

[ ] Fremdfinanzierung

**154. Ein Unternehmer verkauft die Forderung, die er an einen Kunden hat, an ein Institut. Dieses zahlt dem Unternehmer den Forderungsbetrag abzüglich Gebühren (Zinsen, Provision) und verlangt den Betrag später vom Kunden des Unternehmers. Wie nennt man diese besondere Form der Kreditgewährung?**

a) Offene Zession
b) Stille Zession
c) Factoring
d) Diskont
e) Bürgschaftskredit

**155. Für ein Grundstück und eine Fertigungshalle werden insgesamt 900.000,00 € investiert. Die Finanzierung erfolgt in Höhe von 600.000,00 € über Fremdkapital, für das Sicherheiten gestellt werden müssen. Welche Aussage ist richtig?**

a) Sie kann sowohl über eine Hypothek als auch über eine Grundschuld erfolgen. Beides sind Grundpfandrechte, sie werden ins Grundbuch eingetragen.
b) Sie kann nur über eine Hypothek erfolgen. Diese wird nicht in das Grundbuch eingetragen.
c) Sie kann nur über eine Hypothek erfolgen. Dafür ist jedoch eine Bankbürgschaft erforderlich.
d) Sie kann nur über eine Sicherungsübereignung erfolgen. Dabei wird das Eigentum am Grundstück durch Vertrag vorübergehend an den Kreditgeber übertragen.
e) Sie kann durch Verpfändung unbeweglicher Gegenstände (Grundstücke u. Fertigungshalle) vorgenommen werden. Das Pfand geht dabei in das Eigentum des Kreditgebers über.

**156. Die XY-KG befindet sich in einer drohenden Zahlungsunfähigkeit und beantragt die Eröffnung eines Insolvenzverfahrens. Welche Aussage über die Eröffnung des Verfahrens ist richtig?**

a) Die XY-KG bittet ihre Gläubiger um Zahlungsaufschub und verspricht, die Schulden später in voller Höhe zu begleichen.
b) Das Gericht beschließt die Eröffnung des Verfahrens, wenn die Verfahrenskosten gedeckt sind. Ein vorläufiger Insolvenzverwalter wird berufen.
c) Alle Vermögenswerte der XY-KG werden sofort in flüssige Mittel umgewandelt. Damit werden die Schulden beglichen. Die Firma wird gelöscht.
d) Die Ursache für die Zahlungsschwierigkeiten war ein schuldhaftes Verhalten der Inhaber der XY-KG, deshalb muss das Unternehmen sofort zwangsweise aufgelöst werden.
e) Das gesamte pfändbare Vermögen der XY-KG wird mit Hilfe des Gerichts liquidiert und nach gesetzlichen Vorschriften an die Gläubiger verteilt. Die Firma wird gelöscht.

**157. Welcher Inhalt gehört nicht zum Insolvenzplan, der nach dem Insolvenzrecht vom Schuldner vorgelegt wird?**

a) Bericht über die wirtschaftliche Lage des Unternehmens
b) Konzept für Maßnahmen zur Sanierung
c) Bericht über bereits eingeleitete Maßnahmen der Sanierung
d) Bilanzen, GuV und Liquiditätsrechnungen auf der Basis von Planzahlen
e) Bestätigung der Gläubiger über den Verzicht auf ihre Forderungen

**158. Wer entscheidet über die Annahme des Insolvenzplans und damit über den Fortgang des Unternehmens?**

a) Der Schuldner selbst
b) Die Gläubigerversammlung
c) Nur die Gläubiger mit den höchsten Forderungen
d) Das Gericht
e) Der Insolvenzverwalter

**Zu den nächsten drei Aufgaben siehe folgende Situation:**

**Der Bavaria Fahrradwerke liegt eine Rechnung, Rechnungsdatum 11. November, mit der Nettosumme von 3.567,90 EUR vor. Die gesetzliche Mehrwerststeuer beträgt 19 %. Als Zahlungsziel war vereinbart: Zahlung innerhalb von 10 Tagen ab Rechnungsdatum unter Abzug von 3 % Skonto oder innerhalb 30 Tagen netto Kasse.**

**159. Wie ist die Zahlungsbedingung für die Bavaria Fahrradwerke KG zu beurteilen?**

a) Der Hinweis auf die 10 Tage hätte entfallen können, da dies der gesetzlichen Regelung entspricht.

b) Maßgeblich für die Inanspruchnahme des Skontos ist, dass die Bavaria Fahrradwerke den Betrag bar bezahlt.

c) Durch die Zahlungsbedingung will der Lieferer die Bavaria Fahrradwerke zur Abnahme von möglichst großen Mengen bewegen.

d) Diese Zahlungsbedingung ist seitens des Lieferers sehr großzügig. Normalerweise wird Skonto nur gewährt, wenn die Ware sofort bei Übergabe an den Käufer bezahlt wird.

e) Der Vorteil der Inanspruchnahme von Skonto durch die Bavaria Fahrradwerke KG liegt darin, dass der Zinsgewinn erheblich ist.

**160. Wann muss das Geld spätestens beim Gläubiger eingetroffen sein, damit die Bavaria Fahrradwerke KG Skonto abziehen kann? Tragen Sie das Datum in das Kästchen ein.**

**161. Berechnen Sie den Betrag, den die Bavaria Fahrradwerke KG an den Lieferer nach Skontoabzug überweisen muss. Tragen Sie das Ergebnis in das Kästchen ein.**

**Zu den nächsten zwei Aufgaben siehe folgende Situation:**

**Ein Kunde der Bavaria Fahrradwerke hat für ein Mofa 6.000,00 EUR ausgegeben, die er durch einen Bankkredit zu folgenden Bedingungen finanziert hat.**
**- Kreditabschluss am 10. April 2012**
**- Kreditsumme 6.000,00 EUR**
**- 12 gleiche Monatraten**
**- Gesamtzinsbelastung 480,00 EUR**
**- Raten sind zum 15. des Monats fällig, beginnend im Mai 2012**

**162. Wie hoch ist die Gesamtbelastung, die der Kunde zu tragen hat, in Prozent der Kreditsumme. Tragen Sie das Ergebnis in das Kästchen ein.**

**163. Geben Sie den Zeitpunkt an, wann die letzte Rate fällig ist. Tragen Sie das Datum in das Kästchen ein.**

**164. Sie diskutieren über den Begriff „Lebensstandard". Welche Aussage dazu finden Sie passend?**

a) Das Nettoinlandsprodukt in einer Volkswirtschaft

b) Das Bruttoinlandsprodukt in der Volkswirtschaft

c) Die Ausgaben aller Wirtschaftssubjekte einer Volkswirtschaft

d) Der Ausstattungsgrad von Haushalten mit Sachgütern und Dienstleistungen

e) Die nominale Veränderung der Preise gegenüber dem Vorjahr

**BEI DEN NACHFOLGENDEN AUFGABEN SIND DIE RICHTIGEN ERGEBNISSE ANZUKREUZEN BZW. ZUZUORDNEN.**

1. **Welche Organisation zählt zu den juristischen Personen des privaten Rechts?**
   a) Die Industrie- und Handelskammer
   b) Die Bundesagentur für Arbeit
   c) Die Deutsche Rentenversicherung DRV
   d) Die Gesellschaft mit beschränkter Haftung
   e) Die Kommanditgesellschaft
   f) Die Berufsgenossenschaft

2. **Welche Aufgabe hat das öffentliche Recht?**
   a) Es regelt die Rechts- und Geschäftsfähigkeit natürlicher Personen.
   b) Es regelt die Schuldverhältnisse, die sich aus Verträgen ergeben.
   c) Es regelt die Rechtsbeziehungen zwischen Privatleuten und Unternehmen.
   d) Es regelt die Rechtsbeziehungen zwischen dem Einzelnen und dem Staat.
   e) Es regelt die Rechtsbeziehungen aller juristischen Personen untereinander.

3. **Welche Aussage über das Privatrecht ist richtig?**
   a) Das Privatrecht regelt die Rechtsverhältnisse zwischen Privatpersonen und dem Staat als Hoheitsträger.
   b) Für das Privatrecht gilt das Prinzip der Gleichordnung der Beteiligten.
   c) Das Privatrecht umfasst ausschließlich geschriebenes Recht.
   d) Das Privatrecht regelt die Beziehungen des Einzelnen zu den Körperschaften des öffentlichen Rechts nach den Grundsätzen der Über- und Unterordnung.
   e) Ein Teil des Privatrechts ist das Strafrecht.

4. **Wer ist eine juristische Person des privaten Rechts?**
   a) Die Volkswagen AG
   b) Die Stadt Saarbrücken
   c) Die Deutsche Bundesbank
   d) Der Norddeutsche Rundfunk
   e) Die Industrie- und Handelskammer Stuttgart

5. **Wodurch wird eine GmbH rechtsfähig?**
   a) Durch Gründungsbeschluss der Gesellschafter
   b) Durch notarielle Beurkundung des Gesellschaftsvertrages
   c) Durch Veröffentlichung der Handelsregistereintragung
   d) Durch Eintragung ins Handelsregister
   e) Durch tatsächliche Geschäftsaufnahme

6. **Welche Aussage trifft für eine juristische Person zu?**
   a) Ihr können durch Gerichtsbeschluss die bürgerlichen Ehrenrechte aberkannt werden.
   b) Sie kann vor Gericht klagen und verklagt werden.
   c) Sie wird vom Finanzamt zur Einkommensteuer veranlagt.
   d) Sie besitzt entweder die beschränkte oder die volle Geschäftsfähigkeit.
   e) Sie hat nach dem Grundgesetz das aktive und passive Wahlrecht.

7. **Welche Aussage über eine juristische Person trifft <u>nicht</u> zu?**
   a) Sie kann beschränkt geschäftsfähig sein.
   b) Sie kann Eigentum erwerben.
   c) Sie kann verklagt werden.
   d) Sie kann ein Insolvenzverfahren beantragen.
   e) Sie kann Klage erheben.

**8. Wer bzw. was ist eine juristische Person des privaten Rechts?**

a) Amtsgericht
b) Richter
c) Rechtsanwalt
d) KG
e) eG

**9. Handelsgeschäfte unter Kaufleuten werden vom HGB gesetzlich geregelt. Welche der nachstehenden natürlichen oder juristischen Personen fällt unter die Bestimmungen des Handelsrechts?**

a) Ein Richter beim Landgericht
b) Scheid GmbH
c) Ein Wirtschaftsprüfer
d) Ein Heilpraktiker
e) Ein Notar

**10. Ordnen Sie die aufgeführten natürlichen und juristischen Personen zu! Kennzeichnen Sie dabei die natürlichen Personen mit (1), die juristischen Personen des privaten Rechts mit (2) und die juristischen Personen den öffentlichen Rechts mit (3)!**

a) BMW AG [ ]
b) Rechtsanwalt Uwe Klein [ ]
c) Stadtverwaltung Landshut [ ]
d) Flughafen GmbH München [ ]
e) Gesellschafter einer KG [ ]
f) FC Bayern München e. V. [ ]
g) Allgemeine Ortskrankenkasse (AOK) [ ]

**11. Welches Rechtsgeschäft kann eine 17-Jährige ohne Zustimmung ihres gesetzlichen Vertreters rechtswirksam vornehmen?**

a) Ratenkauf einer Stereoanlage
b) Abschluss eines Mietvertrages
c) Abschluss eines Berufsausbildungsvertrages
d) Annahme eines Fahrrades als Geschenk
e) Aufnahme eines Darlehens

**12. Ein 17-jähriger Auszubildender kauft ohne Einwilligung seines gesetzlichen Vertreters einen Personalcomputer zum Preis von 1.200,00 € gegen Rechnung. Das Geld will er von dem Sparbuch, das seine verstorbene Tante für ihn angelegt hat, abheben. Welche Aussage ist richtig?**

a) Der Vertrag ist wirksam, weil der Auszubildende die Zahlung von seinen Ersparnissen leisten kann.
b) Der Vertrag ist schwebend unwirksam, da dem Auszubildenden das Geld nicht zur freien Verfügung überlassen wurde.
c) Der Vertrag ist wirksam, weil er dem Auszubildenden lediglich einen rechtlichen Vorteil bringt.
d) Der Vertrag ist unwirksam, weil Rechtsgeschäfte beschränkt Geschäftsfähiger anfechtbar sind.
e) Der Vertrag ist nichtig, weil alle Rechtsgeschäfte beschränkt Geschäftsfähiger der Zustimmung des gesetzlichen Vertreters bedürfen.

**13. Sie sind im Vertrieb der Bavaria Fahrradwerke KG tätig. Der 17-jähige Frank Meier hat von seiner Tante 5.000,00 € geschenkt bekommen. Von diesem Betrag kauft er sich ein Mofa. Seine Eltern, denen er nichts gesagt hat, verlangen die Rückzahlung des Preises gegen Rückgabe des Fahrzeugs. Welches rechtliche Argument der Eltern veranlasst Sie zur Rückgabe des Kaufpreises?**

a) Frank Meier ist noch nicht im Besitz eines Führerscheins.
b) Es konnte bei dem Kauf nicht von einer stillschweigenden Einwilligung oder Genehmigung durch die Eltern ausgegangen werden.
c) Der Kaufvertrag ist unwirksam, da durch die Folgekosten ihr Sohn Frank nicht nur rechtliche Vorteile hat.
d) Da Frank Meier nicht voll geschäftsfähig ist, können grundsätzlich keine Rechtsgeschäfte mit ihm abgeschlossen werden.
e) Minderjährige können immer nur nach einer Genehmigung Geschäfte im Rahmen ihres Taschengeldes abschließen.

**14. Welche Aussage über die Rechtswirksamkeit der Willenserklärungen eines 15-Jährigen ist richtig?**

a) Er kann ohne Zustimmung des gesetzlichen Vertreters einen Ratenkauf abschließen.
b) Er kann ohne Zustimmung des gesetzlichen Vertreters ein Ausbildungsverhältnis eingehen.
c) Er kann gegen den Willen des gesetzlichen Vertreters die ihm geschenkte Stereoanlage veräußern, weil sie sein Eigentum ist.
d) Er kann gegen den Willen des gesetzlichen Vertreters einen Taschenrechner kaufen, wenn er den Kaufpreis mit seinem Taschengeld bar bezahlt.
e) Er kann gegen den Willen des gesetzlichen Vertreters eine Urlaubsreise buchen, wenn er sie zur Hälfte mit geschenktem Geld finanziert.

**15. Welche Aussage zur Rechtsfähigkeit ist richtig?**

a) Die Rechtsfähigkeit einer natürlichen Person beginnt mit der Volljährigkeit.
b) Die Rechtsfähigkeit einer natürlichen Person kann durch Gerichtsurteil eingeschränkt werden.
c) Die Rechtsfähigkeit einer natürlichen Person endet mit der Entmündigung.
d) Die Rechtsfähigkeit einer juristischen Person beginnt mit ihrer Geschäftsfähigkeit.
e) Die Rechtsfähigkeit einer Kapitalgesellschaft endet mit der Löschung im Register.

**16. Ein 17-jähriger Auszubildender kauft eine Digitalkamera für 500,00 EUR in einem Fachgeschäft. Ist der Auszubildende rechtsfähig?**

a) Er ist rechtsfähig, weil er eine natürliche Person ist.
b) Er ist nicht rechtsfähig, weil er nicht volljährig ist.
c) Er ist beschränkt rechtsfähig, weil die volle Rechtsfähigkeit erst mit der Volleindung des 18. Lebensjahres beginnt.
d) Er ist rechtsfähig, weil die Rechtsfähigkeit mit der Vollendung des 7. Lebensjahres beginnt.
e) Er ist rechtsfähig, weil er bereits seit der Geburt Träger von Rechten und Pflichten ist.

**17. Wann endet die Rechtsfähigkeit einer natürlichen Person?**

a) Mit der Aberkennung der bürgerlichen Ehrenrechte
b) Mit einer vom Gericht ausgesprochenen Entmündigung
c) Mit der Einweisung in eine Justizvollzugsanstalt
d) Mit dem Verlassen der Bundesrepublik Deutschland
e) Mit dem Eintritt des Todes

**18. Ordnen Sie zu!**

**Lebensalter**

a) Mit Vollendung der Geburt
b) Mit Vollendung des 7. Lebensjahres
c) Mit Vollendung des 12. Lebensjahres
d) Mit Vollendung des 14. Lebensjahres
e) Mit Vollendung des 16. Lebensjahres
f) Mit Vollendung des 18. Lebensjahres
g) Mit Vollendung des 21. Lebensjahres

**Rechtliche Folgen**

[ ] Beginn der vollen Geschäftsfähigkeit
[ ] Beginn der Rechtsfähigkeit
[ ] Beginn der beschränkten Geschäftsfähigkeit

**19. Welcher Lebensabschnitt umfasst die gesamte Zeit, in der man grundsätzlich beschränkt geschäftsfähig ist?**

a) Bis 7 Jahre
b) Bis 14 Jahre
c) 7 bis 14 Jahre
d) 7 bis 18 Jahre
e) 14 bis 18 Jahre

**20. Was ist unter „Geschäftsfähigkeit" zu verstehen?**

a) Träger von Rechten und Pflichten zu sein
b) Für einen durch eine unerlaubte Handlung zugefügten Schaden einzustehen
c) Vor Gericht zu klagen oder verklagt zu werden
d) Zulässige Rechtsgeschäfte selbstständig und rechtswirksam vorzunehmen
e) Ein Handelsgeschäft zu betreiben

**21. Welche Aussage über die Rechts- und Geschäftsfähigkeit ist richtig?**

a) Geschäftsfähigkeit ist die Fähigkeit von Personen, Träger von Rechten und Pflichten zu sein.
b) Rechtsfähigkeit ist die Fähigkeit, rechtsgeschäftliche Willenserklärungen abzugeben und entgegenzunehmen.
c) Die Willenserklärung eines Geschäftsunfähigen ist anfechtbar.
d) Jede natürliche Person ist von der Geburt bis zum Tode geschäftsfähig.
e) Die Willenserklärung eines beschränkt Geschäftsfähigen bedarf in der Regel der Zustimmung des gesetzlichen Vertreters.

**22. Welche Aussage zur Rechtsfähigkeit ist richtig?**

a) Die Rechtsfähigkeit einer Genossenschaft endet mit der Löschung im Genossenschaftsregister.
b) Die Rechtsfähigkeit einer juristischen Person beginnt mit ihrer Geschäftstätigkeit.
c) Die Rechtsfähigkeit einer natürlichen Person endet mit der Entmündigung.
d) Die Rechtsfähigkeit einer natürlichen Person kann durch Gerichtsurteil eingeschränkt werden.
e) Die Rechtsfähigkeit einer natürlichen Person beginnt mit der Volljährigkeit.

**23. Welche Aussage über die Rechtsfähigkeit ist richtig?**

a) Natürliche Personen erlangen die Rechtsfähigkeit mit Vollendung des 7. Lebensjahres.
b) Natürliche Personen erlangen die Rechtsfähigkeit mit Vollendung des 18. Lebensjahres.
c) Natürliche Personen erlangen die Rechtsfähigkeit mit Eintragung in ein öffentliches Register.
d) Juristische Personen erlangen die Rechtsfähigkeit mit Zustimmung des Justizministeriums.
e) Juristische Personen erlangen die Rechtsfähigkeit mit Eintragung in ein öffentliches Register.

**24. Die Eltern eines 2-jährigen Kindes sterben bei einem Unfall. Kann das Kind, das keine Geschwister hat, das Vermögen der Eltern erben?**

a) Nein, da es noch nicht geschäftsfähig ist.
b) Nur wenn die Eltern ein Testament zugunsten des Kindes hinterlassen haben.
c) Nein, da es die Rechtsfähigkeit erst mit der Volljährigkeit erlangt.
d) Ja, da es seit der Geburt rechtsfähig ist.
e) Ja, da es mit der Geburt die beschränkte Geschäftsfähigkeit erlangt.

**25. Welche Aussage zur Rechtswirksamkeit abgegebener Willenserklärungen ist richtig?**

a) Ein Sechsjähriger kann mit Einwilligung seines gesetzlichen Vertreters einen Kaufvertrag wirksam abschließen.
b) Ein Sechsjähriger kann nicht als Bote die zum Abschluss eines Kaufvertrages fehlende Willenserklärung seines gesetzlichen Vertreters überbringen.
c) Ein Elfjähriger kann ohne Einwilligung des gesetzlichen Vertreters einen Ratenkauf tätigen, wenn er die Zahlungen aus seinem Taschengeld bestreiten will.
d) Ein von einem Elfjährigen ohne Einwilligung des gesetzlichen Vertreters geschlossener Vertrag ist rechtswirksam, wenn der Elfjährige lediglich einen rechtlichen Vorteil aus dem Vertrag zieht.
e) Ein von einem Elfjährigen ohne Einwilligung des gesetzlichen Vertreters geschlossener Vertrag ist auch dann nicht rechtswirksam, wenn der gesetzliche Vertreter ihn nachträglich genehmigt.

**26. In welchem Fall handelt es sich um ein Rechtsgeschäft, das durch eine einseitig empfangsbedürftige Willenserklärung zustande kommt?**

a) Ein Arbeiter kündigt sein Arbeitsverhältnis fristgemäß.
b) Ein Unternehmer nimmt ein Darlehen bei der Bank auf.
c) Ein Familienvater schreibt ein Testament.
d) Ein Auszubildender leiht sich ein Buch aus.
e) Ein Kind erhält ein Schenkungsversprechen.

**27. Welche Rechtsgeschäfte sind schwebend unwirksam?**

a) Rechtsgeschäfte, die gegen ein gesetzliches Verbot verstoßen
b) Rechtsgeschäfte, die gegen die guten Sitten verstoßen
c) Rechtsgeschäfte, die nur zum Schein abgeschlossen worden sind
d) Rechtsgeschäfte, die gegen eine gesetzliche Formvorschrift verstoßen
e) Rechtsgeschäfte eines beschränkt Geschäftsfähigen, für die noch keine Zustimmung des gesetzlichen Vertreters vorliegen

**28. Welche Aussage zur Geschäftsfähigkeit ist richtig?**

a) Geschäftsfähigkeit ist die Fähigkeit von Personen, Träger von Rechten und Pflichten zu sein.
b) Jeder Mensch ist ab seiner Geburt geschäftsfähig.
c) Juristische Personen sind nicht geschäftsfähig.
d) Geschäftsfähigkeit ist die Fähigkeit, rechtsverbindliche Willenserklärungen abzugeben und entgegenzunehmen.
e) Die Willenserklärung eines beschränkt Geschäftsfähigen bedarf in der Regel nicht der Zustimmung des gesetzlichen Vertreters.

**29. Welche Willenserklärung ist gültig?**

a) Eine Willenserklärung eines Geschäftsunfähigen
b) Eine Willenserklärung, in der ein Minderjähriger sein Arbeitsverhältnis kündigt
c) Eine Willenserklärung, die gegen die Vorschrift verstößt
d) Eine Willenserklärung, die scherzhaft abgegeben wurde
e) Eine Willenserklärung, die zum Schein abgegeben wurde

**30. Ein 16-jähriger Auszubildender kauft ohne Wissen der Eltern ein Mountainbike im Wert von 500,00 €. Aus eigenen Mitteln zahlt er 10 % des Kaufpreises an. Über den Restbetrag schließt er mit Ihnen einen Ratenvertrag ab. Ist ein Kaufvertrag mit rechtlicher Wirkung zustande gekommen?**

a) Ja, weil Sie die Anzahlung angenommen hat.
b) Ja, weil der 16-Jährige die vereinbarten Raten von seinem Taschengeld bezahlen will.
c) Ja, weil Ratenkäufe nicht der Zustimmung des Erziehungsberechtigten bedürfen.
d) Ja, wenn die Eltern nachträglich die Zustimmung erteilen.
e) Ja, wenn Sie das Alter des Käufers nicht wussten.

**31. Ein 16-jähriger Auszubildender schließt mündlich einen Kaufvertrag über ein Moped im Wert von 2.500,00 € ab. Welche Aussage ist richtig?**

a) Der Vertrag ist anfechtbar, da er mündlich geschlossen wurde.
b) Der Vertrag ist nichtig, da er mündlich geschlossen wurde.
c) Der Vertrag wurde rechtswirksam geschlossen und muss nicht vom gesetzlichen Vertreter genehmigt werden.
d) Der Vertrag wird wirksam, wenn er vom gesetzlichen Vertreter genehmigt wird.
e) Der Vertrag verstößt gegen gültige Rechtsnormen und ist somit nichtig.

**32. Welche Aussage über Besitz und Eigentum ist richtig?**

a) Eigentum ist die tatsächliche Herrschaft über eine Sache, Besitz die rechtliche Herrschaft über eine Sache.
b) Eigentum ist die rechtliche Herrschaft über eine Sache, Besitz die tatsächliche Herrschaft über eine Sache.
c) Zwischen Besitz und Eigentum besteht rechtlich kein Unterschied.
d) Eigentum und Besitz können nicht in einer Hand liegen.
e) Der Eigentümer einer Sache muss auch ihr Besitzer sein.

**33. In welchem Fall wird Eigentum rechtswirksam übertragen?**

a) Erwerb einer gestohlenen Maschine
b) Verpfändung einer Briefmarkensammlung
c) Notariell beglaubigter Immobilienkauf mit Auflassung
d) Von einem Gerichtsvollzieher beurkundeter Immobilienkauf mit Auflassung
e) Notariell beurkundeter Immobilienkauf mit Auflassung und Eintragung ins Grundbuch

**34. Was ist nach dem BGB eine vertretbare Sache?**

a) Das Manuskript eines Autors
b) Ein Ölgemälde
c) Eine 100-€-Banknote
d) Ein bebautes Grundstück
e) Ein Patent

<u>Situation zu den nächsten vier Aufgaben.</u>

**Die Bavaria Fahrradwerke KG benötigt zur Erweiterung der Lagerkapazität ein Grundstück, um darauf eine neue Lagerhalle bauen zu können. Sie kann das Grundstück von einer Privatperson günstig erwerben.**

**35. Das BGB sieht bei dem Eigentumserwerb an einem Grundstück besondere Vorschriften vor. Was ist beim Kauf eines Grundstückes zu beachten?**

a) Der Käufer muss vorher Einsicht in das Grundbuch haben.
b) Die rechtswirksame Übertragung des Grundstückes bedarf nur der Schriftform sowie der Unterschriften des Verkäufers und des Käufers.
c) Der Käufer muss sich den Grundstückskauf von einem Notar beglaubigen lassen, damit der Vertrag rechtswirksam wird.
d) Der Käufer muss in Höhe des Kaufpreises zur Sicherheit eine Grundschuld auf das Grundstück eintragen lassen.
e) Der Verkäufer und der Käufer müssen die Grundstücksübertragung in Anwesenheit eines Notars erklären und von diesem beurkunden lassen.

**36. Um welche Kaufvertragsart handelt es sich bei diesem Grundstückskauf?**

a) Einseitiger Handelskauf
b) Zweiseitiger Handelskauf
c) Spezifikationskauf
d) Gattungskauf
e) Bürgerlicher Kauf

**37. Ab wann wird die Bavaria Fahrradwerke KG Eigentümerin des Grundstücks?**

a) Nach Überweisung des Kaufpreises
b) Nach Abschluss des Kaufvertrages
c) Nach Einigung und Übergabe
d) Nach Einigung und Sicherungsübereignung
e) Nach Auflassung und Eintragung ins Grundbuch

**38. Die Bavaria Fahrradwerke KG muss zur Finanzierung des Grundstückskaufs einen Kredit über 130.000,00 EUR bei ihrer Hausbank aufnehmen. Wie kann das Grundstück zur Absicherung des Kredits verwendet werden?**

a) Durch eine Hypothek, die nicht im Grundbuch eingetragen wird
b) Durch eine Grundschuld, die im Grundbuch eingetragen wird
c) Durch eine Sicherungsübereignung, wobei das Eigentum am Grundstück dem Grundstücksverkäufer übertragen wird
d) Durch einen Lombardkredit, der im Grundbuch eingetragen wird
e) Durch einen Eigentumsvorbehalt, der im Grundbuch eingetragen wird

**39. Welche Aussage über die Gegenstände des Rechtsverkehrs ist richtig?**

a) Immobilien sind vertretbare Sachen, Mobilien (bewegliche Sachen) sind nicht vertretbare Sachen.
b) Eigentum ist das Recht an Immobilien, Besitz das Recht an beweglichen Sachen.
c) Forderungen zählen zu den vertretbaren Sachen, Patente und Lizenzen zu den nicht vertretbaren Sachen.
d) Das Besitzrecht an vertretbaren Sachen ist übertragbar, das Eigentumsrecht an nicht vertretbaren Sachen ist nicht übertragbar.
e) Bei den Rechten an Sachen unterscheidet man zwischen Eigentum und Besitz.

**40. Rechtsobjekte werden in Sachen und Rechte unterteilt. Welches Rechtsobjekt gehört zu den Rechten?**

a) Grundstück
b) Sparbuch
c) Banknote
d) Konzession
e) Mietwohnung

**41. Eine noch beim Verkäufer befindliche verkaufte Ware wird durch Blitzschlag vernichtet. Bei welcher Ware hat der Kunde Anspruch auf Lieferung, weil die Ware vertretbar ist?**

a) Eine neues Herrenrad der Marke Bavaria topten
b) Ein gebrauchtes Auto, das in einem exzellenten Zustand war
c) Ein Ölgemälde eines bekannten Künstlers
d) Ein handgefertigtes Schmuckstück
e) Das Originalmanuskript zu einem Roman

**42. Welche Aussage über Besitz bzw. Eigentum ist richtig?**

a) Eigentum ist die tatsächliche Gewalt über eine Sache, Besitz die rechtliche Gewalt über eine Sache.
b) Der Eigentumsvorbehalt ist eine Vereinbarung, durch die der Erwerber zunächst nur die rechtliche Gewalt über eine Sache erhält.
c) Der gutgläubige Käufer erwirbt in der Regel das Eigentumsrecht an gestohlener Ware.
d) Die Eigentumsübertragung an beweglichen Sachen erfolgt in der Regel durch Einigung und Übergabe.
e) Bei der Eigentumsübertragung an unbeweglichen Sachen sind in der Regel keine Formvorschriften zu beachten.

**43. Was bedeutet nach Artikel 14 des Grundgesetzes die Sozialbindung des Eigentums?**

a) Das öffentliche Eigentum untersteht dem besonderen Schutz des Staates.
b) Die Verfügungsmacht des Eigentümers kann nur durch einen jeweiligen besonderen Gerichtsbeschluss eingeschränkt werden.
c) Eigentum verpflichtet. Der Gebrauch des Eigentums soll zugleich dem Wohl der Allgemeinheit dienen.
d) Der Staat darf Privateigentum ohne Entschädigung entziehen, wenn diese Enteignung dem Allgemeinwohl dient.
e) Der Staat setzt bei einer zulässigen Enteignung die zu leistende Entschädigung fest, ohne dass der bisherige Eigentümer im Streitfall über die Entschädigungshöhe ein Gericht anrufen kann.

**44. In welchem Fall sind Besitzer und Eigentümer ein und dieselbe Person?**

a) Eine Auszubildende leiht sich in der Videothek eine CD aus.
b) Ein Landwirt pachtet das Nachbargrundstück.
c) Ein Unternehmen least für den Reisenden einen Pkw.
d) Ein Handelsvertreter kauft für seinen Betrieb einen neuen Schreibtisch.
e) Die Schnäppchenhalle Holzner mietet eine weitere Lagerhalle.

**45. Besitzer und Eigentümer eines Grundstücks sind zwei unterschiedliche Personen. Welche Aussage ist richtig?**

a) Der Besitzer darf das Grundstück verkaufen.
b) Der Besitzer hat die rechtliche Herrschaft über das Grundstück.
c) Der Besitzer darf das Grundstück verpfänden.
d) Der Eigentümer darf das Grundstück durch Aufnahme von Hypotheken belasten.
e) Der Eigentümer hat die tatsächliche Herrschaft über das Grundstück.

**46. Die Bavaria Fahrradwerke KG schließt mit der Elekto Huber KG am 05. 05. einen Vertrag über den Kauf einer Spülmaschine für den Kantinenbereich ab. Die Lieferung, Montage und Abnahme erfolgt am 10.05. Der Rechnungsbetrag wird von der Bavaria Fahrradwerke KG am 15.05. überwiesen. Geben Sie das Datum an, an dem das Eigentum an der Spülmaschine an die Fahrradwerke übergangen ist, wenn sonst keinerlei Vereinbarungen im Kaufvertrag getroffen wurden. Tragen Sie das Ergebnis in das Kästchen ein.**

| |
|---|
| |

**47. Ordnen Sie zu!**

**Begriffsbestimmungen**

a) Fähigkeit, Träger von Rechten und Pflichten zu sein
b) Befähigung, selbstständig ein Handelsgewerbe führen zu können
c) Fähigkeit, Rechtsgeschäfte rechtswirksam vornehmen zu können
d) Rechtliche Verfügungsgewalt über eine Sache
e) Tatsächliche Verfügungsgewalt über eine Sache
f) Personenvereinigung mit eigener Rechtspersönlichkeit
g) Ermächtigung zur Vornahme aller Arten von Geschäften und Rechtshandlungen, die der Betrieb eines Handelsgewerbes mit sich bringt

**Rechtsbegriffe**

[ ] Geschäftsfähigkeit
[ ] Eigentum
[ ] Juristische Person
[ ] Rechtsfähigkeit

**48. Welcher Vertrag verpflichtet zur Übertragung des Eigentums und des Besitzes an der Sache?**

a) Der Pfandvertrag
b) Der Mietvertrag
c) Der Leihvertrag
d) Der Kaufvertrag
e) Der Pachtvertrag

<u>**Zu den nächsten zwei Aufgaben.**</u>

**Sie sind Mitarbeiter/-in in der Verwaltung der Bavaria Fahrradwerke KG. Die Bavaria Fahrradwerke KG unterhält einen größeren Fuhrpark. Die Geschäftsführung hat Sie beauftragt, das älteste Fahrzeug für 7.000,00 € zu verkaufen. Spediteur Motzer hat Interesse an dem Fahrzeug bekundet und leiht sich deshalb für einige Tage den Lkw aus, um danach zu entscheiden. Inzwischen haben Sie aber das Fahrzeug für 8.000,00 € an Liebhaber verkauft, die Fahrzeugpapiere übergeben und den Betrag bar erhalten.**

**49. Wie argumentieren Sie, wenn Motzer das Fahrzeug jetzt kaufen will?**

a) Die Bavaria Fahrradwerke KG ist Besitzer des Fahrzeuges und kann über die Veräußerung frei entscheiden.
b) Motzer hat zwar die tatsächliche Verfügungsgewalt, die Bavaria Fahrradwerke KG war aber bei dem Verkauf noch der Eigentümer.
c) Liebhaber hat einen um 1.000,00 € höheren Verkaufspreis akzeptiert und somit hat er auch einen Anspruch auf den Lkw.
d) Die Bavaria Fahrradwerke KG konnte nicht mehr an Liebhaber verkaufen, weil sie das Fahrzeug ausgeliehen hat.
e) Der Kaufvertrag mit Liebhaber ist gültig, da dieser nun der Besitzer des Fahrzeuges ist.

**50. Sie haben sich mit Liebhaber über den Verkauf des Lkw geeinigt. Die Zahlung und Übergabe der Fahrzeugpapiere sind bereits erfolgt. Sie sind aber aufgrund der Tatsache, dass das Fahrzeug an die Spedition Motzer verliehen wurde, nicht in der Lage, das Fahrzeug tatsächlich zu übergeben. Sie treten deshalb Ihre Ansprüche an Liebhaber ab. In welchem Fall verhalten sich die Beteiligten gemäß der unten stehend abgebildeten §§ 929, 931 und 985 BGB korrekt?**

a) Herr Liebhaber kann sich das Fahrzeug bei Motzer abholen, da er neuer Eigentümer des Lkw ist und kein Kaufvertrag zwischen Ihrem Unternehmen und Motzer besteht.
b) Motzer will den Lkw behalten, da seines Erachtens ein Kauf auf Probe abgeschlossen wurde.
c) Motzer verweigert die Herausgabe an Liebhaber, da der Vertrag zwischen Ihnen und Liebhaber mangels tatsächlicher Übergabe nicht rechtswirksam ist.
d) Liebhaber tritt sofort wegen Lieferungsverzug vom Kaufvertrag zurück, da er das Fahrzeug sofort braucht.
e) Die Bavaria Fahrradwerke KG fordert von Motzer Schadenersatz und Herausgabe des Fahrzeuges.

**§ 929. [Einigung und Übergabe]** [1] Zur Übertragung des Eigentums an einer beweglichen Sache ist erforderlich, dass der Eigentümer die Sache dem Erwerber übergibt und beide darüber einig sind, dass das Eigentum übergehen soll. [2] Ist der Erwerber im Besitze der Sache, so genügt die Einigung über den Übergang des Eigentums.

**§ 931. [Abtretung des Herausgabeanspruchs]** Ist ein Dritter im Besitze der Sache, so kann die Übergabe dadurch ersetzt werden, dass der Eigentümer dem Erwerber den Anspruch auf Herausgabe der Sache abtritt.

**§ 985 [Herausgabeanspruch]** Der Eigentümer kann von dem Besitzer die Herausgabe der Sache verlangen.

**51. Ordnen Sie zu!**

**Vertragsarten**

a) Miete
b) Leihe
c) Darlehen
d) Pacht
e) Werkvertrag
f) Schenkung

**Vertragsinhalte**

[ ] Entgeltliche Überlassung von Geld gegen spätere Rückzahlung

[ ] Überlassung von Sachen zum Gebrauch ohne Entgelt

[ ] Unentgeltliche Zuwendung von Sachen oder Rechten

**52. Ordnen Sie zu!**

**Vertragsarten**

a) Darlehensvertrag
b) Leihvertrag
c) Pachtvertrag
d) Mietvertrag
e) Werkvertrag
f) Kaufvertrag

**Vorgänge**

[ ] A überlässt B einen Garten gegen monatliches Entgelt mit der Erlaubnis, die Obstbäume abzuernten.

[ ] A beauftragt einen Schreiner, ihm einen Einbauschrank anzufertigen und diesen in sein Wohnhaus einzubauen.

[ ] A überlässt B 5.000,00 € mit der Auflage, das Geld einschließlich Zinsen zurückzuzahlen.

**53. Mit dem Lieferanten für Kopierer ist ein neuer Wartungsvertrag abzuschließen. Um welchen Vertrag handelt es sich dabei?**

a) Werkvertrag
b) Pachtvertrag
c) Leasingvertrag
d) Mietvertrag
e) Arbeitsvertrag

**54. Die Bavaria Fahrradwerke KG erwirbt gegen monatliches Entgelt die Nutzung an einem Grundstück, um im Herbst den Angestellten frisches Obst in der Kantine anbieten zu können. Um welche Vertragsart handelt es sich in diesem Fall?**

a) Um einen Mietvertrag
b) Um einen Leihvertrag
c) Um einen Werkvertrag
d) Um einen Dienstvertrag
e) Um einen Pachtvertrag

**55. Der Zimmereibetrieb A erstellt gegen Bezahlung für die Bavaria Fahrradwerke KG auf dessen Grundstück ein Blockhaus. Die Bavaria Fahrradwerke KG überlässt das fertige Blockhaus der befreundeten Familie Courtehoute für 14 Tage gegen Bezahlung als Unterkunft für einen Urlaubsaufenthalt. Die Familie Courtehoute stellt einen Raum dieses Blockhauses dem befreundeten Bernd Drebes für einen Tag kostenlos zur Verfügung. Welche Aufzählung enthält die abgeschlossenen Verträge in der richtigen Reihenfolge?**

a) Dienstvertrag - Mietvertrag – Leihvertrag
b) Werkvertrag - Pachtvertrag – Mietvertrag
c) Werkvertrag - Mietvertrag - Leihvertrag
d) Dienstvertrag - Pachtvertrag - Mietvertrag
e) Werkertrag - Mietvertrag - Schenkungsvertrag

**56. Nach einem Kfz-Unfall beauftragt Herr Oberpriller eine Reparaturwerkstatt, den Kotflügel seines Pkw auszubeulen. Welchen Vertrag schließt Herr Oberpriller in diesem Falle ab?**

a) Kaufvertrag
b) Dienstvertrag
c) Arbeitsvertrag
d) Werkvertrag
e) Mietvertrag

**57. Ordnen Sie zu!**

**Vertragsarten**

a) Kaufvertrag
b) Dienstvertrag
c) Mietvertrag
d) Pachtvertrag
e) Leihvertrag
f) Darlehensvertrag
g) Werkvertrag

**Beispiele für Verträge**

[ ] Eine Brauerei übergibt einem Gastwirt einen schönen Holztisch mit Stühlen. Der Gastwirt verpflichtet sich, den vereinbarten Preis in 12 Monatsraten zu bezahlen.

[ ] Ein Gastwirt beauftragt einen Schreiner, eine Theke anzufertigen und fest in sein Lokal einzubauen. Er verpflichtet sich, den vereinbarten Preis zu zahlen.

[ ] Ein Arbeitnehmer überlässt einem Kollegen zinslos 2.000 €. Der Kollege verpflichtet sich, den Betrag nach zwei Wochen zurückzuzahlen.

[ ] Eine Brauerei überlässt einem Gastwirt eine eingerichtete Gaststätte. Der Gastwirt verpflichtet sich, dafür monatlich 1.500 € zu bezahlen.

**58. Ordnen Sie zu!**

**Sachverhalte**

a) Ein Unternehmer schließt einen Leasingvertrag über eine EDV-Anlage ab.
b) Die Nutzung leerer Wohnungen wird vereinbart.
c) Ein Ehepaar nutzt einen Kirschgarten gegen Zahlung einer jährlichen Summe. Die Kirschen darf das Ehepaar behalten.
d) Eine Bank beauftragt eine Druckerei 10 000 Formulare zu drucken.
e) Ein Angestellter verpflichtet sich zur Arbeitsleistung in einem Unternehmen.
f) Eine Behörde bestellt bei einem Autohaus einen Satz neuer Reifen für seinen Dienstwagen.

**Vertragsarten**

[ ] Pachtvertrag
[ ] Dienstvertrag
[ ] Werkvertrag

**59. Ordnen Sie zu!**

**Vertragsinhalte**

a) A übereignet B eine Sache ohne Gegenleistung.
b) A übereignet B eine Sache gegen Entgelt.
c) A überlässt B eine Geldsumme gegen spätere Rückzahlung.
d) A überlässt B eine eingerichtete Gaststätte für eine bestimmte Zeit gegen Entgelt, wobei der erwirtschaftete Gewinn B zufließt.
e) A verpflichtet sich, gegen Entgelt für B einen Gegenstand herzustellen.
f) A überlässt B unentgeltlich für eine bestimmte Zeit eine Sache zum Gebrauch.
g) Die Nutzung leerer Wohnungen wird vereinbart.

**Vertragsarten**

[ ] Mietvertrag
[ ] Leihvertrag
[ ] Schenkungsvertrag

**60. Die Bavaria Fahrradwerke KG in Landshut schließt mit der Transport GmbH in Altdorf als Frachtführer einen Vertrag zum Transport von Fertigteilen von Landshut nach München ab. Welche Vertragsart liegt vor?**

a) Ein Kaufvertrag
b) Ein Werkvertrag (Frachtvertrag)
c) Ein Dienstvertrag
d) Ein Arbeitsvertrag
e) Ein Gesellschaftsvertrag

**61. Welche Willenserklärung hat bereits rechtliche Wirkung, ohne empfangsbedürftig zu sein?**

a) Kündigung
b) Angebot
c) Testament
d) Bestellung
e) Schenkung

**62. Sie sollen einem neuen Auszubildenden das Wesen der Rechtsgeschäfte erklären. Welche Aussage über das Zustandekommen von Rechtsgeschäften ist richtig?**

a) Die Kündigung ist ein einseitiges Rechtsgeschäft; die Willenserklärung ist empfangsbedürftig.
b) Das Testament ist ein zweiseitiges Rechtsgeschäft; die Willenserklärung ist empfangsbedürftig.
c) Ein Rechtsgeschäft kann wegen mangelnder Geschäftsfähigkeit eines Beteiligten angefochten werden.
d) Arglistige Täuschung beim Vertragsabschluss führt zur Nichtigkeit eines Rechtsgeschäftes.
e) Für die Wirksamkeit eines Rechtsgeschäftes sind immer zwei übereinstimmende Willenserklärungen erforderlich.

**63. In welchem Fall handelt es sich um einen zweiseitigen Handelskauf?**

a) Ein Angestellter verkauft einem Kollegen einen gebrauchten Fotoapparat.
b) Ein Fabrikant kauft für den privaten Weinkeller bei einem Winzer 500 Flaschen Wein.
c) Die Stadtverwaltung beschafft für die Berufsschule Tonbandgeräte.
d) Ein Lebensmittel-Filialunternehmen kauft bei einer Winzergenossenschaft Wein.
e) Ein Auszubildender kauft in einem Fachgeschäft einen Anzug.

**64. In welchem Fall liegt ein zweiseitiger Handelskauf vor?**

a) Beide Vertragspartner sind geschäftsfähig und der Kauf dient privaten Zwecken.
b) Beide Vertragspartner sind Kaufleute und der Kauf dient geschäftlichen Zwecken.
c) Einer der beiden Vertragspartner ist Kaufmann und der Kauf dient geschäftlichen Zwecken.
d) Beide Vertragspartner sind Privatpersonen und der Kauf dient privaten Zwecken.
e) Beide Vertragspartner sind Kaufleute und der Kauf dient privaten Zwecken.

**65. In welchem Fall handelt es sich um einen bürgerlichen Kauf?**

a) Die Stadtverwaltung beschafft für die Schule Schreibtische.
b) Ein Fabrikant verkauft seinen Privatwagen an seinen Schwager.
c) Ein Lebensmittelhändler kauft für seinen privaten Bedarf bei einer Winzergenossenschaft 200 Flaschen Wein.
d) Ein Auszubildender kauft einen Arbeitsanzug in einem Fachgeschäft.
e) Ein Fotofachgeschäft verkauft gebrauchte Fotoapparate an ausgesuchte Stammkunden.

**66. In welchem Fall liegt ein Verbrauchsgüterkauf vor?**

a) Ein Einzelhändler bestellt Südfrüchte bei einem Importeur in Hamburg.
b) Der Einkäufer eines Supermarktes bestellt nach einer Weinprobe Wein bei einer Winzergenossenschaft für die Feinkostabteilung.
c) Frau Meier, Angestellte eines Großhändlers, verkauft ihrer Nachbarin Äpfel aus eigenem Anbau.
d) Ein Einzelhändler bezieht Dekorationsmaterial von einem Großhändler, der am gleichen Ort sein Unternehmen hat.
e) Ein Einzelhändler verkauft Früchte an eine Kundin.

**67. In welchem Fall handelt es sich um einen (sonstigen) einseitigen Handelskauf?**

a) Ein Kunde kauft bei einem Einzelhändler.
b) Ein Unternehmer kauft einen gebrauchten Pkw von einem Privatmann.
c) Ein Einzelhändler erhält Ware vom Großhändler.
d) Ein Privatmann verkauft seinem Freund einen gebrauchten Fernseher.
e) Ein Auszubildender kauft in seinem Ausbildungsbetrieb Arbeitskleidung.

**68. Sie haben im Einkauf die Aufgabe, die günstigste Bezugsquelle zu ermitteln. Welche Angaben können Sie der Bezugsquellendatei entnehmen?**

a) Das Zahlungsverhalten unserer Kunden
b) Die Anschriften möglicher Lieferer
c) Die Angaben über Liefertermine für bestellte Ware
d) Den Bedarf an Erzeugnissen
e) Die Zugänge von Waren im Lager

**69. Wo können Sie sich informieren, um neue Bezugsquellen für Elektromotoren zu finden?**

a) In der Bedarfsmeldedatei
b) In der Lagerdatei
c) In der Bestelldatei
d) In der Debitorendatei
e) In den Gelben Seiten

**70. In der Einkaufsabteilung werden verschiedene Dateien geführt. Welche Datei verwendet der Einkäufer als Hilfsmittel für die Festsetzung der Einkaufsmenge?**

a) Die Bezugsquellendatei
b) Die Liefererdatei
c) Die Kundendatei
d) Die Lagerdatei
e) Die Termindatei

**71. Ordnen Sie zu!**

| **Lieferungsbedingungen** | **Sachverhalte** |
|---|---|
| a) Ab Werk | |
| b) Ab Lager | [ ] Der Verkäufer trägt die Hausfracht am Versandort. |
| c) Unfrei | [ ] Der Verkäufer trägt die Hausfracht und Verladung der Ware am Versandbahnhof. |
| d) Frei Waggon | |
| e) Frachtfrei | [ ] Der Verkäufer trägt die Hausfracht am Versandort, die Verladung der Ware und die Fracht bis zum Bestimmungsbahnhof. |
| f) Frei Haus | |

**72. Was beinhaltet der Begriff „Frachtbasis"?**

a) Die Frachtbasis bestimmt gleichzeitig den Gerichtsstand.
b) Frachtbasis bedeutet, dass der Verkäufer die Kosten bis zur Empfangsstation zu tragen hat.
c) Frachtbasis bedeutet, dass der Käufer lediglich das Rollgeld ab Empfangsstation zu übernehmen hat.
d) Frachtbasis bestimmt den Ort, ab dem der Käufer die Transportkosten zu tragen hat.
e) Der Vermerk Frachtbasis bestimmt den Erfüllungsort.

**73. Der Zweiradgroßhändler Grübel erhält mit der Briefpost vom 03.11. folgendes Angebot von der Bavaria Fahrradwerke KG: 35 Damenfahrräder, Marke Trialo XG, je 387,00 € + Ust. Lieferung: Frachtfrei, sofort Zahlung: 30 Tage Ziel, bei Zahlung innerhalb 10 Tagen 3 % Skonto. Bis zur vollständigen Bezahlung der Ware gilt Eigentumsvorbehalt. Der Zweiradgroßhändler Grübel bestellt am 27.11. 35 Damenfahrräder zu den genannten Bedingungen. Die Bavaria Fahrradwerke KG teilt 3 Tage später fernmündlich mit, dass sie die Ware nicht mehr liefern kann. Wie ist die Rechtslage?**

a) Weil der Liefertermin kalendermäßig nicht genau bestimmt ist, muss Grübel dem Lieferer eine Nachfrist setzen, damit die Bavaria Fahrradwerke KG in Verzug kommt.
b) Der Großhändler kann sich sofort bei einem anderen Lieferer mit der Ware eindecken. Einen möglichen Mehrpreis muss die Bavaria Fahrradwerke KG tragen.
c) Die Bavaria Fahrradwerke KG ist an das Angebot nicht mehr gebunden, da sie unter Eigentumsvorbehalt angeboten hat.
d) Die Bavaria Fahrradwerke KG ist an das Angebot nicht mehr gebunden, weil sie das Angebot durch den Anruf rechtzeitig widerrufen hat.
e) Die Bavaria Fahrradwerke KG ist an das Angebot nicht mehr gebunden, weil Grübel zu spät bestellt hat.

**74. Im Falle einer erstmaligen Geschäftsbeziehung sind im Angebot, in der Bestellung und in der Auftragsbestätigung keine Lieferungsbedingungen genannt worden. Erst auf der Rechnung werden dem Käufer Lieferungsbedingungen mitgeteilt. Welche Aussage ist richtig?**

a) Diese Angaben binden Käufer und Verkäufer.
b) Gegen diese Angaben muss der Käufer innerhalb von acht Tagen Einspruch einlegen.
c) Diese Angaben sind für den Käufer ohne Bedeutung, es gelten die gesetzlichen Bestimmungen.
d) Der Kaufvertrag ist schwebend unwirksam.
e) Der Kaufvertrag kann wegen Irrtums angefochten werden.

**75. Welche Angebotsformulierung ist für den Verkäufer verbindlich?**

a) „Wir bieten Ihnen an, solange Vorrat reicht....."
b) „Wir bieten Ihnen unverbindlich an....."
c) „Wir bieten Ihnen freibleibend an....."
d) „Wir bieten Ihnen an....., Preis freibleibend....."
e) „Wir bieten Ihnen an....."
f) „Wir bieten Ihnen an....., Liefermöglichkeit vorbehalten"

**76. Ein Hamburger Industriebetrieb verkauft an die Bavaria Fahrradwerke KG Waren. Es wird „Frachtbasis Kassel" vereinbart. Welche Aussage ist richtig?**

a) Die Bavaria Fahrradwerke KG muss die Frachtkosten von Hamburg bis Kassel tragen.
b) Die Bavaria Fahrradwerke KG muss die Frachtkosten von Kassel bis Landshut tragen.
c) Der Versand der Waren muss über Kassel erfolgen.
d) Der Verkäufer muss die Frachtkosten ab Kassel übernehmen.
e) Der Versand erfolgt ab Kassel in einer Sammelladung.

**77. Wer trägt die Kosten für die Versandverpackung und den Transport, wenn im Kaufvertrag nichts vereinbart ist?**

a) Der Verkäufer trägt beides.
b) Der Käufer trägt beides.
c) Der Verkäufer trägt die Transportkosten, der Käufer die Kosten der Verpackung.
d) Der Verkäufer trägt die Kosten der Verpackung, der Käufer die Transportkosten.
e) Käufer und Verkäufer tragen die Kosten je zur Hälfte.

**78. Welche Kosten trägt der Verkäufer, wenn keine Lieferbedingung vereinbart wurde und demnach die gesetzliche Regelung (unfrei) gilt?**

a) Der Verkäufer trägt die Hausfracht für die Anfuhr zur Versandstation.
b) Der Verkäufer trägt die Hausfracht für die Anfuhr zur Versandstation und die Bahnfracht.
c) Der Verkäufer trägt die Bahnfracht einschließlich Transportversicherung.
d) Der Verkäufer trägt die Bahnfracht und die Hausfracht für die Abfuhr von der Empfangsstation.
e) Der Verkäufer trägt die Hausfracht für die Abfuhr von der Versandstation.
f) Der Verkäufer trägt alle Versandkosten.

**79. Welche Aussage über den gesetzlichen Erfüllungsort beim zweiseitigen Handelskauf ist richtig?**

a) Der Verkäufer muss in jedem Fall die Transportkosten übernehmen.
b) Der gesetzliche Erfüllungsort ist der Wohnsitz oder die gewerbliche Niederlassung des Käufers.
c) Der gesetzliche Erfüllungsort ist der Wohnsitz oder die gewerbliche Niederlassung des Verkäufers.
d) Der Erfüllungsort wird vom Gerichtsstand bestimmt.
e) Jeder Kaufvertrag muss eine besondere Regelung über den Erfüllungsort enthalten.

**80. Auf dem Transport wird die gelieferte Ware ohne Verschulden des Frachtführers beschädigt. Hinsichtlich der Lieferbedingungen gilt die gesetzliche Regelung. Wer trägt das Risiko des Transports und die Kosten der Beschädigung?**

a) Der Spediteur
b) Der Frachtführer
c) Der Fahrer
d) Der Verkäufer
e) Der Käufer

**81. Welche zwei Aussagen über den Erfüllungsort sind richtig?**

a) Befindet sich am Erfüllungsort kein Amts- oder Landgericht, so muss als Erfüllungsort der Sitz des zuständigen Gerichts bestimmt werden.

b) Beim einseitigen Handelskauf ist der gesetzliche Erfüllungsort für die Zahlung der Wohnsitz des Käufers.

c) Gesetzlicher Erfüllungsort für die Lieferung ist der Geschäftssitz des Käufers.

d) Beim zweiseitigen Handelskauf ist der gesetzliche Erfüllungsort für die Lieferung und Zahlung der Geschäftssitz des Verkäufers.

e) Gesetzlicher Erfüllungsort für die Lieferung und Zahlung ist der Geschäftssitz des Käufers.

**82. In welchem Fall kommt es zum Abschluss eines Kaufvertrages?**

a) Auf ein freibleibendes Angebot wird eine Bestellung mit Änderungen abgegeben.

b) Aufgrund eines Zeitungsinserates erfolgt eine Bestellung.

c) Auf ein Angebot wird eine Bestellung nach Ablauf der Bindungsfrist abgegeben.

d) Aufgrund einer Bestellung erfolgt die Anlieferung der bestellten Ware.

e) Auf ein verbindliches Angebot wird eine Bestellung mit Änderungen abgegeben.

**83. Eine Lieferung aus Hannover ist auf dem Bahntransport zum Käufer in Landshut durch höhere Gewalt (Unwetter) vernichtet worden. Erfüllungsort ist Hannover. Muss der Käufer die Rechnung begleichen?**

a) Er muss zahlen, weil Schäden durch höhere Gewalt immer vom Käufer getragen werden müssen.

b) Er hat nicht zu zahlen, weil Schäden durch höhere Gewalt zu Lasten des Lieferers gehen.

c) Er ist zur Zahlung verpflichtet, weil die Gefahr bereits in Hannover auf den Käufer übergeht.

d) Er muss nicht zahlen, denn er hat keine Ware erhalten.

e) Er ist nicht zur Zahlung verpflichtet, weil die Gefahr erst in seinem Werk auf ihn übergeht.

**84. In einem Kaufvertrag wurde keine Vereinbarung über den Erfüllungsort getroffen. Zum Zeitpunkt des Vertragsabschlusses befindet sich die gewerbliche Niederlassung des Verkäufers in Landshut, die des Käufers in Bielefeld. Welche zwei Aussagen sind richtig?**

a) Erfüllungsort für die Warenleistung ist Bielefeld.

b) Erfüllungsort für die Geldleistung ist Bielefeld.

c) Erfüllungsort für die Geldleistung ist Landshut.

d) Erfüllungsort für die Waren- und Geldleistung ist Landshut.

e) Erfüllungsort für die Waren- und Geldleistung ist Bielefeld.

**85. Die Bavaria Fahrradwerke KG in Landshut liefert einem Einzelhändler in Nürnberg Waren im Wert von 2.000,00 €. Wo ist der gesetzliche Erfüllungsort für die Warenlieferung und für die Zahlung des Kaufpreises?**

a) Erfüllungsort für die Warenlieferung und die Zahlung des Kaufpreises ist Landshut.

b) Erfüllungsort für die Warenlieferung ist Nürnberg, Erfüllungsort für die Zahlung des Kaufpreises ist Landshut.

c) Erfüllungsort ist eine Stadt, die geografisch zwischen Landshut und Nürnberg liegt.

d) Erfüllungsort für die Warenlieferung ist Landshut, Erfüllungsort für die Zahlung des Kaufpreises ist Nürnberg.

e) Erfüllungsort für die Warenlieferung und Zahlung des Kaufpreises ist Nürnberg.

**86. Welche Aussage zum Kaufvertrag ist richtig?**

a) Waren hat der Verkäufer im Zweifel auf seine Gefahr und Kosten dem Käufer zu übersenden.

b) Der Eigentumsvorbehalt ist auch wirksam, wenn er nicht ausdrücklich vereinbart wurde.

c) Ist keine Vereinbarung über die Beschaffenheit des eingekauften Rohstoffes getroffen, hat der Lieferer Rohstoffe zu liefern, die sich zur gewöhnlichen Verwendung eignen und eine Beschaffenheit aufweisen, die üblich ist und der Käufer nach der Art der Sache erwarten kann.

d) Ist für die Übernahme der Bezugskosten an einen anderen Ort als den Erfüllungsort keine Vereinbarung getroffen, gilt die Klausel „frachtfrei".

e) Der vertragliche Erfüllungsort richtet sich nach dem Gerichtsstand des Schuldners.

**87. Der Einzelhändler Müller bestellt per Fax bei der Bavaria Fahrradwerke KG Waren zur Lieferung am nächsten Morgen. In welchem Fall kommt ein Kaufvertrag zustande?**

a) Die Bavaria Fahrradwerke KG kündigt per Fax eine Teillieferung der Ware für den nächsten Morgen und Restlieferung für 14:00 Uhr an.
b) Die Bavaria Fahrradwerke KG bestätigt die 40 Karton telefonisch für 14:00 Uhr.
c) Die Bavaria Fahrradwerke KG schreibt einen Expressbrief mit der Lieferzusage der gesamten Ware. Der Brief wird am Nachmittag des nächsten Tages zugestellt.
d) Per E-Mail bestätigt die Bavaria Fahrradwerke KG die Lieferung einer ähnlichen Ware.
e) Die Bavaria Fahrradwerke KG liefert am nächsten Morgen die gesamte Ware ohne vorherige Information an den Einzelhändler Müller, der die Lieferung annimmt.

**88. Ein Kaufvertrag entsteht durch zwei inhaltlich übereinstimmende Willenserklärungen. In welchem Fall ist dieser Sachverhalt gegeben?**

| | 1. Schritt | 2. Schritt |
|---|---|---|
| a) | Befristetes Angebot | Bestellung innerhalb der angegebenen Frist |
| b) | Freibleibendes Angebot | Bestellung |
| c) | Bestellung | Auftragsbestätigung mit Einschränkungen |
| d) | Anfrage | Verbindliches Angebot |
| e) | Zeitungsanzeige für Spezialmaschine | Bestellung |

**89. Welche Formvorschriften gelten beim Abschluss eines Kaufvertrages?**

a) Kaufverträge über 100.000,00 € müssen notariell beurkundet werden.
b) Grundsätzlich bestehen für Kaufverträge keine Formvorschriften.
c) Der Kaufvertrag muss schriftlich abgeschlossen werden, wenn der Kaufgegenstand einen Wert von über 100.000,00 € hat.
d) Der Kaufvertrag bedarf der Schriftform, wenn sich Käufer und Verkäufer noch nicht in allen Punkten geeinigt haben.
e) Jeder Kaufvertrag muss schriftlich abgeschlossen werden; ansonsten ist er ungültig, weil die Beweiskraft fehlt.

**90. In welchem Fall ist ein Kaufvertrag zustande gekommen?**

a) Der Lieferer unterbreitet dem Käufer auf dessen Anfrage ein Angebot.
b) Der Lieferer sendet dem Käufer auf dessen Bestellung eine entsprechende Auftragsbestätigung.
c) Der Käufer bestellt aufgrund einer Zeitungsanzeige.
d) Der Käufer bestellt aufgrund eines freibleibenden Angebots.
e) Die Bestellung des Käufers wird vom Lieferer unter Angabe erhöhter Preise bestätigt.
f) Der Lieferer sendet aufgrund einer telefonischen Anfrage eine Auftragsbestätigung an den Käufer.

**91. Welche Aussage über die Erfüllung eines Kaufvertrages ist richtig, wenn keine vertragliche Regelungen bestehen?**

a) Der Käufer hat seine Verpflichtung zur Zahlung nur dann erfüllt, wenn der Geldbetrag dem Gläubiger spätestens am Fälligkeitstag der Rechnung ausbezahlt bzw. dem Konto des Gläubigers vorbehaltlos gutgeschrieben wurde.
b) Der Käufer hat seine Verpflichtung zur Zahlung dann erfüllt, wenn er am Fälligkeitstag der Rechnung seine Bank mit der Überweisung des Rechnungsbetrags beauftragt.
c) Der Käufer hat seine Verpflichtung zur Zahlung dann erfüllt, wenn er am Fälligkeitstag einen gedeckten Verrechnungsscheck per Brief bei der Post abgibt.
d) Der Verkäufer kann frühestens drei Tage nach Rechnungsfälligkeit Verzugszinsen berechnen, da er die Zeit der Geldübermittlung abwarten muss.
e) Der Verkäufer hat die Gefahr für die Übermittlung und der Verzögerung des Geldbetrags zu tragen.

**92. Welche Aussage zum Verpflichtungs- bzw. Erfüllungsgeschäft ist richtig?**

a) Das Verpflichtungsgeschäft muss schriftlich abgeschlossen werden.
b) Das Verpflichtungsgeschäft legt die Rechte und Pflichten der Vertragspartner fest.
c) Das Erfüllungsgeschäft muss gleichzeitig mit dem Verpflichtungsgeschäft erfolgen.
d) Das Erfüllungsgeschäft legt die Rechte und Pflichten der Vertragspartner fest.
e) Das Erfüllungsgeschäft ist ein einseitiges Rechtsgeschäft.

**93. In welchem Fall kommt ein rechtswirksamer Kaufvertrag zustande?**

a) Ein Verkäufer schickt unaufgefordert ein besonders günstiges Angebot, der Kunde bestellt umgehend zu den genannten Bedingungen.
b) Ein Privatmann nimmt vom Briefträger ein Päckchen an, in dem sich unbestellte Ware befindet.
c) Ein Kunde bestellt aufgrund einer detaillierten Werbeanzeige in der Tageszeitung.
d) Ein Kaufmann bestellt Ware zum bisherigen Preis, der Verkäufer liefert die Ware zum erhöhten Neupreis.
e) Ein Kunde schickt eine Anfrage und erhält daraufhin ein detailliertes Angebot.

**94. Welche Aussage zur ordnungsgemäßen Erfüllung eines Kaufvertrages ist richtig?**

a) Der Käufer darf die Annahme der vertragsgemäß gelieferten Ware verweigern.
b) Der Käufer zahlt den vereinbarten Kaufpreis.
c) Der Verkäufer ist beim Verkauf von Sachen verpflichtet, dem Käufer die tatsächliche, nicht die rechtliche Herrschaft über eine Sache zu verschaffen.
d) Das Erfüllungsgeschäft umfasst Abschluss und Erfüllung des Kaufvertrages.
e) Der Kaufvertrag wird durch das Verpflichtungsgeschäft erfüllt.

**95. In welchem Fall ist ein rechtswirksamer Vertrag zustande gekommen?**

a) Ein 17-Jähriger schließt mit dem Auszubildenden einen Ausbildungsvertrag ab.
b) Bei einem Grundstück wird ein Kaufpreis von 40.000,00 € vereinbart. Bei der notariellen Beurkundung wird nur ein Betrag von 20.000,00 € angegeben.
c) In eine Bestellung wird aus Versehen 200 Stück statt 20 eingesetzt. Der Lieferer sendet daraufhin die 200 Stück.
d) Ein Kaufmann erhält telefonisch ein günstiges Angebot. Einen Tag später bestellt er die Ware. Der Anbieter lehnt die Lieferung ab.
e) Ein Nicht-Kaufmann verbürgt sich mündlich zur Sicherung eines Kredites für einen Freund.

**96. Welche beiden Willenserklärungen führen zum Abschluss eines Kaufvertrags?**

| | **1. Willenserklärung:** | **2. Willenserklärung:** |
|---|---|---|
| a) | Anfrage | Bestellung |
| b) | Bestellung | Angebot |
| c) | Unverlangte Lieferung | Bezahlung |
| d) | Verbindliches Angebot | Lieferung |
| e) | Freibleibendes Angebot | Bestellung |
| f) | Angebot ohne Freizeichnungsklausel | Auftragsbestätigung |

**97. In welchem Fall handelt es sich um einen Kaufvertrag?**

a) Inhalt des Vertrages ist die Veräußerung von Sachen oder Rechten gegen Entgelt.
b) Inhalt des Vertrages ist die Herstellung einer Sache oder Erbringung einer Leistung gegen Entgelt.
c) Inhalt des Vertrages ist die entgeltliche Überlassung von Sachen zum Gebrauch.
d) Inhalt des Vertrages ist die Leistung von Diensten gegen Entgelt.
e) Inhalt des Vertrages ist die entgeltliche Überlassung von Geld oder anderen vertretbaren Sachen bei späterer Rückgabe.
f) Inhalt des Vertrages ist die Herstellung einer Sache gegen Entgelt, wobei der Hersteller auch die Materialien dazu liefert.

**98. Was kennzeichnet den Kauf auf Abruf?**

a) Der Kaufvertrag kann nur mündlich abgeschlossen werden.
b) Der Käufer kann den Kaufvertrag jederzeit widerrufen.
c) Der Käufer kann nachträglich Menge, Farbe, Größe usw. bestimmen.
d) Der Käufer kann die Liefertermine und Mengen von Teillieferungen noch später bestimmen.
e) Der Käufer bestellt Waren nach, die er regelmäßig von seinem Lieferer bezieht.

**99. Wie nennt man einen Kauf, bei dem zunächst eine kleine Menge fest bestellt und eine größere Menge später gekauft wird, falls die Ware dem Käufer zusagt?**

a) Kauf zur Probe
b) Spezifikationskauf
c) Kauf auf Abruf
d) Kauf nach Probe
e) Kalendermäßig bestimmter Kauf

**100. Ordnen Sie zu!**

**Besondere Kaufverträge**

a) Kalendermäßig bestimmter Kauf
b) Kauf nach Probe
c) Kauf zur Probe
d) Kauf auf Probe
e) Kommissionskauf
f) Kauf auf Abruf

**Erklärungen**

[ ] Der Käufer hat das Recht, die gekaufte Ware innerhalb einer bestimmten Frist in Teilmengen anzufordern.

[ ] Ein fest vereinbarter Liefertermin ist wesentlicher Bestandteil des Kaufvertrages.

[ ] Der Käufer hat bei Nichtgefallen ein Rückgaberecht innerhalb einer bestimmten Frist

**101. Ordnen Sie zu!**

**Vertragsinhalte**

a) Kauf von 1 000 Wintermänteln, die jeden Monat mit 200 Stück nach besonderen Angaben über Farben und Größen geliefert und bezahlt werden.
b) Kauf einer Nähmaschine mit Rückgaberecht innerhalb von 4 Wochen.
c) Kauf eines Typenschreibtisches Modell „Diplomat", Artikel-Nr. 4711.
d) Kauf von 10 Packungen eines neuen Lösungsmittels, um es auszuprobieren. Bei Erfolg werden weitere Bestellungen in Aussicht gestellt.
e) Kauf von 100 Jägerjacken aufgrund eines Musters.
f) Kauf von 12 000 kg Garn für die Weberei, zu liefern im nächsten Halbjahr jeweils bis zum 5. des Monats.

**Besondere Kaufverträge**

[ ] Kauf auf Probe

[ ] Spezifikationskauf

[ ] Kauf nach Probe

**102. Ordnen Sie zu!**

**Kaufvertragsarten**

a) Kauf nach Probe
b) Kauf auf Abruf
c) Kauf auf Probe
d) Deckungskauf
e) Spezifikationskauf
f) Kalendermäßig bestimmter Kauf (Fixkauf)
g) Kauf zur Probe

**Erläuterungen**

[ ] Kauf nach eingetretenem Lieferungsverzug von einem anderen Lieferer

[ ] Kauf einer kleinen Menge mit der Absicht, sie zu testen, um eventuell nachzubestellen

[ ] Kauf, bei dem die nähere Bestimmung der bestellten Ware innerhalb einer festgesetzten Frist erfolgt

**103. Ordnen Sie zu!**

**Kaufvertragsarten**

a) Kauf zur Probe
b) Kauf auf Probe
c) Spezifikationskauf
d) Kauf nach Probe
e) Kalendermäßig bestimmter Kauf
f) Zielkauf

**Erklärungen**

[ ] Kauf einer bestimmten Menge; bei Abruf wird die Ware näher bestimmt.

[ ] Die Zahlung ist innerhalb einer bestimmten Frist nach Lieferung zu leisten.

[ ] Kauf mit Rückgaberecht innerhalb einer bestimmten Frist

**104. Ordnen Sie zu.**

**Maßnahmem**

a) Deckungskauf tätigen
b) Preisminderung verlangen
c) Selbsthilfeverkauf vornehmen

**Störungen beim Kaufvertrag**

[ ] Mangelhafte Lieferung/Schlechtleistung

[ ] Lieferungsverzug/Nicht-Rechtzeitig-Lieferung

[ ] Annahmeverzug/Nicht-Rechtzeitig-Annahme

**105. Welche Aussage beschreibt den Spezifikationskauf (Bestimmungskauf) gemäß HGB?**

a) Der Liefertermin wird vom Käufer nachträglich innerhalb einer bestimmten Frist festgelegt.
b) Der Käufer bestimmt den genauen Ort der Lieferung spätestens 8 Tage vor der Lieferung.
c) Der Preis wird erst bei Lieferung vom Verkäufer bestimmt, der sich dabei an dem dann gültigen Marktpreis orientiert.
d) Die Transportkosten bestimmt der Verkäufer erst, wenn ihm der Käufer den genauen Lieferort mitgeteilt hat.
e) Der Erfüllungsort für solche Verträge wird immer nach dem HGB bestimmt.
f) Farbe, Form und Größe einer gekauften Ware werden innerhalb einer bestimmten Frist vom Käufer noch näher bestimmt.

**106. Die Bavaria Fahrradwerke KG möchte die Einkaufsvorteile für eine größere Bestellmenge in Anspruch nehmen, hat aber nicht genügend Lagerraum. Welche Art des Kaufvertrages wäre für die Bavaria Fahrradwerke KG am vorteilhaftesten?**

a) Kauf auf Probe
b) Kalendermäßig bestimmter Kauf
c) Kauf nach Probe
d) Kauf auf Abruf
e) Terminkauf
f) Platzkauf

**107. Welcher Kaufvertrag kennzeichnet einen kalendermäßig bestimmten Kauf (Fixkauf)?**

a) Die gelieferte Ware muss in allen Einzelheiten der an einem bestimmten Tage vorgelegten Probe entsprechen.
b) Das Zustandekommen des Kaufvertrages hängt von der Abnahme der Ware durch den Käufer bis zu einem bestimmten Termin ab.
c) Der Käufer bestellt fest eine kleine Menge mit der Vereinbarung, künftig eine größere Menge zu kaufen.
d) Der Käufer bestellt eine Ware zu einem bestimmten Zeitpunkt, den der Lieferer bestätigt und den er einhalten muss.
e) Der Käufer bestellt von einer Gattungsware eine bestimmte Menge und behält sich die Angabe der noch fehlenden Eigenschaften bis zu einem vereinbarten Termin vor.

**108. Ordnen Sie zu!**

**Arten eines Kaufes**

a) Spezifikationskauf
b) Handelskauf
c) Kauf en bloc
d) Kalendermäßig bestimmter Kauf
e) Kommissionskauf
f) Kauf auf Probe
g) Kauf zur Probe
h) Kauf nach Probe

**Definitionen**

[ ] Der Verkäufer ist erst dann verpflichtet, die Ware mit seinem Auftraggeber abzurechnen, wenn er sie verkauft hat.
[ ] Kauf von Waren im Block zu einem Pauschalpreis, ohne dass für die einzelnen Stücke eine bestimmte Qualität zugesichert wird.
[ ] Der Verkäufer ist verpflichtet, die Ware entsprechend einer vorliegenden Probe zu liefern.
[ ] Kauf einer kleinen Menge. Sagt die Ware zu, wird eine größere Bestellung in Aussicht gestellt.

**109. Ordnen Sie zu!**

**Kaufvertragsarten**

a) Kauf zur Probe
b) Kauf auf Probe
c) Kauf nach Probe
d) Spezifikationskauf
e) Kalendermäßig bestimmter Kauf
f) Gattungskauf

**Erklärungen**

[ ] Der Kaufgegenstand ist eine vertretbare Sache.
[ ] Kauf einer Ware, die genau dem beigelegten Muster entsprechen muss.

**110. Die Bavaria Fahrradwerke KG hat mit einem ihrer Kunden vereinbart, dass die Ware per Spedition anzuliefern ist. Welche Aussage zum Gefahrenübergang ist zutreffend?**

a) Der Gefahrenübergang erfolgt am Sitz des Unternehmens des Kunden.
b) Der Gefahrenübergang erfolgt mit der Übergabe der Ware an den Spediteur.
c) Der Gefahrenübergang erfolgt am Sitz der Bavaria Fahrradwerke KG.
d) Der Gefahrenübergang erfolgt auf halber Strecke.
e) Der Gefahrenübergang erfolgt im Lager der Bavaria Fahrradwerke KG:

**111. Bereits verkaufte Ware wird einen Tag vor dem vereinbarten Auslieferungstermin durch einen Brand im Lager des Verkäufers zerstört. Bei welcher Ware hat der Kunde weiterhin Anspruch auf Lieferung?**

a) Bei einem Originalmanuskript zu einem Roman von Goethe
b) Bei einem gebrauchten Auto, das in einem guten Zustand war
c) Bei einem Ölgemälde eines Künstlers
d) Bei einem handgefertigten Bernsteinschmuckstück (Unikat)
e) Bei einem neuen DVD-Player der Marke Panasonic

**112. Welche Aussage über den kalendermäßig bestimmten Kauf ist richtig?**

a) Beim kalendermäßig bestimmten Kauf erfolgt die Lieferung auf dem schnellsten Weg.
b) Beim kalendermäßig bestimmten Kauf wird die Menge zu einem späteren Zeitpunkt festgelegt.
c) Beim kalendermäßig bestimmten Kauf sind kürzere Nachfristen zu setzen, um vom Kaufvertrag zurücktreten zu können, wenn die Ware nicht pünktlich geliefert wird.
d) Beim kalendermäßig bestimmten Kauf kommt der Lieferer nur in Verzug, wenn dem Käufer tatsächlich ein Schaden entstanden ist.
e) Beim kalendermäßig bestimmten Kauf kann der Käufer ohne Setzen einer Nachfrist vom Kaufvertrag zurücktreten, wenn nicht termingerecht geliefert wurde.

**113. Welche Aussage über die Allgemeinen Geschäftsbedingungen (AGB) ist richtig?**

a) Die AGB gelten nur für Verträge zwischen Kaufleuten.
b) Die AGB werden beim Verbrauchsgüterkauf Vertragsbestandteil, wenn der Verkäufer darauf aufmerksam macht und wenn ihnen nicht widersprochen wird.
c) Die AGB werden beim zweiseitigen Handelskauf Vertragsbestandteil und können nicht geändert werden.
d) Die AGB müssen zur Absicherung der gegenseitigen Rechtspositionen von Fall zu Fall neu ausgehandelt werden.
e) Die AGB wurden vom Gesetzgeber zur Regelung des Wettbewerbs zwischen den Anbietern der gleichen Branche vorgegeben.

**114. Welche Aussage zu den Allgemeinen Geschäftsbedingungen (AGB) ist richtig?**

a) Die AGB betreffen nur individuell ausgehandelte Verträge.
b) Die AGB gelten nur für mündlich geschlossene Verträge.
c) Die AGB sind vorformulierte Vertragsbedingungen.
d) Die AGB gelten nur für Kaufverträge.
e) Die AGB haben Vorrang vor individuellen Vertragsabreden.

**115. Welche Klausel in Verträgen ist nach den Allgemeine Geschäftsbedingungen u n w i r k s a m?**

a) „Eine geringfügige Farbabweichung bei unseren Tapeten ist möglich."
b) „Versteckte Mängel können nach Ablauf einer Frist von 6 Monaten nicht mehr geltend gemacht werden."
c) „Bei Beanstandung der Ware muss der Käufer einen Nachbesserungs- bzw. Ersatzlieferungsversuch des Verkäufers zulassen. Erst bei Fehlschlag können weitere Rechte geltend gemacht werden."
d) „Die Kosten für Entsendung von Monteuren (Fahrt- und Wegekosten) gehören nicht zum Umfang der Garantieleistung."
e) „Im Fall der Nichtkündigung zum vertraglich festgelegten Termin verlängert sich die Vertragsdauer automatisch um ein Jahr."

**116. Welche Aussage zu den Allgemeinen Geschäftsbedingungen (AGB) ist richtig?**

a) Die Bestimmungen des BGB zu den AGB haben Vorrang vor schriftlich fixierten individuellen Vertragsabreden.

b) AGB finden nur bei Verträgen zwischen Kaufleuten Anwendung.

c) Zweifel bei der Auslegung der AGB gehen nach Vertragsabschluss zu Lasten des Kunden.

d) Liegen AGB vor, dann steht oder fällt der gesamte Vertragsabschluss mit ihrer Anerkennung durch den Kunden.

e) Die Bestimmungen des BGB zu den AGB sind unwirksam, wenn sie den Kunden, entgegen den Geboten von Treu und Glauben, unangemessen benachteiligen.

**117. Was besagt der Grundsatz der Vertragsfreiheit?**

a) Alle Menschen können rechtswirksam Verträge abschließen.

b) Nur Vollgeschäftsfähige können Verträge abschließen.

c) Vertragsinhalte können beliebig ausgestaltet werden, soweit nicht gesetzliche Vorschriften entgegenstehen.

d) Alle Verträge müssen in Schriftform abgeschlossen werden.

e) Nur Kaufleute dürfen Verträge abschließen.

f) Jedem Vertragspartner ist es freigestellt, einen geschlossenen Vertrag jederzeit zu widerrufen.

**118. Welche Aussage über die Vertragsfreiheit ist richtig?**

a) Jeder abgeschlossene Vertrag ist wirksam.

b) Der Grundsatz der Vertragsfreiheit ist nur für Vollgeschäftsfähige anwendbar.

c) Verträge können im Rahmen der Rechtsordnung nach dem freien Willen der Vertragspartner gestaltet werden.

d) Jeder Vertrag kann formfrei abgeschlossen werden.

e) Alle Menschen können rechtswirksam Verträge abschließen.

**119. Welches Rechtsgeschäft bedarf zu seiner Wirksamkeit der öffentlichen Beglaubigung?**

a) Die Abgabe einer Bürgschaftserklärung durch einen Nichtkaufmann

b) Die Abgabe einer Bürgschaftserklärung durch einen Kaufmann

c) Die schriftliche Anmeldung zum Grundbuchamt zwecks Eintragung einer Hypothek für das neu gekaufte Grundstück eines Kaufmanns

d) Der Kaufvertrag über den Erwerb eines Grundstücks für den Neubau einer Lagerhalle durch einen Kaufmann

e) Die schriftliche Abfassung des Privattestaments eines Kaufmanns

**120. Ein Grundstückskaufvertrag soll abgeschlossen werden. Welche Aussage über seine Form ist richtig?**

a) Der Vertrag bedarf der notariellen Beurkundung.

b) Der Vertrag bedarf der öffentlichen Beglaubigung der Unterschriften der Vertragspartner.

c) Die Vertragspartner können die Form des Vertrags frei wählen.

d) Der Vertrag kommt durch mündliche Vereinbarung zustande.

e) Der Vertrag bedarf nur der Schriftform.

**121. Bestimmte Rechtsgeschäfte sind nur dann gültig, wenn beim Abschluss die gesetzlichen Formvorschriften eingehalten werden. Welcher Fall erfüllt diese Vorschriften?**

a) Ein Testament ist gültig, wenn es eigenhändig verfasst und unterschrieben wurde.

b) Alle Bürgschaften müssen schriftlich abgeschlossen werden.

c) Kündigungen sind nur dann wirksam, wenn sie schriftlich erfolgen.

d) Ein Kaufvertrag bedarf der Schriftform, wenn beide Vertragspartner Kaufleute nach HGB sind.

e) Ein Kaufvertrag über ein Grundstück bedarf der notariellen Beurkundung nur dann, wenn die Kaufsumme 100.000,00 € übersteigt.

**122. Ordnen Sie zu!**

| **Rechtsgeschäfte** | **Formvorschriften** |
|---|---|
| a) Kaufvertrag über eine Maschine im Wert von 270.000,00 € | |
| b) Bürgschaftserklärung eines Vollkaufmanns | [ ] Schriftform |
| c) Ausbildungsvertrag | |
| d) Grundstückskaufvertrag | [ ] Notarielle Beurkundung |
| e) Ernennung eines Prokuristen | |
| f) Anmeldung einer Eintragung ins Handelsregister | [ ] Notarielle Beglaubigung |

**123. Welches Rechtsgeschäft ist weder anfechtbar noch nichtig?**

a) Bei einem Versandhaus wird eine vergoldete Uhr bestellt. Versehentlich wird zum gleichen Preis eine goldene Uhr geliefert und vom Besteller angenommen.
b) Ein Gebrauchtwagenhändler verkauft wissentlich einen als unfallfrei bezeichneten Unfallwagen.
c) Ein Bankkunde kauft 20 X-Aktien in der Erwartung, dass der Kurs steigt. Der Kurs fällt jedoch.
d) Ein Hauseigentümer verkauft sein Haus. Der Kaufvertrag wird von einem Makler beurkundet.
e) Ein kaufmännischer Angestellter erhält eine wertvolle Briefmarkensammlung geschenkt. Zur Umgehung der Schenkungssteuer wird ein Kaufvertrag abgeschlossen.

**124. Ordnen Sie zu!**

**Rechtshandlungen**

a) Ein Kunde bestellt aufgrund eines unverbindlichen Angebotes und erhält eine Auftragsbestätigung.
b) Ein Kunde bestellt einen Artikel aufgrund einer Zeitungsanzeige.
c) Ein Händler verkauft einem 17-Jährigen eine Stereoanlage. Die Genehmigung der Eltern steht noch aus.
d) Ein Kunde hat in einem Kaufvertrag die Bestellnummer 081 mit der Stückzahl 123 verwechselt.
e) Ein Fünfjähriger kauft sich ein Spielzeug.
f) Ein Kunde sendet eine vom Angebot abweichende Bestellung.

**Rechtliche Auswirkungen**

[ ] Vertrag ist anfechtbar.
[ ] Vertrag ist nichtig.
[ ] Vertrag ist rechtswirksam.

**125. In welchem Fall ist das Rechtsgeschäft anfechtbar?**

a) Ein 17-Jähriger verfasst ein handschriftliches Testament gegen den Willen der Eltern.
b) Ein Autokäufer unterschreibt einen Kaufvertrag, in dem irrtümlich ein Kaufpreis von 32 000,00 € anstatt 23.000,00 € angegeben ist.
c) Ein Wertpapierkäufer kauft Aktien in irrtümlicher Erwartung eines steigenden Kurses.
d) Ein Schüler kauft sich eine Stereoanlage im Wert von 2.000,00 €. Die Genehmigung der Eltern steht noch aus.
e) Ein Mietvertrag für eine Wohnung mit einer Laufzeit von drei Jahren wird mündlich abgeschlossen.

**126. Welches Rechtsgeschäft ist anfechtbar?**

a) Ein Münzsammler kauft eine Münze in der irrtümlichen Erwartung, dass die Preise steigen.
b) Ein 16-jähriger Schüler kauft ein Mokick, obwohl die Zustimmung des gesetzlichen Vertreters verweigert wird.
c) Ein Nichtkaufmann verbürgt sich mündlich für einen Geschäftsfreund.
d) Beim Kauf eines Gebrauchtwagens wird trotz Nachfrage vom Verkäufer absichtlich verschwiegen, dass es sich um einen Unfallwagen handelt.
e) In einem Mietvertrag mit einem Studenten ist ein Mietpreis vereinbart, der die ortsübliche Miete um das Dreifache übersteigt.

**127. Welches Rechtsgeschäft ist anfechtbar?**

a) Ein 17-jähriger Schüler hebt als Bevollmächtigter seines Vaters 1.000 € von dessen Konto ab.
b) Ein wegen Verschwendungssucht entmündigter 45-jähriger Mann kauft 30 CD´s.
c) Eine 15-jährige Schülerin kauft von ihrem Taschengeld einen DVD-Player im Werte von 135,00 €.
d) Eine 20-jährige Auszubildende will 5 XY-Aktien kaufen, setzt aber in den Auftragsvordruck 50 Stück ein.
e) Ein 17-jähriger Schüler schließt einen Berufsausbildungsvertrag ab.

**128. Welche Aussage über den Kaufvertrag ist richtig?**

a) Die Einigung der Vertragspartner wird als Erfüllungsgeschäft bezeichnet.
b) Die Übergabe einer beweglichen Sache wird als Verpflichtungsgeschäft bezeichnet.
c) Für Kaufverträge über unbewegliche Sachen gibt es keine Formvorschriften.
d) Ein Kaufvertrag, der gegen ein Gesetz verstößt, ist anfechtbar.
e) Ein Kaufvertrag über eine bewegliche Sache ist aufgrund eines Erklärungsirrtums eines Vertragspartners anfechtbar.

**129. Ordnen Sie zu!**

**Vertragssituationen**

a) Ein Student unterschreibt bei einem Zeitschriftenwerber eine Bestellung für eine Zeitschrift, ohne die Bezugsbedingungen zu lesen. Er meint, er könne die Zeitschrift jederzeit abbestellen. Später stellt er fest, dass er die Zeitschrift mindestens für ein Jahr abnehmen muss.

b) Ein Lieferer bietet eine Ware schriftlich für 15 € statt für 51 € (Schreibfehler) an. Der Kunde bestellt 10 Stück zu 15 €. Daraufhin bemerkt die Sachbearbeiterin den Fehler und ruft bei dem Kunden an.

c) Der Eigentümer eines Wochenendhauses verkauft das Haus an einen Interessenten für 30.000 €. Der Vertrag wird von beiden schriftlich abgeschlossen und unterschrieben. Der Käufer zahlt 20.000 € an, den Rest verweigert er wegen nachträglich festgestellter Baumängel.

d) Ein Autohändler veranlasst einen Kunden, einen Kaufvertrag für ein neues Auto zu unterschreiben. Andernfalls will er die Versicherung informieren, dass der Kunde für die Reparatur des Unfallschadens eine überhöhte Rechnung eingereicht hat.

e) Ein Gemüsehändler bestellt bei seinem Großhändler zum Wochenende wesentlich mehr Obst und Gemüse als sonst, weil er mit erheblich größerer Nachfrage rechnet. Er irrt sich. Einen großen Teil der verderblichen Waren hat er bis Samstagnachmittag noch nicht verkauft.

f) Ein Gebrauchtwagenhändler verkauft ein Auto als unfallfrei, obwohl er wusste, dass der vorherige Halter einen Unfall hatte.

g) Ein Rechtsanwalt kauft bei seiner Bank Gold, weil er annimmt, dass der Goldpreis in nächster Zeit erheblich steigen wird. Er hofft, dadurch ein gutes Geschäft zu machen. Leider hat er sich geirrt; der Goldpreis geht sogar zurück.

**Gründe der Anfechtbarkeit**

[ ] Irrtum in der Erklärung

[ ] Arglistige Täuschung

[ ] Widerrechtliche Drohung

**130. Welche Aussage über anfechtbare Rechtsgeschäfte bzw. Willenserklärungen ist richtig?**

a) Die Willenserklärung eines Geschäftsfähigen ist anfechtbar.
b) Anfechtbare Rechtsgeschäfte sind bis zur Anfechtung zunächst gültig.
c) Willenserklärungen, die zum Schein abgegeben werden, sind anfechtbar.
d) Rechtsgeschäfte, die gegen ein gesetzliches Verbot verstoßen, sind anfechtbar.
e) Anfechtbare Rechtsgeschäfte sind von vornherein nichtig.

**131. Herr Krause will bei einem Winzer 50 Flaschen Wein bestellen. Durch einen Tippfehler lautet die Bestellung über 500 Flaschen. Die 500 Flaschen werden geliefert. Wie ist die Rechtslage?**

a) Der Vertrag ist nicht zustande gekommen.
b) Herr Krause kann den Vertrag anfechten.
c) Es liegt ein Mangel vor, den Herr Krause entsprechend den Vorschriften über die Mängelrüge beanstanden kann.
d) Herr Krause muss die 500 Flaschen in jedem Fall abnehmen.
e) Es liegt ein Formfehler vor, der zum Rücktritt vom Vertrag berechtigt.

**132. In welchem Fall kann eine Willenserklärung angefochten werden?**

a) Die Willenserklärung wurde nicht in der vom Gesetz vorgeschriebenen Form abgegeben.
b) Die Willenserklärung verstößt gegen die guten Sitten.
c) Die Willenserklärung verstößt gegen ein Gesetz.
d) Die Willenserklärung wurde im Zustand einer vorübergehenden Störung der Geistestätigkeit abgegeben.
e) Die Willenserklärung wurde durch widerrechtliche Drohung erzwungen.

**133. Welches Rechtsgeschäft ist von Anfang an nichtig?**

a) Bei einem Angebot wird als Preis statt 50,00 € je Stück durch Verschreiben 5,00 € je Stück angegeben.
b) Ein Käufer wird widerrechtlich durch Drohung zur Unterzeichnung eines Kaufvertrages gezwungen.
c) Ein Käufer schließt einen Kaufvertrag ab, wird dabei aber arglistig getäuscht.
d) Ein 17-jähriger Auszubildender schließt einen Ratenkauf über 5.000,00 € ab. Die Eltern versagen die Genehmigung.
e) Durch falsche Übermittlung werden einem kleinen Industriebetrieb für den Eigenbedarf statt 10 Elektromotoren 100 Elektromotoren geliefert.

**134. Welche Aussage zu Rechtsgeschäften ist richtig?**

a) Rechtsgeschäfte können nicht von juristischen Personen geschlossen werden, da diese keine Rechtsfähigkeit besitzen.
b) Rechtsgeschäfte können nur von voll geschäftsfähigen Personen geschlossen werden.
c) Ein Testament ist ein zweiseitiges Rechtsgeschäft.
d) Umfangreiche Rechtsgeschäfte müssen immer durch einen Notar beglaubigt werden.
e) Ein Rechtsgeschäft, das infolge arglistiger Täuschung zustande gekommen ist, kann angefochten werden.

**135. In welchem Fall ist ein Vertrag anfechtbar?**

a) Der Vertrag verstößt gegen ein gesetzliches Gebot oder Verbot.
b) Der Vertrag wurde nicht in der vom Gesetz vorgeschriebenen Form abgeschlossen.
c) Eine Willenserklärung wurde durch widerrechtliche Drohung oder durch Nötigung erzwungen.
d) Der Käufer hat in der Zwischenzeit ein günstigeres Angebot erhalten.
e) Der Käufer oder der Verkäufer ist nicht geschäftsfähig.

**136. Die Bavaria Fahrradwerke KG in Landshut bestellt am 05.11. bei den Westfälischen Hüttenwerken nach einem verbindlichen Angebot 10 000 kg Stahlrohr, Lieferung bis 28.11. In welchem Fall könnte die Bavaria Fahrradwerke KG den Kaufvertrag anfechten?**

a) Ein anderer Lieferer bietet Mitte November Stahlrohr zu einem niedrigeren Preis an.
b) Die Lieferung ist bis zum 28.11. noch nicht eingetroffen.
c) Die Bestellung erfolgte aufgrund eines Buchungsfehlers in der Lagerkartei. Es befindet sich noch ein großer Posten Stahlrohr im Lager.
d) Bei der Bestellung ist ein Schreibfehler unterlaufen. Es sollten nur 1 000 kg bestellt werden.
e) Der Kunde, für den das Stahlrohr bestimmt war, meldet Mitte November ein Insolvenzverfahren an.



**Situation zu den nächsten zwei Aufgaben.**

**Sie haben Aktien einer aufstrebenden Aktiengesellschaft gekauft. Diese erwirtschaftet Gewinne.**

**137. Wie können Sie an den Gewinnen dieser AG beteiligt werden?**

a) Sie erhalten regelmäßig eine Prämie.
b) Das Unternehmen teilt den Gewinn in Tantiemen auf.
c) Das Stammkapital wird erhöht.
d) Die AG schüttet Dividenden aus.
e) Sie erhalten Bezugsrechte anlässlich einer Kapitalerhöhung.

**138. Welchen Anteil am Gewinn werden Sie erhalten?**

a) Einen vereinbarten Betrag, da es sich um festverzinsliche Papiere handelt.
b) Dies hängt vom Beschluss der Hauptversammlung ab.
c) Die Höhe ist ungewiss, aber die AG ist verpflichtet, Dividende auszuschütten.
d) Mehr als im letzten Jahr, weil der Wert der Aktie sich durch die Gewinnbeteiligung erhöht hat.
e) Dies hängt ausschließlich vom Kurs der Aktie ab.

**139. Bei welcher Unternehmensform besteht für alle Gesellschafter gesamtschuldnerische Haftung?**

a) Eingetragene Genossenschaft
b) Kommanditgesellschaft
c) Offene Handelsgesellschaft
d) Aktiengesellschaft
e) Gesellschaft mit beschränkter Haftung

**140. Welches gesetzliche Recht hat der Kommanditist?**

a) Recht auf Geschäftsführung
b) Recht auf Widerspruch bei außergewöhnlichen Geschäftshandlungen der Komplementäre
c) Recht auf Vertretung
d) Recht auf laufende Kontrolle aller Geschäftsfälle
e) Recht auf Privatentnahmen während des Geschäftsjahres

**141. Ordnen Sie zu!**

**Merkmale**

a) Mehrere unbeschränkt haftende Nichtkaufleute
b) Mehrere nichthaftende Gesellschafter
c) Mindestens 2 unbeschränkt haftende Gesellschafter
d) Mindestens 5 bis zu einem bestimmten Bruchteil des Kapitals haftende Anteilseigner
e) Mindestens eine GmbH als Vollhafter und ein Kommanditist
f) Mindestens 3 beschränkt haftende Anteilseigner

**Rechtsformen der Unternehmung**

[ ] GmbH & Co. KG

[ ] OHG

[ ] Genossenschaft

**142. Welche Aufgabe obliegt u. a. der Hauptversammlung einer Aktiengesellschaft?**

a) Geschäftsführung und Vertretung
b) Beschlussfassung über Kapitalerhöhung
c) Erstellung des Jahresabschlusses
d) Bestellung des Vorstands
e) Überwachung des Vorstands

**143. Ordnen Sie zu!**

**Gesellschafter oder Mitglieder**

a) Gesellschafter einer OHG
b) Mitglied einer Genossenschaft
c) Kommanditist
d) Stiller Gesellschafter
e) Aktionär
f) Gesellschafter einer GmbH

**Merkmale**

[ ] Haftet unbeschränkt, unmittelbar und solidarisch.

[ ] Erhält am Jahresende im Allgemeinen eine Dividende.

[ ] Hat ein Recht auf Widerspruch nur bei außergewöhnlichen Rechtsgeschäften.

**144. Zwei Bauunternehmen haben sich zur gemeinsamen Durchführung von Bauarbeiten vorübergehend vereinigt. Welche Rechtsform hat die vorübergehende Zusammenarbeit?**

a) Stille Gesellschaft
b) Genossenschaft
c) Kommanditgesellschaft
d) Offene Handelsgesellschaft
e) Gesellschaft des bürgerlichen Rechts

**145. Eine Unternehmung firmiert: Hans Krause und Max Schulze OHG, Schuhgroßhandel, Im Grase 6, 94032 Passau. Was ist diesem Text zu entnehmen?**

a) Es kann sich nur um eine Einzelunternehmung handeln.
b) Es kann sich nur um eine KG handeln.
c) Es handelt sich um eine Kapitalgesellschaft.
d) Es handelt sich um eine nicht erlaubte Firmenbezeichnung.
e) Es handelt sich um eine Personengesellschaft, bei der Hans Krause und Max Schulze Vollhafter sind.

**146. Ordnen Sie zu!**

**Merkmale**

a) Mehrere unbeschränkt haftende Nichtkaufleute
b) Mehrere nichthaftende Gesellschafter
c) Mindestens 1 beschränkt haftender Gesellschafter
d) Mindestens 5 bis zu einem bestimmten Bruchteil des Kapitals haftende Anteilseigner
e) Mindestens ein unbeschränkt haftender Gesellschafter
f) Mindestens 3 beschränkt haftende Anteilseigner

**Rechtsformen einer Unternehmung**

[ ] GmbH

[ ] KGaA

**147. Welche Aussage über die GmbH ist richtig?**

a) GmbH-Anteile werden an der Börse gehandelt.
b) Das Stammkapital der GmbH muss bei Neugründung mindestens 100.000,00 € betragen.
c) Alle Gesellschafter der GmbH sind jederzeit zur Vertretung und Geschäftsführung berechtigt.
d) Die Gesellschafter der GmbH haften für die Verbindlichkeiten mit ihrem Privatvermögen.
e) Nach der gesetzlichen Regelung erfolgt die Gewinnverteilung nach Geschäftsanteilen.

**148. Wie ist bei der OHG die Haftung eines ausscheidenden Gesellschafters gesetzlich geregelt?**

a) Für ausscheidende Gesellschafter gibt es keine Haftung mehr.
b) Der ausscheidende Gesellschafter haftet nur den übrigen Gesellschaftern für durch ihn verursachte Verbindlichkeiten.
c) Der ausscheidende Gesellschafter haftet noch 5 Jahre für alle vor seinem Ausscheiden entstandenen Verbindlichkeiten.
d) Der ausscheidende Gesellschafter haftet noch 3 Jahre für die vor seinem Ausscheiden entstandenen Verbindlichkeiten.
e) Der ausscheidende Gesellschafter haftet noch 5 Jahre auch für die nach seinem Ausscheiden entstehenden Verbindlichkeiten.

**149. Wer kontrolliert nach den Vorschriften des Aktiengesetzes den Vorstand der AG?**

a) Der Aufsichtsrat
b) Der Betriebsrat
c) Das Gewerbeaufsichtsamt
d) Die Hauptversammlung
e) Die Betriebsversammlung

**150. Wie ist bei einer OHG die Haftung eines neu in die Gesellschaft eintretenden Gesellschafters gesetzlich geregelt?**

a) Er haftet nur für Verbindlichkeiten, die nach seinem Eintritt entstehen.
b) Er haftet für alle Schulden, auch für die bereits bei seinem Eintritt bestehenden.
c) Er haftet nur für Schulden, die bei seinem Eintritt nicht älter als 5 Jahre sind.
d) Er haftet nur für die bereits bei seinem Eintritt bestehenden Schulden, wenn dies ausdrücklich ins Handelsregister eingetragen wird.
e) Er haftet für die bereits bei seinem Eintritt bestehenden Schulden nur in Höhe seiner Kapitaleinlage.

**151. Die Gesellschafter einer OHG schließen einen Gesellschaftsvertrag. Einer der Gesellschafter soll im Falle eines Innsolvenzverfahrens nicht mit seinem Privatvermögen haften. Welche Wirkung hat die vertragliche Vereinbarung?**

a) Der Gesellschafter haftet gegenüber den Gläubigern weiterhin unbeschränkt.
b) Der Gesellschafter haftet nur dann nicht, wenn die vertragliche Regelung im Handelsregister eingetragen wurde.
c) Der Gesellschafter haftet nur mit seiner Geschäftseinlage.
d) Der Gesellschafter haftet nur, wenn das Geschäfts- und Privatvermögen der anderen Gesellschafter nicht ausreicht.
e) Der Gesellschafter haftet im Innen- und Außenverhältnis mit dem Geschäfts- und Privatvermögen.

**152. Welche Aussage trifft auf die Kommanditgesellschaft zu?**

a) Zur Gründung sind mindestens drei Personen erforderlich.
b) Das vorgeschriebene Mindestkapital beträgt 50.000,00 €.
c) Die Firma muss den Namen eines Vollhafters und Teilhafters enthalten.
d) Die Haftung der Gesellschafter beschränkt sich auf die geleistete Einlage.
e) Der Komplementär haftet wie der Gesellschafter der OHG.

**153. Welches Merkmal kennzeichnet die Gesellschaft mit beschränkter Haftung?**
a) Zur Gründung sind mindestens zwei Gesellschafter erforderlich.
b) Die Leitung wird durch den Aufsichtsrat ausgeübt, der für fünf Jahre gewählt wird.
c) Die Mindeststammeinlage je Gesellschafter beträgt 20.000,00 €.
d) Die Haftung der Gesellschafter beschränkt sich auf die vereinbarte Einlage.
e) Die Gesellschaft ist eine Personengesellschaft.

**154. Welche Aussage trifft auf die Kommanditgesellschaft zu?**
a) Zur Gründung sind mindestens 5 Personen erforderlich.
b) Die Gesellschaft ist eine juristische Person des privaten Rechts.
c) Ein Mindesthaftungskapital ist gesetzlich vorgeschrieben.
d) Die Geschäftsführung wird auch von den Kommanditisten wahrgenommen.
e) Mindestens ein Gesellschafter haftet beschränkt.

**155. Die Herren Weiß und Schulz sowie Frau Kremer wollen eine Gesellschaft gründen. Herr Schulz möchte nur mit seiner Einlage haften. Die Vertretung und Geschäftsführung soll ausschließlich durch Frau Kremer übernommen werden und die Kapitalbeschaffung durch die Haftung des privaten Kapitals von Herrn Weiß und Frau Kremer erleichtert werden. Herr Weiß bringt 7.500,00 € ein, Herr Schulz 5.000,00 € und Frau Kremer 10.000,00 €. Darüber hinaus soll kein weiteres Eigenkapital investiert werden. Welche Gesellschaftsform erfüllt die Bedingung des Gründungsvertrages?**
a) Eine OHG, mit Frau Kremer als alleinige Vertreterin
b) Eine GmbH, mit Frau Kremer als Geschäftsführerin
c) Eine KG, mit den Komplementären Weiß und Kremer
d) Eine AG, mit Frau Kremer als Vorstand
e) Eine Einzelunternehmung mit zwei stillen Teilhabern

**156. Herr Hans Oberpriller, Komplementär der Bavaria Fahrradwerke KG, erwägt, dass Ulrich Bentz künftig nicht mehr Kommanditist, sondern neben Herrn Oberpriller als weiterer Komplementär in der Bavaria Fahrradwerke KG tätig wird. Welche <u>zwei</u> der folgenden Auswirkungen treffen dann zu, wenn der Gesellschaftervertrag entsprechend abgeschlossen und die Einlagen in voller Höhe geleistet worden sind.**
a) Die Bavaria Fahrradwerke KG müsste anstelle von Ulrich Bentz einen anderen Gesellschafter als Kommanditisten aufnehmen.
b) Ulrich Bentz muss dann auch mit seinem Privatvermögen haften.
c) Der Gewinnanteil von 4 % auf die Kapitalanlage würden Hans Oberpriller und Ulrich Bentz jeweils zur Hälfte, also jeder 2 % auf die Kapitalanlage, zustehen.
d) Da Ulrich Bentz mit seinem Kommanditkapital ausscheidet, müssten die Komplementäre jeweils die Hälfte dieses Kapitals zusätzlich zu ihren Einlagen in das Unternehmen einbringen.
e) Ulrich Bentz kann die Bavaria Fahrradwerke KG ebenfalls einzeln vertreten.
f) In Streitfällen wäre allein die Meinung von Hans Oberpriller ausschlaggebend.

**157. Ein Kaufmann beabsichtigt, seine beiden volljährigen Söhne an seinem Betrieb zu beteiligen. Er selbst möchte in Form einer Personengesellschaft das Unternehmen allein verantwortlich führen. Welche Rechtsform der Unternehmung ist zu wählen?**
a) Aktiengesellschaft
b) Gesellschaft mit beschränkter Haftung
c) Offene Handelsgesellschaft
d) Kommanditgesellschaft
e) Gesellschaft des bürgerlichen Rechts

**158. Welches Merkmal kennzeichnet die Aktiengesellschaft?**
a) Die Aktiengesellschaften haben keine eigene Rechtspersönlichkeit.
b) Geschäftsführungsbefugnis und Vertretungsmacht stehen allen Aktionären zu.
c) Die Haftung beschränkt sich auf das Gesellschaftsvermögen.
d) Die Aktionäre haften auch mit ihrem Privatvermögen.
e) Die Aktiengesellschaften sind von der Körperschaftssteuer befreit.

**159. Ordnen Sie die Gesprächsausschnitte den Unternehmensformen zu.**

**Unternehmenformen** | **Gesprächsausschnitte**

a) GmbH
b) AG
c) OHG
d) e. K.
e) KG

[ ] …"der Wert der an der Börse gehandelten Kapitalanteile wurde nicht geschmälert"

[ ] …"die Erhöhung des Stammkapital schafft höhere Bonität."

[ ] …"in diesem Fall haften doch alle Gesellschafter mit ihrem Privatvermögen."

**160. Welche Aussage über die Gewinnverteilung ist richtig?**

a) Nach dem Aktiengesetz erhalten die Mitarbeiter einer AG gemäß ihrer Betriebszugehörigkeit Dividende.
b) Nach dem Aktiengesetz erhalten die Aktionäre entsprechend dem Kurswert ihrer Aktien Dividende.
c) Die Gesellschafter einer OHG können eine vom HGB abweichende Regelung über die Gewinnverteilung treffen.
d) Die Gesellschafter einer OHG erhalten nach dem HGB 4% auf das eingesetzte Kapital, der Rest des Gewinns wird im angemessenen Verhältnis verteilt.
e) Die Gesellschafter einer KG erhalten nach dem HGB 4% auf das eingesetzte Kapital, der Rest des Gewinns wird nach Köpfen verteilt.

**161. Welche vier Merkmale kennzeichnen eine Genossenschaft?**

a) Keine Mindestzahl von Gründern - Stammeinlage - Stammkapital – Gesellschafterversammlung
b) Mindestens 2 Gründer - Beteiligung durch Kapitalanteile - nur vollhaftende Gesellschafter - Recht auf Privatentnahmen
c) Mindestens 2 Gründer (Vollhafter und Teilhafter) - Beteiligung durch Kapitalanteile - Kontrollrecht - Verlustbeteiligung
d) Mindestens 5 Gründer - Beteiligung durch Aktien - festes Grundkapital - Hauptversammlung
e) Mindestens 3 Gründer - Beteiligung durch Geschäftsanteile - kein festes Kapital - Generalversammlung

**162. Eine Gesellschaft erstrebt für ihre Mitglieder Vorteile durch Großeinkauf. Ihre Organe sind der Vorstand, der Aufsichtsrat und die Generalversammlung. Welche Rechtsform liegt vor?**

a) GmbH
b) OHG
c) EG
d) AG
e) KG

**163. Welche Aussage trifft auf die GmbH zu?**

a) Der Gesellschafter einer GmbH kann nicht zugleich auch Geschäftsführer der GmbH sein.
b) Die GmbH wird in das Handelsregister, Abteilung A, eingetragen.
c) Eine GmbH muss bei über 50 ständig beschäftigten Mitarbeitern einen Aufsichtsrat bilden.
d) Das Mindesthaftungskapital einer GmbH bezeichnet man als Stammkapital.
e) Eine GmbH kann nur durch 5 Personen mit einem Mindestkapital von 50.000,00 € gegründet werden.

**164. Ab welchem Zeitpunkt ist eine Maschinenbau-AG rechtsfähig?**

a) Gründungsbeschluss der Gesellschafter
b) Annahme der Satzung durch die Gesellschafter
c) Schluss der Kapitalzeichnungsfrist
d) Aufnahme der Geschäfte durch den Vorstand
e) Eintragung im zuständigen Handelsregister

**165. Ordnen Sie zu!**

**Organe**

a) Vorstand
b) Aufsichtsrat
c) Wirtschaftsausschuss
d) Hauptversammlung
e) Betriebsrat
f) Jugendvertretung

**Tätigkeiten und Aufgaben in einer AG**

**[ ]** Beschließt über Kapitalerhöhung.

**[ ]** Überwacht die Geschäftsführung und prüft den Jahresabschluss und den Geschäftsbericht.

**[ ]** Vertritt die Mitarbeiter gegenüber der Unternehmensleitung und nimmt Mitbestimmungsrechte wahr.

**166. Welche Gründe könnten einen Einzelunternehmer bewegen, seine Unternehmung in eine OHG umzuwandeln?**

a) Die Privatentnahmen werden nicht mehr mit dem Gewinn verrechnet.
b) Die Vertretungsbefugnis des Einzelunternehmers wird erweitert.
c) Die Haftung wird auf mehrere Inhaber verteilt.
d) Die Gewerbesteuer entfällt.
e) Der Gewinn wird zwangsläufig zunehmen.

**167. Wie heißt das beschließende Organ einer GmbH?**

a) Gesellschafterversammlung
b) Aufsichtsrat
c) Generalversammlung
d) Mitgliederversammlung
e) Hauptversammlung
f) Vertreterversammlung

**168. Müller, Schmidt und Schulze wollen gemeinsam ein Unternehmen gründen. Müller kann 50.000,00 €, Schmidt 25.000,00 € und Schulze 45.000,00 € aufbringen. Sie wollen nur mit ihrer Einlage haften. Welche Rechtsform kann gewählt werden?**

a) OHG
b) KG
c) GmbH
d) AG
e) EG

**169. Welche vier Begriffe kennzeichnen die Aktiengesellschaft?**

a) Personengesellschaft - Kannkaufmann - Aufsichtsrat – Stammkapital
b) Personengesellschaft - Formkaufmann - Aufsichtsrat - Grundkapital
c) Kapitalgesellschaft - Kannkaufmann - Aufsichtsrat - Stammkapital
d) Kapitalgesellschaft - Formkaufmann - Aufsichtsrat - Grundkapital
e) Kapitalgesellschaft - Kannkaufmann - Geschäftsführer - Grundkapital
f) Kapitalgesellschaft - Formkaufmann - Vorstand – Stammkapital

**170. Wer ist der Vollhafter bei der Firma „Ganzer & Körner GmbH & Co. KG"?**

a) Ganzer, da er der erste der genannten Gesellschafter ist
b) Ganzer, da Körner nur Teilhafter ist
c) Ganzer & Körner, da beide zu gleichen Teilen haften
d) Die „Ganzer & Körner GmbH"
e) Bei einer GmbH & Co. KG gibt es keinen Vollhafter.

**171. Ordnen Sie zu!**

**Rechtsformen der Unternehmung**

a) Einzelunternehmung
b) Offene Handelsgesellschaft
c) Kommanditgesellschaft
d) Stille Gesellschaft
e) Aktiengesellschaft
f) GmbH
g) Eingetragene Genossenschaft

**Gesetzliche Gewinnverteilung**

[ ] Vom ausgeschütteten Gewinn erhält jeder Berechtigte anteilmäßige Dividende.

[ ] Vom Gewinn erhält jeder Berechtigte 4 % der Kapitaleinlage, der Rest wird im angemessenen Verhältnis verteilt.

[ ] Vom Überschuss erhält jeder Berechtigte einen Anteil im Verhältnis des Geschäftsguthabens.

[ ] Vom Gewinn erhält jeder Berechtigte 4 % der Kapitaleinlage, der Rest wird nach Köpfen verteilt.

**172. Um welche Gesellschaftsform handelt es sich bei folgendem Eintrag (gekürzt) ins Handelsregister? Gesellschafter: Emil Weiß, 66130 Saarbrücken, Edelweißstr. 3, Haftung unbeschränkt; Helmut Blau, 60020 Frankfurt, Am Weinberg 19, Einlage und Haftungssumme 100 000,00 €.**

a) Aktiengesellschaft
b) Gesellschaft mit beschränkter Haftung
c) Offene Handelsgesellschaft
d) Kommanditgesellschaft
e) Genossenschaft

**173. Welches sind die Organe einer Gesellschaft mit beschränkter Haftung?**

a) Vorstand, Aufsichtsrat
b) Geschäftsführer, Anteilseigner, Kommanditisten
c) Hauptversammlung, Geschäftsführer
d) Aufsichtsrat, Komplementäre, Generalversammlung
e) Gesellschafterversammlung, Geschäftsführer, gegebenenfalls Aufsichtsrat

**174. Ordnen Sie zu!**

| **Geschäftsführungsbefugnisse** | **Unternehmensformen** |
|---|---|
| a) Die Gesellschafter übernehmen die Geschäftsführung. | |
| b) Der Unternehmer übernimmt die Geschäftsführung. | [ ] KG |
| c) Der Aufsichtsrat übernimmt die Geschäftsführung. | [ ] Einzelunternehmung |
| d) Der Vorstand übernimmt die Geschäftsführung. | [ ] AG |
| e) Die Komplementäre übernehmen die Geschäftsführung. | [ ] OHG |
| f) Der Prokurist übernimmt die Geschäftsführung. | [ ] GmbH |
| g) Der Geschäftsführer übernimmt die Geschäftsführung. | |

**175. Welches Recht ist unter anderem mit einer Aktie verbunden?**

a) Das Recht auf laufende Überwachung der Geschäftstätigkeit des Vorstands einer AG
b) Das Stimmrecht bei der Bestellung der Mitglieder des Vorstands einer AG
c) Das Stimmrecht bei der Wahl des Vorsitzenden des Aufsichtsrats einer AG
d) Das Stimmrecht bei der Abberufung der Mitglieder des Vorstands einer AG
e) Das Stimmrecht bei der Entlastung der Mitglieder des Vorstands und des Aufsichtsrats einer AG

**176. Welches Recht steht im Gegensatz zum Nicht-Kaufmann nur dem Kaufmann nach HGB zu?**

a) Erteilen einer Handlungsvollmacht
b) Erteilen von Prokura
c) Eingehen von Wechselverbindlichkeiten
d) Kauf von Grundstücken
e) Einstellen von Mitarbeitern

**177. Welche der nachstehenden Aussagen trifft auf den gewerbetreibenden Nicht-Kaufmann zu?**

a) Er muss sich ins Handelsregister eintragen.
b) Er kann Prokura erteilen.
c) Er kann eine Firma führen.
d) Er hat das Recht zur Gesellschaftsgründung.
e) Es genügen vereinfachte Aufzeichnungen.

**178. Welche der nachstehenden Aussagen trifft auf einen Kaufmann nach HGB zu?**

a) Ihm genügt die Mindestbuchführung.
b) Er kann keine eigene Firma führen.
c) Er ist zur ordnungsgemäßen Buchführung verpflichtet.
d) Er kann keine Gesellschaft gründen.
e) Von ihm wird keine Handelsregistereintragung verlangt.

**179. Wer ist laut HGB Kaufmann?**

a) Kaufmann ist, der vereinfachten Aufzeichnungspflicht unterliegt.
b) Kaufmann ist auch der, der keine Firma haben darf.
c) Kaufmann ist der Gewerbetreibende ohne kaufmännische Organisation, wenn er nicht im Handelsregister eingetragen ist.
d) Kaufmann ist jeder Gewerbetreibende mit kaufmännischer Organisation.
e) Kaufmann ist jeder Nicht-Kaufmann, wenn er ein Gewerbe betreibt.

**180. Wie bezeichnet man einen Kaufmann selbstständig der Rechtsform der Kapitalgesellschaft?**

a) Kannkaufmann
b) Nicht-Kaufmann
c) Formkaufmann
d) Istkaufmann
e) Kaufmann nach BGB

**181. Um welchen Kaufmann handelt es sich bei einem Kleingewerbebetrieb, der sich freiwillig ins Handelsregister eintragen lässt?**

a) Kannkaufmann
b) Nicht-Kaufmann
c) Formkaufmann
d) Kaufmann nach BGB
e) Kaufmann laut Gewerbebetrieb

**182. Welche Aussage über den Kaufmann nach HGB bzw. den Nicht-Kaufmann ist richtig?**

a) Der Kaufmann nach HGB kann keine Gesellschaft gründen, der Nicht-Kaufmann kann das.
b) Der Kaufmann nach HGB braucht nicht im Handelsregister eingetragen zu werden, wohl aber der Nicht-Kaufmann.
c) Der Kaufmann nach HGB kann eine Firma führen, der Nicht-Kaufmann nicht.
d) Der Kaufmann nach HGB hat Wahlrecht bei der Eintragung ins Handelsregister, der Nicht-Kaufmann muss sich eintragen lassen.
e) Der Nicht-Kaufmann als Kleingewerbetreibender hat immer einen in kaufmännischer Weise eingerichteten Geschäftsbetrieb, der Kaufmann nach HGB nicht.

**183. Hans Ludwig Schneider möchte ein Feinkost-Geschäft als Einzelunternehmung gründen. Unter welcher Bezeichnung wird die Firma im Handelsregister eingetragen?**

a) Ludwig Schneider e. K.
b) H. Schneider
c) H. L. Schneider
d) Feinkost-Schneider
e) L. Schneider, Einzelhandel

**184. Die Herren Weiß, Schulz und Kremer gründen ein Unternehmen. Weiß und Schulz sind Vollhafter, Kremer ist Teilhafter. Unter welcher Firma können sie ihr Geschäft betreiben?**

a) Weiß & Schulz e. K.
b) Weiß und Schulz AG
c) Weiß und Schulz KG
d) Weiß und Schulz OHG
e) Weiß und Schulz GmbH

**185. Welche Firmenbezeichnung in der Rechtsform einer OHG ist rechtsgültig?**

a) Weiß & Schulze KG
b) Weiß & Co.
c) Paul Schulze
d) Weiß OHG
e) Peter Weiß

**186. Was versteht das HGB unter „Firma"?**

a) Einen kaufmännischen Betrieb
b) Ein Unternehmen mit mindestens 5 Beschäftigten
c) Den Geschäftsnamen eines Kaufmanns nach HGB, unter dem er seine Geschäfte betreibt
d) Den bürgerlichen Namen eines Minderkaufmanns, unter dem er sein Handelsgewerbe betreibt
e) Den Arbeitgeber

**187. Fritz Pohl möchte sich mit Traudl Heinloth in der Computerbranche selbstständig machen. Sie beabsichtigen, mit einem weiteren Partner ein Unternehmen zu gründen. Dies soll dann in das Handelsregister eingetragen werden. Welche Firmierung ist zutreffend, wenn die neue Firma eine juristische Person sein soll?**

a) Pohl, Heinloth & Co. KG
b) Fritz Pohl OHG
c) Pohl, Heinloth KG
d) Computer Service GmbH
e) Fritz Pohl GbR

**188. Wo ist nachstehende Kaufmannsdefinition nachzulesen: „Kaufmann im Sinne dieses Gesetzes ist, wer ein Handelsgewerbe betreibt."?**

a) GewO §1
b) BGB § 1
c) HGB § 1
d) BGB § 6
e) HGB § 3

**189. Ordnen Sie zu!**

**Aussagen über die Firma**

a) Jede neue Firma muss sich von allen an demselben Ort bereits bestehenden Firmen deutlich unterscheiden.
b) Beim Erwerb eines Unternehmens darf die bisherige Firma nach Einwilligung des bisherigen Inhabers fortgeführt werden.
c) An der Eingangstür muss ein Firmenschild angebracht sein, aus dem der Name des Inhabers und die Telefonnummer hervorgeht.
d) Ein Kaufmann nach HGB muss die Firma seines Geschäftes zur Eintragung ins Handelsregister anmelden.
e) Es muss aus der Firma erkennbar sein, welche Unternehmensform vorliegt.
f) Die Firma darf keine Zusätze über Art und Umfang des Geschäftes enthalten, die Außenstehende täuschen könnten.

**Firmengrundsätze**

[ ] Firmenbeständigkeit
[ ] Firmenausschließlichkeit
[ ] Öffentlichkeit der Firma

**190. Wo muss außer in einem vom Amtsgericht bestimmten Blatt gemäß HGB eine Eintragung ins Handelsregister bekanntgemacht werden?**

a) Im Gesetz- und Verordnungsblatt
b) Im Handelsblatt
c) Im Bundesanzeiger
d) Im Mitteilungsblatt der IHK
e) Im Bundesgesetzblatt

**191. Anzeige unter „Amtliche Bekanntmachungen" in der Tageszeitung: HRA Nr. 178 Neueintragung Carsten Baumann e. K., Weine und Spirituosen, Groß- und Einzelhandel. Was bedeutet diese Veröffentlichung?**

a) Die Personengesellschaft Carsten Baumann ist in Abteilung A des Handelsregisters eingetragen worden.
b) Carsten Baumann hat eine Lizenz als Wein- und Spirituosen-Händler erhalten.
c) Die Einzelunternehmung Carsten Baumann e. K. ist in Abteilung A des Handelsregisters eingetragen worden.
d) Die Einzelunternehmung Carsten Baumann e. K. ist in Abteilung B des Handelsregisters eingetragen worden.
e) Die Eintragung der Einzelunternehmung Carsten Baumann e. K. im Handelsregister wird angekündigt.

**192. Welcher Vorgang ist in das Handelsregister einzutragen?**

a) Die Bestellung einer Hypothek auf ein Betriebsgrundstück
b) Die Erteilung einer Handlungsvollmacht
c) Die Aufnahme eines Großkredits
d) Die Vereinbarung der Gütertrennung eines Einzelunternehmers mit seiner Frau
e) Die Bestellung eines Prokuristen

**193. Welche Aussage über das Handelsregister ist richtig?**

a) Das Handelsregister wird beim Landgericht geführt.
b) Das Handelsregister ist das Verzeichnis aller Kannkaufleute.
c) Das Handelsregister kann nur von Kaufleuten eingesehen werden.
d) Das Handelsregister hat drei Abteilungen: Abt. A: Einzelunternehmer; Abt. B: Personengesellschaften; Abt. C: Kapitalgesellschaften.
e) Durch die Eintragung ins Handelsregister wird die Rechtsstellung eines Prokuristen nur bekanntgemacht, nicht begründet.

**194. Welche Bedeutung haben rot unterstrichene Eintragungen im Handelsregister?**

a) Sie dürfen nicht veröffentlicht werden.
b) Sie gelten als gelöscht.
c) Sie sind wichtiger als andere Eintragungen.
d) Sie sind nur mit Einwilligung des Amtsgerichts einzusehen.
e) Sie gelten wie andere Eintragungen auch.

**195. Welche Einteilung des Handelsregisters ist richtig?**

a) Abteilung A: Einzelunternehmen
Abteilung B: Personen- u. Kapitalgesellschaften
b) Abteilung A: Einzelunternehmen, Personengesellschaften
Abteilung B: Kapitalgesellschaften, Genossenschaften
c) Abteilung A: Einzelunternehmen, Personengesellschaften
Abteilung B: Kapitalgesellschaften
Abteilung C: Genossenschaften
d) Abteilung A: Einzelunternehmen, Personengesellschaften
Abteilung B: Kapitalgesellschaften
e) Abteilung A: Einzelunternehmen, Personengesellschaften, Kapitalgesellschaften
Abteilung B: Genossenschaften
Abteilung C: Vereine
f) Abteilung A: Einzelunternehmen
Abteilung B: Personengesellschaften
Abteilung C: Kapitalgesellschaften

**196. Welcher Rechtsvorgang in einem Unternehmen muss ins Handelsregister eingetragen werden?**

a) Der Vorstand einer Genossenschaft ist neu gewählt worden.
b) In einer OHG ist ein anderer Gesellschafter mit der Führung der Geschäfte beauftragt worden.
c) Ein Einzelunternehmen hat einen stillen Gesellschafter aufgenommen.
d) Dem Leiter des Rechnungswesens einer GmbH wurde die Artvollmacht entzogen.
e) In einer GmbH wurde von den Gesellschaftern ein neuer Geschäftsführer eingesetzt.

**197. Welche Aussage über das Handelsregister ist richtig?**
a) In Abteilung B wird die Einlagenhöhe der Gesellschafter einer Personengesellschaft eingetragen.
b) Die Anmeldung zur Eintragung muss in öffentlich beglaubigter Form eingereicht werden.
c) Um Einsicht in das Handelsregister nehmen zu können, muss ein berechtigtes Interesse nachgewiesen werden.
d) Die Erteilung einer Handlungsvollmacht ist im Handelsregister einzutragen.
e) Es ist ein Verzeichnis aller Unternehmen eines Amtsgerichtsbezirkes.
f) Die deklaratorische Wirkung der Handelsregistereintragung besagt, dass eine Tatsache erst durch die Eintragung rechtswirksam wird.

**198. Welche Aussage über das Handelsregister ist richtig?**
a) Das Handelsregister wird bei der zuständigen Industrie- und Handelskammer geführt.
b) Das Handelsregister ist gegliedert in Abteilung A für Personengesellschaften, Abteilung B für Kapitalgesellschaften und Abteilung C für Genossenschaften.
c) Eine Eintragung in das Handelsregister erfolgt auf Anmeldung, die vom Amtsgericht beglaubigt sein muss.
d) Die konstitutive Wirkung der Handelsregistereintragung besagt, dass eine Tatsache erst durch die Eintragung rechtswirksam wird.
e) In das Handelsregister werden die Gesellschafter einer GmbH n i c h t eingetragen.

**199. Für welche der unten genannten Rechtsformen besitzt die Eintragung in das Handelsregister konstitutiven Charakter?**
a) OHG
b) AG
c) KG
d) Einzelunternehmung
e) Stille Gesellschaft

**200. Welche Aussage über das Handelsregister trifft zu?**
a) Das Handelsregister ist das Verzeichnis der Kaufleute nach HGB eines Amtsgerichtsbezirks.
b) Im Handelsregister kann das haftende Eigenkapital der Gesellschafter einer Personengesellschaft eingesehen werden.
c) Im Handelsregister sind alle Gewerbebetriebe eingetragen.
d) Aus der Abteilung A können Gesellschaften mit beschränkter Haftung, aus der Abteilung B Einzelhandelskaufleute entnommen werden.
e) In das Handelsregister werden alle Sachverhalte eingetragen, die der Antragsteller schriftlich einreicht.

**201. Welche Tatsache über eine Gesellschaft mit beschränkter Haftung (GmbH) ist <u>nicht</u> im Handelsregister eingetragen?**
a) Ort der Niederlassung: Kassel
b) Gegenstand des Unternehmens: Veranstaltung und Vermittlung von Reisen
c) Stammkapital: 25.000,00 €
d) Geschäftsführer: Robert Marschall
e) Einzelprokura: Gustav Schulze
f) Handlungsbevollmächtigte: Hans Gerlach und Emil Schulze

**202. Welche Aussage über das Handelsregister ist richtig?**
a) Das Handelsregister ist ein Verzeichnis aller Unternehmen eines Amtsgerichtsbezirks.
b) Durch die Eintragung in das Handelsregister wird ein Kaufmann zum Musskaufmann.
c) Auch ohne Nachweis eines berechtigten Interesses kann jeder das Handelsregister einsehen.
d) Eine Artvollmacht wird erst durch die Eintragung in das Handelsregister rechtsgültig.
e) Alle zeichnungsberechtigten Personen eines Unternehmens sind im Handelsregister eingetragen.

**203. Welche Unternehmensform wird in der Abteilung B des Handelsregisters geführt?**
a) Einzelunternehmung
b) eG
c) GmbH
d) KG
e) OHG

**204. Was wird nicht in das Handelsregister eingetragen?**

a) Der Widerruf einer Prokura.
b) Die Firma einer OHG.
c) Der Ausschluss eines Gesellschafters einer OHG von der Vertretung der Gesellschaft.
d) Die Vereinbarung der Gesamtvertretung durch die Gesellschafter einer OHG.
e) Die Einlagen der Gesellschafter einer OHG.

**205. Welche Rechtsform eines Unternehmens wird in die Abteilung A des Handelsregisters eingetragen?**

a) EG
b) GmbH
c) GmbH & Co. KG
d) AG
e) KgaA

**206. Eine Unternehmung will ihre Geschäftstätigkeit in einige osteuropäische Länder ausweiten. Dazu will die Geschäftsleitung über die dortigen wirtschaftlichen Bedingungen beraten werden. An welche Institution kann sich die Unternehmung wenden?**

a) An die Bundesagentur für Arbeit
b) An die Berufsgenossenschaft
c) An die Industrie- und Handelskammer
d) An die IG-Metall
e) An die örtliche Waren- und Absatzgenossenschaft

**207. Sie lesen in der Tageszeitung die abgebildete Mitteilung aus dem Handelsregister. Welches der nachstehenden Rechtsgeschäfte ist demnach gültig?**

a) Die Prokuristen Peter Gebhardt und Uwe Schuricht verkaufen ein Firmengrundstück.
b) Die Prokuristen Peter Gebhardt und Uwe Schuricht unterschreiben die Bilanz des letzten Geschäftsjahres.
c) Der Prokurist Uwe Schuricht erteilt dem Einkaufsleiter Heinz Sporer Prokura.
d) Der Prokurist Uwe Schuricht nimmt Gerhard Gerauer als neuen Gesellschafter auf.
e) Die Prokuristen Peter Gebhardt und Uwe Schuricht nehmen ein Darlehen über 80.000,00 EUR bei der Hausbank auf.

> **Registergericht Landshut HRA 4567**
> **Veränderung**
> **04. April**
>
> Bavaria Fahrradwerke KG, Weilerstr. 12, 84032 Landshut
>
> Die Prokura Josef Weber ist erloschen. Die Prokuristen Peter Gebhardt und Uwe Schuricht sind nicht mehr einzelvertretungsberechtigt, sondern gemeinschaftlich vertretungsbefugt.
>
> .........................................................................................

**208. Heinz Huber kauft die alt eingesessene sehr renommierte „Weinhandlung Jaques Weindepot" als Alleininhaber und setzt seinen Schwager Peter Schmitt als Prokuristen ein. Die Firma bleibt als solche bestehen. Herr Huber liegt daran, dass der Inhaberwechsel und die Prokuraerteilung nach außen hin zunächst möglichst wenig bekannt werden. Welche Vorgehensweise des Herrn Huber entspricht den gesetzlichen Bestimmungen?**

a) Er unterlässt beim zuständigen Amtsgericht jeglichen Antrag auf Änderung der Eintragung(en) im Handelsregister und unterschreibt die Geschäftspost vom Zeitpunkt der Übernahme mit „Heinz Huber".
b) Er stellt beim zuständigen Amtsgericht den Antrag auf Änderung bezüglich des Eigentümerwechsels, nicht aber auf Eintragung der Prokuraerteilung.
c) Er stellt beim zuständigen Amtsgericht den Antrag auf Änderung bezüglich des Eigentümerwechsels sowie auf Eintragung der Prokuraerteilung und unterschreibt die Geschäftspost vom Zeitpunkt der Übernahme an mit „Heinz Huber".
d) Er stellt beim zuständigen Amtsgericht Antrag auf Änderung bezüglich des Eigentümerwechsels sowie auf Eintragung der Prokuraerteilung und weist seinen Prokuristen an, die Geschäftspost mit „Heinz Huber" zu unterschreiben, da er selbst häufig auf Geschäftsreise ist.
e) Er unterlässt beim zuständigen Amtsgericht jeglichen Antrag auf Änderung der Eintragungen im Handelsregister und weist seinen Prokuristen an, die Geschäftspost mit „Heinz Huber" zu unterschreiben, da er selbst häufig auf Geschäftsreise ist.

 

**209. Die Elektro GmbH ist ein Großhandelsunternehmen in Hannover. Die fünf Gesellschafter halten folgende Stammeinlagen:**

| | |
|---|---|
| **Herr Rülle** | **7.500 €** |
| **Herr Bott** | **5.000 €** |
| **Herr Kohl** | **5.000 €** |
| **Herr Kühn** | **5.000 €** |
| **Frau Kampen** | **2.500 €** |

**Der Gesellschaftsvertrag sieht für die Gewinn- und Verlustverteilung keine besondere Regelung vor. Eine Nachschusspflicht ist nicht festgelegt. Frau Kampen wurde von der Gesellschafterversammlung zur alleinigen Geschäftsführerin gewählt.**
**Wie viel € erhält der Gesellschafter Rülle vom Gewinn, wenn 100.000 € Gewinn erwirtschaftet wurden? Tragen Sie das Ergebnis in das Kästchen ein!**

**210. Ordnen Sie zu!**

**Gesellschafter**

a) Stiller Gesellschafter
b) Gesellschafter einer GmbH
c) Aktionär
d) Kommanditist
e) Gesellschafter einer OHG
f) Mitglied einer Genossenschaft

**Merkmale**

[ ] Erhält i.d.R. eine Dividende am Ende des Geschäftsjahres.

[ ] Haftet unbeschränkt, unmittelbar und solidarisch.

[ ] Hat nur bei Handlungen, die über den gewöhnlichen Betrieb einer Gesellschaft hinausgehen, ein Recht auf Widerspruch.

**Situation zu den nächsten sieben Aufgaben.**

**Sie sind bei der Bavaria Fahrradwerke KG beschäftigt. Unter anderem sind Sie auch für die Beschaffung von Betriebsmitteln und die Bearbeitung von Reklamationen verantwortlich.**

**211. Sie erhalten den Auftrag, für die Bavaria Fahrradwerke KG neue Computer anzuschaffen. Bringen Sie die folgenden Phasen des Bestellvorgangs in die richtige Reihenfolge, indem Sie die Ziffern 1 bis 6 in die Kästchen vor den Phasen eintragen.**

[ ] Sie bestellen die benötigten Computer.
[ ] Sie nehmen die Merkmale der neu anzuschaffenden Computer in die Anfrage auf.
[ ] Sie holen Angebote ein.
[ ] Der Leiter der Verkaufsabteilung teilt Ihnen die erforderlichen Ausstattungsmerkmale der Computer mit und gibt Ihnen den Auftrag, die benötigten Computer zu beschaffen.
[ ] Sie verhandeln mit dem ausgewählten Lieferer.
[ ] Sie führen einen Angebotsvergleich durch und wählen einen Lieferer aus.

**212. Um den Angebotsvergleich anstellen zu können, bedienen Sie sich des Kalkulationsschemas. Bringen Sie dies in die richtige Reihenfolge.**

[ ] = Zieleinkauf
[ ] - Liefererskonto
[ ] = Listeneinkaufspreis
[ ] + Bezugskosten
[ ] = Bezugspreis
[ ] - Liefererrabatt
[ ] = Bareinkaufspreis

**213. Nach der Lieferung der Computer stellen Sie fest, dass die im Lieferumfang enthaltenen Funkmäuse fehlerhaft sind. Wie ist die Rechtslage?**

a) Die Bavaria Fahrradwerke KG kann für die fehlerhaften Funkmäuse eine Ersatzlieferung verlangen.
b) Die Bavaria Fahrradwerke KG hat ausschließlich das Recht auf Minderung des Kaufpreises.
c) Die Bavaria Fahrradwerke KG muss in jedem Fall mit einer Nachbesserung einverstanden sein.
d) Die Bavaria Fahrradwerke KG kann sofort einen Deckungskauf vornehmen.
e) Die Bavaria Fahrradwerke KG kann sofort vom Vertrag zurücktreten.



 

**214. Es liegt ein zweiseitiger Handelskauf vor. Im Kaufvertrag war keine Vereinbarung über den Erfüllungsort getroffen worden. Wo ist die gesetzliche Regelung richtig beschrieben(zwei Antworten)?**

a) Für die Zahlung des Kaufpreises gilt als Erfüllungsort der Wohn- und Geschäftssitz des Verkäufers.
b) Bei einem Versendungskauf liegt der gesetzliche Erfüllungsort am Wohn- und Geschäftssitz des Käufers.
c) Der gesetzliche Erfüllungsort für die Warenlieferung ist am Wohn- und Geschäftssitz des Verkäufers.
d) Für die Lieferung der Ware gilt als Erfüllungsort der Wohn- und Geschäftssitz des Käufers.
e) Der gesetzliche Erfüllungsort muss immer der Gerichtsstand sein.

**215. Sie arbeiten auch in der Reklamationsabteilung. Beim Auspacken einer anderen gelieferten Ware kommen erhebliche Mängel zum Vorschein. Wie ist die Rechtslage?**

a) Sie rügen die Mängel unverzüglich und stellen die Ware dem Lieferer zur Verfügung.
b) Sie senden die mangelhafte Ware an den Lieferer zurück.
c) Sie rügen die Mängel unverzüglich und senden die Ware an den Lieferer zurück.
d) Sie senden die mangelhafte Ware innerhalb von 24 Monaten an den Lieferer zurück.
e) Sie müssen die mangelhafte Ware 24 Monate aufbewahren.

**216. Ihnen ist bewusst, dass durch den Kaufvertrag Ihrem Unternehmen und dem Lieferanten verschiedene Pflichten entstehen. Welche Pflichten hat Ihr Lieferant zu erfüllen?**

a) Er muss die Ware bezahlen.
b) Er muss die Ware annehmen.
c) Er muss die Ware sofort überprüfen.
d) Er muss Ihnen die Ware frei von Mängeln übergeben.
e) Er muss die Ware gegen Transportgefahren versichern.

**217. Sie erläutern einem Auszubildenden, was ein Verbrauchsgüterkauf laut BGB ist. Wo ist dieser Begriff richtig beschrieben?**

a) Ein Privatkunde kauft von seinem Nachbarn einen gebrauchten Pkw.
b) Ein Privatkunde kauft von der Bavaria Fahrradwerke KG eine Gepäcktasche.
c) Ein Auszubildender der Bavaria Fahrradwerke KG ersteigert sich eine Stereoanlage auf einer öffentlichen Versteigerung.
d) Der Geschäftsführer, Herr Oberpriller, kauft von einem Privatkunden einen Kinderwagen für seine schwangere Tochter.
e) Die Bavaria Fahrradwerke KG kauft von einer Metallwarenfabrik einen großen Posten Schrauben.

**Situation zu den nächsten drei Aufgaben.**

**Sie sind bei der Bavaria Fahrradwerke KG für die Bearbeitung und Abwicklung von Störungen bei der Vertragserfüllung von Kaufverträgen zuständig.**

**218. Da bei Ihren Kaufverträgen Allgemeine Geschäftsbedingungen verwendet werden, wollen Sie sich mit den betreffenden Vorschriften des BGB vertraut machen. Welche zwei der folgenden Regelungen entsprechen nicht den gesetzlichen Vorschriften zu den AGBs.**

a) Gerichtsstand und Erfüllungsort für beide Teile ist Landshut, wenn der Vertragspartner Kaufmann ist.
b) Bei Zahlungsverzug werden ab Fälligkeit der Rechnung 8 % Verzugszinsen fällig.
c) Vertragsabsprachen zwischen den Vertragspartnern haben Vorrang vor den AGB.
d) Nachträgliche Vertragsänderungen müssen schriftlich erfolgen.
e) Sämtliche Ansprüche aus der Mängelrüge werden ausgeschlossen.
f) Bei mangelhafter Leistung gelten die Vorschriften des BGB.

**219. Sie bestellen bei der Sneganas KG in München 100 Packungen Druckerpapier. Durch einen Übermittlungsfehler wurden versehentlich 1 000 Packungen bestellt, die auch geliefert wurden. Wie ist die Rechtslage?**

a) Die Bavaria Fahrradwerke KG muss die 1 000 Packungen Druckerpapier auf jeden Fall annehmen und bezahlen.

b) Es liegt ein Qualitätsmangel vor, den Sie selbstständig der mangelhaften Lieferung weiter bearbeiten müssen.

c) Sie müssen vom Vertrag zurücktreten, da ein Formfehler vorliegt.

d) Sie können den Vertrag mit der Sneganas KG anfechten.

e) Sie brauchen nichts zu tun. Der Vertrag ist nichtig, da die erforderliche Willenserklärungen beider Vertragspartner nicht übereinstimmten.

**220. Am 5. März sollte die Textilwerke KG der Bavaria Fahrradwerke KG 50 Packungen Trikots liefern. Diese sind bis zum 15. April nicht angekommen. Bringen Sie die erforderlichen Arbeitsschritte zur Durchsetzung eines Schadenersatzanspruchs gegen die Textilwerke KG in die richtige Reihenfolge.**

[ ] Sie setzen der Textilwerke KG eine Nachfrist zur Nacherfüllung.

[ ] Sie ermitteln die Schadenshöhe und machen gegenüber der Textilwerke KG Schadenersatz statt der Leistung geltend.

[ ] Die Textilwerke KG lässt die angemessene Nachfrist erfolglos verstreichen.

[ ] Sie überwachen gemäß Ihrer Bestellung den Liefertermin und stellen fest, dass die Lieferung der Textilwerke KG fällig ist.

[ ] Sie nehmen nach Ablauf der Nachfrist einen Deckungskauf vor.

**221. Der Bavaria Fahrradwerke KG liegt von einem ihr bisher unbekannten Fahrradeinzelhändler eine Anfrage über 20 Damen- und 40 Herrenräder im Wert von über 30.000,00 € vor. Dem Briefkopf der Anfrage sind folgende Daten zu entnehmen: Fahrradheinze, e.K. Am Roten Busch 32, 94301 Straubing, HRA 2112 vom 23.11.2009. Welche <u>zwei</u> Aussage sind in diesem Zusammenhang zutreffend?**

a) Fahrradheinz e.K. ist im Handelsregister beim Amtsgericht, Abteilung A, eingetragen.

b) Die Firma Fahrradheinze e.K. kann es in anderen Teilen Deutschlands auch noch geben.

c) Fahrradheinze e.K. haftet nur mit seiner Kapitaleinlage.

d) Aus der Firma geht hervor, dann noch weitere vollhaftende Gesellschafter das Unternehmen führen.

e) Da es sich um ein junges Unternehmen handelt und der Bestellwert hoch ist, sollte die Bavaria Fahrradwerke KG vorsichtshalber Auskünfte über die Bonität von Fahrradheinze e.K. einholen.

f) Der Kaufvertrag mit Fahrradheinze e.K. muss in jedem Fall schriftlich abgeschlossen werden.

**BEI DEN NACHFOLGENDEN AUFGABEN SIND DIE RICHTIGEN ERGEBNISSE ANZUKREUZEN BZW. ZUZUORDNEN.**

1. **Ihnen liegt ein Berufsausbildungsvertrag zur Prüfung vor. Welchen Vertragsinhalt müssen Sie verbessern?**
   a) Die jetzt gültigen Ausbildungsvergütungen sind für alle Ausbildungsjahre eingetragen.
   b) Die Angaben der Eltern fehlen.
   c) Die Kündigungsvoraussetzungen sind aufgeführt.
   d) Die Probezeit beträgt 6 Monate.
   e) Die Ausbildung dauert 26 Monate.

2. **Eine Auszubildende will wissen, unter welchen Voraussetzungen das Berufsausbildungsverhältnis gekündigt werden kann. Welche Auskunft ist richtig?**
   a) Nach der Probezeit kann das Berufsausbildungsverhältnis aus einem wichtigen Grund gekündigt werden.
   b) Die Kündigung des Vertragsverhältnisses kann auch mündlich erfolgen.
   c) Nach der Probezeit kann das Berufsausbildungsverhältnis in keinem Fall mehr gekündigt werden.
   d) Die Kündigungsfrist beträgt nach der Probezeit 6 Wochen.
   e) Während der Probezeit kann das Berufsausbildungsverhältnis nur unter Angabe einen Grundes gekündigt werden.

3. **In einem erfolgreichen Unternehmen wird besonderer Wert gelegt auf berufliche Fortbildung. Welche Aussage zur beruflichen Fortbildung ist zutreffend?**
   a) Berufliche Fortbildung ist hauptsächlich für Dienstleistungsunternehmen von Bedeutung, da hier ein Dienst am Kunden erbracht wird.
   b) Berufliche Fortbildungsmaßnahmen sollten nur durchgeführt werden, wenn Mitarbeiter neue Aufgaben übernehmen sollen.
   c) Um berufliche Fortbildungsmaßnahmen erfolgreich einsetzen und nutzen zu können, ist eine gezielte Personalentwicklungsplanung von Bedeutung.
   d) Berufliche Fortbildungsmaßnahmen sollten eher spontan durchgeführt werden, immer dann, wenn dem Unternehmen günstige Angebote von Bildungsträgern vorliegen.
   e) Berufliche Fortbildung spielt nur im Vertriebsbereich eine wichtige Rolle, da alle Vertriebsmitarbeiter den direkten Kontakt zum Kunden haben.

4. **Eine Mitarbeiterin der Bavaria Fahrradwerke KG soll künftig als Ausbilderin fungieren. Welche Voraussetzung muss sie unter anderem erfüllen, um von der zuständigen Kammer als verantwortliche Ausbilderin anerkannt zu werden?**
   a) Sie muss über eine entsprechende persönliche und fachliche Eignung verfügen.
   b) Sie muss im zuständigen Prüfungsausschuss Mitglied sein.
   c) Sie muss jährlich Weiterbildungsmaßnahmen der IHK besuchen.
   d) Sie muss ein Hochschulstudium abgeschlossen haben.
   e) Sie muss die Erlaubnis des Kultusministeriums vorweisen können.

5. **Welche Aussage über den Arbeitsvertrag ist <u>falsch</u>?**
   a) Der Arbeitsvertrag regelt die gegenseitigen Rechte und Pflichten.
   b) Der Arbeitsvertrag enthält Angaben über den vereinbarten Lohn.
   c) Der Arbeitsvertrag muss stets schriftlich abgeschlossen werden.
   d) Der Arbeitsvertrag kann eine längere Kündigungsfrist vorsehen, als nach dem Gesetz vorgeschrieben ist.
   e) Der Arbeitsvertrag ist ein zweiseitiges Rechtsgeschäft.

6. **Welche Aussage über befristete Arbeitsverträge ist richtig?**
   a) Befristete Arbeitsverträge dürfen nur abgeschlossen werden, wenn Jugendliche nach der Ausbildung vom Ausbildungsbetrieb in ein Arbeitsverhältnis übernommen werden sollen.
   b) Befristete Arbeitsverträge enden mit Ablauf der Befristung, ohne dass es einer Kündigung bedarf.
   c) Befristete Arbeitsverträge dürfen nur mit arbeitslosen Bewerbern abgeschlossen werden.
   d) Befristete Arbeitsverträge kann man mit Bewerbern eingehen, ohne dass der Betriebsrat ein Mitbestimmungsrecht bei der Einstellung hat.
   e) Befristete Arbeitsverträge mit einer Laufzeit über 12 Monate können ohne Urlaubs- und Lohnfortzahlungsansprüche abgeschlossen werden.

**7. Was bezeichnet man als Individualarbeitsrecht?**

a) Das im Verhältnis zwischen einzelnen Arbeitgebern und einzelnen Arbeitnehmern geltende Recht.

b) Das im Verhältnis zwischen einzelnen Arbeitgebern und dem Betriebsrat geltende Recht.

c) Das im Verhältnis zwischen einzelnen Arbeitgebern und einzelnen Gewerkschaften geltende Recht.

d) Das im Verhältnis zwischen einzelnen Tarifvertragsparteien geltende Recht.

e) Das im Verhältnis zwischen Betriebsrat und den im Betrieb vertretenen Gewerkschaften geltende Recht.

**8. Was zählt u. a. zur Sorgfaltspflicht des Arbeitnehmers gegenüber dem Arbeitgeber?**

a) Der Arbeitnehmer hat Geschäftseigentum pfleglich zu behandeln.

b) Der Arbeitnehmer soll die Interessen der Belegschaft wahren.

c) Der Arbeitnehmer soll nicht die Arbeitsbedingungen mit denen anderer Betriebe vergleichen.

d) Der Arbeitnehmer darf zum Durchsetzen seiner Rechte nicht das Gericht bemühen.

e) Der Arbeitnehmer muss bei betrieblicher Notwendigkeit immer Mehrarbeit leisten.

**9. Für den kaufmännischen Angestellten besteht ein „Handels- und Wettbewerbsverbot". Was bedeutet diese Aussage?**

a) Der Angestellte muss das Gesetz gegen den unlauteren Wettbewerb beachten.

b) Der Angestellte darf ohne Genehmigung des Arbeitgebers kein eigenes Geschäft in der gleichen Branche betreiben.

c) Der Angestellte darf keine Kaufverträge ohne Genehmigung des Geschäftsinhabers abschließen.

d) Der Angestellte darf keine Betriebsgeheimnisse verraten.

e) Der Angestellte darf sich nicht abfällig über die Konkurrenz äußern.

**Zu den nächsten zwei Aufgaben beachten Sie bitte folgenden Ausschnitt aus dem Urlaubsgesetz.**

**10. Wie viel Werktage Urlaub stehen einer Angestellten für das laufende Jahr zu, wenn sie am 1. Januar ihre Tätigkeit begonnen und nach siebenmonatiger Beschäftigung bereits 14 Werktage Urlaub genommen hat? Im Arbeitsvertrag ist die gesetzliche Urlaubsregelung vereinbart worden. Tragen Sie die Lösung in das Kästchen ein!**

☐

**11. Während des Urlaubs erkrankt eine Angestellte. Sie muss für zwei Tage das Bett hüten. Dann besucht sie einen Arzt. Dieser schreibt sie für 4 Tage krank. Die Angestellte verlangt daraufhin, ihren Urlaubsanspruch um 6 Tage zu verlängern. Um wie viel Tage ist der Urlaubsanspruch der Angestellten laut Bundesurlaubsgesetz zu verlängern. Tragen Sie das Ergebnis in das Kästchen ein!**

☐

**§1 Urlaubsanspruch.** Jeder Arbeitnehmer hat in jedem Kalenderjahr Anspruch auf bezahlten Erholungsurlaub.

**§ 2 Geltungsbereich.** Arbeitnehmer im Sinne des Gesetzes sind Arbeiter und Angestellte sowie die zu ihrer Berufsausbildung Beschäftigten. Als Arbeitnehmer gelten auch Personen, die wegen ihrer wirtschaftlichen Unselbstständigkeit als arbeitnehmerähnliche Personen anzusehen sind; ........

**§ 3 Dauer des Urlaubs.** (1) Der Urlaub beträgt jährlich mindestens 24 Werktage.
(2) Als Werktage gelten alle Kalendertage, die nicht Sonn- oder gesetzliche Feiertage sind.

**§ 4 Wartezeit.** Der volle Urlaubsanspruch wird erstmalig nach sechsmonatigem Bestehen des Arbeitsverhältnisses erworben.

**§ 5 Teilurlaub.** (1) Anspruch auf ein Zwölftel des Jahresurlaubs für jeden vollen Monat des Bestehens des Arbeitsverhältnisses hat der Arbeitnehmer
a) für Zeiten eines Kalenderjahres, für die er wegen Nichterfüllung der Wartezeit in diesem Kalenderjahr keinen vollen Urlaubsanspruch erwirbt;
b) wenn er vor erfüllter Wartezeit in der ersten Hälfte eines Kalenderjahres aus dem Arbeitsverhältnis ausscheidet;
c) wenn er nach erfüllter Wartezeit in der ersten Hälfte eines Kalenderjahres ausscheidet.
(2) Bruchteile von Urlaubstagen, die mindestens einen halben Tag ergeben, sind auf volle Urlaubstage aufzurunden.
(3) Hat der Arbeitnehmer im Falle des Absatzes 1 Buchstabe c bereits Urlaub über den ihm zustehenden Umfang hinaus erhalten, so kann das dafür gezahlte Urlaubsentgelt nicht zurückgefordert werden.

**§ 8 Erwerbstätigkeit während des Urlaubs.** Während des Urlaubs darf der Arbeitnehmer keine dem Urlaubszweck widersprechende Erwerbstätigkeit leisten.

**§ 9 Erkrankung während des Urlaubs.** Erkrankt ein Arbeitnehmer während des Urlaubs, so werden die durch ärztliches Zeugnis nachgewiesenen Tage der Arbeitsunfähigkeit auf den Jahresurlaub nicht angerechnet.

**12. Der Mindesturlaub eines Mitarbeiters der Bavaria Fahrradwerke KG ist im Bundesurlaubsgesetz geregelt. Welche Aussage widerspricht den gesetzlichen Bestimmungen?**

a) Der Arbeitgeber ist verpflichtet, bei Beendigung des Arbeitsverhältnisses dem Arbeitnehmer eine Bescheinigung über den im laufenden Jahr gewährten Urlaub auszustellen.

b) Der im Gesetz festgelegte Mindesturlaub darf tariflich zu Gunsten des Arbeitnehmers überschritten werden.

c) Der volle Urlaubsanspruch wird erstmals nach 6-monatigem Bestehen des Arbeitsverhältnisses erworben.

d) Kann der Urlaub wegen Beendigung des Arbeitsverhältnisses ganz oder teilweise nicht mehr gewährt werden, so verfällt er. Eine Entschädigung dafür gibt es nicht.

e) Jeder Arbeitnehmer hat in jedem Kalenderjahr Anspruch auf bezahlten Urlaub.

**<u>Zu den nächsten zwei Aufgaben siehe nachstehenden Arbeitsvertrag.</u>**

**ARBEITSVERTRAG**

Zwischen .............der Bavaria Fahrradwerke KG............................................
(im folgenden Arbeitgeber genannt)

und ............................Peter Hobmaier...........................................................
(im folgenden Arbeitnehmer genannt)

wird folgender Arbeitsvertrag geschlossen:

A. Art und Dauer der Tätigkeit:
Der Arbeitnehmer wird ab ........01.05.2011........als....Marketingleiter................unbefristet eingestellt.

B. Entgelt:
Als Vergütung wird ein Gehalt von ......4.800,00...............EUR brutto pro Monat vereinbart.

C. Arbeitszeit
Als regelmäßige wöchentliche Arbeitszeit ausschließlich der Pausen werden laut Tarifvertrag 40 Stunden vereinbart.

D. Probezeit
Die ersten sechs Monate des Arbeitsverhältnisses gelten als Probezeit.

E. Beendigung des Arbeitsverhältnisses:
Das Arbeitsverhältnis kann nach Ablauf der Probezeit vom Arbeitnehmer mit einer Frist von vier Wochen zum Fünfzehnten oder zum Ende eines Kalendermonats gekündigt werden.

F. Urlaub:
Der Arbeitnehmer hat Anspruch auf 20 Werktage (pro Kalenderjahr) Erholungsurlaub unter Fortzahlung der Bezüge.

G. Verschwiegenheitspflicht:
Der Arbeitnehmer verpflichtet sich, während und auch nach eventueller Beendigung des Arbeitsverhältnisses über alle ihm während seiner Tätigkeit bekannt gewordenen Geschäfts- und Betriebsgeheimnisse Stillschweigen zu bewahren.

H. Wettbewerbsverbot
Der Arbeitnehmer verpflichtet sich, für die Dauer von zwei Jahren nach Beendigung des Arbeitsverhältnisses im Gebiet der Postleitzahlen 8 und 9 nicht für ein Konkurrenzunternehmen tätig zu sein sowie nicht unmittelbar oder mittelbar an der Gründung oder im Betrieb eines solchen Unternehmens mitzuwirken.
Für die Dauer des Wettbewerbsverbots verpflichtet sich die Firma, 50 % der zuletzt gewährten vertraglichen Leistungen zu zahlen. Die Karenzentschädigung wird fällig am Schluss eines jeden Kalendermonats.

*
*

**13. Welcher Punkt des abgebildeten Vordrucks eines Arbeitsvertrags entspricht <u>nicht</u> den gesetzlichen Bestimmungen? Tragen Sie den zutreffenden Buchstaben in das Kästchen ein.**

☐

**14. Welche zwei Regelungen zum Wettbewerbsverbot sind zutreffend?**

a) Das gesetzliche Wettbewerbsverbot muss ausdrücklich vereinbart werden.

b) Die Regelungen zum Wettbewerbsverbot dienen vor allem dem Schutz der Interessen des Arbeitnehmers.

c) Die Karenzentschädigung ist eine freiwillige Leistung der Bavaria Fahrradwerke KG.

d) Das gesetzliche Wettbewerbsverbot besteht für den Arbeitnehmer ab dem Gültigkeitsdatum des Arbeitsvertrags (01.05.2010).

e) Das vereinbarte Wettbewerbsverbot ergibt sich aus dem UWG.

f) Nach Beendigung seines Arbeitsverhältnisses erhält der Arbeitnehmer noch zwei Jahre 50 % seiner Bezüge.

**15. Was wird für die Mitarbeiter durch Betriebsvereinbarung geregelt?**

a) Höhe der Löhne und Gehälter

b) Art der Tätigkeit

c) Kündigungsschutz

d) 40-Stunden-Woche

e) Zuschuss zum Mittagessen

**16. Ordnen Sie zu!**

**Beispiele**

a) Der Angestellte muss die vereinbarte Arbeit persönlich leisten.

b) Der Angestellte muss sich nach besten Kräften für die Interessen des Unternehmens einsetzen.

c) Der Angestellte darf Zahlen aus der Bilanz nicht weitergeben.

d) Der Angestellte hat Weisungen des Arbeitgebers zu beachten.

e) Der Angestellte darf ohne Einwilligung des Arbeitgebers nebenher kein selbstständiges Handelsgewerbe in dessen Geschäftszweig betreiben.

f) Der Angestellte ist verpflichtet, beim Arbeitgeber die Steuerkarte abzugeben.

**Pflichten der Angestellten**

[ ] Treuepflicht

[ ] Dienstleistungspflicht

[ ] Wettbewerbsverbot

**17. Aufgrund einer Betriebsvereinbarung werden die Sicherheitsvorkehrungen zur Verhütung von Betriebsunfällen verbessert. Wer beschließt Betriebsvereinbarungen?**

a) Betriebsrat

b) Arbeitgeber und Betriebsrat

c) Arbeitgeber und Gewerkschaft

d) Arbeitgeber und Unfallversicherung

e) Mehrere Unternehmen mit der Unfallversicherung

f) Arbeitgeber mit allen Arbeitnehmern

**18. Was versteht man unter „Betriebsvereinbarung"?**

a) Die zwischen der Betriebsleitung und dem Betriebsrat ausgehandelte Betriebsvereinbarung regelt die Rechte und Pflichten der Tarifvertragsparteien und enthält Rechtsnormen, die den Inhalt, den Abschluss und die Beendigung von Arbeitsverhältnissen ordnen.

b) Die Betriebsvereinbarung ist ein Vertrag zwischen dem Arbeitgeberverband und dem Betriebsrat über die betriebliche Anpassung der durch Tarifvertrag geregelten Arbeitsbedingungen.

c) Die Betriebsvereinbarung ist ihrem Inhalt und Sinn nach ein Vertrag, in dem Arbeitgeber und Betriebsrat die betriebliche Ordnung und die Rechtsverhältnisse des Arbeitgebers zu den Arbeitnehmern ihres Betriebes gestalten.

d) Die Betriebsvereinbarung ist ein Vertrag zwischen der Gewerkschaft und dem Arbeitgeberverband über die Arbeitsbedingungen in allen gleichartigen Betrieben.

e) Eine Betriebsvereinbarung regelt nur Fragen der Arbeitsordnung, die üblicherweise in einem Tarifvertrag enthalten sind. Sie gilt nur für Tarifangestellte.

**19. Zu welchen rechtlichen Bestimmungen zählt folgendes Blatt, das Sie bei der Durchsicht Ihrer Loseblattablage in die Hand bekommen?**

1. Es wird erwartet, dass alle Mitarbeiter wechselseitige Rücksichtnahme üben. Deshalb sollen die Raucher das Rauchen in den betrieblichen Räumen tunlichst unterlassen.
2. Das Rauchen während der Arbeitsschichten ist in den betrieblichen Räumen, Hallen, Fluren und Treppenhäusern nach folgender Maßgabe zu unterlassen (rauchfreie Zeiten):.....

a) Zu den Arbeitsschutzbestimmungen

b) Zum Betriebsverfassungsgesetz

c) Zu den Arbeitsstättenrichtlinien

d) Zu der Arbeitsstättenverordnung

e) Zur Betriebsvereinbarung

**20. In welchem Fall liegt eine Betriebsvereinbarung vor?**

a) Die Tarifpartner vereinbaren für ihre Mitglieder eine Lohnerhöhung.
b) Die Volkswagen-Aktiengesellschaft vereinbart mit der IG Metall die Herabsetzung der Wochenarbeitszeit.
c) Die Deutsche Bahn AG vereinbart mit einem Stahlwerk die Lieferung von Eisenbahnschienen.
d) Die Automobilwerke VW und TOYOTA vereinbaren die gemeinsame Produktion eines Kleintransporters.
e) Arbeitgeber und Betriebsrat einigen sich über die Einführung der Gleitzeit und legen die Absprache schriftlich nieder.

**21. Ordnen Sie zu!**

**Erklärungen von Arbeitsrechtsbegriffen**

a) Kommt durch Vereinbarung zwischen Arbeitgeberverband und Gewerkschaften zustande
b) Kommt durch Verordnung eines Ministers aufgrund eines bestehenden Gesetzes zustande
c) Kommt durch Erklärung des Bundesministers für Arbeit auf Antrag einer Tarifpartei zustande
d) Gilt für Arbeitnehmer eines Betriebes und wird zwischen Betriebsrat und Arbeitgeber abgeschlossen
e) Kommt durch Antrag des Arbeitgebers und Annahme des Arbeitnehmers zustande
f) Kommt auf Antrag von Arbeitgeber und Betriebsrat zustande und ersetzt die Einigung zwischen Arbeitgeber und Betriebsrat durch einen Spruch
g) Wird im Streitfall von einer Einigungsstelle erlassen

**Vereinbarungen**

[ ] Einzelarbeitsvertrag
[ ] Betriebsvereinbarung
[ ] Tarifvertrag

**22. Ordnen Sie zu!**

**Inhalte des Arbeitsrechts**

a) Regelung, dass eine Kündigung sozial gerechtfertigt ist, wenn sie aus persönlichen, verhaltensbedingten oder betrieblichen Gründen erfolgt
b) Regelung über die durchschnittliche wöchentliche Arbeitszeit in einer bestimmten Branche der Wirtschaft
c) Regelung darüber, dass ein Betrieb einen bestimmen Prozentsatz seiner Arbeitsplätze für Schwerbehinderte zur Verfügung stellen muss
d) Regelung innerhalb eines Betriebes über die flexible Arbeitszeit
e) Bestimmung, nach der Arbeitnehmern ein Mindesturlaub pro Jahr garantiert wird
f) Vereinbarung, dass vor Ausspruch einer ordentlichen Kündigung eines Mitarbeiters der Betriebsrat angehört werden muss
g) Individuelle Vereinbarung, dass die Bezahlung nach einer bestimmten Vergütungsgruppe erfolgt

**Rechtsbegriffe**

[ ] Arbeitsvertrag
[ ] Betriebsvereinbarung
[ ] Tarifvertrag

**23. Was ist eine Betriebsvereinbarung?**

a) Sie ist eine Vereinbarung zwischen Betrieben des gleichen Geschäftszweiges, nur zu einheitlichen Bedingungen zu verkaufen.
b) Sie ist ein Vertrag über die Ausführung von öffentlichen Arbeiten zwischen einem Unternehmen und einer Gemeindeverwaltung.
c) Sie ist ein Vertrag zwischen Verkehrsbetrieben benachbarter Städte über die Vereinheitlichung der Tarife für den Personentransport.
d) Sie ist eine von der Betriebsversammlung beschlossene Vereinbarung zwischen Belegschaft und Betriebsrat.
e) Sie ist ein schriftlicher Vertrag zwischen einem Unternehmen und den zuständigen Gewerkschaften über die Höhe der zu zahlenden Löhne und Gehälter.
f) Sie ist ein schriftlicher Vertrag zwischen Arbeitgeber und Betriebsrat zur Regelung betriebsinterner Fragen.

**24. Der Betriebsrat plant mit dem Arbeitgeber Urlaubsgrundsätze zu regeln. Wann hat dieses Abkommen Aussicht auf Erfolg?**

a) Wenn das Abkommen nur die organisierten Arbeitnehmer betrifft
b) Wenn die Gewerkschaft diesem Abkommen zustimmt
c) Wenn der Arbeitgeberverband diesem Abkommen zustimmt
d) Wenn das Abkommen als Betriebsvereinbarung mit dem Arbeitgeber abgeschlossen wird
e) Der Betriebsrat ist nicht ermächtigt, über Urlaubsgrundsätze Vereinbarungen zu treffen

**Die nächsten beiden Aufgaben gehören zusammen.**

**25. Eine 35 Jahre alte Büroangestellte, die seit 8 Monaten als Leiharbeitnehmerin im Unternehmen beschäftigt ist, möchte bei den kommenden Betriebsratswahlen mit wählen. Ist sie laut Gesetzesausschnitt dazu berechtigt?**

a) Nein, weil sie die Alterhöchstgrenze bereits überschritten hat
b) Ja, weil sie die Anforderungen an das aktive Wahlrecht erfüllt
c) Nein, weil sie noch nicht lange genug im Unternehmen beschäftigt ist
d) Nein, weil sie Leiharbeitnehmerin ist
e) Ja, weil sie den Anforderungen an das passive Wahlrecht erfüllt

**Erster Abschnitt. Zusammensetzung und Wahl des Betriebsrates**

**§ 7 Wahlberechtigung**

Wahlberechtigt sind alle Arbeitnehmer des Betriebs, die das 18. Lebensjahr vollendet haben. Werden Arbeitnehmer eines anderen Arbeitgebers zur Arbeitsleistung überlassen, so sind diese wahlberechtigt, wenn sie länger als drei Monate im Betrieb eingesetzt werden.

**§ 8 Wählbarkeit**

(1) Wählbar sind alle Wahlberechtigten, die sechs Monate dem Betrieb angehören oder als in Heimarbeit Beschäftigte in der Hauptsache für den Betrieb gearbeitet haben. Auf diese sechsmonatige Betriebszugehörigkeit werden Zeiten angerechnet, in denen der Arbeitnehmer unmittelbar vorher einem anderen Betrieb desselben Unternehmens oder Konzerns (§ 18 Abs. 1 des Aktiengesetzes) angehört hat. Nicht wählbar ist, wer infolge strafgerichtlicher Verurteilung die Fähigkeit, Rechte aus öffentlichen Wahlen zu erlangen, nicht besitzt.

(2) Besteht der Betrieb weniger als sechs Monate, so sind abweichend von der Vorschrift in Absatz 1 über die sechsmonatige Betriebszugehörigkeit diejenigen Arbeitnehmer wählbar, die bei der Einleitung der Betriebsratswahl im Betrieb beschäftigt sind und die übrigen Voraussetzungen für die Wählbarkeit erfüllen.

**26. Wie viel Mitglieder muss der Betriebsrat des Unternehmens laut nachstehenden gesetzlichen Bestimmungen haben? Sehen Sie dazu die abgebildete Personalstatistik? Tragen Sie die Lösung in das Kästchen ein!**

**§ 9 Zahl der Betriebsratsmitglieder**

Der Betriebsrat besteht in Betrieben mit in der Regel
5 bis 20 wahlberechtigten Arbeitnehmern aus einer Person,
21 bis 50 wahlberechtigten Arbeitnehmern aus 3 Mitgliedern,
51 wahlberechtigten Arbeitnehmern
bis 100 Arbeitnehmern aus 5 Mitgliedern,
101 bis 200 Arbeitnehmern aus 7 Mitgliedern,
201 bis 400 Arbeitnehmern aus 9 Mitgliedern,
401 bis 700 Arbeitnehmern aus 11 Mitgliedern,
701 bis 1.000 Arbeitnehmern aus 13 Mitgliedern,
1.001 bis 1.500 Arbeitnehmern aus 15 Mitgliedern,
1.501 bis 2.000 Arbeitnehmern aus 17 Mitgliedern,
2.001 bis 2.500 Arbeitnehmern aus 19 Mitgliedern,
2.501 bis 3.000 Arbeitnehmern aus 21 Mitgliedern,
3.001 bis 3.500 Arbeitnehmern aus 23 Mitgliedern,
3.501 bis 4.000 Arbeitnehmern aus 25 Mitgliedern,
4.001 bis 4.500 Arbeitnehmern aus 27 Mitgliedern,
4.501 bis 5.000 Arbeitnehmern aus 29 Mitgliedern,
5.001 bis 6.000 Arbeitnehmern aus 31 Mitgliedern,
6.001 bis 7.000 Arbeitnehmern aus 33 Mitgliedern,
7.001 bis 9.000 Arbeitnehmern aus 35 Mitgliedern.

In Betrieben mit mehr als 9.000 Arbeitnehmern erhöht sich die Zahl der Mitglieder des Betriebsrats für je angefangene weitere 3.000 Arbeitnehmer um 2 Mitglieder.

**Personalstatistik**

| Beschäftigungsart | Alter | Anzahl |
|---|---|---|
| Arbeiter | unter 18<br>ab 18 | 2<br>143 |
| Angestellte | unter 18<br>ab 18 | -<br>51 |
| Leitende Angestellte | ab 18 | 3 |
| Auszubildende | unter 18<br>ab 18 | 5<br>2 |
| Leiharbeitnehmer (weniger als 3 Monate im Unternehmen) | ab 18 | 6 |
| Leiharbeitnehmer (mehr als 3 Monate im Unternehmen) | ab 18 | 2 |

**27. Welche Aussage zum Tarifvertrag ist richtig?**

a) Tarifverträge können mündlich abgeschlossen werden.
b) Tarifverträge müssen schriftlich abgeschlossen werden.
c) Tarifverträge werden meist schriftlich abgeschlossen.
d) Tarifverträge werden per Gesetz verabschiedet.
e) Die Form des Abschlusses (mündlich oder schriftlich) bestimmen die Tarifpartner.

**28. Welche Aussage über Tarifverträge ist richtig?**

a) Die Tarifverträge sind rechtlich nicht bindend, sondern sind als Empfehlung an die Mitglieder der Tarifparteien zu verstehen.
b) Für allgemeinverbindlich erklärte Tarifverträge gelten für alle unter ihren Geltungsbereich fallende Arbeitsverhältnisse ohne Rücksicht auf Verbands- bzw. Gewerkschaftszugehörigkeit.
c) Während der Laufzeit von Tarifverträgen sind Streiks und Aussperrungen nur dann erlaubt, wenn sie 4 Wochen vorher angekündigt wurden.
d) Die Bestimmungen eines Tarifvertrags gelten gleichzeitig als Mindest- und Höchstbedingungen; sie können weder unter- noch überschritten werden.
e) Was in den Tarifverträgen vereinbart wird, ist erst dann für die Tarifparteien als rechtsverbindlich anzusehen, wenn der Bundesarbeitsminister seine Zustimmung erteilt hat.

**29. Was ist Gegenstand des Tarifvertragsgesetzes?**

a) Die Lohnforderungen der Gewerkschaften
b) Die vom Bundestag gesetzlich beschlossenen Tarifänderungen
c) Die Ergebnisse der Verhandlungen der Tarifpartner
d) Die Rechtsgrundlagen für den Abschluss von Tarifverträgen
e) Das Mitwirkungsrecht der Regierung bei Tarifverhandlungen

**30. Welche Aussage über Tarifverträge ist richtig?**

a) Tarifverträge können zwischen einzelnen Arbeitgebern und Betriebsräten geschlossen werden.
b) Während der Laufzeit von Tarifverträgen sind Arbeitskämpfe erlaubt, wenn sie vier Wochen vorher angekündigt worden sind.
c) Tarifverträge können zwischen der Geschäftsleitung und den Arbeitnehmern eines Betriebes geschlossen werden.
d) Tarifverträge sind rechtlich als Empfehlung an die Tarifparteien zu verstehen.
e) Tarifverträge kommen durch freie Vereinbarungen der Tarifpartner zustande.

**31. Was regelt der Mantel- oder Rahmentarifvertrag u. a.?**

a) Mindest- und Höchstlohnsätze
b) Vergütung für Auszubildende
c) Den Betrag für den Ecklohn
d) Beginn und Ende der täglichen betrieblichen Arbeitszeit
e) Überstundenzuschläge und Wochenarbeitszeit

**32. Welche Aussage über Manteltarifverträge ist richtig?**

a) Die in Manteltarifverträgen vereinbarten Bedingungen können vom Arbeitgeber bei Vorliegen wichtiger Gründe vorübergehend aufgehoben werden.
b) Manteltarifverträge regeln z. B. die Arbeitszeit, Schichtzuschläge, Überstundenzuschläge.
c) Manteltarifverträge werden zwischen Betriebsräten und einzelnen Arbeitgebern abgeschlossen.
d) Die Gewerkschaften können einen Manteltarifvertrag für allgemeinverbindlich erklären.
e) Der Bundesminister des Innern kann einen Manteltarifvertrag für allgemeinverbindlich erklären.

**33. Was regelt der Lohn- und Gehaltstarifvertrag unter anderem?**

a) Kündigungsfristen für Arbeitnehmer
b) Ausbildungsvergütung
c) Urlaub
d) Arbeitszeit
e) Überstunden

**34. Ein Unternehmen ist nicht Mitglied des Arbeitgeberverbandes. Welche Aussage zur Gültigkeit tarifvertraglicher Vereinbarungen ist richtig?**

a) Der Tarifvertrag gilt für die Arbeitnehmer des Unternehmens unabgängig von dessen Mitgliedschaft im Arbeitgeberverband.

b) Der Tarifvertrag gilt für die Arbeitnehmer, wenn der Betriebsrat den Tarifvertrag für das Unternehmen als verbindlich erklärt hat.

c) Der Tarifvertrag gilt für alle Mitarbeiter des Unternehmens, die Mitglied der Gewerkschaft sind.

d) Der Tarifvertrag gilt für alle Mitarbeiter des Unternehmens, wenn er für allgemeinverbindlich erklärt wurde.

e) Der Tarifvertrag gilt für alle Mitarbeiter, wenn der Arbeitgeber für die Mehrheit der Arbeitnehmer die tariflichen Vereinbarungen einzelvertraglich gewährt.

**35. Bringen Sie folgende Schritte beim Zustandekommen eines Tarifvertrags in die richtige Reihenfolge!**

[ ] Fristgemäße Kündigung des Gehaltstarifvertrages
[ ] Urabstimmung über einen Arbeitskampf mit nachfolgendem Streik und Aussperrung
[ ] Aufnahme der Tarifverhandlungen durch die Tarifpartner
[ ] Neue Verhandlungen während des Streiks
[ ] Erklärung des Scheiterns der Tarifverhandlungen durch eine Partei
[ ] Urabstimmung über das Ergebnis der neuen Tarifrunde

**36. Um welche Art von Streik handelt es sich in den angegebenen Fällen. Ordnen Sie zu.**

**Arten von Streik**

a) Warnstreik
b) Schwerpunktstreik
c) Allgemeiner Streik
d) Wilder Streik

**Fälle**

[ ] Arbeitnehmer legen während der Restlaufzeit des Tarifvertrags für einige Stunden die Arbeit nieder, ohne vorherige Rücksprache mit der Gewerkschaft.

[ ] Alle Betriebe des Tarifgebietes werden bestreikt.

[ ] Während der laufenden Tarifverhandlungen wird in allen Betrieben des Tarifgebietes die Arbeit auf Betreiben der Gewerkschaft für eine Stunde niedergelegt.

**37. Welche Aussage trifft auf Aussperrung zu?**

a) Aussperrung bedeutet die Betriebsbesetzung durch Streikende, die der Betriebsleitung den Zutritt verwehren.

b) Aussperrung bedeutet eine außerordentliche Kündigung der gewerkschaftlich organisierten Arbeitnehmer.

c) Aussperrung ist die gemeinsame und planmäßige Arbeitsniederlegung aller Arbeitnehmer.

d) Aussperrung bedeutet die vorübergehende Aufhebung der Arbeitsverhältnisse in den betroffenen Betrieben.

e) Aussperrung bedeutet die ordentliche Kündigung von Arbeitnehmern für den Zeitraum eines Arbeitskampfes.

**38. Welche Aussage über die Schlichtung in einem Tarifkonflikt trifft zu?**

a) Der Schlichter unterbreitet einen Kompromissvorschlag, den die Tarifpartner annehmen müssen.

b) Der Vorschlag des Schlichters wird rechtswirksam, wenn ihm die Mehrheit der Arbeitnehmer zustimmt.

c) Das Schlichtungsverfahren setzt erst dann ein, wenn der durch Streik und Aussperrung verursachte volkswirtschaftliche Schaden nicht mehr vertretbar ist.

d) Das Schlichtungsverfahren kann erst dann eingeleitet werden, wenn sich mindestens 75 % der gewerkschaftlich organisierten Arbeitnehmer dafür aussprechen.

e) Der Vorschlag des Schlichters führt nur zum Ende der Tarifauseinandersetzung, wenn er von beiden Tarifpartnern angenommen wird.

**39. Für welche Rechtsstreitigkeit sind die Arbeitsgerichte zuständig?**

a) Für die Entscheidung über die Gewerbeuntersagung wegen Unzuverlässigkeit des Gewerbetreibenden

b) Für die Entscheidung über die Tariffähigkeit einer Vereinigung

c) Für die Entscheidung über die Eignung einer Ausbildungsstätte für die Berufsausbildung

d) Für die Entscheidung über die persönliche und fachliche Eignung des Ausbildenden

e) Für die Entscheidung über die vorzeitige Zulassung zur Abschlussprüfung

**40. Welches Gericht ist die oberste Instanz für Rechtsstreitigkeiten zwischen den Tarifpartnern?**
a) Das Bundesarbeitsgericht in Kassel
b) Der Bundesgerichtshof in Karlsruhe
c) Der Bundesfinanzhof in München
d) Das Bundessozialgericht in Kassel
e) Das Bundesverwaltungsgericht in Berlin

**41. Ein Angestellter will seinen Arbeitgeber verklagen, weil sein Gehalt unter Hinweis auf seine Tätigkeit nicht den Bestimmungen des Tarifvertrages entspricht. Welches Gericht ist zuständig?**
a) Das Amtsgericht
b) Das Sozialgericht
c) Das Finanzgericht
d) Das Arbeitsgericht
e) Das Verwaltungsgericht
f) Das Landgericht

**42. In welchem Fall ist eine Kündigung sozial nicht gerechtfertigt?**
a) Bei mangelnder Eignung des Arbeitnehmers
b) Bei unzureichender Qualifikation des Arbeitnehmers
c) Bei Störung des Betriebsfriedens durch den Arbeitnehmer
d) Bei Erkrankung des Arbeitnehmers
e) Bei Vertragsverletzung durch den Arbeitnehmer

**43. Für welche Mitarbeiter gelten besondere gesetzliche Kündigungsschutzbestimmungen?**
a) Facharbeiter
b) Vorstandsmitglieder
c) Jugendvertreter im Sinne des Betriebsverfassungsgesetzes
d) Mitarbeiter, die über 50 Jahre alt sind
e) Mitarbeiter, die sich auf Kosten des Betriebes beruflich weiterbilden konnten

**44. Welcher Personenkreis genießt einen besonderen gesetzlichen Kündigungsschutz?**
a) Leitende Angestellte
b) Mitglieder des Betriebsrates
c) Sicherheitsbeauftragte für die Unfallverhütung
d) Betriebliche Ausbilder
e) Auszubildende in der Probezeit

**45. Für welche Personengruppe ist gesetzlich ein besonderer Kündigungsschutz vorgeschrieben?**
a) Für alle weiblichen Arbeitnehmer
b) Für alle kaufmännischen Angestellten, die zum Wehrdienst einberufen sind
c) Für alle kaufmännischen Angestellten während der Probezeit
d) Für alle Gewerkschaftsmitglieder
e) Für alle Handlungsbevollmächtigten
f) Für alle leitenden Angestellten

**46. Welche Personengruppe genießt einen besonderen gesetzlichen Kündigungsschutz?**
a) Prokuristen
b) Auszubildende während der Probezeit
c) Handlungsbevollmächtigte
d) Werdende Mütter
e) Leitende Angestellte
f) Jugendliche

**47. Einige Arbeitnehmer genießen einen besonderen Kündigungsschutz. Für welche Arbeitnehmergruppe gibt es keinen besonderen gesetzlichen Kündigungsschutz?**

a) Für die Jugendvertretung
b) Für werdende Mütter
c) Für Sachbearbeiter
d) Für Wehrdienstleistende
e) Für Auszubildende

**48. Ermitteln Sie aufgrund der nachstehenden Personalstatistik die Gesamtzahl der Personen, die bei einer Betriebsverschlankung nicht entlassen werden dürfen, da sie einen besonderen gesetzlichen Kündigungsschutz genießen. Tragen Sie das Ergebnis in das Kästchen ein!**

| PERSONALSTATISTIK (Auszug) | | | |
|---|---|---|---|
| | | männlich | weiblich |
| Kfm. Verwaltung | Vollzeit<br>Teilzeit | 370<br>10 | 195<br>50 |
| Produktion | Vollzeit<br>Teilzeit | 406<br>101 | 99<br>167 |
| Außendienstmitarbeiter | | 42 | 6 |
| Schwerbehinderte | | 40 | 31 |
| Aushilfen/Praktikanten | | 2 | 4 |
| Mitarbeiter der Hausverwaltung | | 13 | 25 |
| Mitarbeiter der Kantinenverwaltung | | 2 | 5 |
| Wehrdienst-/Ersatzdienstleistende | | 2 | 0 |
| Arbeitnehmerinnen im Mutterschutz | | 0 | 15 |

**49. Personalkosten sollen gesenkt werden. Welches Arbeitsverhältnis kann am frühesten durch Kündigung beendet werden?**

a) Peter Müller, 42 Jahre alt, Kraftfahrer, seit 15 Jahren im Unternehmen
b) Maria Munz, 40 Jahre alt, seit 5 Jahren im Unternehmen, sie wurde vor einem Jahr in den Betriebsrat gewählt
c) Anita Riederer, 19 Jahre alt, Auszubildende als Bürokauffrau, im zweiten Ausbildungsjahr bei dreijähriger Ausbildungsdauer
d) Inge Kühne, 32 Jahre alt, gelernte Speditionskauffrau, seit 5 Jahren im Unternehmen
e) Christian Schwarz, 20 Jahre alt, Speditionskaufmann, hat einen Einberufungsbefehl der Bundeswehr zur Ableistung des Grundwehrdienstes

**50. Welche Arbeitnehmer fallen unter besonderen Kündigungsschutz?**

a) Alle Auszubildenden nach Ablauf der Probezeit
b) Alle Auszubildenden während der Probezeit
c) Alle Arbeitnehmer ab dem 35. Lebensalter
d) Alle Arbeitnehmer ab dem 25. Lebensjahr
e) Alle Jugendlichen zwischen 16 und 18 Jahren

**51. Ein Industriebetrieb hat die im Schwerbehindertengesetz vorgeschriebene Mindestzahl von Schwerbehinderten noch nicht erreicht. Welche Aussage ist richtig?**

a) Bei zwei gleich qualifizierten Bewerbern muss dem Schwerbehinderten der Vorzug gegeben werden.
b) Solange die im Schwerbehindertengesetz vorgeschriebene Mindestzahl nicht erreicht wird, muss eine Ausgleichsabgabe gezahlt werden.
c) Wie alle tarifrechtlichen Regelungen, gilt auch diese Bestimmung nur für Unternehmen, die dem Arbeitgeberverband angehören.
d) Die Zahlung einer Ausgleichsabgabe hebt die Pflicht zur Beschäftigung Schwerbehinderter auf.
e) Für die Einstellung von Schwerbehinderten ist nach dem Arbeitsplatzförderungsgesetz die Einstellung arbeitsloser Jugendlicher ersatzweise möglich.

**52. Ähnlich wie im Bereich des Arbeitsrechtes gelten auch für die Berufsausbildung eine Reihe von wichtigen Arbeitsschutzgesetzen, die der Arbeitssicherung, dem Umweltschutz und der Sicherheit dienen. Wie ist der Begriff Arbeitsschutz definiert?**

a) Arbeitsschutz ist der durch rechtliche Vorschriften gewährte Schutz vor negativen Folgen, die sich aus der Arbeit ergeben.
b) Arbeitsschutz ist der durch rechtliche Vorschriften gewährte Schutz vor negativen Folgen, die sich aus den Lebensbedingungen ergeben.
c) Arbeitsschutz ist der durch gesellschaftliche Normen gewährte Schutz zur Erhaltung der Gesundheit.
d) Arbeitsschutz ist der durch medizinische Leitlinien der Arbeitsmediziner und Soziologen geforderte Schutz zur Erhaltung der Gesundheit der Arbeitnehmer.
e) Arbeitsschutz ist der durch die Vorschriften des Betriebsverfassungsgesetzes gewährte Schutz vor negativen Folgen, die sich aus betrieblichen Entscheidungen ergeben.

**53. In welchem Fall verstößt ein Unternehmen gegen das Jugendarbeitsschutzgesetz?**

a) Einem 17-Jährigen werden 27 Werktage gewährt.
b) Ein 17-Jähriger wird mit Akkordarbeit betraut.
c) Ein 16-Jähriger ist ständig in einem Lager beschäftigt, das ausschließlich künstlich beleuchtet ist.
d) Ein 18-jähriger Auszubildender arbeitet am Fließband.
e) Ein 16-Jähriger wird zeitweilig mit körperlich harter Arbeit betraut.

**54. Sie erarbeiten einen Tagesablaufplan für Auszubildende. Wie viel Minuten Ruhepause müssen Sie einplanen, wenn die Jugendlichen täglich mehr als 6 Stunden arbeiten?**

a) 90 Minuten
b) 60 Minuten
c) 40 Minuten
d) 30 Minuten
e) 15 Minuten

**55. In welchem Fall wird ein Berufsschultag <u>nicht</u> auf die tägliche Arbeitszeit mit 8 Stunden angerechnet?**

a) Schultage mit mehr als 6 Stunden je 60 Minuten
b) Schultage mit 6 Zeitstunden je 60 Minuten
c) Schultage mit 6 Unterrichtsstunden je 45 Minuten
d) Schultage mit mehr als 5 Unterrichtsstunden je 45 Minuten
e) Schultage mit 5 Unterrichtsstunden je 45 Minuten

**56. Einige Mitarbeiter sind krank geworden. Darf der Ausbilder von seinem Auszubildenden verlangen, dass dieser nach dem Berufsschulunterricht noch in den Ausbildungsbetrieb kommt?**

a) Ja, wenn die Unterrichtszeit nur 6 Zeitstunden betragen hat.
b) Ja, aufgrund der besonderen Situation.
c) Nein, in keinem Fall, wenn der Auszubildende noch Jugendlicher ist.
d) Ja, wenn die Unterrichtszeit nur 5 Unterrichtsstunden zu jeweils 45 Minuten betragen hat.
e) Ja, wenn die Erziehungsberechtigten des Auszubildenden zustimmen.

**57. Nach dem Jugendarbeitsschutzgesetz darf die tägliche Arbeitszeit 8 Stunden, die wöchentliche Arbeitszeit 40 Stunden nicht übersteigen. Was ist die tägliche Arbeitszeit?**

a) Die tägliche Arbeitszeit ist die Zeit vom Beginn bis zum Ende der täglichen Beschäftigung einschließlich der Ruhepausen.

b) Die tägliche Arbeitszeit ist die Zeit, die unter Einbeziehen der Jugend- und Auszubildendenvertretung nach den betrieblichen Notwendigkeiten festgelegt wird.

c) Die tägliche Arbeitszeit für Jugendliche und Auszubildende wird von der Jugend- und Auszubildendenvertretung festgelegt.

d) Die tägliche Arbeitszeit ist die Zeit, die sich vom Beginn bis zum Ende der täglichen Beschäftigung einschließlich der Ruhepausen sowie der anrechenbaren Wegstrecke ergibt.

e) Die tägliche Arbeitszeit ist die Zeit vom Beginn bis zum Ende der täglichen Beschäftigung ohne Ruhepausen.

**58. Welche Aussage trifft nach dem Mutterschutzgesetz zu?**

a) Das Mutterschaftsgeld wird je zur Hälfte vom Staat und von der Krankenkasse gezahlt.

b) Der Mutterschaftsurlaub beträgt auf Verlangen höchstens acht Monate.

c) Ein Kündigungsschutz besteht nur bis zu acht Wochen nach der Entbindung.

d) Acht Wochen vor und sechs Wochen nach der Entbindung besteht grundsätzlich ein Beschäftigungsverbot.

e) Sechs Wochen vor und acht Wochen nach der Entbindung besteht grundsätzlich ein Beschäftigungsverbot.

**59. Welche Aussage zum Mutterschutzgesetz ist richtig?**

a) Auf Wunsch können Wöchnerinnen sofort nach der Entbindung ihrer früheren Tätigkeit im Betrieb wieder nachgehen.

b) Bis 6 Wochen vor der Entbindung darf eine werdende Mutter mit schweren körperlichen Arbeiten beschäftigt werden.

c) In den letzten 6 Wochen vor der Entbindung dürfen werdende Mütter nicht beschäftigt werden, es sei denn, dass sie sich zur Arbeitsleistung ausdrücklich bereit erklären.

d) Eine werdende Mutter darf auf eigenen Wunsch Akkordarbeit verrichten.

e) Während der gesamten Zeit der Schwangerschaft darf eine werdende Mutter nicht länger als 4 Stunden am Tag eine stehende Tätigkeit ausüben.

**60. Welchen Schutz gewährt das Mutterschutzgesetz?**

a) Mütter, die entbunden haben, haben das Recht auf die Einrichtung eines Mutter-Kind-Zimmers im Betrieb für die Betreuung ihres Kleinkindes.

b) Werdende und stillende Mütter dürfen an Sonn- und Feiertagen grundsätzlich nicht beschäftigt werden.

c) Frauen haben nur 6 Wochen vor und 8 Wochen nach der Entbindung einen besonderen Kündigungsschutz.

d) Die Kündigung während einer Schwangerschaft und bis zum Ablauf von 6 Monaten nach der Entbindung ist unzulässig.

e) Mütter dürfen bis zum Ablauf von 6 Wochen nach der Entbindung nicht beschäftigt werden.

**61. Bei wem ist ein kaufmännischer Auszubildender rentenversichert?**

a) Bei der Bundesagentur für Arbeit

b) Bei der Deutschen Rentenversicherung DRV

c) Bei der gesetzlichen Unfallversicherung

d) Bei der Berufsgenossenschaft

e) Bei der Pflichtkrankenkasse

**62. Welche Bedeutung hat die Beitragsbemessungsgrenze für die Rentenversicherung?**

a) Übersteigt der Bruttoverdienst eines Arbeitnehmers die Beitragsbemessungsgrenze, so ist er nicht mehr versicherungspflichtig.

b) Die Beitragsbemessungsgrenze für die Rentenversicherung ist auch die Grundlage für die Berechnung des Beitrages des Arbeitgebers zur Berufsgenossenschaft.

c) Liegt der Bruttoverdienst eines Arbeitnehmers unter der Beitragsbemessungsgrenze, ist der Beitrag nach der Beitragsbemessungsgrenze zu zahlen.

d) Die Beitragsbemessungsgrenze legt die Höhe des Arbeitgeberanteils fest.

e) Liegt der Bruttoverdienst eines Arbeitnehmers über der Beitragsbemessungsgrenze, so ist die Beitragsbemessungsgrenze Berechnungsgrundlage für die Beitragszahlung.

**63. In welcher Aussage ist die gegenwärtige Rentenanpassung richtig beschrieben?**

a) Die Renten steigen in bestimmten Zeitabständen automatisch um den gleichen Prozentsatz wie die Nettolöhne.

b) Die Renten steigen in bestimmten Zeitabständen automatisch um den gleichen Prozentsatz wie die Bruttolöhne.

c) Die Renten werden in bestimmten Zeitabständen durch ein Bundesgesetz dem Lebenshaltungskostenindex angepasst.

d) Die Renten werden in bestimmten Zeitabständen durch ein Bundesgesetz der Entwicklung der Bruttolöhne entsprechend erhöht.

e) Die Renten werden in bestimmten Zeitabständen durch ein Bundesgesetz der Entwicklung der Nettolöhne angepasst.

**64. Ordnen Sie zu!**

**Bestimmungen**

a) Der Ausbildende hat dafür zu sorgen, dass der Auszubildende charakterlich gefördert sowie sittlich und körperlich nicht gefährdet wird.

b) Will ein Arbeitnehmer geltend machen, dass seine Kündigung sozial ungerechtfertigt ist, so muss er innerhalb von 3 Wochen nach Zugang der Kündigung Klage beim Arbeitsgericht erheben.

c) In Unternehmen, die in der Rechtsform der Aktiengesellschaft betrieben werden und in der Regel mehr als 2 000 Arbeitnehmer beschäftigen, haben die Arbeitnehmer ein Mitbestimmungsrecht nach Maßgabe dieses Gesetzes.

d) Jugendliche dürfen grundsätzlich nicht mehr als 40 Stunden wöchentlich beschäftigt werden.

e) Eine ohne Anhörung des Betriebsrates ausgesprochene Kündigung ist unwirksam.

f) Der Arbeitgeber darf das Arbeitsverhältnis der Mutter während des Mutterschaftsurlaubs und bis zum Ablauf von zwei Monaten nach Beendigung des Mutterschaftsurlaubs nicht kündigen.

g) Kinder und Jugendliche unter 16 Jahren dürfen in der Öffentlichkeit nicht rauchen.

**Gesetze**

[ ] Betriebsverfassungsgesetz

[ ] Jugendarbeitsschutzgesetz

[ ] Kündigungsschutzgesetz

**65. Ordnen Sie zu!**

**Gesetzliche Regelung**

a) Arbeitgeber und Betriebsrat arbeiten vertrauensvoll zum Wohle der Arbeitnehmer und des Betriebes zusammen.

b) Kindern und Jugendlichen unter 16 Jahren ist der Tabakgenuss in der Öffentlichkeit nicht gestattet.

c) In Gesellschaften, die mehr als 2 000 Arbeitnehmer beschäftigen, setzt sich der Aufsichtsrat je zur Hälfte aus Vertretern der Anteilseigner und der Arbeitnehmer zusammen.

d) Die Kündigung gegenüber einer Frau während der Schwangerschaft und bis zum Ablauf von 4 Monaten nach der Entbindung ist unzulässig.

e) Die Kündigung des Arbeitsverhältnisses ist gegenüber einem Arbeitnehmer unwirksam, wenn sie sozial ungerechtfertigt ist.

f) Jugendlichen müssen im Voraus feststehende Ruhepausen von angemessener Dauer gewährt werden.

g) Nach der Probezeit kann das Ausbildungsverhältnis vom Ausbildenden nur aus einem wichtigen Grund gekündigt werden.

**Gesetze**

[ ] Betriebsverfassungsgesetz

[ ] Kündigungsschutzgesetz

[ ] Jugendarbeitsschutzgesetz

**66. Ordnen Sie zu!**

**Vorschriften aus dem Arbeitsrecht**

a) Eine Kündigung ohne Anhörung des Betriebsrates ist unwirksam.

b) Die regelmäßige wöchentliche Arbeitszeit beträgt in der Metallindustrie 40 Stunden.

c) Eine Kündigung ist rechtsunwirksam, wenn sie sozial ungerechtfertigt ist.

d) Das Arbeitsverhältnis eines Angestellten kann unter Einhaltung einer Kündigungsfrist von vier Wochen zum 15. oder zum Schluss eines Kalendermonats gekündigt werden.

e) Ein Auszubildender kann nach der Probezeit aus wichtigem Grund kündigen.

f) Eine Mutter genießt Kündigungsschutz bis zum Ablauf von zwei Monaten nach Beendigung des Mutterschaftsurlaubs.

g) Die Regelarbeitszeit für Jugendliche beträgt 40 Stunden pro Woche.

**Rechtsgrundlagen**

[ ] Kündigungsschutzgesetz

[ ] Tarifvertrag

[ ] Betriebsverfassungsgesetz

**67. Was versteht man in der gesetzlichen Rentenversicherung unter Beitragsbemessungsgrenze?**

a) Den Prozentsatz für die Beitragsbemessung, der nicht überschritten werden darf
b) Den Betrag, mit dem die Versicherungspflicht endet
c) Den jeweils geltenden Prozentsatz für die Beitragsberechnung
d) Das Alter, von dem ab keine Beiträge mehr zu entrichten sind
e) Den Betrag, von dem höchstens der Versicherungsbeitrag berechnet wird

**68. Welche Aussage zur gesetzlichen Rentenversicherung ist richtig?**

a) Die Höhe der Leistungen wird durch den Versicherungsvertrag vereinbart.
b) Der freiwillige Beitritt ist nicht möglich.
c) Der Beitrag richtet sich nach dem Bruttoarbeitsverdienst.
d) Der Träger ist eine juristische Person des privaten Rechts.
e) Der Beitrag wird allein vom Arbeitgeber getragen.

**69. Eine 18-jährige Auszubildende wird durch einen Freizeitunfall erwerbsunfähig. Welche Aussage ist richtig?**

a) Sie erhält eine Rente der gesetzlichen Rentenversicherung.
b) Sie erhält Arbeitslosengeld.
c) Sie erhält eine Leistung der gesetzlichen Unfallversicherung.
d) Sie erhält Arbeitslosengeld II.
e) Sie erhält keine Leistung der gesetzlichen Rentenversicherung, weil sie die Wartezeit nicht erfüllt hat.

**70. Welche Leistung wird von der Deutschen Rentenversicherung DRV erbracht?**

a) Darlehensgewährung an Betriebe für die Schaffung von Dauerarbeitsplätzen
b) Zahlung von Kurzarbeitergeld
c) Zahlung von Arbeitslosengeld II
d) Zahlung von Erwerbsunfähigkeitsrente
e) Zahlung von Verletztenrente

**71. Welche Aussage über die Krankenversicherungspflicht ist richtig?**

a) Jeder Arbeitnehmer hat das Recht zu entscheiden, ob er der gesetzlichen Krankenversicherung beitritt oder nicht.
b) Der Arbeitgeber muss die krankenversicherungspflichtigen Mitarbeiter zur Krankenversicherung anmelden.
c) Die Höhe des Arbeitsverdienstes spielt keine Rolle bei der Krankenversicherungspflicht.
d) Ein krankenversicherungspflichtiger Mitarbeiter kann sich statt bei einer gesetzlichen bei einer privaten Krankenkasse versichern lassen.
e) Ein krankenversicherungspflichtiger Mitarbeiter kann verlangen, dass er bei seiner berufstätigen Ehefrau, die ebenfalls krankenversicherungspflichtig ist, mitversichert wird.

**72. Welche Leistung erbringt die Bundesagentur für Arbeit?**

a) Mutterschaftshilfe
b) Berufshilfe nach einem Arbeitsunfall
c) Arbeitslosengeld
d) Sozialhilfe
e) Rente wegen Erwerbsunfähigkeit

**73. Welche Stelle gewährt Berufsausbildungsbeihilfen für eine berufliche Ausbildung in Betrieben?**

a) Das Amt für Ausbildungsförderung
b) Die Berufsgenossenschaft
c) Die Bundesagentur für Arbeit
d) Das Gewerbeaufsichtsamt
e) Die Industrie- und Handelskammer

**74. Welche Aussage über die Leistungen der Arbeitslosenversicherung ist richtig?**

a) Die Höhe der Leistung richtet sich nach dem jeweiligen Tarifvertrag, eine übertarifliche Bezahlung bleibt unberücksichtigt.

b) Arbeitslosengeld wird für eine begrenzte Zeit gewährt.

c) Wer dreimal eine zumutbare Arbeit ablehnt, erhält nur noch 50 % des Arbeitslosengeldes II.

d) Während des Leistungsbezuges besteht kein Kranken- und Unfallversicherungsschutz.

e) Die Bundesagentur für Arbeit ist vor einer Zahlung verpflichtet, eine ärztliche Untersuchung des Antragstellers zur Prüfung der Anspruchsvoraussetzung durchzuführen.

**75. Ordnen Sie zu!**

**Einrichtungen**

a) Gewerkschaft

b) Krankenkasse

c) Bundesagentur für Arbeit

d) Sozialamt

e) Rentenversicherungsträger

f) Handwerkskammer

g) Arbeitgeber

**Leistungen**

[ ] Kindergeld

[ ] Streikgeld

[ ] Sterbegeld

**76. Ein Auszubildender wird nach Abschluss seiner Ausbildung nicht in das Arbeitsverhältnis übernommen. Besteht Anspruch auf Arbeitslosengeld, wenn er nach dem Ausscheiden keine neue Stelle findet?**

a) Ja, denn es wurden bereits Beiträge zur Arbeitslosenversicherung geleistet.

b) Nein, weil er als Auszubildender von der Arbeitslosenversicherung befreit war.

c) Nein, weil die Anwartschaftszeit für das Arbeitslosengeld nicht erfüllt ist.

d) Nein, weil er nicht als arbeitslos im Sinne des Arbeitsförderungsgesetzes anzusehen ist.

e) Nein, da das Ausbildungsverhältnis ein befristetes Arbeitsverhältnis ist.

**77. Zu welcher sozialen Leistung ist der Arbeitgeber gesetzlich verpflichtet?**

a) Zur Zahlung eines 13. Monatsgehaltes

b) Zur Zahlung des Beitrages zur Berufsgenossenschaft

c) Zur Zahlung von 50 % der vermögenswirksamen Sparleistungen

d) Zur Zahlung der Sparprämie, wenn der Mitarbeiter vermögenswirksam spart

e) Zur Gewährung eines Zuschusses zum Krankengeld

**78. Eine Angestellte wird auf dem Wege zu ihrem Arbeitsplatz, den sie mit ihrem Wagen zurücklegt, durch eigene Unachtsamkeit schwer verletzt. Welche Aussage ist richtig?**

a) Dieser Wegeunfall ist durch die gesetzliche Unfallversicherung nicht abgedeckt.

b) Es liegt ein Wegeunfall vor. Das Unternehmen muss den Unfall der Berufsgenossenschaft melden.

c) Ein meldepflichtiger Wegeunfall läge nur vor, wenn die Angestellte eine Fahrt aufgrund einer dienstlichen Anweisung unternommen hätte.

d) Die Angestellte genießt nicht den Schutz der Unfallversicherung, da sie den Unfall verschuldet hat.

e) Unfälle im eigenen Auto sind im Gegensatz zu Unfällen mit öffentlichen Verkehrsmitteln nicht als Wegeunfälle meldepflichtig.

**79. Ein zur Zeit arbeitsunfähiger Arbeitnehmer erhält sein Krankengeld nicht von der Krankenkasse, sondern von der Berufsgenossenschaft. Welche Aussage ist richtig?**

a) Der Arbeitnehmer war arbeitslos, als er krank wurde.

b) Der Arbeitnehmer ist während seiner Krankheit 65 Jahre alt geworden (Ruhestand).

c) Es handelt sich um einen Angestellten, der mit seinem Verdienst über der Versicherungspflichtgrenze liegt und daher nicht krankenversicherungspflichtig ist.

d) Der Arbeitnehmer wurde durch einen Freizeitunfall erwerbsunfähig.

e) Der Arbeitnehmer ist wegen einer Berufskrankheit oder eines Arbeitsunfalls vorübergehend arbeitsunfähig.

**80. Wer zahlt die Beiträge zur gesetzlichen Unfallversicherung?**

a) Der Arbeitnehmer
b) Der Arbeitgeber und der Arbeitnehmer je zur Hälfte
c) Der Arbeitgeber
d) Die Krankenkasse
e) Die Berufsgenossenschaft

**81. Der arbeitenden Bevölkerung wird vom Gehalt/Lohn ein Beitrag zur gesetzlichen Rentenversicherung abgezogen. Dadurch werden u. a. die Renten derjenigen finanziert, die aus Altergründen bereits aus dem Arbeitsleben ausgeschieden sind. Wie nennt man diesen Sachverhalt?**

a) Altersteilzeit
b) Generationenvertrag
c) Tarifvertrag
d) Vermögensbildung
e) Freie Marktwirtschaft

**82. Ein Arbeitnehmer ist auf dem Weg zur Arbeit mit seinem Pkw verunglückt. Er hat den Unfall verursacht, weil er die Vorfahrt nicht beachtet hat. Welche Institution trägt die Kosten für die Lohnersatzleistung nach Ablauf der Lohnfortzahlung?**

a) Die Krankenkasse
b) Die Berufsgenossenschaft
c) Die Bundesagentur für Arbeit
d) Die Rentenversicherung
e) Der Arbeitgeberverband

**83. Ein Arbeitnehmer der Bavaria Fahrradwerke KG AG stürzt beim Transport von Rohstoffen auf dem Weg vom Lager zur Fertigungsabteilung. Dabei verletzt er sich so schwer, dass er mehrere Monate arbeitsunfähig ist. Wer trägt die Kosten der Behandlung?**

a) Die Krankenkasse
b) Die Betriebshaftpflichtversicherung
c) Die zuständige Berufsgenossenschaft
d) Das Gewerbeaufsichtsamt
e) Der Arbeitnehmer selbst
f) Der Arbeitnehmer und der Arbeitgeber je zur Hälfte

**84. Wobei handelt es sich um eine Sozialleistung des Arbeitgebers?**

a) Zahlung von übertariflichem Weihnachtsgeld
b) Auslösung bei Beschäftigung an wechselnden Einsatzorten
c) Zahlung einer Betriebsrente
d) Übernahme von Gebühren für Weiterbildungskurse
e) Weiterzahlung des Entgelts für 6 Wochen im Krankheitsfall

**85. Ordnen Sie zu!**

**Sozialleistungen**

a) Die Zahlung von Krankengeld erfolgt ab dem 43. Kalendertag einer Arbeitsunfähigkeit.
b) Zahlung von Sozialhilfe erfolgt an Bedürftige.
c) Die Zahlung von Arbeitslosengeld wird eingestellt; aufgrund nachgewiesener Bedürftigkeit erfolgt die Zahlung von Arbeitslosengeld II.
d) Aufgrund einer Berufserkrankung erfolgt die Zahlung einer Erwerbsunfähigkeitsrente.
e) Ein Sachbearbeiter scheidet mit Vollendung des 63. Lebensjahres aus dem Berufsleben aus und erhält Altersruhegeld.
f) Aufgrund eines Arbeitsunfalls mit tödlichem Ausgang gewährt die Berufsgenossenschaft Witwen-/Waisenrente.

**Sozialversicherungsträger**

[ ] Deutsche Rentenversicherung DRV
[ ] Krankenkasse
[ ] Bundesagentur für Arbeit

Teil 3: Wirtschafts- und Sozialkunde

**86. Nach welchen Kriterien werden die Beiträge zur gesetzlichen Unfallversicherung berechnet?**

a) Nach dem Umsatz und dem Wirtschaftszweig des Unternehmens
b) Nach der Anzahl der Betriebsangehörigen und der Unfallhäufigkeit
c) Nach der Anzahl der Betriebsangehörigen und der Größe des Unternehmens
d) Nach dem Bruttoverdienst der Betriebsangehörigen bzw. der Beitragsbemessungsgrenze in der Sozialversicherung
e) Nach der Jahreslohnsumme, dem Stundenanteil und den Gefahrenklassen des Unternehmens

**87. Welches Arbeitspapier benötigt der Arbeitgeber für das Abführen der Beiträge zur gesetzlichen Rentenversicherung?**

a) Eine Mitgliedsbescheinigung über die Zugehörigkeit zu einer Krankenkasse
b) Eine Urlaubsbescheinigung
c) Den Arbeitsvertrag
d) Ein Zeugnis des letzten Arbeitgebers
e) Einen Sozialversicherungsausweis

**88. Ordnen Sie zu!**

**Leistungsfälle**

a) Ein Angestellter verursacht auf dem Heimweg von der Arbeit einen Autounfall mit Sachschaden an seinem Pkw.
b) Ein Buchhalter verunglückt auf einer Urlaubsreise und wird erwerbsunfähig.
c) Ein arbeitsloser Lohnbuchhalter wird umgeschult.
d) Eine Stenotypistin wird am Blinddarm operiert.
e) Ein Handlungsreisender verunglückt mit seinem Pkw auf einer Fahrt zu Kunden und wird erwerbsunfähig.
f) Ein Arbeiter erhält Altersrente.
g) Eine Arbeitnehmerin erhält Mutterschaftsgeld.

**Sozialversicherungsträger**

[ ] Deutsche Rentenversicherung DRV
[ ] Krankenkasse
[ ] Bundesagentur für Arbeit

**89. Ordnen Sie zu!**

**Versicherungsträger**

a) Deutsche Rentenversicherung Bund
b) Deutsche Rentenversicherung Regional
c) Bundesagentur für Arbeit
d) Private Krankenkassen
e) Pflicht- und Ersatzkassen
f) Berufsgenossenschaften

**Sozialversicherungszweige**

[ ] Gesetzliche Krankenversicherung
[ ] Arbeitslosenversicherung
[ ] Gesetzliche Unfallversicherung

**90. Ordnen Sie zu!**

**Leistungen der gesetzlichen Sozialversicherung**

a) Kurzarbeitergeld
b) Übernahme der Krankheitskosten bei Freizeitunfall
c) Altersruhegeld
d) Vorsorgeuntersuchung von Kindern
e) Aufwendungen zur Unfallverhütung
f) Mutterschaftshilfe

**Versicherungsträger**

[ ] Berufsgenossenschaft
[ ] Deutsche Rentenversicherung DRV
[ ] Bundesagentur für Arbeit

**91. Ordnen Sie die verschiedenen Regelungen zu den gesetzlichen Sozialversicherungszweigen den Versicherungszweigen zu!**

**Regelungen**

a) Für diesen Versicherungszweig zahlen Arbeitnehmer keine eigenen Beiträge.
b) Für diesen Versicherungszweig gelten unterschiedliche Beitragssätze.
c) Für diesen Versicherungszweig gibt ei keinen eigenständigen Versicherungsträger.
d) Für diesen Versicherungszweig gilt die höchst Beitragsbemessungsgrenze.

**Versicherungszweige**

[ ] Krankenversicherung
[ ] Rentenversicherung
[ ] Unfallversicherung
[ ] Pflegeversicherung

**92. Was gehört zu den Sonderausgaben im Sinne des Steuerrechts?**

a) Beiträge zu Berufsverbänden
b) Gezahlte Kirchensteuer
c) Aufwendungen für eine berufliche Fortbildung
d) Aufwendungen für Arbeitsmittel
e) Mehraufwendungen wegen doppelter Haushaltsführung

**93. Ordnen Sie zu!**

**Ausgabenbelege**

a) Spendenquittung für kirchliche Hilfswerke
b) Quittung für Illustriertenabonnement
c) Bescheinigung des Arbeitgebers über die einbehaltenen Sozialversicherungsbeiträge
d) Nachweise für die auswärtige Unterbringung der Tochter zur Berufsausbildung
e) Quittung für Gewerkschaftsbeitrag
f) Zinslastschrift für in Anspruch genommenen Dispositionskredit

**Steuerlich abzugsfähige Ausgaben**

[ ] Werbungskosten
[ ] Vorsorgeaufwendungen
[ ] Außergewöhnliche Belastung

**94. Welcher Aufwand gilt nach dem Einkommensteuergesetz als außergewöhnliche Belastung?**

a) Erhöhte Aufwendungen für Fahrtkosten des mehrere Monate außerhalb seines Wohnortes arbeitetenden Monteurs
b) Erhöhte Aufwendungen für den Unterhalt des zur Ausbildung auswärts untergebrachten Sohnes
c) Erhöhte Aufwendungen für Instandhaltungs- und Instandsetzungsarbeiten am eigenen Wohnhaus
d) Erhöhte Aufwendungen für Sonderzahlungen an die Bausparkasse
e) Erhöhte Aufwendungen für Beiträge zur freiwilligen Krankenversicherung

**95. Welche nachgewiesenen Aufwendungen kann ein Arbeitnehmer als Werbungskosten bei Einkünften aus nichtselbstständiger Arbeit geltend machen?**

a) Spenden für das Rote Kreuz
b) Beiträge zu einer privaten Krankenversicherung
c) Kosten für eine Stellensuchanzeige
d) Kosten für eine Weiterbildung in einem nicht ausgeübten Beruf
e) Kosten für das Abonnement einer Tageszeitung

**96. Welche Aufwendungen des Steuerzahlers gehören zu den Werbungskosten?**

a) Beiträge an Bausparkassen zur Erlangung eines Bauspardarlehens
b) Kosten für die Berufsausbildung der 16-jährigen Tochter
c) Eine Spende an die Kirchengemeinde
d) Das Honorar für den Steuerberater
e) Zinsen aus einem Bausparvertrag
f) Aufwendungen für Arbeitsmittel

**97. Ordnen Sie zu!**

**Ausgaben**

a) Prämie für die Lebensversicherung
b) Prämie für die Hausratversicherung
c) Bezugsgebühren für die Tageszeitung
d) Fahrtkosten zwischen Wohnung und Arbeitsstätte
e) Beiträge für den Mieterschutzbund
f) Unterstützung bedürftiger Personen

**Steuerlich berücksichtigungsfähige Ausgaben**

[ ] Werbungskosten
[ ] Sonderausgaben
[ ] Außergewöhnliche Belastung

**98. Welche Auswirkung hat die Eintragung eines Steuerfreibetrages für die täglichen Fahrten zur Arbeitsstätte?**

a) Die Eintragung bleibt unberücksichtigt.
b) Die Eintragung ist nur für den Lohnsteuerjahresausgleich von Bedeutung.
c) Der eingetragene Freibetrag vermindert den zu versteuernden Bruttolohn.
d) Der eingetragene Freibetrag vermindert alle vom Bruttolohn abzuziehenden Beträge.
e) Der eingetragene Freibetrag wird dem ermittelten Nettolohn zugeschlagen.

**99. Herr Müller arbeitet am Schalter einer Bank. Sein Jahresverdienst beläuft sich auf 30.000,00 EUR. Für Fahrten zwischen seiner Wohnung und dem Arbeitsplatz muss er jährlich 1.500 EUR aufwenden. Den Anzug, den er sich für 500,00 EUR gekauft hat, trägt er auch hin und wieder in der Bank. Für das Buch „Prüfungsvorbereitung aktuell – Sicher zum Bankfachwirt“ bezahlt er 31,30 EUR. Für Kantinenessen zahlt er jährlich 220,00 EUR. Welchen Werbungskostenbetrag kann er geltend machen? Tragen Sie das Ergebnis in das Kästchen ein!**

**100. In welcher Zeile sind alle Ausgaben richtig zugeordnet?**

| | Werbungskosten | Sonderausgaben | Außergewöhnliche Belastung |
|---|---|---|---|
| a) | Beiträge zu Berufsverbänden | berufliche Fortbildungskosten | Kosten für auswärts studierendes Kind |
| b) | Kosten für auswärts studierendes Kind | Kirchensteuer | Krankenversicherungsbeiträge |
| c) | berufliche Fortbildungskosten | Krankenversicherungsbeiträge | Kosten für auswärts studierendes Kind |
| d) | Krankenversicherungsbeiträge | Beiträge zu Berufsverbänden | Kirchensteuer |
| e) | Kirchensteuer | Kosten für auswärts studierendes Kind | berufliche Fortbildungskosten |

**101. Sie kontrollieren Ihren Einkaufszettel. Dabei stellen Sie folgende Einträge bezüglich der Umsatzsteuer fest: Haushaltsware 19 %, Obst 7 %, Gemüse 7 %, CD-Rohlinge 19 %, Zeitschriften 19 %, Rotwein 19 %, T-Shirt 19 %. Welcher Eintrag ist nicht korrekt?**

a) Rotwein
b) T-Shirt
c) Obst
d) Zeitschriften
e) Gemüse
f) CD-Rohlinge
g) Haushaltsware

**102. Welche 5 Versicherungszweige bilden zusammen die gesetzliche Sozialversicherung?**

a) Krankenversicherung, Rentenversicherung, Lebensversicherung, Unfallversicherung, Pflegeversicherung
b) Krankenversicherung, Rentenversicherung, Arbeitslosenversicherung, Unfallversicherung, Pflegeversicherung
c) Haftpflichtversicherung, Krankenversicherung, Arbeitslosenversicherung, Unfallversicherung, Pflegeversicherung
d) Rentenversicherung, Arbeitslosenversicherung, Unfallversicherung, Haftpflichtversicherung, Pflegeversicherung
e) Krankenversicherung, Rentenversicherung, Arbeitslosenversicherung, Lebensversicherung, Pflegeversicherung

**103. In welcher Zeile sind alle Angaben zu einem Sozialversicherungszweig richtig?**

| | Sozialversicherungszweig | Träger | Leistung |
|---|---|---|---|
| a) | Arbeitslosenversicherung | Bundesagentur für Arbeit | Kurzarbeitergeld |
| b) | Rentenversicherung | Deutsche Rentenversicherung Regional | Betriebliche Altersversorgung |
| c) | Krankenversicherung | Deutsche Rentenversicherung Bund | Krankengeld, Kurleistungen |
| d) | Unfallversicherung | Berufsgenossenschaft | Rente nach Altersteilzeit |
| e) | Pflegeversicherung | Sozialamt | Pflegegeld |

**104. In welcher Zeile sind Leistungen und Art der Finanzierung der einzelnen Zweige der Sozialversicherung richtig angegeben?**

| Zweige der Sozialversicherung | Leistungen | Art der Finanzierung |
|---|---|---|
| a) Arbeitslosenversicherung | Arbeitsförderungsmaßnahmen, Arbeitslosengeld, Arbeitslosenhilfe | Arbeitgeberanteil 100 % Arbeitnehmeranteil 0 % |
| b) Unfallversicherung | Unfallverhütung, Unfallvorsorge, Rente wegen Arbeitsunfall, Heilbehandlung | Arbeitgeberanteil 50 % Arbeitnehmeranteil 50 % |
| c) Rentenversicherung | Altersrente, Rente nach Altersteilzeit, Rehabilitationsmaßnahmen, Erziehungsgeld | Arbeitgeberanteil 47,1 % Arbeitnehmeranteil 52,9 % |
| d) Krankenversicherung | Arznei- und Verbandmittel, stationäre Krankenhauspflege, Krankengeld | Arbeitgeberanteil 50 % von 14,6 % Arbeitnehmeranteil 50 % von 14,6 %+ 0,9% |
| e) Pflegeversicherung | Zuschüsse für häusliche und stationäre Pflege und Krankentagegeld | Arbeitgeberanteil 50 % Arbeitnehmeranteil 50 % |

**105. Welche Stelle ist Träger der gesetzlichen Rentenversicherung?**

a) Ortskrankenkassen
b) Berufsgenossenschaften
c) Deutsche Rentenversicherung DRV
d) Bundesagentur für Arbeit
e) Betriebskrankenkassen

**106. Ab wann gilt für einen Mitarbeiter eines Unternehmens der gesetzliche Unfallversicherungsschutz?**

a) Mit Aufnahme seiner Tätigkeit bei Eintritt in das Unternehmen.
b) Sobald der Arbeitnehmer den ersten Beitrag zur gesetzlichen Unfallversicherung gezahlt hat.
c) Nach einer gründlichen Einarbeitung durch den Vorgesetzten.
d) Nach der Anmeldung des Arbeitnehmers durch den Arbeitgeber bei der zuständigen Behörde.
e) Sobald die Berufsgenossenschaft den Zahlungseingang bestätigt hat.

**107. Auf dem direkten Nachhauseweg vom Betrieb stürzt ein Mitarbeiter und bricht sich einen Arm. Welches Gericht wäre bei eventuellen späteren Rechtsstreitigkeiten mit der betrieblichen Versicherung zuständig?**

a) Amtsgericht
b) Landgericht
c) Arbeitsgericht
d) Verwaltungsgericht
e) Sozialgericht

**108. Ordnen Sie zu!**

**Sozialleistungen**

a) Kindergeld
b) Arbeitslosengeld
c) Vorgezogenes Altersruhegeld
d) Entgeltfortzahlung
e) Krankengeld
f) Rente wegen Berufskrankheit

**Sozialversicherungen**

[ ] Krankenversicherung

[ ] Rentenversicherung

[ ] Gesetzliche Unfallversicherung

**109. Die Landshuter Bavaria Fahrradwerke KG beschäftigt mehrere Mitarbeiter mit Wohnsitz in München. An welche Stellen hat sie deren Lohn- und Kirchensteuern, Sozialversicherungsbeiträge sowie den Umlagebeitrag für die Unfallversicherung zu überweisen?**
**Ordnen Sie zu!**

**Stellen**

a) Finanzamt in München
b) Finanzamt in Landshut
c) Bundesagentur für Arbeit in Nürnberg
d) Deutsche Rentenversicherung Bund
e) Berufsgenossenschaft
f) AOK in München
g) AOK in Landshut
h) Deutsche Rentenversicherung Regional

**Zu leistende Zahlungen**

[ ] Beiträge zur gesetzlichen Unfallversicherung
[ ] Lohn- und Kirchensteuer
[ ] Beiträge zur Kranken-, Renten- und Arbeitslosenversicherung

**110. Ordnen Sie zu!**

**Versicherungen**

a) Lebensversicherung
b) Leitungswasserversicherung
c) Krankenhaustagegeldversicherung
d) Haftpflichtversicherung
e) Reiseunfallversicherung
f) Rentenversicherung

**Versicherungsarten**

[ ] Sozialversicherung
[ ] Sachversicherung
[ ] Vermögensversicherung

**111. Welche Versicherung ist eine Sachversicherung?**

a) Betriebsunterbrechungsversicherung
b) Private Unfallversicherung
c) Transportversicherung
d) Kreditversicherung
e) Haftpflichtversicherung

**112. Ordnen Sie zu!**

**Versicherungsarten**

a) Haftpflichtversicherung
b) Betriebsunterbrechungsversicherung
c) Rechtsschutzversicherung
d) Kfz-Versicherung
e) Kreditversicherung
f) Gesetzliche Unfallversicherung

**Leistungen**

[ ] Ersatz für den Ausfall einer Kundenforderung
[ ] Ersatz der Unfallkosten beim Sturz eines Besuchers auf dem Betriebsgelände infolge einer Öllache
[ ] Ersatz von Prozesskosten

**113. Welcher Person ersetzt eine betriebliche Haftpflichtversicherung den Schaden, der ihr durch Unfall innerhalb des Betriebes entsteht?**

a) Einer Person, die sich widerrechtlich im Betrieb aufhält
b) Einem Auszubildenden des Betriebes
c) Einem Angestellten des Betriebes
d) Dem Inhaber des Betriebes
e) Einem Kunden des Betriebes

**114. Welche Versicherung ist gesetzlich vorgeschrieben?**

a) Betriebshaftpflichtversicherung
b) Betriebsunterbrechungsversicherung
c) Leitungswasserschadenversicherung für Betriebsgebäude
d) Einbruch- und Diebstahlversicherung für Betriebsvermögen
e) Berufsunfallversicherung

**115. Welche Versicherung gehört zu den Sachversicherungen?**
a) Unfallversicherung
b) Haftpflichtversicherung
c) Glasversicherung
d) Lebensversicherung
e) Ausfuhrkreditversicherung

**116. Welche Versicherung gehört zur Sachversicherung?**
a) Kreditversicherung
b) Unfallversicherung
c) Rechtsschutzversicherung
d) Lebensversicherung
e) Einbruchdiebstahlversicherung

**117. Welche Versicherung gehört zur Sachversicherung?**
a) Rechtsschutzversicherung
b) Gebäudeversicherung
c) Haftpflichtversicherung
d) Unfallversicherung
e) Lebensversicherung

**118. Ein Unternehmer hat seine Geschäftsausstattung versichert und dabei einen zu niedrigen Wert angegeben. Welcher Wert wird im Schadensfall ersetzt?**
a) Die Versicherung ersetzt den Schaden nur, wenn die Versicherungssumme dem tatsächlichen Wert der Geschäftsausstattung entspricht.
b) Die Versicherung ersetzt den Schaden nur, wenn die Versicherungssumme dem Neuwert angepasst wird.
c) Die Versicherung ersetzt den tatsächlichen Schaden.
d) Die Versicherung ersetzt den Schaden im Verhältnis der eingezahlten Beiträge zum Schaden.
e) Die Versicherung ersetzt nur den Schaden im Verhältnis der Versicherungssumme zum Versicherungswert.

**119. Welche Versicherung gehört <u>nicht</u> zu den Pflichtversicherungen?**
a) Krankenversicherung
b) Rentenversicherung
c) Unfallversicherung
d) Arbeitslosenversicherung
e) Vermögensversicherung

**120. Welche Aussage trifft auf eine Individualversicherung zu?**
a) Ihr Beitrag wird zur Hälfte vom Arbeitgeber und zur Hälfte vom Arbeitnehmer bezahlt.
b) Jeder Betrieb muss eine Individualversicherung haben, weil dies gesetzlich vorgeschrieben ist.
c) Die Prämien richten sich nach den Einkommensverhältnissen.
d) Eine Individualversicherung kommt durch freie vertragliche Vereinbarung zustande.
e) Die Individualversicherung ist Teil der gesetzlichen Sozialversicherung.

**121. Die Individualversicherungen werden in Personen-, Sach- und Vermögensversicherungen eingeteilt. Welche Versicherung ist eine Personenversicherung?**
a) Feuerversicherung
b) Haftpflichtversicherung
c) Kreditversicherung
d) Rechtsschutzversicherung
e) Lebensversicherung

**122. Die Individualversicherungen werden in Personen-, Sach- und Vermögensversicherungen eingeteilt. Welche Versicherung ist eine Sachversicherung?**

a) Sturmversicherung
b) Haftpflichtversicherung
c) Private Krankenversicherung
d) Lebensversicherung
e) Kreditversicherung

**123. Die Individualversicherungen werden in Personen-, Sach- und Vermögensversicherungen eingeteilt. Welche Versicherung ist eine Vermögensversicherung?**

a) Feuerversicherung
b) Leitungswasserversicherung
c) Sturmversicherung
d) Haftpflichtversicherung
e) Einbruchdiebstahlversicherung

**124. Welche Versicherung reguliert den Schaden, der durch Blitzschlag oder Explosion entstanden ist?**

a) Sturmversicherung
b) Glasbruchversicherung
c) Feuerversicherung
d) Leitungswasserversicherung
e) Haftpflichtversicherung

**125. Wodurch unterscheiden sich Individualversicherung und Sozialversicherung?**

a) Bei allen Sozialversicherungen trägt der Arbeitgeber immer die Hälfte des Beitrags, bei Individualversicherungen trägt der Arbeitgeber nur auf Antrag einen Teil des Beitrags.
b) Der Beitrag eines Arbeitnehmers zur Sozialversicherung richtet sich nach seinem Einkommen. Bei der Individualversicherung ist das versicherte Risiko für die Höhe des Beitrags maßgeblich.
c) Alle Sozialversicherungen sind Pflichtversicherungen, während alle Versicherungen, die bei privaten Versicherungsunternehmen abgeschlossen werden, immer freiwillige Versicherungen sind.
d) Die Sozialversicherung versichert Personen gegen Risiken wie Arbeitslosigkeit, Todesfall, Berufsunfähigkeit oder Krankheit, während die Individualversicherung als Schutz nur Lebens- und Rentenversicherungen bietet.
e) Die Träger der Sozialversicherung sind öffentliche Einrichtungen, die Träger der Individualversicherung sind immer Aktiengesellschaften.

**126. Eine Verkäuferin erleidet im Geschäft einen Unfall. An wen muss die Unfallmeldung eingereicht werden?**

a) An die Lebensversicherung
b) An die Krankenversicherung
c) An die Angestelltenversicherung
d) An die Haftpflichtversicherung
e) An die Berufsgenossenschaft

**127. Beim „Tag der offenen Tür“ verletzte sich eine Besucherin ohne eigenes Verschulden an einem zerbrochenen Glas und musste von einem Arzt behandelt werden. Wer kommt für die Arztkosten auf?**

a) Die private Haftpflichtversicherung der Besucherin
b) Die betriebliche Haftpflichtversicherung
c) Die betriebliche Unfallversicherung
d) Die gesetzliche Krankenversicherung der Besucherin
e) Die private Rechtsschutzversicherung der Besucherin

**128. Was trifft auf folgenden Sachverhalt zu: „Ein Unternehmer hat sein Rohstofflager, das einen Wert von 100.000,00 € hat, mit 120.000,00 € versichert."**

a) Der Unternehmer ist unterversichert.
b) Der Unternehmer ist überversichert.
c) Der Unternehmer ist neuwertversichert.
d) Der Unternehmer ist altwertversichert.
e) Der Unternehmer ist richtig versichert.

**129. Wann ersetzt die Versicherung den Wiederbeschaffungswert einer durch Brand zerstörten Anlage?**

a) Bei Unterversicherung
b) Bei Überversicherung
c) Bei Neuwertversicherung
d) Bei Haftpflichtversicherung
e) Bei gleichbleibenden Versicherungsprämien
f) Bei fallenden Versicherungsprämien

**130. Durch welche Versicherung kann sich der Unternehmer wenigstens teilweise gegen Zahlungsausfälle seiner Kunden schützen?**

a) Durch Abschluss einer Haftpflichtversicherung
b) Durch Abschluss einer Betriebsunterbrechungsversicherung
c) Durch Abschluss einer Rechtsschutzversicherung
d) Durch Abschluss einer Kreditversicherung
e) Durch Abschluss einer Personenversicherung

**131. Ein Unternehmer hat für seine Lagerräume eine Einbruchdiebstahlversicherung abgeschlossen mit einer Versicherungssumme von 300.000,00 €. Der Versicherungswert beträgt 250.000,00 €. Welchen Wert ersetzt ihm die Versicherung im Schadensfall?**

a) Sie ersetzt ihm nur einen Schaden in Höhe der eingezahlten Prämien.
b) Sie bezahlt ihm nur den tatsächlichen Schaden bis zu Höhe des Versicherungswertes.
c) Sie zahlt ihm den Schaden in Höhe der Versicherungssumme.
d) Sie ersetzt ihm nur den Schaden im Verhältnis der eingezahlten Beiträge zum Schadenswert.
e) Sie ersetzt ihm nur die Differenz zwischen Versicherungssumme und Versicherungswert.

**132. Die Versicherungssumme beträgt 250.000,00 €, der Versicherungswert dagegen 300.000,00 €. Bei Einbruchdiebstahl entsteht ein Schaden von 12.000,00 €. Wie viel € werden ersetzt?**

a) 12.000,00 €
b) 11.000,00 €
c) 10.000,00 €
d) 6.000,00 €
e) 8.000,00 €

**133. Die private Risikoabsicherung wird vom Staat gefordert und gefördert. Welche Individualversicherung deckt die angeführten Risiken ab? Ordnen Sie zu!**

**Versicherungsarten**

a) Sachversicherung
b) Personenversicherung
c) Vermögensversicherung

**Abzusichernde Risiken**

[ ] Ein Unternehmer, der häufig in Ländern der Dritten Welt liefert, will sich gegen Ausfall seiner Forderungen sichern.

[ ] Ein Spediteur will die von ihm transportierten Waren gegen Verlust und Beschädigung versichern.

[ ] Ein junger Bauunternehmer will seine Familie zusätzlich gegen das Risiko eines Unfalls auf einer Baustelle absichern.

[ ] Ein Betriebsinhaber will sich gegen Risiken absichern, die ihm aus einem Produktionsausfall im Falle eines Brandes entstehen könnten.

[ ] Ein Mieter will sich gegen Risiken absichern, die ihm aus einem Rechtsstreit mit seinem Vermieter entstehen könnten.

**134. Welche Versicherung leistet den jeweiligen Versicherungsschutz? Ordnen Sie zu!**

**Sachverhalte**

a) Ein Arbeitnehmer bricht sich bei einem Betriebsunfall den Arm.

b) Bei einem verschuldeten Autounfall entsteht ein Schaden am Pkw des Unfallgegners.

c) Der 12-jährige Phillip schießt mit dem Fußball die Fensterscheiben des nahe gelegenen Brauereigebäudes ein.

d) Alica Munz wird arbeitslos.

e) Ein Wohnhaus wird durch Brand infolge eines Blitzschlages zerstört.

f) Wegen zu schnellen Fahrens wird das eigene Fahrzeug zerstört. Fremdverschulden liegt nicht vor.

g) Zwei Vertragspartner streiten sich über die Höhe einer Abschlagszahlung.

**Versicherungen**

[ ] Privathaftpflichtversicherung

[ ] Gebäudeversicherung

[ ] Kfz-Haftpflichtversicherung

**135. Wie wirkt sich eine Erhöhung der Rentenversicherungsbeiträge auf die Personalkosten der Unternehmung aus?**

a) Sie hat keine Auswirkung, denn es betrifft nur die Arbeitnehmer.

b) Wenn sich die Beiträge zur Rentenversicherung erhöhen, werden automatisch die Beitragsbemessungsgrenzen vermindert, damit die Gesamtbelastung gleich bleibt.

c) Da die Unternehmen die Hälfte der Beiträge zur Rentenversicherung tragen, erhöhen sich die Personalkosten.

d) Da die Beiträge an die Nettolohnentwicklung gekoppelt sind, werden prozentuale Erhöhungen der Rentenversicherungsbeiträge durch höhere Löhne wieder aufgefangen.

e) Wenn sich die Beiträge zur Rentenversicherung erhöhen, wird die Beitragsbemessungsgrenze automatisch gesenkt, damit die Lohnnebenkostenbelastung für die Unternehmen gleich bleibt.

**136. Ordnen Sie zwei der Sachverhalte den in Frage kommenden Sozialversicherungssparten zu!**

**Sachverhalte**

a) Ein Arbeitnehmer muss seinen Beruf aufgrund eines Freizeitunfalls aufgeben. Er erhält eine Umschulung.

b) Ein Arbeitnehmer pflegt zu Hause seine Mutter und erhält dafür Pflegegeld.

c) Ein Arbeitnehmer verunglückt auf der Fahrt zu seiner Arbeit, ist anschließend 5 Tage arbeitsunfähig und braucht ärztliche Hilfe.

d) Ein Arbeitnehmer kann unter Einhaltung einer Kündigungsfrist zum Ende des nächsten Kalendermonats zu einer anderen Krankenkasse wechseln.

e) Versicherungspflichtgrenze und Beitragsbemessungsgrenze in der gesetzlichen Krankenversicherung sind immer identisch.

f) Nach Ablauf der Entgeltfortzahlung durch den Arbeitgeber erhält der Arbeitnehmer Krankengeld.

**Sozialversicherungssparten**

[ ] Unfallversicherung

[ ] Arbeitslosenversicherung

**137. In welchem Fall müssen Sie in der Personalabteilung nachstehendes Formular ausfüllen?**

a) Ein Mitarbeiter benötigt einen Nachweis für eine vorgeschriebene ärztliche Vorsorgeuntersuchung.
b) Ein Mitarbeiter hat sich während der Arbeitszeit in der Werkstatt verletzt.
c) Einem Mitarbeiter soll nach einem Krankenhausaufenthalt eine Kur bewilligt werden.
d) Ein Mitarbeiter will aus Altersgründen den Übergang zur Teilzeitarbeit beantragen.
e) Ein Mitarbeiter will Kurzarbeitergeld beantragen.

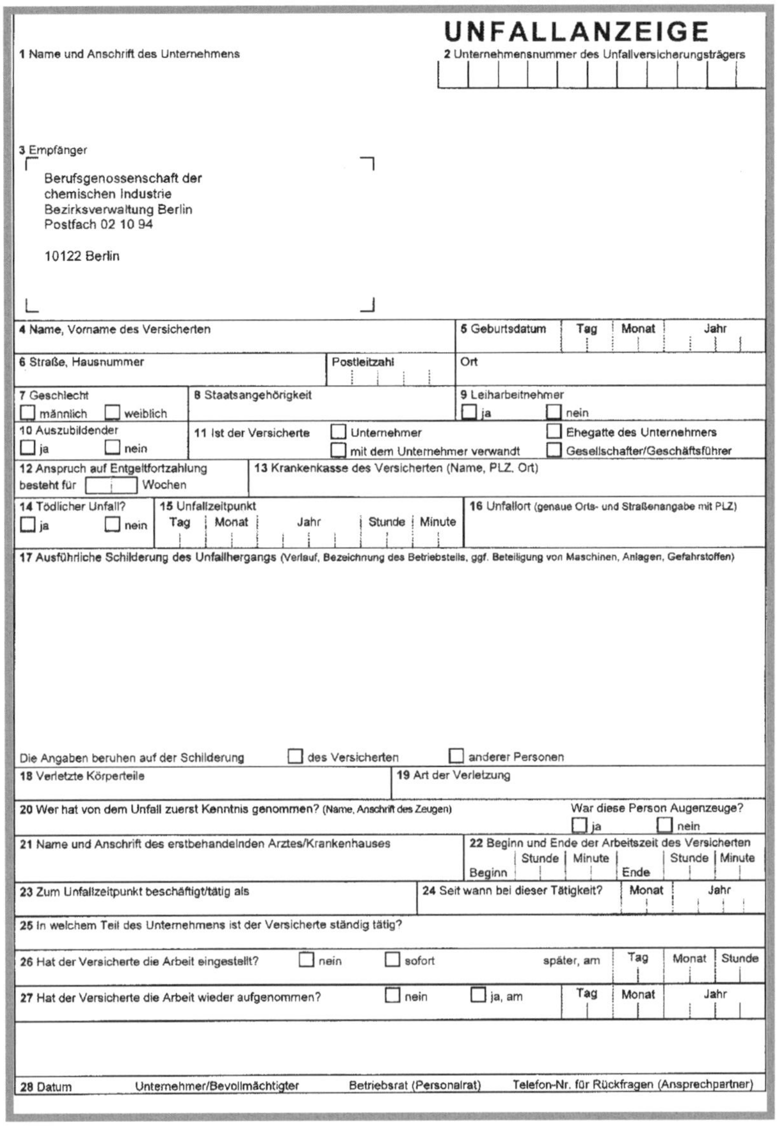
UNFALLANZEIGE

1 Name und Anschrift des Unternehmens
2 Unternehmensnummer des Unfallversicherungsträgers

3 Empfänger
Berufsgenossenschaft der chemischen Industrie
Bezirksverwaltung Berlin
Postfach 02 10 94

10122 Berlin

4 Name, Vorname des Versicherten | 5 Geburtsdatum Tag Monat Jahr
6 Straße, Hausnummer | Postleitzahl | Ort
7 Geschlecht ☐ männlich ☐ weiblich | 8 Staatsangehörigkeit | 9 Leiharbeitnehmer ☐ ja ☐ nein
10 Auszubildender ☐ ja ☐ nein | 11 Ist der Versicherte ☐ Unternehmer ☐ mit dem Unternehmer verwandt ☐ Ehegatte des Unternehmers ☐ Gesellschafter/Geschäftsführer
12 Anspruch auf Entgeltfortzahlung besteht für ___ Wochen | 13 Krankenkasse des Versicherten (Name, PLZ, Ort)
14 Tödlicher Unfall? ☐ ja ☐ nein | 15 Unfallzeitpunkt Tag Monat Jahr Stunde Minute | 16 Unfallort (genaue Orts- und Straßenangabe mit PLZ)
17 Ausführliche Schilderung des Unfallhergangs (Verlauf, Bezeichnung des Betriebsteils, ggf. Beteiligung von Maschinen, Anlagen, Gefahrstoffen)

Die Angaben beruhen auf der Schilderung ☐ des Versicherten ☐ anderer Personen
18 Verletzte Körperteile | 19 Art der Verletzung
20 Wer hat von dem Unfall zuerst Kenntnis genommen? (Name, Anschrift des Zeugen) | War diese Person Augenzeuge? ☐ ja ☐ nein
21 Name und Anschrift des erstbehandelnden Arztes/Krankenhauses | 22 Beginn und Ende der Arbeitszeit des Versicherten: Beginn Stunde Minute, Ende Stunde Minute
23 Zum Unfallzeitpunkt beschäftigt/tätig als | 24 Seit wann bei dieser Tätigkeit? Monat Jahr
25 In welchem Teil des Unternehmens ist der Versicherte ständig tätig?
26 Hat der Versicherte die Arbeit eingestellt? ☐ nein ☐ sofort später, am Tag Monat Stunde
27 Hat der Versicherte die Arbeit wieder aufgenommen? ☐ nein ☐ ja, am Tag Monat Jahr

28 Datum | Unternehmer/Bevollmächtigter | Betriebsrat (Personalrat) | Telefon-Nr. für Rückfragen (Ansprechpartner)

**138. Ordnen Sie zu!**

**Streitfälle**

a) Streitigkeiten zwischen Arbeitgeber und Betriebsrat
b) Streitigkeiten aus dem Verkauf eines alten Dienstfahrzeuges an einen Mitarbeiter
c) Streitigkeiten wegen eines Anspruchs auf Arbeitslosengeld
d) Streitigkeiten aus einem Einkommensteuerbescheid
e) Streitigkeiten aus einer Kaufmannsgehilfenprüfung wegen eines Verfahrensfehlers
f) Streitigkeiten aus der Kündigung einer Sozialwohnung

**Gerichte**

[ ] Finanzgericht
[ ] Verwaltungsgericht
[ ] Sozialgericht
[ ] Arbeitsgericht

Teil 3: Wirtschafts- und Sozialkunde

**139. Wann finden Betriebsratswahlen statt?**

a) Alle 3 Jahre
b) Alle 4 Jahre
c) Auf Antrag des Betriebsratsvorsitzenden
d) Auf Antrag der Geschäftsleitung
e) Auf Antrag der Gewerkschaft

**140. Welches Gesetz regelt die Rechte der Jugendvertretung?**

a) Jugendschutzgesetz
b) Berufsbildungsgesetz
c) Jugendarbeitsschutzgesetz
d) Tarifvertragsgesetz
e) Betriebsverfassungsgesetz

**141. Wer hat innerhalb des Betriebes nach dem Betriebsverfassungsgesetz besondere Rechte?**

a) Der Prokurist
b) Der Betriebsrat
c) Der Handlungsbevollmächtigte
d) Die Geschäftsleitung
e) Der leitende Angestellte

**142. Was ist eine Betriebsversammlung?**

a) Die Versammlung von allen Betriebsratsmitgliedern, auf der über einen Vorschlag der Geschäftsleitung beraten wird.
b) Die Versammlung von Mitarbeitern nach Dienstende, um eine Betriebsneuorganisation zu besprechen.
c) Die Versammlung aller Geschäftsleitungsmitglieder, auf der über ein neues Projekt beraten wird.
d) Die Versammlung der Mitarbeiter eines Betriebes während der Arbeitszeit, die vom Betriebsrat einberufen wird.
e) Die Versammlung von Mitarbeitern, um den Betriebsrat zu wählen.

**143. Wer ist berechtigt, an der Betriebsversammlung teilzunehmen?**

a) Alle Arbeitnehmer des Unternehmens und die Geschäftsführung
b) Nur die in der Gewerkschaft organisierten Mitarbeiter
c) Nur die Betriebsratsmitglieder und die Gewerkschaftsvertreter
d) Nur die Vollzeitmitarbeiter und die Führungskräfte
e) Nur die Vollzeitmitarbeiter und die Auszubildenden

**144. Wer zählt nach dem Betriebsverfassungsgesetz zu den leitenden Angestellten?**

a) Kolonnenführer
b) Betriebsratsvorsitzender
c) Komplementär
d) Sicherheitsbeauftragter
e) Prokurist

**145. In welchem Fall hat der Betriebsrat ein Mitbestimmungsrecht?**

a) Aufnahme eines Gesellschafters
b) Einstellung eines leitenden Angestellten
c) Festlegung der Gewinnverteilung
d) Durchführung betrieblicher Bildungsmaßnahmen
e) Aufnahme eines neuen Artikels ins Sortiment

**146. In welchem Fall übt der Betriebsrat sein Mitbestimmungsrecht in sozialen Angelegenheiten gemäß Betriebsverfassungsgesetz aus?**

a) Der Betriebsrat eines in Schwierigkeiten geratenen Unternehmens handelt mit dem Arbeitgeber einen Sozialplan aus.
b) Der Betriebsrat nimmt Stellung zu einer vom Arbeitgeber ausgesprochenen Kündigung eines Arbeitnehmers, die er für sozial ungerechtfertigt hält.
c) Der Betriebsrat vereinbart mit dem Arbeitgeber, dass die im Betrieb zu besetzende Stellen im eigenen Unternehmen auszuschreiben sind.
d) Arbeitgeber und Betriebsrat vereinbaren, dass Beginn und Ende der täglichen Arbeitszeit um eine halbe Stunde vorverlegt werden.
e) Der Betriebsrat verlangt vom Arbeitgeber, über die wirtschaftliche und finanzielle Lage des Unternehmens informiert zu werden.

**147. Welche Aussage über die Jugendvertretung ist richtig?**

a) Mitglieder des Betriebsrates können nicht zu Jugendvertretern gewählt werden.
b) Das passive Wahlrecht für die Jugendvertretung endet mit Vollendung des 18. Lebensjahres.
c) Das Mindestalter für das aktive Wahlrecht beträgt 16 Jahre.
d) Die regelmäßige Amtszeit der Jugendvertretung beträgt 3 Jahre.
e) Die Jugendvertretung hat in allen Betriebsratssitzungen volles Stimmrecht.

**148. Welche <u>zwei</u> Regelungen über die Jugend- und Auszubildendenvertretung sind laut Gesetz zutreffend?**

a) Die Jugend- und Auszubildendenvertretung wird auf 3 Jahre gewählt.
b) Als Jugend- und Auszubildendenvertreter sind alle Arbeitnehmer des Betriebes unter 25 Jahren wählbar.
c) Eine Jugend- und Auszubildendenvertretung kann nur in Betrieben eingerichtet werden, in denen mindestens 20 Arbeitnehmer unter 18 Jahren beschäftigt sind.
d) Gesetzliche Grundlage für die Tätigkeit der Jugend- und Auszubildendenvertretung ist das HGB.
e) Wahlberechtigt sind nur alle Arbeitnehmer und Auszubildenden des Betriebes unter 18 Jahren.
f) Die Jugend- und Auszubildendenvertretung wird für zwei Jahre gewählt.

**149. Welche Aussage zur vorgeschriebenen regelmäßigen Betriebsversammlung ist richtig?**

a) Die Betriebsversammlung ist öffentlich.
b) Die Betriebsversammlung besteht aus den Arbeitnehmern des Betriebes und den zur gesetzlichen Vertretung des Betriebsrates berufenen Personen.
c) Der Arbeitgeber ist zu den Betriebsversammlungen einzuladen und ist berechtigt, in den Versammlungen zu sprechen.
d) Die Zeit der Teilnahme an Betriebsversammlungen einschließlich der zusätzlichen Wegezeiten ist den Arbeitnehmern nicht zu vergüten.
e) An den Betriebsversammlungen können Beauftragte der im Betrieb vertretenen Gewerkschaften nicht teilnehmen.

**150. In welchen Fällen hat der Betriebsrat welches Recht? Ordnen Sie zu. Sehen Sie dazu noch den Ausschnitt aus dem Betriebsverfassungsgesetz!**

**Fälle**

a) Die Stelle des Sicherheitsbeauftragten soll neu besetzt werden.
b) Eine Mitarbeiterin soll in eine andere Abteilung versetzt werden.
c) Die Personalplanung soll wegen schlechter Auftragslage verändert werden.
d) Ein Außendienstmitarbeiter soll in die nächst höhere Tarifgruppe eingestuft werden.
e) Übwachungskameras sollen an allen Arbeitsplätzen installiert werden.

**Mitwirkungs- und Mitbestimmungsrechte des BR**

[ ] Mitbestimmungsrecht bei sozialen Angelegenheiten (§ 87 BetrVG)

[ ] Unterrichtungs- und Beratungsrecht (§ 92 BetrVG)

Teil 3: Wirtschafts- und Sozialkunde

**Betriebsverfassungsgesetz (Auszug)**

**§ 87 Mitbestimmungsrechte** (1) Der Betriebsrat hat, soweit eine gesetzliche oder tarifliche Regelung nicht besteht, in folgenden Angelegenheiten mitzubestimmen:

1. Fragen der Ordnung des Betriebs und des Verhaltens der Arbeitnehmer im Betrieb;
2. Beginn und Ende der täglichen Arbeitszeit einschließlich der Pausen sowie Verteilung der Arbeitszeit auf die einzelnen Wochentage;
3. vorübergehende Verkürzung oder Verlängerung der betriebsüblichen Arbeitszeit;
4. Zeit, Ort und Art der Auszahlung der Arbeitsentgelte;
5. Aufstellung allgemeiner Urlaubsgrundsätze und des Urlaubsplans sowie die Festsetzung der zeitlichen Lage des Urlaubs für einzelne Arbeitnehmer, wenn zwischen dem Arbeitgeber und den beteiligten Arbeitnehmern kein Einverständnis erzielt wird;
6. Einführung und Anwendung von technischen Einrichtungen, die dazu bestimmt sind, das Verhalten oder die Leistung der Arbeitnehmer zu überwachen;
7. Regelungen über die Verhütung von Arbeitsunfällen und Berufskrankheiten sowie über den Gesundheitsschutz im Rahmen der gesetzlichen Vorschriften oder der Unfallverhütungsvorschriften;
8. Form, Ausgestaltung und Verwaltung von Sozialeinrichtungen, deren Wirkungsbereich auf den Betrieb, das Unternehmen oder den Konzern beschränkt ist;
9. Zuweisung und Kündigung von Wohnräumen, die den Arbeitnehmern mit Rücksicht auf das Bestehen eines Arbeitsverhältnisses vermietet werden, sowie die allgemeine Festlegung der Nutzungsbedingungen;

*
*
*

**§ 92 Personalplanung** (1) Der Arbeitgeber hat den Betriebsrat über die Personalplanung, insbesondere über den gegenwärtigen und künftigen Personalbedarf sowie über die sich daraus ergebenden personellen Maßnahmen und Maßnahmen der Berufsbildung anhand von Unterlagen rechtzeitig und umfassend zu unterrichten. Er hat mit dem Betriebsrat über Art und Umfang der erforderlichen Maßnahmen und über die Vermeidung von Härten zu beraten.

**151. Was ist das Ergebnis der Einigung zwischen Unternehmer und Betriebsrat über den Ausgleich oder die Milderung der wirtschaftlichen Nachteile, die den Arbeitnehmern infolge einer geplanten Betriebsänderung entstehen?**

a) Tarifvertrag
b) Sozialplan
c) Sozialgericht
d) Sozialeinrichtung
e) Schlichtung

**152. In welchem Fall hat der Betriebsrat nur ein Unterrichtungs- und Beratungsrecht, aber kein Mitbestimmungsrecht?**

a) Bei Festlegung der Grundsätze über das betriebliche Vorschlagswesen
b) Bei Einführung und Anwendung von technischen Einrichtungen, die dazu bestimmt sind, das Verhalten oder die Leistung der Arbeitnehmer zu überwachen
c) Bei Fragen der Ordnung des Betriebes und des Verhaltens der Arbeitnehmer im Betrieb
d) Bei Planung des Personalbedarfs für die Erweiterung der Produktion
e) Bei Aufstellung von Entlohnungsgrundsätzen und der Einführung und Anwendung von neuen Entlohnungsformen
f) Bei Festlegung von Beginn und Ende der täglichen Arbeitszeit einschließlich Pausen

**153. Einem Arbeitnehmer wurde ohne Anhörung des Betriebsrates gekündigt. Wie ist nach dem Betriebsverfassungsgesetz die Rechtslage?**

a) Die Kündigung ist wirksam, weil weder eine Anhörung noch eine Zustimmung des Betriebsrates vorgeschrieben ist.
b) Die Kündigung ist wirksam, weil eine Anhörung des Betriebsrates nicht vorgeschrieben ist.
c) Die Kündigung wird durch nachträgliche Anhörung des Betriebsrates wirksam.
d) Die Kündigung ist unwirksam, weil jede Kündigung der Zustimmung des Betriebsrates bedarf.
e) Die Kündigung ist unwirksam, weil eine Anhörung des Betriebsrates zwingend vorgeschrieben ist.

**154. Welche Aussage über die Jugendvertretung trifft nach dem Betriebsverfassungsgesetz zu?**

a) Die Jugendvertretung vertritt nur die gewerkschaftlich organisierten Jugendlichen im Betrieb.
b) Bei der Wahl zur Jugendvertretung sind alle Arbeitnehmer wahlberechtigt, die das 24. Lebensjahr noch nicht vollendet haben.
c) Die Jugendvertretung hat die Aufgabe, Maßnahmen, die den jugendlichen Arbeitnehmern dienen, beim Betriebsrat zu beantragen.
d) Die Jugendvertretung kann nur dann einen Vertreter zu Betriebsratssitzungen entsenden, wenn Angelegenheiten behandelt werden, die besonders jugendliche Arbeitnehmer betreffen.
e) Die Jugendvertretung vertritt selbstständig die Interessen der jugendlichen Arbeitnehmer durch Verhandlungen mit der Geschäftsleitung.

**155. Welche Aussage zur Jugendvertretung ist richtig?**

a) Der Betriebsrat hat die Jugendvertretung zu allen Besprechungen zwischen Arbeitgeber und Betriebsrat hinzuzuziehen.
b) Bei Angelegenheiten jugendlicher Arbeitnehmer kann die Jugendvertretung von sich aus die Tagesordnung der nächsten Betriebsratssitzung erweitern.
c) Der Arbeitgeber ist nicht verpflichtet, die Aufwendungen für die Jugendvertretung zu tragen.
d) Die Jugendvertretung muss vor und nach jeder Betriebsratssitzung eine Jugendversammlung einberufen.
e) Jugendvertreter genießen während der Amtszeit einen erweiterten Kündigungsschutz.

**156. Welche Aussage über die Mitbestimmung des Betriebsrats ist richtig?**

a) Sie ist in allen Betrieben gesetzlich vorgeschrieben.
b) Der Betriebsrat ist paritätisch im Aufsichtsrat einer Kapitalgesellschaft vertreten.
c) Sie gibt es nur in Kleinbetrieben.
d) Sie erstreckt sich auch auf das Gebiet der Berufsbildung.
e) Mitbestimmung des Betriebsrats gibt es schon seit Beginn der Industrialisierung.
f) Sie schließt die Mitentscheidung über alle Investitionen im Betrieb ein.

**157. Für welchen Zeitraum wird die Jugend- und Auszubildendenvertretung im Regelfall gewählt?**

a) 1 Jahr
b) 2 Jahre
c) 3 Jahre
d) 4 Jahre
e) 5 Jahre

**158. Die 40 jugendlichen Arbeitnehmer einer Unternehmung wollen eine Jugend- und Auszubildendenvertretung wählen. Ein Kandidat ist der 23-jährige Günther Kohl. Kann er für 2 Jahre zum Jugend- und Auszubildendenvertreter gewählt werden?**

a) Ja, wenn er das Amt vorher schon innehatte, da deshalb das Lebensalter keine Rolle spielt.
b) Ja, wenn er das Vertrauen der Jugendlichen genießt und gleichzeitig in den Betriebsrat gewählt wird.
c) Ja, denn er hat das 25. Lebensjahr noch nicht vollendet.
d) Nein, denn er ist bereits volljährig.
e) Nein, denn er würde während seiner Amtszeit das 25. Lebensjahr überschreiten.

**159. Welche Maßnahme des Arbeitgebers fällt unter das Mitbestimmungsrecht des Betriebsrates in personellen Angelegenheiten?**

a) Einführung von Beurteilungsgrundsätzen
b) Aufstellen einer Betriebs- und Hausordnung
c) Festlegen von Zeit, Ort und Art der Auszahlung des Arbeitsentgelts
d) Zusammenschluss von Betrieben
e) Vorübergehende Kurzarbeit

**160. Welche Regelung sieht das Betriebsverfassungsgesetz vor?**

a) Der Arbeitnehmer hat das Recht, in die über ihn geführten Personalakten Einsicht zu nehmen.
b) Die Beschäftigung Jugendlicher unter 15 Jahren ist verboten.
c) Der Aufsichtsrat eines Unternehmens mit in der Regel mehr als 10 000 Arbeitnehmern setzt sich zusammen aus je sechs Aufsichtsratsmitgliedern der Anteilseigner und der Arbeitnehmer.
d) Während der Probezeit kann das Berufsausbildungsverhältnis jederzeit ohne Einhaltung einer Kündigungsfrist gekündigt werden.
e) Die regelmäßige werktägliche Arbeitszeit darf die Dauer von acht Stunden nicht überschreiten.

**161. Der Arbeitgeber will Beginn und Ende der täglichen Arbeitszeit sowie die Pausen neu regeln. Welche Aussage ist richtig?**

a) Der Betriebsrat hat ein Mitbestimmungsrecht.
b) Der Betriebsrat hat nur ein Informationsrecht.
c) Der Betriebsrat hat nur ein Anhörungsrecht.
d) Der Betriebsrat hat nur ein Beratungsrecht.
e) Der Betriebsrat hat das alleinige Entscheidungsrecht.

**162. Wozu ist der Arbeitgeber nach dem Betriebsverfassungsgesetz verpflichtet?**

a) Mit den Wirtschaftsverbänden seiner Branche vertrauensvoll zusammenzuarbeiten.
b) Gemeinsam mit dem Betriebsrat und den im Betrieb vertretenen Gewerkschaften und Arbeitgeberverbänden zum Wohle der Arbeitnehmer und des Betriebes zusammenzuwirken.
c) Die Arbeitnehmer zu regelmäßigen Betriebsversammlungen einzuladen.
d) Vertrauensvoll mit der Industrie- und Handelskammer zur Förderung der betrieblichen Ausbildung zusammenzuarbeiten.
e) Bei Personengesellschaften einen Aufsichtsrat zu bilden.
f) Den Betriebsrat in allen personellen Angelegenheiten mitbestimmen zu lassen.

**163. Bei welcher Angelegenheit hat der Betriebsrat ein volles Mitbestimmungsrecht?**

a) Errichtung von Zweigbetrieben
b) Aufstellung allgemeiner Lohngrundsätze und Einführung neuer Entlohnungsmethoden
c) Feststellung der wirtschaftlichen und finanziellen Lage des Unternehmens
d) Beschluss über die Zusammenarbeit von Unternehmen
e) Aufstellung des Produktions- und Investitionsprogramms

**164. Welche Aussage zum Betriebsrat ist richtig?**

a) Arbeitgeber, Arbeiter und Angestellte wählen gemeinsam einen Betriebsrat.
b) Der Betriebsrat wird bei den regelmäßigen Betriebsratswahlen für fünf Jahre gewählt.
c) Auszubildende sind grundsätzlich von den Betriebsratswahlen ausgeschlossen.
d) Betriebsräte müssen in allen Betrieben eingerichtet werden.
e) Der Betriebsrat hat einmal im Kalendervierteljahr eine Betriebsversammlung einzuberufen und in dieser einen Tätigkeitsbericht zu erstatten.
f) Der Betriebsrat wählt die Arbeitnehmervertreter und Arbeitnehmerinnenvertreterinnen für die Aufsichtsräte von Unternehmen.

**165. Ein Unternehmer will neue Kontrollgeräte einführen, um die Arbeitsleistung der Mitarbeiter zu überwachen. Welches Recht hat in diesem Fall der Betriebsrat?**

a) Er hat nur ein Informationsrecht.
b) Er hat nur ein Beratungsrecht.
c) Er hat ein Mitbestimmungsrecht.
d) Er hat nur ein Anhörungsrecht.
e) Er hat nur ein Kontrollrecht.

**166. Das Betriebsverfassungsgesetz regelt die Wirksamkeit betrieblicher Maßnahmen. Welche Maßnahme wird erst nach Zustimmung durch den Betriebsrat wirksam?**

a) Die Einstellung von leitenden Angestellten
b) Die Renovierung des Verkaufsbüros
c) Die Festlegung der Betriebsferien
d) Die Erhöhung des Eigenkapitals des Unternehmens
e) Die Zahlung eines zusätzlichen Altersruhegeldes

**167. Wer kann die Jugend- und Auszubildendenvertretung wählen?**

a) Nur Arbeitnehmer unter 18 Jahren
b) Alle Arbeitnehmer des Betriebes
c) Alle Auszubildenden
d) Nur gewerkschaftlich organisierte Jugendliche und Auszubildende
e) Alle Arbeitnehmer unter 18 Jahren und alle Auszubildenden unter 25 Jahren

**168. In welchem Gesetz sind die Beziehungen zwischen Arbeitgeber, Arbeitnehmer und Betriebsrat geregelt?**

a) Im Bürgerlichen Gesetzbuch
b) Im Handelsgesetzbuch
c) Im Betriebsverfassungsgesetz
d) Im Tarifvertrag
e) Im Arbeitsschutzgesetz

**169. In einer Bank-AG, in der ein Betriebsrat besteht, sind u. a. zwei Mitarbeiter unter 16 Jahren, zwei Auszubildende, die das 18. Lebensjahr gerade vollendet haben, und drei 24-jährige Auszubildende beschäftigt. Es soll eine Jugend- und Auszubildendenvertretung gewählt werden. Welche Aussage ist richtig?**

a) Die drei 24-jährigen Auszubildenden sind zwar wählbar, aber nicht wahlberechtigt zur Jugend- und Auszubildendenvertretung.
b) Wenn in diesem Betrieb keine weiteren Jugendlichen und Auszubildenden, aber noch andere Arbeitnehmer zwischen 18 und 25 Jahren beschäftigt werden, so sind insgesamt sieben Personen wählbar.
c) Bei den Wahlen zur Jugend- und Auszubildendenvertretung sind - anders als bei der Betriebsratswahl - aktives und passives Wahlrecht vom Gesetzgeber in gleicher Weise geregelt.
d) In diesem Betrieb kann eine Jugend- und Auszubildendenvertretung gewählt werden, weil mindestens fünf Wahlberechtigte beschäftigt werden.
e) In diesem Betrieb sind vier Personen wahlberechtigt und sieben Personen wählbar zur Jugend- und Auszubildendenvertretung, soweit sich diese nicht bereits an der Betriebswahl beteiligt haben.

**170. Ein Sachbearbeiter eines Kreditinstitutes erhält dort Einblick in die Vermögensverhältnisse seines Nachbarn. Dabei stellt er fest, dass dieser hoch verschuldet ist. Am Abend erzählt er dies seinem Bekanntenkreis weiter. Der Nachbar erfährt davon und beschwert sich beim Kreditinstitut. Eine Woche nach der Beschwerde kündigt das Kreditinstitut nach Anhörung des Betriebsrates das Angestelltenverhältnis schriftlich und fristlos. Welche Aussage ist richtig?**

a) Die Kündigung ist unwirksam, weil die Zustimmung des Betriebsrates nicht vorliegt.
b) Die Kündigung ist unwirksam, weil sie nicht fristgerecht erfolgte.
c) Die Kündigung ist wirksam, weil gegen die Schweigepflicht verstoßen wurde und alle rechtlichen Voraussetzungen beachtet wurden.
d) Die Kündigung ist wirksam, weil ein Angestelltenverhältnis jederzeit fristlos gekündigt werden kann.
e) Die Kündigung ist unwirksam, weil die Verletzung der Schweigepflicht lediglich eine zivilrechtliche Angelegenheit ist und sich nicht auf das Arbeitsverhältnis auswirken kann.

**171. Welche Aussage über den Betriebsrat ist richtig?**

a) Das aktive Wahlrecht zum Betriebsrat beginnt mit Vollendung des 16. Lebensjahres.
b) Betriebsräte sind von ihrer Arbeit freizustellen, soweit es die Betriebsratstätigkeit erfordert.
c) Der Betriebsrat ist Tarifvertragspartner des Arbeitgebers.
d) Die Amtszeit des Betriebsrates beträgt normalerweise zwei Jahre.
e) Betriebsräte erhalten für ihre umfangreiche Tätigkeit eine Betriebsratszulage.

**172. Welcher Fall beinhaltet die Mitbestimmung in sozialen Angelegenheiten?**

a) Der Betriebsrat verlangt Einsicht in die Listen über die Bruttolöhne.
b) Der Arbeitgeber übergibt dem Betriebsrat Bewerbungsunterlagen im Rahmen einer Anhörung.
c) Der Betriebsrat möchte anlässlich des Firmenjubiläums ein Betriebsfest veranstalten.
d) Der Arbeitgeber beabsichtigt seinen Firmensitz in eine 30 km entfernte Stadt zu verlegen.
e) Dem Betriebsrat liegt der Entwurf einer Vereinbarung über Pausenzeiten vor.

**173. Wie wird in Unternehmen, die unter das Mitbestimmungsgesetz von 1976 fallen, der Aufsichtsrat zusammengesetzt?**

a) Der Aufsichtsrat besteht zu 2/3 aus Vertretern der Anteilseigner und zu 1/3 aus Vertretern der Arbeitnehmer.
b) Der Aufsichtsrat besteht zu 1/3 aus Vertretern der Anteilseigner und zu 2/3 aus Vertretern der Arbeitnehmer.
c) Der Aufsichtsrat besteht nur aus Vertretern der Anteilseigner.
d) Der Aufsichtsrat besteht nur aus Vertretern der Arbeitnehmer.
e) Der Aufsichtsrat besteht je zur Hälfte aus Vertretern der Arbeitnehmer und der Anteilseigner.

**174. Welche Regelung ist nach dem Mitbestimmungsgesetz von 1976 vorgeschrieben, wenn sich bei einer Abstimmung im Aufsichtsrat einer AG Stimmengleichheit ergibt?**

a) Die Entscheidung muss einem Schlichtungsausschuss übertragen werden.
b) Die Abstimmung muss dreimal wiederholt werden.
c) Die Entscheidung muss auf die nächste Sitzung innerhalb von einer Woche vertagt werden.
d) Der Aufsichtsratsvorsitzende hat zwei Stimmen, wenn sich bei erneuter Abstimmung wieder Stimmengleichheit ergibt.
e) Der Arbeitsdirektor hat die Befugnis zur Entscheidung.

**175. Welche Aussage zur Wahl und Zusammensetzung des Aufsichtsrates ist nach dem Mitbestimmungsgesetz von 1976 richtig?**

a) Der Aufsichtsrat besteht aus 11 Mitgliedern.

b) Die Aufsichtsratsmitglieder der Arbeitnehmer werden von den im Betrieb vertretenen Gewerkschaften ernannt.

c) Wahlberechtigt für die Wahl zum Aufsichtsrat sind alle Arbeitnehmer des Unternehmens, die das 16. Lebensjahr vollendet haben.

d) Der Aufsichtsrat einer Aktiengesellschaft muss zu einem Drittel aus Vertretern der Arbeitnehmer bestehen.

e) Unter den Vertretern der Arbeitnehmer im Aufsichtsrat müssen auch Vertreter der Gewerkschaften sein.

**176. Welche Aussage zum Mitbestimmungsgesetz von 1976 ist richtig?**

a) Das Gesetz regelt die Wahl von Betriebs- bzw. Personalräten.

b) Die Betriebsräte können die Arbeitnehmervertreter in den Aufsichtsrat wählen.

c) Dem Vorstand gehört als gleichberechtigtes Mitglied ein Arbeitsdirektor an.

d) Die Arbeitnehmer eines Unternehmens wählen in einer Betriebsversammlung die Arbeitnehmervertreter für den Aufsichtsrat.

e) Das Gesetz gilt nur für Betriebe mit in der Regel 500 bis 2 000 Beschäftigten.

**177. Welches Unternehmen unterliegt dem Mitbestimmungsgesetz von 1976?**

a) Eine Aktiengesellschaft mit 4 800 Beschäftigten

b) Eine Aktiengesellschaft mit einem Jahresumsatz von 300 Mio. € und 1 300 Beschäftigten

c) Eine Genossenschaft mit 600 Beschäftigten

d) Eine Offene Handelsgesellschaft mit 2 300 Beschäftigten

e) Eine GmbH mit 1 700 Beschäftigten

**178. Ordnen Sie zu!**

**Mitbestimmungsmöglichkeiten**

a) Der Aufsichtsrat besteht jeweils aus der gleichen Anzahl von Vertretern der Anteilseigner und Arbeitnehmer.

b) Der Aufsichtsrat besteht aus 5 Vertretern der Anteilseigner, 5 Vertretern der Arbeitnehmer sowie dem sogenannten „neutralen Mann".

c) Der Aufsichtsrat besteht nur aus Vertretern der Anteilseigner.

d) Der Aufsichtsrat besteht zu einem Drittel aus Vertretern der Arbeitnehmer.

e) Es bestehen keine Mitbestimmungsmöglichkeiten.

f) Die Arbeitnehmervertreter müssen Gewerkschaftsmitglieder sein.

**Geltungsbereiche in Organen von Unternehmen**

[ ] Personengesellschaften mit 4 Beschäftigten

[ ] Kapitalgesellschaften mit i.d.R. mehr als 2 000 beschäftigten Arbeitnehmern

[ ] Kapitalgesellschaften mit i.d.R. 500 bis 2 000 beschäftigten Arbeitnehmern

**179. In welchen Fällen entscheidet die gemäß Betriebsverfassungsgesetz einzurichtende Einigungsstelle auf Antrag einer Seite?**

a) Bei Meinungsverschiedenheiten zwischen Arbeitgeber und Arbeitnehmern

b) Bei Meinungsverschiedenheiten zwischen Arbeitgeber und Betriebsrat

c) Bei Arbeitskampfmaßnahmen zwischen Arbeitgeber und Betriebsrat

d) Bei Meinungsverschiedenheiten zwischen Arbeitgeber und dem im Betrieb vertretenen Gewerkschaften

e) Bei betrieblichen Konflikten zwischen Betriebsrat und Jugendvertretung

**180. Ordnen Sie zu!**

**Gesetze**

a) Betriebsverfassungsgesetz

b) Tarifvertragsgesetz

c) Mitbestimmungsgesetz

d) Jugendarbeitsschutzgesetz

e) Schwerbehindertengesetz

f) Kündigungsschutzgesetz

g) Berufsbildungsgesetz

**Bestimmungen**

[ ] Arbeitgeber und Betriebsrat arbeiten unter Beachtung der geltenden Tarifverträge vertrauensvoll zusammen.

[ ] Die Probezeit muss mindestens einen Monat und darf höchstens vier Monate betragen.

[ ] Bei Stimmengleichheit hat der Aufsichtsratsvorsitzende bei einer erneuten Abstimmung zwei Stimmen.

**181. Welches betriebliche Organ besteht aus der gleichen Anzahl von Arbeitnehmer- und Arbeitgebervertretern?**

a) Die Einigungsstelle eines Betriebes

b) Der Betriebsrat eines Betriebes mit mehr als 2 000 Beschäftigten

c) Der Aufsichtsrat einer Aktiengesellschaft mit 800 Beschäftigten

d) Die Betriebsversammlung eines Betriebes mit 50 Beschäftigten

e) Der Vorstand eines Montanbetriebes mit mehr als 1 000 Beschäftigte

**182. In welcher Zeile ist die Zuständigkeit der Arbeitsgerichte richtig dargestellt? Arbeitsgerichte sind zuständig bei Streitigkeiten zwischen:**

| | Arbeitgeber und Arbeitnehmer (Einzelarbeitsvertrag) | Arbeitgeber und Betriebsrat (Betriebsvereinbarung) | Gewerkschaft und Arbeitgeberverbände (Tarifvertrag) |
|---|---|---|---|
| a) | nein | nein | nein |
| b) | nein | nein | ja |
| c) | nein | ja | ja |
| d) | ja | ja | ja |
| e) | ja | ja | nein |
| f) | ja | nein | nein |

**183. Im Arbeitsrecht besteht der Rechtsgrundsatz der Vertragsfreiheit. Was ist darunter zu verstehen?**

a) Die Bestimmungen des Arbeitsvertrages können zwischen Arbeitgeber und Arbeitnehmer ohne Einschränkungen frei ausgehandelt werden.

b) Die Einzelfragen des Arbeitsvertrages können zwischen Arbeitgeber und Arbeitnehmer frei ausgehandelt werden; es sind jedoch die Mindestbestimmungen der Arbeitsschutzgesetze zu beachten.

c) Die Vertragsfreiheit beinhaltet das alleinige Recht des Arbeitgebers, die Vertragsvereinbarungen festzulegen.

d) Die Vertragsfreiheit bezieht sich ausschließlich auf das gegenseitige Recht der freien Auswahl von Arbeitgeber und Arbeitnehmer.

e) Die Vertragsfreiheit bezieht sich ausschließlich auf die freie Wahl des Arbeitsplatzes innerhalb der Bundesrepublik Deutschland.



**184. Ordnen Sie zu!**

**Sachverhalte**

a) An die Qualität der Bildschirme von PCs werden u. a. folgende Anforderungen gestellt:
- ruhiges, flimmerfreies und regelmäßiges Bild
- angenehme Farben
- klare, gut lesbare Zeichen

b) Die Arbeitsspeicher der PCs müssen über mindestens 256 KB verfügen, die Festplatte mindestens 60 Gigabyte aufweisen.

c) Je nach Bestückung der Arbeitstische mit den nötigen Informationsmitteln wie Computer, Telefax, Telefon ist eine Größe von maximal 2 $m^2$ der benötigten Arbeitsfläche vorgeschrieben.

d) Bestimmte Vorschriften regeln u. a. Lüftung, Raumtemperatur, Beleuchtung, Fenster und Oberlichter.

e) Der Betriebsrat hat ein Mitbestimmungsrecht, wenn es darum geht, die Teilnehmer der Projektgruppe festzulegen.

f) Mitarbeiter, die über eine Sehschwäche verfügen, haben nach dieser Vorschrift einen unbedingten Anspruch auf Bezahlung einer Sehhilfe durch den Arbeitgeber.

**Rechtsvorschriften**

[ ] Arbeitsstättenverordnung

[ ] Sicherheitsregeln für Bildschirmarbeitsplätze in Büroräumen

**185. Im Unternehmen ist eine Fachkraft für Arbeitssicherheit tätig. Aufgrund welcher Vorschrift muss diese Kraft beschäftigt werden?**

a) Aufgrund des Arbeitssicherheitsgesetztes
b) Aufgrund des Arbeitsplatzschutzgesetzes
c) Aufgrund der Gewerbeordnung
d) Aufgrund der Unfallverhütungsvorschriften
e) Aufgrund des Tarifvertragsrechtes

**186. Bei der Gestaltung des Arbeitsplatzes sind bestimmte Vorschriften zu beachten. Welches Gesetz bzw. welche Vorschrift hat mit der Arbeitsplatzgestaltung <u>nichts</u> zu tun?**

a) Arbeitsstättenverordnung
b) Richtlinie der Berufsgenossenschaften für Bildschirmarbeitsplätze
c) Unfallverhütungsvorschriften
d) Jugendarbeitsschutzgesetz
e) Brandschutzverordnung

**187. Bei der Einstellung eines Mitarbeiters sind verschiedene Rechtsgrundlagen zu beachten. Ordnen Sie zu!**

**Rechtsgrundlagen**

a) Bürgerliches Gesetzbuch
b) Bundesurlaubsgesetz
c) Betriebsvereinbarung
d) Beschäftigungsförderungsgesetz
e) Arbeitszeitgesetz

**Regelungen im Arbeitsvertrag**

[ ] Gesetzliche Kündigungsfrist nach der Probezeit.
[ ] Die Ruhepausen richten sich nach dem Gesetz.
[ ] Dauer des gesetzlichen Jahresurlaubs.
[ ] Kernarbeitszeit.
[ ] Das Arbeitsverhältnis ist zunächst auf 1 Jahr befristet.

**188. Nach welchem Gesetz darf der Arbeitnehmer grundsätzlich höchstens 10 Stunden am Werktag beschäftigt werden?**

a) Nach dem Handelsgesetzbuch
b) Nach dem Betriebsverfassungsgesetz
c) Nach dem Bürgerlichen Gesetzbuch
d) Nach dem Berufsbildungsgesetz
e) Nach dem Arbeitszeitgesetz

**189. Eine 55-jährige Arbeiterin (Mutter von fünf Kindern) hat beim zuständigen Arbeitsgericht durch Urteil feststellen lassen, dass ihre Kündigung durch den Arbeitgeber sozial ungerechtfertigt war. Aufgrund welchen Gesetzes wurde entschieden?**

a) Arbeitsplatzschutzgesetz
b) Arbeitssicherheitsgesetz
c) Kündigungsschutzgesetz
d) Lohnfortzahlungsgesetz
e) Mutterschutzgesetz

**190. Welches Gesetz ist im Betrieb öffentlich auszuhängen?**

a) Betriebsverfassungsgesetz
b) Tarifvertragsgesetz
c) Gesetz gegen Wettbewerbsbeschränkungen
d) Bundesurlaubsgesetz
e) Jugendarbeitsschutzgesetz

**191. Bringen Sie folgende Tätigkeiten zur Neueinstellung von Mitarbeitern in die richtige Reihenfolge!**

[ ] Arbeitsvertrag
[ ] Stellenangebot im Anzeigenteil der Regionalpresse
[ ] Bewerbungsgespräch (Vorstellungsgespräch)
[ ] Lesen einer Anzeige bei den Stellenangeboten
[ ] Bewerbungsschreiben mit Bewerbungsunterlagen an angegebene Adresse richten

**192. Bringen Sie die folgenden Vorgänge bei der Einstellung eines neuen Einkäufers in die richtige Reihenfolge!**

[ ] Den richtigen Werbeträger auswählen und Personalanzeige entwerfen.

[ ] Ausgewählte Bewerber zur persönlichen Vorstellung einladen, ungeeigneten Bewerbern schriftlich absagen.

[ ] Vorauswahl aus geeigneten Bewerbungen treffen.

[ ] Meldung der Abteilung Einkauf, dass ein Sachbearbeiter für eine neue Warengruppe eingestellt werden soll.

[ ] Geeignete Bewerbungen mit der Abteilung Einkauf besprechen und Vorstellungstermine vereinbaren.

[ ] Restlichen Bewerbern schriftlich absagen.

[ ] Geeigneten Mitarbeiter aufgrund der persönlichen Vorstellung auswählen und arbeitsvertragliche Einzelheiten klären.

**193. Bei der Neueinstellung eines Jugendlichen als Auszubildenden wird bei der Bavaria Fahrradwerke KG besonderen Wert auf den Arbeitsschutz gelegt. Der Arbeitgeber ist bestrebt, dem neuen Mitarbeiter einen sicheren Ausbildungsplatz anzubieten. Dies erfordert u. a., dass er sich auf aktuellem Kenntnisstand bezüglich der Gesetzgebung im Arbeitsschutz befindet. Bringen Sie die diesbezüglich angegebenen Arbeitsschritte in die richtige Reihenfolge!**

[ ] Am ersten Tag der Ausbildung an Maschinen muss eine Unterweisung über das erforderliche Verhalten im Gefahrenbereich vorgenommen werden.

[ ] Die Sicherheitsfachkraft berät den Arbeitgeber bei der Mängelbeseitigung.

[ ] Der Arbeitgeber informiert sich über die aktuellen anzuwendenden Gesetze und Vorschriften zum Arbeitsschutz.

[ ] Der Bewerber wird vor Abschluss des Ausbildungsvertrages auf Unfall- und Gesundheitsgefahren im Unternehmen hingewiesen.

[ ] Der Arbeitgeber beurteilt den vorgesehenen Ausbildungsplatz im Hinblick auf Gefährdungen und stellt Mängel fest.

**194. Ab wann gilt ein Arbeitnehmer als eingestellt?**

a) Mit dem Bestehen des Eignungstests
b) Mit der Vorlage der Arbeitspapiere
c) Mit dem Abschluss des Arbeitsvertrages
d) Mit der Zustimmung der Bundesagentur für Arbeit
e) Mit der ersten Gehaltszahlung

**195. Welche Unterlage bzw. Information muss dem Personalbüro bei Antritt einer neuen Stelle von einem kaufmännischen Angestellten in jedem Fall gegeben werden?**

a) Ein handgeschriebener Lebenslauf
b) Ein ausführliches Bewerbungsschreiben
c) Beglaubigte Zeugnisabschriften
d) Das Geburtsdatum und die Steueridentifikationsnummer
e) Ein polizeiliches Führungszeugnis

**196. Aufgrund einer Stellenausschreibung haben sich viele Bewerber bei der Bavaria Fahrradwerke KG um die Stelle beworben. Bringen Sie die bis zur Einstellung eines geeigneten Bewerbers erforderlichen Arbeitsschritte in die richtige Reihenfolge.**

[ ] Einladen der geeigneten Bewerber zu einem Vorstellungsgespräch.

[ ] Bewerbungsunterlagen auf Vollständigkeit prüfen.

[ ] Analyse der Bewerbungsunterlagen anhand des Anforderungsprofils in der Stellenausschreibung.

[ ] Durchführung der Vorstellungsgespräche (evtl. mit Tests).

[ ] Zusageschreiben und Arbeitsvertrag ausfertigen.

[ ] Auswahl des geeigneten Bewerbers.

**197. Bringen Sie die folgenden Schritte bei der Bearbeitung von Bewerbungsunterlagen in die richtige Reihenfolge!**

[ ] Zur persönlichen Vorstellung durch die Personalabteilung einladen oder absagen.
[ ] Bewerbungsunterlagen durch die Personalabteilung sammeln.
[ ] Die Bewerbungsunterlagen sichten und auswerten.
[ ] Gespräche mit dem Bewerber in der Fach- und Personalabteilung führen.
[ ] Einstellungsentscheidung fällen.

**198. Welche Gruppe von Merkmalen gilt insbesondere für leitende Angestellte eines Betriebes?**

a) Weisungsrecht, Entlohnung in der Regel ohne tarifliche Bindung
b) Tariflohn, Pflicht zur Leistung von Mehrarbeitsstunden
c) Befreiung von der Unfallversicherungspflicht, kein Streikrecht
d) Kein Streikrecht, Tariflohn
e) Generelle Befreiung von der Sozialversicherungspflicht, Tariflohn

**199. Nach welchem Merkmal darf in einem Personalfragebogen nicht gefragt werden?**

a) Familienstand
b) Zugehörigkeit zu einer politischen Partei
c) Zugehörigkeit zu einer Religionsgemeinschaft
d) Erlernter Beruf
e) Frühester Eintrittstermin

**200. Ein Einkaufssachbearbeiter soll eingestellt werden. Welche Unterlagen soll der Bewerber zunächst einreichen?**

a) Das Bewerbungsschreiben mit Zeugnissen, Lebenslauf und Lichtbild.
b) Das Bewerbungsschreiben mit Personalausweis und Zeugnissen.
c) Das Bewerbungsschreiben mit Sozialversicherungsunterlagen und Personalausweis.
d) Das Bewerbungsschreiben mit Nachweis bisheriger Tätigkeiten und Urlaubsbescheinigungen.
e) Das Bewerbungsschreiben mit Gesundheitszeugnis und Lebenslauf.

**201. Bringen Sie die folgenden Schritte bei der Einstellung eines kaufmännischen Angestellten in die richtige Reihenfolge!**

[ ] Ausgewählte Bewerber zu Vorstellungsgesprächen einladen.
[ ] Stellenanzeige in einer Tageszeitung aufgeben.
[ ] Dem Betriebsrat die getroffene Auswahl mitteilen.
[ ] Nach Zustimmung des Betriebsrates einen Arbeitsvertrag mit dem ausgewählten Bewerber abschließen.
[ ] Eingegangene Bewerbungen prüfen und eine Vorauswahl treffen.
[ ] Den Betriebsrat über die geplante Einstellung eines Mitarbeiters unterrichten.
[ ] Vorstellungsgespräche führen und auswerten.

**202. Wann ist eine fristlose Kündigung gerechtfertigt?**

a) Bei lang anhaltender Krankheit des Arbeitnehmers.
b) Bei anhaltendem Auftragsmangel der Firma.
c) Wenn der Arbeitnehmer die vertragsmäßig vereinbarte Arbeit beharrlich verweigert.
d) Bei Rationalisierungsmaßnahmen des Betriebes.
e) Wenn der Arbeitnehmer keine Überstunden machen will.

**203. Welches Gesetz sichert dem Arbeitnehmer das Recht zur Einsicht in seine Personalakte zu?**

a) Das Arbeitsförderungsgesetz
b) Das Jugendarbeitsschutzgesetz
c) Das Berufsbildungsgesetz
d) Das Betriebsverfassungsgesetz
e) Das Bundesausbildungsförderungsgesetz
f) Das Kündigungsschutzgesetz

**204. Welche Angabe steht nicht auf dem Lohnkonto eines Mitarbeiters?**

a) Zuständiges Finanzamt für das Unternehmen
b) Vor- und Familienname
c) Höhe des gezahlten Arbeitsentgelts
d) Höhe des gezahlten Kurzarbeitergeldes
e) Höhe der einbehaltenen Lohnsteuer

**205. Aus Rationalisierungsgründen müssen Mitarbeiter entlassen werden. Welche Kündigungs- oder Arbeitsschutzbestimmung trifft zu?**

a) Massenentlassungen aus Rationalisierungsgründen müssen der Bundesagentur für Arbeit und dem Betriebsrat rechtzeitig mitgeteilt werden.
b) Angestellte, die älter als 28 Jahre sind und dem Betrieb seit ihrem 18. Lebensjahr angehören, haben einen erhöhten Kündigungsschutz.
c) Eine Kündigung aus Rationalisierungsgründen bedarf nicht der Zustimmung des Betriebsrates.
d) Nach dem Schwerbehindertengesetz (SchwbG) ist eine Kündigung aus Rationalisierungsgründen nicht möglich.
e) Betriebsratsmitglieder sind in jedem Fall unkündbar.

**206. In einem Unternehmen hat es in den letzten Monaten Zu- und Abgänge beim Personal gegeben. Welche Aussage über diese Fluktuation lässt sich aus folgender Personalstatistik ableiten?**

| Monat | Sept. | Okt. | Nov. | Dez. | Jan. | Febr. | März |
|---|---|---|---|---|---|---|---|
| Mitarbeiter | 128 | 126 | 124 | 122 | 123 | 124 | 128 |
| Abgänge | 10 | 8 | 10 | 8 | 5 | 3 | 2 |
| Zugänge | 6 | 6 | 8 | 7 | 6 | 7 | 6 |

a) Die Fluktuation ist in den letzten drei Monaten gleich.
b) Die Fluktuation lässt sich aus dieser Statistik nicht bestimmen.
c) Die Fluktuation ist in den letzten drei Monaten gestiegen.
d) Die Fluktuation ist in den letzten drei Monaten niedriger als in den Vormonaten.
e) Die Fluktuation ist im Monat Oktober am größten.

**207. Ein 37-jähriger Angestellter ist seit 15 Jahren im gleichen Unternehmen tätig und will sich zum 1. Januar des nächsten Jahres verändern. Wann muss der Angestellte nach der gesetzlichen Regelung spätestens kündigen?**

a) 30. 06. d. J
b) 30. 09. d. J.
c) 16. 10. d. J.
d) 19. 11. d. J.
e) 30. 11. d. J.
f) 03. 12. d. J.

**208. Ein 23-jähriger Angestellter mit 2-jähriger Betriebszugehörigkeit will zum 01.06. die Arbeitsstelle wechseln. Bis zu welchem Zeitpunkt muss er kündigen, wenn für sein Arbeitsverhältnis die gesetzliche Kündigungsfrist gilt?**

a) 30. 04. des Jahres
b) 01. 04. des Jahres
c) 03. 05. des Jahres
d) 15. 05. des Jahres
e) 01. 05. des Jahres

**Zu den nächsten zwei Aufgaben siehe die abgebildeten Vorschriften zu den Kündigungsfristen.**

**§ 622. [Kündigungsfrist bei Arbeitsverhältnissen]**

(1) Das Arbeitsverhältnis eines Arbeiters oder eines Angestellten (Arbeitnehmers) kann mit einer Frist von vier Wochen zum Fünfzehnten oder zum Ende eines Kalendermonats gekündigt werden.
(2) [1]Für eine Kündigung durch den Arbeitgeber beträgt die Kündigungsfrist, wenn das Arbeitsverhältnis in dem Betrieb oder Unternehmen
1. zwei Jahre bestanden hat, einen Monat zum Ende eines Kalendermonats,
2. fünf Jahre bestanden hat, zwei Monate zum Ende eines Kalendermonats,
3. acht Jahre bestanden hat, drei Monate zum Ende eines Kalendermonats,
4. zehn Jahre bestanden hat, vier Monate zum Ende eines Kalendermonats,
5. zwölf Jahre bestanden hat, fünf Monate zum Ende eines Kalendermonats,
6. fünfzehn Jahre bestanden hat, sechs Monate zum Ende eines Kalendermonats,
7. zwanzig Jahre bestanden hat, sieben Monate zum Ende eines Kalendermonats.

**Der Mitarbeiterin Petra Martin wurde aus zwingenden betrieblichen Gründen gekündigt. Die sozial gerechtfertigte Kündigung erfolgte mit Zustimmung des Betriebsrates und ging ihr am 7. April 2014 zu. Einzelvertragliche und tarifvertragliche Kündigungsfristen wurden nicht vereinbart.**
**Folgende Daten sind bekannt:**

| Name | Geburtsdatum | Eintritt in den Betrieb |
|---|---|---|
| Martin, Petra | 1984-02-16 | 2006-01-02 |

**209. Ermitteln Sie für Frau Martin mit Hilfe der abgebildeten gesetzlichen Bestimmungen das Datum des Ausscheidens aus dem Betrieb! Tragen Sie das Datum (Monat, Tag) unmittelbar in die Kästchen ein!**

**210. Eine weitere Mitarbeiterin, 29 Jahre alt, seit 6 Jahren beschäftigt, will zum 31.12. kündigen. Wann muss ihre Kündigung spätestens beim Unternehmen eingehen? Tragen Sie das Datum (Monat, Tag) in das Kästchen ein!**

**211. Welche Aussage über Kündigungsfristen von Arbeitern und Angestellten ist richtig?**
a) Die einheitliche Grundkündigungsfrist kann durch Tarifvertrag geändert werden.
b) Die vertragliche Kündigungsfrist für Angestellte beträgt vier Wochen zum Quartalsende.
c) Die gesetzliche Kündigungsfrist für Angestellte beträgt 14 Tage zum Monatsende.
d) Die gesetzliche Kündigungsfrist für Arbeiter beträgt 42 Tage.
e) Die gesetzliche Kündigungsfrist für Angestellte beträgt vier Wochen zum Quartalsende.

**212. Welche Angabe zur Kündigung von Arbeitern und Angestellten ist richtig?**
a) Die Kündigungsfrist (Grundfrist) ist für beide 4 Wochen zum 15. des Monats oder zum Monatsende.
b) Wer zum Jahresende aus dem Unternehmen ausscheiden will, muss bei gesetzlicher Kündigungsfrist spätestens am 15. Dezember kündigen.
c) Einem Auszubildenden kann nach der Probezeit mit einer Frist von 3 Monaten gekündigt werden.
d) Ein Angestelltenverhältnis kann unter keinen Umständen fristlos gekündigt werden.
e) Betriebsratsmitgliedern kann nur mit einer Frist von 3 Monaten gekündigt werden.

**213. Welche Aussage zur Beendigung eines Dienstverhältnisses ist richtig?**
a) Eine fristlose Kündigung ist nur während des Ausbildungsverhältnisses möglich.
b) Bei Kündigung durch den Arbeitgeber muss im Zeugnis der Kündigungsgrund genannt werden.
c) Betriebsratsmitglieder sind unkündbar, es sei denn, es liegt ein wichtiger Grund vor, der zur fristlosen Kündigung berechtigt.
d) Die Kündigung kann immer nur zum Ende eines Kalenderjahres erfolgen.
e) Eine Entlassung ist grundsätzlich jederzeit ohne Einhaltung einer Frist möglich.

**214. Welche Kündigungsfrist gilt nach dem BGB für Arbeiter und Angestellte?**

a) Zwei Wochen (14 Tage) zum Monatsende
b) Vier Wochen (28 Tage) zum Monatsende oder zum 15. des Monats
c) Ein Monat zum Monatsende
d) 28 Tage nur zum 15. eines Monats
e) Zwei Monate zum Ende eines Kalendermonats

**215. Welche Aussage über Kündigungsfristen eines Dienstverhältnisses ist richtig?**

a) Die gesetzliche Kündigungsfrist für Angestellte beträgt vier Wochen zum Quartalsende.
b) Die gesetzliche Kündigungsfrist für Arbeiter und Angestellte beträgt während einer vereinbarten Probezeit zwei Wochen.
c) Die gesetzliche Kündigungsfrist für Arbeiter beträgt 1 Monat.
d) Die vertragliche Kündigungsfrist innerhalb der Probezeit von höchstens 6 Monaten beträgt zwei Wochen.
e) Einzelvertraglich kann in Betrieben mit nicht mehr als 20 Arbeitnehmern eine kürzere als die gesetzliche Kündigungsfrist vereinbart werden.

**216. In welchem Fall kann der Arbeitgeber eine außerordentliche Kündigung wirksam aussprechen?**

a) Eine werdende Mutter weigert sich, vier Wochen vor der Entbindung, ihrer Arbeit nachzugehen.
b) Wegen Umsatzrückganges möchte der Arbeitgeber mehreren Arbeitnehmern kündigen.
c) Ein Arbeitnehmer verweigert trotz Abmahnung weiterhin beharrlich die Ausübung der vertraglich vereinbarten Arbeit.
d) Ein Arbeitnehmer hat vor 8 Wochen seinen Arbeitgeber grob beleidigt. Dieser möchte ihn deshalb heute entlassen.
e) Durch die Zunahme der Arbeitsbelastung am Arbeitsplatz mindert sich die Leistungsfähigkeit eines Arbeitnehmers. Damit ist der Arbeitgeber nicht einverstanden.

**217. In der Bavaria Fahrradwerke KG findet eine Umfrage bezüglich des Betriebsklimas statt. Welches Verhalten der Führungskräfte trägt <u>nicht</u> zu einem positiven Betriebsklima bei?**

a) Die Vorgesetzten erkennen die Leistungen, die ihre Mitarbeiter erbringen, an und sind auch in der Lage konstruktive Kritik anzubringen.
b) Die Vorgesetzten bemerken Veränderungen in der Persönlichkeit ihrer Mitarbeiter und bieten ihre Hilfe in einem Vier-Augen-Gespräch an.
c) Die Vorgesetzten erkennen die Stärken und Schwächen ihrer Mitarbeiter und teilen ihnen entsprechend ihren Fähigkeiten verantwortungsvolle Aufgaben zu.
d) Die Vorgesetzten erledigen alle wichtigen und verantwortungsvollen Aufgaben selbst und lassen ihre Mitarbeiter ausschließlich Routinearbeiten durchführen.
e) Die Vorgesetzten fördern die Leistungsfähigkeit und Motivation ihrer Mitarbeiter durch gezielte Personalentwicklungsmaßnahmen.

**218. Die Motivation der Mitarbeiter ist für das Betriebsklima von großer Bedeutung. Welches Führungsverhalten wirkt sich negativ auf die Motivation der Mitarbeiter aus?**

a) Die Mitarbeiter leisten gelegentlich Überstunden, bekommen diese mit Zuschlägen bezahlt.
b) Zwischen der Führungskraft und den Mitarbeitern herrscht ein offenes und ehrliches Verhältnis.
c) Im Unternehmen gibt es sowohl materielle als auch immaterielle Anreizsysteme nur für die Führungskräfte.
d) Die Mitarbeiter werden regelmäßig mit wichtigen Informationen versorgt.
e) Die Mitarbeiter erhalten regelmäßig Feedback von ihren Vorgesetzten, dabei fließen sowohl Lob als auch konstruktive Kritik ein.

**219. Welche Information ist der vorliegenden Arbeitsunfähigkeitsbescheinigung zu entnehmen?**

a) Herr Stanglmeier könnte auch über den 1. Dezember hinaus arbeitsunfähig geschrieben werden.
b) Herr Stanglmeier wird zum 2. Dezember gesundgeschrieben.
c) Herr Stanglmeier war schon vor dem 3. November arbeitsunfähig.
d) Herr Stanglmeier wurde auf Grund eines Arbeitsunfalls arbeitsunfähig geschrieben.
e) Herr Stanglmeier ist Mitglied er Allgemeinen Ortskrankenkasse (AOK).

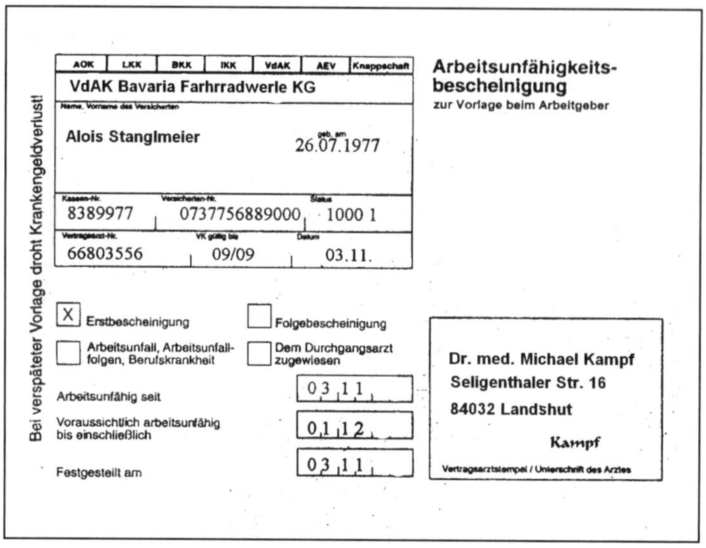

AOK | LKK | BKK | IKK | VdAK | AEV | Knappschaft

VdAK Bavaria Farhrradwerle KG

Name, Vorname des Versicherten

Alois Stanglmeier — geb. am 26.07.1977

Kassen-Nr. 8389977 | Versicherten-Nr. 0737756889000 | Status 1000 1

Vertragsarzt-Nr. 66803556 | VK gültig bis 09/09 | Datum 03.11.

**Arbeitsunfähigkeits-bescheinigung**
zur Vorlage beim Arbeitgeber

Bei verspäteter Vorlage droht Krankengeldverlust!

[X] Erstbescheinigung
[ ] Folgebescheinigung
[ ] Arbeitsunfall, Arbeitsunfallfolgen, Berufskrankheit
[ ] Dem Durchgangsarzt zugewiesen

Arbeitsunfähig seit: 03 11
Voraussichtlich arbeitsunfähig bis einschließlich: 01 12
Festgestellt am: 03 11

Dr. med. Michael Kampf
Seligenthaler Str. 16
84032 Landshut
Kampf
Vertragsarztstempel / Unterschrift des Arztes

**220. Aufgrund welcher gesetzlicher Regelung muss in Betrieben ab einer bestimmten Anzahl von Mitarbeitern eine „Fachkraft für Arbeitssicherheit“ bestellt werden?**

a) Arbeitsförderungsgesetz
b) Betriebsverfassungsgesetz
c) Arbeitsplatzschutzgesetz
d) Arbeitssicherheitsgesetz
e) Gewerbeordnung

**221. Ordnen Sie zu.**

**Verhaltensweisen/Warnungen**

a) Kein Trinkwasser
b) Gehörschutz tragen
c) Warnung vor Gewittern
d) Zutritt für Unbefugte verboten
e) Augenschutz tragen
f) Warnung vor gefährlicher elektrischer Spannung
g) Warnung vor giftigen Stoffen
h) Warnung vor schwebender Last
i) Warnung vor explosivgefährlichen Stoffen

**Abbildungen**

 [ ]

 [ ]

 [ ]

**222. Vom Sicherheitsbeauftragten werden die abgebildeten Sicherheitszeichen vorgestellt und erläutert. Welche Erklärung zu den abgebildeten Sicherheitszeichen ist zutreffend?**

a) Die zweite Reihe zeigt Verbotszeichen. Diese werden immer in Dreiecksform dargestellt.
b) Sicherheitszeichen sind Empfehlungen. Sie müssen nicht in jedem Fall beachtet werden.
c) Die Darstellung der Zeichen (Form und Farbe) kann beliebig erfolgen. Wichtig ist nur, dass der Inhalt bzw. Aussagewert des Zeichens immer gleich ist.
d) Die erste Reihe zeigt Verbotszeichen. Sie werden immer in der angegebenen Form dargestellt.
e) Minderjährige Auszubildende sind verpflichtet, sich an die Sicherheitszeichen zu halten. Die älteren Arbeitnehmer können von Fall zu Fall selbst entscheiden, wie wichtig die Einhaltung ist.

**223. Wie ist die Zuständigkeit für den Gesundheits- und Unfallschutz in Unternehmen geregelt?**

a) Die Unternehmen sind für den Gesundheits- und Unfallschutz verantwortlich, sie werden durch die Gewerbeaufsichtsbehörden und die Berufsgenossenschaften kontrolliert.
b) Die Unternehmen sind für den Gesundheits- und Unfallschutz verantwortlich, sie werden durch die Industrie- und Handelskammern kontrolliert.
c) Die Unternehmen sind für den Gesundheits- und Unfallschutz verantwortlich, sie werden durch die Gewerkschaften kontrolliert.
d) Die Unternehmen sind für den Gesundheits- und Unfallschutz verantwortlich, sie werden durch die Arbeitgeberverbände kontrolliert.
e) Die Unternehmen sind für den Gesundheits- und Unfallschutz verantwortlich, sie werden durch die Sozialpartner kontrolliert.

**224. Auf dem Grundstücksgelände eines Unternehmens ist das abgebildete Schild zu sehen. Welche Bedeutung hat dieses Zeichen?**

a) Mittelpunkt des Grundstücksgeländes
b) Standplatz für den Einsatzleiter der Feuerwehr
c) Sammelplatz für die Mitarbeiter im Falle eines Notfalls
d) Symbol für eine Geländespiel beim Betriebssport
e) Hier befindet sich der Hauptwasserhydrant.

Teil 3: Wirtschafts- und Sozialkunde

**225. Wann sind Arbeitnehmer über die Unfall- und Gesundheitsgefahren im Unternehmen zu belehren?**
a) Nur bei Aufnahme der Beschäftigung
b) Bei Aufnahme der Beschäftigung, anschließend in regelmäßigen Abständen
c) Nach Ablauf der Probezeit, anschließend nach Bedarf
d) Nur vor Aufnahme der Beschäftigung
e) Es besteht keine Pflicht, der Arbeitnehmer hat sich selbst zu informieren.

**226. Was hat eine umweltentlastende Wirkung?**
a) Der Ausbau der Autobahnen und Bundesstraßen
b) Die Beförderung von Industrieabfällen zur Ablagerung in das Ausland
c) Die finanzielle Entlastung im Lkw-Verkehr durch steuerliche Vergünstigungen
d) Die Kanalisierung und Begradigung von Flüssen und Bächen
e) Der Ausbau und die Modernisierung der schienengebundenen Verkehrswege

**227. Die Bavaria Fahrradwerke KG ist laut Gesetz verpflichtet, geeignete Arbeitsschutzmaßnahmen für seine Arbeitnehmer zu ergreifen. Wer ist für die Überprüfung der Einhaltung solcher Arbeitsschutzmaßnahmen zuständig?**
a) Die gesetzlichen Krankenkassen und die Berufsgenossenschaft
b) Ausschließlich die Berufsgenossenschaft
c) Die Gewerbeaufsichtsämter und die gesetzlichen Krankenkassen
d) Der Betriebsarzt und die Berufsgenossenschaft
e) Die Berufsgenossenschaft und die Gewerbeaufsichtsämter bzw. die zuständigen Landesbehörden

**228. Welche Maßnahme gewährleistet keinen effektiven Brandschutz?**
a) Feuerlöschereinrichtungen müssen in jedem Unternehmen vorhanden sein.
b) Feuerlöschereinrichtungen müssen funktionsfähig gehalten werden.
c) Feuerlöschereinrichtungen sind nur in solchen Betrieben anzubringen, in denen Gefahrstoffe hergestellt oder verarbeitet werden.
d) Die Überprüfung der Feuerlöschereinrichtungen ist nur von sachkundigem Personal durchzuführen.
e) Die Überprüfung der Feuerlöschereinrichtungen ist schriftlich festzuhalten.

**229. Wie kann vom Staat das Energiesparen gefördert werden?**
a) Durch Erhöhung der Arbeitnehmersparzulage
b) Durch Erhöhung der Steuern auf Benzin und andere Brennstoffe
c) Durch Verminderung der Subventionen für energiesparende Bauweisen
d) Durch Erhöhung der Wohnungsbauprämie
e) Durch Verschärfung der EU-Bildschirmrichtline

**230. Durch welche Maßnahme des Staates kann die Umweltbelastung verringert werden?**
a) Besteuerung von Kraftfahrzeugen nach Hubraum
b) Gewährung von Zuschüssen für den Umstieg bei der Stromgewinnung von Kohle auf Sonnen- bzw. Windenergie
c) Für jeden beim Straßenbau gefällten Baum wird ein neuer gepflanzt.
d) Erstellen von Waldschadensberichten
e) Förderung des Individualverkehrs

**231. Der Lagerleiter ordnet die gesonderte Aufbewahrung des zurückgenommenen Altöls im Öllager an. Welche rechtliche Vorschrift verbietet es, das Altöl aus Umweltschutzgründen zu verbrennen?**
a) Gefahrstoffverordnung
b) Bundesnaturschutzgesetz
c) Umwelthaftungsgesetz
d) Produkthaftungsgesetz
e) Bürgerliches Gesetzbuch

**232. In der Verwaltung der Bavaria Fahrradwerke KG sind an unterschiedlichen Stellen Abfallsammelstellen zur Abfalltrennung wie folgt eingerichtet:**
**Einzelner Arbeitsplatz: Papier**
**Teeküche – Nassmüll: Kaffeefilter**
**Sammelstelle 1 – Restmüll: beschichtetes Papier**
**Sammelstelle 2 – recycelbare Farbbandkassetten**
**Sammelstelle 3 – Lösungsmittel – Abfall: Klebstoff**
**Welcher Abfall kann wiederverwertet werden?**

a) Klebstoff
b) Schrumpffolie
c) Kaffeefilter
d) Beschichtetes Papier
e) Papier

**233. Dem Grundsatz „Vermeidung vor Verwertung vor Entsorgung" entspricht u. a. die Möglichkeit, Transportverpackungen an den Hersteller zurückzuschicken. Welche rechtliche Vorschrift wird hier beachtet?**

a) Arbeitsstättenverordnung
b) Verpackungsverordnung
c) Produkthaftungsgesetz
d) Strafgesetzbuch
e) Arbeitssicherheitsgesetz
f) BGB

**234. Es ist zwischen Einweg-, Mehrweg- und Leihverpackungen zu unterscheiden. Bei welcher Verpackungsart handelt es sich um eine Einwegverpackung, die nach der Verpackungsverordnung recycelt werden muss?**

a) Holzfass
b) Collico
c) Schrumpffolie
d) Holzpalette
e) Pfandflasche

**235. Das Deutsche Institut für Gütesicherung und Kennzeichnung vergibt das Umweltzeichen „Blauer Umweltengel". Was gilt für Produkte, die mit diesem Zeichen gekennzeichnet sind?**

a) Der Verbrauch ist ohne Belastung für die Umwelt.
b) Der Verbrauch ist relativ umweltfreundlich.
c) Diese Artikel können recycelt werden.
d) Der „Blaue Umweltengel" entspricht dem „Grünen Punkt" im Sinne des Umweltschutzes.
e) Der Verbrauch fördert die Vermeidung von Abfällen.
f) Es handelt sich um Nachfüllpackungen.

**236. In der Bavaria Fahrradwerke KG sind Entsorgungsbehälter für Bioabfälle, Kunststoff, Metall und Verbundstoffe, Papier und Pappe sowie für Restmüll aufgestellt. Was dürfen Sie in <u>keinen</u> dieser Behälter entsorgen?**

a) Herausgetrenntes Kohlepapier aus den Lieferscheinsätzen
b) Ein Plastikbehälter gefüllt mit verbrauchter Entwicklungsflüssigkeit aus dem Mikroverfilmungsgerät
c) Mehrschichtverpackung als Milchtüte (Tetrapack)
d) Beschädigte Plastikordner
e) Teebeutel aus der Kantine
f) Styroporverpackung

**237. Die Mitarbeiter der Bavaria Fahrradwerke KG sollen Abfälle getrennt nach Papier, Glas, Wertstoffe (Grüner Punkt) und Restmüll in unterschiedlichen Behältern entsorgen. Welcher Abfall gehört <u>nicht</u> in die Wertstoffbehälter?**

a) Mehrschichtverpackung für Getränke (z. B. Tetrapack)
b) Plastikbeutel von Süßigkeiten
c) Obst- und sonstige Essensabfälle
d) Entleerte Metall-Getränkedosen
e) Entleerte Plastik-Joghurtbecher

**238. Im Personalbüro wird nach Möglichkeit nur Recyclingpapier verwendet. Welche Aussage dazu ist zutreffend?**

a) Die umweltfreundliche Papierherstellung wird gefördert.
b) Das Papier zeigt nach wenigen Jahren starke Zerstörungserscheinungen und ist kostengünstiger zu vernichten.
c) Recyclingpapier ist reißfester.
d) Bei der Beschriftung mit dem Drucker ist Recyclingpapier leichter zu korrigieren.
e) Kleiner Flecken auf dem Papier stören nicht so wie auf gebleichtem Papier.

**239. Welcher Artikel passt nicht in ein ökologisch ausgerichtetes Büroartikelsortiment?**

a) Kopierpapier/Officepapier mit Spitzenweiße
b) Kopierpapier/Officepapier aus Recyclingprodukten
c) Nachfüllbehälter für Klebeflaschen
d) Ordner aus Pappe
e) Farbbänder aus Baumwolle für Schreibmaschinen

**240. In der Bavaria Fahrradwerke KG wird über Möglichkeiten der umweltschonenden Energie- und Materialverwendung diskutiert. Welcher Beitrag entspricht nicht diesem umweltschonenden Grundsatz?**

a) Durch die Belieferung „just in time" sollten Transportwege verkürzt und dadurch Energie eingespart werden.
b) Beim Kopieren sollte nach Möglichkeit auch die Rückseite benutzt werden.
c) Die Beleuchtung in den Arbeitsräumen sollte nur dann eingeschaltet werden, wenn es tatsächlich erforderlich ist.
d) Der Transport der Waren sollte mit verbrauchsarmen Fahrzeugen organisiert werden.

**241. In der Bavaria Fahrradwerke KG sollen ökonomische und ökologische Ziele in Einklang gebracht werden. Wo wird dies erreicht?**

a) Für nicht mehr verwendbare Mikrofilme und Tonerpatronen wird kein Entsorgungsunternehmen beauftragt. Sie können kostengünstiger als Wertstoffe entsorgt werden.
b) Kartonagen werden geschreddert und als Verpackungsmaterial verwendet.
c) Um Energie zu sparen, wird die Raumtemperatur im Winter auf 16° C gesenkt.
d) In der Betriebskantine wird Plastik-Einweggeschirr eingeführt.
e) Um Wasser zu sparen, verwendet das Reinigungspersonal nur noch hoch wirksame chemische Mittel.

**242. Welche der folgenden Maßnahmen trägt nicht unmittelbar zum Umweltschutz bei?**

a) Verwendung von unlackierten Holzbleistiften
b) Verwendung von Recyclingpapier
c) Einbau von Steckdosen mit Überspannungsschutz
d) Ersetzen der Glühlampen durch langlebige Energiesparlampen
e) Verwendung von biologisch abbaubaren Reinigungsmitteln
f) Mülltrennung in unterschiedliche Behälter

**243. Bei der Beschaffung von Büromaterial ist verstärkt darauf zu achten, dass Nachfüllprodukte gekauft werden, da somit ein Beitrag zum Umweltschutz geleistet werden kann. In welchem Fall kann auf Nachfüllprodukte zurückgegriffen werden?**

a) Carbonkunststoffbänder für die Schreibmaschine
b) Kugelschreiberminen
c) Tintenpatronen für einen Tintenstrahldrucker
d) Klebstofftuben
e) Knopfzellen (Batterien)

**244. Welche Aussage zum „Grünen Punkt" auf Verpackungen ist zutreffend?**

a) Verpackungen mit diesem Siegel sind immer dem Händler, bei dem die Ware gekauft wurde, zurückzugeben.
b) Der Hersteller ist für die Entsorgung der so gekennzeichneten Verpackung zuständig.
c) Die Kosten der Entsorgung dieser Verpackung trägt der Staat.
d) Verpackungen mit diesem Siegel werden stets zu 100 % recycelt.
e) Der „Grüne Punkt" kennzeichnet Verpackungen, die im „dualen System" erfasst werden.

**245. Die Bavaria Fahrradwerke KG legt großen Wert auf Umweltschutz. Auch bei der Beschaffung von Briefumschlägen soll darauf geachtet werden. Welche Briefumschläge sind demnach zu beschaffen?**

a) Briefumschläge aus Recyclingpapier
b) Gefütterte Briefumschläge
c) Briefumschläge, die mit einem Wasserzeichen versehen sind
d) Briefumschläge aus buntem Hochglanzpapier
e) In Folie verpackte Briefumschläge

**246. Welches Kriterium ist bei der Umweltverträglichkeitsprüfung von Produkten zu beachten?**

a) Erhöhung des Marktanteils
b) Gewinnmaximierung
c) Personaleinsparung
d) Energieverbrauch
e) Absatzsteigerung

**247. In welchem Fall wird von der Lagerhaltung der Umweltgedanke beachtet?**

a) Die zu verschickende Ware wird in Folie eingepackt.
b) Die Ware wird grundsätzlich mit dem Lkw versandt.
c) Die zu verschickende Ware wird mit wiederverwertbarem Packmaterial verpackt.
d) Jeder Lkw wird auf dem Betriebsparkplatz gewaschen.
e) Wenn möglich, wird immer Einwegverpackung bevorzugt.

**248. „Abfälle sollen vermieden und sämtliche Stoffe und Materialien umweltschonend entsorgt werden", so lautet das Umweltkonzept der Bavaria Fahrradwerke KG. Welche der nachstehenden Maßnahmen widerspricht diesem Konzept?**

a) Gelieferte Ölkanister werden beim Kunden wieder abgeholt und auf Kosten des Kunden bei einem anerkannten Entsorgungsunternehmen fachgerecht entsorgt.
b) Ware wird in Mehrwegcontainern an den Kunden geliefert. Die Container werden nach 10 Tagen wieder zurückgenommen.
c) Umverpackungen werden künftig verringert.
d) Verpackungsmaterialien sind getrennt zu sammeln und Entsorgungsunternehmen zuzuführen.
e) Pappverpackungen sollen Styroporverpackungen weitestgehend ersetzen.
f) Durch Einwegverpackungen soll die Lagerkapazität besser ausgenutzt werden.

**249. Bei der Bavaria Fahrradwerke KG hat der Umweltschutz einen hohen Stellenwert. Welche der genannten Maßnahmen passt <u>nicht</u> zu diesem Leitbild?**

a) Künftig sollen nur nachfüllbare Textmarker verwendet werden.
b) Bei Kopiervorgängen soll zukünftig Recyclingpapier verwendet werden.
c) Verpackungsabfälle sollen bei verkauften Produkten vermieden werden.
d) Bei Werbemaßnahmen sollen künftig nur noch Hochglanzkataloge verwendet werden.
e) Häufige Bestellungen von Kleinpackungen sollen möglichst nicht mehr durchgeführt werden.

**BEI NACHSTEHENDEN AUFGABEN SIND DIE JEWEILS RICHTIGEN LÖSUNGEN ANZUKREUZEN.**

**1. Welche Aussage trifft auf die Theorie der freien Marktwirtschaft zu?**

a) Das Angebot ist immer größer als die Nachfrage.
b) Die Nachfrage ist immer größer als das Angebot.
c) Zwischen Angebot und Nachfrage besteht ein freies Spiel der Kräfte.
d) Die Wunschvorstellungen des Einzelnen haben keinen Einfluss auf Angebot und Nachfrage.
e) Das Angebot wird entsprechend der politischen Zielsetzung behördlich festgelegt.

**2. Welche Aussage trifft auf das Modell der freien Marktwirtschaft zu?**

a) Der Staat besitzt die Verfügungsgewalt über die Produktionsanlagen, um zentral entscheiden zu können.
b) Im Wettbewerb um die Gunst des Verbrauchers gibt es keine Einschränkungen.
c) Der Staat zahlt zum Ausgleich wirtschaftlicher Nachteile Subventionen.
d) Die einzelnen Unternehmen werden auf die Erfüllung des Plansolls verpflichtet.
e) Durch Arbeitsgesetzgebung und Tarifpolitik sollen Arbeitnehmer geschützt werden.

**3. Welche Aussage kennzeichnet das Modell der freien Marktwirtschaft?**

a) Gewerbefreiheit bedeutet freie Wahl von Beruf und Arbeitsplatz. Die wirtschaftliche Betätigung als Unternehmer setzt den Nachweis von Sachkenntnis und notwendiger Kapitalausstattung voraus.
b) Zur Sicherung eines funktionsfähigen Wettbewerbs begrenzt der Staat das Wirtschaftswachstum von Unternehmen.
c) Angebot und Nachfrage bestimmen die Preise auf den Konsum- und Investitionsgütermärkten. Die freie Preisbildung auf den Arbeitsmärkten wird durch Festsetzung von Mindestlöhnen eingeschränkt.
d) Der Staat unterwirft sich dem Marktmechanismus wie alle übrigen Marktteilnehmer. Seine Rolle beschränkt sich auf die Aufrechterhaltung der Rechtsordnung, den Schutz von Leben und Eigentum des Individuums.
e) Zum Aufbau eines staatlichen Sozialversicherungssystems ist die Bildung öffentlichen Eigentums notwendig. Der Erwerb von Privateigentum wird als wirksame wirtschaftliche Antriebskraft angesehen.

**4. Welche Aussage trifft auf das Modell der freien Marktwirtschaft zu?**

a) Die Produktionsmittel sind Kollektiveigentum.
b) Art und Menge der zu produzierenden Güter werden von einer Planungsbehörde festgesetzt.
c) Der Konsum der Haushalte wird durch staatliche Bedarfspläne ermittelt.
d) Der Staat hat eine Lenkungsfunktion im Rahmen der Wirtschaftsordnung.
e) Beruf und Arbeitsplatz können frei gewählt werden.

**5. Welches Merkmal kennzeichnet den Idealtyp der freien Marktwirtschaft?**

a) Leistung von Subventionen
b) Beschäftigungspolitik des Staates
c) Wirtschaftliches Handeln auf staatliche Anweisung
d) Verbot wirtschaftlicher Konzentration
e) Privateigentum an den Produktionsmitteln

**6. Was kennzeichnet das Modell der freien Marktwirtschaft?**

a) Planvorgaben für alle Betriebe
b) Kollektiveigentum an den Produktionsmitteln
c) Zentral gelenkter Verbrauch
d) Direkte staatliche Investitionslenkung
e) Erwerbswirtschaftliches Prinzip
f) Erhebung von Einfuhrzöllen

**7. Welches Merkmal kennzeichnet das Modell der freien Marktwirtschaft?**

a) Staatliche Investitionslenkung
b) Eingeschränkter Wettbewerb
c) Kollektive Bedarfsdeckung
d) Angebot und Nachfrage regeln den Preis.
e) Gemeineigentum an Produktionsmitteln

8. **Was gehört zu den Kennzeichen einer freien Marktwirtschaft?**
   a) Kollektivplanung
   b) Anspruch auf einen Arbeitsplatz
   c) Freie Austauschbarkeit der Währungen
   d) Kollektiveigentum an Produktionsmitteln
   e) Zentral gelenkter Verbrauch

9. **Wodurch werden die Preise in einer freien Marktwirtschaft nach oben begrenzt?**
   a) Durch sehr hohe Steuern für hohe Unternehmergewinne
   b) Durch den Wettbewerb der Anbieter
   c) Durch eine staatliche Preisaufsichtsbehörde
   d) Durch die Festlegung von Richtpreisen der Produzenten
   e) Durch die „Konzertierte Aktion"

10. **Welches Beispiel kennzeichnet das Modell der freien Marktwirtschaft?**
   a) Bestimmte Arzneimittel müssen selbst bezahlt werden.
   b) Alle Märkte sind offen.
   c) Höchstpreise werden nur in Ausnahmefällen festgelegt.
   d) Mindestlöhne schützen die Arbeitnehmer.
   e) Für Sozialwohnungen gibt es staatliche Zuschüsse.

11. **Welche Wirtschaftsordnung wird in dem folgenden Text angesprochen?**
   ***„Eines der markantesten Merkmale dieser Wirtschaftsordnung ist die wechselseitige Abhängigkeit von Produktion und Konsumtion. Die Verwirklichung dieser Ordnung ist u. a. die freie Konsumwahl, die gleichzeitig Kampf um den Konsumenten bedeutet. Diese Zielsetzung erfordert die Ausschaltung der übrigen Marktteilnehmer, wenn nötig auch durch ruinöse Konkurrenz."***
   a) Die soziale Marktwirtschaft der Bundesrepublik Deutschland
   b) Die Planwirtschaft
   c) Die Zentralverwaltungswirtschaft
   d) Die freie Marktwirtschaft
   e) Die sozialistische Planwirtschaft

12. **Welcher Grundsatz ist mit dem Modell der freien Marktwirtschaft nicht vereinbar?**
   a) Angebot und Nachfrage regeln den Preis.
   b) Selbstständigkeit und Unabhängigkeit der Tarifpartner
   c) Staatlich verordneter Preis- und Lohnstopp
   d) Unbeschränkter Wettbewerb
   e) Privateigentum an Produktionsmitteln

13. **Welche Aufzählung enthält ausschließlich idealtypische Merkmale einer freien Marktwirtschaft?**
   a) Privateigentum an Produktionsmitteln, individuelle Arbeitsplatzwahl, marktwirtschaftliche Preisbildung, staatliche Subventionen
   b) Freier Warenaustausch, dezentrale Planung, Tarifautonomie der Sozialpartner, Importrestriktionen
   c) Uneingeschränkte Konkurrenz, staatliche Preisfestsetzungen, Vermögenskonzentration, leistungsorientierte Entlohnung
   d) Privateigentum an Produktionsmitteln, Preisbildung durch Angebot und Nachfrage, Gewerbefreiheit, Konsumfreiheit
   e) Staatliche Bedarfsplanung, Devisenkontingentierung, freier Außenhandel, Niederlassungsfreiheit

14. **Welche Merkmale treffen für die soziale Marktwirtschaft zu?**
   a) Staatliche Lohnfestsetzung, aber Tarifautonomie der Sozialpartner
   b) Zentralplanung und Vorgabe von Daten für die Leistungserstellung
   c) Kollektives Eigentum an Produktionsmitteln, aber Privateigentum an Konsumgütern
   d) Privateigentum an den Produktionsmitteln und Sozialbindung des Eigentums
   e) Staatliche Preisfestsetzung und Vollbeschäftigungsgarantie
   f) Keine Allgemeinverbindlichkeit der Tarifverträge, aber Garantie der Arbeitsplätze

**15. Welches Grundprinzip unserer Wirtschaftsordnung verhindert, dass der Staat direkt Einfluss auf Lohnverhandlungen nehmen kann?**

a) Das erwerbswirtschaftliche Prinzip
b) Der Grundsatz des Privateigentums an Produktionsmitteln
c) Die Gewerbefreiheit
d) Die Tarifautonomie
e) Die Niederlassungsfreiheit

**16. Welche Aussage kennzeichnet entweder den Idealtyp der freien Marktwirtschaft oder den Realtyp der sozialen Marktwirtschaft?**

a) In der freien Marktwirtschaft ist immer der Markt die oberste Lenkungsinstanz.
b) In der freien Marktwirtschaft tritt der Staat als alleinige Lenkungsinstanz auf.
c) In der sozialen Marktwirtschaft befinden sich alle Produktionsmittel in privater Hand.
d) In der sozialen Marktwirtschaft ist die vollkommene Konkurrenz realisiert.
e) In der sozialen Marktwirtschaft ist die Tarifautonomie durch den Staat eingeschränkt.

**17. Was widerspricht den Grundsätzen der sozialen Marktwirtschaft?**

a) Privateigentum an den Produktionsmitteln
b) Staatliche Lenkung aller Investitionen
c) Staatliche Prämien für Sparleistungen
d) Entscheidungsfreiheit aller Konsumenten
e) Freier Außenhandel

**18. Welche Aussage über Wirtschaftsordnungen ist richtig?**

a) Ein wesentliches Merkmal des Modells der freien Marktwirtschaft ist die staatliche Einkommensumverteilung.
b) Ein wesentliches Merkmal des Wirtschaftssystems der Planwirtschaft ist die Entscheidungsfreiheit der Unternehmen.
c) Ein wesentliches Merkmal der sozialen Marktwirtschaft in der Bundesrepublik Deutschland ist die Tarifautonomie der Sozialpartner.
d) Ein wesentliches Merkmal der sozialen Marktwirtschaft in der Bundesrepublik Deutschland ist die staatliche Preisfestsetzung.
e) Ein wesentliches Merkmal des Modells der Zentralverwaltungswirtschaft ist das erwerbswirtschaftliche Prinzip.

**19. Welcher Wirtschaftsordnung ist folgende Zielsetzung zuzuordnen: „Sicherung eines möglichst freien Wettbewerbs auf dem Markt bei staatlichem Ausgleich sozialer Ungerechtigkeiten"?**

a) Soziale Marktwirtschaft
b) Freie Marktwirtschaft
c) Planwirtschaft
d) Zentralverwaltungswirtschaft
e) Soziale Planwirtschaft
f) Vetternwirtschaft

**20. Welche <u>drei</u> Aussagen treffen auf die Wirtschaftsordnung der Bundesrepublik Deutschland zu?**

a) Die Preise werden grundsätzlich staatlich festgesetzt.
b) Auf allen Märkten herrscht vollständige Konkurrenz.
c) Tarifverträge bedürfen der Zustimmung des Bundesarbeitsministers.
d) Private Vermögensbildung wird staatlich gefördert.
e) Lohnverhandlungen basieren auf der Tarifautonomie der Sozialpartner.
f) Die Investitionen werden zentral gelenkt.
g) Die Unternehmen haben Investitionsfreiheit.

**21. Welches Merkmal kennzeichnet die soziale Marktwirtschaft?**

a) Es herrscht vollkommene Konkurrenz.
b) Der Staat schränkt die Tarifautonomie ein.
c) Alle Produktionsmittel befinden sich in privater Hand.
d) Der Staat kann durch das Setzen von Rahmenbedingungen regulierend in den Wirtschaftsprozess eingreifen.
e) Der Markt ist immer oberste Lenkungsinstanz.

 

**22. Kreuzen Sie den Buchstaben an, bei dem alle 3 Merkmale auf die reine Marktwirtschaft zutreffen?**

a) Dezentrale Planung und Lenkung - Privateigentum - Staatliche Preisfestsetzung
b) Dezentrale Planung und Lenkung - Staatseigentum - Marktpreisbildung
c) Zentrale Planung und Lenkung - Privateigentum - Marktpreisbildung
d) Dezentrale Planung und Lenkung - Privateigentum - Marktpreisbildung
e) Zentrale Planung und Lenkung - Staatseigentum - Preisfestsetzung

**23. Ein Merkmal der Wirtschaftsordnung der Bundesrepublik Deutschland ist die Vertragsfreiheit. Wie ist die Vertragsfreiheit im Sinne der Sozialen Marktwirtschaft richtig beschrieben?**

a) Vertragsfreiheit liegt vor, wenn die Vertragspartner über Inhalte und Abschluss frei entscheiden können und dabei keinerlei gesetzliche Beschränkungen beachten müssen.
b) Vertragsfreiheit liegt vor, wenn die Vertragspartner einen geschlossenen Vertrag jederzeit ohne Grund kündigen können.
c) Vertragsfreiheit liegt vor, wenn die Vertragspartner über Inhalte und Abschluss grundsätzlich frei entscheiden können, dabei müssen sie grundlegende Gesetze beachten.
d) Vertragsfreiheit liegt vor, wenn sich die Vertragspartner auf Inhalte einigen und beim Abschluss des Vertrages keinerlei Formvorschriften beachten müssen.
e) Vertragsfreiheit liegt vor, wenn die Vertragspartner Inhalte grundsätzlich frei vereinbaren können und beim Abschluss des Vertrages ausschließlich Formvorschriften des BGB beachten müssen.

**24. Welche zwei Aussagen kennzeichnen das Wirtschaftssystem der Bundesrepublik Deutschland?**

a) Die Produktions- und Verbrauchslenkung erfolgt durch den Staat.
b) Mehrjahrespläne legen das Produktionssoll für alle Investitionsgüter fest.
c) Durch Kollektivierung der Landwirtschaft wird Überproduktion vermieden.
d) Der Staat greift im Rahmen seiner sozialen Verpflichtung unterstützend in das Wirtschaftsgeschehen ein.
e) Der Jahresvolkswirtschaftsplan stellt das verbindliche wirtschaftliche Programm für ein Jahr dar.
f) Die Interessen der Konsumenten werden zum Teil durch staatliche Gesetze und Verordnungen geschützt.

**25. In der Sozialen Marktwirtschaft sollen staatliche Maßnahmen „marktkonform" erfolgen. Bei welcher Maßnahme ist dies nicht der Fall?**

a) Staatliche Unternehmen werden privatisiert.
b) Zur Unterstützung landwirtschaftlicher Unternehmen werden staatliche Mindestpreise garantiert.
c) Aus konjunkturpolitischen Überlegungen heraus werden zeitlich begrenzte Investitionszuschüsse gezahlt.
d) Der Staat führt eine Einheitsrente für alle Bürger ein.
e) Zur Sicherung von Arbeitsplätzen werden unproduktiv arbeitende Unternehmen dauerhaft subventioniert.

**26. Zu welcher Wirtschafts- und Gesellschaftsordnung gehören die folgenden Ziele?**

**- Gewährleistung der Außenhandelsfreiheit und freien Austauschbarkeit der Währungen**
**- Sicherung der Währungsstabilität durch eine unabhängige Notenbank**
**- Staatliche Korrektur der ursprünglichen Einkommens- und Vermögensverteilung**
**- Förderung der Chancen zur beruflichen Selbstständigkeit**

a) Tauschwirtschaft
b) Planwirtschaft
c) Zentralverwaltungswirtschaft
d) Soziale Marktwirtschaft
e) Freie Marktwirtschaft

**27. Welche Aussage über das Marktgeschehen im Wirtschaftssystem der Bundesrepublik Deutschland ist richtig?**

a) Da die Preise durch Angebot und Nachfrage bestimmt werden, erübrigt sich ein Preisvergleich durch die Verbraucher.
b) Das Verbraucherverhalten kann die Preise beeinflussen.
c) Die Preisauszeichnungspflicht garantiert verbraucherfreundliche Preise.
d) Höchst- und Mindestpreise werden vom Bundeskartellamt bestimmt.
e) Alle Preise werden durch vollständige Konkurrenz bestimmt.



 

**28. Welche Aussage zur Wirtschaftsordnung trifft zu?**

a) Das Modell der freien Marktwirtschaft vereint die positiven Bestandteile der sozialen Marktwirtschaft und der Zentralverwaltungswirtschaft.

b) In der sozialen Marktwirtschaft stellt der Staat durch zentrale Planung und Lenkung das Planerfüllungsprinzip sicher.

c) Bei der freien Marktwirtschaft ist der Markt das alleinige Lenkungsinstrument, bei der sozialen Marktwirtschaft greift der Staat lenkend ein.

d) In der Bundesrepublik Deutschland ist der Idealtyp der freien Marktwirtschaft realisiert.

e) In der ehemaligen DDR war der Idealtyp der Zentralverwaltungswirtschaft realisiert.

**29. Die Abbildung zeigt die Entwicklung der Preispolitik bei vollkommenem Wettbewerb. Was kann aus der Grafik abgelesen werden?**

a) Der Gleichgewichtspreis steigt bei sinkendem Preis und zurückgehender Menge.

b) Der Gleichgewichtspreis fällt bei erhöhtem Preis und steigender Menge.

c) Bei erhöhter Nachfrage fällt der Preis.

d) Bei sinkender Nachfrage erhöht sich der Preis.

e) Eine sinkende Nachfrage führt zu Anpassungsprozessen beim Preis und beim Angebot und verursacht einen niedrigeren Gleichgewichtspreis.

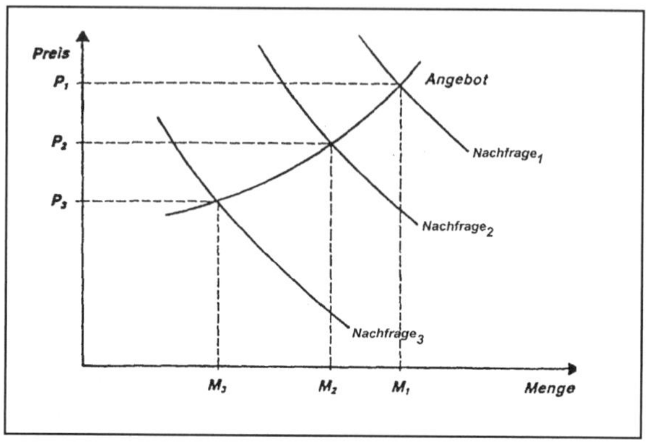


**30. Ordnen die die absatzpolitischen Maßnahmen den Arten der Absatzpolitik zu.**

**Arten der Absatzpolitik**

a) Produkt- und Sortimentspolitik
b) Preispolitik
c) Kommunikationspolitik
d) Distributionspolitik

**Absatzpolitische Maßnahmen**

[ ] Unterstützung des ortsansässigen Sportvereins

[ ] Verstärkter Vertrieb über den Fachhandel

[ ] Eliminierung eines Produktes vom Markt

**31. Das Mountain-Bike XC345 wird von 3 Anbietern angeboten. Die geschätzte Aufnahmefähigkeit des Marktes für dieses spezielle Fahrrad liegt bei 2 000 Stück pro Geschäftsjahr. Die folgenden Zahlen für das abgelaufene Geschäftsjahr liegen Ihnen bezüglich dieses Fahrrads vor:**

| Unternehmen | Absatz (Stück) | Umsatz in € |
|---|---|---|
| A | 200 | 100.000,00 |
| B | 1 000 | 450.000,00 |
| C | 400 | 160.000,00 |

a) Wie viel Prozent beträgt der mengenmäßige Sättigungsgrad des Marktes für das Mountain-Bike XC345, bezogen auf das abgelaufene Geschäftsjahr?

b) Wie hoch war der durchschnittliche Verkaufspreis im vergangenen Geschäftsjahr (gewogener Durchschnitt)?

c) Wie viel Prozent war der Verkaufspreis des Unternehmens C niedriger als der durchschnittliche Verkaufspsreis?

Tragen Sie die Ergebnisse in das Kästchen ein.

**32. In den westlichen Industrieländern ist die gültige Wirtschaftsordnung im Umbruch, vor allem durch die zunehmende Globalisierung und die relativ hohe Arbeitslosigkeit. Dennoch hat nach wie vor eine der nachstehenden Aussagen ihre Gültigkeit. Welche?**

a) Der Markt ist so gestaltet, dass die Wettbewerbsfähigkeit stets garantiert ist.

b) Die sozialen Sicherungssysteme sind nach wie vor nicht reformbedürftig.

c) Das Marktprinzip ist aufgrund der entstehenden virtuellen Märkte nicht mehr gegeben.

d) Der Staat ist nach wie vor die oberste Lenkungsinstanz.

e) Der Markt ist der Ort, wo Nachfrage und Angebot aufeinander treffen.

 

**33. In welchem Fall liegt ein wirtschaftspolitischer Zielkonflikt vor?**

a) Bei steigender Beschäftigung erhöht sich das Preisniveau.
b) Bei steigender Beschäftigung erhöht sich das Wirtschaftswachstum.
c) Bei sinkenden Gehältern sinkt das Preisniveau.
d) Bei rückläufiger Arbeitslosigkeit bleiben die Gehälter stabil.
e) Bei stabilen Preisen steigt die Kaufkraft des Geldes.
f) Die Produktivität erhöht sich im Ausmaß der besseren Kapazitätsauslastung.

**34. Ordnen Sie zu!**

**Wirtschaftliche Maßgrößen**

a) Leistungsbilanz
b) Das reale Bruttoinlandsprodukt
c) Die Zahl der offenen Stellen
d) Die Kaufkraft des Geldes
e) Die Lohnquote
f) Die Arbeitslosigkeit

**Globalziele des Stabilitätsgesetzes**

[ ] Preisniveau
[ ] Außenwirtschaftliches Gleichgewicht
[ ] Stetiges und angemessenes Wirtschaftswachstum

**35. Welche Form der Arbeitslosigkeit ergibt sich jeweils durch die genannte Entwicklung. Ordnen Sie zu.**

**Formen der Arbeitslosigkeit**

a) Konjunkturelle Arbeitslosigkeit
b) Strukturelle Arbeitslosigkeit
c) Technologische Arbeitslosigkeit
d) Saisonale Arbeitslosigkeit

**Entwicklungen**

[ ] Die Automation in der Produktion nimmt ständig zu.
[ ] Der Kohleabbau an Ruhr und Saar ist dauerhaft rückläufig

**36. Welche Zielkombination kennzeichnet die vier Hauptziele der staatlichen Wirtschaftspolitik nach dem Stabilitätsgesetz?**

a) Erhaltung der Kaufkraft des Geldes, hoher Beschäftigungstand, außenwirtschaftliches Gleichgewicht, Nullwachstum.
b) Größtmögliches Wirtschaftswachstum, absolut gleiche Besteuerung der Wirtschafssubjekte, hohe Devisenbestände der Deutschen Bundesbank, Stabilität des Preisniveaus
c) Gerechte Einkommensverteilung, hoher Beschäftigungsstand, stetiges und angemessenes Wirtschaftswachstum, Stabilität des Preisniveaus
d) Stabilität des Preisniveaus, keine Verschuldung der öffentlichen Haushalte, außenwirtschaftliches Gleichgewicht, Vollbeschäftigung.
e) Stabilität des Preisniveaus, hoher Beschäftigungsstand, außenwirtschaftliches Gleichgewicht, stetiges und angemessenes Wirtschaftswachstum

**37. Welches Ziel der Wirtschaftspolitik gehört nach dem Gesetz zur Förderung der Stabilität und des Wachstums zum „Magischen Viereck"?**

a) Gerechte Einkommensverteilung
b) Außenwirtschaftliches Gleichgewicht
c) Ausgeglichene Handelsbilanz
d) Gleichbleibende Geldmenge
e) Umweltschutz

**38. Welches wirtschaftspolitische Ziel ist hauptsächlich durch eine restriktive Geldpolitik zu erreichen?**

a) Preisstabilität
b) Außenwirtschaftliches Gleichgewicht
c) Hoher Beschäftigungsstand
d) Wirtschaftswachstum
e) Gerechte Einkommens- und Vermögensverteilung

**39. Was trägt vor allem dazu bei, die Stabilität des Preisniveaus zu sichern?**
a) Eine ständig aktive Zahlungsbilanz
b) Ein ausgewogenes Verhältnis von Papier- und Münzgeld
c) Ein ausgewogenes Verhältnis von Güter- und Geldmenge
d) Die Abhängigkeit der Organe der Bundesbank von Weisungen der Bundesregierung
e) Hohe Haushaltsdefizite

**40. Die wirtschaftspolitischen Ziele der Bundesrepublik sind im so genannten „Magischen Viereck" vereint. Ordnen Sie zwei der Messgrößen, die Auskunft über den Erfolg der angestrebten wirtschaftlichen Ziele der Bundesregierung geben, den Zielen der Stabilitätsgesetzes zu!**

**Messgrößen**
a) Arbeitslosenquote = Verhältnis der Arbeitslosen zu der Zahl der zivilen Erwerbspersonen in Prozent
b) Veränderungen der Zahl der Erwerbslosen zum Jahresende gegenüber der Zahl der Arbeitslosen zum Ende des Vorjahres
c) Vergleich der Marktpreise des Bruttoinlandsproduktes (BIP) zum Jahresende gegenüber den Marktpreisen des BIP zum Ende des Vorjahres
d) Veränderung des Preisniveaus im gesamten Jahr gegenüber dem Vorjahr, gemessen am Lebenshaltungskostenindex
e) Veränderung des BIP des gesamten Jahres gegenüber dem Vorjahr, gemessen in Preisen von 1995 (Indexverfahren)

**Ziele des § 1 Stabilitätsgesetz**
[ ] Preisniveaustabilität
[ ] Hoher Beschäftigungsgrad

**41. Die abgebildete Grafik zeigt vier angestrebte wirtschaftspolitische Ziele symbolisch auf. Welches wirtschaftspolitische Ziel entspricht dem in der Grafik eingekreisten (unteren) Feld?**

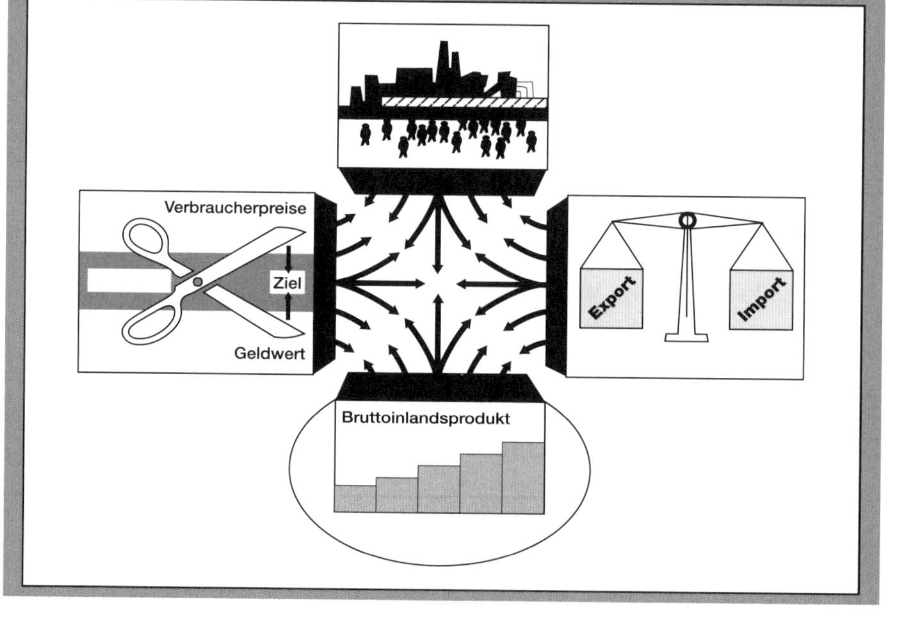


a) Preisniveaustabilität
b) Stetiges und angemessenes Wirtschaftswachstum
c) Außenwirtschaftliches Gleichgewicht
d) Hoher Beschäftigungsgrad
e) Soziale Gerechtigkeit

**42. Wobei handelt es sich um ein Ziel des Staates im Sinne des Stabilitätsgesetzes?**
a) Hoher Beschäftigungsstand
b) Niedrige Steuersätze
c) Gerechte Vermögensverteilung
d) Mitbestimmung
e) Chancengleichheit

**43. Zu welchem wirtschaftspolitischen Ziel steht eine anhaltend starke Erhöhung der Staatsausgaben in Konflikt?**

a) Stetiges und angemessenes Wachstum
b) Hoher Beschäftigungsgrad
c) Preisniveaustabilität
d) Gerechte Einkommens- und Vermögensverteilung
e) Außenwirtschaftliches Gleichgewicht

**44. Was bedeutet die Aussage: „Das durchschnittliche Realeinkommen der Arbeitnehmer in der Bundesrepublik Deutschland ist im letzten Jahr um 1 % gefallen"?**

a) Der durchschnittliche Kaufkraftverlust entsprach der durchschnittlichen Lohnerhöhung.
b) Der Kaufkraftverlust war durchschnittlich 1 % geringer als die Lohnerhöhung.
c) Der Kaufkraftverlust war durchschnittlich 1 % höher als die Lohnerhöhung.
d) Der Lohnanstieg war durchschnittlich 1 % höher als der Preisverfall.
e) Die Preise sind durchschnittlich 1 % weniger gestiegen als der Lohn.

**45. Welche im Stabilitätsgesetz vorgesehene Maßnahme wirkt nachfrageerhöhend?**

a) Heraufsetzung der Einkommensteuer um höchstens 10 % für längstens 1 Jahr
b) Aussetzung der Sonderabschreibungen
c) Beschränkung der Möglichkeiten der Kreditaufnahme durch die öffentliche Hand
d) Beschleunigung der Planung und Vergabe von Investitionsvorhaben des Staates
e) Bildung einer Konjunkturausgleichsrücklage

**46. Welches wirtschaftspolitische Ziel wird unmittelbar an den jährlichen Veränderungen des realen Bruttoinlandsproduktes gemessen?**

a) Preisniveaustabilität
b) Hoher Beschäftigungsgrad
c) Außenwirtschaftliches Gleichgewicht
d) Stetiges und angemessenes Wirtschaftswachstum
e) Gerechte Einkommens- und Vermögensverteilung
f) Verbesserung der Umweltbedingungen

**47. Was ist im „Gesetz zur Förderung der Stabilität und des Wachstums der Wirtschaft" festgelegt?**

a) Dass Bund, Länder und Sozialpartner versuchen, ein stetiges und angemessenes Wirtschaftswachstum zu erreichen, auch wenn zwischenzeitlich ein Preisanstieg und Exportrückgang in Kauf genommen werden muss.
b) Dass Bund und Länder ihre finanz- und wirtschaftspolitischen Maßnahmen so treffen, dass sie im Rahmen der marktwirtschaftlichen Ordnung gleichzeitig zur Stabilität des Preisniveaus, zu einem hohen Beschäftigungsgrad und außenwirtschaftlichen Gleichgewicht bei stetigem und angemessenem Wirtschaftswachstum beitragen.
c) Dass die Sozialpartner versuchen, unter Wahrung der Tarifautonomie ein hohes Wirtschaftswachstum bei gleichzeitiger Vollbeschäftigung, ausgeglichener Handelsbilanz und nur mäßig steigenden Preisen zu erreichen.
d) Dass die volkswirtschaftliche Gesamtplanung darauf ausgerichtet ist, Vollbeschäftigung, Steuergerechtigkeit, Preisniveaustabilität, Wirtschaftswachstum und ausgeglichene Handelsbilanz unter Wahrung der Tarifautonomie zu erreichen.
e) Dass die von der Bundesregierung jeweils am Jahresanfang den Gebietskörperschaften und Unternehmensverbänden zur Verfügung gestellten Lohnleitlinien auf keinen Fall überschritten werden.

**48. Das Wirtschaftswachstum einer Volkswirtschaft beträgt gegenüber dem Vorjahr real und nominal 5 %. Welche Feststellung trifft zu?**

a) Nur das Nettonationaleinkommen ist gestiegen.
b) Das Bruttoinlandsprodukt ist unverändert geblieben.
c) Das Preisniveau ist gesunken.
d) Das Preisniveau ist gestiegen.
e) Das Preisniveau ist unverändert geblieben.

**49. Wie kann man die Stabilität einer Währung feststellen (messen)?**

a) Die Arbeitsproduktivität ist ein geeigneter Maßstab, um die Stabilität einer Währung festzustellen.
b) Die Veränderungen des nominalen Bruttoinlandsproduktes geben Aufschluss über die Stabilität einer Währung.
c) Die durchschnittliche Entwicklung der Kosten für die Lebenshaltung geben Aufschluss über die Stabilität einer Währung.
d) Der Überschuss der Handelsbilanz ist ein geeigneter Maßstab, um die Stabilität einer Währung festzustellen.
e) Die Höhe des Geldumlaufs zeigt die Kaufkraft und damit die Stabilität einer Währung an.
f) Die Zahl der Arbeitslosen gibt unmittelbaren Aufschluss über die Stabilität einer Währung.

**50. Welche Aussage zu wirtschaftspolitischen Zielsetzungen ist richtig?**

a) Ein außenwirtschaftliches Gleichgewicht kann nur erreicht werden, wenn Vollbeschäftigung besteht.
b) Wirtschaftspolitische Maßnahmen, die zur Preisniveaustabilität führen, können einen Rückgang der Beschäftigung zur Folge haben.
c) Die Verschlechterung der Zahlungsbilanz führt zu Vollbeschäftigung und Preisniveaustabilität.
d) Starke Veränderungen des Preisniveaus führen zu einem stetigen und angemessenen Wirtschaftswachstum.
e) Der Rückgang des Inlandsproduktes führt zu außenwirtschaftlichem Gleichgewicht.

**51. Welche Aussage zum realen Bruttoinlandsprodukt einer Volkswirtschaft ist richtig?**

a) Die Veränderungen des Bruttoinlandsproduktes geben Aufschluss über das Wachstum einer Volkswirtschaft.
b) Das Bruttoinlandsprodukt umfasst in einer Volkswirtschaft auch die Hausfrauenarbeit.
c) Aus dem Bruttoinlandsprodukt kann man die Qualität und den Nutzen der erstellten Güter ersehen.
d) Aus dem Bruttoinlandsprodukt kann man die unterschiedliche Verteilung von Einkommen und Gütern ersehen.
e) Aus dem Bruttoinlandsprodukt sind soziale Verbesserungen, wie Erhöhung der Lebenserwartung, mehr Kindergartenplätze usw., zu ersehen.

**52. Eine Inflation wirkt sich unter anderem auf die Preise, die Geldmenge und die Kaufkraft aus. In welcher Zeile sind alle Auswirkungen richtig dargestellt?**

| | Preise | Geldmenge | Kaufkraft |
|---|---|---|---|
| a) | bleiben unverändert | bleibt unverändert | sinkt |
| b) | sinken | sinkt | steigt |
| c) | steigen | steigt | sinkt |
| d) | steigen | steigt | steigt |
| e) | sinken | steigt | sinkt |
| f) | steigen | sinkt | sinkt |

**53. Inflation wird definiert als der Prozess anhaltender und erheblicher Steigerung des Preisniveaus bei sinkendem Geldwert. Wodurch kann eine Inflation entstehen?**

a) Durch Lohnerhöhungen, die weit unter dem Produktivitätszuwachs liegen
b) Durch Erhöhung der Einkommensteuer
c) Durch starke Erhöhung der Nachfrage bei gleich bleibendem Angebot
d) Durch Sinken der Nachfrage nach Investitionsgütern bei gleich bleibendem Angebot
e) Durch Rückgang der Konsumgüternachfrage bei gleich bleibendem Angebot

**54. Welche Aussage über das Wirtschaftswachstum trifft zu?**

a) Das Wirtschaftswachstum lässt sich an der Steigerung des Reallohns messen.
b) Steigende Importüberschüsse fördern in gleichem Maße das Wirtschaftswachstum.
c) Das Wirtschaftswachstum lässt sich an der Veränderung des realen Bruttoinlandsproduktes messen.
d) Bei der Berechnung des realen Wirtschaftswachstums wird das nominelle Bruttoinlandsprodukt um die Lohnquote bereinigt.
e) Nettoinvestitionen bremsen das Wirtschaftswachstum.

**55. Wodurch kann eine Inflation entstehen?**
- a) Durch Sinken der Nachfrage nach Investitionsgütern bei konstantem Angebot.
- b) Durch Rückgang der Konsumgüternachfrage bei gleichbleibendem Angebot.
- c) Durch Lohnerhöhungen, die unter der Produktionssteigerung liegen.
- d) Durch Erhöhung des Mindestreservesatzes.
- e) Durch starke Erhöhung der Staatsausgaben.

**56. Welche Aussage zu einer deflatorischen Entwicklung ist richtig?**
- a) Es ist ein Stillstand der ökonomischen Aktivitäten bei steigenden Preisen zu beobachten.
- b) Es sind anhaltendes Sinken des Preisniveaus und zunehmende Arbeitslosigkeit zu beobachten.
- c) Es ist ein langsames, aber anhaltendes Steigen der Preise zu beobachten.
- d) Es ist eine Zunahme der ökonomischen Aktivitäten in der Volkswirtschaft zu beobachten.
- e) Die nachfragewirksame Geldmenge wächst stärker als das Güterangebot.

**Die nächsten zwei Aufgaben gehören zusammen.**

**57. Die gesamtwirtschaftliche Situation veranlasst die in den Ländern der Europäischen Union für die Geldpolitik verantwortlichen Institutionen zu konjunkturbelebenden Maßnahmen, z. B. zu Zinssenkungen. Welche der folgenden Institution kann eine Zinssenkung beschließen?**
- a) EU-Kommission
- b) EU-Ministerrat
- c) Europäisches Parlament
- d) Europäische Zentralbank (EZB)
- e) Europäischer Rechnungshof

**58. Welche Wirkung auf die Konjunktur wird durch eine Zinssenkung beabsichtigt?**
- a) Die steigende Inflation soll gebremst werden.
- b) Die Investitionsbereitschaf soll erhöht werden.
- c) Die Neigung zum Sparen soll erhöht werden.
- d) Der Wechselkurs des EUR zum Dollar soll steigen.
- e) Die Ausgaben privater Haushalte sollen gebremst werden.

**59. Welche Aussage beschreibt eine mögliche Ursache inflationärer Entwicklung?**
- a) Die Nachfrage nach Gütern und Leistungen steigt im gleichen Verhältnis wie das reale gesamtwirtschaftliche Angebot.
- b) Zufließende Devisen werden in die Landeswährung umgetauscht und als zusätzliche Nachfrage bei gleichbleibendem Angebot in den Wirtschaftskreislauf gebracht.
- c) Durch Erhöhung der Produktivität steigen die Angebote an Gütern und Leistungen stärker als die Einkommen.
- d) Wegen sinkender Bevölkerungszahlen verringert sich das Nettovolkseinkommen. Durch Anwendung neuer Produktionstechniken bleibt das Angebot an Gütern und Leistungen gleich.
- e) Das reale gesamtwirtschaftliche Angebot an Gütern und Leistungen wächst schneller als die nominale Nachfrage nach diesen Gütern und Leistungen.

**60. Wie wirkt eine inflationäre Entwicklung?**
- a) Die Geldvermögen, z. B. Sparguthaben, gewinnen Kaufkraft.
- b) Bei gleichbleibenden Nominallöhnen sinken die Reallöhne.
- c) Die Geldmenge sinkt bei gleichzeitig rückläufiger Umlaufsgeschwindigkeit des Geldes.
- d) Der Nominalwert des Geldes sinkt.
- e) Das Geldvolumen steigt höchstens ebenso stark wie die Produktion an Gütern und Dienstleistungen.

**61. Welche Aussage über die Kaufkraft des Geldes ist richtig?**
- a) Die Kaufkraft ist gleichbedeutend mit dem Eigenwert des Geldes.
- b) Mit Hilfe der Kaufkraft werden Güter verschiedener Art messbar.
- c) Die Kaufkraft wird durch die Gütermenge festgelegt, die man mit einer Geldeinheit erwerben kann.
- d) Steigende Güternachfrage bei gleichbleibendem Angebot erhöht die Kaufkraft.
- e) Die Kaufkraft ist unabhängig von der Geldmenge.

**62. Ordnen Sie zu!**

**Wirtschaftliche Kennzahlen**

a) Lebenshaltungskostenindex
b) Reales Volkseinkommen
c) Arbeitslosenquote
d) Lohnquote
e) Rentabilität
f) Wirtschaftlichkeit
g) Nachfrageelastizität

**Volkswirtschaftliche Begriffe**

[ ] Einkommensverteilung
[ ] Kaufkraft des Geldes
[ ] Wirtschaftswachstum

**63. Welche Aussage zur Inflation ist richtig?**

a) Bei einer Inflation steigt die Kaufkraft des EUR ständig.
b) Die Erhöhung der Mineralölpreise hat in Industrieländern keinen Einfluss auf die inflationäre Entwicklung.
c) Bei einer Inflation ist in einer Volkswirtschaft zu wenig Geld im Umlauf.
d) Eine Erhöhung des Bargeldumlaufs wirkt inflationshemmend.
e) Wenn Anbieter die Marktmacht haben, Preiserhöhungen durchzusetzen, verstärkt dies eine inflationäre Entwicklung.

**64. Was ist unter der Kaufkraft des Geldes zu verstehen?**

a) Der Nominalwert des Geldes
b) Der Durchschnitt der Güterpreise einer Volkswirtschaft
c) Der Anteil der Löhne und Gehälter am Volkseinkommen
d) Die Menge an Gütern und Dienstleistungen, die mit einer Geldeinheit gekauft werden kann
e) Das Nettoeinkommen abzüglich aller regelmäßig wiederkehrenden Ausgaben

**65. Wodurch kann eine Inflation entstehen?**

a) Durch das Sinken der Nachfrage nach Investitionsgütern bei gleichbleibendem Angebot
b) Durch Erhöhung der Konsumgüternachfrage bei gleichbleibendem Angebot
c) Durch Lohnerhöhungen, die unter der Produktionssteigerung liegen
d) Durch Erhöhung des Mindestreservesatzes
e) Durch die Bildung einer Konjunkturausgleichsrücklage

**66. Was ist unter dem Begriff Sparquote zu verstehen?**

a) Der Anteil des Volkseinkommens, der nicht verbraucht wird
b) Die prozentuale Wachstumsrate der Ersparnisbildung gegenüber dem Vorjahr
c) Die Teile des Einkommens, die nach dem Vermögensbildungsgesetz angelegt sind
d) Der Teil des öffentlichen Haushalts, der durch Kürzungen und Streichungen eingespart werden soll
e) Die jährliche private Ersparnisbildung auf Sparkonten der Kreditinstitute

**67. Welche Aussage über die Auswirkung einer Inflation ist richtig?**

a) Die Lohn- und Gehaltsempfänger müssen einen Kaufkraftverlust hinnehmen, wenn die Inflationsrate über der tariflichen Erhöhung der Gehälter liegt.
b) Die Besitzer von Sparguthaben werden nicht benachteiligt, da sich die Verzinsung automatisch der Preissteigerungsrate anpasst.
c) Wenn gesamtwirtschaftlich das Angebot die Nachfrage nach Gütern und Dienstleistungen übersteigt, so steigt das Preisniveau.
d) Eine Verminderung der Angebotsmenge bewirkt einen Rückgang der Preissteigerungsrate.
e) Kreditnehmer werden durch eine Inflation benachteiligt, denn mit wachsender Geldentwertung müssen sie, unter Berücksichtigung der Kaufkraft, mehr tilgen.

**68. Welcher Vorgang trägt zur Stabilisierung des Preisniveaus bei einer inflationären Entwicklung bei?**

a) Lohnerhöhung um 10 % bei Steigerung des Bruttoinlandsproduktes um 5 %.
b) Verkürzung der wöchentlichen Arbeitszeit bei vollem Lohnausgleich
c) Verstärkung des Exportes
d) Verstärkung der Spartätigkeit
e) Erhöhung der Staatsausgaben

**69. In welchem Fall liegt ein reales wirtschaftliches Wachstum vor?**

a) Die nominelle Zunahme des Volkseinkommens ist niedriger als der Kaufkraftverlust des Geldes.
b) Das Volkseinkommen verringert sich gegenüber dem Vorjahr.
c) Das Volkseinkommen bleibt bei unveränderter Kaufkraft gleich hoch.
d) Das Volkseinkommen steigt stärker als die Preissteigerungsrate.
e) Die nominelle Zunahme des Volkseinkommens wird durch Kaufkraftschwund aufgezehrt.

**70. Im Wirtschaftsteil einer Zeitung steht: „Die Verbraucherpreise werden im Jahr 20.. voraussichtlich um 5 % steigen." Welche Aussage ist richtig?**

a) Die Entwicklung der Verbraucherpreise beeinflusst die Entwicklung des Reallohnes.
b) Aus dieser Zahl lässt sich unmittelbar eine Angabe über die Entwicklung des Nominallohnes gewinnen.
c) Aus dieser Zahl kann man unmittelbar die durchschnittliche Erhöhung des Reallohnes ableiten.
d) Dieser Preisanstieg wurde ausschließlich durch die Lohn- und Gehaltserhöhungen des letzten Jahres bewirkt.
e) Wenn die Löhne und Gehälter gleichbleiben, steigt die Kaufkraft um 5 %.
f) Wenn die Löhne und Gehälter um 6 % steigen, fällt die Kaufkraft um 1 %.

**71. Welche Aussage zur Inflation ist richtig?**

a) Der Eigentümer von Geldvermögen ist gegenüber dem Eigentümer von Sachwerten in einer Inflation benachteiligt.
b) In der Inflation steigt der Wert des Geldes.
c) Die Inflation bewirkt eine gleichmäßige Verteilung der Vermögen.
d) In der Inflation sinken die Preise.
e) Inflation ist in jeder Höhe wirtschaftspolitisch unbedenklich.

**72. Welche grafische Darstellung bildet modellhaft die Entstehung einer Inflation ab?**

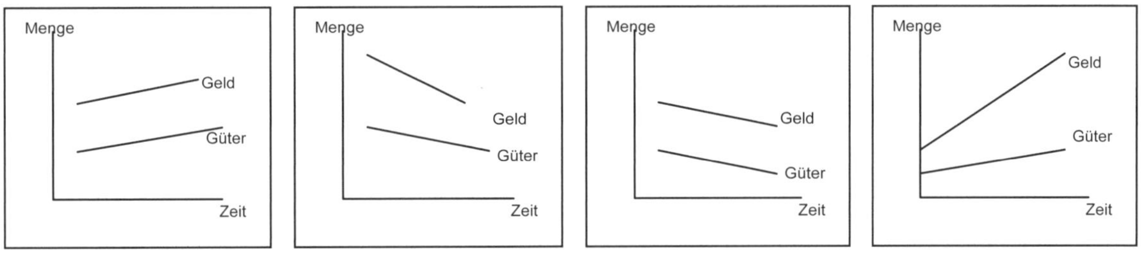


[1] [2] [3] [4]

**73. Worin liegt eine besonders wichtige Voraussetzung für das Wirtschaftswachstum einer Volkswirtschaft?**

a) Senkung der Kapitalproduktivität
b) Steigerung der Arbeitsproduktivität
c) Verhinderung eines geordneten Wettbewerbs
d) Staatliche Förderung von schrumpfenden Industriezweigen
e) Möglichst hoher Einsatz an Arbeitskräften in der Landwirtschaft

**74. Die Bundesregierung will eine Aufschwungphase durch Steuervergünstigungen verstärken. Welcher Sachverhalt wirkt dieser Maßnahme entgegen?**

a) Die Haushalte sparen das zusätzliche Einkommen.
b) Die Zinssätze für Kredite sinken.
c) Der Staat erhöht die Investitionen.
d) Die Unternehmen erhöhen ihre Investitionen.
e) Die Haushalte konsumieren mehr Güter.

Teil 3: Wirtschafts- und Sozialkunde

**75. Was ist unter Realeinkommen zu verstehen?**

a) Einkommen aus nichtselbstständiger Arbeit
b) Einkommen nach Abzug der Sozialabgaben
c) Einkommen, das an der Kaufkraft gemessen wird
d) Einkommen, das am Bruttoinlandsprodukt gemessen wird
e) Einkommen, das zur Bestreitung des Lebensunterhalts erforderlich ist

**76. Welche Aussage zum realen Bruttoinlandsprodukt ist richtig?**

a) Es umfasst die Gesamtheit aller von einer Volkswirtschaft in einem Jahr erbrachten Leistungen, ausgedrückt in den jeweiligen Preisen.
b) Es umfasst die Gesamtheit aller Sozialleistungen eines Jahres, einschließlich der Bruttoeinkommen in einem Rechnungsjahr.
c) Es entspricht dem Volkseinkommen eines Rechnungsjahres.
d) Es umfasst die Gesamtheit aller von einer Volkswirtschaft in einem Jahr erbrachten Leistungen, ausgedrückt in Preisen eines Basisjahres.
e) Es entspricht dem Nettonationaleinkommen abzüglich Abschreibungen in einem Rechnungsjahr.

**77. Welche Beziehung zwischen Lebenshaltungskosten, Realeinkommen und Nettoeinkommen ist richtig?**

a) Das Realeinkommen steigt, wenn bei sinkenden Lebenshaltungskosten das Nettoeinkommen gleich bleibt.
b) Das Realeinkommen steigt, wenn bei konstanten Lebenshaltungskosten das Nettoeinkommen gleich bleibt.
c) Das Realeinkommen bleibt gleich, wenn bei konstanten Lebenshaltungskosten das Nettoeinkommen sinkt.
d) Das Realeinkommen bleibt gleich, wenn bei steigenden Lebenshaltungskosten das Nettoeinkommen konstant bleibt.
e) Das Realeinkommen sinkt, wenn bei sinkenden Lebenshaltungskosten das Nettoeinkommen gleich bleibt.

**78. Der Nominallohn ist stärker gestiegen als das Preisniveau. Was bedeutet diese Aussage?**

a) Der Reallohn ist gleich geblieben.
b) Der Reallohn ist gesunken.
c) Der Reallohn ist gestiegen.
d) Die Kaufkraft des Lohnes ist gleich geblieben.
e) Die Kaufkraft des Lohnes ist gesunken.

**79. Was versteht man unter Bruttoinlandsprodukt?**

a) Die Summe aller Einkünfte der staatlichen sozialen Einrichtungen in einem Jahr
b) Die Summe aller bewerteten Güter und Dienstleistungen, die von der Volkswirtschaft eines Landes in einem Jahr geschaffen wurden
c) Die in Geld ausgedrückte gesamtwirtschaftliche Leistung eines Staates für seine sozialen Einrichtungen in einem Jahr
d) Die Summe aller Einkommen aus unselbstständiger Arbeit und Unternehmertätigkeit, die von der Volkswirtschaft eines Landes in einem Jahr geschaffen wurde
e) Der Teil der Produktion, der sozialen Zwecken dient

**80. Welche volkswirtschaftliche Größe ist an der Stelle des Fragezeichens einzusetzen?**

**Nettonationaleinkommen zu Marktpreisen**
**?**
**<u>+ Subventionen</u>**
**= Volkseinkommen**
**================**

a) – Subventionen
b) + direkte Steuern
c) + indirekte Steuern
d) - indirekte Steuern
e) - direkte Steuern
f) – Vorleistungen

**81. Welche Größe wird bei der Verwendungsrechnung des Inlandsprodukts berücksichtigt?**

a) Die Abschreibungen
b) Die indirekten Steuern
c) Das Arbeitnehmereinkommen
d) Die Bruttoinvestitionen
e) Die Subventionen

**82. Welche Größe gibt Aufschluss über die Verwendung des Volkseinkommens?**

a) Die Wertschöpfung aller Wirtschaftsbereiche
b) Das Einkommen aus selbstständiger und unselbstständiger Tätigkeit
c) Die Ausgaben für Konsum und Investitionsgüter
d) Die Kosten der eingesetzten Produktionsfaktoren
e) Die produzierten Güter und angebotenen Dienstleistungen

**83. Welcher Posten muss an Stelle des Fragezeichens eingesetzt werden?**

**Volkseinkommen**
**- direkte Steuern**
**?**
**+ Transferzahlungen**
**= verfügbares Einkommen**
**====================**

a) + Subventionen
b) - Subventionen
c) + Abschreibungen
d) - Sozialabgaben
e) + indirekte Steuern
f) - indirekte Steuern

**84. In einer Volkswirtschaft sparen die Konsumenten verstärkt und die Unternehmen erhöhen in gleichem Umfang ihre Neuinvestitionen. Welche Aussage über die Folgen ist richtig?**

a) Die zusätzlichen Spargelder vermindern den Geldstrom, haben aber keinen Einfluss auf den Güterstrom.
b) Die zusätzlichen Spargelder erhöhen den Geldstrom, haben aber keinen Einfluss auf den Güterstrom.
c) Güter- und Geldstrom verlaufen in diesem Fall nicht mehr entgegengesetzt, sondern ausnahmsweise parallel.
d) Die verstärkte Sparneigung führt zu einem geringeren Geldstrom und letztlich zu einer Deflation.
e) Die schwächere Konsumgüternachfrage wird durch eine erhöhte Nachfrage nach Investitionsgütern ausgeglichen.

**85. Das Bruttoinlandsprodukt kann über die Verwendungsrechnung ermittelt werden. Bei welchem Schritt der Rechnung ist ein Fehler enthalten?**

a) Privater Konsum
b) + Staatlicher Konsum
c) + Bruttoinvestition
d) + Exporte
e) + Importe

**= Bruttoinlandsprodukt**
**==================**

**86. Durch welche Größe unterscheidet sich das Bruttonationaleinkommen vom Nettonationaleinkommen?**

a) Durch die Umsatzsteuer
b) Durch die direkten Steuern
c) Durch die indirekten Steuern
d) Durch direkte und indirekte Steuern
e) Durch die Abschreibungen

Teil 3: Wirtschafts- und Sozialkunde

**87. Wie nennt man den Anteil der Bruttoeinkommen aus unselbstständiger Arbeit am Volkseinkommen?**

a) Nettonationaleinkommen
b) Lohnquote
c) Bruttolohn- und Gehaltssumme
d) Bruttonationaleinkommen
e) Reallohn

**88. Welche Aussage zum Nominal- bzw. Realeinkommen ist (volkswirtschaftlich betrachtet) richtig?**

a) Preiserhöhungen führen bei unverändertem Nominaleinkommen zur Erhöhung des Realeinkommens.
b) Das Realeinkommen verändert sich nicht, wenn Preise und Nominaleinkommen in gleichem Maße steigen.
c) Bei unverändertem Nominaleinkommen bedeuten sinkende Preise ein gleichzeitiges Absinken des Realeinkommens.
d) Bei der Ermittlung des Realeinkommens werden Preisänderungen grundsätzlich nicht berücksichtigt.
e) Nominaleinkommen drückt die Kaufkraft des Geldbetrages aus, den der Arbeitnehmer für seine Arbeitsleistung erhält.

**89. In welchem Fall sind die Bestandteile der Verwendungsrechnung des Inlandsprodukts durchgehend richtig dargestellt?**

a) Einkommen des Staates und sonstige Empfänger, Investitionen
b) Produzierendes Gewerbe, Dienstleistungen, Handel und Verkehr
c) Privater Verbrauch, Investitionen, Staatsverbrauch, Außenbeitrag
d) Einkommen aus Unternehmertätigkeit und Vermögen, Investitionen, privater Verbrauch
e) Staatsverbrauch, Einkommen aus unselbstständiger Arbeit, Einkommen aus Unternehmertätigkeit

**90. Ordnen Sie zu!**

**Volkswirtschaftliche Begriffe**

a) Sparquote
b) Volkseinkommen
c) Zahlungsbilanz
d) Lohnquote
e) Bruttolohn- und Gehaltssumme
f) Nettonationaleinkommen
g) Ersparnis

**Aussagen**

[ ] Prozentualer Anteil der Bruttoeinkommen aus unselbstständiger Arbeit am Volkseinkommen

[ ] Differenz aus Bruttoinlandsprodukt und volkswirtschaftlichen Abschreibungen einer Rechnungsperiode

[ ] Gegenüberstellung aller wirtschaftlichen Leistungen zwischen In- und Ausland

**91. Welches Merkmal kennzeichnet den Beginn eines konjunkturellen Aufschwungs?**

a) Sinkende Gewinnerwartung
b) Rasch steigende Lagerbestände wegen sinkender Nachfrage
c) Steigende Nachfrage nach Investitionsgütern
d) Anstieg der Arbeitslosenquote
e) Sinkende Preise und Löhne

**92. Welche Messgröße gibt Hinweise auf den zukünftigen Konjunkturverlauf?**

a) Das Erwerbspersonenpotential
b) Der Preisindex für die Lebenshaltungskosten der Arbeitnehmerhaushalte
c) Die Auftragseingänge in bedeutenden Industriezweigen
d) Die Steuereinnahmen des Bundes
e) Entwicklung der Export- und Importpreise

**93. Wie müssten sich die folgenden Konjunkturindikatoren in einer Abschwungphase theoretisch entwickelt haben?**

**1 Auftragsbestand / 2 Kapazitätsauslastung / 3 Preis- und Zinsniveau / 4 Kreditnachfrage / 5 Arbeitslosenquote**

a) 1 bis 5 höher als vorher
b) 1 bis 5 niedriger als vorher
c) 1 bis 4 höher als vorher, 5 niedriger als vorher
d) 1 bis 4 niedriger als vorher, 5 höher als vorher
e) 1 und 2 niedriger als vorher, 3 bis 5 höher als vorher

**94. In der Grafik sind die Phasen des Konjunkturverlaufes dargestellt. Welche Aussage trifft auf die schraffierte Phase zu?**

a) Die Produktionskapazitäten werden durch die wachsende Nachfrage nach Investitions- und Konsumgütern zunehmend ausgelastet.
b) Die Produktionskapazitäten sind voll ausgelastet und zum Teil überlastet. Auf den Konsumgütermärkten herrscht ein starker Nachfrageüberhang.
c) Die Einkommen der privaten Haushalte gehen zurück. Die Konsumgüternachfrage sinkt.
d) Die Gewinne schrumpfen. Die Preissteigerungsrate nimmt ab. Die Arbeitslosenquote steigt stark an.
e) Die Produktionskapazitäten sind zunehmend unausgelastet. Die Banken haben hohe Liquiditätsreserven.
f) Die Nachfrage der Unternehmer nach Investitionsgütern sinkt stark. Die Zukunftserwartungen der Unternehmer sind pessimistisch.

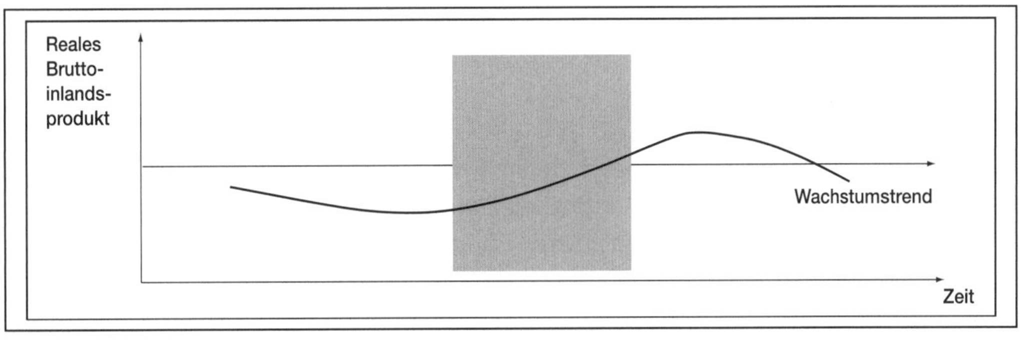


**95. An welchem Indikator lässt sich die Konjunkturentwicklung am frühesten erkennen?**

a) Zahlungsbilanz
b) Importpreisentwicklung
c) Steueraufkommen
d) Sparaufkommen
e) Auftragseingänge
f) Produktionsmenge

**96. Ordnen Sie zu!**

**Definitionen und Erläuterungen**

a) Auf und Ab der Volkswirtschaft innerhalb eines Zeitraumes
b) Wert aller Güter und Dienstleistungen, die in einer Volkswirtschaft während einer bestimmten Periode produziert werden
c) Sinkende Preise für Güter und Dienstleistungen, weil zu wenig Geld in Umlauf ist
d) Wird durch eine Erweiterung und Verbesserung des Produktionsapparates bewirkt und bezeichnet die mengenmäßige Zunahme des realen Bruttoinlandsproduktes
e) Von der Bundesbank zusammengefasste Übersicht über den Wert aller wirtschaftlichen Beziehungen mit dem Ausland
f) Das Angebot an Gütern und Dienstleistungen kann mit der Gesamtnachfrage nicht Schritt halten. Dies führt bei zu großer Geldmenge und zu hoher Umschlagsgeschwindigkeit zu einem fortlaufenden Preisanstieg.

**Volkswirtschaftliche Begriffe**

[ ] Inflation
[ ] Bruttoinlandsprodukt
[ ] Zahlungsbilanz

**97. Das Wirtschaftswachstum unterliegt konjunkturellen Schwankungen. Welche Situation beschreibt diese Schwankungen richtig?**

a) Es handelt sich dabei um kurzfristige Ausschläge der Wirtschaftsentwicklung aufgrund saisonaler Gegebenheiten.
b) Die Schwankung ist eine sich über mehrere Jahre vollziehende Wellenbewegung des Wachstums einer Volkswirtschaft.
c) Damit ist die langfristige Tendenz des stetigen Wachstums einer Volkswirtschaft gemeint.
d) Mit einer konjunkturellen Schwankung wird nur die Schwankung einer gesamten Branche bezeichnet, z. B. die Metallbranche.
e) Die konjunkturelle Schwankung ist gleichzusetzen mit dem Produktlebenszyklus.

**98. Der Staat möchte die Konjunktur ankurbeln und gleichzeitig Unternehmen direkt unterstützen, die neue und zukunftsweisende Produkte herstellen. Mit welcher Maßnahme kann diese Zielsetzung erreicht werden?**

a) Die Fördermittel des Bundes für die Entwicklung umweltschonender Technologien werden erhöht.
b) Die Bundeskanzlerin sagt den von der Schließung bedrohten Textilfabriken finanzielle Unterstützung zu.
c) Die Bundesagentur für Arbeit senkt ihren Etat für Umschulungsmaßnahmen.
d) Die staatlichen Schulen stellen Chemie- und Physiklehrer ein.
e) Die Kohlebergwerke werden mit Subventionen bedacht.

**99. Ordnen Sie zu!**

**Idealtypische Merkmale (Kennzeichen)**

a) Geringe Preissteigerung, niedrige Zinsen, erhöhte Nachfrage
b) Hohe Preissteigerung, hohe Zinsen, hohe Kapazitätsauslastung
c) Rückläufige Nachfrage, sinkende Zinsen, rückläufige Kapazitätsauslastung
d) Hohe Preissteigerung, hohe Zinsen, geringe Kapazitätsauslastung
e) Geringe Preissteigerung, hohe Zinsen, rückläufige Nachfrage
f) Niedrige Arbeitslosigkeit, niedrige Zinsen, niedrige Nachfrage
g) Hohe Arbeitslosigkeit, hohe Preissteigerung, hohe Nachfrage

**Konjunkturphasen**

[ ] Abschwung
[ ] Aufschwung
[ ] Boom

**100. Welches Merkmal zeigt das folgende Schaubild?**

a) Hochkonjunktur
b) Inflation
c) Deflation
d) Stagflation
e) Boom

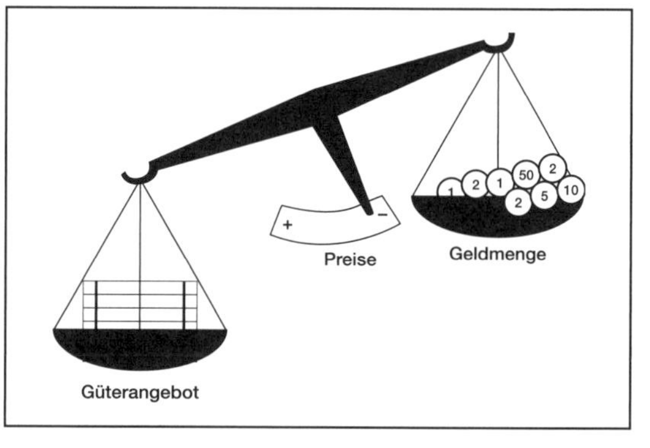


 

**101. In der folgenden Darstellung sind die Überschriften durch die Buchstaben A, B und C ersetzt. Welche Zuordnung ist richtig?**

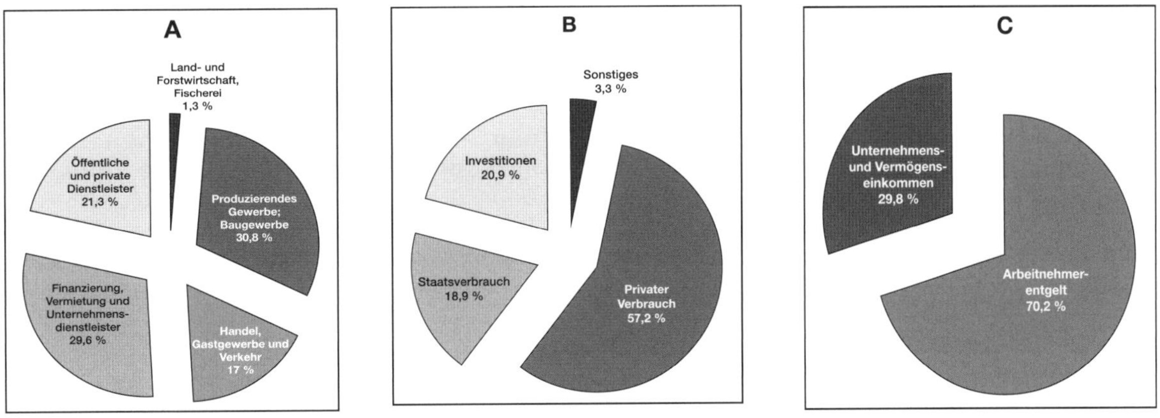


a) A Entstehung des Bruttoinlandsproduktes
B Verteilung des Bruttoinlandsproduktes
C Verwendung des Bruttoinlandsproduktes

b) A Verwendung des Bruttoinlandsproduktes
B Verteilung des Bruttoinlandsproduktes
C Entstehung des Bruttoinlandsproduktes

c) A Entstehung des Bruttoinlandsproduktes
B Verwendung des Bruttoinlandsproduktes
C Verteilung des Bruttoinlandsproduktes

d) A Verwendung des Bruttoinlandsproduktes
B Entstehung des Bruttoinlandsproduktes
C Verteilung des Bruttoinlandsproduktes

e) A Verteilung des Bruttoinlandsproduktes
B Verwendung des Bruttoinlandsproduktes
C Entstehung des Bruttoinlandsproduktes

**102. Welche Konjunkturphase ist nachfolgend idealtypisch beschrieben?**
**- Rückgang der Produktion, des Umsatzes, der Güterpreise**
**- Beginnende, steigende Arbeitslosigkeit**
**- Fallende Wertpapierkurse**
**- Sinkendes Zinsniveau**
**- Rückläufige Lohnentwicklung**
**- Pessimistische Stimmung des Produzenten und Konsumenten**

a) Aufschwung/Expansion
b) Abschwung/Rezession
c) Hochkonjunktur/Boom
d) Tiefstand/Depression
e) Aufschwung/Boom

**103. In welcher Zeile sind die folgenden Aussagen über die Konjunkturphasen richtig beurteilt?**

**[1] In der Hochkonjunktur ist das gesamtwirtschaftliche Angebot größer als die gesamtwirtschaftliche Nachfrage.**
**[2] In der Rezession ist die gesamtwirtschaftliche Nachfrage kleiner als das gesamtwirtschaftliche Angebot.**
**[3] In der Hochkonjunktur ist mit hohen Inflationsraten zu rechnen.**

a) Nur die Aussagen 1 und 2 sind richtig.
b) Nur die Aussagen 2 und 3 sind richtig.
c) Nur die Aussagen 1 und 3 sind richtig.
d) Nur die Aussage 1 ist richtig.
e) Alle Aussagen sind falsch.
f) Alle Aussagen sind richtig.



 

**104. Welcher Konjunkturindikator kennzeichnet einen konjunkturellen Aufschwung (Expansion)?**

a) Volle Auslastung der Produktionskapazitäten in der Industrie.
b) Importüberschüsse in der Handelsbilanz.
c) Steuereinnahmen des Bundes aus der Körperschaftsteuer gehen zurück.
d) Zunehmende Auftragseingänge in der industriellen Produktion und Abbau der Lagerbestände.
e) Die in Umlauf befindliche Geldmenge geht zurück.

**105. Bringen Sie die folgenden Wirkungen einer Erhöhung der Mindestreservesätze unter der Annahme, dass alle anderen Einflussgrößen unverändert bleiben, in die richtige Reihenfolge!**

[ ] Erhöhung der Mindestreservesätze
[ ] Dämpfung des Preisauftriebs
[ ] Liquidität der Geschäftsbanken sinkt
[ ] Gesamtnachfrage sinkt
[ ] Nachfragewirksame Geldmenge sinkt
[ ] Angebot an Krediten sinkt

**106. Welches Instrument der antizyklischen Fiskalpolitik ist in der Rezession richtig angewendet?**

a) Erhöhung der Einkommen-, Körperschaft- und Gewerbesteuervorauszahlungen
b) Einschränkung der Abschreibungsmöglichkeiten
c) Erhöhung der Bautätigkeit durch staatliche Aufträge und entsprechende Bauförderungsmaßnahmen
d) Ausgabensperre für alle öffentlichen Investitionen
e) Erhebung eines Konjunkturzuschlages

**107. Welche geldpolitische Maßnahme der Europäischen Zentralbank (EZB) ist geeignet, einer drohenden Geldentwertung entgegenzuwirken?**

a) Die EZB senkt die Mindestreservesätze, um den Spielraum für die Kreditvergabe durch Geschäftsbanken zu verbessern.
b) Die EZB erhöht die Mindestreservesätze, um den Spielraum für die Kreditvergabe durch Geschäftsbanken zu reduzieren.
c) Die EZB senkt die Leitzinsen, um die Geschäftsbanken mit ausreichend Geld zu versorgen.
d) Die EZB erhöht die umlaufende Geldmenge durch Ausgabe von Banknoten.
e) Die EZB veranlasst die Geschäftsbanken, ihre Zinssätze für Konsumkredite zu senken.

**108. Die Europäische Zentralbank (EZB) verfügt über ein differenziertes geldpolitisches Instrumentarium, um ihre geldpolitischen Zielsetzungen durchsetzen zu können. Ordnen Sie zu!**

**Geldpolitische Entscheidungen**

a) Die EZB legt den Zinssatz fest, zu dem sie bereit ist, bestimmte Wertpapiere anzukaufen.
b) Die EZB legt den Zinssatz fest, zu dem sie bereit ist, nur für 6 Monate bestimmte Aktien einzukaufen.
c) Die EZB legt einen Prozentsatz fest, bis zu dem die Geldmenge innerhalb eines Jahres ausgeweitet werden kann.
d) Die EZB legt einen Prozentsatz fest, bis zu dem die Kreditinstitute einen Teil ihrer Verbindlichkeiten gegenüber Nichtbanken als Guthaben bei ihr unterhalten müssen.
e) Die EZB legt den Zinssatz fest, zu dem sie Forderungen mit einer Restlaufzeit von 6 Monaten ankauft.
f) Die EZB legt den Zinssatz fest, zu dem Kreditinstitute Guthaben (Liquiditäten) über Nacht beim Eurosystem anlegen können.

**Geldpolitisches Instrumentarium der EZB**

[ ] Mindestreserve
[ ] Festsetzung der Einlagenfazilitäten
[ ] Offenmarktgeschäfte

**109. Welche Maßnahme des geldpolitischen Instrumentariums der EZB dient nicht dem Ziel der Konjunkturbelebung in der Bundesrepublik Deutschland?**

a) Senkung der Mindestreservepflicht für die Banken
b) Ständige attraktive Angebote der EZB an die Banken, im Rahmen der Offenmarktpolitik deren Liquiditätsreserven zu erhöhen
c) Erhöhung der Geldmenge in dem Maße, wie das Bruttoinlandsprodukt wächst
d) Begünstigung der Refinanzierungsmöglichkeiten der Banken durch entsprechende Rahmenbedingungen
e) Erhöhung der Mindestreservepflicht für die Banken

**110. Welche geldpolitische Maßnahme der EZB hat eine Reduzierung der Geldmenge zum Ziel?**

a) Die EZB senkt den Mindestreservesatz.
b) Die EZB senkt den Zinssatz für Offenmarktgeschäfte.
c) Die EZB senkt den Zinssatz für die ständigen Fazilitäten.
d) Die EZB erhöht den Zinssatz für die Einlagenfazilitäten.
e) Die EZB senkt den Zinssatz für die Spitzenrefinanzierungsfaziliäten.

**111. Welche Aussage zur Geldpolitik der EZB ist zutreffend?**

a) Die Geldpolitik beinhaltet alle Maßnahmen der Geschäftsbanken zur Erhöhung ihrer Liquidität.
b) Die Geldpolitik beinhaltet alle Maßnahmen zur Steuerung der Geldmenge mit dem Ziel, die Geldwertstabilität zu gewährleisten.
c) Die Geldpolitik beinhaltet alle Maßnahmen der Bundesregierung zur Erhöhung ihrer Einnahmen.
d) Die Geldpolitik ist die Summe aller Maßnahmen, mit der Großunternehmen die Finanzierung ihrer Vorhaben gewährleisten.
e) Die Geldpolitik ist die Summe aller Maßnahmen für die Abwicklung des bankmäßigen Zahlungsverkehrs.

**112. Die EZB hat im Rahmen ihrer geldpolitischen Maßnahmen den Leitzinssatz erhöht, um einer inflationären Entwicklung entgegenzuwirken. Mit welcher Reaktion der Wirtschaftssubjekte ist nicht zu rechnen?**

a) Die Geschäftsbanken reagieren durch Verteuerung der Kredite.
b) Die Unternehmen machen ihre Investitionsentscheidungen vorrangig von der erwarteten langfristigen Rentabilität abhängig, deshalb werden sie nur schwach auf eine Zinserhöhung reagieren.
c) Für die privaten Haushalte stellt der erhöhte Zins eine zu vernachlässigende Größe dar. Sie werden in unverändertem Umfang auf Kredite zur Finanzierung ihres privaten Konsums zurückgreifen.
d) Für die öffentlichen Haushalte stellt der erhöhte Zins eine zusätzliche Belastung dar, da die Zinsen ebenfalls aus dem Haushalt bezahlt werden müssen. Das engt den finanzpolitischen Spielraum ein.
e) Auf die privaten Haushalte hat die Zinserhöhung eine doppelte Wirkung: Ihre Spareinlagen werden höher verzinst, die Konsumkredite werden verteuert. Beide Zinseffekte führen zu einer Senkung der Nachfrage.

**113. In welchem Fall liegt eine antizyklische fiskalische Maßnahme vor?**

a) In der Rezession werden Rücklagen für den Aufschwung gebildet.
b) In der Rezession werden zur Schonung des Inlandmarktes Staatsaufträge möglichst in das Ausland vergeben.
c) In der Hochkonjunktur wird eine gleichmäßige Auslastung aller Betriebe durch zusätzliche Staatsaufträge angestrebt.
d) In der Hochkonjunktur werden bisher vom Staat zugestandene Steuervergünstigungen rückgängig gemacht.
e) In der Hochkonjunktur werden zusätzliche Staatsaufträge vergeben.

**114. In welcher Situation lässt sich eine verstärkte Kreditaufnahme der öffentlichen Haushalte konjunkturpolitisch rechtfertigen?**

a) Rezession
b) Nachfrageinflation
c) Vollbeschäftigung
d) Überbeschäftigung
e) Hochkonjunktur

**115. Bei welcher wirtschaftspolitischen Maßnahme sind ihre Auswirkungen auf den Konjunkturverlauf richtig beschrieben?**

a) Durch die Bildung einer Konjunkturausgleichsrücklage schränkt der Staat die Nachfrage der öffentlichen Haushalte ein. Dies stellt einen wesentlichen Beitrag zur Senkung der Arbeitslosigkeit und zur Anregung des Wirtschaftswachstums dar.

b) Durch eine Verschuldung des Bundes in Milliardenhöhe zur Finanzierung öffentlicher Investitionen kann es gelingen, die Arbeitslosenquote zu senken. Gleichzeitig besteht jedoch die Gefahr, dass sich durch die steigende Nachfrage das Preisniveau erhöht.

c) Eine Erhöhung der Mehrwertsteuer stellt eine zusätzliche Besteuerung der Unternehmensgewinne dar. Dadurch geht die Investitionsneigung der Unternehmer weiter zurück, was zu einer Verringerung des realen Wirtschaftswachstums führt.

d) Die Erhöhung der Abschreibungssätze bedingt Steuermehreinnahmen. Diese können konjunkturwirksam zur Energieeinsparung verwendet werden.

e) Die Entlastung der privaten Haushalte bei der Lohn- und Einkommensteuer vermindert den privaten Verbrauch und wirkt sich so konjunkturhemmend aus.

**116. Ordnen Sie zu!**

**Begriffserläuterungen**

a) Beeinflussung der gesamtwirtschaftlichen Nachfrage mit finanzpolitischen Mitteln und geldpolitischen Instrumenten mit dem Ziel, ein gesamtwirtschaftliches Gleichgewicht zu erreichen.

b) Gleichzeitiges aufeinander abgestimmtes Verhalten der Gebietskörperschaften, Gewerkschaften und Unternehmerverbände zur Erreichung der gesamtpolitischen Ziele.

c) Wert aller Güter und Dienstleistungen, die in einer Volkswirtschaft in einem Jahr konsumiert, investiert oder exportiert (vermindert um die Importe) werden.

d) Langfristige Anlage von Kapital zur Erhaltung, Verbesserung und Vermehrung der Produktionsmittel.

e) Prozess anhaltender Geldwertverschlechterung infolge von Preissteigerungen.

f) Gesamtnachfrage nach Gütern und Dienstleistungen kann mit dem Gesamtangebot nicht Schritt halten, weil zu wenig Geld im Umlauf ist.

**Grundbegriffe**

[ ] Investitionen

[ ] Inflation

[ ] Konjunkturpolitik

**117. Wie müssten Bund, Länder und Gemeinden ihre finanzpolitischen Instrumente nach dem Stabilitätsgesetz handhaben, um einer sich abzeichnenden Konjunkturüberhitzung entgegenzuwirken?**

| | Steuersätze | Abschreibungssätze | öffentliche Aufträge |
|---|---|---|---|
| a) | erhöhen | verringern | verringern |
| b) | erhöhen | verringern | erhöhen |
| c) | verringern | verringern | erhöhen |
| d) | verringern | erhöhen | verringern |
| e) | erhöhen | erhöhen | verringern |

**118. Die Bekämpfung der Arbeitslosigkeit ist eine wichtige und dauerhafte Aufgabe der Wirtschaftspolitik. Ordnen Sie die zutreffenden Sachverhalte den Arten von Arbeitslosigkeit zu!**

**Sachverhalte**

a) In Werften kommt es zu Entlassungen von Arbeitnehmern, da dauerhafte Auftragsrückgänge dazu führen, dass Produktionskapazitäten abgebaut werden.

b) Ein Auszubildender kann nach bestandener Prüfung als Bürokaufmann nicht von seinem Ausbildungsbildungsbetrieb übernommen werden.

c) Eine Hotelfachangestellte arbeitet jährlich befristet in den Sommermonaten auf Sylt. Danach meldet sie sich arbeitslos.

d) Eine Angestellte hat gekündigt, da sie mit ihrer Familie in ein anderes Bundesland umzieht. Hier findet sie noch keine Arbeit.

e) In der Baubranche kommt es zu Entlassungen, da die gesamtwirtschaftliche Nachfrage bei stagnierendem Wirtschaftswachstum vorübergehend zum Rückgang der Beschäftigung führt.

f) Eine alleinerziehende Mutter war 6 Jahre nicht berufstätig. Jetzt sucht sie wieder Arbeit.

g) Ein Angestellter wird von seinem Unternehmen fristlos entlassen, da er Geld gestohlen hat. Er meldet sich unverzüglich arbeitslos und reicht eine Kündigungsschutzklage beim Arbeitsgericht ein.

**Arten von Arbeitslosigkeit**

[ ] Saisonale Arbeitslosigkeit

[ ] Konjunkturelle Arbeitslosigkeit

[ ] Strukturelle Arbeitslosigkeit

**119. Welche Maßnahme führt in der Regel zu einer Erhöhung der Nachfrage der privaten Haushalte nach wirtschaftlichen Gütern?**

a) Erhöhung der Mehrwertsteuer
b) Erhöhung des Spareckzinses
c) Erhöhung der Preise
d) Senkung der Sozialleistungen
e) Senkung der Einkommensteuer

**120. Welche Maßnahme ist geeignet, einer Zunahme der Arbeitslosigkeit entgegenzuwirken?**

a) Der Staat mindert die Abschreibungsmöglichkeiten der Betriebe.
b) Der Staat verkürzt die allgemeine Schulzeit.
c) Der Staat erhöht das Rentenalter.
d) Der Staat erhöht das Volumen der öffentlichen Investitionen.
e) Die Tarifvertragsparteien schließen einen Manteltarifvertrag, welcher eine Erhöhung der wöchentlichen Arbeitszeit vorsieht, ab.

**121. Welche Maßnahme der Bundesregierung ist zur Konjunkturbelebung geeignet?**

a) Erhöhung der Ausfuhrzölle
b) Streichen von Subventionszuwendungen
c) Erhöhung der gewinnabhängigen Steuern
d) Verminderung der Ausgaben des Bundes
e) Gewährung von Sonderabschreibungen

**122. Der Vorstandsvorsitzende eines Automobilkonzerns sagt in einem Interview, dass eine Konjunkturerholung in seiner Branche erkennbar seil. Worauf stützt er seine Aussage?**

a) Die Importe und die Exporte an Automobilen sind etwa gleich groß.
b) Die Auftragseingänge bei den Automobilherstellern sind gegenüber dem Vorjahr um 10 % gestiegen.
c) Die Automobilproduktion ist im letzten Jahr stabil geblieben.
d) Die Bundesregierung hat angekündigt, dass sie eine Erhöhung der Mineralölsteuern plant.
e) Die Besucherzahl auf einer Automobilausstellung hat sich im Vergleich zum Vorjahr nur geringfügig verändert.

**123. Welche staatliche Maßnahme soll Unterbeschäftigung abbauen?**

a) Generelle Erhöhung der Einkommensteuersätze
b) Erhöhung der Mineralölsteuer
c) Einschränkung der steuerlichen Abschreibungsmöglichkeiten
d) Bildung von Haushaltsüberschüssen
e) Gewährung von Investitionszulagen

**124. Welche Maßnahme der Bundesregierung ist geeignet, zur Überwindung einer Rezession beizutragen?**

a) Erhöhung der Lohn- und Einkommensteuer
b) Einführung einer Investitionsabgabe
c) Einschränkung von steuerlichen Abschreibungsmöglichkeiten
d) Bildung einer Konjunkturausgleichsrücklage
e) Mehrausgaben des Bundes aus Rücklagen und durch Aufnahme von Krediten

**125. Welche der folgenden Maßnahmen dient der Konjunkturbelebung?**

a) Erhöhung der Leitzinsen
b) Steuererhöhungen
c) Verringerung der Staatsausgaben
d) Bildung von Konjunkturrücklagen
e) Verbesserung der Abschreibungsmöglichkeiten



 

**126. Die Bundesregierung versucht, mit konjunkturpolitischen Maßnahmen bestimmte Ziele zu erreichen.**

| Ziele: | Maßnahmen: |
|---|---|
| 1. Preisstabilisierung bei einer inflationären Entwicklung | 1. Abbau der Sparförderung |
| 2. Überwindung einer Rezession | 2. Gewährung von Steuervergünstigungen und Subventionen |
| 3. Konjunkturdämpfung | 3. Gewährung von Sonderabschreibungen |
| 4. Geringere Arbeitslosigkeit | 4. Besteuerung der Investitionen |

**Welches Ziel kann mit welcher Maßnahme erreicht werden?**

a) Ziel 1 durch Maßnahme 1
b) Ziel 2 durch Maßnahme 2
c) Ziel 3 durch Maßnahme 3
d) Ziel 4 durch Maßnahme 4

**127. Ordnen Sie zu!**

**Maßnahmen des Staates**

a) Erhöhung der Einkommensteuer
b) Abbau der Abschreibungsvergünstigungen
c) Streichung oder Kürzung von Subventionen an Verbraucher
d) Zollabbau zur Erleichterung der Einfuhr ausländischer Waren
e) Streichung oder Kürzung von Subventionen an Produzenten
f) Gewährung von Subventionen an Verbraucher, z. B. Kinder- und Wohngeld

**Auswirkungen dieser Maßnahmen**

[ ] Erhöhung der Nachfrage nach Gütern und Dienstleistungen
[ ] Erhöhung des Angebots von Gütern und Dienstleistungen
[ ] Verringerung des Angebots von Gütern und Dienstleistungen

**128. Die Bundesregierung will durch Mittel der Einnahmen- und Ausgabenpolitik die Konjunktur ankurbeln. In welcher Zeile stimmen alle Maßnahmen?**

| Abschreibungsmöglichkeiten | Staatsausgaben | Einkommensteuersätze |
|---|---|---|
| a) verbessern | erhöhen | erhöhen |
| b) erschweren | verringern | senken |
| c) verbessern | verringern | senken |
| d) verbessern | erhöhen | senken |
| e) verbessern | verringern | erhöhen |

**129. In der Bundesrepublik Deutschland hat der Staat die Aufgabe, Unternehmenszusammenschlüsse zu prüfen und gegebenenfalls zu verhindern. Welchem Bereich der Wirtschaftspolitik werden diese Aufgaben zugeordnet?**

a) Der Stabilitätspolitik
b) Der Sozialpolitik
c) Der Konjunkturpolitik
d) Der Verteilungspolitik
e) Der Wettbewerbspolitik

**130. Die Bundesregierung will durch Mittel der Außenwirtschaftspolitik Überschüsse der Devisenbilanz abbauen helfen. In welcher Zeile zielen alle Maßnahmen in die gewünschte Richtung?**

| Importzölle | Exportsubventionen | Einfuhrkontingente |
|---|---|---|
| a) senken | senken | erhöhen |
| b) erhöhen | senken | senken |
| c) senken | erhöhen | erhöhen |
| d) senken | senken | senken |
| e) erhöhen | erhöhen | erhöhen |
| f) erhöhen | senken | erhöhen |

**131. Welche inländische Maßnahme lässt einen Rückgang der Nachfrage aus dem Ausland erwarten?**

a) Senkung der Exportzölle
b) Exportsubventionen
c) Importkontingente
d) Abwertung der Inlandswährung
e) Aufwertung der Inlandswährung

**132. Ordnen Sie zu**

**Definitionen** — **Preispolitische Mittel zur Beeinflussung der Außenwirtschaft**

a) Abgaben, die als Entgelt für eine spezielle Gegenleistung einer Behörde oder öffentlichen Anstalt erhoben werden
b) Öffentliche Zwangsabgaben, die ein Gemeinwesen ohne Gewährung einer speziellen Gegenleistung erhebt
c) Abgaben, die bei der Einfuhr oder Ausfuhr bestimmter Waren erhoben werden
d) Staatlich festgelegte Importquoten zur direkten Beschränkung der Einfuhr
e) Festlegung der Exportpreise unter Herstellungskosten mit dem Ziel, Marktanteile im Ausland zu erringen
f) Gesetzlich oder vertraglich festgelegte wiederkehrende oder einmalige Leistungen zur Erzielung von Einkünften öffentlich-rechtlicher Körperschaften
g) Zweckgebundene, vom Staat gewährte Vergünstigungen an Unternehmen (z. B. Steuervorteile) zur Förderung des Exports bzw. Erschwerung des Imports

[ ] Zölle
[ ] Subventionen
[ ] Dumping

**133. Welche staatliche Maßnahme dient dem Schutz einzelner Wirtschaftszweige gegen außereuropäische Konkurrenz?**

a) Die Exportsteuer
b) Der Einfuhrzoll
c) Der Ausfuhrzoll
d) Die Ausgleichsabgabe
e) Die Sondersteuer

**134. In welchem Fall liegt Dumping vor?**

a) Die Regierung eines Landes senkt aufgrund von Preissteigerungen für importierte wichtige Rohstoffe die Steuern, die sie bisher auf die Endprodukte erhoben hat, die aus diesen Rohstoffen gewonnen wurden.
b) Die Regierung eines Landes beteiligt sich an ausländischen Firmen, die Rohstoffvorkommen ausbeuten, um so die Rohstoffversorgung ihres Landes zu sichern.
c) Die Regierung eines Landes gewährt inländischen Firmen zinsgünstige Kredite, sofern sie im Ausland Filialen errichten.
d) Die Regierung eines Landes belastet durch eine spezielle Steuer einen Wirtschaftszweig ihres Landes, sodass dessen Waren im Ausland zu Preisen verkauft werden müssen, die über den regulären Inlandspreisen liegen.
e) Die Regierung eines Landes ermöglicht es einem Wirtschaftszweig ihres Landes durch Zuschusszahlungen, Waren im Ausland zu Preisen anzubieten, die unter den Herstellungskosten liegen.

**135. Welche Aussage über Zölle ist richtig?**

a) Einfuhrzölle werden erhoben, um die inländischen Produzenten zu schützen.
b) Einfuhrzölle werden erhoben, um den Import zu fördern.
c) Einfuhrzölle werden erhoben, um die Inlandspreise herabzudrücken.
d) Ausfuhrzölle werden erhoben, um den Export anzuregen.
e) Ausfuhrzölle werden erhoben, um die inländischen Waren im Ausland zu verbilligen.

**136. Wie wirkt sich eine Aufwertung der eigenen Währung im Inland aus?**

a) Die Importe werden teurer, die Einfuhren gebremst.
b) Die Importe werden billiger, die Einfuhren gefördert.
c) Die Exporte werden billiger, die Ausfuhren gefördert.
d) Die Preise für ausländische Währungen steigen, dadurch werden Auslandsreisen teurer.
e) Die Preise für ausländische Währungen steigen, die Arbeitsplätze im Inland werden sicherer.

**137. Welche Aussage zum Außenwert der Währung eines Landes ist richtig?**

a) Der Außenwert der Währung sinkt durch eine Aufwertung.
b) Der Außenwert der Währung verändert sich nicht, wenn diese Währung „floatet".
c) Der sinkende Außenwert einer Währung kann sich günstig auf den Export dieses Landes auswirken.
d) Der Außenwert der Währung ist langfristig unabhängig von der wirtschaftlichen Lage des Landes.
e) Der Außenwert der Währung steigt durch die Aufwertung einer anderen Währung.
f) Der Außenwert der Währung ist langfristig unabhängig vom Umfang der Währungsreserven des Landes.

**138. Welche Auswirkung hat eine Aufwertung des Euro gegenüber dem US-Dollar?**
- a) Der Wert ausländischer Zahlungsmittel steigt im Verhältnis zum Euro.
- b) Diese Maßnahme führt zu einem Handelsbilanzüberschuss.
- c) Die Einfuhr der Waren verteuert sich trotz der Devisenreserven der EZB.
- d) Die Einfuhr der Waren verbilligt sich trotz unveränderter Warenpreise.
- e) Diese Maßnahme verstärkt bei einer Vollbeschäftigung die Tendenz zu Preissteigerungen.

**139. Welche Folge bringt eine Höherbewertung des EURO gegenüber dem US-Dollar mit sich?**
- a) Die Importe aus den USA werden erschwert.
- b) Die Arbeitsplätze in der EU werden gesichert.
- c) Der Export in die USA wird erleichtert.
- d) Der Export in die USA wird erschwert.
- e) Die Inflation in der EU wird gefördert.

**140. Was versteht man in der Volkswirtschaftslehre unter der Zahlungsbilanz?**
- a) Die Summe aller ein- und zweiseitigen Zahlungen zwischen In- und Ausland zu einem bestimmten Zeitpunkt
- b) Die Gegenüberstellung der Einnahmen aus Warenexporten und Ausgaben für Warenimporte
- c) Die systematische Aufzeichnung wirtschaftlicher Transaktionen eines bestimmten Zeitraums zwischen Inland und Ausland
- d) Die Summe aller Transaktionen im Rahmen des Kapitalverkehrs
- e) Die Summe aller Zahlungen zwischen In- und Ausland

**141. Ordnen Sie zu!**

**Vorgänge**
- a) Veränderungen des Goldbestandes der Deutschen Bundesbank
- b) Kauf von ausländischen Aktien
- c) Überweisungen von Ersparnissen der Gastarbeiter in ihre Heimatländer
- d) Wareneinfuhren
- e) Veränderungen der Devisenforderungen und Devisenverbindlichkeiten
- f) Reisen ins Ausland

**Teilbilanzen der Zahlungsbilanz**

[ ] Handelsbilanz
[ ] Übertragungsbilanz
[ ] Dienstleistungsbilanz

**142. Welche wirtschaftlichen Vorgänge erfasst die Dienstleistungsbilanz?**
- a) Förderungen aus Warenexportgeschäften
- b) Überweisungen von ausländischen Arbeitnehmern aus der Bundesrepublik Deutschland in die Heimatländer
- c) Erwerb deutscher Aktien von Ausländern
- d) Ausgaben deutscher Urlauber im Ausland
- e) Beitragszahlungen der Bundesrepublik Deutschland an die UNO

**143. Ein deutscher Unternehmer kauft Schweizer Franken bei seiner Hausbank und reist zu Geschäftsverhandlungen nach Zürich. Welche Teilbilanzen der Zahlungsbilanz werden durch seine Ausgaben für Unterkunft und Verpflegung berührt?**
- a) Kapitalbilanz und Handelsbilanz
- b) Übertragungsbilanz und Dienstleistungsbilanz
- c) Handelsbilanz und Devisenbilanz
- d) Dienstleistungsbilanz und Devisenbilanz
- e) Handelsbilanz und Dienstleistungsbilanz

**144. Was trägt zur Erhöhung eines „Zahlungsbilanzüberschusses“ der Bundesrepublik Deutschland bei?**
- a) Reisen von Deutschen ins Ausland
- b) Zunahme des Imports
- c) Überweisungen, die ausländische Arbeitskräfte in ihr Heimatland vornehmen
- d) Zahlung von Beiträgen der Bundesrepublik Deutschland an internationale Organisationen
- e) Zunahme der Warentransporte durch deutsche Transportunternehmen für im Ausland ansässige Unternehmen
- f) Inanspruchnahme ausländischer Patente und Lizenzen durch deutsche Unternehmer

**145. Die Außenwirtschaft eines Staates weist einen „Zahlungsbilanzüberschuss“ aus. Was kann ursächlich dazu geführt haben?**

a) Die Gold- und Devisenmärkte sind im Verhältnis zum Vorjahr gleich geblieben.
b) Der Wert der Importe ist größer als der Wert der Exporte.
c) Der Wert der Exporte ist größer als der Wert der Importe.
d) Die Forderungen an das Ausland entsprechen den Verbindlichkeiten gegenüber dem Ausland.
e) Devisenexporte werden durch Devisenimporte ausgeglichen.

**146. Welche Aussage über die Handelsbilanz ist richtig?**

a) Die Handelsbilanz erfasst die Warenlieferungen an das Ausland und die Warenbezüge aus dem Ausland.
b) Die Handelsbilanz erfasst u. a. die Überweisungen ausländischer Arbeitnehmer in ihre Heimatländer.
c) Bei einer aktiven Handelsbilanz überwiegt der Import.
d) Die Handelsbilanz erfasst die Veränderungen der Devisenbestände der EZB.
e) Die Handelsbilanz erfasst u. a. die Ausgaben der deutschen Urlauber im Ausland.

**147. Die Außenwirtschaft eines Staates weist „Zahlungsbilanzgleichgewicht" auf. Was ist darunter zu verstehen?**

a) Die Gold- und Devisenreserven sind im Verhältnis zum Vorjahr gleichgeblieben.
b) Der Wert der Importe ist größer als der Wert der Exporte.
c) Der Wert der Exporte ist größer als der Wert der Importe.
d) Die Forderungen an das Ausland entsprechen den Verbindlichkeiten gegenüber dem Ausland.
e) Der größte Teil der im Lande verbrauchten Güter wird importiert.

**148. Welche Beschreibung der Steuern in der Bundesrepublik Deutschland ist zutreffend?**

a) Über die Verwendung des Steueraufkommens kann der Steuerpflichtige direkt mitentscheiden.
b) Steuern sind alle an den Staat zu entrichtenden Abgaben und Beiträge.
c) Steuern werden ohne unmittelbare Gegenleistung zwangsweise erhoben.
d) Das gesamte Steueraufkommen wird prozentual zwischen Bund und Ländern aufgeteilt.
e) Alle Steuern sind Einnahmen der Bundesregierung.

**149. Welche Steuer ist eine Verbrauchsteuer?**

a) Die Einkommensteuer
b) Die Grundsteuer
c) Die Tabaksteuer
d) Die Gewerbesteuer
e) Die Kraftfahrzeugsteuer

**150. Bei welcher Steuer erhöht sich der Steuerbetrag für den Verbraucher automatisch mit jeder Preissteigerung?**

a) Bei der Umsatzsteuer
b) Bei der Gewerbesteuer
c) Bei der Lohnsteuer
d) Bei der Einkommensteuer
e) Bei der Körperschaftsteuer

**151. Welche Aufzählung enthält ausschließlich Besitzsteuern?**

a) Lohnsteuer - Grundsteuer - Kfz-Steuer
b) Einkommensteuer - Kirchensteuer - Tabaksteuer
c) Biersteuer - Lohnsteuer - Erbschaftsteuer
d) Körperschaftsteuer - Gewerbesteuer - Einkommensteuer
e) Mineralölsteuer - Tabaksteuer – Umsatzsteuer

**152. Ordnen Sie zu!**

**Steuerarten**
- a) Kraftfahrzeugsteuer
- b) Umsatzsteuer
- c) Erbschaftsteuer
- d) Versicherungssteuer
- e) Mineralölsteuer

**Steuern nach dem Gegenstand der Besteuerung**

[ ] Besitzsteuern

[ ] Verbrauchssteuern

**153. Ordnen Sie zu!**

**Erklärungen**
- a) Mit dieser Steuer ist grundsätzlich jede Ware belastet, die im Inland verkauft wird.
- b) Zu dieser Steuer werden Personen herangezogen, wenn sie z. B. Gewinne aus einem Geschäft oder Einnahmen aus freiberuflicher Tätigkeit haben.
- c) Diese Steuer fällt nur bei juristischen Personen an.
- d) Diese Steuer wird vom Arbeitsentgelt einbehalten und vom Arbeitgeber an das Finanzamt abgeführt.
- e) Bemessungsgrundlage ist z. B. der Gewinn einer AG.
- f) Bei dieser Steuer handelt es sich um eine zweckgebundene Einnahme des Staates.

**Steuerarten**

[ ] Umsatzsteuer

[ ] Einkommensteuer

[ ] Lohnsteuer

**154. Welche Aussage über die Körperschaftsteuer ist richtig?**
- a) Sie ist in voller Höhe von jedem Aktionär zu tragen.
- b) Sie ist die Vermögensteuer für juristische Personen.
- c) Sie ist die Einkommensteuer, die von juristischen Personen zu zahlen ist.
- d) Sie fließt ausschließlich dem Bund zu.
- e) Sie ist die Steuer, die eine natürliche Person zu zahlen hat, wenn das steuerpflichtige Einkommen bestimmte Beträge überschreitet.

**155. Ordnen Sie zu!**

**Steuerart nach dem Steuergegenstand**
- a) Tabaksteuer
- b) Einkommensteuer
- c) Erbschaftsteuer
- d) Lohnsteuer
- e) Umsatzsteuer
- f) Gewerbesteuer

**Steuern**

[ ] Verkehrssteuer

[ ] Verbrauchssteuer

**156. Bei welcher Steuer können die Gemeinden die Höhe der Steuerschuld beeinflussen?**
- a) Vermögensteuer
- b) Grunderwerbsteuer
- c) Einkommensteuer
- d) Gewerbesteuer
- e) Körperschaftsteuer
- f) Kraftfahrzeugsteuer

**157. Welche Unternehmung ist körperschaftsteuerpflichtig?**
- a) Stille Gesellschaft
- b) Einzelunternehmung
- c) KG
- d) AG
- e) OHG

**158. Welche Aussage über Steuern ist richtig?**
- a) Besitzsteuern unterteilen sich in Personen- und Verkehrssteuern.
- b) Alle Steuern werden direkt von den Finanzämtern eingezogen.
- c) Bei den indirekten Steuern wird die Leistungsfähigkeit der einzelnen Steuerzahler berücksichtigt.
- d) Bei den direkten Steuern wird die Leistungsfähigkeit der einzelnen Steuerzahler nicht berücksichtigt.
- e) Grundsätzlich wird jeder Endverbraucher von Waren oder Dienstleistungen, unabhängig von seiner Leistungsfähigkeit, mit dem gleichen Mehrwertsteuersatz belastet.

**159. Welche Aussage zur Grundsteuer ist richtig?**
- a) Die Grundsteuer ist die Steuer, die das gewerbesteuerpflichtige Unternehmen entrichten muss.
- b) Die Grundsteuer ist beim Erwerb eines Grundstücks zu entrichten.
- c) Die Grundsteuer ist vom Eigentümer eines Grundstücks zu entrichten.
- d) Die Grundsteuer ist vom Grundstücksmakler für sein Einkommen zu entrichten.
- e) Die Grundsteuer ist von den Gemeinden an das Bundesland abzuführen.

**160. Welche Steuer zählt zu den Verkehrssteuern?**
- a) Körperschaftsteuer
- b) Einkommensteuer
- c) Gewerbesteuer
- d) Mineralölsteuer
- e) Umsatzsteuer
- f) Kirchensteuer

**161. Wer darf Steuern erheben?**
- a) Der Bund und die Finanzämter
- b) Die Länder und alle öffentlich-rechtlichen Körperschaften
- c) Der Bund, die Länder und die Gemeinden
- d) Die Sozialversicherungsträger und die Gemeinden
- e) Der Bund, die Länder und die Sozialversicherungsträger

**162. Welche Steuern haben juristische Personen vom Gewinn zu zahlen?**
- a) Einkommensteuer
- b) Körperschaftsteuer
- c) Gewerbekapitalsteuer
- d) Umsatzsteuer
- e) Kapitalertragsteuer

**163. Welche Steuer hat ein Unternehmen ausschließlich an die Gemeinde abzuführen?**
- a) Mineralölsteuer
- b) Grunderwerbsteuer
- c) Einkommensteuer
- d) Gewerbesteuer
- e) Versicherungsteuer

**164. Welche Steuer ist an die Gemeinde abzuführen?**
- a) Grundsteuer
- b) Einkommensteuer
- c) Körperschaftsteuer
- d) Kfz-Steuer
- e) Umsatzsteuer

**165. Welche Steuer zählt zu den Betriebssteuern und wird daher als Kostenart erfasst?**
- a) Die Einkommensteuer
- b) Die Umsatzsteuer
- c) Die Lohnsteuer
- d) Die Gewerbesteuer
- e) Die Körperschaftsteuer

**166. Welche Aussage über den Begriff „Steuern" ist zutreffend?**
- a) Steuern dienen der Finanzierung gemeinschaftlicher Einrichtungen, z. B. für Kanalisation.
- b) Steuern sind zwangsweise zu zahlende Abgaben, denen keine unmittelbare Gegenleistung gegenübersteht.
- c) Steuern sind die einzige Einnahmequelle für Bund, Länder und Gemeinden.
- d) Steuern werden für die Inanspruchnahme öffentlicher Dienstleistungen erhoben, z. B. für das Ausstellen eines Führerscheins.
- e) Steuern stehen immer im Zusammenhang mit einer unmittelbaren Leistung des Staates.

**167. Welche Steuer ist eine Personensteuer?**
a) Umsatzsteuer
b) Biersteuer
c) Einkommensteuer
d) Kfz-Steuer
e) Versicherungssteuer

**168. Welche Steuer ist eine Realsteuer?**
a) Gewerbesteuer
b) Umsatzsteuer
c) Einkommensteuer
d) Lohnsteuer
e) Kirchensteuer

**169. Welche Aussage trifft auf den Begriff „Realsteuer" zu?**
a) Realsteuern werden nur von natürlichen Personen erhoben.
b) Realsteuern werden nur von juristischen Personen erhoben.
c) Besteuerungsgrundlage ist eine Sache oder Grundstück.
d) Realsteuern sind indirekte Steuern.
e) Realsteuern fallen nur beim tatsächlichen Verbrauch von Gütern an.

**170. Welche Aussage gilt für den Begriff „Personensteuern"?**
a) Personensteuern werden nur von natürlichen Personen erhoben.
b) Personensteuern werden nur von juristischen Personen erhoben.
c) Personensteuern sind von solchen Personen zu entrichten, die Grundbesitz haben.
d) Einkommensteuer und Körperschaftsteuer sind Personensteuern.
e) Personensteuern sind indirekte Steuern.

**171. Bei welcher Steuerart spielt der Begriff „Hebesatz" eine Rolle?**
a) Umsatzsteuer
b) Gewerbesteuer
c) Einkommensteuer
d) Grundsteuer
e) Hundesteuer

**172. Was ist unter dem Begriff „direkte Steuern" zu verstehen?**
a) Es sind Steuern, die direkt an die Gemeinden verteilt werden.
b) Es sind Steuern, die direkt dem Bund zufließen.
c) Es sind Steuern, die vom Steuerzahler unmittelbar an das Finanzamt abzuführen sind, z. B. Einkommensteuer.
d) Es sind Steuern, die direkt an die Länder verteilt werden.
e) Es sind Steuern, die in den Preisen verschiedener Güter direkt enthalten sind.

**173. Welche zwei Aussagen zur Umsatzsteuer sind richtig?**
a) Die Umsatzsteuer ist eine Bundessteuer, weil sie allein dem Bund zufließt.
b) Die Umsatzsteuer ist eine direkte Steuer, weil der Steuerzahler zugleich der Steuerträger ist.
c) Die Umsatzsteuer ist eine indirekte Steuer, weil Steuerzahler und Steuerträger verschiedene Personen sind.
d) Die Umsatzsteuer ist eine Gemeindesteuer, weil das Steueraufkommen den Gemeinden zufließt.
e) Die Umsatzsteuer ist eine Verkehrssteuer. Bemessungsgrundlage ist der Nettoumsatz.
f) Die Umsatzsteuer ist eine Betriebssteuer, weil sie als Betriebsausgabe den Gewinn mindert.

**174. Welche Aussage über direkte und indirekte Steuern ist richtig?**

a) Direkte Steuern haben das Einkommen, den Ertrag oder das Vermögen zur Bemessungsgrundlage und werden direkt von den Steuerträgern an das Finanzamt gezahlt.

b) Direkte Steuern haben das Einkommen, den Ertrag oder das Vermögen zur Bemessungsgrundlage und werden über die Preise der belasteten Güter gezahlt.

c) Direkte Steuern haben die Einkommensverwendung (Konsum) zur Bemessungsgrundlage und werden über Preise der belasteten Güter gezahlt.

d) Indirekte Steuern haben das Einkommen, den Ertrag oder das Vermögen zur Bemessungsgrundlage und werden von den Steuerträgern unmittelbar an das Finanzamt gezahlt.

e) Indirekte Steuern haben die Einkommensverwendung (Konsum) zur Bemessungsgrundlage, werden aber von den Steuerträgern direkt an das Finanzamt gezahlt.

**175. Welche Steuer ist eine indirekte Steuer?**

a) Einkommensteuer

b) Körperschaftsteuer

c) Tabaksteuer

d) Erbschaftsteuer

e) Grundsteuer

**176. Es gibt Steuerarten, die nach einem bestimmten Schlüssel auf Bund und Länder verteilt werden (Gemeinschaftssteuer). Auf welche der nachstehenden Steuerarten trifft dies zu?**

a) Einkommensteuer

b) Zölle

c) Körperschaftsteuer

d) Hundesteuer

e) Vergnügungssteuer

**177. Welche Zuordnung ist durchgehend richtig?**

| Bundessteuern | Ländersteuern | Gemeinschaftssteuern |
|---|---|---|
| a) Gewerbesteuer | Kfz-Steuer | Umsatzsteuer |
| b) Grunderwerbsteuer | Gewerbesteuer | Körperschaftsteuer |
| c) Mineralölsteuer | Tabaksteuer | Einkommensteuer |
| d) Umsatzsteuer | Mineralölsteuer | Einkommensteuer |
| e) Einkommensteuer | Umsatzsteuer | Mineralölsteuer |

**178. Welche Aussage zur Umsatzsteuer ist richtig?**

a) Sie ist eine direkte Steuer, weil der Steuerzahler zugleich der Steuerschuldner ist.

b) Sie ist eine Gemeinschaftssteuer, weil das Steueraufkommen dem Bund und den Ländern zufließt.

c) Sie ist eine Betriebssteuer, weil sie als Betriebsausgabe den Gewinn mindert.

d) Sie ist eine Verbrauchssteuer, weil steuerpflichtiger Tatbestand der Verbrauch ist.

e) Sie ist für die Unternehmen ein wesentlicher Kostenfaktor.

**179. Warum sind Gemeinden an der Ansiedlung von Wirtschaftsunternehmen interessiert?**

a) Wegen erhöhter Einnahmen aus der Körperschaftssteuer

b) Wegen erhöhter Einnahmen aus der Einkommensteuer

c) Wegen erhöhter Einnahmen aus der Gewerbesteuer

d) Wegen erhöhter Einnahmen aus der Umsatzsteuer

e) Wegen erhöhter Einnahmen aus der Mineralölsteuer

**180. Welche Steuer ist in voller Höhe eine Bundessteuer?**

a) Kirchensteuer

b) Grundsteuer

c) Gewerbesteuer

d) Mineralölsteuer

e) Biersteuer

**181. Ist der Umsatzsteuerausweis bei den einzelnen Positionen des abgebildeten Kassenbons eines Supermarktes korrekt?**

a) Nein, denn die Blumenvase wurde falsch eingestuft.
b) Nein, denn der Champagner wurde falsch eingestuft.
c) Nein, denn die Kartoffeln wurden falsch eingestuft.
d) Nein, denn die Zeitschriften wurden falsch eingestuft.
e) Ja, der Umsatzsteuerausweis ist in allen Positionen korrekt.

| **SB-Markt** | |
|---|---|
| Blumenvase | 20,52 ** |
| Obst und Gemüse | 3,00 * |
| Champagner | 25,65 ** |
| Kartoffeln | 6,12 ** |
| Margarine | 0,85 * |
| Zeitschriften | 5,00 * |
| Summe EUR | 61,14 |
| Darin enthalten | |
| * UST 7 % | 0,58 |
| ** UST 19 % | 8,35 |
| **ERHALTEN** | **65,00** |
| **ZURÜCK** | **3,86** |
| 45468 15.07.20.. | 16.34 Uhr |

**182. Ordnen Sie zu!**

**Steuerarten**

a) Mineralölsteuer
b) Schenkungssteuer
c) Tabaksteuer
d) Hundesteuer
e) Einkommensteuer
f) Kirchensteuer

**Steuerempfänger**

[ ] Bund, Länder und Gemeinden
[ ] Nur die Länder
[ ] Nur die Gemeinden

**183. Ordnen Sie zu!**

**Steuerarten**

a) Tabaksteuer
b) Grundsteuer
c) Grunderwerbsteuer
d) Mineralölsteuer
e) Körperschaftsteuer
f) Erbschaftsteuer
g) Branntweinsteuer

**Steuereinteilungen nach dem Empfänger**

[ ] Bund und Ländern
[ ] Länder
[ ] Gemeinden

**184. Welche Steuer ist richtig zugeordnet?**

| | Steuerempfänger | | | | Steuergegenstand | | |
|---|---|---|---|---|---|---|---|
| | Urteil nach Steuerarten | Bundes-steuer | Landes-steuer | Gemeinde-steuer | Besitz-steuer | Verkehr-steuer | Verbrauch-steuer |
| a) | Mineralölsteuer | | | X | | | X |
| b) | Kfz-Steuer | X | | | | X | |
| c) | Gewerbesteuer | X | | | | X | |
| d) | Grundsteuer | | X | | X | | |
| e) | Einkommensteuer | | | X | X | | |

**185. Ordnen Sie zu!**

**Beispiele für Einkommen**

a) Zinsen
b) Miete
c) Löhne und Gehälter
d) Arzthonorar
e) Gewinn des Unternehmers
f) Gewinn aus Spekulationen

**Einkunftsarten**

[ ] Einkünfte aus Gewerbebetrieben
[ ] Einkünfte aus nichtselbstständiger Arbeit
[ ] Einkünfte aus Kapitalvermögen

**186. In welchem Fall handelt es sich nach dem Einkommensteuergesetz um Einkünfte aus nichtselbstständiger Arbeit?**

a) Ein Arzt erhält von einem Privatpatienten sein Honorar.
b) Ein Angestellter erhält von seiner Bank eine Zinsgutschrift.
c) Ein Hauseigentümer erhält die Miete.
d) Ein Angestellter erhält das vertraglich festgelegte Urlaubsgeld.
e) Ein Anteilseigner einer AG erhält die Dividende.

**187. Um welche Einkunftsarten nach dem Einkommensteuergesetz handelt es sich in den Beispielen a) - e)? Ordnen Sie zu!**

**Beispiele**

a) Ein Rechtsanwalt erhält sein vereinbartes Honorar.
b) Ein Angestellter erhält von seinem Kreditinstitut eine Zins- und Dividendengutschrift.
c) Ein Hauseigentümer erhält die Miete.
d) Ein Angestellter erhält das vertraglich festgelegte Weihnachtsgeld.
e) Ein Schreinermeister erwirtschaftet durch seinen Betrieb einen Gewinn.

**Einkünfte aus:**

[ ] Kapitalvermögen
[ ] Vermietung und Verpachtung
[ ] selbstständiger Arbeit
[ ] Gewerbebetrieb
[ ] nichtselbstständiger Arbeit

**188. Welche Aussage zur Lohn- bzw. Einkommensteuer ist richtig?**

a) Zur Vereinfachung der Berechnung der Steuerschuld werden die Werbungskosten und Sonderausgaben durch Pauschalbeträge berücksichtigt, unabhängig davon, ob die nachgewiesenen Aufwendungen höher oder niedriger als diese Pauschalbeträge sind.
b) Einkünfte aus Kapitalvermögen, z. B. Zinsen aus Sparguthaben, unterliegen nicht der Einkommensteuer.
c) Bei der Einkommensteuer ist die Summe der Einkünfte Bemessungsgrundlage für die zu zahlende Steuer.
d) Übersteigt die im Laufe des Jahres einbehaltene Lohnsteuer die tatsächlich zu entrichtende Jahreslohnsteuer, wird vom Finanzamt die zuviel entrichtete Steuer nur dann zurückgezahlt, wenn eine Einkommensteuererklärung abgegeben wird.
e) Die Einkommensteuer ist eine direkte Steuer, da sie vom Arbeitgeber direkt an das Finanzamt gezahlt wird.

**189. Welche Reihenfolge kennzeichnet den Aufbau des Einkommensteuertarifs in der Bundesrepublik Deutschland?**

a) Proportionalzone - Progressionszone - Frei- bzw. Nullzone – Proportionalzone
b) Progressionszone - Proportionalzone - Frei- bzw. Nullzone - Proportionalzone
c) Frei- bzw. Nullzone - Progressionszone - Proportionalzone - Frei- bzw. Nullzone
d) Frei- bzw. Nullzone - Progressionszone - obere Proportionalzone
e) Proportionalzone - Progressionszone - Proportionalzone

**190. Wie verläuft bei steigendem Einkommen die Besteuerung nach dem Einkommensteuergesetz in der Bundesrepublik Deutschland?**

a) Die Besteuerung erfolgt durchgehend proportional.
b) Die Besteuerung erfolgt durchgehend progressiv.
c) Die Besteuerung erfolgt zunächst progressiv und dann, nach einer Freizone, proportional.
d) Nach einem steuerfreien Betrag erfolgt die Besteuerung zuerst progressiv und dann proportional.
e) Nach einem steuerfreien Betrag erfolgt die Besteuerung zuerst proportional und dann progressiv.

**191. Was versteht man unter Steuerprogression?**

a) Oberhalb bestimmter Einkommensgrenzen wird ein Steuerzuschlag erhoben.
b) Der Steuersatz sinkt mit zunehmendem Einkommen.
c) Der Steuersatz bleibt ohne Rücksicht auf die Höhe des zu versteuernden Einkommens immer gleich.
d) Der Steuersatz steigt mit zunehmendem Einkommen.
e) Der Steuersatz steigt von Jahr zu Jahr entsprechend der Inflationsrate.

**192. Welche Beschreibung der Steuern in der Bundesrepublik Deutschland ist richtig?**

a) Alle Steuern sind Einnahmen der Bundesregierung.
b) Steuern sind alle an den Staat zu entrichtenden Abgaben und Beiträge.
c) Über die Verwendung des Steueraufkommens kann der Steuerpflichtige nicht direkt mitentscheiden.
d) Das gesamte Steueraufkommen wird prozentual auf den Bund, die Länder und die Gemeinden verteilt.
e) Steuern sind zweckgebundene Einnahmen des Staates

**<u>Die nächsten zwei Aufgaben gehören zusammen.</u>**

**193. Durch gezielte Steuerpolitik soll die Nachfrage der privaten Haushalte unmittelbar gesteigert werden. Für welche Maßnahme müsste sich die Bundesregierung – unter modellhaften Bedingungen – entscheiden?**

a) Zur Senkung des Körpersteuersatzes
b) Zur Senkung des Umsatzsteuersatzes
c) Zur Senkung der Abschreibungssätze
d) Zur Senkung der Werbungskostenpauschale
e) Zur Senkung des Sparerfreibetrages

**194. Welche konjunkturpolitische Maßnahme der Bundesrepublik führt zu einer Kostensenkung in den Unternehmen?**

a) Senkung des Einkommensteuersatzes
b) Erhöhung des Umsatzsteuersatzes
c) Senkung des Beitrags zur Arbeitslosenversicherung
d) Senkung der Fahrtkostenpauschale
e) Erhöhung des Beitrags zur Unfallversicherung

# LÖSUNGEN

## Lösungshinweise zu den ungebundenen Aufgaben

## Situation 1

### 1. Aufgabe

| |
|---|
| - Mehr Wachstum (Umsatz, höhere Marktanteile) |
| - Mehr Stabilität auf dem Markt (evtl. Marktführerschaft) |
| - Gewinnsteigerung |
| - Gesellschaftliche Verantwortung (Umweltschutz, Sozialleistungen) |
| - Förderung von Führungskräften |
| - Erfolgsbeteiligung der Mitarbeiter/-innen |

### 2. Aufgabe

| |
|---|
| - Reduzierung der Lohnkosten durch Rationalisierung |
| - Weniger Einstellungen, Personalabbau durch Altersteilzeitregelungen |
| - Mehr Leistung des einzelnen Mitarbeiters |

### 3. Aufgabe

| |
|---|
| Organisation ist das zielgerichtete Zusammenwirken von Teilen eines Ganzen. Für ein Unternehmen bedeutet dies die Aufstellung genereller Regelungen für den betrieblichen Arbeitsprozess. |

### 4. Aufgabe

| | |
|---|---|
| - Die Planung kommt vor der Organisation. | - Die Organisation versucht, die Ergebnisse der Planung zu realisieren. |
| - Planung ist ein Denkprozess, der eine Aufgabe vorbereitet. | - Die Organisation schafft Regelsysteme. |
| - Ergebnisse der Planung sind festgelegte Vorgaben, die in Plänen festgehalten werden. | - Die Organisation verteilt Kompetenzen, Verantwortungsbereiche und Aufgaben. |
| | - Die Organisation legt Arbeitsabläufe fest. |

### 5. Aufgabe

| |
|---|
| - Gleichgewicht der Organisation – Verhältnis zwischen Dauerregelungen und fallweisen Regelungen muss ausgeglichen sein. |
| - Zweckmäßigkeit der Organisation – Regelungen müssen dem Ziel angemessen sein. |
| - Klarheit der Organisation – Reibungsloses Zusammenwirken zwischen Menschen und Sachmitteln muss gewährleistet sein. |
| - Wirtschaftlichkeit der Organisation – Das ökonomische Prinzip muss bei allen Regelungen beachtet werden. |

### 6. Aufgabe

| | |
|---|---|
| 6.1 | Verstoß gegen den Grundsatz des organisatorischen Gleichgewichtes (Überorganisation) |
| 6.2 | Verstoß gegen die Klarheit der Organisation – das Zusammenwirken zwischen Mensch und Sachmittel funktioniert nicht. |
| 6.3 | Verstoß gegen die Wirtschaftlichkeit, da die doppelte Kontrolle keinen zusätzlichen Vorteil erwarten lässt. |
| 6.4 | Verstoß gegen die Zweckmäßigkeit (evtl. auch Wirtschaftlichkeit), da den Erwartungen nicht entsprochen wurde. |
| 6.5 | Verstoß gegen den Grundsatz des organisatorischen Gleichgewichtes (Unterorganisation). |

### 7. Aufgabe

| | |
|---|---|
| Organisieren | = planmäßige Regelung voraussehbarer, dauerhafter und sich wiederholender Vorgänge. |
| Disponieren | = planmäßige Regelung von Einzelvorgängen durch Mitarbeiter im Rahmen eines von der Organisation vorgegebenen Entscheidungsspielraumes. |
| Improvisieren | = außerplanmäßige Regelung eines Einzelvorganges, z. B. eines nicht vorhersehbaren Ereignisses. |

8. Aufgabe

| | |
|---|---|
| 8.1 | Organisation |
| 8.2 | Disposition |
| 8.3 | Improvisation |

9. Aufgabe

**Aufbauorganisation:** Sie soll die Gesamtaufgabe des Unternehmens in Teilaufgaben zergliedern und hat dafür zu sorgen, dass diese Teilaufgaben von bestimmten Mitarbeitern-/innen erledigt werden. Dabei werden Stellen und Abteilungen gebildet. Außerdem wird eine **Organisationsstruktur** geschaffen, in der die Weisungsbefugnisse klar geregelt sind.

**Ablauforganisation:** Sie hat die Aufgabe, die Abläufe der Erledigung der einzelnen Teilaufgaben in zeitlicher und räumlicher Reihenfolge zu regeln und auf die einzelnen Mitarbeiter-/innen zu verteilen. Hier steht mehr die **Gestaltung des Arbeitsprozesses** im Vordergrund.

10. Aufgabe

10.1

Im Einliniensystem gilt für alle Personen ein einheitliches Weisungssystem, von der obersten Instanz bis zum letzten Arbeiter. Jeder Mitarbeiter erhält nur Weisungen von seinem unmittelbaren Vorgesetzten.

10.2

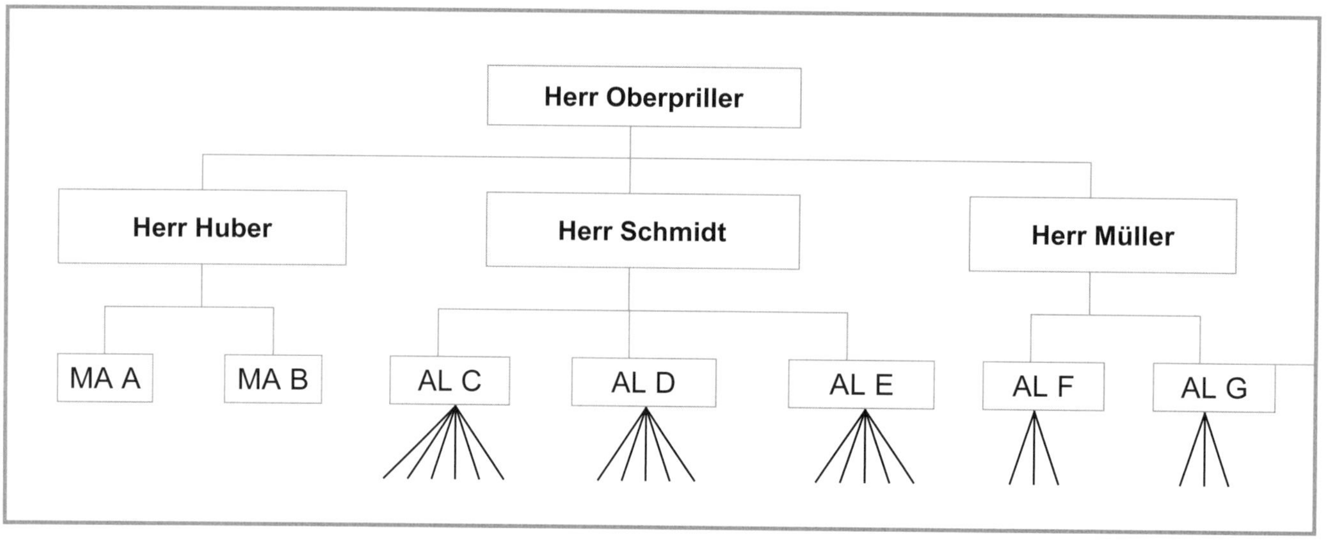


11. Aufgabe

Stabstelle

12. Aufgabe

Beratung nach „Innen", also Beratung der Geschäftsleitung zu Fragestellungen aus unterschiedlichen Rechtsgeschäften wie Prüfung von Verträgen aller Art, z. B. Grundstückskauf; Arbeitsvertrag; aber auch Auswertung der Einflussnahme von Rechtssprechungen und Gesetzesänderungen auf das Unternehmen

Vertretung nach „Außen", also gerichtliche und außergerichtliche Vertretung der Bavaria Fahrradwerke KG

13. Aufgabe

13.1 Instanz ist eine Abteilung mit Leitungsverantwortung und Entscheidungsbefugnis.

13.2 Beispiel: Herr Huber als Leiter der Einkaufsabteilung

## 14. Aufgabe

Mehrliniensystem; Stabliniensystem; Spartenorganisation; Matrixorganisation; Projektorganisation

## 15. Aufgabe

Im Stabliniensystem sind der Führungsspitze Stabstellen zugeordnet. Das bedeutet, dass ein Stab von Spezialisten (z. B. Juristen, Finanzfachleute) der Geschäftsleitung ohne jede Weisungsbefugnis beratend zur Seite stehen. Ansonsten liegt das Einliniensystem zugrunde.

## 16. Aufgabe

| **Vorteile** | **Nachteile** |
|---|---|
| - Kompetenz klar geregelt | - Schwächung der Instanzen durch Experten (Stäbe) |
| - Expertenwissen kommt Unternehmen zugute | - Einhaltung des Dienstweges (langer Instanzenweg) |
| - durch klare Zuständigkeiten bessere Kontrollmöglichkeiten | - Experten sind teuer (hohe Kosten) |

## 17. Aufgabe

| | |
|---|---|
| 17.1 | Die Stellenbeschreibung ist eine personenneutrale, schriftliche Beschreibung einer Stelle hinsichtlich ihrer Ziele, Aufgaben, Kompetenzen und Beziehungen zu anderen Stellen. |
| 17.2 | Stellenbezeichnung, Stelleneinordnung (Unterstellung, Überstellung), Stellenaufgaben (z. B. Leiter der Abteilung X) Stellvertretung (vertritt – /wird vertreten), Stellenanforderung (z. B. mehrere Jahre Berufserfahrung), Beschreibung der Befugnisse und Tätigkeiten, Angabe von Lohn- und Gehaltsgruppe |

## 18. Aufgabe

| | |
|---|---|
| 18.1 | Netzplan – geeignet für die Beschreibung von Projekten bzw. Prozessen, z. B. Montage eines Fahrrades |
| 18.2 | Balkendiagramm (Gantt-Diagramm) – geeignet für eine Urlaubsplanung oder eine Maschinenbelegung |

## 19. Aufgabe

Zur Erstellung eines Arbeitsablaufdiagramms

## 20. Aufgabe

| | |
|---|---|
| Führungsstil | Art und Weise, wie der Vorgesetzte seine Mitarbeiter führt. |
| Autoritärer Führungsstil | - Der Vorgesetzte trifft alle Entscheidungen in eigener Verantwortung. |
| | - Mitarbeiter führen nur aus und werden kontrolliert (Fremdbestimmung). |
| | - Zentralisierte Aufgabenerfüllung (Entscheidungen und Anweisungen liegen nur bei der obersten Leitungsinstanz. |
| | - Überlastung des Vorgesetzten |
| | - Hohe Abhängigkeit der Mitarbeiter vom Vorgesetzten |
| | - Demotivierung der Mitarbeiter (oftmals unterfordert) |
| | - Problem der Herausbildung neuer geeigneter Führungskräfte |
| Kooperativer Führungsstil | - Mitarbeiter können mitentscheiden. |
| | - Mitarbeiter können weitgehend selbst entscheiden und sich selbst kontrollieren. |
| | - Dezentrale Aufgabenerfüllung |
| | - Entlastung der obersten Leitungsebene |
| | - Geringere Abhängigkeit der Mitarbeiter vom Vorgesetzten |
| | - Förderung des Verantwortungsbewusstseins der Mitarbeiter und damit auch der Leistung und Motivation |
| | - Förderung leistungsfähiger Mitarbeiter |

## Situation 2

### 1. Aufgabe

| |
|---|
| Schwachstellen bzw. Mängel im Arbeitsablauf aufzudecken und zu beseitigen. |

### 2. Aufgabe

| | |
|---|---|
| - Stärkeres Wachstum | - Gesetzesänderungen (z. B. im Arbeitsschutz) |
| - Neue Technologien | - Veränderte Umweltschutzbedingungen |
| - Veränderter Führungsstil | - Veränderte tarifliche Bedingungen (z. B. Arbeitszeitverkürzung) |
| - Sanierungsmaßnahmen | - Veränderte Betriebsvereinbarung (z. B. Gleitzeit) |
| - Unternehmenszusammenschluss | |

### 3. Aufgabe

| | |
|---|---|
| - Klagen der Mitarbeiter | - Hohe Fehlzeiten |
| - Beschwerden seitens der Kunden und Lieferanten | - Hoher Ausschuss |
| - Schlechtes Betriebsklima | |
| - Gestresste Mitarbeiter | |
| - Überdurchschnittliche Mitarbeiterfluktuation | |

### 4. Aufgabe

| |
|---|
| - Verschlechterte Arbeitsbedingungen (Hitze, Lärm, Klima, Termindruck) |
| - Überlastung der Mitarbeiter |
| - Engpässe bei Arbeitsmitteln |
| - Ungleichmäßiger Arbeitsablauf (einerseits Engpässe, andererseits häufiger Leerlauf) |
| - Unnötige Wartezeiten, lange Transportwege, |

### 5. Aufgabe

| |
|---|
| - Termine können nicht eingehalten werden. |
| - Unnötige Kosten entstehen. |
| - Verärgerung der Kunden und Lieferanten. |
| - Umsatzziele werden nicht erreicht. |
| - Gewinn bleibt hinter der Zielsetzung zurück. |

### 6. Aufgabe

| |
|---|
| - Methode der Selbstaufschreibung |
| - Befragungsmethode mit Fragebogen |
| - Befragungsmethode als Interview |

### 7. Aufgabe

| |
|---|
| Informationen des Ist-Zustandes müssen vollständig und abgesichert sein, bevor Vorschläge für den Soll-Zustand unterbreitet werden können. Der erste Schritt brachte nur Informationen über die Häufigkeit verschiedener Tätigkeiten, nicht aber darüber, dass Herr Kortz völlig überlastet ist. |

### 8. Aufgabe

| |
|---|
| - Umschreibung des Stellenplanes für Herrn Kortz (Bestellwesen ausgliedern) - führt zu Umsatzsteigerungen. |
| - Lagerbestände durch technische Hilfsmittel (Warenwirtschaftssystem) ermitteln lassen - Zeitersparnis für die eigentlichen Tätigkeiten für Herrn Kortz, nämlich Einlagerung, Lagerpflege, Auslagerung, Lagerdatei. |

9. Aufgabe

| |
|---|
| 1. Auswahl des Organisationsproblems (Schwachstellen aufspüren, Unternehmensbereiche abgrenzen, Reorganisationsziele festlegen) |
| 2. Aufnahme des Ist-Zustands (Sammlung von Informationen durch Befragung, Beobachtung, Selbstaufschreibung, Messen und Zählen, Dokumentenanalyse) |
| 3. Analyse und Bewertung des Ist-Zustandes (Grundsatzkritik, Schwachstellenanalyse, Verfahrenskritik) |
| 4. Entwicklung von Soll-Konzepten (Erarbeitung alternativer Lösungsmöglichkeiten durch Anwendung von Kreativitätstechniken) |
| 5. Auswahl und Einführung eines Soll-Konzeptes (Festlegung der Einführungsreihenfolge, Bereitstellung von Arbeitsmitteln und Personal, Übernahme des neuen Konzepts) |
| 6. Kontrolle des Rationalisierungserfolges (Wegfall der alten Regelungen, Eintritt der prognostizierten Verbesserungen) |

## Situation 3

### 1. Aufgabe

| |
|---|
| - Die Teilnehmer anhand der Belegschaftsliste für die Veranstaltungen festlegen. |
| - Die Teilnehmer persönlich zu einem der beiden von Ihnen festgelegten Termine einladen. |
| - Einladung nach Absprache mit den Abteilungsleitern (zu jedem Termin die Hälfte der Abteilungsmitarbeiter). |
| - Listen, in die sich die MA eintragen können, aushängen, auslegen, ins Intranet stellen, anschließend Koordination. |

### 2. Aufgabe

| | |
|---|---|
| - Mitarbeiter zu dem jeweiligen Termin einladen. | - Sich um erforderliche Bewirtung kümmern. |
| - Rückmeldungen einfordern und überwachen. | - Medien und erforderliche Unterlagen überprüfen. |
| - Seminarraum für die beiden Termine reservieren. | - Tagesordnung festlegen und bekannt geben. |
| - Seminarraum bestuhlen. | - Wasser für Redner bereitstellen. |

### 3. Aufgabe

| **Checkliste „Vorbereitung Präsentationsraum“** |
|---|
| - Schreibutensilien bereitstellen. |
| - Tageslichtprojektor bereitstellen und auf Funktionsfähigkeit überprüfen. |
| - Flipchart mit Stiften aufbauen. |
| - Pinnwand mit Magneten herrichten. |
| - PC mit Beamer aufbauen. |
| - Videorekorder/DVD-Player für Videopräsentation anschließen. |
| - Mikrofon/Lautsprecheranlage aufbauen. |
| - Lichtzeiger (Laserpointer) für Präsentation bereit legen. |

### 4. Aufgabe

| |
|---|
| Mitarbeiter interviewen: Hier kann nachgefragt werden, es wird individuell geantwortet. |
| Einsetzen von Fragebögen: Diese Methode ist weniger zeitaufwendig, Fragebögen sind leicht auswertbar, kostengünstig. |

### 5. Aufgabe

| |
|---|
| Stabliniensystem |

### 6. Aufgabe

| |
|---|
| Stabstelle |
| Vor Gericht vertreten, Beratungsfunktion, Informationsfunktion, Rechtsgebiete kompetent bearbeiten, |

### 7. Aufgabe

| |
|---|
| Die kaufmännische Abteilung ist nach Funktionen (wie Einkauf, Verkauf) gegliedert. |

### 8. Aufgabe

| |
|---|
| - Erteilung von Arbeitsanweisungen. |
| - Leitung der kaufmännischen Abteilung (Wahrnehmung von Führungsaufgaben). |
| - Entlastung der Geschäftsleitung. |

9. Aufgabe

| |
|---|
| - Personalaufstockung |
| - Umverteilung (Neuorganisation) verschiedener Aufgaben auf z. B. nicht so ausgelastete Bereiche (z. B. „Kundendienst“ an „Kunden Inland“). |
| - Tätigkeiten delegieren. |

10. Aufgabe

| |
|---|
| - Teilnehmerbefragung ( Interview); Feedback-Bogen |

## Situation 4

### 1. Aufgabe

| |
|---|
| Aufbauorganisation = sinnvolle Gliederung des Unternehmens in arbeitsteilige Einheiten (Abteilungen, Stellen) und deren |
| Zuordnung zueinander. |
| Horizontal = Verteilung der einzelnen Aufgaben auf die Mitarbeiter |
| Vertikal = Festlegung der Betriebshierarchie, des Instanzenweges |

### 2. Aufgabe

| |
|---|
| - Gewährleitung des am Unternehmensziel ausgerichteten Zusammenwirkens aller Kräfte |
| - Regelungen von Zuständigkeiten und Entscheidungsbefugnissen |
| - Gewährleistung von funktionierenden Verkehrs- und Kommunikationswegen |

### 3. Aufgabe

| |
|---|
| Die Gesamtaufgabe des Unternehmens wird in Teilaufgaben aufgegliedert. Jede Teilaufgabe kann dann wiederum in kleinere |
| Teil- oder Unteraufgaben zerlegt werden. |

### 4. Aufgabe

| |
|---|
| Stelle = entsteht durch Zusammenlegung von Einzelaufgaben, die von einer Person erfüllt werden können. |
| Somit ist die Stelle die kleinste organisatorische Einheit eines Unternehmens. |
| Abteilung = Mehrere Stellen werden zu einem Verantwortungsbereich unter einheitlicher Führung zusammengefasst. |

### 5. Aufgabe

| | |
|---|---|
| - Bearbeitung eingehender Bestellungen | - Rechnungsstellung |
| - Eingabe von Kundendaten in PC | - Mahnwesen |

### 6. Aufgabe

| |
|---|
| Abteilungsleiter Verkauf |
| Sachbearbeiter/-in |
| Handlungsreisender |

### 7. Aufgabe

| Vorgänge Nr. | Tage | | | | | | | | | | | | | | | | | | | | | | | | | | | | | |
|---|---|---|---|---|---|---|---|---|---|---|---|---|---|---|---|---|---|---|---|---|---|---|---|---|---|---|---|---|---|---|
| | 1 - 5 | | | | | 6 – 10 | | | | | 11 - 15 | | | | | 16 – 20 | | | | | 21 - 25 | | | | | 26 - 30 | | | | |
| 1 | o | | | | | | | | | | | | | | | | | | | | | | | | | | | | | |
| 2 | | o | o | | | | | | | | | | | | | | | | | | | | | | | | | | | |
| 3 | | | | o | o | o | o | o | o | o | o | o | o | o | o | | | | | | | | | | | | | | | |
| 4 | | | | o | | | | | | | | | | | | | | | | | | | | | | | | | | |
| 5 | | | | | | | | | | | | | | | | o | o | | | | | | | | | | | | | |
| 6 | | | | | | | | | | | | | | | | | | o | | | | | | | | | | | | |
| 7 | | | | | | | | | | | | | | | | | | | o | o | o | o | o | o | | | | | | |
| 8 | | | | | | | | | | | | | | | | | | | | | | | | | o | | | | | |

### 8. Aufgabe

| |
|---|
| 23 Tage |

### 9. Aufgabe

| |
|---|
| Tätigkeit 4 |

## Situation 5

### 1. Aufgabe

| | |
|---|---|
| 1.1 | Entscheidungsbefugnis |
| 1.2 | Vertretungsbefugnis |
| 1.3 | Entscheidungsbefugnis |
| 1.4 | Weisungsbefugnis |

### 2. Aufgabe

| | |
|---|---|
| 2.1 | Spezialvollmacht (Einzel- oder Sondervollmacht) |
| 2.2 | Artvollmacht |
| 2.3 | Generalhandlungsvollmacht (Gesamtvollmacht, allgemeine Handlungsvollmacht); evtl. auch nur Artvollmacht |

### 3. Aufgabe

| | |
|---|---|
| Artvollmacht | Sie erstreckt sich auf bestimmte immer wiederkehrende Handlungen z. B. von Kassiererin, Verkäufer, Abteilungsleiter. |
| Spezialvollmacht | Ermächtigt lediglich zur Vornahme einzelner Handlungen. Nach Erledigung erlöscht die Vollmacht wieder. |
| Allgemeine Handlungsvollmacht | Sie ermächtigt zu allen Handlungen und Rechtsgeschäften, die im Unternehmen üblich sind, also nicht aus dem Rahmen des Normalen herausfallen. |

### 4. Aufgabe

| | | |
|---|---|---|
| 4.1 | Allgemeine Handlungsvollmacht | Kaufleute und Prokuristen |
| 4.2 | Artvollmacht | Kaufleute, Prokuristen, allgemein Handlungsbevollmächtigte |
| 4.3 | Einzel- oder Sondervollmacht | Kaufleute, Prokuristen, allgemein Handlungsbevollmächtigte, Artbevollmächtigte |

### 5. Aufgabe

| |
|---|
| Prokura ermächtigt zu |
| - allen Arten von Geschäften, ob gerichtlich oder außergerichtlich |
| - allen Rechtshandlungen, die ein Handelsgewerbe überhaupt mit sich bringen kann. |

### 6. Aufgabe

| **Prokurist darf z. B.** | **Prokurist darf nicht** |
|---|---|
| - Mitarbeiter einstellen | - Grundstücke belasten (besondere Vollmacht nötig) |
| - Mitarbeiter entlassen | - Grundstücke verkaufen (besondere Vollmacht nötig) |
| - Vollmacht erteilen | - Eid leisten (für Geschäftsinhaber) |
| - Darlehen aufnehmen | - Geschäft veräußern |
| - Betriebsgrundstück kaufen | - Bilanz unterschreiben |
| - Abteilung schließen | - Steuererklärung unterschreiben |
| - Prozesse für das Unternehmen führen | - Prokura erteilen |
| - Zahlungsgeschäfte erledigen | - IHK-Eintragungen vornehmen |
| - Einkaufen | - Gesellschafter aufnehmen |
| | - Insolvenzverfahren beantragen |

### 7. Aufgabe

| | |
|---|---|
| Einzelprokura | Ein Prokurist nimmt die ihm erteilte Vollmacht alleine wahr. |
| Gesamtprokura | Zwei oder mehr Prokuristen können nur gemeinsam die Vollmacht ausüben. |

### 8. Aufgabe

| |
|---|
| Ja, es kommt mit der Annahme des Angebots durch den Prokuristen zum rechtsgültigen Kaufvertrag, da eine Beschränkung der Prokura Dritten gegenüber unwirksam ist (außer der Dritte kennt die Beschränkung). |

9. Aufgabe

| Aussagen | Zutreffend | Nicht zutreffend |
|---|---|---|
| Herr Huber darf ein Betriebsgrundstück mit einer Größe von 1200 qm kaufen, da er beabsichtigt, eine weitere Halle zu bauen. | x | |
| Herr Huber hat sich entschlossen, den Fuhrpark zu modernisieren und kauft drei neue Lkw für den werkseigenen Vertrieb. | x | |
| Herr Huber muss alle seine Anweisung mit i. V. Huber unterschreiben. | | x |
| Herr Huber benötigt zur Belastung eines Grundstücks eine zusätzliche Vollmacht vom Geschäftsinhaber. | x | |
| Die Prokura erlischt automatisch mit dem Tod des Geschäftsinhabers. | | x |
| Herr Huber darf einem weiteren Mitarbeiter Prokura erteilen, da er sich für die Gesamtprokura entschieden hat. | | x |
| Die Prokura für Herrn Huber wurde vom Geschäftsinhaber widerrufen. Der Widerruf wurde aber noch nicht im Handelsregister eingetragen. Herr Huber hat nach dem Widerruf einen Posten Fertigerzeugnisse geordert. Der Geschäftsinhaber kann ohne Probleme dieses Geschäft rückgängig machen. | | x |

## Situation 6

### 1. Aufgabe

1.1

| |
|---|
| Neben den herkömmlichen Zielen der Beschaffung (z. B. günstige Einkaufspreise, hochwertige Qualität, verlässliche Lieferer usw.) |
| können folgende ökologische Zielsetzungen verfolgt werden: |
| - Prüfen der bezogenen Materialien auf ihre Umweltverträglichkeit (bei Herstellung, Nutzung und Beseitigung) |
| - Prüfen der Lieferer auf deren ökologische Leistungen (umweltfreundliche Verpackung, Rücknahme von Verpackung usw.) |
| - Prüfen der Verbesserungsmöglichkeiten eines umweltgerechten Transports (umweltfreundlichere Transportwege, Lagerung usw.) |

1.2

| |
|---|
| In der Produktion ist grundsätzlich darauf zu achten, dass |
| - Abfälle und Schadstoffemissionen so gering wie möglich gehalten werden können. |
| - Nicht vermeidbare Abfälle umweltschonend entsorgt werden. |
| Darüber hinaus können folgende Maßnahmen zu besseren Umweltbedingungen beitragen: |
| - Aktuelle und künftige Investitionen auf Umweltverträglichkeit prüfen. |
| - Veraltete Produktionsverfahren durch umweltverträglichere ersetzen. |
| - Fertigungstechnische Einrichtungen installieren, die weniger Energie, Wasser und sonstige Betriebsstoffe verbrauchen. |
| - Bei Schutzanlagen, z. B. Luftfilter auf den technisch neuesten Stand achten. |
| - Das Prinzip der Wertstoffrückgewinnung der Abfallbeseitigung vorziehen. |
| - Von der Produktion umweltschädlicher Produkte Abstand nehmen. |
| - Produkte mit längerer Lebensdauer produzieren. |
| - u. a. |

1.3

| |
|---|
| Folgende absatzpolitischen Maßnahmen dienen dem Umweltschutz: |
| - Umweltfreundliche Produktgestaltung |
| - Umweltfreundliche Verpackung |
| - Verwendung von Umweltzeichen |
| - Informationen über umweltgerechten Verbrauch |
| - Zusammenarbeit mit Verbraucher- und Umweltschutzorganisationen |
| - Kunden in die Kosten der Entsorgung einbeziehen (Entsorgungsgebühr in die Kalkulation einbeziehen) |
| - Nutzung umweltschonender Verkehrswege |
| - u. a. |

1.4

| |
|---|
| Allgemein sollte bei der Einrichtung des Büroarbeitsplatzes darauf geachtet werden, dass umweltverträgliche Materialien sowie |
| energiesparende, emissionsarme und recycelbare Büromaschinen eingesetzt werden. |
| Folgende Maßnahmen tragen zu einem umweltgerechten Arbeitsplatz und zum Umweltschutz bei: |
| - Ideale Werte für das Raumklima schaffen (Luftfeuchtigkeit, -temperatur, -bewegung, Sauerstoffzufuhr usw.) |
| - Nutzen von Solarenergie |
| - Für die richtige den Erfordernissen des Arbeitsplatzes angepasste Lichtquellen sorgen |
| - Für möglichst lärmfreie Arbeitsbedingungen sorgen (geräuscharme Büromaschinen, Schallschlucker wie Teppiche usw.) |
| - Anschaffung umweltfreundlicher Bürogeräte (Energieverbrauch, Gefahrstoffe, Ozonbelastung, Recycelbarkeit) |
| - Umweltfreundliche Verbrauchsmaterialien verwenden (Recycling-Papier, umweltfreundliche Stifte und Textmarker usw.) |

1.5

| |
|---|
| Maßnahmen können sein: |
| - Umweltorientierte Arbeitsbedingungen schaffen |
| - Umweltbewusstsein des Personals schärfen durch Aus- und Weiterbildung im Bereich Umweltschutz |
| - In Umweltschutz ausgebildete Mitarbeiter einstellen (Umweltschutzbeauftragte) |
| - Förderung von Fahrgemeinschaften, Werksbusse |

2. Aufgabe

| |
|---|
| - Sorgsamer Umgang mit Ressourcen (Schonung der Umwelt, sparsamer Umgang mit Rohstoffen) |
| - Recycling (Wiederverwertung von Materialresten) |
| - Sammlung und Entsorgung von Abfallstoffen |
| - Vermeidung des Ausstoßes von Schadstoffen jeglicher Art |
| - Maßnahmen zur Reinhaltung von Boden, Luft und Wasser |

3. Aufgabe

| | |
|---|---|
| Rechtliche Folgen: | - Schadenersatzforderungen, Zahlungen für Beseitigungs- und Sanierungskosten (evtl. Rettungskosten) |
| | - Sanktionen wegen Verstoßes gegen Umweltstrafrecht |
| Wirtschaftliche Folgen: | - Nachteile durch Betriebsunterbrechung, Ärger mit Interessengruppen, Negativpresse, Imageverluste |

4. Aufgabe

| |
|---|
| Den Betrieben der Bundesrepublik Deutschland entsteht ein rechenbarer Umweltschaden (ca. 3,0 Mrd. €/Jahr) |
| durch Lärm in Form von Produktivitätsverlust. |

## Situation 7

### 1. Aufgabe

| | |
|---|---|
| Einschreiben - Einwurf | Absender erhält Beleg von der Post, dass er den Brief abgeschickt hat; Postbote vermerkt den Einwurf des Briefes in den Briefkasten (= Zustellung). |
| Einschreiben | Absender erhält neben dem Nachweis über die Einlieferung auch die Sicherheit, dass die Auslieferung nur gegen Unterschrift an den Empfänger, seinen Bevollmächtigten oder einen anderen Empfangsberechtigten erfolgt. |
| Einschreiben - Rückschein | Absender erhält einen Beleg von der Post, dass er den Brief abgeschickt hat. Der Empfänger muss den Erhalt quittieren und der Absender erhält diese Empfangsbescheinigung. |
| Einschreiben - Eigenhändig | Absender erhält einen Beleg von der Post, dass er den Brief abgeschickt hat. Die Sendung darf nur dem Empfänger persönlich oder einer von ihm dazu besonders bevollmächtigten Person übergeben werden. Der Empfang muss zusätzlich noch bestätigt werden. |

### 2. Aufgabe

| **Sendungsart** | **Höchstgewicht** |
|---|---|
| DHL Päckchen | 2 000 g |
| Standardbrief | 20 g |
| Maxibrief | 1 000 g |
| Infopost | 1 000 g |
| Warensendung maxi | 500 g |
| DHL Paket | 31,5 kg |
| Wurfsendung | 250 g |
| Kompaktbrief | 50 g |
| Großbrief | 500 g |

### 3. Aufgabe

| |
|---|
| - Hermes Logistik Gruppe |
| - Deutscher Paket Dienst GmbH & Co. KG (DPD) |
| - General Logistics Systems Germany GmbH & Co. OHG (GLS) |
| - United Parcel Service Deutschland Inc. & Co. OHG (UPS) |
| - trans-o-flex Schnell-Lieferdienst GmbH & Co. KG |
| - DHL Express Vertriebs GmbH & Co. OHG |

### 4. Aufgabe

| |
|---|
| - Nach der Art der Sendung (ob Paket, Päckchen, Infopost oder Sonstiges) |
| - Nach dem Gewicht der Sendung |
| - Nach der Schnelligkeit (gewünschter Zeitraum der Beförderung zum Empfänger) |
| - Nach dem Bestimmungsort (innerörtlich, bundesweit, weltweit) |

### 5. Aufgabe

| |
|---|
| - Abholung der Sendung beim Auftraggeber auf Anforderung oder auch nach Tourenplan |
| - Sammeln und Zusammenstellen der Sendungen in zentralen Depots |
| - Transport - meist über Nacht - zu den jeweiligen Verteilerdepots |
| - Auslieferung an den Empfänger |

6. Aufgabe

| |
|---|
| - Welche Beförderungsunternehmen stehen im räumlichen Umfeld zur Verfügung? |
| - Welche Sendungsarten werden von ihnen befördert? |
| - Wird der gewünschte Bestimmungsort angefahren? |
| - Wie sind die Beförderungspreise? |
| - Wie sind die Beförderungszeiten? |
| - Wann erfolgt die Abholung (frühester- /spätester Abholtermin)? |
| - Wie ist die Sicherheit des Transportes (Haftung des Beförderungsunternehmens)? |
| - Wie ist die Qualität der Sendungsverfolgung über Internet? |

## Situation 8

### 1. Aufgabe

| |
|---|
| - Enthält neue Aufgaben für die Mitarbeiter |
| - Bringt neue Aufträge für Fertigung und Vertrieb |
| - Enthält eilige Rückfragen |

### 2. Aufgabe

| |
|---|
| 1. Vorsortieren - Irrläufer werden direkt an die Ausgangspoststelle weitergeleitet und an die Postagentur zurückgegeben. |
| 2. Öffnen - Hilfsmittel sind Brieföffner oder - bei größeren Unternehmen - elektrische Brieföffner. |
| 3. Entnahme - die Leerkontrolle darf dabei nicht vergessen werden. |
| 4. Stempeln - Die entnommenen Schreiben werden mit dem Eingangsstempel versehen. |
| 5. Verteilen - an namentliche genannte Mitarbeiter; nach Kürzel in der Betreffzeile; nach Zuständigkeitsbereichen |

### 3. Aufgabe

| | |
|---|---|
| Briefgeheimnis | Alle verschlossenen Sendungen außerhalb der Post sind geschützt. |
| Postgeheimnis | Alle verschlossenen Sendungen, die sich bei der Post befinden, sind geschützt. |

### 4. Aufgabe

| |
|---|
| Allgemeine Postvollmacht berechtigt zur Annahme aller gewöhnlichen Sendungen, z. B. Rechnungen, Angebote, Bewerbungen. |

### 5. Aufgabe

| |
|---|
| Wird im Anschriftenfeld zuerst der Firmenname genannt, dürfen Sie öffnen, wird zuerst der Empfänger genannt, nicht. |
| Nicht öffnen dürfen Sie: Privatpost, Direktionspost, Post für die Personalabteilung, Irrläufer. |

### 6. Aufgabe

| |
|---|
| Der Eingangsstempel trägt das aktuelle Tagesdatum. Somit kann das Eingangsdatum immer festgestellt werden. Dies ermöglicht |
| - später einen Vergleich von Ausfertigungsdatum des Briefs, Datum des Poststempels und Tag des Eingangs. |
| - die Kontrolle der innerbetrieblichen Durchlaufzeit (Arbeitsablauf) |
| - einen Nachweis des Eingangs. |
| Zusätzlich kann der Eingangsstempel Bearbeitungs- und Weiterleitungshinweise enthalten, z. B. „Rücksprache“ oder |
| „Ablage“ bzw. weiter an „Verkauf“ oder „Buchhaltung“. |

### 7. Aufgabe

| **Vorteile** | **Nachteile** |
|---|---|
| - Frühere Postabholung und damit schnellere Bearbeitung möglich | - Mitarbeiter muss beauftragt werden, Post abzuholen. |
| - Mehrmals täglich kann Post abgeholt werden. | - Postfach ist kostenpflichtig. |
| - Irrläufer können unmittelbar an der Postagentur aussortiert werden. | - Es entstehen zusätzlich Personal- und Fahrtkosten. |
| - Briefkasten quillt nicht über. | |

### 8. Aufgabe

| |
|---|
| 1. Unterschriftsvorbereitung – vorbereitete Schriftstücke werden in eine Unterschriftenmappe gelegt. |
| 2. Anlagenüberprüfung – liegen alle zur Korrespondenz gehörenden Anlagen entsprechend dem Anlagevermerk bei? |
| 3. Falzen – das Schriftgut wird auf eine bestimmte Größe gefalzt (von Hand oder mithilfe von Falzmaschinen). |
| 4. Kuvertieren und Verschließen – einschieben des Schriftguts in entsprechenden DIN-Umschlag (auch mit Kuvertiermaschinen). |
| 5. Adressieren – mit Hilfe der EDV: Druck auf selbstklebende Etiketten oder direkt auf Briefumschläge, |
| entfällt bei Fensterumschlägen. |
| 6. Wiegen und Frankieren – Gewicht wird mit Briefwaage festgestellt, Frankieren kann Frankiermaschine übernehmen. |

9. Aufgabe

| Bearbeitung der Eingangspost | Bearbeitung der Ausgangspost |
|---|---|
| - Brieföffner (manuell und elektrisch) | - Unterschriftenmappe |
| - Leuchtplatte, Leuchttisch (zur Leerkontrolle) | - Fensterbriefumschläge, Adressiermaschinen, EDV-Anlage |
| - Manueller oder elektrischer Eingangsstempel | - Falzmaschine |
| - Hausinterne Postfächer, Postmappen usw. | - Kuvertiermaschine |
| - Automatisches Posteingangssystem (übernimmt Öffnen, Bietet Inhalt zur Entnahme an, Leerkontrolle, Stempeln) | - Briefwaage<br>- Frankiermaschine |
| | - Komplette Poststraße |

10. Aufgabe

| Manuelle Postbearbeitung | Maschinelle Postbearbeitung | | |
|---|---|---|---|
| 3 Angest. je 1 Std./Tag = 3 Std./Tag<br>3 x 22 EUR x 250 Tage = **16.500,00 EUR** | 1 Angest. je 1 Std./Tag<br>22,00 EUR x 250 Tage = **5.500,00 EUR** | | |
| | Anlagekosten | | |
| | Abschreibungen jährlich | 3.000,00 EUR | |
| | Zinsen jährlich | 800,00 EUR | |
| | Wartung jährlich | 600,00 EUR | |
| | Kosten insgesamt | **4.400,00 EUR** | **9.900,00 EUR** |
| Einsparung pro Jahr also: 16.500 – 9.900 = 6.600 EUR<br>Amortisation: 24.000 : 6.600 = **3,6 Jahre** | | | |

11. Aufgabe

| | Länge | Breite | Höhe | Gewicht | Porto |
|---|---|---|---|---|---|
| **Standardbrief** | 140-235 mm | 90-125 mm | bis 5 mm | bis 20 g | 0,60 EUR |
| **Kompaktbrief** | 100-235 mm | 70-125 mm | bis 10 mm | bis 50 g | 0,90 EUR |
| **Großbrief** | 100-353 mm | 70-250 mm | bis 20 mm | bis 500 g | 1,45 EUR |
| **Maxibrief** | 100-353 mm | 70-250 mm | bis 50 mm | bis 1 000 g | 2,40 EUR |

12. Aufgabe

| Sendung | Gewicht in g | Höhe in mm | Sendungsart Versendungsform | Porto in EUR |
|---|---|---|---|---|
| Vertragspapiere, DIN A4, 4 Seiten, sollen versandt werden. Es wird eine Empfangsbestätigung benötigt. | 45 | 9 | Kompaktbrief<br>Einschreiben<br>Rückschein | 4,85 |
| Eine Einladung zu einer Fortbildung, A4, soll an den Außendienstmitarbeiter verschickt werden. | 16 | 3 | Standardbrief | 0,60 |
| Ein Kündigungsschreiben, A4, soll an einen Mitarbeiter verschickt werden. Der Mitarbeiter soll persönlich den Brief erhalten. | 10 | 3 | Standardbrief<br>Einschreiben<br>Eigenhändig | 4,55 |
| Eine DVD soll in einer gepolsterten Versandtasche C5 verschickt werden. Das Entgelt soll vom Postboten vom Empfänger eingezogen und auf unser Konto überwiesen werden. | 350 | 15 | Großbrief<br>Nachnahme | 5,85 |
| Ein Gegenstand, der 1.200,00 € wert ist, soll per Post verschickt werden. Der Gegenstand soll voll versichert sein. Von der Größe her passt er in eine Versandtasche B5. | 450 | 25 | DHL-Paket<br>Transportversicherung | 10,49 |
| Für 25 Jahre Zugehörigkeit zum Unternehmen soll einem Mitarbeiter ein Buch mit Grußkarte zugesandt werden. | 1 200 | 500 | Päckchen | 4,10 |

## Situation 9

### 1. Aufgabe

| |
|---|
| Registratur = systematische Ablage von Schriftstücken |
| (Mit „Registratur“ kann auch der Platz oder Raum gemeint sein, wo die Akten aufbewahrt und verwaltet werden.) |
| Gründe: - Gesetzliche Vorschriften |
| - Betriebliches Interesse (Registratur = Gedächtnis der Unternehmung) |
| - Zu Kontroll- und Beweiszwecken |

### 2. Aufgabe

| |
|---|
| - Schriftstücke einsortieren (ablegen) |
| - Schriftstücke zur Weiterbearbeitung entnehmen |
| - Schriftstücke nach Wertigkeit aufbewahren |
| - Schriftstücke, die nicht mehr gebraucht oder aufbewahrt werden müssen, vernichten |

### 3. Aufgabe

| |
|---|
| - Schriftstücke können als Entscheidungshilfen dienen (Informationsträger und Gedächtnisstützen). |
| - Schriftstücke können dabei helfen, früher gemachte Fehler zu vermeiden. |
| - Schriftstücke dienen als Beweismittel (gegen Behörden und Geschäftspartner). |
| - Schriftstücke dienen als Vorlagen (Vordrucke, Formulare) |

### 4. Aufgabe

| Schriftstücke | Mindestdauer der Aufbewahrung |
|---|---|
| Inventare | 10 Jahre |
| Bilanzen | |
| Handelsbücher | |
| Jahresabschlüsse | |
| Buchungsbelege | |
| Bankauszüge | |
| Rechnungen | |
| Bewirtungsunterlagen | |
| Lohnsteuerunterlagen | |
| Arbeitsanweisungen, Projektunterlagen, Fertigungsunterlagen | |
| Handelsbriefe (empfangene und Durchschläge versandter) | 6 Jahre |
| Mahnbescheide | |
| Transportunterlagen | |
| Urlaubslisten | |

### 5. Aufgabe

| Wertstufen | Erläuterung | Beispiel |
|---|---|---|
| Tageswert | Einmalige Information wird vermittelt – danach wertlos. | Werbeprospekt |
| Prüfwert | Dient Bearbeitungs- und Kontrollzwecken – über einen bestimmten Zeitraum. | Verlangte Angebote, Preislisten |
| Gesetzeswert | Aufbewahrungsfristen sind vom Gesetzgeber vorgeschrieben. | Handelsbücher |
| Dauerwert | Unterlagen, die große Bedeutung für das Unternehmen haben. | Gesellschaftervertrag |

## 6. Aufgabe

| Schriftgut | Wertstufe | Aufbewahrung/Bearbeitung |
|---|---|---|
| Bestellung eines neuen Kopierers | Gesetzeswert | 6 Jahre |
| Einladung zu einer betriebsinternen Weiterbildung | Tageswert | Nach Ablauf der Veranstaltung vernichten. |
| Firmengründungsunterlagen | Dauerwert | Im Archiv dauerhaft aufbewahren. |
| Kontoauszüge des Firmenkontos | Gesetzeswert | 10 Jahre |
| Angebot ohne Auftragsfolge | Tageswert | Nach Kenntnisnahme vernichten. |
| Bewerbungsunterlagen | Prüfwert | Nach Abschluss des Prüfvorgangs vernichten. |
| Durchschlag einer Kundenrechnung | Gesetzeswert | 10 Jahre |
| Bilanz des Jahres 2010 | Gesetzeswert | 10 Jahre |

## 7. Aufgabe

| |
|---|
| Aktenplan = Regelung der systematischen Ordnung des gesamten Schriftgutes einer Unternehmung mit dem Ziel einer übersichtlichen, nachvollziehbaren und wirtschaftlichen Ordnung des Schriftgutes. |
| Erwartungen: - Doppelablagen werden künftig vermieden; jede Akte kann unverzüglich eingesehen werden.<br>- Jeder Mitarbeiter kann jederzeit Auskunft geben; unnötige Sucharbeiten werden vermieden. |

## 8. Aufgabe

| Ordnungssysteme | Beschreibung |
|---|---|
| Nach Sachgebieten | Stichwörter werden zur Systematisierung herangezogen (Zusammenfassung nach Themenkreisen). |
| Alphabetische Ordnung | Namen oder Orte werden alphabetisch geordnet (z. B. Kunden- und Lieferantendateien). |
| Chronologische Ordnung | Anlage nach der Zeit (empfehlenswert, wenn Termine zu beachten sind). |
| Numerische Ordnung | Ordnung nach arabischen oder/und römischen Zahlen (sinnvoll: dekadisches bzw. Zehnersystem). |
| Alphanumerische Ordnung | Gleichzeitiges Verwenden von Zahlen und Buchstaben. |
| Ordnung nach Farben | Farben werden zur Systematisierung verwendet. |
| Ordnung nach Symbolen | Systematisierung erfolgt durch den Einsatz grafischer Symbole (besonders bei EDV-Programmen). |
| Ordnung nach Formaten | Wenn außer DIN A4 noch andere Papierformate verwendet werden (z. B. Baupläne). |

## 9. Aufgabe

| | |
|---|---|
| Arbeitsplatzablage | Dauerhafte Ablage des Schriftgutes, das der jeweilige Mitarbeiter benötigt. |
| | Ebenso kurzfristige Zwischenablage der Schriftstücke, die nach Bearbeitung weiterzureichen sind. |
| Abteilungsablage | Ablage in der Abteilung, wenn mehrere Sachbearbeiter Zugriff auf dieselben Unterlagen haben müssen. |
| | Wege der Mitarbeiter zu dem benötigten Schriftgut sollten so kurz wie möglich gehalten werden. |
| Zentralablage | Hier werden die Unterlagen abgelegt, auf die viele Mitarbeiter Zugriff haben müssen. |
| | Die Zentralablage wird in großen Unternehmen von eigenen Sachbearbeitern verwaltet (mit EDV). |

## 10. Aufgabe

| | |
|---|---|
| Altablage | Hier werden die Unterlagen abgelegt, auf die nur in zeitlich großen Abständen oder auch in Sonderfällen zugegriffen wird. |
| Archiv | Hier sind die Unterlagen verwahrt, die für die Unternehmen von besonderer dauerhafter Bedeutung sind, z. B. Dokumente. |

11. Aufgabe

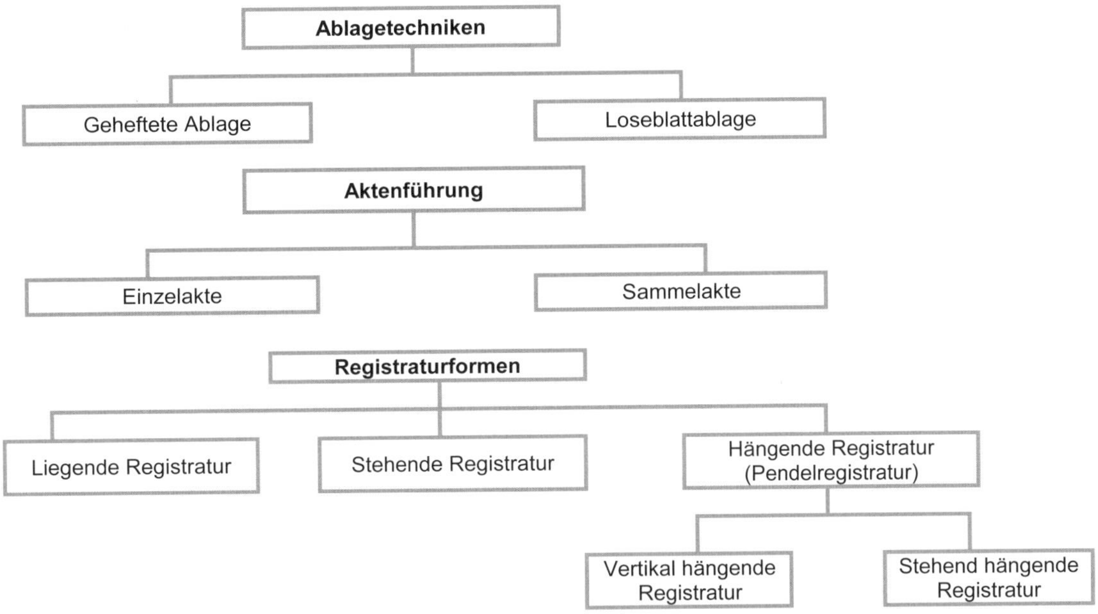


12. Aufgabe

| | |
|---|---|
| Beleghafte Ablage | - Hoher Personalaufwand beim Ablegen, Suchen, Holen, Zurückbringen von Unterlagen |
| | - Hoher Platzbedarf zum Ablegen |
| Beleglose Ablage (z. B. auf DVD) | - Einmaliger Aufwand beim Erfassen und Speichern der Daten (Scannen), geringer Aufwand beim Suchen |
| | - Minimaler Platzbedarf für Speichermedien und technische Ausstattung |

Lösungen

## Situation 10

### 1. Aufgabe

| |
|---|
| - Neuen Aktenplan erstellen bzw. bestehenden Aktenplan anpassen und ergänzen |
| - Platzbedarf für Altablage und aktuelle Ablage bestimmen; für Ordnungssystem entscheiden |
| - Schriftgut nach Aufbewahrungsfristen sortieren |
| - Neue Ordner besorgen |
| - Register zu neuen Ordnern anlegen |
| - Schriftgut nach Ablauf der gesetzlichen Aufbewahrung entfernen und vernichten |
| - Eventuell entscheiden, ob betriebliche Entsorgung oder Fremdentsorgung |

### 2. Aufgabe

| |
|---|
| - Schnellerer Zugriff als bei Zentralablage |
| - Originalwert bei Steuerprüfung |
| - Weiterbearbeitung unmittelbar möglich |

### 3. Aufgabe

| |
|---|
| - Es gäbe keine einheitliche Regelung zur nachprüfbaren Besteuerungsgrundlage. |
| - Keine einheitliche Aufbewahrung |
| - Nachweise würden fehlen (keine Beweise vorhanden). |

### 4. Aufgabe

| | |
|---|---|
| 4.1 | Vor- und Familienname vertauscht |
| 4.2 | Falsche Ablage (Grundsätze der Ablage nicht beachtet) |
| 4.3 | Nicht auf laufende Nummer der Auszüge geachtet, mangelnde Sorgfalt bei der Ablage |
| 4.4 | DIN 5007 beachten, Schulung des Verwaltungspersonals, mehr Sorgfalt anmahnen, auf Bedeutung der Ablage hinweisen |

### 5. Aufgabe

| |
|---|
| Telearbeit = die Arbeitsformen, bei denen Mitarbeiter mindestens einen Teil ihrer Arbeit außerhalb des Betriebsgebäudes verrichten. |
| (Übermittlung der Arbeitsergebnisse erfolgt häufig über digitale Kanäle.) |
| - Teleheimarbeit: Arbeitnehmer verrichtet seine gesamte Tätigkeit zu Hause. |
| - Alternierende Telearbeit: Mitarbeiter arbeitet abwechselnd im Unternehmen und zu Hause (häufigste Form). |
| - Mobile Telearbeit: Die Arbeit findet an wechselnden Orten statt (Vertreter arbeiten in der Kundenwohnung, in der eigenen Wohnung, im Unternehmen und haben oft Zugriff auf firmeninternes Informationsnetz). |

### 6. Aufgabe

| Vorteile | Nachteile |
|---|---|
| - Kosten- und Platzersparnis | - Gefahr der Isolation |
| - Stressabbau | - Kein betriebliches „Wir-Gefühl“ |
| - Eventuell Arbeitsplatz für Behinderte | - Chancen für weiteren Aufstieg eher gering |
| - Familie und Beruf sind besser in Einklang zu bringen. | - Interessenskonflikt Beruf und Privatleben |
| - Höhere Produktivität durch konzentriertes Arbeiten möglich | - Austausch von Emotionen mit Betriebsangehörigen fehlt |
| - Keine Störungen durch Mitarbeiter | - Hohes Maß an Selbstdisziplin erforderlich |
| - Keine Wegezeiten, dadurch mehr Freizeit | |

## Situation 11

### 1. Aufgabe

| Vorteile aus Sicht des Unternehmens | Vorteile aus Sicht der Mitarbeiter |
|---|---|
| - Minimierung von Fehlzeiten | - Bessere Vereinbarkeit zwischen Beruf und Familie |
| - Ausgleich saisonaler und konjunktureller Schwankungen | - Höhere Motivation wegen individueller Arbeitszeitgestaltung |
| - Höhere Auslastung während der Arbeitszeit | - Zeitautonomie und Zeitsouveränität |
| - Höhere Motivation der Mitarbeiter | - Steigerung der Lebensqualität |

### 2. Aufgabe

| |
|---|
| - Arbeitszeitgesetz |
| - Jugendarbeitsschutzgesetz |
| - Betriebsverfassungsgesetz |

### 3. Aufgabe

| Gleitzeit | Kern(arbeits)zeit |
|---|---|
| Der Mitarbeiter kann innerhalb eines vorgegebenen Rahmens Lage und Dauer seiner Arbeitszeit selbst bestimmen. Dabei ist ein frühestmöglicher Beginn und ein spätmöglichstes Ende der Arbeitszeit vorgegeben. | Hier handelt es sich um den Zeitraum, in dem alle Mitarbeiter im Betrieb anwesend sein müssen. |

### 4. Aufgabe

| Kurzarbeit | Teilzeitarbeit |
|---|---|
| Über einen gewissen Zeitraum hinweg wird weniger (oder gar nicht) gearbeitet. Der Verdienstausfall wird durch Kurzarbeitergeld durch die Bundesagentur für Arbeit ausgeglichen. (Arbeitsplatzerhalt bei schwieriger Wirtschaftslage). | Die vertraglich vereinbarte Arbeitszeit ist kürzer als die Regelarbeitszeit des Unternehmens. (z. B. Halbtagsbeschäftigung; Beschäftigung nur zu bestimmten Stunden am Tag, tageweise im Wechsel; bei Spitzenbelastung) |

### 5. Aufgabe

| |
|---|
| Jobsharing: Hier teilen sich zwei oder mehrerer Arbeitnehmer einen Vollzeitarbeitsplatz. Dabei sind sie gemeinsam für die gestellte Arbeitsaufgabe verantwortlich. Arbeitszeit und auch die Arbeitsinhalte können die Betroffenen gegenseitig abstimmen. |

### 6. Aufgabe

| Datum | Arbeitsbeginn | Arbeitsende | Arbeitszeit (Std./Min.) | Abweichung von der Soll-Arbeitszeit | |
|---|---|---|---|---|---|
| | | | | + (Std./Min.) | - (Std./Min.) |
| | | | Übertrag | | |
| 03.02. | 7:45 | 17:30 | 9:15 | 1:15 | |
| 04.02. | 8:00 | 16:30 | 8:00 | -- | -- |
| 05.02. | 7:30 | 15:30 | 7:30 | | 0:30 |
| 06.02. | 8:45 | 16:00 | 6:45 | | 1:15 |
| 07.02. | Urlaub | Urlaub | Saldo/Übertrag | 1:00 | |

Lösungen

## Situation 12

### 1. Aufgabe

Ablauforganisation regelt Arbeitsabläufe, d.h. die zeitliche und örtliche Abfolge von Tätigkeiten, die zur Erreichung eines bestimmte Arbeitsergebnisses erforderlich sind.
Aufbauorganisation bestimmt die betrieblichen Strukturen; Ablauforganisation regelt das betriebliche Geschehen.

### 2. Aufgabe

- Organisieren von möglichst kurzen Durchlaufzeiten und Transportwegen
- Optimale Auslastung von Arbeitsmitteln und Arbeitskräften
- Optimierung der räumlichen und zeitlichen Koordination von Arbeitsabläufen

### 3. Aufgabe

Ist-Zustand = derzeit im Betrieb festgelegter Arbeitsablauf (festgestellt durch Methoden der Ist-Aufnahme)
Soll-Vorschlag = neuer (künftiger) unter Berücksichtigung der eingetretenen Veränderungen ausgearbeiteter verbesserter Arbeitsablauf

### 4. Aufgabe

Eine Arbeitsablaufkarte enthält die Stufen des Arbeitsablaufs, wobei jede Stufe gegliedert ist in
- Bearbeitung/Tätigkeit; Transport/Weiterleitung; Prüfung/Kontrolle; Verzögerung/Warten sowie Lagerung/Ablage.

Diese werden durch einschlägige Symbole auf der Arbeitsablaufkart dargestellt. Für jede Stufe werden Zeitangaben eingetragen.

### 5. Aufgabe

Die zweite Arbeitsablaufkarte (Soll-Vorschlag) enthält 6 Stufen an Arbeitsabläufen weniger. Weggefallen sind:
- Schreibkraft anfordern; - Sachbearbeiter wartet auf Schreibkraft; - Schreibkraft geht zum Sachbearbeiter;
- Schreibkraft geht zurück; -Schreibunterbrechung; - Brief weiterschreiben
- Schreibkraft bringt Angebot zum Sachbearbeiter und kehrt zurück; Neu: Bote bringt Postmappe

Zeitersparnis: 77 zu 27 Minuten = 50 Minuten

### 6. Aufgabe

- Technische Veränderungen (z. B. neu eingerichteter Schreibpool, zentrale Diktieranlage)
- Wegfall von Transportwegen
- Schnellere Durchführung der Arbeitsschritte (Dikitieren in Maschine im Vergleich zu Diktat an Schreibkraft)
- keine Unterbrechungen

### 7. Aufgabe

2250 : 60 : 7,5 = 5 Arbeitstage

### 8. Aufgabe

| Verrichtung | Bearbeiten | Weiterleitung | Prüfung | Warten | Ablage | Insgesamt |
|---|---|---|---|---|---|---|
| Zeit in Minuten | 92 | 48 | 25 | 2080 | 5 | 2250 |
| Prozentualer Anteil | 4,09 | 2,13 | 1,11 | 92,45 | 0,22 | 100 % |

## 9. Aufgabe

| |
|---|
| - Zu lange Verzögerungszeiten, die Wartezeiten betragen alleine über 92 % der gesamten Bearbeitungszeit. |
| - 6 mal Wartezeiten (in Eingangsfächern) |
| - Häufiger Transport zergliedert die Arbeit. |

## 10. Aufgabe

| |
|---|
| - Vermeidung von unnötigen Wartezeiten durch direktes Weiterleiten der Papiere an die nächste Abteilung |
| - Einschränkung der Transportzeiten durch Nutzung moderner Kommunikationsmittel und -wege (Scanner, Intranet) |
| - Bei Überbelastung der Lager- und Verkaufsabteilung Abhilfe schaffen (Neueinstellungen) |

## Situation 13

### 1. Aufgabe

| |
|---|
| - Arbeitsstättenverordnung - enthält die grundsätzlichen Anforderungen, die für Arbeitsstätten festgelegt sind |
| - Arbeitsschutzgesetz - Ziel des Gesetzes ist es, die Gesundheit aller Beschäftigten durch Maßnahmen des Arbeitschutzes zu sichern und zu verbessern. |
| - Arbeitssicherheitsgesetz - regelt die Pflichten der Arbeitgeber zur Bestellung von Betriebsärzten, Sicherheitsingenieuren und Fachkräften für Arbeitssicherheit sowie zur Bildung von Arbeitsschutzausschüssen |
| - Gefahrstoffverordnung - eine Verordnung zum Schutz vor gefährlichen Stoffen (Gefahrstoffe) im deutschen Arbeitsschutz |
| - Unfallverhütungsvorschriften der Berufsgenossenschaften |

### 2. Aufgabe

| Betriebs- und Gefahrenschutz | Sozialer Arbeitsschutz |
|---|---|
| Staatliche Vorschriften | Arbeitszeitgesetz |
| - Arbeitsschutzgesetz, Gerätesicherheitsgesetz, Arbeitssicher- | Mutterschutzgesetz |
| heitsgesetz, Arbeitsstättenverordnung | Jugendarbeitsschutzgesetz |
| Unfallverhütungsvorschriften der Berufsgenossenschaften | Kündigungsschutzgesetz |
| Technische Regeln, z. B. Richtlinien und Sicherheitsregeln | |

### 3. Aufgabe

| |
|---|
| Der Arbeitsschutz beinhaltet |
| - die Verhütung von Unfällen |
| - die Vermeidung arbeitsbedingter Gesundheitsgefahren |
| - die menschengerechte Arbeitsgestaltung. |

### 4. Aufgabe

| Die Arbeitsstättenverordnung enthält Vorschriften bezüglich | |
|---|---|
| - Lüftung | - Schutz gegen Brände |
| - Raumtemperatur | - Schutz gegen Gase |
| - Beleuchtung | - Schutz gegen Lärm |
| - Reinhaltung der Arbeitsstätten | - Flucht- und Rettungsplan |

### 5. Aufgabe

| | |
|---|---|
| 5.1 | Arbeitsstätten = Orte in Gebäuden oder im Freien, die zur Nutzung für Arbeitsplätze vorgesehen sind. |
| | Arbeitsplätze sind Bereiche von Arbeitsstätten, in denen sich Beschäftigte bei der von ihnen auszuübenden Tätigkeit regelmäßig über einen längeren Zeitraum oder im Verlauf der täglichen Arbeitszeit nicht nur kurzfristig aufhalten müssen. |
| 5.2 | Einrichten = die Bereitstellung und Ausgestaltung der Arbeitsstätte. |
| | Betreiben = das Benutzen und Instandhalten der Arbeitsstätte. |

### 6. Aufgabe

| |
|---|
| Laut Arbeitssicherheitsgesetz (Gesetz über Betriebsärzte, Sicherheitsingenieure und andere Fachkräfte für Arbeitssicherheit) muss der Arbeitgeber Betriebsärzte und Fachkräfte für Arbeitssicherheit bestellen. Diese sollen ihn beim Arbeitsschutz und bei der Unfallverhütung unterstützen. |

## 7. Aufgabe

| |
|---|
| 1. Schutz vor Arbeitsunfällen, Wegeunfällen, Berufskrankheiten |
| 2. Wiederherstellung von Gesundheit und Arbeitskraft nach Unfällen oder bei Berufskrankheiten |
| 3. Leistung von Verletztenrente bei Erwerbsbeschränkung |

## 8. Aufgabe

| |
|---|
| - Verkehrswege müssen freigehalten werden. |
| - Rettungswege und Notausgänge sind stets freizuhalten. |
| - Keine Trinkgefäße für gesundheitsschädliche Flüssigkeiten |
| - Arbeitsgerechte Kleidung |
| - Kein unnötiges Aufhalten an gefährlichen Stellen (z. B. im Bereich von Kränen) |
| - Alkoholverbot am Arbeitsplatz |
| - Kein unbefugtes Benutzen von Arbeitsstoffen und Einrichtungen |

## 9. Aufgabe

| |
|---|
| Sie dient |
| - dem Schutz der Beschäftigten und anderer Personen vor Gefährdungen ihrer Gesundheit und Sicherheit durch Gefahrstoffe. |
| - dem Schutz der Umwelt vor stoffbedingten Schädigungen. |

## 10. Aufgabe

| |
|---|
| Hier handelt es sich um eine Kennzeichnung, die - bezogen auf einen bestimmten Gegenstand, eine bestimmte Tätigkeit oder |
| eine bestimmte Situation - jeweils mittels eines Sicherheitszeichens, einer Farbe oder eines Leucht- oder Schallzeichens, eines |
| Sprech- oder eines Handzeichens eine Sicherheits- und Gesundheitsschutzaussage ermöglicht. |

## 11. Aufgabe

| | |
|---|---|
| Kreis: Gebots- und Verbotszeichen | Quadrat: Rettungs- und Brandschutzzeichen |
| Dreieck mit der Spitze nach oben: Warnzeichen | Rechteck: Rettungs-, Hinweis- oder Zusatzzeichen |

## 12. Aufgabe

| | |
|---|---|
| Rote Sicherheitskennzeichen: Verbot | Blaue Sicherheitskennzeichen: Gebot |
| Gelbe Sicherheitskennzeichen: Warnung | Grüne Sicherheitskennzeichen: Rettung |

## 13. Aufgabe

| | | | | |
|---|---|---|---|---|
| Gruppe I | Verbotszeichen | Fußgänger verboten | Mit Wasser löschen verboten | Kein Trinkwasser |
| Gruppe II | Rettungszeichen | Erste Hilfe | Krankentrage | Notdusche |
| Gruppe III | Warnzeichen | Warnung vor giftigen Stoffen | Warnung vor ätzenden Stoffen | Warnung vor radioaktiven Stoffen oder ionisierenden Strahlen |
| Gruppe IV | Gebotszeichen | Handschutz benutzen | Schutzkleidung benutzen | Gesichtsschutz benutzen |

## 14. Aufgabe

| | | | |
|---|---|---|---|
| Brandschutzzeichen | Löschschlauch | Leiter | Feuerlöscher |

15. Aufgabe

| | |
|---|---|
| - Standort | - Erste Hilfe |
| - Feuerlöscher | - Notruftelefon |
| - Löschschlauch | - Notdusche |
| - Brandmelder, manuell | - Augenspüleinrichtung |
| - Brandmeldetelefon | - Arzt |
| - Mittel und Geräte zur Brandbekämpfung | - Krankentrage |
| - Richtungsangabe | - Sammelstelle |
| - Rettungsweg / Notausgang | - Einbauten |

16. Aufgabe

| |
|---|
| **Wo** geschah es? |
| **Was** geschah? |
| **Wann** geschah es? |
| **Wie viele** Verletzte gibt es? |
| **Welche** Art von Verletzungen? |
| (Warten auf Rückfragen!) |

## Situation 14

### 1. Aufgabe

| |
|---|
| - Staat (und Länder) |
| - Unfallversicherungsträger (Berufsgenossenschaften) |
| - Tarifpartner |
| - Private Organisationen (Normungsinstitutionen) |

### 2. Aufgabe

| |
|---|
| Ziel ist die Sicherheit und den Gesundheitsschutz der Beschäftigten zu sichern und zu verbessern durch |
| - Maßnahmen der Verhütung von Unfällen |
| - Maßnahmen der Verhütung von arbeitsbedingten Erkrankungen |
| - Menschengerechte Gestaltung der Arbeit. |

### 3. Aufgabe

| |
|---|
| - Wenn der Arbeitsplatzes neu eingerichtet wird |
| - Wenn sich die Arbeitsbedingungen verändern |
| - Wenn gesicherte arbeitswissenschaftliche Erkenntnisse sich erneuern |
| - Wenn der Stand der Technik sich erneuert |

### 4. Aufgabe

| | |
|---|---|
| - Arbeitsstättenverordnung | - Unfallverhütungsvorschriften |
| - Bildschirmarbeitsverordnung | - Betriebsverfassungsgesetz |
| - Sicherheitsregeln für Büroarbeitsplätze | |
| - Sicherheitsregeln für Bildschirmarbeitsplätze im Bürobereich | |

### 5. Aufgabe

| | |
|---|---|
| Lüfung | Raum |
| Raumtemperatur | Bewegungsfläche |
| Beleuchtung | |
| Lärm | |

### 6. Aufgabe

| | |
|---|---|
| - Auf Preis/Leistungsverhältnis achten | - Dreh- und Schwenkbarkeit |
| - Ausreichende Größe | - Möglichst strahlungsarm |
| - Schmaler Rahmen | - Entsprechend guter Kontrast |
| - Höhenverstellbar | - Kurze Reaktionszeit |

### 7. Aufgabe

7.1

| | |
|---|---|
| - Vorhänge anbringen | - Arbeitsplatz vom Standort her verändern |
| - Sonnenblenden anbringen | - Auf parallele Platzierung zur Lichtquelle achten |

7.2

| | |
|---|---|
| Anforderungen sind: - höhenverstellbare Sitzfläche | - Abgerundete Sitzkanten |
| - Verstellbare Rückenlehne | - Fünf Rollen |
| - Luft- und wasserdurchlässige Bezüge | - Bremsbare Rollen |
| - Neigbare Sitzfläche | - Ausreichend hohe Lehne |

7.3

| | |
|---|---|
| - Für Schallschutz sorgen (Haube) | - Drucker ersetzen (technischen Fortschritt nutzen) |
| - Drucker in anderem Raum aufstellen | - Drucker warten (Verschlissene Teile austauschen) |

7.4

| | |
|---|---|
| - Für Beinfreiheit sorgen | - Ausreichende Tischhöhe (Keine Berührung mit Bein) |
| - Ober- und Unterschenkel sollen im rechten Winkel sein. | - Füße fest auf Boden stehen (keine Hindernisse) |

## 8. Aufgabe

| |
|---|
| Ist der Bildschirm problemlos dreh- und neigbar? |
| Steht der Bildschirm möglichst im rechten Winkel und ausreichendem Abstand zum Fenster? |
| Ist der Sehabstand zum Bildschirm ausreichend groß (mindestens 50 cm)? |
| Befindet sich die Oberkante des Monitors in Augenhöhe? |
| Ist der Monitor blend- und reflexionsfrei? |
| Sind die Schriftzeichen gut lesbar (Größe, Schärfe, Abstand)? |
| Ist das Bild flimmerfrei? |
| Ist das Bild frei von Verzerrungen? |
| Ist der Bürostuhl höhenverstellbar? |
| Hat der Stuhl eine gepolsterte und neigbare Sitzfläche? |
| Unterstützt der Stuhl durch eine hohe Lehne die Lenden? |
| Ist die Rückenlehne in der Neigung verstellbar? |
| Ist der Stuhl standsicher (mindestens 5 Rollen)? |
| Ist der Tisch ausreichend breit und tief (mindestens 160 cm x 80 cm)? |
| Ist der Tisch höhenverstellbar oder hat er eine feste Höhe von 72 cm? |
| Verfügt der Tisch über genügend Beinraum (65 cm Höhe, 58 cm Breite und 60 cm Tiefe)? |
| Ist auf dem Tisch genügend Platz, um die Handballen vor der Tastatur aufzulegen (ca. 10 bis 15 cm)? |
| Hat der Tisch eine reflexionsarme Oberfläche? |
| Ist die Tastatur frei beweglich? |
| Ist die Tastatur flach (höchstens 3 cm in der mittleren Tastenreihe)? |
| Sind die Tasten ergonomisch gestaltet (leichte Wölbung nach innen)? |
| Ist die Beschriftung der Tasten gut lesbar (Farbe, Größe, reflexionsarme Oberfläche)? |
| Sind Blendungen und Spiegelungen durch Fenster oder Raumbeleuchtung so weit wie möglich ausgeschlossen? |

## Situation 15

### 1. Aufgabe

| |
|---|
| Die Ergonomie ist die Wissenschaft von der Gesetzmäßigkeit menschlicher Arbeit. Ziel ist, die Arbeitsbedingungen den Menschen anzupassen. |
| Ergonomie als Teil der Arbeitswissenschaften hat als Hauptanliegen den individuellen Gesundheitsschutz und die humane Arbeitsgestaltung sowie den Schutz der Psyche. |

### 2. Aufgabe

| | |
|---|---|
| - Temperatur | - Luftqualität |
| - Luftfeuchtigkeit | - Luftbewegung |

### 3. Aufgabe

| |
|---|
| - Empfohlene Raumtemperatur von 21 ° bis 22 ° C; mindestens aber 20 °; bei hohen Außentemperaturen höchstens 26 °; größere Temperaturschwankungen sind zu vermeiden. |
| - Relative Luftfeuchtigkeit zwischen 30 und 65 % ist laut Vorschriften akzeptabel; ratsam wären 50 %; elektrostatische Aufladungen sind so am besten zu vermeiden. |
| - Luftgeschwindigkeit über 0,2 m/s sind zu vermeiden, da Zugluft Unbehagen auslöst. |
| - An Fenstern sind Lichtschutzeinrichtungen anzubringen (Sonnenschutz und Schutz vor hohen Außentemperaturen). |
| - Eine Mindestraumgröße und Lüftungsmöglichkeiten sind für einen ausreichenden Luftaustausch in Büroräumen erforderlich. |

### 4. Aufgabe

| | |
|---|---|
| - Vermeidung von Strahlungsschäden | - Schaffung der optimalen Raumtemperatur |
| - Optimales Licht (am besten Tageslicht) | - Unnötige Luftbewegungen vermeiden |
| - Unnötigen Lärm vermeiden | - Für gesunde Luftfeuchtigkeit sorgen. |
| - Optimale Farbgestaltung | |

### 5. Aufgabe

| |
|---|
| - Raumangebot (Größe der vorhandenen Räume) |
| - Arbeitsorganisation |
| - Ergonomische Erkenntnisse |
| - Erforderliche Ausstattung mit technischen Geräten |

### 6. Aufgabe

| | |
|---|---|
| - Farbliche Gestaltung | - Betriebsklima (Verhältnis zu Mitarbeitern und Vorgesetzten) |
| - Raumklima | - Raumform |
| - Weitest gehende Vermeidung von Lärm | - Raumart |
| - Lichtgestaltung | |

## 7. Aufgabe

| | |
|---|---|
| 7.1 Zellenbüro | Typisch sind Mittelflure, an denen sich geschlossene Büroräume mit einem oder mehreren Arbeitsplätzen reihen.<br>Vorteile als Einzelbüro: ungestörtes Arbeiten, hohe Vertraulichkeit<br>Nachteile als Einzelbüro: wenig Transparenz, keine Kommunikation, als Bildschirmarbeitsplatz zu klein<br>Vorteile als Zwei-Personen-Büro: gute Zusammenarbeit mit einem Kollegen möglich, Vertraulichkeit<br>Nachteile als Zwei-Personen-Büro: mangelnde Kommunikation, gegenseitige akustische Störgeräusche |
| 7.2 Großraumbüro | Großflächig, mindestens 400 qm, Raumaufteilung durch Trennwände wie Stellwände, Schränke, Regale, Sideboards, "Bürolandschaften“<br>Vorteile: Arbeitsplatzanordnung nach Arbeitsablauf möglich, Verbesserung des Informationsaustauschs und der Kommunikation, höhere Transparenz für den einzelnen Mitarbeiter, Bürolandschaft wirkt locker, geeignet für Team- und Projektarbeit<br>Nachteile: viele Störfaktoren, Gefühl der ständigen Überwachung, kaum Privatsphäre, Einschränkung der Vertraulichkeit, keine Rückzugsmöglichkeit für konzentriertes Arbeiten, Lärm, Klima und Beleuchtung nicht individuell regulierbar |

## 8. Aufgabe

Im Kombibüro werden individuelle Arbeitsräume mit gemeinschaftlich genutzten Zonen kombiniert. Bei dieser Büroform ist konzentriertes Arbeiten wie auch Teamarbeit möglich. Die Gemeinschaftsräume dienen vornehmlich der Kommunikation, aber auch dem Besucherempfang, Besprechungen, der Pausengestaltung. Ebenso sind dort Kopier- und Faxgeräte aufgestellt. Oft befinden sich dort auch eine Literaturecke und Archivteile.

## 9. Aufgabe

- Mitarbeiter bleiben unter ihrem Leistungsvermögen (höhere Fehlerquote).
- Gesundheit der Mitarbeiter wird beeinträchtigt (höherer Krankenstand).
- Zu hohe Energiekosten für den Unternehmer (keine stromsparenden Leuchtkörper).

## 10. Aufgabe

| Beleuchtungsfehler | Auswirkungen |
|---|---|
| Fremdlichteinfall auf Bildschirm | - Verringerung des Helligkeitskontrastes, Lesbarkeit wird erschwert, höhere Fehlerquote |
| Falsche Leuchten | - Blendung, Augenreizungen |
| Zu dunkle Wände, dunkle Möbel | - Negative Auswirkungen auf Sehleistung, Stimmung, Motivation und Produktivität |

## 11. Aufgabe

| | |
|---|---|
| 11.1 | - Anregende Farben wie Gelb, Orange |
| 11.2 | - Farben mit beruhigender Wirkung, z. B. Grün, Beige |
| 11.3 | - Hellere Farben |
| 11.4 | - Dunkle, drückende Farben wie Schwarz, Braun oder Grau (denken Sie an Ihre Stimmung an einem grauen Novembertag). |

## 12. Aufgabe

- Fördern das Wohlbefinden; wirken als Farbtupfer belebend und sorgen für Abwechslung; fördern das Raumklima, indem sie verbrauchte Luft in Sauerstoff umwanden, erhöhen die Luftfeuchtigkeit.

## Situation 16

### 1. Aufgabe

| |
|---|
| - Ergonomische Büromöbel |
| - Richtige Beleuchtung |
| - Angenehmes Klima (Temperatur, Luftfeuchtigkeit, Luftqualität) |
| - Niedrige Geräuschkulisse |
| - Richtig eingerichteter Bildschirmarbeitsplatz |

### 2. Aufgabe

| Schreibtisch | Bürostuhl |
|---|---|
| - Sollte zwischen 68 und 76 cm Höhe frei verstellbar sein | - Muss frei verstellbar sein |
| - Nicht verstellbare Tische sollten 72 cm hoch sein | - Sitzhöhe sollte sich zwischen 40 und 51 cm frei verstellen lassen |
| - Sollte an einer Seite besonders breit sein, damit ausreichend Platz für den Monitor vorhanden ist und der geeignete Sehabstand erreicht werden kann | - Sitzfläche sollte gepolstert und vorne abgerundet sein (Vermeidung von Druck auf Blutgefäße und Nerven) |
| - Oberfläche darf nicht spiegeln | - Rückenlehne sollte Lendenwirbelsäule unterstützen und in der Neigung verstellbar sein |
| | - Beim Wippen sollten die Rückenlehne und die Sitzfläche den Bewegungen folgen. |

### 3. Aufgabe

| |
|---|
| - Deckenlicht sollte parallel zum Fenster und seitlich des Arbeitsplatzes angebracht sein (Spiegelung im Monitor vermeiden). |
| - Vor Blendung durch Sonnenlicht mithilfe von Jalousien, Rollläden oder Vorhängen schützen. |
| - Die geeignete Beleuchtungsstärke für Büroräume liegt bei 500 Lux. |

### 4. Aufgabe

| |
|---|
| Alltagslärm wie Telefonklingeln, Druckergeräusche, laute Gespräche beeinträchtigen auf Dauer die Konzentration und stressen die Mitarbeiter. |
| Die Lärmgrenze von 55 dB sollte eingehalten werden. |
| Bei sehr hohen geistigen Anforderungen oder wenn die sprachliche Verständigung wichtig ist, liegt die Lärmgrenze bei 40 dB. |
| Durch leise Büromaschinen, Lärm dämmende und schallschluckende Materialien, Isolierverglasung, Schalldämmwände, Teppichboden, Vorhänge, Schallschutzhauben um Lärm erzeugende Geräte u. a. |

### 5. Aufgabe

| |
|---|
| - Sehabstand sollte mindestens 60 cm sein (bei 17 Zoll Monitoren, - bei größeren entsprechend mehr). (Faustregel: Bei ausgestrecktem Arm sollte die abgewinkelte Hand den Monitor nicht berühren.) |
| - Monitor so aufstellen, dass bei normaler Sitzhaltung die Bildschirmfläche bei leicht gesenktem Blick optimal zu sehen ist. |
| - Monitor am besten parallel zum Fenster aufstellen, damit keine störenden Lichtreflexe entstehen. (ungünstig: Fenster im Rücken oder Monitor direkt vorm Fenster.) |

### 6. Aufgabe

| | |
|---|---|
| Tastatur | - Muss neigbar sein und eine vom Bildschirm getrennte Einheit darstellen. |
| | - Tischfläche vor der Tastatur muss dem Benutzer das Auflegen von Händen und Armen ermöglichen. |
| | - Tastatur muss eine matte Oberfläche aufweisen, um nicht zu spiegeln. |
| | - Tastenbeschriftung muss sich vom Untergrund klar abheben. |
| Bildschirm | - Zeichen müssen deutlich, ausreichend groß und mit angemessenem Zeichen- und Zeilenabstand dargestellt werden. |
| | - Bild muss stabil, flimmerfrei und ohne Spiegelung sein. |
| | - Helligkeit und Kontrast müssen einstellbar sein. |
| | - Bildschirm muss neig- und drehbar sein. |
| Software | - Muss den auszuführenden Tätigkeiten angepasst und benutzerfreundlich sein. |
| | - Format und Tempo der gelieferten Angaben zu den Arbeitsabläufen müssen nachvollziehbar sein. |

7. Aufgabe

| | |
|---|---|
| Fußstütze | - Ausreichende Breite (Füße sollten ganzflächig aufstellbar sein.) |
| | - Höhe und Neigung verstellbar |
| | - Rutschhemmend und stabil |
| Beleghalter | - Stabil |
| | - Kippsicher |
| | - Ausreichend groß |
| | - Stufenlos neigbar |
| | - Mit Zeilenlineal und Befestigungsmöglichkeiten (Papierklemmen) versehen |

8. Aufgabe

| | |
|---|---|
| 8.1 | - Dienen der Herstellung korrekter Sehbedingungen am Bildschirm (z. B. durch Sehhilfen wie Bildschirmbrille) |
| | (dienen nicht der Auslese). |
| 8.2 | - Vor Aufnahme der Tätigkeit an Bildschirmgeräten - Erstuntersuchung |
| | - Anschließend in regelmäßigen Abständen (erst alle 5 Jahre, bei über 40-Jährigen alle 3 Jahre) - Nachuntersuchungen |
| | - Vorzeitige Nachuntersuchungen bei aufgetretenen Beschwerden möglich |
| 8.3 | Die Kosten trägt der Arbeitgeber; die Untersuchungen sollen während der Arbeitszeit vorgenommen werden. |

9. Aufgabe

| |
|---|
| - Beseitigung von Erschöpfungssymptomen, die durch die Bildschirmarbeit verursacht werden (Sehschärfenminderung) |
| - Beugen der Ermüdung vor (Augenermüdung) |
| - Steigern letztlich das Leistungsvermögen |
| - Entlasten die Augen |
| - Fördern die Bewegung |

10. Aufgabe

| |
|---|
| a) Bildschirmarbeitsplatz = wenn bei einem nicht unwesentlichen Teil der Arbeitszeit ein Bildschirm benutzt wird. |
| b) bildschirmunterstützter Arbeitsplatz = Bildschirm wird nur gelegentlich, z. B. zum Abrufen von Daten, genutzt. |

11. Aufgabe

| | |
|---|---|
| Nackenschmerzen | - Tisch hat nicht die erforderliche Höhe, dadurch stark geneigte Kopfhaltung |
| Rückenschmerzen | - Rundrücken, Rücken nicht abgestützt durch Rückenlehne |
| Gedrückter Magen | - Sitzhöhe zu hoch, Sitzfläche nicht voll ausgenutzt, Rückenlehne nicht beweglich |
| Eingeschlafene Arme | - Auflegen von Händen und Armen auf Tischfläche nicht möglich |
| Eingeklemmte Oberschenkel | - Kein Raum zur Unterbringung von Beinen und Füßen |
| Druckstellen am unteren Oberschenkel | - Sitzfläche vorne nicht ausreichend abgerundet, Druck auch von zu niedriger Tischplatte |
| Weitere Mängel: Abstand zu Monitor nicht in Ordnung, Tastatur nicht getrennt vom Bildschirm, aufrechte Sitzhaltung nicht möglich. | |

## Situation 17

### 1. Aufgabe

| Vorteile | Nachteile |
|---|---|
| - Kurze Kommunikationswege | - Geringere Individualität und Privatsphäre (Raumeinschränkung) |
| - Schnelle Verständigung | - Geringe Abschirmung gegen Lärm und visuelle Einflüsse |
| - Kaum Transportwege | - Erschwert konzentrierte Einzelarbeit |
| - Gute Flächennutzung (Raumausnutzung) | - Ungleiche Qualität der Arbeitsplätze (fensternah-fensterfern) |
| - Kostensparendere Arbeitsplatzeinrichtung | - Ungleiche Licht- und Luftverhältnisse (Vollklimatisierung nötig) |
| | - Gefühl einer dauernden Überwachung |

### 2. Aufgabe

| |
|---|
| - Stand- und Kippsicherheit durch 5 Rollen |
| - Anpassung des Rollwiderstands an den Fußbodenbelag (gebremst bei glatten Böden – ungebremst bei Teppichböden) |
| - Die Höhe der Sitzfläche muss sich min. in einem Bereich von 42 bis 50 cm verstellen lassen. |
| - Die Sitztiefe beträgt min. 38 bis 44 cm, günstig ist eine Verstellmöglichkeit. Die Sitzbreite sollten min. 40 bis 48 cm betragen. |
| - Die Rückenlehne ist horizontal konkav gekrümmt und muss verstellbar und federnd sein. |
| - Keine scharfen Kanten |
| - Gepolsterte, atmungsaktive Sitz- und Rückenlehnen; die Polsterung sollte fest, aber dennoch komfortabel sein. |

### 3. Aufgabe

| |
|---|
| - Arbeitsstättenverordnung |
| - Arbeitsstättenrichtlinien |
| - Bildschirmarbeitsverordnung |
| - Unfallverhütungsvorschriften der Berufsgenossenschaft |

### 4. Aufgabe

| |
|---|
| Lärm – Reduzierung des Schallpegels durch Teppichböden, Decken- und Wandverkleidung; Stell- und Trennwände, sodass ein konzentriertes Arbeiten ermöglicht wird. |
| Luft bzw. Klima – Lufttemperatur sollte 20 bis 22 Grad Celsius betragen; Luftfeuchtigkeit 40 % bis 60 % (Klimaanlagen) |
| Licht – gleichmäßige Ausleuchtung; Leuchtstoffröhren; blendfreie Beleuchtung; Lichteinfall von links oben auf den Arbeitsplatz |
| Farben – Grüntöne haben beruhigende Wirkung; Farbkontraste sorgen für Abwechslung; helle Farben regen an; Verzicht auf grelle und dunkle Farben (grell – fördert Aggressivität; dunkel– wirkt bedrückend) |

### 5. Aufgabe

| |
|---|
| - Auf geringen Stromverbrauch achten |
| - Möglichst geräuscharme Geräte beschaffen |
| - Vermeidung von unnötigem Elektrosmog |
| - Bei Materialien auf deren Recyclebarkeit achten. |

### 6. Aufgabe

| **Funktionen/Leistungsmerkmale** | **Begründung** |
|---|---|
| - Hohe Kopiergeschwindigkeit | Erspart Arbeitszeit |
| - Doppelseitiges Kopieren | Verringert Papierverbrauch und Kosten, umweltschonend |
| - Heftung soll automatisch erfolgen | Erspart Arbeitszeit und Arbeitsaufwand |
| - Sortierung automatisch | Erspart Arbeitszeit und Arbeitsaufwand |
| - Farbkopieren | Durch farbige Darstellung z. B. Imageverbesserung |
| - Möglichst geräuscharmes Kopieren | Weniger Lärmbelästigung |
| - Möglichkeit des Einscannens von Dokumenten | Erspart Arbeitszeit und Arbeitsaufwand |

## 7. Aufgabe

Nur dann, wenn die Zugriffsrechte auf die Daten nicht individuell auf die einzelnen Mitarbeiter geregelt sind.
Sind die Zugriffsrechte individuell geregelt, so können von den Mitarbeitern lediglich die entsprechenden Daten eingesehen werden.

## 8. Aufgabe

- Zugriffsmöglichkeit auf einen aktuellen, gemeinsamen Datenbestand
- Nutzung peripherer Geräte wie Drucker und Scanner durch alle Mitarbeiter
- Schnellere Kommunikation zwischen den Arbeitsplätzen
- Kostengünstigere Systempflege und -betreuung durch Zentralisierung
- Programme müssen nur einmal auf Server installiert werden.

## Situation 18

### 1. Aufgabe

| | |
|---|---|
| - Bedarf feststellen | - Günstigste(n) Lieferer ermitteln |
| - Bezugsquellen ermitteln | - Erteilen der Bestellung(en) |
| - Anfragen versenden | - Liefertermin(e) überwachen |
| - Eingehende Angebote vergleichen | - Rechnung(en) vergleichen |

### 2. Aufgabe

| | |
|---|---|
| - Fachzeitschriften, Kataloge, Prospekte | - Branchenverzeichnisse |
| - IHK | - Adressbücher |
| - Gelben Seiten | - ABC der Deutschen Wirtschaft |
| - Messen und Ausstellungen | - Internet |

### 3. Aufgabe

| | |
|---|---|
| 3.1 | Bestimmte Anfragen |
| 3.2 | Anfragen sind rechtlich unverbindlich. |

### 4. Aufgabe

| Lieferer | Listenpreis | Rabatt | Skonto | Lieferbedingungen | Zahlungsbedingungen | Lieferzeit |
|---|---|---|---|---|---|---|
| A | | | | | | |
| B | | | | | | |
| C | | | | | | |
| D | | | | | | |

### 5. Aufgabe

| | |
|---|---|
| - Qualität | - Kulanz |
| - Garantieleistungen | - Leumund |
| - Kundendienst | - Erledigung von Reklamationen |
| - Zuverlässigkeit | |

### 6. Aufgabe

| Bewertungs-kriterien | Gewichtung In % | Lieferant A | | Lieferant B | |
|---|---|---|---|---|---|
| | | Punktebewertung von 0 bis 10 | Gewichtete Bewertung | Punktebewertung von 0 bis 10 | Gewichtete Bewertung |
| Zuverlässigkeit | 30 | 6 | 1,8 | 10 | 3 |
| Serviceleistungen | 15 | 8 | 1,2 | 7 | 1,05 |
| Qualität | 35 | 8 | 2,8 | 9 | 3,15 |
| Kulanz | 15 | 9 | 1,35 | 8 | 1,2 |
| Sales Promotios | 5 | 9 | 0,45 | 8 | 0,4 |
| Summe | 100 | | 7,6 | | 8,8 |

### 7. Aufgabe

Die Bavaria Fahrradwerke KG legt größten Wert auf Qualität, da sie sehr anspruchsvolle Kundschaft hat und dieser stets gerecht werden möchte. Auch Zuverlässigkeit ist unbedingte Voraussetzung, um selbst pünktlich an die eigenen Kunden liefern zu können. Serviceleistungen und Kulanz sind zwar wichtig, aber mit 15 Prozentpunkten ausreichend. Da man selbst viele Mitarbeiterschulungen vornimmt, ist die Verkaufsförderung (Sales Promotion) seitens des Lieferers das weniger wichtige Auswahlkriterium.

## 8. Aufgabe

| |
|---|
| Sind Preis, Liefer- und Zahlungsbedingungen gleich, dann müssen andere Kriterien entscheiden. Laut Entscheidungstabelle konnte Lieferant B 8,8 Punkte im Vergleich zu 7,6 Punkten von Lieferant A erreichen. Dies rührt vor allem daher, dass die von der Bavaria Fahrradwerke KG für besonders wichtig erachteten Merkmale wie Qualität und Zuverlässigkeit besonders für Lieferant B sprechen. |
| (Da Antworten schülerabhängig sind, können die Lösungen zu den Aufg. 6, 7 und 8 auch anders lauten.) |

## 9. Aufgabe

| |
|---|
| Bei Lieferer 3 |

## 10. Aufgabe

| | |
|---|---|
| 10.1 | Skonto ist ein prozentualer Betrag, der bei Zahlung einer Rechnung innerhalb eines bestimmten Zeitraums vom Rechnungsbetrag abgezogen werden kann. |
| | Skonto ist eine Zinsvergütung für vorzeitige Zahlung. |
| | Skonto ist auch eine Prämie für die Einsparung von Risiken (und Aufwand), die mit Zielverkäufen verbunden sind. |
| 10.2 | Der Lieferer will den Kunden zur vorzeitigen Begleichung der Rechnung veranlassen. |
| 10.3 | Skonto mindert nachträglich den Anschaffungspreis für die Bavaria Fahrradwerke KG. |

## 11. Aufgabe

| | |
|---|---|
| Listenpreis | 10,00 € |
| ./. Liefererrabatt | --------- |
| = Zieleinkaufspreis | 10,00 € |
| ./. Liefererskonto 3 % | 0,30 € |
| = Bareinkaufspreis | 9,70 € |
| + Bezugskosten | 0,20 € |
| = Bezugspreis | 9,90 € |
| + Handlungskosten 20 % | 1,98 € |
| = Selbstkostenpreis | 11,88 € |
| + Gewinnzuschlag 5 % | 0,59 € |
| = Nettoverkaufspreis | 12,47 € |
| + Mehrwertsteuer 19 % | 2,37 € |
| **= Bruttoverkaufspreis** | **14,84 €** |

## 12. Aufgabe

| | |
|---|---|
| - Vergabe von Artikelnummer (in PC eingeben) | - Produkte katalogisieren (Produktkatalog) |
| - Eventuell Lagerplatz zuteilen | - In Ordersatz aufnehmen (eingeben) |
| - Mindest- bzw. Meldebestand festlegen | - Entsprechende Werbemaßnahmen durchführen |

## 13. Aufgabe

13.1

| | |
|---|---|
| 1200 x 18 = 21.600 : 2 = 10.800 x 0,1 = 1.080,00 €<br>600 x 18 = 10.800 : 2 = 5.400 x 0,1 = 540,00 €<br>400 x 18 = 7.200 : 2 = 3.600 x 0,1 = 360,00 €<br>300 x 18 = 5.400 : 2 = 2.700 x 0,1 = 270,00 €<br>usw. | 1 x 110 = 110,00 €<br>2 x 110 = 220,00 €<br>3 x 110 = 330,00 €<br>usw. |

| Bestellmenge (Stück) | Bestell-häufigkeit | Durchschnittlicher Lagerbestand € | Durchschnittliche Lagerkosten € | Kosten je Bestellung € | Bestellkosten insgesamt € | Gesamtkosten in € |
|---|---|---|---|---|---|---|
| 1 200 | 1 | 10.800 | 1.080 | 110 | 110 | 1.190 |
| 600 | 2 | 5.400 | 540 | 110 | 220 | 760 |
| **400** | **3** | 3.600 | 360 | 110 | 330 | **690** |
| 300 | 4 | 2.700 | 270 | 110 | 440 | 710 |
| 240 | 5 | 2.160 | 216 | 110 | 550 | 766 |
| 200 | 6 | 1.800 | 180 | 110 | 660 | 770 |

13.2

Optimale Bestellmenge: 400 Stück; Bestellhäufigkeit 3 ;hier ist die Summe der Bestellkosten am geringsten.

13.3

U = 1 200 Stück / 200 = **6** bzw. 21.600/ 3.600 = **6** (NR: 1 200 Stück Jahresbedarf x 18 € = 21.600)

## Situation 19

### 1. Aufgabe

| Bestellmenge (Stück) | Bestell-häufigkeit | Bestellwert in € | Durchschnittliche Lagerkosten € | Kosten je Bestellung € | Bestellkosten insgesamt € | Gesamtkosten in € |
|---|---|---|---|---|---|---|
| 2 400 | 1 | 36.000 | 3.600 | 225 | 225 | 3.825 |
| 1 200 | 2 | 18.000 | 1.800 | 225 | 450 | 2.250 |
| 800 | 3 | 12.000 | 1.200 | 225 | 675 | 1.875 |
| **600** | **4** | **9.000** | **900** | **225** | **900** | **1.800** |
| 480 | 5 | 7.200 | 720 | 225 | 1.125 | 1.875 |
| 400 | 6 | 6.000 | 600 | 225 | 1.350 | 1.950 |
| 300 | 8 | 4.500 | 450 | 225 | 1.800 | 2.250 |

### 2. Aufgabe

Eine Erhöhung des Lagerkostensatzes führt bei gleichbleibenden Bestellkosten zu einer Senkung der optimalen Bestellmenge.
Die höheren Lagerkosten führen zu kleineren Bestellmengen, um so die Lagerkostenerhöhung zu kompensieren.

### 3. Aufgabe

Eine Senkung der Bestellkosten führt bei gleichbleibendem Lagerkostensatz zu einer Senkung der optimalen Bestellmenge.
Da die Bestellkosten geringer sind, wird öfter bestellt, was zu kleineren Bestellmengen und somit auch zu Lagerkosten-einsparungen führt.

### 4. Aufgabe

15,00 € - 0,50 € = 4,50 €
4,50 :98 x 100 = 4,59
4,59 : 3 x 4 = **6,12 €**

5. Aufgabe

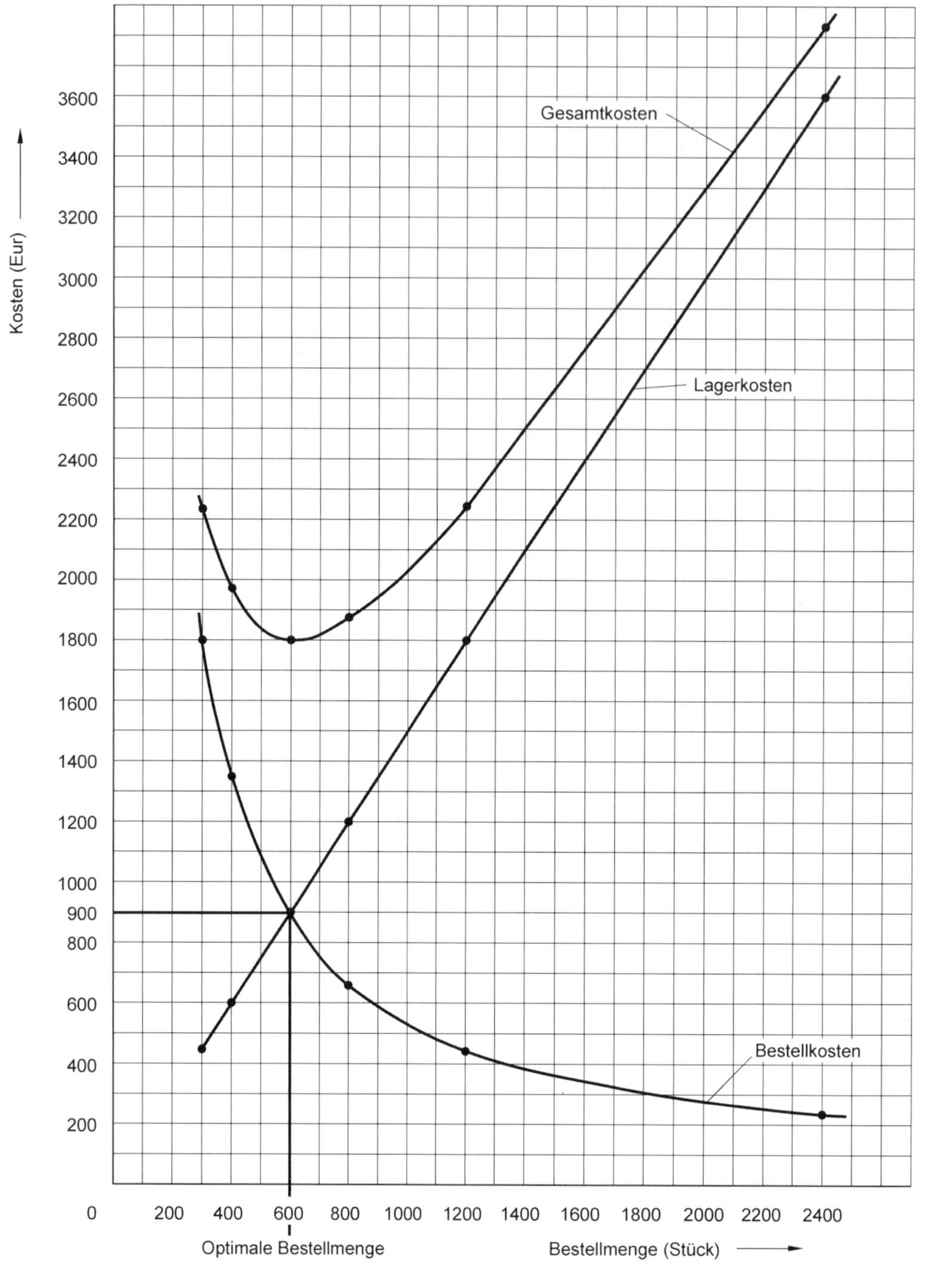
Kosten (Eur)
3600
3400
3200
3000
2800
2600
2400
2200
2000
1800
1600
1400
1200
1000
900
800
600
400
200
0
Gesamtkosten
Lagerkosten
Bestellkosten
200
400
600
800
1000
1200
1400
1600
1800
2000
2200
2400
Optimale Bestellmenge
Bestellmenge (Stück)

## Situation 20

### 1. Aufgabe

1.1

| |
|---|
| 5.183,34 |
| - 155,50 |
| = **5.027,84** |

1.2

| |
|---|
| Z = K x p x t / 100 x 360 |
| Z = 5.027,84 x 12,5 x 20 / 100 x 360 = **34,92** |

1.3

| |
|---|
| 155,50 |
| - 34,92 |
| = **120,58** |

### 2. Aufgabe

| |
|---|
| 49,78 – 12,5 % Rabatt = 43,56 – 3 % Skonto = 42,25 |
| 42,25 x 1,765 = **74,57** |

### 3. Aufgabe

3.1

| | |
|---|---|
| 600 Briefe inklusive allem | 360,00 € |
| 600 Kunden x 50 % = 300 x 12 = | 3.600,00 € |
| zusammen | **3.960,00 €** |

3.2

| | |
|---|---|
| Gesamtbudget | 8.000,00 € |
| - Werbebriefaktion | 360,00 € |
| - Catering | 3.600,00 € |
| Verbleiben | 4.040,00 € |
| - Kosten für Band | 1.500,00 € |
| - Tombola | 1.000,00 € |
| - Werbegeschenke | 500,00 €€ |
| - Anzeige in LZ | 800,00 € |
| Rest | **140,00 €** |

3.3

| |
|---|
| Da die Aktion im Haus stattfinden soll, haben alle vor Ort durchführbaren Aktionen Vorrang. Der verbleibende Rest von |
| 940 € erlaubt noch eine Anzeige in der Regionalpresse, um Kunden und potenzielle Kunden entsprechend zu informieren. |
| Überregionale Presse ist zu teuer, Anzeigen in der Fachzeitschrift sind nicht zweckmäßig (und teuer). |

### 4. Aufgabe

| | |
|---|---|
| - Kontaktherstellung Kunde-Hersteller (Lieferant) | - Entlastung des eigenen Personals |
| - Bessere Präsentation durch Hersteller | - Evtl. Beteiligung der Kosten durch Lieferer/Hersteller |
| - Schulung des eigenen Personals | - Beantwortung spezieller Fragen durch Hersteller |

### 5. Aufgabe

| |
|---|
| Werbeerfolg = Umsatzsteigerung / Werbeaufwand |
| = (81.665 - 48.921) / 8.500 |
| = 32.744 / 8.500 = **3,85** |

6. Aufgabe

| Vorteile | Nachteile |
|---|---|
| - Einfaches Verfahren | - Bei sinkenden Umsätzen wären Werbeausgaben zu hoch. |
| - Erfahrungswerte liefern Sicherheit | (zyklische Wirkung). |
| - Gefahr allzu hoher Werbeausgaben begrenzt | - Flexibilität auf veränderte Marktsituationen ist eingeschränkt. |

## Situation 21

1. Aufgabe

| | |
|---|---|
| Alternative I | 108.000 : 3 = **36.000,00 EUR** (33 1/3 % -> bequemer Teiler 3) |
| Alternative II | 96.000 : 4 = **24.000,00 EUR** (25 % -> bequemer Teiler 4) |
| Alternative III | 90.000 x 0,40 **= 36.000,00 EUR** |

2. Aufgabe

| | |
|---|---|
| Alternative I | 108.000 – 36.000 = 72.000; 72.000 : 4 = **18.000,00 EUR** (Wareneinsatz : Umschlagshäufigkeit) |
| Alternative II | 96.000 – 24.000 = 72.000; 72.000 : 12 = **6.000,00 EUR** |
| Alternative III | 90.000 – 36.000 = 54.000; 54.000 : 3 = **18.000,00 EUR** |

3. Aufgabe

| Durchschnittliche Lagerdauer = 360 : Umschlagshäufigkeit | |
|---|---|
| Alternative I | 360 : 4 = **90 Tage** |
| Alternative II | 360 : 12 = **30 Tage** |
| Alternative III | 360 : 3 = **120 Tage** |

4. Aufgabe

| Lagerzinssatz = Jahreszinssatz x durchschnittliche Lagerdauer / 360 | |
|---|---|
| Alternative I | 9 x 90 / 360 = 2,25 %: 2,25 % von 18.000 = **405,00 EUR** |
| Alternative II | 9 x 30 / 360 = 0,75 %; 0,75 % von 6.000 = **45,00 EUR** |
| Alternative III | 9 x 120 / 360 = 3,00 %; 3,00 % von 18.000 = **540,00 EUR** |

5. Aufgabe

| **Für die Alternative I.** |
|---|
| Die Alternativen I und III weisen zwar den gleichen Rohgewinn aus; auch die Kapitalbindung ist bei beiden gleich. |
| Durch die höhere Umschlagshäufigkeit bei Alternative I sind jedoch die Lagerzinsen niedriger. |

6. Aufgabe

| |
|---|
| Warenträger = Fremdfinanzierung |
| Umlaufvermögen = Eigenfinanzierung (Selbstfinanzierung = Einbehalten von Gewinnen). |

7. Aufgabe

| |
|---|
| Kontokorrentkredite eignen sich zur kurzfristigen Kreditaufnahme, da sie problemlos in Anspruch genommen |
| werden können, z. B. zur Ausnutzung von Skonto oder für Zwischenfinanzierungen zur Liquiditätssicherung. |
| Vorteile: flexible Inanspruchnahme, fehlende Zweckbindung. |

8. Aufgabe

| |
|---|
| - Zusätzliche Lagerkosten |
| - Kosten für Werbemaßnahmen (zur Einführung der neuen Produkte) |

9. Aufgabe

| | |
|---|---|
| - Durch gezielte Werbemaßnahmen | - Durch Public Relations |
| - Durch Sonderaktionen | - Durch Sales Promotion |

## Situation 22

### 1. Aufgabe

| |
|---|
| Telekommunikation = jeglicher Austausch von Informationen über eine gewisse Entfernung hinweg, ohne dass dabei ein materieller Transport (wie z. B. mithilfe eines Briefes) vorliegt. |
| Im engeren Sinn versteht man heute unter Telekommunikation den Datenaustausch unter Verwendung neuzeitlicher Technologien wie Elektronik, Elektrotechnik u. ä. |

### 2. Aufgabe

| | |
|---|---|
| - Einrichtungsgebühren | - Wochentag oder Wochenende bzw. Feiertag |
| - Grundgebühren | - Festnetz zu Mobiltelefon und umgekehrt |
| - Gesprächsdauer (Abrechnungstakt) | - Flatrate |
| - Entfernung (z. B. Citygespräch, Auslandsgespräch) | |

### 3. Aufgabe

| |
|---|
| Call by Call |

### 4. Aufgabe

| |
|---|
| Preselection = Voreinstellung auf einen bevorzugten Netzbetreiber für den Aufbau von Telefonverbindungen. Durch die Voreinstellung entfällt das Vorwählen eines anderen Anbieters (wie bei Call-by-Call). Durch Preselection ist man zwar zunächst auf einen Anbieter festgelegt, dies kann man aber -z. B. im Falle günstigerer Tarife - durch Verwenden der Nummer eines anderen Anbieters (andere Call-by-Call-Nummer) umgehen. Preselection wird meist nur zusammen für Orts- und Ferngespräche geschaltet. |

### 5. Aufgabe

| | |
|---|---|
| D1 (T-Mobil), | E1-Netz (E-Plus) |
| D2 (Vodafone). | E2-Netz (O2) |

### 6. Aufgabe

| **Mit festem Vertrag** | **Mit Prepaid-Karte** |
|---|---|
| Abschluss eines festen Vertrages über eine bestimmte Laufzeit (meistens 2 Jahre). | Kein fester Vertrag, man erwirbt ein Handy mit einer Karte zum Abtelefonieren. Ist die Karte leer, kann man eine neue kaufen. |
| Vorteil<br>- Gutes und modernes Handy zum günstigen Preis | Vorteil<br>- Keine monatliche Grundgebühr |
| Nachteile<br>- Monatliche Grundgebühr, auch bei wenig Nutzung<br>- Durch vertragliche Bindung Wechsel nur sehr schwer möglich oder teuer<br>- Lange Bindung an vereinbarte Tarife | Nachteile<br>- Wesentlich höhere Gesprächsgebühren (vor allem bei Gesprächen in fremde Netze)<br>- Gespräche ins Festnetz sehr teuer |

### 7. Aufgabe

| |
|---|
| Handy mit festem Vertrag, da die Außendienstmitarbeiter wahrscheinlich viele Gespräche mit Kunden und ihrem Unternehmen (mobil und ins Festnetz) führen müssen. Somit wären die Gebühren gegenüber einem Handy mit Prepaid-Karte wesentlich günstiger. |

### 8. Aufgabe

| | |
|---|---|
| - Postein- und -ausgang werden entlastet. | - Kommunikationsmöglichkeit rund um die Uhr |
| - Kostengünstiger als z. B. Briefversand | - Manche Faxgeräte eignen sich auch zum Kopieren. |
| - Zeiteinsparung | |

## Situation 23

### 1. Aufgabe

| |
|---|
| Betriebliche Kommunikation findet statt |
| - zwischen Mitarbeitern im Unternehmen |
| - zwischen Unternehmen |
| - zwischen Unternehmen und Kunden. |

### 2. Aufgabe

| | |
|---|---|
| Innerbetriebliche Kommunikation | Informationsaustausch zwischen der Geschäftsleitung und den Mitarbeitern sowie zwischen den Mitarbeitern untereinander in einem Betrieb.<br>Medien: Telefon, Sprechanlagen, E-Mail, Intranet |
| Außerbetriebliche Kommunikation | Informationsaustausch zwischen Betrieben, dem Betrieb und öffentlichen Einrichtungen, dem Betrieb und privaten Haushalten.<br>Medien (mündlich): Telefon, Handy, ISDN,<br>Medien (Text und Bild): E-Mail, Telefax, Bildschirmtext, Briefpost |

### 3. Aufgabe

| | |
|---|---|
| Verbal | Informationsübermittlung erfolgt durch das Gespräch (Meeting, Konferenz, Aussprache, „Schwätzchen") |
| Nonverbal | Informationsübermittlung durch Mimik, Gestik, Blickkontakt, Körpersprache (Gefahr der Missdeutung), aber auch durch Zeichen (Verbots-, Gebots-, Achtungszeichen) |
| Schriftlich | Informationsaustausch durch geschriebenes Wort, oft mithilfe von Vordrucken (z. B. Telefonnotizen, Umlaufzettel, Kurzmitteilungen), aber auch durch freie Texte (Mitarbeiterinfos, Rundschreiben). |

### 4. Aufgabe

| |
|---|
| Die Telekommunikation umfasst alle Möglichkeiten der Informationsübertragung. Dazu gehören alle technischen Mittel, die die Übertragung von Sprache, Text, Bild und Daten ermöglichen. |

### 5. Aufgabe

| |
|---|
| **ISDN** = **I**ntegrated **S**ervices **D**igal **N**etwork = Digitales Telekommunikationsnetz, über das verschiedene Dienste wie Telex, Teletex, Datex, Telefon und Telefax übertragen und vermittelt werden.<br>Die ursprüngliche analoge Technik ( = Informationsübertragungen in Form von Stromschwankungen) wurde auf digitale Technik ( = Informationsübertragung durch Umwandlung in Zahlenketten - Nullen und Einsen) umgewandelt.<br>Die digitale Technik bietet neben einer besseren Übertragungsqualität noch mehr Nutzungsmöglichkeiten. |
| **DSL** = **D**igital **S**ubscriber **L**ine = Digitale Teilnehmeranschlussleitung. Diese Technik ermöglicht eine verbesserte Datenübermittlung und eine höhere Übertragungskapazität, d. h. durch DSL können wesentlich mehr Daten infolge der wesentlich höheren Übertragungsrate (10 000 bis 16 000 kbit/s im Vergleich zu 64 kbit/s bei ISDN) übertragen werden. |

### 6. Aufgabe

| |
|---|
| **Standardanschluss:** |
| - 3 verschiedene Rufnummern (Bis zu sieben weitere Nummern können kostenfrei nachbestellt werden). |
| - Übermittlung der Rufnummern (die eigene oder auch die des Anrufers) |
| - Makeln – Man kann sich abwechselnd mit zwei Gesprächspartnern unterhalten. |
| - Anklopfen – Ruft während eines laufenden Gesprächs ein zweiter Anrufer an, wird dessen Nummer im Display angezeigt und gleichzeitig ist ein Klopfzeichen zu hören. Man hat die Möglichkeit, das Gespräch zu unterbrechen und den zweiten Anruf entgegenzunehmen. |
| - Dreierkonferenz – Man kann sich gleichzeitig mit zwei Anrufern unterhalten. |
| **Komfortanschluss:** |
| - Anrufweiterschaltung – Weiterleitung des Gesprächs an einen anderen Anschluss. |
| - Dienstwechsel – Während eines Gespräches kann ein anderer Dienst, z. B. Telefax, genutzt werden. Danach kann das Gespräch weiter geführt werden. |

## 7. Aufgabe

| | | | | | |
|---|---|---|---|---|---|
| 7.1 | Internet | 7.2 | E-Mail | 7.3 | ISDN |

## 8. Aufgabe

| | |
|---|---|
| Internet | = Das Internet ist die Gesamtheit aller weltweit zusammengeschlossenen Computer-Netzwerke, die nach einem standardisierten Verfahren miteinander kommunizieren. Verbunden sind Unternehmen, Universitäten und Schulen, staatliche Einrichtungen und private Nutzer. |
| Intranet | = Intranet ist die Bezeichnung für ein firmeneigenes Computernetz, das dem Internet nachempfunden ist und dazu dient, Mitarbeitern firmeninterne Inhalte zu vermitteln. Dabei ist der Zugriff nicht räumlich begrenzt. So können z. B. die Mitarbeiter von Unternehmen mit Standorten in verschiedenen Ländern auf dasselbe Intranet zugreifen. |

## 9. Aufgabe

| |
|---|
| Wörtlich übersetzt: "Versorger". Provider versorgen die Nutzer des Internet mit dem Zugang ins Netz, mit Leitungskapazität mit Serverplatz oder mit den eigentlichen Seiten, dem Inhalt (manchmal auch alles gleichzeitig). |
| Kurz: Provider sind Unternehmen, die gegen Gebühr den Zugang zum Internet ermöglichen. |

## 10. Aufgabe

| | |
|---|---|
| Homepage | Anfangsseite einer Website. |
| Website | Sie besteht aus einer Homepage und Folgeseiten. Website ist also das ganz Angebot eines Anbieters im Internet. |

## 11. Aufgabe

| | |
|---|---|
| E-Business | Geschäftsvorfälle, die über das Internet abgewickelt werden. |
| E-Commerce | Elektronische Vermarktung von Waren und Dienstleistungen. |
| E-Banking | Elektronischer Geldverkehr. |
| E-Marketing | Alle unternehmerischen Aktivitäten, über das Internet am Markt aufzutreten. |
| E-Procurement | Elektronische Beschaffung. |
| E-Learning | Lernprozesse, die durch das Internet unterstützt werden. |

## 12. Aufgabe

| Vorteile | Nachteile |
|---|---|
| - Steigerung des Bekanntheitsgrads – mehr Kunden | - Risiko des Vireneinfangs |
| - Schnelles Erreichen der Kunden (per E-Mail) | - Bekanntheitsgrad birgt Risiko für Spams. |
| - Schnelle und umfassende Information der Kunden (Newsletter) | - Kunden nicht bekannt, Risiko des Zahlungseingangs |
| - Zeit- und Kostenersparnis durch E-Mails | - Angabe von falschen Daten auf Bestellformular |
| - Unkomplizierte Bestellung durch vorgegebenes Bestellformular | - Zeitaufwand durch ständiges Abrufen der E-Mails |

## Situation 24

### 1. Aufgabe

| |
|---|
| E-Mail kommt vom englischen *electronic mail* und bedeutet „elektronische Post" oder auch „elektronischer Brief". |
| Dabei handelt es sich um eine auf elektronischem Weg über Computernetzwerke übertragene Nachricht. |

### 2. Aufgabe

| |
|---|
| Spams (auch Junks) sind unerwünschte auf elektronischem Weg übertragene Nachrichten. Diese werden dem Empfänger un- |
| verlangt zugestellt. Lästig dabei ist der häufig damit verbundene werbende Inhalt. |

### 3. Aufgabe

| | |
|---|---|
| Das Aussortieren kostet Arbeitszeit. | Die dadurch überhöhte Datenmenge muss finanziert werden. |
| Filter müssen beschafft und eingerichtet werden. | Der normale E-Mail Verkehr kann beeinträchtigt werden. |
| Anhänge können Viren enthalten. | |

### 4. Aufgabe

| |
|---|
| - Sender und Empfänger müssen nicht zur gleichen Zeit aktiv werden. |
| - Kommunikation weltweit möglich, da überall gleicher Standard |
| - Nutzung rund um die Uhr möglich |
| - Nutzung überall (von jedem Telefonanschluss) möglich |
| - Versand von Daten aller Art (vom einfachen Text bis zu multimedialen Dokumenten) möglich |
| - Kostengünstig und entfernungsunabhängig |
| - Die in elektronischer Form vorliegenden Daten können gut weiterverarbeitet werden (Archivierung, Verwaltung). |
| - Schnelle Datenübermittlung |

### 5. Aufgabe

| |
|---|
| - E-Mails tragen keine Unterschriften (geschäftliche Transaktionen erst nach Realisierung des Signaturgesetzes möglich) |
| - Keine (oder seltene) Rückmeldung über Erhalt der Nachricht |
| - Fehlende Authentizität und Sicherheit (wenn keine Verschlüsselung vorliegt) |
| - Datenflut durch Spams |
| - Gefahr der Übermittlung von Viren, Würmern, Trojanern |

### 6. Aufgabe

| |
|---|
| - Über Datenträger wie CDs, externe Festplatte, |
| - Über das Internet (oft schon beim Verbindungsaufbau) |
| - Über Heim- und Firmennetzwerke ( wenn eine Einheit befallen ist.) |

### 7. Aufgabe

| |
|---|
| - Plötzliches ungewöhnliches Verhalten des Computers |
| - Dateien lassen sich nicht mehr öffnen- |
| - Verzögertes Starten, deutlich langsameres Arbeiten |

## 8. Aufgabe

| |
|---|
| Firewall: Sie überwacht die Programme, die Daten ins Internet schicken bzw. aus dem Internet erhalten. Dabei erkennt die Schutzsoftware, ob das jeweilige Programm dies darf oder nicht (vom Nutzer selbst festlegbar). Ist also ein unbekanntes Programm dabei, schlägt die Firewall Alarm. Der Nutzer kann dann entscheiden, ob die Datenübertragung stattfinden darf. (Beispiel: Abwehr einer neuen Spionagesoftware). |
| Virenschutzprogramme: Sie untersuchen den Computer und alle neu hinzukommenden Dateien auf Virenbefall. Wird ein Schädling entdeckt, verhindert die Software den Zugriff auf die entsprechende Datei, sodass das Virus nicht gestartet wird. Außerdem versucht die Software, das Virus zu löschen. Sollte dies nicht gelingen, wird das Virus zumindest so isoliert, dass es keinen Schaden anrichten kann. |
| Anti-Spionagesofware: Sie sind darauf spezialisiert, Spionage-Programme abzuwehren. Die Arbeitsweise dabei ist ähnlich wie die der Virenschutzprogramme. |

## 9. Aufgabe

| |
|---|
| Datenschutz: Daten werden vor unberechtigtem Zugriff geschützt. |
| Datensicherheit: Daten werdem vor Verlust oder unberechtigten Veränderungen geschützt. |

## 10. Aufgabe

| Datenverlust: | Datenmissbrauch: |
|---|---|
| - Zerstörung durch Computerviren | - Diebstahl des Passwortes, unerlaubte Nutzung der Daten |
| - Ausspionieren relevanter Daten | - Unerlaubte Kopien von Daten |
| - Diebstahl von Datenträgern | - Versehentlicher Versand von Daten an Unbefugte |
| - Veräußerung von Daten, die nicht sicher gelöscht waren | - Unverschlüsselter Versand von E-Mails |

## Situation 25

### 1. Aufgabe

| | |
|---|---|
| 1.1 | Wahlwiederholung |
| 1.2 | Kurz- oder Zielwahl |
| 1.3 | Anklopfen |
| 1.4 | Anrufweiterschaltung |
| 1.5 | Sperrschloss |
| 1.6 | Dreierkonferenz |
| 1.7 | Makeln |

### 2. Aufgabe

| | |
|---|---|
| Vorbereitung | - Alle benötigten Unterlagen bereit legen |
| | - Richtigen Zeitpunkt für das Gespräch wählen |
| | - Gespräch vorbereiten (Notizen darüber machen, was besprochen werden soll) |
| | - Rufnummer heraussuchen (evtl. Durchwahlnummer) |
| | - Name des Gesprächspartners aufschreiben |
| Durchführung | - Mit Namen der Firma und dem eigenen Namen melden |
| | - Deutlich und nicht zu schnell sprechen |
| | - Freundlich und höflich sein |
| | - Geduld bewahren |
| | - Wenn nötig, Wörter und Namen nach dem amtlichen Buchstabieralphabet buchstabieren |
| | - Sich kurz fassen (Unnötiges und Privates vermeiden) |
| | - Möglichst hochdeutsch sprechen |
| Nachbereitung | - Gesprächsnotiz anfertigen |
| | - Aufschreiben, was im Zusammenhang mit diesem Gespräch anschließend zu tun ist (Nachfragen bei Lieferer, Weiterleiten von Infos, Rückruf usw.) |
| | - Eventuell vereinbarte Termine eintragen |

### 3. Aufgabe

| | Deutsche Buchstabiertafel | Internationale Buchstabiertafel |
|---|---|---|
| F | Friedrich | Florida |
| A | Anton | Amsterdam |
| R | Richard | Roma |
| T | Theodor | Tripoli |
| A | Anton | Amsterdam |
| C | Caesar | Casablanca |
| Z | Zacharias | Zürich |
| E | Emil | Edison |
| K | Kaufmann | Kilogramme |

### 4. Aufgabe

| | |
|---|---|
| 4.1 | Teilnehmer erhält demnächst die in der Spitzklammer angegebene Rufnummer. |
| 4.2 | Eintragung eines Faxanschlusses |
| 4.3 | Rufnummer der Zentrale einer Nebenstellenanlage mit Durchwahl |
| 4.4 | Durchwahl-Rufnummer einer Nebenstelle |
| 4.5 | Eintrag eines kombiniert genutzten Telefon- und Telefaxgerätes |
| 4.6 | Freecall: 0800-Nummer, die ohne Vorwahlnummer im Bereich der Deutschen Telekom kostenlos gewählt werden kann |
| 4.7 | Daten dürfen nicht kopiert werden; Nutzung für elektronische Verzeichnisse und/oder Auskunftssysteme nicht erlaubt |
| 4.8 | Mobilfunkrufnummer |
| 4.9 | Die Telefonnummer des Anrufenden wird nicht angezeigt. |
| 4.10 | Verweis auf Bildtelefon |
| 4.11 | Schreibweise internationaler Rufnummern (49 = Landeskennzahl der Bundesrepublik Deutschland) |

5. Aufgabe

| |
|---|
| 0871 929105-40 |

6. Aufgabe

| |
|---|
| DIN steht für Deutsches Institut für Normung e. V. in Berlin, oder einfacher: Deutsche Industrienorm. |
| Die DIN 5008:2005 (aktuelle Version stammt aus dem Jahr 2005) legt Schreib- und Gestaltungsregeln für die Textverarbeitung |
| fest. Sie gehört zu den grundlegenden Normen für das Arbeiten im Verwaltungs- und Bürobereich. |

7. Aufgabe

| | |
|---|---|
| Bankleitzahlen | Zweimal Dreiergruppe – einmal Zweiergruppe – von links beginnend; Beispiel: 743 500 50. |
| Postfachnummern | Von rechts nach links in Zweiergruppen; Beispiel: 4 45 90 oder 22 33 44. |
| Postleitzahlen | Bleibt in der Fünfergruppe stehen; Beispiel: 08708 oder 02104. |

## Situation 26

### 1. Aufgabe

| |
|---|
| Wichtigste Quelle ist die Buchführung mit ihren Belegen. Die vorhandenen Zahlen werden mit statistischen Methoden aufbereitet. |

### 2. Aufgabe

| |
|---|
| Statistik = Hilfsmittel (Werkzeug) zur systematischen Darstellung und Auswertung von Zahlenmaterial (Daten). Mithilfe |
| statistischer Methoden werden Kennzahlen gebildet, die helfen sollen, das vorliegende Datenmaterial bzw. die dazu gehörigen |
| Sachverhalte objektiv zu bewerten (= beschreibende Statistik). |

### 3. Aufgabe

| |
|---|
| Aufgabe der betrieblichen Statistik ist die Aufbereitung und Auswertung betrieblichen Zahlenmaterials zu Planungs- und |
| Kontrollzwecken. Die wesentlichen Methoden sind Vergleiche (innerbetriebliche und zwischenbetriebliche Vergleiche) sowie |
| die Gegenüberstellung von Vorjahreswerten (Zeitvergleich). |

### 4. Aufgabe

| |
|---|
| - Beschaffungsstatistik: Statistiken über Anfragen, Angebote, Bestellungen, Beschaffungspreise, Liefermengen, Reklamationen |
| - Lagerstatistik: Statistik über Bestände, den Lagerumschlag, den Schwund, die Lagerbewegungen |
| - Produktionsstatistik: Statistik über Materialeinsatz, Fertigungskosten und -zeiten, Personal- und Betriebsmittelleistungen |
| - Absatz- bzw. Umsatzstatistik: Statistik über Absatz bzw. Umsatz, Werbung, Kundendienst, Vertriebskosten |
| - Personalstatistik: Statistik über Belegschaft, Lohn-, Gehalts- und Sozialleistungen, Arbeits- und Fehlzeiten, Fluktuationen |
| - Finanzstatistik: Statistik über Ein- und Auszahlungen, Finanzbedarfe, Kreditaufnahmen und -tilgungen |
| - Statistik der übrigen Bereiche: Kostenarten, Bilanzstatistik, Kennzahlenstatistik, Betriebsvergleich |

### 5. Aufgabe

| | |
|---|---|
| 5.1 | Kurvendiagramm: Im Koordinatenkreuz wird die Entwicklung eines Sachverhalts in Form einer Kurve dargestellt. |
| 5.2 | Säulendiagramm: Die Höhe der Säulen verdeutlicht die Häufigkeit (vertikal und senkrecht möglich). |
| 5.3 | Flächendiagramm: Mit der Größe der Fläche wird die Häufigkeit dargestellt (je größer die Fläche, um so häufiger). |
| 5.4 | Kreisdiagramm: Die jeweiligen Kreisausschnitte (Sektoren) verdeutlichen die einzelnen Häufigkeiten. |

### 6. Aufgabe

| |
|---|
| Stabdiagramm: Darstellung der Häufigkeiten durch senkrechte Striche auf der X-Achse (parallel zur Y-Achse). |
| Kartogramm: Darstellung von Häufigkeiten in Form von Flächen in einer Karte (z. B. Quadrate in einem Bundesland). |
| Piktogramm: Häufigkeiten werden verdeutlicht durch Bilder (z. B. je mehr Autos, je größer der Absatz). |

### 7. Aufgabe

| |
|---|
| **Innerbetrieblicher Vergleich:** Kennzahlen eines Betriebes zu verschiedenen Zeitpunkten werden miteinander verglichen, z. B. |
| Umsatzzahlen Monat Mai des Vorjahres und Monat Mai des aktuelles Jahres. |
| **Zwischenbetrieblicher Vergleich:** Kennzahlen vergleichbarer Betriebe werden miteinander verglichen, bzw. eigene Kennzahlen |
| werden mit veröffentlichten Branchendurchschnittszahlen verglichen. |

### 8. Aufgabe

| |
|---|
| Mit Verhältniszahlen drückt man das Verhältnis zwischen zwei oder mehreren Größen aus, z. B. den Gewinn zum Eigenkapital. |

### 9. Aufgabe

| |
|---|
| Gliederungszahlen: Zerlegung einer Gesamtmenge (100 %) in ihre Bestandteile (z. B. 20 % Marktanteil). |
| Beziehungszahlen: Sie spiegeln das Verhältnis zweier Größen wider, die sachlich in Beziehung stehen (z. B. Umsatz je $m^2$). |
| Indexzahlen: Sie stellen die Entwicklung von Zahlenreihen dar, indem sie sich auf eine Grundzahl (Index = 100 %) beziehen. |

## 10. Aufgabe

In deutlich mehr als der Hälfte der kleinen und kleinsten Betrieben ist ein PC vorhanden. Ab einer Beschäftigungszahl von 10 Mitarbeitern ist der PC (fast) überall vorhanden.

## 11. Aufgabe

Das Eigenkapital ist, bezogen auf die Bilanzsumme der Betriebe, in den angegebenen Wirtschaftsbereichen zurückgegangen.

## 12. Aufgabe

| | | |
|---|---|---|
| 12.1 | Umsatzrentabilität | 8,5 % |
| 12.2 | Verschuldungsgrad | 55,2 % |
| 12.3 | Liquidität 3. Grades | 97,8 % |
| 12.4 | Umschlagshäufigkeit (gerundet) | 4 mal |
| 12.5 | Durchschnittliche Lagerdauer | 90 Tage |

12.1 Gewinn x 100 / Umsatzerlöse - also: 21.400 x 100 / 252.000 = 8,5 %
12.2 FK x 100 / GK - also: 119.000 x 100 / 215.000 = 55,22 %
12.3 Umlaufvermögen x 100 / kurzfristige Verbindlichkeiten - also: 58.700 x 100 / 60.000 = 97,8 %
12.4 Wareneinsatz / durchschn. Lagerbestand - also 97.000 / 23.750 = 4,08 gerundet 4; (durchschn. LB = 20.000+ 27.5500 / 2 = 23.750
12.5 360 / U - also 360 / 4 = 90

## Situation 27

### 1. Aufgabe

| |
|---|
| Aufgabe der EDV ist die Steuerung von Informations- und Materialflüssen im Unternehmen. |

### 2. Aufgabe

| | |
|---|---|
| - Verfügbarkeit<br>- Sicherheit<br>- Kosteneffizienz<br>- Geschwindigkeit<br>- Innovation<br>- Zukunftssicherheit | - Transparenz<br>- Flexibilität<br>- Minimale Komplexität<br>- Minimaler Administrationsaufwand<br>- Anwenderfreundlichkeit<br>- Standardisierung |

### 3. Aufgabe

| | |
|---|---|
| 3.1 | - Bei der Abwicklung des Geschäftsbetriebes: hauptsächlich betriebsübergreifende Software (z. B. Korrespondenz in WORD)<br>- Bei der Produktionssteuerung: hauptsächlich branchenspezifische bis unternehmensspezifische Software<br>- Beim Controlling: Tabellenkalkulationsprogramme |
| 3.2 | - Bei der Preiskalkulation, zur Erstellung von Statistiken (z. B. Umsatzstatistik), zur Erstellung von Abschreibungsplänen, beim Betriebsabrechnungsbogen, zur Lohnabrechnung, bei der Faktoreinsatzoptimierung, zur Darstellung von Trendkurven in der Konstruktionsabteilung (3D-Darstellungen) usw. |

### 4. Aufgabe

| **Mit einem Tabellenkalkulationsprogramm kann man** |
|---|
| - Zahlen und Text in ein Arbeitsblatt (eine Tabelle) eingeben, |
| - Formeln und Funktionen eingeben und zur Berechnung verwenden, |
| - die eingegebenen Zahlen, Daten, Formeln und Funktionen grafisch aufbereiten, indem man Diagramme erstellt, |
| - die Darstellung einer Tabelle im Layout verändern und ausdrucken, |
| - die Eingabe großer Datenmengen automatisieren. |

### 5. Aufgabe

| |
|---|
| Man versteht darunter ein System zur elektronischen Datenverwaltung. Aufgabe des Datenbankensystems ist es, |
| - zum einen große Datenmengen effizient, widerspruchsfrei und dauerhaft zu speichern, |
| - zum andern benötigte Teilmengen in unterschiedlichen bedarfsgerechten Darstellungsformen für Benutzer und Anwendungsprogramme bereitzuhalten. |

### 6. Aufgabe

| |
|---|
| - Zeitersparnis: Gleiche Daten müssen nur einmal erfasst und gespeichert werden. |
| - Arbeitsersparnis: Jeder berechtigte Benutzer kann auf die gespeicherten Daten direkt zugreifen. |
| - Räumliche Unabhängigkeit |
| - Suchvariabilität: Eine Suche kann großen Zeitraum umfassen, mehrere Datenbanken können gleichzeitig abgefragt werden. |
| - Aktualität: bei entsprechender Datenpflege. |
| - Schnelle Weiterverarbeitung der gesuchten Daten möglich. |

## 7. Aufgabe

| | |
|---|---|
| 7.1 | Alphabetische Daten, z. B. „Michala May". |
| | Numerische Daten, z. B. „08708" |
| | Alphanumerische Daten, z. B. „Fax: 08708/1363" |
| 7.2 | Stammdaten = Daten, die sich selten ändern, z. B. Geburtsdatum eines Mitarbeiters |
| | Bewegungsdaten = Daten, die sich häufig ändern, z. B. die bestellte Menge eines Artikels beim Schreiben der Rechnung |
| 7.3 | Ordnungsdaten = Daten, die der Identifikation von Personen, Sachen oder sonstigen Elementen dienen, (z. B. Artikelnummer) oder Daten, die zu Vergleichszwecken herangezogen werden (z. B. Schulnoten). |
| | Rechendaten = Daten, die der Berechnung von Werten dienen (z. B. Berechnung der Mehrwertsteuer aus dem Stammdatum „Mehrwertsteuersatz" und dem Bewegungsdatum „Nettorechnungsbetrag"). |
| 7.4 | Eingabedaten: Ausgabedaten: Beide funktionieren nach dem EVA-Prinzip der automatisierten Datenverarbeitung. |

## 8. Aufgabe

| Stammdaten | | Bewegungsdaten | |
|---|---|---|---|
| - Kundennummer | - Anschrift des Kunden | - Rechnungsdatum | - Bruttorechnungsbetrag |
| - Artikelnummer | - Artikelbezeichnung | - Bestellmenge | - Gesamtpreis |
| - Mehrwertsteuersatz | - Preis pro Artikel | - Nettorechnungsbetrag | - Auftragsnummer |
| - Kundenname | - Kontonummer | - Mehrwertsteuerbetrag | - Rechnungsnummer |

## 9. Aufgabe

| | |
|---|---|
| Hardware | Oberbegriff für die maschinentechnische Ausrüstung eines Computersystems (also alle physikalischen Bestandteile) |
| | Vereinfacht: Alles was sich anfassen lässt, gehört zur Hardware. |
| Software | alle zu erfassenden Daten und die zur ihrer Verarbeitung erforderlichen Programme. |
| | Vereinfacht: Alles was sich nicht anfassen lässt, gehört zur Software. |

## 10. Aufgabe

| PC-Komponenten | Peripheriegeräte |
|---|---|
| - Rechner (mit Motherboard, Chipsatz und Prozessor) | - Ausgabegeräte wie Drucker, Bildschirm, Lautsprecher |
| - Arbeitsspeicher (RAM) | - Eingabegeräte wie Tastatur, Maus, Joystick |
| - Speichermedien (Festplatte) | - Einlesegeräte wie Scanner, Mikrofon |
| - Laufwerke (CD-ROM, DVD, Zip-Laufwerk) | |
| - Netzteil | |
| - Erweiterungskarten (Grafik, Sound, Netzwerk, TV, ISDN) | |
| - USB-Karte | |

## 11. Aufgabe

| RAM | ROM |
|---|---|
| **R**andom **A**ccess **M**emory | **R**ead **O**nly **M**emory |
| Es handelt sich dabei um den Arbeitsspeicher, in dem Informationen (Texte, Grafiken) zwischengespeichert werden. | ROM steht für ein Laufwerk, das CD`s und DVD`s lesen und abspielen kann. |
| Die RAM-Speicherzellen dienen dazu, Daten für die Verarbeitung durch die CPU (Prozessor) des Computers aufzunehmen. | |
| Auf diese Daten hat der Prozessor von jeder beliebigen Position aus Zugriffsmöglichkeiten. | |

## 12. Aufgabe

| |
|---|
| Datenträger = alle Medien, auf denen Daten gespeichert und wieder ausgelesen werden können. Im EDV-Bereich kommen vor |
| allem zum Einsatz: |
| - Magnetische Datenträger wie Festplatte, Diskette, Magnetband, Streamer, Magnetbandkassette, Magnetplatte |
| - Optische Datenträger wie Mikrofilm, CD, DVD, BD, HD-DVD, USB-Stick. |
| Dabei kann noch in nur lesbare, einmalig beschreibbare und wiederbeschreibbare Datenträger unterschieden werden. |

## 13. Aufgabe

| |
|---|
| Bildschirmmasken = formularartig aufgebauter Bildschirmbereich; einsetzbar auf Webseiten, bei Datenbanken und Anwendungs- |
| programmen. Die Bildschirmmaske dient der Aufnahme von z. B. personenbezogenen und kundenbezogenen Daten (Bestellun- |
| gen). Sie besteht aus mehreren beschreibbaren Eingabefeldern, in die die Daten eingetragen werden können. |

## 14. Aufgabe

| |
|---|
| 1. Klären, welche Daten erfasst werden sollen |
| 2. Feststellen, welches Programm für die spätere Bearbeitung zur Verfügung steht bzw. erforderlich ist |
| 3. Erstellen der Bildschirmmaske |
| 4. Abspeichern und Schützen der Bildschirmmaske |
| 5. Testen der Bildschirmmaske |
| 6. Freigabe der Bildschirmmaske |

## Situation 28

### 1. Aufgabe

Der Online-shop stellt Waren und Dienstleistungen im Internet zum Kauf bereit. Dabei handelt es sich um eine Software mit Warenkorbfunktionalität. Der Kunde bekommt die Möglichkeit, Produkte im Internet eingehend zu betrachten und sich über Details zu informieren. Er kann eine Auswahl treffen und diese in den Warenkorb legen. Hinter diesem elektronischen (virtuellen) Laden steht ein physisches Geschäft, das die Bestellung abwickelt.

### 2. Aufgabe

Welche Produkte sind für den Vetrieb über einen Online-shop geeignet?
Ist die Kundenstruktur so ausgerichtet, dass sie online Geschäfte mit der Bavaria Fahrradwerke KG tätigt?
Welche Märkte sollen erschlossen werden? Wie reagieren die Händler-Kunden?
Ist die Vertriebsstruktur der Bavaria Fahrradwerke KG für eine Online-Absatzlösung geeignet??

### 3. Aufgabe

| | |
|---|---|
| - Öffnungszeiten rund um die Uhr | - Problemlose Auftragserfassung |
| - Weltweiter Vertrieb möglich | - Schnelle Abwicklung |
| - Erschließung neuer Märkte | - Schnelle Angebotsaktualisierung |
| - Gewinnung neuer Kunden | - Umsatzsteigerung |

### 4. Aufgabe

Das technische System muss gegeben sein.
Die Produktdaten müssen entsprechend aufbereitet sein.
Sämtliche Daten müssen stets aktuell sein.
Eine geeignete Struktur zum Suchen und Finden muss aufgebaut werden.

### 5. Aufgabe

Computerviren – Daten können zerstört werden.
Trojanische Pferde – Ausspionieren des Computers

### 6. Aufgabe

Einrichten einer Firewall – Einrichten aktueller Anti-Viren-Programme – Vorsicht beim Öffnen von E-Mail Anhängen
Datenverschlüsselung – optimale Sicherheitseinstellungen – nur vertrauenswürdige websits öffnen – Betriebssystem updaten

### 7. Aufgabe

Die entsprechenden Paragrafen sind im BGB (§312b ff BGB) zu finden. Sie sind ausschließlich anwendbar auf Verträge über die Lieferung von Waren bzw. die Erbringung von Dienstleistungen, die zwischen Unternehmern und Verbrauchern unter außschließlicher Verwendung von Fernkommunikationsmitteln abgeschlossen wurden.

### 8. Aufgabe

- Der Verbraucher kann innerhalb von 2 Wochen ohne Angabe von Grunden den Vertrag widerrufen. Er kann also innerhalb von 14 Tagen die bestellte Ware an den Verkäufer zurückgeben.
- Der Verbraucher muss die Ware zwar zurücksenden, aber ab einem Warenwert von 40,00 € hat der Verkäufer das Rückporto zu übernehmen.
- Informationspflicht der Anbieter: Vor Abschluss des Vertrags muss der Verkäufer den Käufer über den Geschäftszweck und die Identität des eigenen Unternehmens aufklären. Neben der Anschrift des Unternehmens müssen die wesentlichen Merkmale der angebotenen Ware genannt sein, ebenso der Preis der Ware einschließlich Steuern, Versand- und Lieferkosten. Außerdem muss der Kunde über das Bestehen des Widerrufs- oder Rückgaberecht informiert sein.

9. Aufgabe

| |
|---|
| Stete Aktualisierung durch Updats bzw. Upgrades |
| Kostenersparnis im Vergleich zu einer eigenen neuen Softwareentwicklung |
| Schnelle Verfügbarkeit, da bereits auf dem Markt vorhanden |
| Hohe Funktionalität, da Entwicklungs- und Anwendungserfahrung das Produkt stets verbessern |

10. Aufgabe

| | MS Office Word | Externe Festplatte | Unix | Grafikkarte | Windows 7 | Acrobat Reader | Intel Pentium M | TFT XGA Display |
|---|---|---|---|---|---|---|---|---|
| **Hardware** | | x | | x | | | x | x |
| **Software** | | | x | | x | | | |
| **Anwendung** | x | | | | | x | | |

## Situation 29

### 1. Aufgabe

| |
|---|
| Von Datensicherung spricht man, wenn |
| - die in einem Computersystem vorhandenen Daten auf ein Speichermedium gesichert werden, um diese aufzubewahren |
| - auf Speichermedien gesicherte Daten vorliegen (sozusagen das Ergebnis des Speichervorgangs – die Sicherungskopie). |
| Datensicherung liegt also vor, wenn Daten durch technisch-organisatorische Maßnahmen gegen Zerstörung, Verlust oder Missbrauch geschützt werden. |

### 2. Aufgabe

| |
|---|
| Datensicherung dient dem Schutz vor Datenverlust durch |
| - Hardwareschäden |
| - Diebstahl |
| - Feuer, Fluten (Katastrophen) |
| - Versehentliches oder absichtliches Löschen |
| - Überschreiben |
| - Zerstören |
| - Logische Fehler innerhalb der Daten |

### 3. Aufgabe

| |
|---|
| - Regelmäßigkeit - Sicherung in regelmäßigen Abständen |
| - Aktualität - je aktueller die benötigten Daten sind, desto häufiger ist zu sichern. |
| - Richtige Verwahrung - Verwahrung vor unbefugtem Zugriff; räumlich getrennte Verwahrung für den Fall einer Katastrophe (Feuer) |
| - Ständige Überprüfung auf Vollständigkeit - Datensicherung muss regelmäßig überprüft werden. |
| - Automatische Datensicherung - menschliche Fehler können dadurch ausgeschlossen werden. |

### 4. Aufgabe

| | **Sicherungsmaßnahmen im Hardwarebereich** |
|---|---|
| Datenspiegelung | Ausstattung des Rechners mit zwei oder mehr Festplatten. Jede Schreib- und Leseoperation wird auf allen Festplatten ausgeführt, sodass der Inhalt jeder weiteren Platte eine Spiegelung der ersten Platte ist. |
| Parallelrechner | Zwei Rechner bearbeiten gleichzeitig mit gleichen Programmen die Daten völlig identisch. |
| Firewall | Ein System aus Software- und Hardwarekomponenten, das einem Rechner oder einem lokalen Netz in der Verbindung zu einem öffentlichen Netz vorgeschaltet ist, um vor Zugriffen aus dem Internet zu schützen. |
| Schreibschutz | Ein Schreibschutzmechanismus verhindert den ungeplanten Zugriff auf einen Datenträger. |
| | **Sicherungsmaßnahmen im Softwarebereich** |
| Passwortschutz | Nutzung der EDV-Anlage nur unter Angabe eines persönlichen Passworts möglich.<br>Dabei sind einfache, Nonsens- und rekonstruierte Passwörter zu unterscheiden.<br>Einfache PW: Namen, Adressen, Geburtsdaten, Hausnummern<br>Nonsens-PW: unsinnige, nur schwer merkbare Begriffe, z. B. YxuZ<br>Rekonstruierte PW: Wissen aus dem Privatleben ist Grundlage des Passworts. |
| Automatische Datensicherung | In regelmäßigen Abständen (stündlich, täglich, wöchentlich) soll automatisch eine Datensicherung auf Datenträger erfolgen. Daneben ist die manuelle Sicherung auch möglich. |

### 5. Aufgabe

| | |
|---|---|
| 5.1 | Notstromaggregat: USV (= unterbrechungsfreie Stromversorgung durch Akkupaket) Fixpunkttechnik (= regelmäßiges Abspeichern des Arbeitsspeicherinhaltes auf Festplatte). |
| 5.2 | Parallelrechnerbetrieb, Spiegelung von Festplatten (Statt nur einer werden zwei oder mehrere Festplatten betrieben.) |
| 5.3 | Versehentliches Löschen: mechanischer Schreibschutz, Softwareschreibschutz für einzelne Dateien |
| 5.4 | Unbefugter Zugriff: Zugangskontrollen (verschlossene Räume bzw. Rechner, Passwörter, biometrische Merkmale) |

## 6. Aufgabe

| | |
|---|---|
| Plausibilitätskontrolle | Bei Eingaben, die den üblichen Werten nicht entsprechen, fordert der Computer zur Überprüfung auf z. B. Anzahl der Monatstage: 33 – Computer fordert Korrektur der Eingabe |
| Zurückweisung | Sind z. B. eingegebene Daten nicht möglich, weist der Computer diese zurück, z. B. bei Geschlecht nur w und m, alles andere wird zurückgewiesen. |
| Prüfziffernverfahren | Dient der korrekten Eingabe von numerischen Ordnungsbegriffen (Artikelnummer, EAN usw.). |
| | Durch Anhängen einer mathematisch ermittelten Prüfziffer können bis zu einem hohen Grad Fehler, z. B. Zahlendreher, erkannt werden. |
| Prüfbitverfahren | Übertragungsfehler durch Veränderungen von Zeichen werden erkannt (durch Anhängen eines 9. Bits (Prüfbit) pro Zeichen. |
| Prüfsummenverfahren | Pro KB zu übertragender Daten wird eine Prüfsumme berechnet und mit übermittelt. Der empfangende Rechner errechnet aus den erhaltenen Daten ebenfalls eine Prüfsumme, beide werden dann verglichen. |

## 7. Aufgabe

| | |
|---|---|
| 7.1 | Der Einzelne soll vor Eingriffen in seine Persönlichkeitsrechte durch den Umgang mit seinen personenbezogenen Daten geschützt werden. |
| 7.2 | Das Gesetz gilt für die Erhebung, Verarbeitung und Nutzung personenbezogener Daten. |
| 7.3 | Öffentliche Stellen des Bundes |
| | Öffentliche Stellen der Länder |
| | Nichtöffentliche Stellen |

## 8. Aufgabe

| |
|---|
| Personenbezogene Daten sind solche Angaben, die |
| - persönliche Verhältnisse (z. B. Alter, Bildung, Krankheit) |
| - sachliche Verhältnisse (z. B. Vermögen, Schulden) |
| einer natürlichen Person betreffen. |

## 9. Aufgabe

| | |
|---|---|
| **Auskunftsrecht** | - Ob und welche personenbezogenen Daten über sie gespeichert sind. |
| | - Woher bzw. aus welchen Quellen die gespeicherten Daten stammen. |
| | - Zu welchem Verwendungszweck sie gespeichert sind. |
| **Recht auf Berichtigung** | - Sind falsche Daten gespeichert, müssen diese korrigiert werden. |
| **Recht auf Löschung** | - Personenbezogene Daten sind dann zu löschen, wenn die Speicherung unzulässig war und die Daten nicht mehr benötigt werden. |
| **Recht auf Sperrung** | - Personenbezogene Daten sind dann zu sperren, wenn die Richtigkeit vom Betroffenen bestritten wird. |
| **Beschwerderecht** | - Für den begründeten Fall bei der Aufsichtsbehörde für den Datenschutz. |

## 10. Aufgabe

| |
|---|
| - Beschränkung des Zugriffs auf die Daten auf berechtigte Personen |
| - Einführung von Passwörtern |
| - Beachtung der verschiedenen Kontrollmechanismen |
| In der Anlage zu § 9 BDSG werden folgende Maßnahmen aufgezählt: |
| - Zutrittskontrolle ( Unbefugte haben keinen physischen Zutritt zur DV-Anlage.) |
| - Zugriffskontrolle (Zugriff nur auf solche Daten, die zur aktuellen Verarbeitung erforderlich sind.) |
| - Zugangskontrolle (Unbefugte werden gehindert, DV-Anlagen, mit den personenbezogene Daten verarbeitet werden, zu nutzen.) |
| - Weitergabekontrolle (Unbefugtes Lesen beim Datentransport soll verhindert werden.) |
| - Auftragskontrolle (Sicherstellung, dass die Weiterverarbeitung von Daten nur gemäß den Weisungen des Auftraggebers erfolgt.) |
| - Verfügbarkeitskontrolle (Schutz der Daten gegen zufällige Zerstörung oder Verlust.) |
| - Trennungsgebot (Zu unterschiedlichen Zwecken erhobene Daten dürfen nur getrennt weiterverarbeitet werden.) |
| - Eingabekontrolle (Nachträgliches Feststellen, wer Daten eingegeben bzw. verändert hat.) |

## 11. Aufgabe

| | |
|---|---|
| 11.1 | - Schriftliche Bestellung einen Datenschutzbeauftragten<br>- Bestellung muss innerhalb eines Monats nach Aufnahme ihrer Tätigkeit erfolgt sein |
| 11.2 | - Erforderliche Fachkenntnisse<br>- Zuverlässigkeit<br>- Verschwiegenheit |
| 11.3 | Der Datenschutzbeauftragte ist dem Geschäftsführer der Bavaria Fahrradwerke KG unmittelbar unterstellt, ist aber bei der Ausübung seiner Tätigkeit weisungsfrei. |
| 11.4 | Unternehmen, die im Durchschnitt höchstens 9 Personen beschäftigt haben, müssen keinen Datenschutzbeauftragten bestellen, auch wenn diese ständig mit der automatisierten Verarbeitung personenbezogener Daten beschäftigt sind. |

## 12. Aufgabe

| | |
|---|---|
| 12.1 | Er hat<br>- auf die Einhaltung des Gesetze hinzuwirken.<br>- die ordnungsgemäße Anwendung der Datenverarbeitungsprogramme zu überwachen.<br>- die DV-Mitarbeiter in Bezug auf die Datenschutzvorschriften zu schulen. |
| 12.2 | Er hat dem Datenschutzbeauftragten eine Übersicht zur Verfügung zu stellen, die z. B. folgende Angaben enthält:<br>- eingesetzte Datenverarbeitungsanlagen<br>- Art der Dateien<br>- Art der gespeicherten Daten<br>- Zugriffsberechtigte Personen<br>- Regelmäßige Empfänger der Daten. |
| 12.3 | Auch Kleinunternehmer haben auf die Einhaltung des BDSG zu achten und dafür zu sorgen, dass die Datenverarbeitung im Sinne des Gesetzes abläuft und die Mitarbeiter dahingehend zu schulen. |

## Situation 30

### 1. Aufgabe

| |
|---|
| Checklisten sind ein organisatorisches Hilfsmittel zur Absicherung und Kontrolle chronologisch verlaufender und immer wiederkehrender Arbeitsvorgänge. Sie sind beispielsweise hilfreich einsetzbar bei der Vorbereitung von Konferenzen, der Planung von Dienstreisen, dem Empfang neuer Mitarbeiter usw. |

### 2. Aufgabe

| | |
|---|---|
| - Entlasten das Gedächtnis | - Ersparen vermeidbare Umwege und Doppelarbeit |
| - Erziehen zur systematischen Arbeit | - Sind hilfreich bei wiederkehrenden Arbeiten |
| - Schaffen Sicherheit | - Ersparen Aufwand und Kosten |

### 3. Aufgabe

| |
|---|
| - Informationsmaterial beschaffen und auswerten (Fahrpläne, Autokarten, Telefonverzeichnisse) |
| - Reiseantrag stellen, evtl Reisekostenvorschuss beantragen |
| - Reisetermin festlegen |
| - Reiseroute ausmachen |
| - Günstigstes Verkehrsmittel auswählen |
| - Buchungen und Reservierungen |
| - Besonderheiten bei Auslandsreisen beachten |

### 4. Aufgabe

| | Wird benötigt? | Wurde besorgt | Eingepackt |
|---|---|---|---|
| - Impfbescheinigung | | | |
| - Kinderpass | | | |
| - Personalausweis | | | |
| - Reisepass | | | |
| - Visa | | | |
| - Auslandskrankenschein | | | |
| - Passbilder (falls Ersatzvisa-Erteilung bei Einreise geplant) | | | |

### 5. Aufgabe

| |
|---|
| - Name und Anschrift des Reisenden parat haben |
| - Datum des Fluges |
| - Reiseziel |
| - Klasseneinteilung (First-Class, Business-Class oder Economy-Class) |
| - Nach Flugunterbrechungen fragen |
| - Sonderwünsche (besondere Verpflegung usw.) |

### 6. Aufgabe

| |
|---|
| Personalausweis |
| Fahrzeugpapiere |
| Liste der zu besuchenden Unternehmen |
| Prospektmaterial über die Produkte der Bavaria Fahrradwerke KG |
| Preislisten |

### 7. Aufgabe

| |
|---|
| Günstigsten Termin für den Geschäftsleiter erkunden, evtl. Ersatztermin mit einplanen. |
| Termin mit den Abteilungsleitern absprechen. |
| Schriftliche Einladungen erstellen. |
| Kopie der Einladung auf Wiedervorlage nehmen. |
| Den Geschäftsleiter an den geplanten Termin erinnern. |

## 8. Aufgabe

| |
|---|
| Den Konferenzablauf grob planen. |
| Festlegen, wer an der Konferenz teilnehmen soll. |
| Die Einladungen und Teilnahmeformulare an die Besprechungsteilnehmer verschicken. |
| Die Teilnehmerzusagen bearbeiten. |
| Die wichtigsten Besprechungsunterlagen an die Teilnehmer/-innen verschicken. |
| Den Tagungsraum vorbereiten (z. B. Lautsprecheranlage überprüfen, Bestuhlung ergänzen). |
| Das Ergebnisprotokoll erstellen. |

## 9. Aufgabe

| |
|---|
| 1.Einholen der Zusage von der Stadtverwaltung, dass der kleine Sitzungssaal zum gewünschten Termin verfügbar ist. |
| 2. Bitte an den Bürgermeister, an dem von der Stadtverwaltung bestätigten Veranstaltungstermin ein Grußwort an die Gäste zu richten. |
| 3. Einladung mit Antwortkarten an die Jubiläumsgäste mit Veranstaltungsprogramm, Veranstaltungsort und Rednerliste schicken. |
| 4. Auswerten der Rückantworten zur Einladung |
| 5. Einholen von Angeboten für die Verpflegung der angemeldeten Gäste bei verschiedenen Partyservice-Unternehmen |
| 6. Auswertung der Verpflegungsangebote |
| 7. Auftragserteilung an den günstigsten Partyservice. |

## 10. Aufgabe

| |
|---|
| - Kleinere Arbeiten können während der Reise erledigt werden, z. B. Arbeiten am Notebook. |
| - Das Reisen ist wesentlich entspannter als mit dem Pkw. |
| - Die Reise ist sicherer. |
| - Bei Ausnutzen von Bahnvorteilen kann die Reise kostengünstiger sein. |
| - Der Reisende ist für das Erledigen seiner eigentlichen Arbeit, z. B. Führen von Verkaufsgesprächen, ausgeruhter. |
| - Der Reisende kann sich vorbereiten. |

## 11. Aufgabe

| |
|---|
| - Schlechte Verbindung zum Zielort |
| - Häufiges Umsteigen |
| - Hoher Zeitaufwand |
| - Viel Gepäck bzw. Unterlagen |
| - Imagegründe |
| - Wahrnehmung mehrerer Termine auf der Reiseroute |

## 12. Aufgabe

| **Reisekostenabrechnung des Handlungsreisenden** | | | | |
|---|---|---|---|---|
| **Datum:** | **Reiseantritt:** | **Reiseende:** | **Route** | **Abzurechnende Km** |
| 12. Januar | 11:00 Uhr | | Landshut-Stuttgart | 280 |
| 15. Januar | | 18:00 Uhr | Stuttgart-Landshut | 280 |

| **Anzahl** | | **Zwischensumme** | **Endsumme** |
|---|---|---|---|
| 1 | Pauschale 12,00 € | 12,00 € | 12,00 € |
| 3 | Pauschale 24,00 € | 72,00 € | 72,00 € |
| | Abzüge von Tagespauschale | | |
| 3 | Übernachtungen | 330,00 € | 330,00 € |
| 560 | Fahrtkosten (0,30 € je km) | 168,00 € | 168,00 € |
| | Nebenkosten (Tankbelege) | | 87,90 € |
| | Auszahlungsbetrag | | 669,90 e |

| **Prüfbeleg (von Sachbearbeiter/-in auszufüllen)** | |
|---|---|
| 2 | 24,00 € |
| 2 | 48,00 € |
| 3 | ./. 19,50 € |
| | 330,00 € |
| | 168,00 € |
| | -- |
| | 550,50 € |

## 13. Aufgabe

| |
|---|
| Landshut ab 8:30 Uhr |

## Situation 31

### 1. Aufgabe

| |
|---|
| Personalplanung = quantitative und qualitative Anpassung der Personalkapazität an die betrieblichen Anforderungen. |

### 2. Aufgabe

| |
|---|
| - Abschätzung des Personalbedarfs für die Zukunft |
| - Planung des qualitativen (mengenmäßigen) Personalbedarfs |
| - Planung des quantitativen Personalbedarfs (Aktueller Bestand + Zugang – Abgang = zukünftiger Bedarf) |
| - Ermittlung der in der Zukunft benötigten Qualifikationen (Festlegen von Fähigkeitsprofilen) |
| - Festlegen des Einstellungszeitpunkts |
| - Erstellen von Richtlinien für die Beschäftigungsdauer |

### 3. Aufgabe

| |
|---|
| - Ersatzbedarf: Bedarf wird durch ausscheidende Mitarbeiter verursacht (Tod, Invalidität, Pensionierung, Kündigung) |
| - Minderbedarf: Rückgang des Personalbedarfs durch z. B. Rationalisierungsmaßnahmen, Krisen, Rezession. |
| - Reservebedarf: Schaffen von abrufbereitem Personal für Notsituationen |
| - Zusatzbedarf: Kurzfristig wird zusätzliches Personal benötigt, z. B. saisonalabhängiger Bedarf (Konjunkturanstieg, Erntezeit) |
| - Freistellungsbedarf: Personalüberschuss, der abgebaut werden muss (Rückgang der Produktion, Stilllegung von Betriebsteilen) |

### 4. Aufgabe

| Externe Personalbeschaffung | Interne Personalbeschaffung |
|---|---|
| - Das benötigte Personal wird von außen, also vom Arbeitsmarkt beschafft. | Das benötigte Personal kommt aus dem eigenen Betrieb (innerbetriebliche Stellenausschreibung). |

### 5. Aufgabe

| Externe Personalbeschaffung | Interne Personalbeschaffung |
|---|---|
| - Deckung des Personalbedarfs ohne in anderen Bereichen eine Lücke zu reißen | - Schnelleres Besetzen der offenen Stelle(n) möglich<br>- Geringe Beschaffungskosten |
| - Möglichkeit der Entdeckung qualifizierterer Bewerber | - Betriebskenntnisse bei Bewerbern bereits vorhanden |
| - Bereicherung durch neue Ideen, Methoden, Kontakte | - Umfangreiches Datenmaterial über Bewerber liegt vor |
| - Auswahl der Bewerber kann objektiver erfolgen. | - Wahrung des betrieblichen Entgeltsniveaus |
| - Neubewerber völlig unbelastet | - Motivierung der Mitarbeiter durch Aufstiegschancen |
| - Verringerung von Konkurrenzdenken und Missgunst unter den Mitarbeitern | |

### 6. Aufgabe

| |
|---|
| - Rückgriff auf frühere Bewerber |
| - Auswerten von Stellengesuchen |
| - Kontakt aufnehmen zu Ausbildungseinrichtungen |
| - Einschalten der Agentur für Arbeit und von Personalberatern (private Arbeitsvermittlung) |
| - Stellenausschreibungen in Lokalzeitungen |
| - Aushängen von Stellenangeboten sowie Austeilen von Handzetteln |
| - Suche über Internet (Jobbörsen), Radio, Kinowerbung |
| - Stellenvermittlung über Mitarbeiter und Bekannte |

### 7. Aufgabe

| |
|---|
| - Rückgriff auf frühere Bewerber – Unterlagen liegen bereits vor. |
| - Auswerten von Stellengesuchen – Telefonische Kontaktaufnahme ist ausreichend. |
| - Agentur für Arbeit – Anruf ist ausreichend. |
| - Nutzen der Internet-Jobbörsen – Kontaktaufnahme per E-Mail genügt. |

## Situation 32

### 1. Aufgabe

| | |
|---|---|
| Filialleiter | Prokura (Filialprokura) |
| Abteilungsleiter | Allgemeine Handlungsvollmacht |
| Leiter der Produktion | Artvollmacht |
| Sachbearbeiter im Einkauf | Artvollmacht |

### 2. Aufgabe

| |
|---|
| Management by Exception oder Management für den Ausnahmefall. |
| Es handelt sich hierbei um ein Führungssystem, bei dem nur Abweichungen vom Plan oder der Norm dem Abteilungsleiter berichtet werden müssen, sodass dieser nur auf die Dinge aufmerksam gemacht wird, die er wissen muss. |
| In unserem Fall: beim Einkaufswert über 8.000,00 € |

### 3. Aufgabe

| |
|---|
| Das Einliniensystem ist dadurch gekennzeichnet, dass jeder Mitarbeiter nur einen Vorgesetzten hat. Jede untergeordnete Organisationseinheit soll jeweils nur von einer übergeordneten Organisationseinheit Weisungen erhalten. |
| Vorteile: klare Anweisungs- und Berichtskette; eindeutige Kompetenzregelung; gute Kontrollmöglichkeiten; überschaubare Beziehungsstrukturen; Schutz der Hierarchie vor Übergriffen bzw. Eingriffen durch Dritte |
| Nachteile: lange und umständliche Weisungs- und Informationswege; geringe Flexibilität; geringe Kreativität und weniger Engagement wegen genauer Kompetenzregelungen; kaum flexibles und eigenverantwortliches Handeln möglich |

### 4. Aufgabe

| | |
|---|---|
| - Bezeichnung der Stelle | - Haupt- und Nebenaufgaben |
| - Einordnung der Stelle in das Unternehmen (Über-Unterordnung) | - Kompetenzen und Pflichten |
| - Stellvertretung | - Anforderungen an den Stelleninhaber |
| - Tätigkeitsbeschreibung | - Zusammenarbeit mit anderen Stellen |

### 5. Aufgabe

| |
|---|
| Die Probezeit dient dem gegenseitigen Kennenlernen. |
| Arbeitgeber: Er will feststellen, ob der/die Angestellte fachlich und persönlich geeignet ist. |
| Arbeitnehmer: Er will feststellen, ob er den Anforderungen gewachsen ist und ob ihn die Aufgabe ausfüllt. |

### 6. Aufgabe

| Unterlagen | Benötigungsgrund |
|---|---|
| Steuer-Identifikationsnummer | Dient der Anforderung der für die Lohnsteuerberechnung erforderlichen Daten. |
| Sozialversicherungsausweis | Dient Kontollzwecken; enthält Rentenversicherungs-Nummer |
| Urlaubsbescheinigung | Wird zur Ermittlung des Resturlaubs benötigt (für das laufende Kalenderjahr) |
| Mitgliedsbescheinigung bei einer Krankenkasse | Dient als Nachweis der Mitgliedschaft bei einer gesetzlichen Krankenkasse |
| Nachweis über Bankkonto | Dient der Lohn-/Gehaltsüberweisung |

### 7. Aufgabe

| |
|---|
| Kündigung von beiden Parteien möglich und zwar: |
| - jederzeit, ohne Angabe von Gründen |
| - unter Einhaltung einer zweiwöchigen Kündigungsfrist zum jeweiligen Wochentag |

## 8. Aufgabe

| |
|---|
| - Verhaltensbedingte Gründe, z. B. Verstoß gegen Verpflichtungen; Fehlverhalten, schlechte Leistungen |
| - Personenbedingte Gründe, z. B. lange anhaltende Krankheit, häufige Kurzerkrankungen |
| - Betriebsbedingte Gründe, z. B. Betriebsschließung, Schließung von Arbeitsstätten bzw. Betriebsteilen |

## 9. Aufgabe

| |
|---|
| - Ein wichtiger Grund muss vorliegen (z. B. schwere Beleidigung; Arbeitsverweigerung; Werksdiebstahl; sexuelle Belästigung) |
| - Unzumutbarkeit, das Arbeitsverhältnis bis zum vereinbarten Beendigungszeitpunkt fortzusetzen |
| - Zugang der Kündigung innerhalb von zwei Wochen ab Kenntnis des wichtigen Grundes |
| - Anhörung des Betriebsrates |

## 10. Aufgabe

| |
|---|
| Beim Arbeitsgericht innerhalb von drei Wochen nach Erhalt der Kündigung. |

## Situation 33

### 1. Aufgabe

| |
|---|
| 31. Juli 20... Eine Frist von 4 Wochen ist einzuhalten. |

### 2. Aufgabe

| |
|---|
| Im Unterschied zum einfachen Zeugnis, das nur Angaben über Art und Dauer der Beschäftigung beinhaltet, enthält ein |
| qualifiziertes Zeugnis zusätzlich noch Angaben über Verhalten und Leistung. |

### 3. Aufgabe

| |
|---|
| Der Arbeitgeber muss dem Arbeitnehmer bei Beendigung des Arbeitsverhältnisses folgende Arbeitspapiere aushändigen: |
| - Versicherungsnachweisheft |
| - Urlaubsbescheinigung (darin wird der im laufenden Kalenderjahr gewährte oder abgegoltene Urlaub bescheinigt) |
| - Zeugnis |

### 4. Aufgabe

| |
|---|
| Der Betriebsrat kann eine interne Stellenausschreibung verlangen. Deshalb ist er vor der externen Stellenausschreibung zu |
| benachrichtigen. |

### 5. Aufgabe

| |
|---|
| Nein, Frau Hübner hat keinen Anspruch, da sie einer Sperrzeit wegen Arbeitsaufgabe unterliegt. |

### 6. Aufgabe

| |
|---|
| Unter Führungsstil versteht man die Art und Weise, wie die Vorgesetzten die Menschenführung und Führungsaufgaben |
| ausüben. |
| Autoritär: Der Vorgesetzte trifft Entscheidungen ohne Mitwirkung der Untergebenen, von denen er völlige Unterordnung verlangt. |
| Vorteile: schnelle Entscheidungen; eindeutig abgegrenzte Aufgaben- und Verantwortungsbereiche |
| Kooperativ: Die Mitarbeiter werden an Entscheidungen beteiligt, besonders durch Informations-, Beratungs- und Mitspracherecht |
| sowie durch Aufgabendelegation. |
| Vorteile: Entlastung des Vorgesetzten; Entfaltung persönlicher Fähigkeiten; höhere Arbeitszufriedenheit; besseres Betriebsklima; |
| geringere Fehl- und Flugtuationsquote |

### 7. Aufgabe

| |
|---|
| Das sozialversicherungspflichtige Bruttoentgelt |

### 8. Aufgabe

| | |
|---|---|
| 8.1 | Unfallanzeige |
| 8.2 | Original an die zuständige Berufsgenossenschaft; Kopie zur Personalakte |

### 9. Aufgabe

| |
|---|
| Die zuständige Berufsgenossenschaft der Unternehmung |

### 10. Aufgabe

| |
|---|
| Die Flugtuation ist in den letzten drei Monaten niedriger als in den Vormonaten. |

11. Aufgabe

| |
|---|
| Gespeichert werden die für die Identifikation des Steuerpflichtigen erforderlichen Daten wie: |
| Familienname, frühere Namen, Vornamen, akademischer Titel, Tag und Ort der Geburt, Geschlecht, gegenwärtige oder letzte |
| bekannte Anschrift, zuständige Finanzbehörden, Sterbetag |
| Zur Ermittlung der Lohnsteuer benötigt der Arbeitgeber noch Steuerklasse, Freibeträge, Kirchensteuerpflicht, Kinderfreibeträge. |

12. Aufgabe

| |
|---|
| Ehepaare haben die Möglichkeit, die Lohnsteuer anteilmäßig zu verteilen (z.B. bei 20 Prozent des gemeinsamen Einkommens auch 20 % der gesamten Steuerlast) |

## Situation 34

1. Aufgabe

19,00 x 156 = **2.964,00 €**

| | | |
|---|---|---|
| Bruttogehalt | 1.900,00 € | |
| Urlaubsgeld anteilig | 50,00 € | |
| Weihnachtsgeld anteilig | 110,83 € | |
| VL-Arbeitgeber | 20,00 € | |
| Gesamtbrutto | 2.080,83 € | |
| AG-Anteil SV 19,625 % | 408,36 € | (KV = 7,3 %; RV = 9,95 %; AV = 1,4 %; PV = 0,975 %) |
| Lohnnebenkosten vom Bruttogehalt | 532,00 € | |
| **Lohnkosten /Monat** | **3.021,19 €** | |

2. Aufgabe

3.021,19 : 166 = **18,20 €**

3. Aufgabe

| | |
|---|---|
| Diese Form der Personalbeschaffung eignet sich vor allem dann, wenn Arbeitnehmer kurzfristig eingesetzt werde sollen (Saisongeschäft, Urlaubsvertretung, Krankheit). | |
| Gründe: | |
| - keine Einstellungskosten | - vorhandene Rechtssicherheit |
| - Vermeidung von arbeitsrechtlichen Konflikten | - geringer Verwaltungsaufwand im Personalbereich |

4. Aufgabe

| |
|---|
| Lohnnebenkosten sind Aufwendungen des Arbeitgebers für Mitarbeiter, die zusätzlich zum Lohn geleistet werden: |
| - freiwilliger Sozialaufwand (Werkswohnung, Essenszuschuss) |
| - gesetzlicher, tariflicher und vertraglicher Sozialaufwand (tariflich vereinbarter Arbeitgeberbeitrag zur vermögenswirksamen Leistung) |

5. Aufgabe

| |
|---|
| Spätestens am drittletzten Banktag des laufenden Monats |

6. Aufgabe

| Interne Personalbeschaffung | Externe Personalbeschaffung |
|---|---|
| - Bewerber ist mit Betrieb vertraut | - Gewinnung besonders qualifizierten Personals |
| - keine Kosten für Neueinstellung | - Stärkerer Wettbewerb für eigene Mitarbeiter |

## Situation 35

### 1. Aufgabe

| | |
|---|---|
| - Personalbeschaffung | - Lohn- und Gehaltsabrechnung |
| - Personaleinsatz | - Arbeitsschutz |
| - Personalentlassung | - Unfallverhütung |
| - Personalverwaltung | |

### 2. Aufgabe

| |
|---|
| Teilzeitbeschäftigung |
| Altersteilzeit |
| keine Wiederbesetzung frei gewordener Stellen |
| Abbau von Überstunden |

### 3. Aufgabe

| |
|---|
| Auftragszunahme |
| Neue Niederlassungen |
| Arbeitszeitverkürzung |

### 4. Aufgabe

| | |
|---|---|
| 4.1 | Einweisung an neuen Anlagen, Verbesserung von Abläufen am Arbeitsplatz |
| 4.2 | Sprach- und Informationskurse |

### 5. Aufgabe

| |
|---|
| Die Geschäftsleitung |

### 6. Aufgabe

| | |
|---|---|
| 6.1 | Es wird nicht nur an den bisher dafür vorgesehenen Tagen (z. B. Montag bis Freitag) gearbeitet. Die Arbeitszeit wird variabel gestaltet, z.B. auch an Wochenenden, zu unterschiedlichen Anfangszeiten usw. Die Flexibilisierung kann sich auf das Volumen der Arbeitszeit oder auf die Verteilung eines bestimmten Arbeitszeitvolumens beziehen. |
| 6.2 | Stellen im Betrieb werden dann besetzt, wenn es nötig ist. Die Kapazitätsauslastung kann leichter der Auftragslage angepasst werden. |

### 7. Aufgabe

| |
|---|
| Das Gesamtvolumen der persönlichen Arbeitszeit bleibt i.d.R. unverändert, die Arbeitszeit wird auf andere Tage verteilt. |
| Durch die Einführung von Arbeitszeitkontingenten kann der Mitarbeiter seine „freie Zeit“ zum Teil selbst beeinflussen. |

### 8. Aufgabe

| |
|---|
| Er hat ein Recht auf Mitbestimmung. |

### 9. Aufgabe

| | |
|---|---|
| - Erforderliche Fachkenntnisse | - Verantwortung |
| - Anstrengung | - Umgebungseinflüsse |

## Situation 36

### 1. Aufgabe

| |
|---|
| Der Personal(beschaffungs)bedarf |

### 2. Aufgabe

| |
|---|
| Der Reservebedarf |

### 3. Aufgabe

| | |
|---|---|
| Altersstruktur | Voraussichtliche Entwicklung des Unternehmens |
| Fluktuationsrate | |

### 4. Aufgabe

| |
|---|
| Es sollte mit Zustimmung des Betriebsrates Mehrarbeit angesetzt werden. |

### 5. Aufgabe

| |
|---|
| Es handelt sich um eine Arbeitsplatzbeschreibung. |
| Diese ordnet dem Arbeitnehmer ganz bestimmte Aufgaben zu und dient damit auch der Festlegung des Arbeitsentgelts |
| sowie der Leistungskontrolle des Arbeitnehmers |

### 6. Aufgabe

| |
|---|
| Das Schema dient der Arbeitsplatzbewertung und der Ermittlung von Leistungszulagen. |
| Dabei werden Anforderungsgruppen mit verschiedenen Anforderungsmerkmalen berücksichtigt. |

## Situation 37

### 1. Aufgabe

| |
|---|
| Nettopersonalbedarf = Summe der Abgänge – Summe der Zugänge |
| Nettopersonalbedarf = 18 – 11 = **7** |

### 2. Aufgabe

| | |
|---|---|
| Erreichen der Altersgrenze eines Mitarbeiters | Bundeswehr/Ersatzdienst eines Mitarbeiters |
| Kündigung eines Mitarbeiters | Tod eines Mitarbeiters |
| Kündigung durch Arbeitgeber | Arbeitsplatzwechsel in Teilzeit oder Höherqualifizierung |
| Elternzeit | |

### 3. Aufgabe

| | |
|---|---|
| Fort- und Weiterbildung eines Mitarbeiters | Verlängerung befristeter Arbeitsverhältnisse |
| Übernahme von Auszubildenden | Aufhebung von Teilzeitarbeitsplätzen |

| |
|---|
| Vorteile der internen Beschaffung: Motivation der Mitarbeiter; freie Stelle kann schneller besetzt werden |
| Mitarbeiter kennt den Betrieb; Arbeitgeber kennt Mitarbeiter |
| Nachteile der internen Beschaffung: Risiko der Betriebsblindheit; Problem Neubedarf wird nicht gelöst |
| Begrenzte Auswahlmöglichkeit; eventuell Neid bei Kollegen (negatives Betriebsklima) |

### 4. Aufgabe

| | |
|---|---|
| Aussortieren ungeeigneter Bewerber | Einladung zum Einstellungstest und dessen Durchführung |
| Ungeeigneten Bewerbern absagen | Einstellungstest auswerten |
| Vorauswahl auf Grund der Bewerbungsunterlagen | Geeignete Bewerber zum Vorstellungsgespräch einladen |
| Nachforderung fehlender Bewerbungsunterlagen | Geeignete Bewerber auswählen |

### 5. Aufgabe

| | |
|---|---|
| Können | Ausbildung, Erfahrung, Handfertigkeit, Denkfähigkeit |
| Belastung | Körperliche Belastung, stehende Tätigkeit, gebückte Haltung, Zeitdruck |
| Verantwortung | Selbstständiges Arbeiten, Eigeninitiative, Verantwortungsbewusstsein für das Ergebnis eigener Arbeit |
| Arbeitsbedingungen | Verletzungsgefahr, Öl, Fett |

### 6. Aufgabe

| | |
|---|---|
| Steuer-Identifikationsnummer | Bankverbindung |
| Sozialversicherungsnachweis | Anlageform für vemögenswirksame Leistungen |
| Urlaubsbescheinigung | Natürlich auch die Personalien |
| Krankenkasse | |

### 7. Aufgabe

| |
|---|
| Herr Schmitz hat laut Arbeitsvertrag einen jährlichen Urlaubsanspruch von 30 Tagen. Somit steht ihm noch ein Resturlaub |
| von 10 Tagen für die Zeit von September bis Dezember zu. |

### 8. Aufgabe

| |
|---|
| Änderungskündigung |

9. Aufgabe

Trotz der Aufklärungsaktion hat die Anzahl der Unfälle durch Prellungen und Quetschungen erst einmal zugenommen, bevor ein merklicher Rückgang zu verzeichnen war. Der Tiefstand vor Durchführung der Aktion wurde aber nicht mehr erreicht.

## Situation 38

### 1. Aufgabe

| |
|---|
| Paul Ingrid |
| Podolski Jutta |
| Podolsky Rolf |
| Pohl Traudlinde |
| Pohlmann Herbert |
| Polle Ingrid |
| Pollmann Gertrud |
| Possekel Susanne |

### 2. Aufgabe

Die genannten Einstellungskriterien sind bei der Sortierung zu beachten. Eine solide Ausbildung, 3 Jahre und mehr Berufserfahrung sowie gute Englischkenntnisse sind Voraussetzung für die Auswahl. Sollten über 10 Kandidaten diese Anforderungen erüllen, könnten die Schul- und Abschlussnoten, aber auch die längere Berufserfahrung den Ausschlag geben.

### 3. Aufgabe

Bevor Sie die Einladungsschreiben an die Kanditaten schicken, sind terminliche Abstimmungen mit Herrn Oberpriller, Herrn Hobmeier und Herrn Huber vorzunehmen. Auch ist zu prüfen, ob an den einzelnen Terminen jeweils ein geeigneter Raum zur Verfügung steht.

### 4. Aufgabe

Standort: Arbeitsplatz des zuständigen Sachbearbeiters in der Personalabteilung bzw. Abteilungsablage der Personalabteilung
Registratur/Ablageform: Stehsammler (leichtes Einstellen und Entnehmen möglich) oder auch liegende Ablage, da die Bewerungungsunterlagen oft in Form von Bewerbungsmappen oder Schnellheftern geschickt werden.

### 5. Aufgabe

10 Jahre, ab Ende des KJ 2012, also bis zum 31.12.2022

### 6. Aufgabe

- Zeit- und Kostenersparnis
- Vorbeugen von Fehlern
- Effektiveres Arbeiten bei Standardvorgängen
- Minimierung des Vergesslichkeitsrisikos
- Problemlose Weiterführung des Arbeitsvorgangs im Vertretungsfall

### 7. Aufgabe

| |
|---|
| Fachliche Anforderungen, z. B. Schul- und Ausbildung, Praktika, Berufserfahrung, Fachliche Qualifikation |
| Außerfachliche Anforderungen, z. B. Zusatzqualifikationen, Sprachkenntnisse, Außerfachliche IT-Kenntnisse, Medienkompetenz |
| Soziale Kompetenz, z. B. Teamfähigkeit, Führungsqualitäten, Kommunikationsfähigkeit |
| Physische Kompetenz, z. B. Langes Stehen, andere körperliche Belastungen |
| Weitere Anforderungen, z. B. Lkw-Führerschein, technisches Verständnis, Lernbereitschaft |

### 8. Aufgabe

Soft Skills sind sogenannte „weiche“ Fähig- und Fertigkeiten wie Neigungen, Interessen, Belastbarkeit. Oft werden auch die sozialen Kompetenzen als „Soft Skills“ bezeichnet. „Weich“ steht aber auch dafür, dass diese Kompetenzen nicht so exakt und mit der gleichen Verlässlichkeit wie die „Hard Skills“ (z.B. Leistungsfähigkeit durch Leistungstests) erfasst werden können.

## Situation 39

### 1. Aufgabe

| | |
|---|---|
| 1.1 | Ein Handlungsreisender ist Angestellter des Unternehmens und somit weisungsgebunden. Er schließt Geschäfte ab bzw. vermittelt diese im Namen des Unternehmens, für das er arbeitet. |
| | Ein Handelsvertreter ist selbstständiger Gewerbetreibender. Er schließt Geschäfte ab bzw. vermittelt diese im Namen eines anderen Unternehmens. |
| 1.2 | Vorteile direkter Absatz: unmittelbarer Kontakt zum Kunden; Unabhängigkeit; Hersteller kann alle absatzpolitischen Maßnahmen selbst festlegen |
| | Vorteile indirekter Absatz: Verteilernetz größer gespannt; weniger Lagerhaltung; weniger Kosten für Werbung, Beratung, Kundendienst |

### 2. Aufgabe

| | |
|---|---|
| - Vermittlung und Abschluss von Geschäften | - Marktbeobachtung |
| - Kundenbetreuung, Entgegennahme von Mängelrügen (evtl. auch Zahlungen) | - Neue Kunden gewinnen |
| - Kundengespräche | |

### 3. Aufgabe

| | |
|---|---|
| Handlungsreisender: | Fest angestellter Mitarbeiter, der sich mit seiner ganzen Arbeitskraft um das eigene Unternehmen bemüht; ist an die Weisungen des Arbeitgebers gebunden; kann auch anderweitig im Betrieb eingesetzt werden; verfügt über hohe Firmen- und Produktkenntnisse |
| Handelsvertreter: | kein festes Gehalt; keine Aufwendungen für Sozialleistungen; Unternehmen kann von guten Marktkenntnissen profitieren |

### 4. Aufgabe

Kosten Handlungsreisender:

| | |
|---|---|
| Bruttogehalt | 2.500 € |
| Fahrzeugkosten | 500 € |
| Spesen | 600 € |
| Summe | 3.600 € |

$K_R = 3.600 + 0{,}02x$
$K_H = 0.06x$

$3.600 + 0{,}02x = 0{,}06x$
$x = 90.000$
======

oder

| | |
|---|---|
| Provision Handelsvertreter | 6 % |
| - Provision Reisender | 2 % |
| = | 4 % |

Diese 4 % vom Umsatz entsprechen 3.600 €
100 % sind dann 3.600 / 4 x 100 = 90.000 €

## Situation 40

### 1. Aufgabe

Kaufm.: 100/43x30 = **69,77 %;** Gerwerbl.: 100/43x14 = **31,23 %**

### 2. Aufgabe

100/24x19 = **79,17 %**

### 3. Aufgabe

| | |
|---|---|
| Stolpern, rutschen, stürzen | Stolpern über Kabel, rutschen auf nassem Boden |
| Falsche Bedienung von Werkzeugen und Maschinen | Schneiden mit Cuttermesser in Richtung des Körpers |
| Falsches Heben oder Tragen | Beim Herausnehmen eines schweren Gegenstandes Kontrolle verlieren |
| Missachtung von Sicherheitsvorschriften | Wartung einer laufenden Maschine |
| Mangelhafte Erfahrung | „Jugendlicher Leichtsinn", fehlende Vertrautheit mit Geräten und Maschinen |
| Routine senkt das Gefahrenbewusstsein | Nachlässigkeiten, da bisher immer gut gegangen |
| Zu wenig Zeit und Geld für Arbeitsschutz | Leichtfertiges Umgehen mit Sicherheitsunterweisungen seitens der Leitung |

### 4. Aufgabe

- Regelmäßige Unterweisungen in Sachen Sicherheit und Unfallschutz
- Einhalten vorgeschriebener Pausen (Vermeidung von Unfällen aus Übermüdung bzw. mangelnder Konzentration)
- Ständiges Kontollieren, ob Sicherheitsvorschriften eingehalten werden, z. B. Tragen von Sicherheitshelmen bzw. -schuhen
- Regelmäßiges Überprüfung von Fertigungsmaschinen und Werkzeugen

# LÖSUNGEN

## gebundene (geschlossene) Aufgaben

**REWE 1**
**Kaufm. Steuerung und Kontrolle**

| | | | |
|---|---|---|---|
| **1** | d | **51** | d |
| **2** | c | **52** | d |
| **3** | b | **53** | c |
| **4** | b | **54** | b |
| **5** | f-e | **55** | f |
| **6** | c-d | **56** | d |
| **7** | b | **57** | f |
| **8** | a | **58** | c |
| **9** | f-b-c | **59** | d |
| **10** | 1-6-4-2-5-3 | **60** | 2-5-1-4-6-3 |
| **11** | 2-6-1-3-5-4 | **61** | d |
| **12** | a | **62** | e |
| **13** | b | **63** | f |
| **14** | c | **64** | c-g-e |
| **15** | b | **65** | c |
| **16** | e-c-b | **66** | b |
| **17** | b-d | **67** | a) 12.000 |
| **18** | e-b | | b) 222.000 |
| **19** | a | | c) 0,28 |
| **20** | d | | d) 78.280 |
| **21** | a-b-d | **68** | c |
| **22** | c | **69** | 20.000 |
| **23** | b | **70** | a) 100.000 |
| **24** | a | | b) 12,5 |
| **25** | b | **71** | a) 12.635 |
| **26** | b | | b) 836 |
| **27** | c | **72** | c |
| **28** | a-f-d-e-c | **73** | d |
| **29** | e-b | **74** | d |
| **30** | d | **75** | c |
| **31** | c | **76** | e |
| **32** | e | **77** | b-c |
| **33** | d | **78** | a) 74 |
| **34** | b | | b) 2470,12 |
| **35** | c | | |
| **36** | e | | |
| **37** | 910 | | |
| **38** | e | | |
| **39** | d | | |
| **40** | e | | |
| **41** | c | | |
| **42** | 135.850 | | |
| **43** | f | | |
| **44** | e | | |
| **45** | e | | |
| **46** | d | | |
| **47** | d | | |
| **48** | c | | |
| **49** | c | | |
| **50** | d | | |

Lösungen

**REWE 2.1**
**Buchführung - Buchungssätze**

| | Soll | Haben | | Soll | Haben | | Soll | Haben | | Soll | Haben |
|---|---|---|---|---|---|---|---|---|---|---|---|
| **1** | 6002 | 2600 | **27** | O750 | 4400 | **58** | 6760 | 4890 | **91** | 2800 | 4250 |
| **2** | 4400 | 6080 | | 2600 | | | 2600 | | | 6750 | |
| | | 2600 | **28** | 6520 | O840 | **59** | 7510 | 4890 | **92** | 2800 | 7510 |
| **3** | 2850 | 2400 | **29** | O790 | 2880 | **60** | 6700 | 4890 | **93** | 6960 | 2880 |
| | 5101 | | | 2600 | | **61** | 6770 | 3920 | **94** | 2800 | 5401 |
| **4** | 2400 | 5101 | **30** | 6540 | O790 | **62** | 7700 | 3800 | **95** | 6020 | 4401 |
| | | 4800 | | | O890 | **63** | 3800 | 2800 | | 6021 | |
| **5** | 2400 | 5000 | **31** | 6540 | O890 | | | 5480 | | 2600 | |
| | | 4800 | **32** | 2880 | 5490 | **64** | 3990 | 2800 | **96** | 2401 | 5100 |
| **6** | 4800 | 2400 | | | 4800 | | | 5480 | | | 4800 |
| | 5101 | | **33** | O500 | 4400 | **65** | 3990 | 5480 | | | |
| **7a** | 4800 | 2400 | | 2600 | | **66** | 3990 | 2800 | | | |
| | 5101 | | **34** | 6200 | 2800 | | 6990 | | | | |
| **7b** | 7.200 € | | | | 4830 | **67** | 3800 | 2850 | | | |
| **8** | 4800 | 2400 | | | 2640 | | | 5480 | | | |
| | 5101 | | **35** | 6420 | 2850 | **68** | 6420 | 3990 | | | |
| **9** | 6140 | 4400 | **36** | 6330 | 2880 | **69** | 3990 | 2800 | | | |
| | 2600 | | **37** | 4860 | 2800 | | | 5480 | | | |
| **10** | 2400 | 5100 | **38a** | 2640 | 2850 | **70** | 6160 | 3990 | | | |
| | | 4800 | **38b** | 4830 | 2850 | **71** | 6930 | 3910 | | | |
| **11** | 5100 | 2400 | **39** | 2650 | 2800 | **72** | 3700 | 5480 | | | |
| | 4800 | | **40** | 6300 | 2800 | **73** | 6990 | 4400 | | | |
| **12** | 2400 | 5000 | | | 4830 | | 3930 | | | | |
| | | 4800 | | | 2640 | | 2600 | | | | |
| **13** | 6000 | 4400 | **41a** | 2640 | 2800 | **74** | 2800 | 5490 | | | |
| | 2600 | | **41b** | 6300 | 2800 | | | 4800 | | | |
| **14** | 4400 | 6000 | | | 4830 | **75** | 2800 | 2470 | | | |
| | | 2600 | | | 2640 | | 6951 | | | | |
| **15** | 4400 | 6032 | | | 2650 | | 4800 | | | | |
| | | 2600 | **41c** | 6410 | 2640 | **76** | 6951 | 2400 | | | |
| **16** | 6000 | 4400 | **42** | 2900 | 7030 | | 4800 | | | | |
| | 6001 | | **43** | 2900 | 6700 | **77** | 2800 | 5490 | | | |
| | 2600 | | **44** | 6900 | 2900 | | | 4800 | | | |
| **17** | 2020 | 6020 | **45** | 2900 | 7510 | **78** | 2470 | 2400 | | | |
| **18** | 6000 | 2000 | **46** | 2900 | 7510 | **79** | 6951 | 2400 | | | |
| **19** | 5202 | 2200 | **47** | 4900 | 5710 | | 4800 | | | | |
| **20** | 2200 | 5202 | **48** | 4900 | 5401 | **80** | 6920 | 2800 | | | |
| **21** | 5201 | 2100 | **49** | 5710 | 4900 | **81** | 7600 | 2280 | | | |
| **22a)** | 30.000,00 | | **50a** | 2900 | 6700 | **82** | 6990 | 2850 | | | |
| **22b)** | 5202 | 8020 | **50b** | Lö 2 | | **83** | 2800 | 5490 | | | |
| **23** | 8020 | 5201 | **51a** | 2900 | 6700 | **84** | 6160 | 4400 | | | |
| **24a** | 2800 | 5410 | **51b** | 4.200 € | | | 2600 | | | | |
| | | 4800 | **52** | 5401 | 4900 | **85** | 6420 | 2800 | | | |
| **24b** | 5410 | O840 | **53a** | 1.500 € | | | 6900 | | | | |
| | | 5460 | **53b** | 2850 | 2690 | **86** | 7510 | 2800 | | | |
| **25a** | 2400 | 5410 | | | 5710 | | 4250 | | | | |
| | | 4800 | **54** | 2690 | 5401 | **87** | 6960 | 2880 | | | |
| **25b** | 5410 | O860 | **55** | 2690 | 7030 | **88** | 2800 | 5490 | | | |
| | 6960 | | **56** | 2800 | 2690 | **89** | 7510 | 2800 | | | |
| **26a** | 2400 | 5410 | | | 5710 | | 6750 | 5710 | | | |
| | | 4800 | **57** | 4890 | 2800 | **90** | 2800 | 6900 | | | |
| **26b** | 5410 | O840 | | 7510 | | | | | | | |

## REWE 2.2
## Buchführung - Belegbuchungen

| | Soll | Haben |
|---|---|---|
| **1** | 4400 | 6081 |
| | | 2600 |
| **2** | 5100 | 2400 |
| | 4800 | |
| **3** | 5101 | 2400 |
| | 4800 | |
| **4** | 2800 | 2400 |
| | 4800 | |
| | 5101 | |
| **5** | 6040 | 4400 |
| | 2600 | |
| **6a** | 4400 | 2800 |
| | | 6002 |
| | | 6022 |
| **6b** | 4400 | 2800 |
| | | 6002 |
| | | 6022 |
| | | 2600 |
| **7** | 6021 | 2880 |
| | 2600 | |
| **8** | 4400 | 6002 |
| | | 2600 |
| **9** | 4400 | 6080 |
| | | 2600 |
| **10** | 2400 | 5000 |
| | | 4800 |
| **11** | 2400 | 5000 |
| | | 5100 |
| | | 4800 |
| **12** | 2800 | 2400 |
| **13** | 4400 | 2800 |
| | | 6002 |
| | | 2600 |
| **14** | 6010 | 2010 |
| **15** | 6010 | 4400 |
| | 2600 | |
| **16** | 4400 | 2800 |
| | | 6012 |
| | | 2600 |
| **17** | 6080 | 4400 |
| | 6081 | |
| | 2600 | |
| **18** | 6030 | 4400 |
| | 2600 | |
| **19** | 6140 | 4400 |
| | 2600 | |
| **20** | 6000 | 4400 |
| | 6001 | |
| | 2600 | |
| **21** | 2800 | 2400 |
| | 5001 | |
| | 4800 | |

| | Soll | Haben |
|---|---|---|
| **22** | 5001 | 2400 |
| | 4800 | |
| **23** | 0840 | 4400 |
| | 2600 | |
| **24** | 5410 | 0840 |
| | 6960 | |
| **25** | 0840 | 4400 |
| | 2600 | |
| **26** | 0500 | 4400 |
| | 2600 | |
| **27** | 0890 | 4400 |
| | 2600 | |
| **28** | 0500 | 4400 |
| **29** | 6030 | 4400 |
| | 2600 | |
| **30** | 2650 | 2880 |
| **31** | 4830 | 2800 |
| **32** | 6420 | 2800 |
| **33** | 2640 | 2800 |
| **34** | 2650 | 2880 |
| **35** | 4860 | 2800 |
| **36a** | 6900 | 2800 |
| **36b** | 2900 | 6900 |
| **37** | 6150 | 2400 |
| | 2600 | |
| **38** | 4400 | 6150 |
| | | 2600 |
| **39** | 6050 | 4400 |
| | 3001 | |
| | 2600 | |
| **40** | 6850 | 2880 |
| | 2600 | |
| **41** | 6870 | 4400 |
| | 2600 | |
| **42** | 6160 | 2880 |
| | 2600 | |
| **43** | 0890 | 4400 |
| | 2600 | |
| **44** | 6822 | 4400 |
| | 2600 | |
| **45** | 6100 | 4400 |
| | 2600 | |
| **46** | 6170 | 4400 |
| | 2600 | |
| **47** | 3001 | 5421 |
| | | 4800 |
| **48** | 6821 | 2880 |

| | Soll | Haben |
|---|---|---|
| **49a** | 2800 | 5401 |
| **49b** | 6750 | 2800 |
| **49c** | 2800 | 5710 |
| **49d** | 2800 | 2403 |
| | 5001 | |
| | 4800 | |
| **50a)** | 8.628,83 | |
| **50b)** | 145,02 | |
| **50c)** | 27,55 | |

Lösungen

| REWE 3 Entgeltabrechnung | | | | REWE 4 Jahresabschluss | | | |
|---|---|---|---|---|---|---|---|
| 1 | c | 51 | d | 1 | 5.300 | 48 | a |
| 2 | b-a-e | 52 | c | 2 | 800.000 | 49 | c-d-g |
| 3 | c | 53 | e | 3 | 119.000 | 50 | d |
| 4 | e | 54 | e | 4 | a) 80.000 | 51 | d |
| 5 | e | 55 | 4-1-5-2-6-3 | | b) 25.000 | 52 | c |
| 6 | c | 56 | A: 1.390,37 | 5 | 15.000 | 53 | c |
| 7 | e | | B: 1.615,65 | 6 | 804.500 | | |
| 8 | d-c-f | 57 | d | 7 | 25.000 | | |
| 9 | b | 58 | 2.060 | 8 | 36.000 | | |
| 10 | d | 59a) | 581.224,05 | 9a) | 287.774 | | |
| 11 | e | b) | 377.995,70 | 9b) | 120.940,50 | | |
| 12 | a | c) | 144.869,03 | 9c) | 166.833,50 | | |
| 13 | d | d) | 1.120.488,78 | 10 | 109,76 | | |
| 14 | f | 60 | a-e | 11 | 41 | | |
| 15 | c | 61 | b-d | 12 | 45 | | |
| 16 | b | 62 | a-c | 13 | 41,67 | | |
| 17 | 3-2-5-4-6-1 | 63 | 2.808 | 14 | 232 | | |
| 18 | e | 64 | 1.626 | 15 | 74,31 | | |
| 19 | e | 65 | 19,20 | 16 | c | | |
| 20 | c | 66 | 1.636 | 17 | c | | |
| 21 | c-d-b | 67 | 3.450 | 18 | d | | |
| 22 | a | 68 | 1.504,21 | 19 | e | | |
| 23 | c | 69 | 135.677,43 | 20 | d | | |
| 24 | e | 70a) | 6410 an 2640 | 21 | d-c-b | | |
| 25 | b | b) | 6300 an 2800,4830,2640,4860 | 22 | e | | |
| 26 | c | c) | 4860 an 2800 | 23 | b | | |
| 27 | e | 71 | 1.403,59 | 24 | d | | |
| 28 | f-d-b | 72 | 1.816,47 | 25 | a | | |
| 29 | b-d | 73 | 188,16 | 26 | d-f-b | | |
| 30 | e | 74 | 1.477,13 | 27 | d | | |
| 31 | a | 75 | 1.671,77 | 28 | c | | |
| 32 | c | 76 | 1.166,62 | 29 | e | | |
| 33 | c | | | 30 | d | | |
| 34 | b-c-f | | | 31 | a-d-e-b-g | | |
| 35 | d | | | 32 | c | | |
| 36 | e | | | 33 | b | | |
| 37 | d | | | 34 | b | | |
| 38 | d | | | 35 | d | | |
| 39 | e | | | 36 | c | | |
| 40 | d | | | 37 | a | | |
| 41 | b | | | 38 | d | | |
| 42 | e-b-g | | | 39 | b | | |
| 43 | a | | | 40 | c | | |
| 44 | b | | | 41 | e | | |
| 45 | d | | | 42 | c | | |
| 46 | c | | | 43 | e | | |
| 47 | 11 | | | 44 | d | | |
| 48 | c | | | 45 | a | | |
| 49 | a | | | 46 | b | | |
| 50 | a | | | 47 | f-b-c-e | | |

**REWE 5.1**
**Kostenrechnung - Theorie**

| | | | |
|---|---|---|---|
| **1** | b | **51** | e |
| **2** | d | **52** | a |
| **3** | f-c-b-a | **53** | b-a-f |
| **4** | b | **54** | b |
| **5** | e | **55** | 1-4-2-7-3-6-5 |
| **6** | d-f-b | **56** | c |
| **7** | a-f-d | **57** | 2,20 |
| **8** | c | **58** | d |
| **9** | a | **59** | b |
| **10** | d | **60** | e |
| **11** | e | **61** | e |
| **12** | b | **62** | b |
| **13** | a | **63** | c |
| **14** | b-e-c | **64** | a |
| **15** | e | **65** | 4-3-6-5-2-1 |
| **16** | e | **66** | b |
| **17** | c | **67** | a |
| **18** | c | **68** | 9-1-6-5-4-2-8-3-7 |
| **19** | b | **69** | d |
| **20** | d | **70** | e |
| **21** | b-d-c | **71** | b |
| **22** | d-f-a | **72** | d |
| **23** | b-f-c | **73** | f |
| **24** | e | **74** | d |
| **25** | f-a-c | **75** | d |
| **26** | b | **76** | 6.840 |
| **27** | b | **77** | 21.507,50 |
| **28** | c | **78** | a-e |
| **29** | c | **79** | c-d |
| **30** | f | **80a)** | 60 |
| **31** | e | **b)** | 50 |
| **32** | c-a-b | **c)** | 120 |
| **33** | d | **d)** | 60 |
| **34** | d | **e)** | 250 Stück |
| **35** | d | **81** | -211.000 |
| **36** | a | **82** | d-e |
| **37** | a | | |
| **38** | c | | |
| **39** | 108.000 | | |
| **40** | 708.000 | | |
| **41** | 755.500 | | |
| **42** | b-c | | |
| **43** | b | | |
| **44** | a | | |
| **45** | e | | |
| **46** | d | | |
| **47** | d | | |
| **48** | e | | |
| **49** | d | | |
| **50** | f | | |

**REWE 5.2**
**Kostenrechnung - Rechnen**

| | | | |
|---|---|---|---|
| **1** | 12,5 | **41** | 5 |
| **2** | 1.280 | **42** | 6,25 |
| **3** | 12,01 | **43** | 45 |
| **4** | 37.500 | **44** | 26,56 |
| **5** | 115 | **45** | 44,44 |
| **6** | 3,75 | **46** | 39,50 |
| **7** | 755.500 | **47** | 1,68 |
| **8** | 12 | **48** | 44 |
| **9** | 3.980.000 | **49** | 1,26 |
| **10** | 9,03 | **50** | 53,85 |
| **11a)** | 219.000 | **51** | 72,11 |
| **b)** | 5,20 | **52** | 660 |
| **12** | 155.300 | **53** | 400 |
| **13** | 800 | **54** | 216 |
| **14** | 40.000 | **55** | 680 |
| **15** | 21 Überd. | **56** | 287,10 |
| **16** | 7,52 | **57** | d-f-e |
| **17a)** | 48.195 | **58** | 312,50 |
| **b)** | 180.400 | **59a)** | 15% |
| **c)** | 297.173,50 | **b)** | 2% |
| **d)** | 33.154,06 | **c)** | 25% |
| **e)** | 11,1565% | **60a)** | 2.641 |
| **18a)** | 221.800 | **b)** | 30.959 |
| **b)** | 2.750 Unterd. | **61** | 315 |
| **19a)** | 162 | **62** | 3.400 |
| **b)** | 4.400 Unterd. | **63** | 206.696,98 |
| **20a)** | 30 | **64** | 10.800.000 |
| **b)** | 100.000 | | |
| **c)** | 10 | | |
| **d)** | 10.000 | | |
| **21** | 0,70 | | |
| **22** | 702,90 | | |
| **23** | 19,80 | | |
| **24** | 148 | | |
| **25** | 0,87 | | |
| **26** | 3,58 | | |
| **27a)** | 216 | | |
| **b)** | 500 | | |
| **28** | 1,00 | | |
| **29** | 62,50 | | |
| **30** | 35 | | |
| **31** | 195 | | |
| **32** | 540 | | |
| **33** | 22 | | |
| **34** | 26 | | |
| **35** | 500 | | |
| **36** | 82.534,74 | | |
| **37** | 25 | | |
| **38** | 216 | | |
| **39** | 240 | | |
| **40** | 14 | | |

## WISO 1
## Wirtschaftliche Grundlagen

| | | | | | | | |
|---|---|---|---|---|---|---|---|
| **1** | c | **51** | c | **101** | c | **151** | e |
| **2** | d | **52** | c | **102** | d-f-a | **152** | f |
| **3** | b-a-b-d-c-d | **53** | b | **103** | b-c-a | **153** | b-f-d |
| **4** | b-d | **54** | b | **104** | 8.750 | **154** | c |
| **5** | b | **55** | e | **105** | b | **155** | a |
| **6** | b | **56** | c | **106** | a | **156** | b |
| **7** | d | **57** | a-f-b | **107** | e | **157** | e |
| **8** | e | **58** | c | **108** | a-e-c | **158** | b |
| **9** | b | **59** | d | **109** | f-c-a | **159** | e |
| **10** | b | **60** | d | **110** | a | **160** | 21. Nov. |
| **11** | d | **61** | d | **111** | b | **161** | 4.118,43 |
| **12** | c | **62** | d | **112** | b | **162** | 8% |
| **13** | c | **63** | d | **113** | b | **163** | 15. Apr 13 |
| **14** | e | **64** | c | **114** | c | **164** | d |
| **15** | a | **65** | d | **115** | c | | |
| **16** | d | **66** | a | **116** | d | | |
| **17** | c | **67** | a | **117** | d | | |
| **18** | b | **68** | d | **118** | e | | |
| **19** | d | **69** | c | **119** | d | | |
| **20** | e | **70** | e | **120** | a | | |
| **21** | 2-1-0-0-2-1 | **71** | d | **121** | b | | |
| **22** | e | **72** | e | **122** | d | | |
| **23** | e | **73** | c | **123** | e | | |
| **24** | d | **74** | b | **124** | d | | |
| **25** | c | **75** | a | **125** | d | | |
| **26** | 3/660 | **76** | b-f | **126** | d | | |
| **27** | b | **77** | c | **127** | c | | |
| **28** | c | **78** | d | **128** | a | | |
| **29** | c | **79** | 4-6-2-5-1-3 | **129** | a | | |
| **30** | e-g-c-b-d-a-f | **80** | 2-7-4-1-5-6-3 | **130** | c | | |
| **31** | c | **81** | b-f-d | **131** | 3-1-4-5-6-2 | | |
| **32** | c | **82** | c | **132** | a | | |
| **33** | e | **83** | c | **133** | a | | |
| **34** | b | **84** | f-b-e | **134** | c | | |
| **35** | e | **85** | c | **135** | d | | |
| **36** | b | **86** | e | **136** | e | | |
| **37** | b-c | **87** | 3-1-2-6-8-7-4-5 | **137** | e | | |
| **38** | c | **88** | c | **138** | c | | |
| **39** | d | **89** | d | **139** | c | | |
| **40** | e | **90** | b | **140** | c | | |
| **41** | b | **91** | b | **141** | c | | |
| **42** | c | **92** | a | **142** | b | | |
| **43** | c-d | **93** | a | **143** | b | | |
| **44** | a | **94** | a | **144** | d | | |
| **45** | e | **95** | b-d-c-e | **145** | a | | |
| **46** | a | **96** | c | **146** | a | | |
| **47** | c | **97** | d | **147** | e-a | | |
| **48** | c | **98** | d | **148** | b-e | | |
| **49** | 3. Nov. | **99** | e | **149** | d | | |
| **50** | a | **100** | d | **150** | b | | |

## WISO 2
## Rechtliche Grundlagen

| | | | | | | | | | |
|---|---|---|---|---|---|---|---|---|---|
| **1** | d | **51** | c-b-f | **101** | b-a-e | **151** | a | **201** | f |
| **2** | d | **52** | c-e-a | **102** | d-g-e | **152** | e | **202** | c |
| **3** | b | **53** | a | **103** | c-f-b | **153** | d | **203** | c |
| **4** | a | **54** | e | **104** | b-a-c | **154** | e | **204** | e |
| **5** | d | **55** | c | **105** | f | **155** | c | **205** | c |
| **6** | b | **56** | d | **106** | d | **156** | b-e | **206** | c |
| **7** | a | **57** | a-g-f-d | **107** | d | **157** | d | **207** | e |
| **8** | e | **58** | c-e-d | **108** | e-c-h-g | **158** | c | **208** | c |
| **9** | b | **59** | g-f-a | **109** | f-c | **159** | b-a-c | **209** | 30.000 |
| **10** | 2-1-3-2-1-2-3 | **60** | b | **110** | b | **160** | c | **210** | c-e-d |
| **11** | d | **61** | c | **111** | e | **161** | e | **211** | 6-2-3-1-5-4 |
| **12** | b | **62** | a | **112** | e | **162** | c | **212** | 3-4-1-6-7-2-5 |
| **13** | b | **63** | d | **113** | b | **163** | d | **213** | a |
| **14** | d | **64** | b | **114** | c | **164** | e | **214** | a-c |
| **15** | e | **65** | b | **115** | d | **165** | d-b-e | **215** | a |
| **16** | e | **66** | e | **116** | e | **166** | c | **216** | d |
| **17** | e | **67** | b | **117** | c | **167** | a | **217** | b |
| **18** | f-a-b | **68** | b | **118** | c | **168** | c | **218** | b-e |
| **19** | d | **69** | e | **119** | c | **169** | d | **219** | d |
| **20** | d | **70** | d | **120** | a | **170** | d | **220** | 2-5-3-1-4 |
| **21** | e | **71** | c-d-e | **121** | a | **171** | e-c-g-b | **221** | a-e |
| **22** | a | **72** | d | **122** | c-d-f | **172** | d | | |
| **23** | e | **73** | e | **123** | c | **173** | e | | |
| **24** | d | **74** | c | **124** | d-e-a | **174** | e-b-d-a-g | | |
| **25** | d | **75** | e | **125** | b | **175** | e | | |
| **26** | a | **76** | b | **126** | d | **176** | b | | |
| **27** | e | **77** | b | **127** | d | **177** | e | | |
| **28** | d | **78** | a | **128** | e | **178** | c | | |
| **29** | b | **79** | c | **129** | b-f-d | **179** | d | | |
| **30** | d | **80** | e | **130** | b | **180** | c | | |
| **31** | d | **81** | b-d | **131** | b | **181** | a | | |
| **32** | b | **82** | d | **132** | e | **182** | c | | |
| **33** | e | **83** | c | **133** | d | **183** | a | | |
| **34** | c | **84** | c-d | **134** | e | **184** | c | | |
| **35** | e | **85** | a | **135** | c | **185** | d | | |
| **36** | a | **86** | c | **136** | d | **186** | c | | |
| **37** | e | **87** | e | **137** | d | **187** | d | | |
| **38** | b | **88** | a | **138** | b | **188** | c | | |
| **39** | e | **89** | b | **139** | c | **189** | b-a-d | | |
| **40** | d | **90** | b | **140** | b | **190** | c | | |
| **41** | a | **91** | a | **141** | e-c-f | **191** | c | | |
| **42** | d | **92** | b | **142** | b | **192** | e | | |
| **43** | c | **93** | a | **143** | a-e-c | **193** | e | | |
| **44** | d | **94** | b | **144** | e | **194** | b | | |
| **45** | d | **95** | c | **145** | e | **195** | d | | |
| **46** | 10.05. | **96** | c | **146** | c-e | **196** | e | | |
| **47** | c-d-f-a | **97** | a | **147** | e | **197** | b | | |
| **48** | d | **98** | d | **148** | c | **198** | d | | |
| **49** | b | **99** | a | **149** | a | **199** | b | | |
| **50** | a | **100** | f-a-d | **150** | b | **200** | a | | |

**WISO 3**
**Mitarbeiter im Betrieb**

| | | | | | | | | | |
|---|---|---|---|---|---|---|---|---|---|
| 1 | d | 51 | b | 101 | d | 151 | b | 201 | 4-2-6-7-3-1-5 |
| 2 | a | 52 | a | 102 | b | 152 | d | 202 | c |
| 3 | c | 53 | b | 103 | a | 153 | e | 203 | d |
| 4 | a | 54 | b | 104 | d | 154 | c | 204 | a |
| 5 | c | 55 | e | 105 | c | 155 | e | 205 | a |
| 6 | b | 56 | d | 106 | a | 156 | d | 206 | d |
| 7 | a | 57 | e | 107 | e | 157 | b | 207 | f |
| 8 | a | 58 | e | 108 | e-c-f | 158 | c | 208 | c |
| 9 | b | 59 | c | 109 | e-b-g | 159 | a | 209 | 31.07. |
| 10 | 10 | 60 | b | 110 | f-b-d | 160 | a | 210 | 03.12. |
| 11 | 4 | 61 | b | 111 | c | 161 | a | 211 | a |
| 12 | d | 62 | e | 112 | e-a-c | 162 | b | 212 | a |
| 13 | F | 63 | d | 113 | e | 163 | b | 213 | c |
| 14 | d-f | 64 | e-d-b | 114 | e | 164 | e | 214 | b |
| 15 | e | 65 | a-e-f | 115 | c | 165 | c | 215 | e |
| 16 | b-a-e | 66 | c-b-a | 116 | e | 166 | c | 216 | c |
| 17 | b | 67 | e | 117 | b | 167 | e | 217 | d |
| 18 | c | 68 | c | 118 | e | 168 | c | 218 | c |
| 19 | e | 69 | e | 119 | e | 169 | d | 219 | a |
| 20 | e | 70 | d | 120 | d | 170 | c | 220 | d |
| 21 | e-d-a | 71 | b | 121 | e | 171 | b | 221 | g-d-f |
| 22 | g-d-b | 72 | c | 122 | a | 172 | e | 222 | d |
| 23 | f | 73 | c | 123 | d | 173 | e | 223 | a |
| 24 | d | 74 | b | 124 | c | 174 | d | 224 | c |
| 25 | b | 75 | c-a-b | 125 | b | 175 | e | 225 | b |
| 26 | 9 | 76 | a | 126 | e | 176 | c | 226 | e |
| 27 | b | 77 | b | 127 | b | 177 | a | 227 | e |
| 28 | b | 78 | b | 128 | b | 178 | e-a-d | 228 | c |
| 29 | d | 79 | e | 129 | c | 179 | b | 229 | b |
| 30 | e | 80 | c | 130 | d | 180 | a-g-c | 230 | b |
| 31 | e | 81 | b | 131 | b | 181 | a | 231 | a |
| 32 | b | 82 | d | 132 | c | 182 | e | 232 | e |
| 33 | b | 83 | c | 133 | c-a-b-c-c | 183 | b | 233 | b |
| 34 | d | 84 | e | 134 | c-e-b | 184 | d-a | 234 | c |
| 35 | 1-4-2-5-3-6 | 85 | e-a-c | 135 | c | 185 | a | 235 | b |
| 36 | d-c-a | 86 | e | 136 | c-a | 186 | d | 236 | b |
| 37 | d | 87 | a | 137 | b | 187 | a-e-b-c-d | 237 | c |
| 38 | e | 88 | b-g-c | 138 | d-e-c-a | 188 | e | 238 | a |
| 39 | b | 89 | e-c-f | 139 | b | 189 | c | 239 | a |
| 40 | a | 90 | e-c-a | 140 | e | 190 | e | 240 | a |
| 41 | d | 91 | b-d-a-c | 141 | b | 191 | 5-1-4-2-3 | 241 | b |
| 42 | d | 92 | b | 142 | d | 192 | 2-5-3-1-4-7-6 | 242 | c |
| 43 | c | 93 | e-c-d | 143 | a | 193 | 5-3-1-4-2 | 243 | c |
| 44 | b | 94 | b | 144 | e | 194 | c | 244 | e |
| 45 | b | 95 | c | 145 | d | 195 | d | 245 | a |
| 46 | d | 96 | f | 146 | d | 196 | 3-1-2-4-6-5 | 246 | d |
| 47 | c | 97 | d-a-f | 147 | a | 197 | 3-1-2-4-5 | 247 | c |
| 48 | 88 | 98 | c | 148 | b-f | 198 | a | 248 | f |
| 49 | d | 99 | 1.531,30 | 149 | c | 199 | b | 249 | d |
| 50 | a | 100 | c | 150 | e-c | 200 | a | | |

## WISO 4
## Einflussnahme des Staates

| | | | | | | | |
|---|---|---|---|---|---|---|---|
| **1** | c | **51** | a | **101** | c | **151** | d |
| **2** | b | **52** | c | **102** | b | **152** | c-e |
| **3** | d | **53** | c | **103** | b | **153** | a-b-d |
| **4** | e | **54** | c | **104** | d | **154** | c |
| **5** | e | **55** | e | **105** | 1-6-2-5-4-3 | **155** | e-a |
| **6** | e | **56** | b | **106** | c | **156** | d |
| **7** | d | **57** | d | **107** | b | **157** | d |
| **8** | c | **58** | b | **108** | d-f-a | **158** | e |
| **9** | b | **59** | b | **109** | e | **159** | c |
| **10** | b | **60** | b | **110** | d | **160** | e |
| **11** | d | **61** | c | **111** | b | **161** | c |
| **12** | c | **62** | d-a-b | **112** | c | **162** | b |
| **13** | d | **63** | e | **113** | d | **163** | d |
| **14** | d | **64** | d | **114** | a | **164** | a |
| **15** | d | **65** | b | **115** | b | **165** | d |
| **16** | a | **66** | a | **116** | d-e-a | **166** | b |
| **17** | b | **67** | a | **117** | a | **167** | c |
| **18** | c | **68** | d | **118** | c-e-a | **168** | a |
| **19** | a | **69** | d | **119** | e | **169** | c |
| **20** | d-e-g | **70** | a | **120** | d | **170** | d |
| **21** | d | **71** | a | **121** | e | **171** | b |
| **22** | d | **72** | 4 | **122** | b | **172** | c |
| **23** | c | **73** | b | **123** | e | **173** | c-e |
| **24** | d-f | **74** | a | **124** | e | **174** | a |
| **25** | b | **75** | c | **125** | e | **175** | c |
| **26** | d | **76** | d | **126** | b | **176** | c |
| **27** | b | **77** | a | **127** | f-d-e | **177** | c |
| **28** | c | **78** | c | **128** | d | **178** | b |
| **29** | e | **79** | b | **129** | e | **179** | c |
| **30** | c-d-a | **80** | d | **130** | a | **180** | d |
| **31a)** | 80% | **81** | d | **131** | e | **181** | c |
| **b)** | 443,75 | **82** | c | **132** | c-g-e | **182** | e-b-d |
| **c)** | 9,86 | **83** | d | **133** | b | **183** | e-f-b |
| **32** | e | **84** | e | **134** | e | **184** | b |
| **33** | a | **85** | e | **135** | a | **185** | e-c-a |
| **34** | d-a-b | **86** | e | **136** | b | **186** | d |
| **35** | c-b | **87** | b | **137** | c | **187** | b-c-a-e-d |
| **36** | e | **88** | b | **138** | d | **188** | d |
| **37** | b | **89** | c | **139** | d | **189** | d |
| **38** | a | **90** | d-f-c | **140** | c | **190** | d |
| **39** | c | **91** | c | **141** | d-c-f | **191** | d |
| **40** | d-a | **92** | c | **142** | d | **192** | c |
| **41** | b | **93** | d | **143** | d | **193** | b |
| **42** | a | **94** | a | **144** | e | **194** | c |
| **43** | c | **95** | e | **145** | c | | |
| **44** | c | **96** | f-b-e | **146** | a | | |
| **45** | d | **97** | b | **147** | d | | |
| **46** | d | **98** | a | **148** | c | | |
| **47** | b | **99** | c-a-b | **149** | c | | |
| **48** | e | **100** | c | **150** | a | | |
| **49** | c | | | | | | |
| **50** | b | | | | | | |

## NOTIZEN

# ANHANG

# KONTENRAHMEN DER BAVARIA FAHRRADWERKE KG (NACH IKR)

## Kontenklasse 0

**Anlagevermögen Immaterielle Vermögensgegenstände und Sachanlagen**

**00 Ausstehende Einlagen**

**Immaterielle Vermögensgegenstände**

**02 Konzessionen, gewerbliche Schutzrechte, Lizenzen**

**03 Geschäfts- oder Firmenwert**

**Sachanlagen**

**05 Grundstücke, grundstücksgleiche Rechte und Bauten einschließlich der Bauten auf fremden Grundstücken**
- 0500 Unbebaute Grundstücke
- 0510 Bebaute Grundstücke
- 0530 Betriebsgebäude
- 0540 Verwaltungsgebäude
- 0550 Andere Bauten
- 0560 Grundstückseinrichtungen
- 0570 Gebäudeeinrichtungen
- 0590 Wohngebäude

**07 Technische Anlagen und Maschinen**
- 0700 Technische Anlagen und Maschinen
- 0740 Anlagen für Arbeitssicherheit und Umweltschutz
- 0750 Transportanlagen und ähnliche Betriebsvorrichtungen
- 0760 Verpackungsanlagen und -maschinen
- 0770 Sonstige Anlagen und Maschinen
- 0790 Sammelposten Anlagen und Maschinen (Wirtschaftsgüter ab 150,00 € bis 1.000,00 €)

**08 Andere Anlagen, Betriebs- und Geschäftsausstattung**
- 0800 Andere Anlagen
- 0810 Werkstätteneinrichtung
- 0820 Werkzeuge, Werksgeräte und Modelle, Prüf- und Messmittel
- 0830 Lager- und Transporteinrichtungen
- 0840 Fuhrpark
- 0860 Büromaschinen, Organisationsmittel und Kommunikationsanlage
- 0870 Büromöbel und sonstige Geschäftsausstattung
- 0890 Sammelposten der Betriebs- und Geschäftsausstattung (Wirtschaftsgüter ab 150,00 € bis 1.000,00 €)

09 Geleistete Anzahlungen u. Anlag. im Bau
- 0900 Geleistete Anzahlungen auf Sachanlagen
- 0950 Anlagen im Bau

## Kontenklasse 1

**Anlagevermögen Finanzanlagen**

**Finanzanlagen**

**10 Finanzanlagen**

**11 Anteile an verbundenen Unternehmen**

**12 Ausleihungen an verbundene Unternehmen**

**13 Beteiligungen**
- 1300 Beteiligungen

**15 Wertpapiere des Anlagevermögens**
- 1500 Stammaktien
- 1590 Sonstige Wertpapiere

**16 Sonstige Finanzanlagen**

## Kontenklasse 2

**Umlaufvermögen und aktive Rechnungsabgrenzung**

**Vorräte**

**20 Roh-, Hilfs- und Betriebsstoffe**
- 2000 Rohstoffe/Fertigungsmaterial
- 2010 Vorprodukte/Fremdbauteile
- 2020 Hilfsstoffe
- 2030 Betriebsstoffe
- 2040 Verpackungsmaterial
- 2070 Sonstiges Material

**21 Unfert. Erzeugnisse, unfert. Leistungen**
- 2100 Unfertige Erzeugnisse
- 2190 Unfertige Leistungen

**22 Fertige Erzeugnisse und Waren**
- 2200 Fertige Erzeugnisse
- 2280 Waren (Handelswaren)

**23 Geleistete Anzahlungen auf Vorräte**
- 2300 Geleistete Anzahlungen

**Forderungen und Sonstige Vermögensgegenstände**

**24 Forderungen aus LL.**
- 2400 Forderungen aus LL.
- 2450 Wechselforderungen aus LL. (Besitzwechsel)
- 2470 Zweifelhafte Forderungen
- 2480 Protestwechsel

**26 Sonstige Vermögensgegenstände**
- 2600 Vorsteuer (voller Steuersatz)
- 2610 Vorsteuer (ermäßigter Steuersatz)
- 2630 Sonstige Forderungen an Finanzbehörden
- 2640 SV-Beitragsvorauszahlung
- 2650 Forderungen an Mitarbeiter
- 2690 Sonstige Forderungen (Jahresabgrenzung)

**27 Wertpapiere des Umlaufvermögens**
- 2700 Wertpapiere des Umlaufvermögens

**28 Flüssige Mittel**
- 2800 Guthaben bei Kreditinstituten (Bank)
- 2850 Postbankguthaben
- 2860 Schecks
- 2880 Kasse
- 2890 Nebenkassen

**29 Aktive Rechnungsabgrenzung (ARA)**
- 2900 Aktive Jahresabgrenzung

## Kontenklasse 3

**Eigenkapital und Rückstellungen**

**Eigenkapital**

**30 Eigenkapital bei Personengesellschaften**
- 3000 Kapital Hans Oberpriller
- 3001 Privatkonto Hans Oberpriller
- 3070 Kommanditkapital Ulrich Bentz

**31 Kapitalrücklage**

**32 Gewinnrücklagen**
- 3210 Gesetzliche Rücklagen
- 3230 Satzungsmäßige Rücklagen
- 3240 Andere Gewinnrücklagen

**33 Ergebnisverwendung**

**34 Jahresüberschuss/Jahresfehlbetrag**

**36 Wertberichtigungen**

**Rückstellungen**

**37 Rückstellungen für Pensionen und ähnliche Verpflichtungen**
- 3700 Rückstellungen für Pensionen und ähnliche Verpflichtungen

**38 Steuerrückstellungen**
- 3800 Steuerrückstellungen

**39 Sonstige Rückstellungen**
- 3910 - für Gewährleistungen
- 3920 - für Rechts- und Beratungskosten
- 3930 - für andere ungewisse Verbindlichkeiten
- 3990 - für andere Aufwendungen

## Kontenklasse 4

**Verbindlichkeiten und passive Rechnungsabgrenzung**

**Verbindlichkeiten**

**41 Anleihen**

**42 Verbindlichkeiten gegenüber Kreditinstituten**
- 4200 Kurzfristige Bankverbindlichkeiten
- 4250 Langfristige Bankverbindlichkeiten

**43 Erhaltene Anzahlungen auf Bestellungen**
- 4300 Erhaltene Anzahlungen auf Bestellungen

**44 Verbindlichkeiten aus LL.**
- 4400 Verbindlichkeiten aus LL.

**45 Wechselverbindlichkeiten**
- 4550 Schuldwechsel

**48 Sonstige Verbindlichkeiten**
- 4800 Umsatzsteuer (voller Steuersatz)
- 4810 Umsatzsteuer (ermäßigter Steuersatz)
- 4830 Verbindlichkeiten gegenüber Finanzbehörden
- 4840 Verbindlichkeiten gegenüber Sozialversicherungsträgern
- 4850 Verbindlichkeiten gegenüber Mitarbeitern
- 4860 Verbindlichkeiten aus vermögenswirksamen Leistungen
- 4870 Verbindlichkeiten gegenüber Gesellschaftern
- 4880 Sonstige Steuerverbindlichkeiten
- 4890 Sonstige Verbindlichkeiten (Jahresabgrenzung)

**49 Passive Rechnungsabgrenzung (PRA)**
- 4900 Passive Rechnungsabgrenzung

# KONTENRAHMEN DER BAVARIA FAHRRADWERKE KG (NACH IKR)

## Kontenklasse 5
## Umsatzerlöse und sonstige Erträge

**50 Umsatzerlöse für eigene Erzeugnisse und andere Leistungen**
- 5000 Umsatzerlöse für eigene Erzeugnisse
  - 5001 Erlösberichtigungen

**51 Umsatzerlöse für Handelswaren**
- 5100 Umsatzerlöse für Handelswaren
  - 5101 Erlösberichtigungen

**52 Erhöhung oder Verminderung des Bestandes an Unfertigen/Fertigen Erzeugnissen und Handelswaren**
- 5200 Bestandsveränderungen
  - 5201 Bestandsveränderungen an Unfertigen Erzeugnissen
  - 5202 Bestandsveränderung an Fertigen Erzeugnissen
  - 5203 Bestandsveränderungen an Handelswaren

**53 Andere aktivierte Eigenleistungen**

**54 Sonstige betriebliche Erträge**
- 5400 Nebenerlöse
  - 5401 - aus Vermietung und Verpachtung
  - 5403 - aus Werksküche und Kantine
  - 5409 Sonstige Nebenerlöse
- 5410 Sonstige Erlöse
  - 5411 Provisionserlöse
  - 5412 Lizenzerlöse
- 5420 Entnahme (Eigenverbrauch)
  - 5421 Entnahme von Gegenständen
  - 5422 Entnahme von sonstigen Leistungen
- 5460 Erträge aus dem Abgang von Vermögensgegenständen (Nettoerlös.: Erlös – Buchwert)
- 5480 Erträge aus der Auflösung von Rückstellungen
- 5490 Periodenfremde Erträge

**55 Erträge aus Beteiligungen**

**56 Erträge aus anderen Finanzanlagen**

**57 Sonstige Zinsen und ähnliche Erträge**
- 5710 Zinserträge
- 5730 Diskonterträge
- 5780 Erträge aus Wertpapieren des Umlaufvermögens
- 5790 Sonstige zinsähnliche Erträge

**58 Außerordentliche Erträge**

## Kontenklasse 8
## Ergebnisrechnungen

**80 Eröffnung/Abschluss**
- 8000 Eröffnungsbilanzkonto (EBK)
- 8010 Schlussbilanzkonto (SBK)
- 8020 Gewinn- und Verlustkonto (GuV)

## Kontenklasse 9
## Kosten- und Leistungsrechnung

In der Praxis wird die Kosten- und Leistungsrechnung gewöhnlich tabellarisch durchgeführt.

## Kontenklasse 6
## Betriebliche Aufwendungen

**Materialaufwand**

**60 Aufwendungen für Roh-, Hilfs- und Betriebsstoffe und für bezogene Waren**
- 6000 Aufwendungen für Rohstoffe/Fertigungsmaterial
  - 6001 Bezugskosten
  - 6002 Nachlässe
- 6010 Aufwendungen für Vorprodukte/Fremdbauteile
  - 6011 Bezugskosten
  - 6012 Nachlässe
- 6020 Aufwendungen für Hilfsstoffe
  - 6021 Bezugskosten
  - 6022 Nachlässe
- 6030 Aufwendungen für Betriebsstoffe
  - 6031 Bezugskosten
  - 6032 Nachlässe
- 6040 Aufwendungen für Verpackungsmaterial
  - 6041 Bezugskosten
  - 6042 Nachlässe
- 6050 Aufwendungen für Energie
- 6060 Aufwendungen für Reparaturmaterial
- 6070 Aufwendungen für sonstiges Material
- 6080 Aufwendungen für (Handels-) Waren
  - 6081 Bezugskosten
  - 6082 Nachlässe

**61 Aufwendungen für bezogene Leistungen**
- 6100 Fremdleistungen für Erzeugnisse und andere Umsatzleistungen
- 6140 Ausgangsfrachten und Nebenkosten (Fremdlager)
- 6150 Vertriebsprovision
- 6160 Fremdinstandhaltung
- 6170 Sonstige Aufwendungen für bezogene Leistungen

**Personalaufwand**

**62 Löhne**
- 6200 Löhne
- 6220 Sonstige tarifliche oder vertragliche Aufwendungen
- 6230 Freiwillige Zuwendungen
- 6250 Sachbezüge

**63 Gehälter**
- 6300 Gehälter
- 6320 Sonstige tarifliche oder vertragliche Aufwendungen
- 6330 Freiwillige Zuwendungen
- 6350 Sachbezüge

**64 Soziale Abgaben und Aufwendungen für Altersversorgung und für Unterstützung**
- 6400 Arbeitgeberanteil zur Sozialversicherung (Lohnbereich)
- 6410 Arbeitgeberanteil zur Sozialversicherung (Gehaltsbereich)
- 6420 Beiträge zur Berufsgenossenschaft
- 6440 Aufwendungen für Altersversorgung
- 6490 Aufwendungen für Unterstützung

**Abschreibungen auf Anlagevermögen**

**65 Abschreibungen**
- 6510 Abschreibung auf immaterielle Vermögensgegenstände des Anlagevermögens
- 6520 Abschreibungen auf Sachanlagen
- 6540 Abschreibungen auf Sammelposten (Wirtschaftsgüter ab 150,00 € bis 1.000,00 €)
- 6550 Außerplanmäßige Abschreibungen auf Sachanlagen

**Sonstige betriebliche Aufwendungen**

**66 Sonstige Personalaufwendungen**
- 6600 Aufwendungen für Personaleinstellung
- 6610 Aufwendungen für Fahrtkosten
- 6640 Aufwendungen für Fort- und Weiterbildung
- 6650 Aufwendungen für Dienstjubiläen
- 6660 Aufwendungen für Belegschaftsveranstaltungen
- 6670 Aufwendungen für Werksküche und Sozialeinrichtungen
- 6690 Sonstige Personalaufwendungen

## Kontenklasse 6
## Betriebliche Aufwendungen

**67 Aufwendungen für die Inanspruchnahme von Rechten und Diensten**
- 6700 Mieten, Pachten
- 6710 Leasing
- 6720 Lizenzen und Konzessionen
- 6730 Gebühren
- 6750 Kosten des Geldverkehrs
- 6760 Provisionsaufwendungen (außer Vertriebsprovision)
- 6770 Rechts- und Beratungskosten

**68 Aufwendungen für Kommunikation (Dokumentation, Information u. Reisen)**
- 6800 Büromaterial
- 6810 Zeitungen und Fachliteratur
- 6820 Post, Telefon
- 6821 Postgebühren
- 6822 Telefon
- 6850 Reisekosten
- 6860 Bewirtung und Präsentation
- 6870 Werbung
- 6880 Spenden
- 6890 Sonstige Aufwendungen für Kommunikation

**69 Aufwendungen für Beiträge und Sonstiges sowie Wertkorrekturen und periodenfremde Aufwendungen**
- 6900 Versicherungsbeiträge
- 6920 Beiträge zu Wirtschaftsverbänden und Berufsvertretungen
- 6930 Verluste aus Schadensfällen
- 6950 Abschreibungen auf Forderungen
- 6951 Abschreibungen auf Forderungen
- 6960 Verluste aus dem Abgang von Vermögensgegenständen
- 6990 Periodenfremde Aufwendungen

## Kontenklasse 7
## Weitere Aufwendungen

**70 Betriebliche Steuern**
- 7020 Grundsteuer
- 7030 Kraftfahrzeugsteuer
- 7070 Ausfuhrzölle
- 7080 Verbrauchsteuer
- 7090 Sonstige betriebliche Steuern

**74 Abschreibungen auf Finanzanlagen und auf Wertpapiere des Umlaufvermögens**
- 7400 Abschreibungen auf Finanzanlagen
- 7410 Abschreibungen auf Wertpapiere des Umlaufvermögens
- 7450 Verluste aus dem Abgang von Finanzanlagen
- 7460 Verluste aus dem Abgang von Wertpapieren des Umlaufvermögens

**75 Zinsen und ähnliche Aufwendungen**
- 7510 Zinsaufwendungen
- 7530 Diskontaufwendungen
- 7590 Sonstige zinsähnliche Aufwendungen

**76 Außerordentliche Aufwendungen**
- 7600 Außerordentliche Aufwendungen

**77 Steuern vom Einkommen und Ertrag**
- 7700 Gewerbeertragssteuer
- 7710 Körperschaftsteuer (bei Kapitalgesellschaften)
- 7720 Kapitalertragsteuer (bei Kapitalgesellschaften)